新发展理念创新与研究文库

协调发展与管理创新研究

杨巧玲　主编

Xietiao
Fazhan Yu
Guanli Chuangxin
Yanjiu

光明日报出版社

图书在版编目（CIP）数据

协调发展与管理创新研究 / 杨巧玲主编 . -- 北京：光明日报出版社，2023.1

ISBN 978-7-5194-6985-6

Ⅰ . ①协… Ⅱ . ①杨… Ⅲ . ①区域经济发展—研究—中国 Ⅳ . ① F127

中国版本图书馆 CIP 数据核字（2022）第 243190 号

协调发展与管理创新研究

XIETIAO FAZHAN YU GUANLI CHUANGXIN YANJIU

主　　编：杨巧玲

责任编辑：李月娥　　　　责任校对：傅泽泉

封面设计：安东尔　　　　责任印制：曹　净

出版发行：光明日报出版社

地　　址：北京市西城区永安路 106 号，100050

电　　话：010-63169890（咨询），63131930（邮购）

传　　真：010-63131930

网　　址：http://book.gmw.cn

E - mail：gmrbcbs@gmw.cn

法律顾问：北京市兰台律师事务所龚柳方律师

印　　刷：三河市龙大印装有限公司

装　　订：三河市龙大印装有限公司

本书如有破损、缺页、装订错误，请与本社联系调换，电话：010-63131930

开　　本：210mm*285mm

字　　数：757 千字　　　　印　　张：37.25

版　　次：2023 年 1 月第 1 版　　印　　次：2023 年 3 月第 1 次印刷

书　　号：ISBN 978-7-5194-6985-6

定　　价：326.00 元

《协调发展与管理创新研究》

编委会

张　涛	张小轩	张可珂	张平军	张东选	张宇铭	张军凯	张志新
张国民	张树海	张桂双	张高翔	张雪峰	陆　波	陈卫国	陈开武
陈　汉	陈　忠	陈　敏	陈　斌	陈钦奎	陈继东	武木臣	林　荫
具瑞昌	罗　华	罗　辉	罗晓宏	周　驰	周猷舰	庞振祥	郑磊磊
孟敬东	练　龚	赵军群	赵国勇	赵勇强	胡大洪	段开文	费大勇
聂　晶	贾　斌	夏可育	夏胜阳	原　君	倪路林	徐　扬	徐成东
徐华东	徐宏权	郭　俊	郭一民	郭小平	郭友岗	郭秀文	郭晓林
郭祥军	郭　瑜	陶国彬	黄小锋	黄胜捷	黄捷敏	黄　超	曹春义
常　波	符　忠	符　程	章维强	彭泽忠	董玉春	敬　永	蒋　勇
韩希兵	舒全豪	鲁建春	湛　波	谢　飞	谢　超	蒲志亭	鲍文海
蔡　敏	管福全	廖　宾	廖霞萍	谭　立	翟冠华	熊运佳	樊智敏
黎康华	薛　鹏	薛　斌	薛武军	瞿　俊			

前 言

理念是行动的先导。党的十八大以来，以习近平同志为核心的党中央把握时代大势，提出并深入贯彻创新、协调、绿色、开放、共享的新发展理念，引领中国在破解发展难题中增强动力，不断朝着更高质量、更有效率、更加公平、更可持续的方向前进。

党的十九大提出中国特色社会主义进入新时代，明确了我国发展新的历史定位。进入新时代，我国社会主要矛盾已经转化为人民日益增长的美好生活需要和不平衡不充分的发展之间的矛盾，我国经济发展已由高速增长阶段转向高质量发展阶段。这既是全局性转变，也是历史性跨越。

习近平总书记指出，“新时代新阶段的发展必须贯彻新发展理念，必须是高质量发展”。这是根据我国发展阶段、发展环境、发展条件变化做出的科学判断。发展理念是发展行动的先导，是发展思路、发展方向、发展着力点的集中体现。

坚持新发展理念是习近平新时代中国特色社会主义思想“十四个坚持”的重要内涵，是习近平新时代中国特色社会主义经济思想的主要内容，在党的理论创新和实践创新中占有重要地位。我们一定要从新时代新阶段党和国家事业发展全局的新高度上深化对新发展理念的认识。

从“中华民族伟大复兴的战略全局”和“世界百年未有之大变局”的高度上深刻认识，坚定不移贯彻新发展理念是党中央顺应历史发展大势做出的科学判断和主动作为。要清醒地认识到，只有在全面建设社会主义现代化国家新征程上坚持新发展理念，才能推动我国经济持续健康发展、完成第二个百年奋斗目标、实现中华民族伟大复兴，从而影响和推动世界百年未有之大变局向着有利于我们的方向发展。

《协调发展与管理创新研究》一书通过广泛的基层社会调研，汲取了大量专家学者及一线工作者的建言，对一些基层工作理念的研究及发展提出了更具前瞻性的建议，是近几年基层工作发展理念创新及研究的成果缩影。该书以习近平新时代中国特色社会主义思想为指导思想，在理论上站在前沿，在实践中注重务实，内容丰富、资料翔实、切合实际，理论性、实践性都比较强。在反映新时代基层工作发展所取得的改革成果与成功经验的同时，对当下的诸多热点、难点问题展开了理论与实践的探索，使本书深层次、多元化地反映当下基层工作的经验与成绩，为基层领导干部以及一线工作者提供有用的借鉴和参考。

我们在本书的编写过程中，参阅了大量近年来出版的同类著作，借鉴和吸收了众多国内外专家学者、同人的研究成果，在此谨向提供了有益观点和理论的学者表示感谢！由于编写时间和编者水平有限，难免有疏忽、谬误之处，敬请各位读者、专家、同行批评指正，以便今后改进和完善！

目 录

第一篇 不断推进新时代党的建设研究与实践

第二篇　工运事业及工人工作的发展研究与思考

第三篇　乡村振兴与农业农村农民的新发展思路与举措

第四篇　新时代市场经济下的税务管理与服务意识

第一篇

不断推进新时代党的建设研究与实践

党建领航　跑出高质量发展“加速度”

陕西省渭南市华州区人民医院（市第三医院）

医院环境不断改善，服务能力进一步提升；培育优势学科，人才梯队日趋完善；医疗集团建设使优质医疗资源下沉，将健康送至群众“家门口”……在华州区人民医院（市第三医院）这幅蓬勃发展的画卷中，始终有一面鲜红的党旗高高飘扬，为医院发展指明前进的方向。

参天之木，必有其根；怀山之水，必有其源。华州区人民医院领导班子深知，医院要发展，党建是基础，高质量发展离不开高质量党建的引领和保障。近年来，院党总支持续加强基层党的建设，落实现代医院管理制度，不断筑牢发展的“根”和“魂”，疏通发展的“经”与“脉”，为群众提供覆盖全生命周期医疗服务的同时，为华州区医疗卫生事业高质量发展注入新动能。

一、党建引领，激发医疗服务新动能

地处渭水之滨的华州区人民医院自 1934 年 9 月建院，至今已经历了 80 多年的风风雨雨。近年来，院党总支着力做好党建引领这篇文章，强化组织管理，激发公立医院改革发展的“一池春水”。

“一分耕耘，一分收获。自院党总支成立以来，始终以党建为引领，推动医院各项工作快速发展。”区人民医院党总支书记司新胜介绍，院党总支共有党员 69 名，下设行政、临床两个支部，每个支部设两个党小组。临床支部书记、委员均由一线科室主任、业务骨干担任，通过组织架构的建立，将组织的最小单元建立在一线科室，充分发挥党组织在一线业务科室的引领作用。

多年来，医院始终坚持以党建统领全盘工作，在重大问题决策时始终按照“集体领导、民主集中，个别酝酿、会议决定”的党内民主原则，做到集体领导和分工负责相结合，严格落实主体责任和“一岗双责”。2020 年，医院被市卫健委纳入三级医院建设和管理。

在公立医院改革的大背景下，如何夯实党建基础？来看华州区人民医院的答案：每年，医院与各支部书记、科室主任签订党建目标责任书、党风廉政行风建设目标责任书，明确各级党组织的党建责任。同时，以医院章程为准则，明确议事规则，认真落实“三重一大”制度，实行院务公开。医院的基本建设、大型设备购置、重要人事任免、涉及职工切身利益等重大事件，经过院委会、院职代会审议等方式，提出拟办意见和建议，通过党总支会议讨论同意后实施。

医院发展成果归根结底体现在医疗服务能力提升上。近几年，医院着力推进重点专科建设，取得显著效果。创建市级重点专科及区域医疗“六大中心”，心血管内科、神经内科、儿科、普外科、妇产科、康复医学科等先后通过市级重点专科评估，形成日趋完善的学科梯队。

党总支副书记韩亚杰介绍，创建过程中，支部吸收了多名科室主任、业务骨干加入党组织。在创建市级重点专科的过程中，医院整合学科，发挥区、镇、村三级医疗机构职能，成立区域胸痛中心、卒中中心、创伤中心、危重孕产妇救治中心、危重新生儿救治中心、远程影像心电会诊中心，有效提高了急危重症患者的救治率，打通上下转诊的绿色通道。

如今，华州区人民医院可开展各科常见病、疑难病的诊治和肝胆、泌尿、胸外、肿瘤、骨科、颅脑等高难度手术，其中，心脏起搏器植入术、冠状动脉造影术、心脏支架植入术、脊柱手术、断指再植术、脑出血微创手术、全脑血管造影术、颈动脉支架植入术、颅内肿瘤切除术、脊髓肿瘤切除术、肿瘤介入治疗等在全区领先。

时间回到 2021 年 4 月 8 日，一村民在家干活时，胳膊不小心被电锯伤到，导致左上臂不全离断伤、失血性休克。同时间赛跑，与病魔较量。患者到达医院后，在骨外科与全院多学科的共同努力下，历时 5 小时，成功救治患者。此例断肢再植术，成功填补了华州区断肢再植领域的空白。

5 月 19 日，孩子小满（化名）玩耍时不慎跌倒，导致小儿左尺骨骨折、左桡骨青枝骨折。家属带孩子到达医院后，医务人员迅速给予微创手术闭合复位弹性髓内针内固定，此例手术的成功开展亦填补了华州区此领域的空白。

建设医疗集团是推动医联体向紧密型方向发展的重要举措之一。为加快医疗集团建设步伐，2020 年 9 月，医院与高塘中心卫生院、金堆中心卫生院、瓜坡卫生院等 7 个卫生院共建医疗集团。

之后的日子里，医院定期派驻医务人员深入 7 个卫生院坐诊、带教，摸清基层慢病管理情况，实行统一慢病管理，使优质医疗资源下沉的同时，使服务更具针对性。医院先后派驻 35 人次医务人员赴基层帮扶，形成上下联动、双向转诊的良性发展机制。

同时，为加快推进医共体各成员单位信息系统融合，实现数据共享及医保结算一体化，总院充分发挥远程心电中心、远程影像诊断中心功能，实现结果互认和信息共享，2020 年底，已完成高塘分院、瓜坡分院远程影像诊断中心的网络连接，实现远程影像诊断 313 例，在影像诊断同质化方面迈出了关键一步。

二、党徽闪耀，积极探索医院管理新模式

为实现治理体系和管理能力的现代化、精细化，2020 年，医院将战略管理引入医院管理中，组织质管办成员对医院优势、劣势进行分析，确立今后一段时期的战略目标和竞争战略，即以目标为导向，抓住一切有利机会让优势更优。运用战略管理思维，形成医院、科室三年发展规划。

聚焦财务、患者、内部流程、员工学习与成长四个维度，制定出全面的院级层面和科室层面的平衡计分卡，层层分解任务，人人清楚自己努力方向和奋斗目标，以期达到医院业务能力提升和管理科学化的目的。

在神经内科等 9 个科室安装单病种精益化运营管理（SLM）软件，对占医院 70％业务的 75 个重点病种进行精准分析，将科室重点病种学科运营水平与全国 100 家同级别医院进行横向对比，掌握自己科室学科运营水平和重点病种服务密度指数的差距，找准问题，制定针对性强的改进措施。经过一年来的多次分析培训，各科主任对单病种精益化管理和学科运营管理的认识有了进一步提高，为学科建设提供精确的数字分析依据。

为落实现代医院管理制度，医院以二级公立医院绩效考核为契机，坚持医院公益性，落实医院功能定位，持续提升医疗服务能力和科学管理水平。2020 年 7 月，医院医疗信息数据管理中心正式成立，规范院内各部门医疗信息上报和数据管理工作，加强对病案首页规范化填写和首页数据的质量控制，为下一步医保基金 DRG 支付做好准备。

三、学习党史，汲取奋进的智慧力量

学史以明志，鉴往而知来。2021 年是建党 100 周年，自党史学习教育开展以来，院党总支注重调动党员干部的参与热情，着力提高党史学习教育质量，积极为群众办实事解难题，切实推动党史学习教育走深走实。

“为学之道，必本于思。学习党史，就是要从党的百年伟大奋斗历程中汲取迈进新征程、奋进新时代的智慧和力量。”司新胜介绍，为了使党史学习教育走深走实走心，院党总支制订详细的党史学习教育方案，督促广大党员做到学史明理、学史增信、学史崇德、学史力行。

与此同时，医院党员充分发挥自身优势，开展“我为群众办实事”实践活动。自 4 月起，党员及积极分子组成 7 支医疗队，在辖区所有镇、村开展大型乡村巡回义诊活动，摸清慢性病患病情况，宣传健康知识，解决群众急难愁盼问题，把健康送到千家万户。医务人员足迹遍布 7 个乡村，义诊 10000 余人次。

为创新党史学习教育形式，6 月 11 日，院党总支举办“学习百年党史 传承红色基因”主题演讲比赛，各位参赛者围绕党的百年光辉历史等主题，表达对党的忠诚和热爱。

不忘初心，行稳致远。多年来，华州区人民医院以公立医院改革为切入点，走出医院党建工作的特色路径，凝聚起同心共筑辉煌梦想的非凡力量，推动医院在新时代的长征路上奋勇前行。

“两项改革”提动能
“易地搬迁”谱新篇

四川省广元市两项改革“后半篇”文章领导小组办公室 杨非凡 杨国庆 谢文志

此心安处，便是吾乡。走进四川省广元市剑阁县光荣村，蓝顶白墙的小洋楼，宽阔整洁的柏油路，热情洋溢的笑脸和紧张有序的扶贫车间依次映入眼帘……经过5年艰辛探索，普安镇光荣村易地扶贫搬迁集中安置点已打造成该县后续治理的“拳头”样板，各地前来参观“取经”的人群络绎不绝。

这个明星安置点的“蝶变”之路，是该县坚持党建引领易地扶贫搬迁集中安置点后续治理、推动两项改革“后半篇”文章走深走实的生动缩影。近年来，剑阁县按照“搬得出、稳得住、能致富”总体要求，借势两项改革“后半篇”文章东风，以“加大改革力度、拓展改革深度、提升改革温度”为导向，持续深化推进易地扶贫搬迁集中安置点后续治理，切实把改革成果转化为发展红利和治理实效，建成6户及以上集中安置点358余个，集中安置群众3827余户10550人，358个安置点水、电、路、气、通信网络等基础设施配套基本完善，教育、卫生、文化、社区管理等公共服务设施逐步健全。小规模、组团式、微田园、生态化的安置模式独具特色，过去秦巴连片贫困山区“一方水土养不活一方人”的困境得到根本性转变。

一、党建赋能——从“偏远差”到“美如画”

“原来我家在半山腰，住的是土墙房，喝的是露天水，种的是荒坡地。做梦也想不到能住上这么好的房子，马路宽敞，水电不愁，去场镇办事也方便。”谈到易地搬迁带来的改变，白龙镇庙儿嘴集中安置点首批搬迁群众蒲茂平乐呵呵地说。

易地扶贫搬迁，带来的是搬迁者生产生活方式的骤变、社会关系的重组和文化心态的重建。为促进搬迁群众尽快适应新环境，该县以安置点党组织建设为抓手，全覆盖建立“党组织 + 自治组织 + 社会组织”扁平化治理架构和“乡镇党委 + 网格党支部 + 楼栋党小组 + 党员家庭户”四级党组织网格化治理体系，建优建强战斗堡垒，780余名先锋模范党员深入集中安置点巡回开展“周学月讲”“固定党日”“家庭课堂”等主题活动，实现“离群众近、帮群众快、为群众好”。

有了强大的党组织，安置点后续治理就有了“主心骨”。该县将学校、医院、文化娱乐等8项公共服务配套设施硬指标与安置房同步规划、同步建设，最大限度满足安置点公共服务功能，让搬迁群众直接感受到变化、便利。在党员群众的共同努力下，安置点面貌发生翻天覆地的变化。

二、党委领治——从“端袖子”到“撸袖子”

四川省乡镇行政区划和村级建制调整改革以来，该县358个安置点相继成立以村“两委”为核心，由安置点负责人、村民代表组成的村民自治管理委员会、红白理事会、村民议事会等自治组织，探索出乡镇党委提议、村“两委”商议、党员和村民代表审议、安置点公示决议的“四步议事工作法”。无论是涉及安置点建设的大事还是邻里乡间的小事，都到“村民议事会”上议一议，形成搬迁群众相互帮助、相互关照、同舟共济的良好风尚。

主人翁意识一旦被唤醒，便化作改革成果转化为治理实效的强大力量。“工厂就在家门口，能打工赚钱，还能照顾家里，挣钱持家两不误。”正在开封镇亚克力玻璃厂上班的迎水社区安置点村民何艳满脸喜悦地说道。“搬迁群众都会经历由刚刚落户的兴奋期到就业生活的焦虑期，相较普通农村，搬迁点公共服务体系构建难点在于如何实现贫困家庭的有效就业。”剑阁县人力资源与社会保障局局长李必众说。

为解决搬迁户后顾之忧，该县充分发挥县两项改革“后半篇”文章领导小组成员单位统筹优势，主动对接浙江、广东等人力资源部门，收集岗位信息1.23万个，召开招聘会30场，通过专场招聘会下乡、招聘简章入户、招聘信息挂网等方式，多渠道为有求职意愿的劳动者免费提供就业岗位信息。通过有组织转移、就近吸纳等方式，实现易地扶贫搬迁安置点脱贫家庭劳动人口转移就业1.94万人次，群众满意度和幸福感显著提升。

三、党群服务——从“独奏曲”到“大合唱”

着眼解决安置点群众基本服务需要，该县聚焦便民代办点建设，实施党群“连心桥”工程，推动144项县级部门管理权和审批权下放，精准做好搬迁群众户籍转移、证照办理等便民服务代办工作，建成“涉改村社超市+益农服务社、远程诊疗点、就业服务站等”为一体的“1+N”生活服务配套站230余个，给4.2万余名搬迁群众提供“亲民、便捷、丰富、品位”的一站式生活服务，建起乡村“半小时服务圈”。

“我们这里没有服务群众‘最后一公里’，只有服务群众‘零距离’。”这是杨村镇龙鞍社区集中安置点党支部书记范学明，近30年群众工作“真经”。

现如今，剑阁县易地扶贫搬迁集中安置点建成文化体育广场、农民夜校、农家书屋700余个，建立农耕文化博物馆、村史馆和李榕家风馆等文化名人纪念馆23家，“三点半”课堂、老年人之家等服务项目覆盖各年龄段人群，共建共治共享大党建格局逐步建立，村民精神面貌为之一新。

一件件实事，堆积出易地扶贫搬迁集中安置点村民的幸福生活，把原来散乱的人心凝聚在党组织周围，引领剑阁县两项改革“后半篇”文章不断提档升级，走上现代化轨道。

“党建红”引领“税务蓝” 优营商环境 助力边疆佤山发展更优

国家税务总局沧源县税务局

一直以来，沧源税务深入学习贯彻习近平总书记给沧源县边境村的老支书们的重要回信精神，坚决贯彻落实党中央、国务院重大决策部署，以进一步深化“放管服”改革为契机，始终坚持将纳税人缴费人的需求和期盼放在心上，树立以“纳税人缴费人所盼、税务人所向”的理念，最大限度便利纳税人缴费人，最大限度规范税务人，不断提高纳税人缴费人的满意度和获得感，为市场主体倍增再添动能，为阿佤山跨越式发展再添新力。

一、党建引领、服务保障，打造优质便利的“软环境”

沧源税务坚持把习近平总书记重要回信精神与创建“让党中央放心、让人民群众满意的模范机关”紧密结合，以落实税务总局“纵合横通强党建”机制为抓手，充分发挥基层党组织战斗堡垒作用和党员先锋模范带头作用，深化“党建＋帮包”“党建＋群团＋志愿服务”税务特色服务模式，以“关键少数”带动全局干部，落实落细2022年新的组合式税费支持政策、助力乡村振兴、疫情防控等，切实把党的政治优势、组织优势和密切联系群众优势转化为推动税费工作的坚强保障，发挥党员示范效应。同时积极发挥佤山纳税服务先锋队带头服务作用，青年志愿服务队进企业、进村、进社区入户宣传税费政策，不断推进党建与税费业务深度融合，激发税务干部奋进担当、做优纳税服务的激情热情，为高质量推进新时代佤山税收现代化提供坚强的组织保证。

二、立足职能、服务大局，擦亮先锋服务的“精品牌”

一是始终树牢大局意识，着眼开放大局，紧紧抓住国家推动新一轮高水平对外开放新机遇，主动服务和融入“一带一路”和中缅经济走廊建设，积极服务好“走出去”“引进来”企业，助力“一带一路”行稳致远。结合永和园区现有办公条件，探索便民办税（费）新方式，建立沧源税务驻永和园区便民办税（费）服务工作联络点，工作站团队由5名党员税务干部组成“永和园区税务服务先锋队”，实现涉税费咨询办理零距离。

二是把深化“放管服”改革同纳税服务紧密结合，以纳税人缴费人需求为导向，立足需求提质、立足服务问计。聚焦“急难愁盼”，邀请县人大代表、政协委员、工商联参加税费服务体验活动，进一步拓宽渠道，健全发现和解决纳税人缴费人堵点、痛点、难点问题机制。采取“新办企业税务管家团队”线上答疑、制作“备忘温馨提示卡”、制定缅籍纳税人“新办纳税人套餐”，推广电子税务“指尖上办税缴费”等线上创新服务。在办税服务厅采取服务预审为上门业务准确分流、设置缅语佤族傣族语服务岗等线下暖心服务举措，将“难点”变“亮点”“堵点”变“畅点”，以“真心、用心、细心”的“三心”服务，实现服务质效和纳税人满意度的有效提升。

三是推出“问办一体化综合服务窗”，瞄准疫情防控常态化纳税人精准需求，深入推进“非接触式”办税费，组织业务骨干成立“专家团队”开展线上线下双向精准服务，满足纳税人缴费人疑难问题咨询解答与办理同步进行的需求。通过网上办、掌上办、自助办等方式办理新的组合式税费税费支持政策办理退、减、免、缓税业务，有效降低办税费成本。

三、“精”字当头，“优”字托底，落实减税降费“硬举措”

沧源税务局坚决贯彻党中央、国务院决策部署，认真落实好大规模、阶段性、组合式减税降费政策，结合宣传辅导、风险分析、退税意愿摸排等情况，根据纳税人当前实际状态，逐户补充填报留抵退税纳税人清册，切实做到户数清、数据全、原因明，充分尊重纳税人退税意愿，做到该减的减、该降的降、该免的免、该缓的缓。同时，构建“党委领导、纪检监督、局领导分片包干、领导小组靠前指挥、退税减税办日常协调、各职能组既各司其职又相辅相成”的退税减税工作格局。成立“专家团队”和在办税服务厅设立“绿色通道”等，为纳税人缴费人开展线上线下双向精准服务、精准推送各类税收政策，实现推动管理和服务持续优化升级。

下一步，沧源税务将结合便民办税春风行动、纳税人满意度大调查活动，持续开展大走访等活动，进一步转变工作作风，以打造“办事不求人、审批不见面、最多跑一次”和“全程服务有保障”的营商环境为目标，不断增强纳税人、缴费人享受政策红利和服务便利的获得感，让疑难有解答、办税有效率、服务有温度、营商有信心，为边疆阿佤人民唱响新时代幸福之歌贡献税务力量。

学党史办实事　生态绿筑起寿城美

广西贺州市生态环境局

党史学习教育启动以来，市生态环境局严格按照党中央、自治区党委和市委工作部署要求，坚持规定动作不走样，自选动作有特色，多形式、多载体、全方位开展党史学习教育，扎实开展为民办实事活动，持续改善贺州市生态环境质量。

一、强化组织，规定动作扎实推进不走样

一是及时成立领导小组。成立党史学习教育领导小组，制定领导小组及办公室工作职责。通过加强组织领导，压紧压实责任，确保工作高质量推进。二是及时制订方案。精心谋划，科学制订党史学习教育实施方案，明确指导思想、具体任务、工作措施、学习制度。三是及时做好学习传达。通过各种形式开展好党史学习教育。

二、强化学习，夯实思想强根基

一是抓好专题学习。通过党组理论中心组、读书班、党课、环保大讲堂、“三会一课”等形式开展党史学习。二是抓好宣讲工作。邀请市委宣讲团成员开展党史专题宣讲 3 次；组建局党史学习教育宣讲队，深入联系党支部、乡村振兴联系点上党史专题党课 7 次，开展“奋斗百年路，实干印初心”情景党课 2 次。三是抓好红色教育。组织干部职工在局党员教育馆观看各时期革命先烈先进事迹，到古柏烈士陵园开展缅怀革命先烈活动；组织集中观看《大会师》等多部红色电影；组织干部职工唱红色歌曲。

三、自选动作，创新融合有特色

市生态环境局结合部门特点，坚持党史学习教育与民族团结进步、精神文明建设、机关文化建设、生态环境保护业务深度融合，创新开展活动。一是结合环保特色，讲好“最美环保人”的初心故事；讲好环保铁军传承红色基因，守卫生态绿色的“双色”故事；讲好绿色娘子军故事。二是结合党史学习教育，抓好民族团结进步创建示范工作。以党员教育基地、生态环境科普基地为平台，以文明单位创建、五星级党组织、生态示范创建、民族团结进步示范创建为抓手，扎实开展民族团结“进机关”“进校园”“进企业”“进乡村”工作，切实推动生态文明建设

与民族团结进步双建双促进。开展了“感党恩、跟党走，加强省际交流、共筑民族团结、共建生态家园”的民族团结进步共建系列活动。

四、务实为民，办实事出成效

结合贯彻落实习近平生态文明思想，扎实开展“我为群众办实事”实践活动，共列出“为企业解难题”和“应群众呼声”17 项项目清单。一是扎实做好本职工作，全力抓好水、气、土等中心工作，2021 年 1—8 月，贺州市城区优良天数比率为 97.5%，排名全区第三，环境空气综合指数 2.97，排名全区第三；1—7 月，在全国地级以上城市国控地表水断面水质排名中，贺州市排名第九，持续改善贺州市生态环境质量，不断提升群众的幸福感。二是关注民生，应群众呼声，不断解决群众关心关注的环境问题。及时协调解决中央环保督察反馈的信访问题，做好边督边改工作，扎实整改中央环保督察举报信访问题。中央督察组入驻以来，交办贺州市 103 件，已办结 47 件，阶段性办结 56 件。畅通“12369”环保举报热线，及时妥善处理群众环境污染投诉，切实做好群众来信来访工作。截至 9 月 7 日，贺州市各级生态环境部门通过多渠道共收到环境信访件 948 件，到期受理率和办结率 100%。三是服务企业，解企业难题。市生态环境局综合执法支队对企业实行寄服务于执法，在执法中服务的监管方式。在中央环保督察入驻之前，市生态环境局成立指导组，深入企业进一步宣传环保法律法规，对企业存在的环保问题开展指导服务，解除企业在经营管理过程中存在的环保问题。四是联合贺州市合源粉体开发有限责任公司共同出资 6 万元为湖广小学建设了民族书屋，购置空调、电脑、电子显示屏、书架、阅览台、桌椅，赠送书籍近 3000 册。

“为了职工所需，我们全力以赴”

山西省阳泉市总工会

“学以致用、用以促学，学用相融、知行合一。”党史学习教育开展以来，市总工会紧密结合实际，从严从实推进，使各项任务都向主线聚焦、向中心聚力、向全员覆盖，倾力倾情为职工办实事、解难题，让职工感受到实实在在的工会温暖、工会力度和工会作为，做实职工信赖的“职工之家”。

一、学深悟透，入脑入心

“学党史，是为了不忘初心、牢记使命，是守正笃实，更是为了更好地前行。”市人大常委会副主任、市总工会主席张永忠说。工会组织作为党和政府联系职工群众的桥梁纽带，各级工会干部就是要通过党史学习教育进一步强化宗旨意识，并学以致用创新改革提升服务水平，在职工有需求的时候做到更好地回应，做好职工“娘家人”。

市总工会党组提高政治站位、强化责任担当，从增强“四个意识”、坚定“四个自信”、做到“两个维护”的政治高度，坚定扛起主体责任，认真组织开展党史学习教育。他们第一时间组织传达学习习近平总书记重要讲话精神和中央、省市委部署要求，第一时间成立市总工会党史学习教育领导小组及其办公室，第一时间召开市总工会党史学习教育工作部署会进行部署，并先后召开 4 次党组（扩大）会议进行专题研究。

在此基础上，市总工会党史学习教育领导小组办公室坚持每半月召开一次会议，总结上一阶段工作开展情况，安排部署下一步工作任务，做到了思想、组织、人员、工作、责任“五到位”，确保活动组织协调及时有效。明确“四好四关键”工作导向，即把好方向，关键在引领；控好全局，关键在凝聚；做好协调，关键在统筹；当好表率，关键在示范。领导班子成员既担负起领导责任，又努力当好标杆，带头讲好党课、带头学习研讨、带头调研实践、带头解决问题，带动市总工会党史学习教育纵深推进。对各支部、党小组和各直属单位实时督促、分类指导，确保党史学习教育不走过场，尽好责、抓到位、见实效。

立足学党史要往深里走的定位，市总工会紧扣市委部署，落实落细任务，将党史学习教育各项任务统筹规划，制订了《中共阳泉市总工会党组关于开展党史学习教育的实施方案》《市总工会党总支关于开展党史学习教育的实施方案》《市总工会党史学习教育宣传工作方案》《市总工会关于开展“我为群众办实事”实践活动的工作方案》《市总工会“五一”志愿服务队开展学党史志愿者服务活动的工作方案》等，明确内容要求、重点措施，细化工作进度和时间安排。与此同时，认真推进落实市委巡回指导组工作要求，及时组织实施，保质保量完成。按照市委党史学习教育工作安排，市总工会党组开展集中学习8次、专题研讨7次，举办县处级以上领导干部专题读书班2次，党总支开展专题学习7次、专题研讨6次，党组织书记讲党课3次，领导干部进企业、进车间、进班组开展党史学习教育宣讲6次，机关各党小组按照支部学习安排开展每周一学活动共31次，老干部支部坚持每月开展集中学习1次。及时跟进学习习近平总书记“七一”重要讲话精神和省市党代会精神，市总工会组织107名党员干部、入党积极分子和各级工会党员干部以看、听、读、写、议等多种方式，学用党史学习教育4本指定书目和习近平总书记重要讲话重要指示、关于工人阶级和工会工作的重要论述，进一步提高了政治素质、理论素养、政策水平和实际工作能力，做到了党史学习教育高质量、全覆盖。

市总工会党组书记、常务副主席程继喜说，学党史要用心用情，以高度的政治责任感和真学实学的态度投身其中，认真全面地学习党的理论探索史、党的不懈奋斗史、党的自身建设史、党的政治锻造史和党的践行初心使命史，深入学习老一辈革命家优良传统和作风，做到学史明理、学史增信、学史崇德、学史力行，进而提升自我，更好地服务工作。

二、学以致用，用以促学

“在党史学习教育中，市总工会坚持‘学以致用、用以促学’的原则，将党史学习教育的体会和成果应用到实际工作当中，推动工会各项常态化工作‘更上一层楼’。”程继喜说。

党史学习教育开展以来，市总工会举办“中国梦·劳动美——永远跟党走 奋进新征程”庆祝中国共产党成立100周年系列活动，运用工人文化宫、职工文体活动示范基地、职工书屋、职工电子书屋、工会微课堂等平台，广泛开展党史知识竞赛、主题征文、主题阅读、主题朗诵、书画大赛等职工喜闻乐见的活动，通过送图书到基层、微视频展播等方式，发挥宣讲队伍、文体骨干作用，推动党史学习教育走近职工身边、走进职工心里。在“送党史图书到基层”主题活动中，为全市挂牌命名的全国职工书屋、市级职工书屋、职工阅读角以及市总工会命名的“党的创新理论”宣讲示范站（点）共计500余家配送精选的党史学习教育主题系列8册图书各一套。开展传颂红色经典全市职工朗读大赛和建党百年重大工运事件重要工运人物寻访展示活动。充分利用阳泉工会新媒体矩阵和办公楼电子屏等各类阵地，开设党史学习教育宣传专栏。

围绕中国共产党“从哪里来、到哪里去、为了谁、依靠谁、我是谁”这一主题，市总工会组织党员干部赴狮脑山百团大战纪念馆、平定七亘大捷战场遗址、中共创建第一城旧址开展“传承红色精神 凝聚建功力量”主题实践活动。以“阳泉工会大讲堂”形式举行2场学习会，邀请深圳市恒晖公益基金会理事长、清华大学公共管理硕士、湖北省巴东县原县委书记陈行甲，作《与中青年干部谈初心》的主题讲座，邀请南开大学马克思主义学院教授、博士生导师、全国党的建设研究会特邀研究员张健作《胸怀千秋伟业 恰是百年风华》主题报告。

“通过学党史，我们的政治素养、业务水平和服务职工群众的能力都得到了极大提升。”市总工会的干部职工有着自己切身的感受。

市总工会举办阳泉市“五小”竞赛优秀成果展，集中展出我市2017年至2020年获得省、市表彰的86项“五小”竞赛优秀成果，涉及煤炭采掘、电力供应、教育医疗等多个行业领域，5天展期参观人数万余人；举办职工书画大赛暨书画名家作品联展，展出125幅职工书画作品和12位全国书画名家作品；举办“学习百年史·奋进新征程”主题线上党史知识竞赛活动，吸引全市22484名职工参与，累计答题88843人次；举办全市职工视频剪辑基础制作培训班、书法技能提升培训班和文体骨干国画培训班3期培训班，共培训文体骨干200余人，为职工打造丰盛文化套餐；举办“送红色经典到基层”主题活动，在全市重点工程项目工地举办10场《纵情歌唱伟大的党，晋腔晋韵庆百年》大型晋剧演唱会。常态化做好“四季送”工作，在“情系职工、清凉一夏”慰问活动中，市总工会领导带队分12组赴32家单位企业送去4000份共计价值57.6万元的慰问品。

三、办实事，解难题

“学党史，要往‘实’里干，要坚决克服形式主义、官僚主义，进一步强化责任担当，发扬务实进取和开拓创新精神，结合工会工作的具体实际，将学习成效转化为工作动力，切切实实为职工办实事、解难题。”张永忠说。

在党史学习教育调研实践中，市总工会班子成员带队分6路，按照调研方案和实施计划，结合“我为群众办实事”实践活动、“工会进万家”调研走访慰问活动，围绕职工群众“急难愁盼”问题以及基层工会、职工群众最关心、最直接、最现实的利益问题和市总工会十六届四次全委（扩大）会议暨党风廉政建设工作会议部署落实情况，选定调研题目、列出办实事项目清单，深入县区、产业、华阳集团等48家基层工会，通过调研、宣讲、走访、座谈等多种形式，切实为职工群众做好事、办实事、解难事，推动调研成果深度转化。

职工有需求，工会有回应。市总工会为特困职工在生活用水、煤气、取暖和电视有线收视费等方面减免50%的费用，并于2021年7月份为每户特困职工发放救助金1200元，9月份每户发放生活救助金7400元。

按照全市“人人持证、技能社会”建设提质增效工作要求，利用“智慧工会”等线上渠道，市总工会面向全市职工特别是农民工、城市困难职工、下岗失业职工等重点群体开展“订单式、普惠式、帮扶式”职工职业技能培训。

市总工会组织开展“建功‘十四五’，奋进新征程”主题劳动和技能竞赛、“五小”竞赛成果展以及各类职工岗位练兵技术比武活动。与我市相关部门联合举办各类技能竞赛，进一步激发全市职工学练技能、比学赶超、干事创业的积极性。

为环卫工人、出租车驾驶员、快递员、送餐员、城管执法、交通警察等从事户外作业的劳动者提供饮水、就餐、休息、如厕和在线帮助等服务，使户外劳动者能够在辛苦工作期间体会到“家”的温馨，市总工会按照省、市关于“户外劳动者爱心驿站”建设要求和“科学规划、合力选址、节约资源、方便职工”的原则，重点在我市城区、矿区、郊区3个市辖区内推进该项工作的开展，建立50家市级“户外劳动者爱心驿站”。其中，通过验收的省政府级“户外劳动者爱心驿站”9家、省级“工会爱心驿站”19家。

选树阳泉工匠，在全市营造劳动光荣、技能宝贵、创造伟大的社会氛围。市总工会深化职工创新工作室创建，充分发挥品牌示范和引领作用，推动职工创新创造阵地提档升级。组织市总工会机关“五一”志愿服务队进社区、进定点扶贫村开展义务劳动、义务植树活动。

为丰富基层职工文化生活，市总工会举办“中国梦·劳动美”送文艺到基层巡演活动，走进工地、车间、社区演出70余场次，并前往定点扶贫村平定县柏井镇白灰村演出《五世请缨》《包青天》《清风亭》3场传统戏曲，助力乡村文化振兴。在职工群众聚集地建立职工文体活动基地，提供足球、篮球、乒乓球、羽毛球、网球、游泳以及戏曲培训、声乐培训等免费活动项目。在全市各基层工会推广建设职工书屋、职工阅读角，投运阳泉职工电子书屋，进一步扩充职工书屋服务内容、延伸职工书屋服务阵地。在“阳泉工会”APP上开设书法、戏曲、瑜伽、心理疏导、视频剪辑制作、剪纸、面食制作等课程，为全市职工会员提供免费在线服务。

“进职工电子书屋看书，在‘就在家旁边’的职工文体活动基地打球，到‘阳泉工会’APP上兴趣课……”华阳集团职工张爱华说他现在的文化生活越来越丰富多彩，而这得益于市总工会服务职工的给力“办实事”。

为持续贯彻落实《女职工劳动保护特别规定》《山西省女职工劳动保护条例》和《关于加快推进母婴设施建设的实施意见》，解决好女职工特定生理期面临的困难和问题，切实发挥妈咪小屋作用，营造母婴友好的社会环境，市总工会和市卫生健康委员会在全市继续开展妈咪小屋建设工作，依托妈咪小屋为女职工举办亲子教育、孕期保健、哺乳期培训、产后恢复、心理疏导、瑜伽练习、读书学习等活动。2021年，全市共建立妈咪小屋16家，评定五星级9家、四星级7家，其中有6家被评为省总工会示范妈咪小屋。为贯彻落实党中央关于优化生育政策的各项决策部署，帮助女职工解决生育后顾之忧，进一步推动工会女职工组织做实做细三孩生育政策下女职工维权服务工作，市总工会在全市推动开展工会爱心托管工作。2021年，全市共开办工会暑期、课后爱心托管班13个，共托管职工子女569名，惠及职工1138人，真正做到了工会爱心托管使职工放心、孩子开心、社会安心，赢得了职工群众的充分认可和高度赞誉。

职工医疗互助系统实现了线上办理，最大限度地实现了“数据多跑腿、职工少跑腿”。阳泉市第十六期职工医疗互助活动为3496名职工发放了1174.5万元补偿金。市总工会聘用资深心理咨询师，为职工提供人际沟通、情绪管理、婚姻家庭等方面的免费心理咨询辅导与服务，对全市有关单位进行团队心理疏导。已为126名职工提供“一对一”心理咨询，为6家企业近

630名职工提供心理团训服务。依托“阳泉工会”APP，在五一、暑期、十一等时间节点，通过购买社会服务，签约工会普惠商家，开展教育培训类、商品消费类、文体活动类等多领域职工普惠活动。已开展3次普惠活动，发放各类满减券76000张。为困难职工子女发放救助金，缓解上学难问题，为106名困难职工子女发放金秋助学金64.66万元。为农民工提供免费法律咨询、劳动争议调解、代书、代理等公益法律服务，促进劳动关系和谐稳定。

市总工会开展“工会进万家”调研走访慰问活动，对70周岁及以上的全国五一劳动奖章获得者、省劳模共151人每人发放1000元慰问金。深入开展“工会进万家·新就业形态温暖行动”，在已经建立快递业、大货车司机工会组织的基础上，组建全省首个阳泉市建筑装饰业工会联合会，举办全省首次阳泉市货车司机驾驶技能大赛；帮助解决新就业形态劳动者“急难愁盼”问题，开展了送思想文化、送法律知识、送技能提升、送温暖关爱、送工作岗位、送身心健康、送平安保障“七送”活动，为新就业形态劳动者提供多样化暖心服务。

……

“为了职工所需，我们全力以赴。”张永忠说，“学党史、悟思想、办实事、开新局——我们每一位工会人将不负时代、不负使命。”

党建引领提质效　踔厉奋发新时代

国家税务总局绥德县税务局

2022年以来，国家税务总局绥德县税务局按照税务总局“抓好党务、干好税务、带好队伍”总要求，紧紧围绕省局、市局“八个方面”工作部署，通过高质量党建引领带动各项工作守正创新，以绥德作为西北革命策源地，点燃了陕北革命的熊熊之火为蓝本，围绕“红星闪闪照税月　绥州铁军铸税魂”理念，确立了“绥州星·税月情　”党建品牌，利用“一心二融三争创”工作机制，让每一名党员成为一团星火，为税收事业发展注入源源不断的“红色力量”。

一、一颗红心向党旗，以初心使命凝心聚魂

在学习中创优“三个课堂”。发挥党委理论学习中心组“先锋课堂”领学促学的“头雁”作用，在中心组学习中加入青年干部讲党史、会前学廉、学法、学纪、绥税青锋大讲堂等内容，通过党委委员、分局股室负责人、青年干部轮流领学，发挥以上率下作用，凝聚上下工作合力，切实提升基层党建水平。做优全体党员“集中课堂”，在会前形成学党史的常态化机制，分类分级开展干部专题培训，目前已开展大讲堂之习近平总书记系列讲话（节选）、党建品牌创建、留抵退税、等内容；做亮青年干部“青春课堂”，开设“青税夜校”，开展青年大学习六期，开展系列“赓续红色血脉　兴税强国有我”主题实践活动，组织青年干部参观绥德革命历史纪念馆、中共绥德地委旧址，共同缅怀革命先烈、弘扬革命精神。开展“品读家国情　青春书华章”红色家书分享活动、“严管就是厚爱”青年干部红色警示教育活动，组织以青年行、讲、读、拍、诵为主的“精彩青春　活力税务”读书论坛、“以梦为马　不负韶华”青年读书沙龙活动。编发“《意见》落实大家谈”、好书推荐、“选育管用干部青年谈”等书册，以青春力为基层工作的提升建言献策。

二、党建业务两相融，以使命履职担当

在推进党建品牌创建的同时，联合妇联、团委赴红色教育基地“北国风光”开展“传承基因　见证初心”主题党日联建活动；参加县直机关“学党的历史　展绥德风采”党史知识竞赛，从49支队伍中脱颖而出，荣获二等奖；参加县“同心向党旗　奋进新征程”健步走活动，充分展示了税务干部参与省十七运的热情和良好的精神面貌。与县委组织部赴绥德地委旧址、绥德革命历史纪念馆共同开展党性教育，让红色基因融入血脉，激发干部释放正能量。积极探索“党

建+”特色项目，推动党建与业务的双促双融。在“党建+纳税服务”项目中，成立“税小青”青年志愿宣传队，先后联合开展进校园、进社区、进乡村、进企业系列税收宣传、业务讲座、党史学习、共解难题等活动。县局党委主动走访县域内多家银行，建立“一把手”联络机制，增设“税银驿站”，走进企业，在发放“A级纳税信用”金牌的同时开展“局长帮您解难题”系类活动，促进本年度“银税贷”金额翻倍。在“党建+从严治党”项目中，组织党员干部赴郝家桥革命历史纪念室开展反腐倡廉教育，举办廉洁文化知识竞赛，开展“廉洁文化进校园”“严管就是厚爱”主题教育活动。在“党建+退税减税”项目中，从股所择优挑选骨干成立“退税减税党员专班”，确保精锐出战，加班加点，助力退税减税政策“快准稳好”落地。精选税管家，创建“绥税管家”税企联动党建特色，为全县投资24亿元的66个重点项目配备了税务管家，通过开展“税企共建助发展”系列主题党日活动，让“绥税管家”党建品牌成为企业的“护航员”。在“党建+干部培养”项目中，与“王大姐工作室”支部特色创建结合，针对重点工作，先后成立“《意见》落实工作专班”“网络货运尖锋突击队”等，将急难险重工作作为历练青年干部的“大熔炉”。举办“薪火相传，师徒帮带”结对活动，通过导师言传、手帮、身教的形式，带思想、带业务、带作风。打造“青税夜校”平台，以“领导讲+骨干谈+青年悟”为主线，帮助青年干部尽快提高素质能力、成长成才。

三、统筹部署选先进，以奋斗书写华章

在“三争创”工作机制的推进中，不断激励干部担当作为，形成争做党员先锋，争当先进典型，争创红旗党支部的良好氛围。党支部每季度择优设置1个“党员先锋”流动岗，县局根据支部特色打造的进度与成果，结合进一步深化税收征管改革的落实、标准化建设、减税降费落实情况、纳税服务水平等指标每半年在党支部间评比“红旗党支部”。充分发挥党员的先锋模范作用，召开2022年度城乡居民基本养老保险征缴工作安排部署会，各支部党员干部闻令而动，勇挑重担，立即对接各管辖乡镇，严把时间节点，全面铺开征缴工作。成立了“陕税星耀”退役军人志愿者服务队，在战“疫”关键时刻支援社区疫情防控工作，为抗疫队伍增添了一抹鲜亮的“税务蓝”。融合标准化要求，积极打造第一分局党支部特色——王大姐工作室2.0版，采用“个人领衔+团组服务+全线运作”的一站式服务模式，发挥党员示范引领作用与先进典型示范引领作用，做优服务。2022年，第一税务分局获得“省级三八红旗集体”荣誉称号，团支部获得县级五四红旗团支部荣誉，青年干部获得县团委敬业好青年、绥德好人等荣誉。

奋斗未有穷期，行者永不止步。绥德县税务局将始终坚持以党建工作为引领，不断激发党员干部的“红色能量”，保持“归

零”心态、拿出“赶考”状态、开启“奋斗”姿态，辛勤耕耘、勇往直前，以实际行动践行党的二十大的精神。

发挥党组织优势　打赢脱贫攻坚战

中共贵州省印江土家族苗族自治县中医院委员会

2018 年以来，医院党委按照县委、县政府关于打赢脱贫攻坚战的决策部署，围绕大局，履职尽责，狠抓落实，着力开展好脱贫攻坚精准扶贫结对帮扶工作，切实抓好健康扶贫，充分发挥党组织的战斗堡垒作用和党员的先锋模范作用，较好地完成脱贫攻坚工作任务，2019 年被市委表彰为脱贫攻坚先进党组织。

一、落实主体责任做扶贫工作“主心骨”

医院党委高度重视精准扶贫工作，把精准扶贫、健康扶贫作为党建工作的重要内容和目标任务，做好计划，抓好落实。由党委书记亲自抓脱贫攻坚工作，按照上级党委的统一部署，紧紧围绕“一达标、两不愁、三保障”，把握“六个精准”，落实“五个一批”，把责任扛在肩上，把任务放在心上，强化党员带头引领。医院党委进行统筹安排，在讲清目标、理顺思路、提升认识的基础上，成立了由党委书记任组长，分管院长任副组长的领导小组，积极助力脱贫攻坚。既发挥医疗扶贫的功能，也发挥党员干部的先锋模范带头作用。

二、坚持党建引领，助推脱贫攻坚

（一）突出党的建设，坚持思想引领

积极联系帮扶村村委会，完善办公室设施，巩固党组织活动阵地，为凝聚党员、服务群众提供有力保障。与沙子坡镇竹元村党支部建设联建党支部，为竹元村村委会购置电脑、复印机、打印机、床上用品，共计金额 2.85 万元。为楠木坪村解决村级食堂维修资金 2 万元。依托党建阵地强化宣传引导，召开大小会议 20 余次，各类扶贫知识培训 10 次，累计培训帮扶干部和群众共 300 余人次。通过大力开展“不等不靠、艰苦奋斗”“精准扶贫不是养懒人”等思想宣传，不断增强贫困群众脱贫致富的信心。

（二）突出帮扶责任，确保帮扶到位

按照县委安排医院结对帮扶 152 户，医院党委高度重视及时召开了会议，对脱贫攻坚工作做了安排部署，将脱贫攻坚工作纳入党建工作计划，并制订了帮扶工作方案。按县委要求选派 5 名优秀业务骨干到缠溪镇（楠木坪村、新阁村、驷马村、周家坳村、柳塘村）开展驻村工作，

担任第一书记3人，驻村工作队长2人。帮扶缠溪镇楠木坪村、新阁村、驷马村、周家坳村、双龙村，组建了43名中层以上党员干部帮扶队伍，成立了9个帮扶小队，每个帮扶小队中的院党委班子成员或党支部书记任队长，负责缠溪镇楠木坪村、新阁村、驷马村和沙子坡镇石坪村、红星村、炉塘村、天星村、池坝村、竹元村共计9个村的结对帮扶工作，按照规定组织帮扶队伍到贫困群众家中开展帮扶、慰问等活动。为充分体现党员先锋模范作用，9个帮扶小队在党员队长的带领下入户开展脱贫攻坚工作，按照“一达标两不愁三保障”标准逐户核对，参与“四改一化一维”、项目实施（连户路、组组通公路、产业、亮化）、环境整治、政策宣讲、连心会、院坝会等工作，与村党支部联合开展“支部活动日”活动和讲习活动。宣传精准扶贫政策，提升群众知晓率。并对他们当前的生产生活情况进行了详细询问。根据帮扶一定三年不变，对象不脱贫、结对不脱钩、帮扶不走人的原则，确保了“真扶贫”，做实精准扶贫帮扶工作。

（三）加强党建经费投入，真诚扶贫帮困推动脱贫攻坚

2018年以来医院党委认真贯彻落实县委、县政府脱贫攻坚工作要求，积极开展脱贫攻坚工作，在医院资金困难的情况下，克服困难累计为脱贫攻坚工作投入资金80万多元，主要用于为缠溪镇、沙子坡镇的帮扶村和结对帮扶村以及医共体区域的部分贫困村，解决村办公经费，购置电脑、打印机、会议室电视显示屏，食堂维修、卫生室修缮、村文化广场建设，为贫困户购买四件套，为缠溪镇脱贫攻坚一线所有驻村干部（县、镇、村）免费体检202人，开展健康扶贫义诊活动，减免药品、治疗费、检查费等。积极落实农产品进医院工作要求，医院干部职工购买贫困群众自己生产的猪肉、鸡蛋等农产品共计3万余元。认真落实关爱脱贫攻坚一线干部政策，按照县委组织部的要求，累计对全县脱贫工作干部健康体检1670人次，体检费在正常收费标准基础上按照50%收取，体检费用优惠80万余元。

三、发挥党组织在健康扶贫中的战斗堡垒作用

（一）立足行业优势，开展健康扶贫

院党委发挥以针灸为首的传统中医药治疗优势，积极安排医务人员免费为贫困群众义诊，在进村入户开展为贫困群众把“经济脉”的同时，为他们把好“健康脉”，开展健康诊查，并提出切实可行的治疗意见，捐赠药品，资助看病钱，以期他们能以更好的身体状况来支撑更好的帮扶成效。

医院党委还以开展“支部活动日+健康扶贫”义诊活动为契机，在脱贫攻坚任务繁重的情况下，积极组织开展健康扶贫义诊活动，由医院党委组织党员志愿服务队，结合每月支部活动日，在全县各个乡镇和贫困村多次开展大型义诊活动，耐心细致地为前来就诊的群众分析病情，详细讲解、指导用药，进行心理疏导，认真解答常见病、多发病的预防诊治问题。开展包括心电图、血压、血糖等的体检，发挥中医优势现场为患者进行针灸治疗，免费发放药品，宣传卫生保健、健康教育等知识，增强老百姓的卫生保健意识，提高大家的防病治病能力。2018年以来共计开

展活动40次，派出医务人员380余人次，免费接收患者咨询及诊治患者7500余人，发放宣传资料8600余份，减免各项检查费、治疗、药品费13万余元。邀请北京名老中医刘景源传承工作室到我院开展健康扶贫学术讲座5场次约1200人次参加，义诊18场次。深入缠溪镇、洋溪镇等医共体成员单位和沙子坡镇进村入户为贫困户办理残疾证以及慢性病证明1000多人次。实现了基层党建和健康扶贫齐推共进，党建与业务工作深度融合，深刻领会党的十九大精神内涵，用实际行动践行初心，充分发挥了医疗卫生工作在保障农村困难群众基本生活方面的作用，减轻了贫困群众的看病就医负担，使贫困人口在家门口享受党政府的温暖，幸福感和获得感大大提升。

（二）认真落实家庭医生签约工作、大病专项救治工作

积极开展家庭医生签约，组建了院医共体家庭医生签约县级服务团队，以建档立卡贫困户、老年人及其高血压、糖尿病等慢性病为重点进行全方位的签约管理，总计派出23人分别派驻洋溪、缠溪、峨岭、罗场、新寨、朗溪、杨柳、合水镇、经开区9个乡镇，担任县级签约家庭医生，开展医疗健康扶贫及家庭医生签约服务。医院党委班子成员带领各自家庭医生团队成员每月不定期不定时到贫困户家中进行健康检查，免费送药并有针对性地进行健康教育宣传，对那些因病致贫的村民提出医治建议。

（三）建立绿色通道，提供医疗保障

医院作为全县脱贫攻坚医疗保障的关键部门，院党委深知责任重大，开通了精准扶贫患者就诊绿色通道，制定就诊流程，对需要住院治疗的精准扶贫患者，由科室管床医生或者护士协助办理住院记账登记手续；建立精准扶贫“一站式”服务窗口，实行“先诊疗、后付费”，将患者入院记账、出院结算、新农合基本医疗保险、新农合大病保险、保险公司大病补充医疗保险及民政救助的办理在“一站式”服务窗口完成；公布“精准扶贫患者就诊流程”，悬挂“实施健康扶贫，助力脱贫攻坚”横幅等，加大政策宣传力度。

（四）帮助提高医共体单位医疗技术，更好地服务基层群众

制订了对口帮扶医共体乡镇卫生院的目标计划，并组建医疗团队到各乡镇卫生院及脱贫攻坚结对帮扶村和相关部门需要医疗帮扶的结对帮扶村开展了巡回医疗服务。与所辖的9家医共体成员单位签订了“组团式”帮扶协议，依托东西部协助帮扶和三级医院对口支援工作，组团到医共体成员单位开展坐诊、查房、讲座9次。建立医共体工作交流微信群，及时了解急需转送病人信息和提供应急处置危重病人的技术指导。加强对口帮扶工作，选派15名骨干医务人员到朗溪、缠溪、洋溪等医共体成员单位集中开展对口帮扶工作3个月，开展坐诊、查房、知识讲座、技术指导，累计服务门诊患者2600余人次，服务住院患者500余人次，专题知识讲座5次；免费接收医共体成员单位医务人员到我院进修学习12人次，推广中医药适宜技术5项，提高了乡镇卫生院医务人员的整体水平，能更好地服务基层群众。

党史学习教育亮点纷呈

国家税务总局成吉思汗陵旅游开发区税务局

自党史学习教育开展以来，国家税务总局成吉思汗陵旅游开发区税务局迅速行动，精心部署，开展了形式多样的联学共建活动，内容丰富，亮点纷呈，不断推进党史学习教育走深走实。

一、“快”：笃行致远，迅速掀起学习教育热潮

党史学习教育动员大会召开后，该局立即召开专题会议，深入学习领会习近平总书记重要讲话精神，并对学习教育进行再动员再部署。及时成立党史学习教育领导小组，统筹鄂尔多斯市税务局和成吉思汗陵旅游开发区管委会关于开展党史学习教育的实施方案，细化任务清单，力争做到“规定动作到位，自选动作出彩”。

通过学习与研讨结合、集中与自学互补、线上与线下相促等方式，该局充分利用党委理论学习中心组、青年理论学习小组、党员大会、党史微党课、支部书记讲党课和观看红色电影等多种形式，全力引导党员干部学好党史、新中国史、改革开放史、社会主义发展史和新中国税务史。目前，全局参加成吉思汗陵管委会党史集中学习会 9 次，宣讲团成员讲党史活动 1 次，党史专家讲党史活动 2 次，开展“看电影、学党史”活动 2 次。

学党史，读党史，讲党史，听党史，谈收获……如今在成吉思汗陵旅游开发区税务局时时处处都能感受到浓浓的党史学习教育氛围。

二、“新”：创新形式，不断增强学习教育实效

搞好党史学习教育，起点在学，亮点在新。成吉思汗陵旅游开发区税务局聚焦创新学习形式，开展多层次联学促学，取得良好成效。

每月初，伴随着雄壮的国歌，鲜红的国旗冉冉升起，全体干部职工在国旗下认真学习党史，畅谈心得体会，分享感悟收获。该局建立“党史知识每日一题、每月一测”学习机制，将学习教育常态化、长效化。聘请该局唯一一位退休老党员担任党史学习教育义务辅导员，开展老党员口述党史税史家风活动。每日上下班前后半小时在办公区播放红色经典歌曲，传承红色基因，厚植爱国爱党情怀。联合开展了学雷锋日专题活动暨党员进社区和“学党史，祭英烈”主题党日活动。

党史学习教育中，该局还结合自身实际，开展铸牢中华民族共同体意识教育，结合民族团

结进步示范单位创建活动，与单位蒙古族干部职工开展“结对子”“一家亲”等联谊交流活动，营造各族干部职工共业、共事、共学、共乐的浓厚氛围。

三、“实”：以学促用，有力落实“我为群众办实事”活动

坚持党建引领，推出“党员网格化便民办税服务联系卡”，每户纳税人直联一名党员税干，随时可就涉税咨询、疑难问题解答等涉税事项联系党员网格员，做到点对点精准辅导。

对辖区内管户进行 100% 全覆盖上门走访，对税收政策、个人所得税汇算及电子税务局进行细致辅导，帮助纳税人扫除盲点、吃透政策，最大限度拉近征纳距离。组织 10 余名青年税干走进 AAAAA 级旅游景区——成吉思汗陵旅游景区，开展“税收宣传进景区之我为纳税人缴费人办实事”活动，共计发放税收宣传资料 800 余份，接受政策咨询近 100 人次，营造了良好的宣传氛围。

同时，组织党员深入伊金霍洛镇布拉克二社 68 户农牧民家中，逐户了解他们的所需所盼，征求民生问题近 100 条，及时反映给当地政府。并确定一名党员联系 5 户农牧民，积极跟进问题解决进度，真正做到为群众谋福祉、办实事。

在党史学习教育中，成吉思汗陵旅游开发区税务局扎实推进，主动创新，通过开展丰富多样的活动和创新方式方法，真正把党史学习教育开展得有声有色、入脑入心，取得了实实在在的成效

汲取党史力量 点燃红色引擎

江苏省涟水县住房和城乡建设局

2021年，涟水县住建局认真贯彻党史学习教育的有关要求，从党的百年奋斗历程中赓续红色血脉，传承艰苦奋斗的精神、砥砺责任担当的品质、激发思想解放的活力、淬炼敢为人先的胆识，在“苦干新五年、冲刺百强县”新征程上奋力谱写住建系统新时代跨越赶超新篇章。

一、上好课，赓续红色血脉

坚持把学习习近平新时代中国特色社会主义思想贯穿始终，精心制订学习计划，明确时间节点、学习篇目、学习形式等要求。

一是上好必修课。通过局党委理论学习中心组专题学习、“三会一课”等多种方式，集中学习习近平总书记在党史学习教育动员大会上的重要讲话精神、习近平总书记“七一”重要讲话精神，深入学习习近平《论中国共产党历史》等指定著作。围绕专题局党委理论学习中心组集中学习研讨13次。局各党支部同步开展集中学习。该局所有领导干部都以普通党员身份参加所在党支部组织生活。

二是上好自修课。配发1200套党史学习指定教材，组织全员自学、深学悟透。发挥“学习强国”平台功能，引导党员干部网上自学。在“学习强国”、人民日报客户端、交汇点、《淮安日报》、“醉美五岛湖”、涟水党建微信公众号、涟天下APP等推送党史学习教育稿件40篇，阅读量达60000余次。组织4期党史学习教育知识自测，64人次党员参加，巩固提升了自学效果。

三是上好创新课。走出去，与浙江三建涟水泰和嘉苑项目党支部联合开展党史互动学习、交流，并向其赠送党史学习书籍。请进来，举办“党建促发展 涟台一家亲”活动，协助台企汉门电子（江苏）有限公司成立党支部并邀请其党支部书记及党员代表参加党史学习教育党课活动。

二、办实事，彰显红色担当

聚焦“力行”要求，自我加压，出台《“我为群众办实事”专项实施方案》，提出了5项民生实事项目清单，涵盖居住条件改善、城市品质提升等多个方面。目前，各项实事办理已取得阶段性成效。一是老旧小区改造项目。总投资3000万元，对顺达小区、农行宿舍区、渔厂宿舍楼等10个老旧小区实施改造，改造面积34.16万平方米，惠及居民3024余户。老旧小区改造项目已经全部完成，受到上级部门和广大群众好评。二是城市“绿色小客厅”建设项目。总投资 1430 万元，利用城市边角地块规划建设 6 个城市“绿色小客厅”。城南融媒体中心、荣马大酒店西侧、实验小学西侧、首府国际西北侧、军民休闲广场 5 个小客厅已建设完成，涟中闸北侧游园正在有序推进。三是小区供水设施升级改造。总投资约 450 万元，对城区金色港湾、南城上院、领秀花都等 20 个小区供水泵房进行改造升级，现已全部改造完成。四是黑臭水体整治项目。总投资 1.47 亿元，对城区城北大沟、广陵路等 4 条黑臭水体进行全面整治。五是红色物业创建。全力推进“打造红色物业，助力基层治理”重点党建项目，加强党建引领物业管理工作，打造“红色物业”服务品牌。已成立 1 个物业行业党委和 12 个物业企业党支部，丽晶首府、龙源国际南区两个小区被评为市级“物业红色”示范点，龙源国际南区正在申报省级“红色物业”示范点。丽晶首府、现代名流小区已申报江苏省省级示范物业管理项目，国子家缘、碧桂园申报市级示范物业管理项目。

三、多形式，开展红色教育

为切实推动党史学习教育工作走实走深，该局通过开展丰富多彩的活动，充分调动全系统党员学习党史的自觉性和积极性，达到了以活动促学习、以学习促运用、知党史求奋进的目的，使党员们对党的历史有了更全面、更深刻的了解，进一步坚定了理想信念，把党史学习成效转化为工作的动力和实效，助力住建事业高质量发展。该局组织全局党员干部到成集小延安、周恩来纪念馆等红色教育基地开展实境教育 5 次；观看《上甘岭》《少年周恩来》《长津湖》等党史学习教育影片 4 次；举办党史学习教育知识竞赛、红色经典朗诵等活动 3 次；开展党史学习教育志愿服务进社区、“让雷锋精神在新时代闪光”志愿服务等志愿活动 3 次。

党建引领 工作提质增效

国家税务总局涉县税务局 冯晓伟 张昆明

2022年以来，国家税务总局涉县税务局成立青年志愿服务队，156名志愿者参加，积极参与到疫情防控、退税减税政策服务、义务植树、文明交通等公益活动中，受到群众欢迎。

——而这是涉县税务局打造“红铸涉县 税耀太行”党建品牌，助推各项工作提质增效的一个缩影。

河北涉县是红色革命老区，拥有深厚的红色税收文化积淀，涉县税务局以创建“红铸涉县 税耀太行”党建主品牌为契机，深入落实税务系统纵合横通强党建机制制度体系要求，传承红色基因，弘扬优良传统，推进党建与业务深度融合。

该局精心打造“1+13”党建品牌矩阵，按照“一单位一品牌、一支部一特色”工作思路，全局13个党支部融合各自地域特色、业务特点和工作亮点，创建“扎根井店 旗红税蓝”“记忆索堡 税史传承”等支部党建分品牌；精心完善党员教育和活动阵地，加强晋冀鲁豫边区税务总局旧址文物保护，建立税收文化大讲堂、党建荣誉馆、党建文化长廊等载体，先后举办税收文物展览、青少年税史税法课堂、党的二十大精神宣讲等活动；组建“红黄蓝”团队，即“红色”党员先锋队、“黄色”志愿服务队、“蓝色”春风行动服务队，充分发挥党员干部先锋模范作用，开展“支部亮品牌、党员亮身份、工作亮绩效”行动、“便民办税春风行动”“三个一点”（态度好一点、办事快一点、满意多一点）文明服务活动等，有效增强了党建工作的凝聚力战斗力，税收事业实现高质量发展。

在2021年全国纳税人满意度调查中，该局名列全国县级单位第五、全省县级单位第一；先后荣获河北省文明单位、河北省脱贫攻坚先进集体、河北省爱国主义教育基地等称号；“红铸涉县 税耀太行”品牌被邯郸市直工委评为“邯郸市机关优秀党建品牌”。

发挥党建引领作用
助推医院发展行稳致远

四川省旺苍县人民医院

近年以来，旺苍县人民医院党委，坚持以党建为引领，狠抓党的建设，党建工作在思想建设、组织建设、作风建设等方面呈现出新的亮点。

一、抓住思想建设这个根本，铸就绝对忠诚的政治品质

医院党委充分重视理论武装，始终将思想政治教育这个根本贯穿在党员教育的始终。一是创新学习方式。注重将传统的学习方式和现代信息技术结合起来，采取集中学、会上学、领导讲和自主学、网上学、党员谈的方式结合起来，用好中心学习组学习、夜读会、每周一次支部学习会议等平台，组织大家开展政治学习，努力营造政治上讲规矩、思想上求进步、工作上勇担当的良好氛围。党委班子平均每年集中学习 12 次以上，各基层支部分别开展集中学习 10 次以上。二是拓展学习内容。除组织支部党员干部认真学习习近平新时代中国特色社会主义思想和党的十九大及十九届历次全会精神，省委十一届四次、五次全会精神外，还特别注重引导大家学习各级各部门印发的文件文稿，尤其是医疗系统发布的最新政策方针，引导大家积极投入到医院发展中来。三是注重学习效果。拓宽领导点题、党员自主选择、组织派餐等精神食粮获取渠道，将理论学习和工作推进统筹起来学习。通过学习，全体党员的理想信念更加坚定，思想政治素质及科学文化素质、业务素质显著提高，达到了学以致用的效果。

二、抓住队伍建设这个重点，造就业务精良的战斗集体

医院坚持“两抓”，注重“双向培养”，把队伍建设和业务工作统筹起来，做到既抓党员队伍建设不松手，又抓业务工作落实不掉队。一是抓组织建设。党员发展是我们党的一项基础性、日常性的工作，支部既注重将业务骨干、工作能手培养成为党员，又注重将党员培养成为业务骨干、工作能手。我们积极培养积极分子，广泛征求党员群众意见，积极组织召开支部大会进行讨论。二是抓素质提升。党委充分利用各种形式、各种机会开展思想碰撞、观念交流、业务研讨、工作协调等强化对党员的学习教育。近年来，采取“佩戴党徽亮身份”“党员定岗服务”，

开展“三亮三比三评”活动。党建品牌创建等活动，培养党员不忘初心、牢记使命，主动担责，敢于在困难面前亮身份、敢于在工作中肩重担的操守，全院党员的整体素质不断提升。三是抓制度执行。始终坚持组织生活会制度和民主评议党员制度。支部按照要求认真开展组织生活，每半年召开一次专题组织生活会，引导党员对照党的各项要求和中心工作要求，认真抓好督促整改落实工作。保证了党员组织队伍得到不断优化。

三、抓住作风建设这个关键，营造风清气正的干事氛围

医院党委始终将作风建设作为党建工作的关键来抓。一是主动服务。医院进一步转变职能，强化服务型党组织建设，始终坚持“服务发展、服务社会、服务患者”理念，不断改进工作作风，增强服务意识，树立良好形象。二是强化教育。通过开展法规教育、观看警示教育片、重温入党誓词等廉政活动，进一步筑牢党员拒腐防变的心理防线。三是注重监督。充分发挥制度约束和群众监督作用，主动公布联系方式，积极听取群众意见，切实加强对党员的监督管理。党委采取纪律委员定期报告制度，重点报告对党员遵章守纪监督工作的开展情况，强化对党员的监督。

党史学习教育
赋能“交”“通”“运”“输”

江苏省常州市交通运输局

习近平总书记在庆祝中国共产党成立100周年大会的重要讲话中指出，以史为鉴、开创未来，必须团结带领中国人民不断为美好生活而奋斗。党史学习教育开展以来，市交通运输局围绕“学史明理、学史增信、学史崇德、学史力行”总要求，高标准组织、高质量推进，引导教育广大党员干部，在学党史中感悟思想伟力，汲取精神力量，为打造长三角中轴枢纽、现代化物流中心，推动常州“争当表率、争做示范、走在前列”贡献交通运输力量。

一、“交”，学史明理，交出一颗学史爱党之心

开展党史学习教育，交通运输行业全体党员干部将常修忠诚的爱党之心作为第一要务，深刻认识在交通运输行业开展党史学习教育的重要性、必要性，切实把思想和认识统一到中央决策部署上来，紧紧围绕“学懂、弄通、做实”这个目标，通过领导带头率先领学、系统导学、代表座谈分享互学、专题党课宣讲教学和专题组织生活会集中研学等方式，切实增强开展党史学习教育的针对性、精准性，线上线下共创学习阵地，走出一条具有交通特色的学史之路，交出一颗忠诚坚定的爱党之心。

二、“通”，学史增信，打通一条共同提升之路

学史增信，就是要增强对马克思主义、共产主义的信仰，增强对中国特色社会主义的信念，增强对实现中华民族伟大复兴的信心，交通运输行业各级党组织教育引导广大党员、干部从建党百年奋斗中感悟信仰的力量，始终保持顽强意志，勇敢战胜各种重大困难和严峻挑战。例如通过举办文艺会演、道德讲堂、读书交流，激发广大交通运输行业党员干部职工爱党爱国爱社会主义的深厚情怀，不断增进政治认同、思想认同、理论认同、情感认同；通过举办党史知识竞赛、演讲比赛、歌唱比赛等竞赛类活动，“以赛促学、以赛促进、学赛结合”，不断引导全市交通运输系统党员干部在党史学习教育中深刻领悟信仰、信念、信心，在百年党史中汲取强大精神力量，勇于担当作为，坚持奋发有为，加速推进交通运输现代化，为建设长三角中轴枢纽城市当好先行军。

三、“运”，学史崇德，把红色基因运进来

红色基因是历史的积淀，是党史真正厚重之所在，它植根于革命先烈用鲜血染红的泥土中，传承于一代一代人不懈奋斗的事业中，与交通运输行业每一位党员干部情感相连、命运相系，是我们精神的归宿、初心的原点。通过组织交通运输行业党员干部前往革命老区、革命烈士纪念馆、党史馆等地参观学习，邀请老一辈革命家宣讲红色故事，开展重温入党誓词、重走长征路等活动，走进红色历史、培育红色精神、接受党史熏陶，坚定理想信念，引导党员干部在党史学习过程中，向革命先烈们学习，向模范党员们学习，立政德、明大德、守公德、严私德，不断涵养服务人民的公仆情怀、淡泊名利的崇高境界、廉洁修身的道德操守。

四、“输”，学史力行，把教育成果输出去

习近平总书记在党史学习教育动员大会上强调：“要把学习党史同总结经验、观照现实、推动工作结合起来，把学习成效转化为工作动力和成效。”交通运输行业干部职工学习党史同解决实际问题结合起来，深入开展“我为群众办实事”实践活动，在提升城市公共交通服务品质和文明形象、推进农村交通基础设施建设助力乡村振兴、结合旅客多样化的出行需求调整客运班线经营方式、推行运输企业和个人电子证照一网通办和结对帮扶、志愿服务等方面，全力解决群众在交通运输领域“急难愁盼”问题，推动人民满意交通建设落在实处。

坚持党建引领 创优党建品牌

国家税务总局鄂托克旗税务局

鄂托克旗税务局积极有为，多措并举，高质量推进机关党建阵地建设。

一、“1+1+N”工作法，创新税收党建“新思路”

1个中心思想，即“抓好党建是最大政绩”为引领，1个党建品牌，即“税心向党 聚财为民”为着力点，“N”则代表联合各派出机构、各股室、共建单位，包联社区、村等多个部门，强化纵合横通强党建的思想，进一步发挥党建文化聚合效应，不断开创党建工作新局面。

二、强化政治引领，做党和税收事业的“排头兵”

注重强化党员队伍建设，优化作风，结合“我为纳税人缴费人办实事暨便民办税春风行动”中，推出“组合拳式”的系列党建业务融合活动，如“税法宣传进校园，税收知识沐童心”税收宣传活动暨青年理论学习小组活动、“党建聚力 砥砺前行”绿色骑行暨便民办税春风行动等，以支部和青年理论学习小组为载体，让广大纳税人缴费人了解税收优惠新政策、体验便民办税新举措，民众纳税意识和税务部门服务水平得以很大提升，彰显青年税务干部的良好精神面貌。

三、党建品牌树新风，打造党建教育“新阵地”

创建“税心向党 聚财为民”为品牌的国家税务总局准格尔旗税务局党建文化展厅，从“初心使命、知者有节、行者无旷、再接再厉、文明实践、流金税月”六个板块展示了党员权利义务、税务行业楷模、税务精神、风貌、红色教育、税收文化传承。将展厅作为全局党史学习教育主要阵地，着力打造党员活动和党史学习教育为一体的党建综合服务平台。建成以来已累计接待本单位、本系统党员教育3次120余人次。

党建引领 推动医院高质量发展

浙江省湖州市德清县人民医院

浙江省湖州市德清县人民医院是县域内规模最大的公立医院，也是县内最大的医共体“武康健保集团”的牵头医院，2005年通过浙江省二级甲等综合性医院等级评审。医院核定床位800张，设22个住院病区、40多个医疗及医技科室，

为推动医院高质量发展，更好地落实和开展国家卫生健康委“千县工程”县医院综合能力提升工作，2020年，医院正式开启三级乙等综合性医院创建工作。

两年来，医院以党建为引领，三乙创建为抓手，以公立医院绩效考核指标为导向、以人民群众满意为目标，狠抓能力建设和医疗服务质量，成效明显，国家二级公立医院绩效考核成绩优秀，在全省同类医院中名列前茅。

一、突出党建实体化，把支部建在学科上

设立党委—党总支—党支部三级组织架构，深入学习贯彻习近平总书记在党史学习教育动员会上的重要讲话精神，引导广大党员干部把学党史、悟思想、办实事、开新局贯穿党史学习教育全过程，积极打造“学—思—行—学”闭环学习模式，以学促思、以思促行、以行促学，充分发挥科室的支部战斗堡垒作用。激励全体党员干部以昂扬的姿态、饱满的热情投入医院高质量发展的实践中。

二、构建规范管理机制

三乙创建共包括三大类指标，521个条款，对照标准，医院及时修订章程，完善内部管理制度、议事规则、办事程序等，健全权力运行规则，建章立制，确保医院科学高效运行。共修订各类管理制度531条、医疗质量指标177个，成立26个管理委员会并定期召开会议。以此构建起了一个科学、高效、规范的医院内部管理机制。

三、制定科学考核方案

结合二级公立医院考核指标体系，制定以DRG、KPI、成本核算为核心的绩效考核体系，临床一线与工作量、工作质量、难度系数、风险程度等指标挂钩，通过考核主动规范诊疗行为，

调动积极性、保障医院可持续发展。

四、加强综合能力建设

以评促建，以评促升，经过努力，医院医疗服务能力得到快速提升，目前，医院 15 个重点学科中有 8 个达到三甲技术水平、5 个达到三乙技术水平。呼吸内科、心血管内科为浙江省县级医学龙头学科，急诊科为市级医学重点学科。胸痛中心、卒中中心、高血压达标中心通过国家资格认定。体现医院综合能力的 CMI（病例组合指数）值，从 2019 年的省排名第 22 位上升到 2021 年的第 5 位；疑难病例（RW ≥ 2）病例数占比从 2019 年的省排名第 9 位上升到 2021 年的第 3 位；手术人次占出院人次的比例从 2019 年的 20.36%上升到 2021 年的 28.48%；手术总量从 2019 年的 7846 例增加到 2021 年的 10125 例，体现手术难度的三、四级手术占比从 2019 年的省排名第 15 位跻身到 2021 年的前 10 位；急性心肌梗死、消化道出血等重点监控病种和腹腔镜胆囊切除、脑血管病介入溶栓等重点手术均跻身全省同类医院前 5 名。

五、提升群众满意度

（一）改善医疗服务行为，提升患者就医获得感

作为医共体牵头单位，设立连续医疗服务中心，建立集团内统一的住院床位池、专家号源池、大型设备调节池，提供医共体内双向转诊、床位调配、出院回访等连续健康管理服务，积极开展预约诊疗、智慧结算、检查检验互认等便民服务。多举措落实“最多跑一次”，进一步改善医疗服务行为，构建让群众“看病少排队、支付更便捷、检查少跑腿、住院更省心、急救更快捷”的医疗服务新体系，患者的获得感、满意度得到提升。

（二）完善薪酬分配体系、提升医务人员幸福感

积极探索人事薪酬制度改革，完善医院绩效分配方案。落实薪酬分配“两个允许”，实行“多劳多得、优劳优酬”并向临床一线和基层倾斜的分配原则，结合二级公立医院绩效考核指标，制定与工作量、工作质量、难度系数、风险程度等指标挂钩，与药品、耗材、检查检验等收入脱钩的科学化绩效考核评价体系，充分调动职工的积极性。

（三）建设医保行业自律，构建三方满意格局

强化行业自律，规范执业行为，减少医保基金不合理支出。医院住院均次费用、抗菌药物使用强度等指标，均处于全省同级医院前列。规范诊疗行为，调动积极性，保障医院可持续发展，实现医保基金平稳、医院良性运营、群众就医负担减轻的三赢局面。

沁阳税务党建讲堂："一枝春"变"花满园"

国家税务总局沁阳市税务局 马道洲

"上好一堂专题党课、重温一次入党誓词、过好一次政治生日、开展一次知识竞赛、组织一次志愿活动、召开一次新老党员座谈会……党建是'压舱石'，更是'黏合剂'"。说起党建讲堂，河南省沁阳市税务局党委书记尚冬冰坦言道。

如何上好新时期税务党课？且看沁阳市税务局的"党建讲堂"是如何从"一枝春"变为"花满园"的——

一、攻克难点，由"被动听"变"我来讲"，打造活力讲堂

党课形式单一、内容单薄、"台上讲得天花乱坠，台下听得昏昏欲睡"等等，这些是往年党课一直存在的尴尬处境。如何打破这种桎梏，让党课能够引人入胜，该局从丰富党课形式入手，改变惯例，创新方式，变"党课"为"讲堂"，借鉴道德讲堂的流程，设定"七个一"的程序，以图片、视频、表演、歌曲、诗词等形式，一改过去"一人读、众人听"的陈旧模式，由"被动听"变"我来讲"，寓教于乐，互动参与，别开生面，打造活力讲堂。"七个一"即：诵一段誓词，在每次党课开始前集体诵读入党誓词；唱一首红歌，每次党课前唱一首经典红歌；读一篇经典，每次党课诵读一篇主题教育文章；听一节党课，开展不同岗位人员"我来讲党课"活动；谈一番感悟，党员在听完党课后，自发上台讲述心得感悟；看一段视频，由党员轮流推荐优秀微党课视频，让大家观看；照一照镜子，党员对照核心价值观要求，开展批评和自我批评，提高思想认识。

二、抓住重点，由"独角戏"变"大合唱"，打造魅力讲堂

丰富的形式有了，如何让这些固定的流程活泼起来，该局抓住重点环节、重点内容、重点人员，由"独角戏"变"大合唱"，打造魅力讲堂。

把每一次讲堂当做一个项目来做，启动集体智慧。为举办好"党建讲堂"，该局发动全员参与，明确专人负责领唱红歌，不仅个人唱，还要在事前引导帮助全员学会唱，把歌曲提前发送到单位工作群，让大家提前练习；开展"推荐优秀党课"活动，让诵读环节的主题教育文章有亮点，有特色，有共鸣；改变党课主要由党委书记讲的形式，各支部书记、各先进典型和志愿者等均可参与，提前准备课件，精心备课；由大家轮流推荐优秀党课视频，不是一看了之，而是真正

有所触动。把每一次党课当做一个集体项目来做，合理分工，相互补台，文字材料的撰写、影像资料的制作、先进典型的寻找等等，确保环环紧扣主题、衔接流畅自然、氛围恰到好处、效果达到最好。

把每一次讲堂当做一次思想教育，真正触动心灵。根据工作需求，分别由不同身份的人员，结合不同工作经历进行讲解。坚持主业突出、热点聚焦、多元融合，保证讲课内容能够引领思想、贴近实际。如，邀请泌阳市直工委书记讲解党的光辉历程、伟大成就，教育广大党员干部珍惜美好时光，努力学习和工作。邀请离退休老干部，结合税收工作经历，讲税收党史，讲税收发展。用微信上广泛传播的催泪战争图片，让税务干部认识到“我们不是生活在一个和平的年代，而是生活在一个和平的国家”，以通俗易懂、贴近实际的人和事，激发税务干部思想深处的真、善、美，激发党员干部的共产主义信仰和爱国主义热情，激发税务干部爱祖国、爱人民、爱家庭、爱集体、爱岗位的正能量。

把每一次讲堂当做一次工作历练，引导全员参与。借助讲堂这种形式，鼓励全体税干参与其中，突出讲堂的互动性。从讲堂的主持、推荐课件视频，到 PPT 制作、上台开讲、现场感悟等，一次讲堂的举办，现场有十余名税务干部参与进来，税务干部借助党建讲堂这个舞台，展示才华、锻炼自信，无形之中提升了税务干部在写作、语言表达等各方面的综合素质，成为培养激发税务干部干事创业激情的一个良好平台。

把每一次讲堂当做一次沟通交流，倡导联合举办。党建讲堂除了税务干部职工之外，还邀请市委、市政府分管领导、上级局对口部门领导参与；邀请企业党员干部参与，共同走进大讲堂，大家均以普通党员的身份，聆听故事，重温党史，感悟经典的力量。在讲堂举办过程中，加强了部门间的沟通交流，展示了税收工作，提升了税收队伍的社会影响力。

三、排除盲点，由“一枝春”变“花满园”，打造动力讲堂

该局把“党建讲堂”作为加强队伍建设、凝聚干部向心力、激发工作活力的重要载体、重要抓手，以其为杠杆，撬动全局各项税收工作有声有色开展，实现党建讲堂的“一枝春”变成税收工作的“花满园”，积极构建“以党建促税收、以税收促发展”的大党建格局。一是转变观念，排除思想认识盲点。为了转变以往重业务轻党建、举办党建讲堂就是走形式的错误认识，该局领导高度重视，带头引领，把扎扎实实开展好党建讲堂作为调动全员工作积极性的重要载体，为打造特色党建讲堂提供了组织保障。二是突出互动，排除形式内容盲点。不拘泥于单纯的文字讲解，突出人员参与的广泛性、课程内容的多元性、形式的多样性，过程的互动性，让整个讲堂既严肃紧张，又团结活泼。如，该局干部职工亲手书写书法作品，现场赠送为大家讲课的乡村老党员，感动与激情同在，现场气氛热烈高涨，效果突出。三是建立机制，排除制度激励盲点。该局将党建讲堂纳入日常工作考核，对讲课人按规定发放授课费，对在讲堂中表现优秀的同志，优先推荐各类先进典型，大力培养党建讲堂中涌现出的各类人才，以物质和精神的双激励，激活党建讲堂的一池春水，打造动力讲堂。

党建引领聚合力 全心全意促发展

重庆市巫山县中医院

2021年以来，县中医院深入贯彻习近平新时代中国特色社会主义思想和党中央重大决策部署，全面贯彻新时代党的卫生与健康工作方针，持续推进《关于加强公立医院党的建设工作的意见》《加强公立医院党的建设工作的意见实施办法》，认真贯彻落实县委工作部署和县卫生健康委党委工作要求，紧扣“学党史、悟思想、办实事、开新局”目标，扎实开展党史学习教育实践活动，在抓好常态化疫情防控的同时，稳步推进各项工作。现将2021年党建工作开展情况汇报如下：

一、强化政治引领，推动党史学习教育走深走实

通过提早研究部署、提早营造氛围，坚持集中学习和个人自学相结合、理论学习和实践学习相结合、学习教育和推动工作相结合，迅速掀起党史学习教育热潮，以实际行动感悟思想伟力，传承红色基因。

一是加强组织领导，强化责任落实。成立了院党史学习教育领导小组，明确了各党支部、相关科室职责。

二是制订学习方案，召开党员大会，及时进行了动员部署。

三是细化学习内容，认真组织学习。严格对标对表，扎实推进党史学习教育走深走实。立足实际，守正创新，把党史学习教育作为党总支委理论学习中心组、支部“三会一课”学习的重点内容。坚持院领导干部“示范学”、基层支部“集体学”、全体党员“主动学”三个层面持续推进党史学习教育。截至12月中旬，共进行理论学习中心组集中（扩大）学习13次、党史学习教育专题学习会9次，举办党史学习教育专题读书班5场。院党总支书记带头，各委员率先垂范，各支部书记精心准备，以学习贯彻习近平总书记“七一”重要讲话精神和十九届六中全会精神为主要内容，分别讲专题党课2次。

四是强化宣传引导，营造浓厚氛围。因地制宜，充分利用行后办公区走廊闲置空间进行党史学习宣传教育，精心打造独具特色的医院党建文化长廊，大力营造学党史、学系列讲话的良好氛围。利用市县融媒体、医院公众号、支部微信群等平台及时推送宣传信息，广泛宣传、传播正能量。

五是赓续红色血脉，传承红色基因。学楷模、敬英烈，组织党员干部深入下庄、李季达烈士事迹馆、县烈士陵园近距离感受时代楷模、革命先烈的英雄事迹，引导教育全院党员干部坚定理想信念，不忘初心、牢记使命。

六是铭记光辉历史，谱写时代篇章。热烈庆祝党的百年华诞，讴歌党的丰功伟绩，6 月成功举办“学党史、感党恩、听党话、跟党走，做新时代中医人”演讲比赛和庆祝中国共产党成立 100 周年系列庆祝活动。这些活动的成功举办，进一步激发了各党支部活力，增强了全院党员的责任感、光荣感、使命感，彰显了医院干部职工的良好形象和时代风采，增强了全院干部职工爱党、爱国、爱院的深厚情感。

七是严督实导务求实效，认真开展巡回指导。为深入推进党史学习教育工作，确保取得成效，成立党史学习教育院巡回指导组，组织 4 个巡回指导组对全院 10 个党支部第一阶段党史学习教育开展了巡回指导，对查找的问题和不足立行立改。

二、科学统筹谋划，推进民生实事见行见效

院党总支认真落实县委关于在党史学习教育中开展“我为群众办实事”实践活动的要求，围绕六个“着力”，立足群众健康需求，切实为群众办实事解难题，结合医院工作实际推出“我为群众办实事”十二项惠民举措，持续开展“党员先锋行，健康送基层”活动，实实在在解决患者就医中的“急难愁盼”问题。

一是打造党建品牌，把健康送到群众家门口。持续深入开展“党员先锋行，健康送基层”活动，全院 9 个临床及行后党支部紧紧围绕“我为群众办实事”实践活动主题，主动对接全县乡镇村社、街道社区，以党员、业务骨干、学科带头人为主体，以“全面提升乡镇卫生院中医药服务能力，推广中医药适宜技术，满足人民群众对中医药的健康需求”为重点，深入 26 个乡镇、街道开展义诊，举办中医药健康管理服务项目讲座、中医药适宜技术推广和《新冠疫苗接种疑似异常反应护理救治处理及预防观察要点》为主要内容的培训讲座。截至 12 月中旬，共举办健康教育讲座 63 场次，发放健康教育宣传资料 1 万余份，培训乡镇医务人员 780 人。组织开展义诊 32 场次，免费发放价值 5 万余元药品，惠及群众 1.75 万余人。开展免费宫颈癌筛查 608 例、乳腺癌筛查 1265 例。

二是党员挂牌上岗，接受群众监督。为促进党员干部在工作中更加严格履职，随时接受群众监督，深入推进“党员示范岗”“党员先锋岗”创建活动，全院党员“亮身份、作承诺、当先锋、树形象”、挂牌上岗，以全心全意为人民服务的工作态度，以自身行动实践自己的承诺。持续巩固创建“党员示范岗”支部 3 个。

三是多措并举，全面助推乡村振兴。我院驻龙溪镇向狮村、双河村乡村振兴工作队认真落实举旗帜、抓思想、带队伍、促发展的思路，为进一步推进新农村建设步伐提供了坚强有力的组织保障。在巩固拓展脱贫攻坚成果同乡村振兴有效衔接阶段，为防止因病致贫、因病返贫，助力乡村振兴开新局做了大量的工作。9 月初，为将“我为群众办实事”走深走实，全面助推乡村振兴，院党总支组织 16 名党员干部、医疗专家深入龙溪镇向狮村开展“我为群众办实事，助推乡村振兴”活动，针对该村实际情况，围绕发展大计，确定了三项帮扶措施。帮扶医疗健康。给予村卫生室技术支持，提升服务能力与水平，对全村 443 户 1553 名居民建立健康档案，采取 1 名医生对接 1 家农户的帮扶机制，并进行健康管理，同时定期或不定期免费进行健康体检，免费开展“两癌”和肺结节筛查。帮扶阵地建设。积极向上级争取项目资金，规范建设村委会和打造优美环境文化。帮扶产业发展。因地制宜，发展中药材种植，并积极协调相关部门，采用公司 + 农户机制保障技术支持和销售渠道。下一步，将跟进落实相关举措，持续加大帮扶引导力度。

四是承担社会责任，救助困难群众。为五保户等民政救助对象提供免费护工服务，为肛肠患者减免直肠指检及中药坐浴费用，为骨科贫困患者免费扎针灸，申请到鲁渝协作资金资助贫困患者进行关节置换，已收治入院 11 例。

五是优化就诊流程，方便患者就医。简化门急诊和出入院流程，对急危重症和精准扶贫患者实行“三先三后”，即先就诊后挂号、先抢救后交费、先住院后办手续。在门诊大厅设置导诊员，对急危重症患者、行走不便患者实行全程导诊，并代为挂号、取药及通知家属。收费室实行弹性排班，缩短患者等候时间。

六是整治院容院貌，改善就医环境。对门诊各楼层装修升级，整修急诊输液大厅、专家门诊、放射科、针灸科、口腔科和血液透析室，实施中医药文化包装及院内绿化工程，打造优美就诊环境。

七是优化结构布局，改善就医条件。改善门诊和住院环境，完善住院设施和条件，让服务更贴近患者需求；西药房设置药物咨询窗口，康复科为患者提供便民厨房和便民洗衣机。

八是创新服务举措，提升就医体验。辅检科室为患者免费提供冷热水纸杯，住院科室为住院患者免费提供中药茶饮，儿科为就诊患儿准备儿童床、作业板和玩具，针灸科科室出资购买煎药罐及专用冷藏冰箱，安排专职护士按时煎制中药，贮药冰箱由当班医生负责管理。中药房调剂区增设两排软座椅，煎药室增设一台冷藏柜，方便病人寄存中药，保证药液质量。

九是降低医疗成本，减轻患者负担。购置合理用药监测管理系统、抗菌药物分级管理系统、医保全流程质控平台和医控通监控软件，通过信息化手段规范临床医师诊疗行为，有效降低医疗成本。推广使用医保电子凭证，解决无医保卡不能就医结算的困惑。办理居民特殊疾病 80 例、职工特殊疾病 117 例、居民门诊“两病”430 人次。

十是落实出院病人回访制度，把服务向家庭、向社会延伸。坚持对出院患者进行电话随访或上门随访，做到一周内首访，一月内复访，及时了解患者康复情况，强化对出院患者的康复指导和咨询服务。

十一是实行“无假日”候诊，确保患者就医。双休日和节假日口腔科、医技科室及部分门诊诊室开放接诊，确保患者及时就诊疗。

十二是持续开展党建促进业务品牌创建和“六秒微笑、温馨医院”服务活动，深入开展加速康复外科工作，缩短住院时间，降低住院费用。

十三是启动“智慧医院”建设，推行就诊全流程自助服务。开通医保卡、微信、支付宝等多种形式的线上线下支付方式。安装自助挂号缴费机，实现网上预约挂号、缴费、信息查询等多种便捷化服务，减少窗口排队等候时间。

十四是加强后勤保障力度，高效服务于临床。实施住院病房热水供应工程，部分住院病房改建卫生间，完善生活垃圾分类，设置提示标识。合理安排后勤值班人员，保障双休日及节假日期间全院的后勤保障服务。

三、坚持党建引领，凝聚发展合力彰显实效

（一）严守党的政治纪律和政治规矩更加坚定

全院党员干部通过自觉主动学、及时跟进学、联系实际学、笃信笃行学，系统学习了《中国共产党党章》《论中国共产党历史》《毛泽东、邓小平、江泽民、胡锦涛关于中国共产党历史论述摘编》《习近平新时代中国特色社会主义思想学习问答》《中国共产党简史》《怎样学党史》等书籍。紧扣读原著、学原文、悟原理，不断在学懂弄通做实上下功夫，进一步提升了正确的世界观、人生观、价值观，坚定了理想信念，坚定了政治立场，切实增强“四个意识”、坚定“四个自信”、做到“两个维护”，牢记国之大者。以史为鉴、开创未来，大力弘扬伟大建党精神，自觉用习近平新时代中国特色社会主义思想武装头脑、指导实践、推动工作。

（二）“三会一课”、主题党日、双重组织生活等党内政治生活更加规范

院班子主动以普通党员身份参加基层党支部的各项活动。院党总支委高标准、严要求召开了 2020 年度县管领导干部专题民主生活会，各基层支部按时保质规范召开了党史学习教育专题组织生活会。加强政治历练，推行党员过“政治生日”、重温入党誓词等特色主题党日，引导激励党员不忘初心、牢记使命，切实增强荣誉感、责任感、使命感。

（三）履职尽责能力不断提升

以习近平新时代中国特色社会主义思想为指导，以党的政治建设为统领，以加强制度建设为主线，以发挥作用为导向，夯实党建基础，聚焦治理能力提升。在制度建设和规范落实上下功夫，《党内重大决策征求意见制度》等党内政治生活制度更加完善。“三会一课”制度等核心制度更加健全。坚持民主生活会制度，凝聚医院发展合力。认真落实领导干部谈心谈话制度和双重组织生活制度，进一步提高党内政治生活的政治性、时代性、原则性和战斗性。严格履行主体责任，高度重视意识形态工作，不断强化理论武装，加强舆论管控，严防化解隐患，充分利用巫山信息网、医院公众号等新媒体及时推送宣传信息，广泛宣传、传播正能量。

（四）党建业务发展更加融合

院党总支从五个方面发力，推进党建和业务的深度融合。

一是坚持实行党总支委领导下的院长负责制，充分发挥党总支把方向、管大局、做决策、促改革、保落实的领导作用。

二是改革完善重大事项决策机制，修订完善医院《院党总支委会议议事规则》和《院长办公会议议事规则》，将党的领导进一步规范融入医院管理的决策机制中来。

三是将党建工作写入医院章程。始终围绕医院工作目标融合党建和业务，明确党组织的设置形式、地位作用、职责权限和党务工作机构、经费保障等内容要求，构建以党建为引领、统筹推进各项工作的新机制，不断增强党建“指挥棒”作用，为推进医院高质量发展提供不竭动力。

四是始终坚持党管干部、党管人才的原则。按照引育结合的人才工作思路，在加大高精尖人才引进的同时，着眼于医院学科带头人、技术骨干的自主培养，用事业凝聚队伍，努力营造人尽其才的良好环境。

五是科学谋划医院“十四五”发展规划，集中精力实现渝东北地区一流中医综合医院建设目标。此外，围绕社会发展、构建和谐社区，与重庆移动巫山分公司、高唐街道神女社区有效开展党建和创共驻共建。

（五）风清气正的干事创业氛围更加浓厚

坚持从严治党，压实一岗双责，落实主体责任，守住廉政底线，不断强化医德医风和行业作风建设。坚持把纪律挺在前面、把监督抓在日常，持之以恒正风肃纪，激荡干部队伍“一池春水”，大力营造风清气正的干事创业氛围。

一是采取强有力措施，持续深入抓好巡察反馈问题整改。县委巡察组反馈的巡察意见三个方面存在的 32 项具体问题，已全部完成整改。

二是保持高压态势，一体推进不敢腐、不能腐、不想腐，切实把党风廉政建设责任落实到位，时刻盯紧重要节点，抓牢关键部位和重点环节监管，全面推动全院党员干部知敬畏、存戒惧、守底线。

三是加强监督执纪，强化警示教育。认真组织，抓好“以案四说”警示教育课，不断把警示教育引向深入，时刻警钟长鸣，用“周边事”教育“身边人”，促使党员干部保持敬畏、心存戒惧、牢守底线。全年召开“以案四说”警示教育会 1 次、党风廉政暨行业作风建设工作会 1 次，邀请县纪委监委领导专题讲廉政党课 1 次、到会指导提要求 1 次，召开廉政集中约谈会 1 次。坚持把纪律挺在前面，切实维护党纪行规的严肃性和权威性，组织学习贯彻《医疗机构工作人员廉洁从业九项准则》，院班子集体约谈院中层干部、建筑单位和销售公司代表 75 人。严格实施《巫山县中医院全面从严治院“十严禁”》及其《实施细则》和《巫山县中医院职工奖惩条例》，围绕作风不实、履职不力、服务不到位等问题，共查处违规违纪人员 6 人。利用微信群等平台下发廉政提醒 31 次。

四是强化对权力运行的制约和监督，建立健全财务管理、公务接待管理、工程招投标等规章制度，形成完备的责任管理运行体系。

（六）基层组织建设更加健全

聚焦忠诚干净担当要求，持续锻造高素质干部队伍，持续推进基层党支部规范化建设，切实把基层党支部建设成为宣传党的主张、贯彻党的决定、带领基层治理、团结广大群众、推动医院发展的战斗堡垒。坚持“控制总量、优化结构、提高质量、发挥作用”的十六字方针，强化党员队伍建设，扎实做好发展党员和党员教育管理工作，持续输入新鲜血液，把政治标准放在首位，注重发展学科带头人、优秀青年医务人员入党。2021 年以来，预备党员转正式党员 13 名、发展对象转预备党员 16 名，转入转出各 2 人。院党总支部共有党员 105 名（含预备党员），入党积极分子 14 名。基层党组织健全，10 个基层党支部中，支部书记与内设机构负责人“一肩挑”比例达 80%。基层党组织涵盖全院所有科室，党的基层工作覆盖率达 100%。工作在一线党员比例达 75%。12 月初，县委已批复设立中共巫山县中医院委员会。

2021 年以来，以开展党史学习教育为契机，医院各项工作稳步推进，党员干部带头在医院建设和发展、为民服务、行风建设等方面发挥了先锋模范和示范引领作用。得到市级主流媒体报道 3 篇，县级报道 11 篇。获得县级表彰优秀党务工作者 2 名，优秀共产党员 6 名，先进基层党支部 3 个。获得《重庆日报》“党建引领，办人民满意的卫生事业”党建品牌单位和党建品牌案例等荣誉。

四、存在的主要不足

一是少数党员思想认识还有差距，实事落实不彻底，学习主动性较差，学习笔记不够完善。

二是“三会一课”、主题党日主动性、及时性有待加强，质量有待提高。

三是个别支部党建资料整理归档不及时、欠规范，执行力有待提高。

五、下步工作打算

一是全面贯彻习近平新时代中国特色社会主义思想，大力弘扬伟大建党精神，认真学习贯彻党的十九届六中全会精神。

二是充分发挥支部战斗堡垒和党员先锋模范作用。深入推进党史学习教育实践活动，扎实开展“四史”宣传教育，持续深入开展“两学一做”，巩固深化“不忘初心、牢记使命”主题教育成果和党史学习教育成效。拓展“我为群众办实事”惠民举措，持续推进“党员先锋行、健康送基层”活动，确保党建品牌发挥实效。

三是坚持从严治党，深入贯彻落实《加强公立医院党的建设的意见》，坚定不移推动党风廉政建设和行业作风建设，驰而不息整治“四风”，全面提升监督效能，确保党建工作落实有力。

四是着力提升基层支部党建工作水平，持续加强基层党支部规范化建设和党员政治思想教育，按照聚焦忠诚干净担当要求，持续锻造高素质干部队伍。强化宣传引导，持之以恒营造风清气正的干事创业氛围，确保党建基础更加牢靠。

五是认真落实《在党委领导下的院长负责制》，以党建为统领，促党建业务深度融合。强化监督考核，聚焦“干出实效”。以党建着力“补短板”、以党建助力“强专科”、以党建发力“保落实”。扎实推进医院发展 1116 体系建设落地见效，以优异成绩迎接党的二十大胜利召开。

加强党建引领　凝聚奋进力量

新疆呼图壁县中医医院

呼图壁县中医医院是集医疗、康复为一体的二级中医综合医院，正科级事业单位，2013 年 11 月正式开业运行。现有 173 名医护人员，其中党员 16 名，设有 22 个科室，编制床位 99 张。近年来，中医院党支部始终坚持以习近平新时代中国特色社会主义思想为指导，深入贯彻党的十九届五中全会和第三次中央新疆工作座谈会精神，落实新时代党的治疆方略、特别是社会稳定和长治久安总目标，不断加强党组织建设和党风廉政建设，以党员为引领，团结带领全体医务人员心系患者、服务患者、密切联系患者，在疫情防控、常态化维稳、安全生产和医疗业务发展中做出了积极的贡献，较好地发挥了党支部战斗堡垒作用和党员先锋模范作用，先后被评为昌吉州先进基层党组织、自治区级“文明单位”“自治区三八红旗集体”、国家级“节约型公共机构示范单位”“能效领跑者”示范单位。主要做法如下。

一、抓好党支部自身建设，发挥“小集体，大能量”影响力

党支部紧紧围绕抓党建、强业务、促发展这一工作主线，领导班子及班子成员带头学习、提高，带头履行职责，主动作为积极作为，在党员干部中起到了龙头示范作用，赢得了全院干部职工的支持。一是以制度建设为抓手，建立和完善党支部工作制度、党员学习教育制度、“三会一课”制度等，坚持推行“三重一大”事项集体讨论决策制度，党政领导四个不直接分管和一把手重大事项讨论末尾表态发言制度，医院的每项重大事项决策都能做到公开、透明。二是认真召开党员民主生活会、组织生活会和民主评议党员。2020 年班子及成员民主生活会上认真检视查找六个方面 12 个问题，均制定整改措施、建立整改台账并认真完成整改，全体党员干部也进一步解放了思想、加强了团结、改进了工作、明确了目标，为中医院新一轮跨越式发展注入了新的活力。三是党支部工作能做到年初有计划、年终有总结，活动有记录，各支委分工负责，互相协作配合，积极开展支部工作，较好地完成了上级党委下达的各项工作任务，充分体现了支部的凝聚力。四是因为中医院党支部成立时间短，党员虽然不多，只有 16 名，但每位党员在各自的岗位上都是一面旗帜，一个标杆，在各自的岗位上建功立业，成绩斐然，支部书记王娟同志被评为自治区级优秀共产党员，支部副书记、院长梅江同志为昌吉州高层次人才、卫生系统民族团结优秀共产党员，中医院“整脊”业务带头人、副院长黄革军为县级优秀共产党员，

党员郑霞为昌吉州五一巾帼标兵……在一个个先进典型人物引领下，党支部充分发挥“小集体，大能量”影响力，引领全体干部职工团结一心，艰苦奋斗，努力为患者提供优质中医服务，赢得了呼图壁县百姓和上级党委、政府的信任和肯定，于 2020 年 9 月，中医院领导班子被呼图壁县绩效考核工作领导小组评为“优秀班子”（呼绩效组发〔2020〕1 号），医院也先后被授予区级文明单位（新文明委〔2020〕6 号）、昌吉州民族团结进步示范单位、国家级节约型公共机构示范单位和效能领跑者（国管节能〔2020〕400 号）。

二、强化思想政治教育，筑牢思想根基，激发内生动力

班子成员带头学习党的理论、现代管理、业务技术，不断提升从业能力、管理能力和驾驭全局的能力。投入 3 万余元，规范建立党员活动室，添置电教设备和投影系统。通过“三会一课”等党内日常生活和“不忘初心、牢记使命”主题教育活动及 2021 年开展的党史学习教育活动等，加强对党的理论知识、习近平新时代中国特色社会主义思想学习，医学、医德等业务知识学习，坚持全年集中上党课 4 次、微党课 12 次，坚持每周五下午党员干部政治理论学习制度，每位党员学习笔记每年不少于 1 万字。通过扎实的学习，教育党员干部不忘初心，树立正确的人生观、世界观、价值观，守住底线、不越红线、廉洁从医，不断增强责任感、使命感和做好工作的自觉性和主动性，激发了中医院发展的内生动力。有 2 名党员成为“中国整脊第一人”——北京整脊研究院院长韦以宗教授的师承弟子，有 4 名党员业务骨干为自治区中医院主任医师王杰的师承弟子，均能在中医医疗业务上独当一面；有 3 名后备干部走上了领导岗位，有 5 名党员技术能手培养成了后备干部，有 6 名党员业务骨干成为医院中层领导。

三、抓重点，突出特色，坚决把“3+1”决策部署落到实处

一是扎实开展“访惠聚”工作。中医院驻吉祥社区访惠聚工作队在自治区优秀共产党员、支部书记王娟同志的带领下，工作队紧紧围绕社会稳定和长治久安的总目标，全面推进“3+1”的工作任务，落实职责，不断提高新形势下社会面防控工作水平，解决居民困难，落实惠民政策，筑牢长治久安基础。二是临床业务上一个党员就是一面旗帜，党员干部身先士卒，传承创新，成立了以党员梅江同志为引领的中医整脊人才工作室，团结带领团队，发扬中医整脊技术，取得广大患者的信任，日接诊达 30 人次。三是党员干部以身作则，带头坚持 24 小时维稳值班、无缝隙交接班机制，狠抓治安管理工作，坚决确保“三不出”。四是以党员为引领，扎实开展疫情防控各项工作。面对常态化新冠肺炎疫情防控任务，中医院党支部切实扛起疫情防控的政治责任，认真贯彻落实中央和区、州、县党委关于新冠肺炎疫情防控工作部署要求，主动承担疫情防控任务，充分发挥基层党组织战斗堡垒作用和党员先锋模范作用，引导党员冲锋在第一线、战斗在最前沿，扎实落实好各项措施，党员郑霞等积极报名带队参加援乌核酸采集，并圆满完成任务。第一时间圆满完成了预检分诊、发热门诊及配套设施购置项目建设并投入运行，抽调党员干部1200余人次，认真完成县疫情防控指挥部安排的集中隔离点、小土古丽检查站、学校、社区等核酸采集和复工复产任务、环境消杀等。党支部书记王娟同志，积极组织党员梅江、黄革军等中医专家，充分发挥中医药专业的特色和优势，集体拟写药方，仅2020年中医院党支部免费向社会发放煎制的预防中药汤剂173612剂，发放人员100000余人，起到了疫情防控的积极作用。支部在新冠肺炎疫情防控一线发展党员2名，推选优秀共产党员1名。通过学习先进，使全体干部工作劲头高涨，工作效率大大提高。

四、抓好党风廉政建设，促进医德医风提升，提供满意服务

扎实履行全面从严治党的主体责任，班子成员认真履行“一岗双责”，做到业务工作管到哪里，党风廉政建设就深入到哪里，狠抓工作落实，确保区、州、县党委各项决策部署落地生根。一是建立了教育、制度、监督并重的医德医风建设长效机制，进一步完善医德考评制度，为每位职工建立医德医风档案共计173卷，并以此作为医务人员晋职晋级、评先评优的重要依据。二是认真制定并落实两个责任“四张清单”，有效发挥“四张清单”促进党风廉政建设深入推进的作用，全年全覆盖考核分管科室2次，通过定期组织开展自评互评、聘请社会监督员评议、公开医德医风投诉电话等措施，切实加大了监管力度，促进医德医风进一步提升。三是扎实开展春节、五一节、中秋节等“节点”廉政谈心谈话，2020年，党员领导班子成员对21名中层领导、150余名科室人员完成了全覆盖的谈话。四是充分运用好县委第一巡察组对医院巡察结果，针对2020年巡察反馈的三个方面23个问题和不足，支部书记主持多次召开专题会议，认真落实整改。五是认真开展“以案促改”工作，2020年至今已召开全体党员干部职工“以案促改”警示教育大会2次和全体党员干部专题民主生活会和组织生活会2次，充分发挥身边人身边事的警示教育作用，确保警示教育效果，促进医德医风不断好转，2020年全年病人满意度98.6%以上，收到锦旗22面，表扬信18封。

五、广泛凝聚人心，回报社会，扎实开展社会公益活动

一是不断提高医疗服务质量。充分发挥党员示范引领作用，打造了“中医整脊”“平衡针灸”“韦以宗名医工作室”“王杰名医工作室”“梅江高层次人才工作室”等。每周定期对对口3个乡镇卫生院49个村卫生室开展技术帮扶，每年免费接收80余名基层医院的医生、护士、村医进修或跟班学习，使90%以上的乡镇卫生院、村卫生室能够提供中医药服务，深得农牧区老百姓的信赖及认可。二是勇于承担社会责任，热心公益活动，近三年来，积极组织党员丁江浩、李丹、郑霞等为首的中医院“杏林”志愿者服务队义诊活动60余次，惠及群众1200余人次；疫情期间，对辖区11名精神障碍患者、730名慢性病患者均采取居家管理上门服务，受到群众的好评。支部发动党员干部为新冠肺炎疫情防控捐款 13616 元，为医院重病职工帕塔合同志捐款 16360 元，深入开展“民族团结一家亲”活动，仅 2020 年，党员干部做实事好事 85 件，捐物 72 件、捐款捐物共计 3047 元，以实际行动展现出党员无私奉献的精神风貌。自开展党史学习教育活动以来，中医院党支部引导医院全体党员干部进一步坚定理想信念，深入开展“我为群众办实事”实践活动，又推出“关爱女性盆底健康行动——盆底功能公益筛查”活动。

随着国家医改政策的逐步落实，以及国家加大对中医药事业发展的支持力度，中医药事业的发展前景更为广阔，呼图壁县中医医院党支部将在县委、县政府和县卫健委党组的领导下，抓党建、强业务、促发展，大力开展中医药适宜技术推广，为全县老百姓提供“简、便、验、廉”的中医药诊疗服务。

以党建引领　促税心向党

国家税务总局唐县税务局

2022年，唐县税务局党组依托“学党史、悟思想、办实事、开新局”的理念，牢固树立“事不避难、勇于担当”的实干精神，突出党建引领，细化工作措施，提升纳税服务服务质效，实现了党建工作与税收工作深度融合。

一、强化政治理论学习

深入贯彻习近平新时代中国特色社会主义思想，各党支部均制定了学习规划，将学习习近平新时代中国特色社会主义思想、拥护“两个确立”、做到“两个维护”主题教育纳入基本内容。

利用例会、主题党日活动、“学习兴税”和集中座谈交流等形式开展学习。组织机关全体党员干部学习党的二十大会议精神。

二、开展红色教育活动

唐县税务局组织机关全体党员进行入党宣誓，重温入党誓词。利用主题党日，赴白求恩柯棣华纪念馆参观学习，追忆峥嵘岁月，追忆初心使命。

开展“送政策、问需求、优服务”大走访活动，县局领导班子带头深入企业，解决涉税的难点堵点，对企业发放税费政策大礼包，帮助他们准确算好减税账。

三、落实党政主体责任

党组主要负责同志履行党建和党风廉政建设第一责任人职责，其他班子成员坚持“一岗双责”，带头以普通党员的身份参加组织生活会，带头讲党课。

党组定期开展研究党建工作，听取党建工作情况汇报，研究解决党建工作中遇到的困难和问题。建立了局领导班子成员基层党建工作联系点制度。

党建旗帜领航 凝聚奋进力量

福建省龙岩市人民医院

龙岩人民医院，地处闽西红土地，是一所集医疗、预防、教学、科研、康复、保健于一体的三级乙等综合医院，也是一所曾获得12次“省级文明单位”的县级医院。多年来，该院在省、市委文明办及上级党政部门和领导的关心指导下，始终坚持以习近平新时代中国特色社会主义思想为指导，完善并落实好文明创建常态长效工作机制，将实现“中国梦”“健康梦”作为责任与义务，将“患者满意、员工满意”作为目标，不断提升医疗、护理和服务能力，努力为广大群众提供优质、高效、低廉、便捷的医疗服务。曾获得 “母婴友好医院”“人文爱心医院”“福建省五一劳动奖状”“福建省卫计系统先进集体”“福建省十佳职业道德先进集体”“福建省模范职工之家”等荣誉称号。2020年，被中央文明委评选为第六届“全国文明单位”。

该院历届党委高度重视文明创建工作，坚持党建引领。致力于“党建 + 文明创建”，充分发挥政治核心作用，在创建过程中，着重强化“党政合力”和“一岗双责”，党委班子成员“亲自干”和“带着干”相结合，注重发挥党组织在文明建设中的战斗堡垒作用和党员的先锋模范作用。

一、“学思践悟”筑牢初心

该院把“立德树人”作为职责使命，突出思想政治引领，扎实推进学习型党组织建设，学习教育常态化、制度化。严格落实“三会一课”制度，积极培育和践行社会主义核心价值观，并利用当地丰富的红色资源广泛开展现场教学，多形式、全方位组织广大党员干部职工学习习近平新时代中国特色社会主义思想、党的十九大精神，加强党史、新中国史、改革开放史、社会主义发展史学习，学习宣传贯彻落实《新时代爱国主义教育实施纲要》《新时代公民道德建设实施纲要》，引导全院干部职工坚定理想信念、筑牢初心使命，做爱国、守法、文明、诚信、敬业的好职工。

二、“五驾马车”齐驱并进

该院党委致力于打造一个党员践行党的宗旨、联系服务群众、发挥先锋模范作用的实践平台，2018年启动成立了内科系统、外科系统、门诊医技药、行政后勤和离退休5个党支部，并成立了5支党员志愿服务队。党员志愿服务队成立以来，积极开展“党员争先锋，健康送基层”

主题义诊活动，无论是寒冬酷暑，还是刮风下雨，始终如约而至，足迹遍及全区各乡镇，还延伸到区外。2021 年上半年，围绕党史学习教育，以“学党史 办实事 献爱心”为主题，5 支党员志愿服务队齐头并进，每个周末都有一支近 20 人组成的医疗队伍，带上党旗连同检验检查设备、常用药品等，走进当地村、镇或社区、小区开展高质量的送医送药、健康体检服务，受到当地群众的欢迎。多年来，这 5 支党员志愿服务队犹如一辆辆耀眼的“巡诊车”，成为医院党员干部为民办事、奉献社会的重要阵地。党旗飘在哪儿，服务就到哪儿，真正做到了“让党旗在一线高高飘扬”。

三、“红土先锋”引领发展

该院依托院党委书记所在的神经内科成立了“红土先锋”党员工作室，并由院党委书记担任工作室负责人，通过党建引领，努力将神经内科打造成培养专业能手、推动学科发展的“领跑者”，由此带动医院其他专科共同发展进步。工作室成立以来，神经内科成绩斐然：强化使命担当，无论支援西藏医疗卫生事业还是支援湖北宜昌抗击新冠肺炎疫情，都有神经内科党员同志的身影；成立了“卒中中心”，成功救治许多脑血管危重症患者；突破了学科发展瓶颈，创建了神经电生理团队，解决了“眩晕与头痛”难点问题，提高了帕金森等病症的诊治水平，个别诊疗技术处于市内、省内领先水平；增强了临床科研能力，获得 1 项市级科技进步奖，1 项联合研究成果发表于国际学术前沿杂志。在“党建 + 文明创建”模式的指引下，在医院“勤勉 尚医 精诚 仁爱”院训的激励和感召下，近年来，一批省、市、县级重点学科从该院孕育而生，成功创建全省县级医院重点专科 9 个、全省县级医院重点培育专科 1 个，有市级重点学科 3 个、市级重点培育学科 5 个、县级重点学科 4 个、市级名中医科 1 个，有市级名中医 1 人，并荣获 2019 年度“国家级母婴安全优质服务单位”称号。这些成绩都是医院发展的核心命脉，助推该院新一轮的发展。

深学笃行启新航

甘肃省嘉峪关市住房和城乡建设局

自党史学习教育开展以来，市住建局党组立足实践所需、聚焦工作实际、紧盯问题短板，紧紧围绕“学党史、悟思想、办实事、开新局”工作要求，扎实做好党史学习教育成果转化，高起点谋划、高标准要求，推动党史学习教育走实走心、见行见效。

一、高站位部署，夯实实践根基

精心部署，确保党史学习教育各个环节有序推进。深入学习党的十九届六中全会精神，局党组成员、机关党委委员、各基层党组织书记围绕学习贯彻全会精神进行了研讨交流。各基层党支部及时跟进，进行深入系统学习。同时，依照市委党史学习教育方案持续推进各个环节工作。局属 6 个党支部，共举办各类学习会 135 余次、交流研讨 46 余次；出版《简报》200 余期；观看党史学习教育影片近 10 次；开展专题宣讲培训近 10 次、主题活动 50 余次。

紧扣职能定位，着力办好民生实事。各支部联系点领导对所联系支部开展“我为群众办实事”实践活动提出了明确要求，督促贯彻落实，通过实地调研、座谈了解，畅通民意诉求表达渠道，收集汇总群众反映事项，共征集“我为群众办实事”实践活动单位办实事总数 68 项，个人办实事总数 64 项，已全部落实，完成率 100%。

二、坚持求真务实，成果转化效果明显

以干部队伍建设为重点推进党史学习教育成果转化。不断强化党员干部政治归属感，深化“三个表率”模范机关建设和党员“涉黑涉邪涉教”专项整治活动，组织功能建设持续强化，支部标准化建设全面推开，党风廉政建设深入人心，实干能力显著提升，任务面前不摆手、困难面前不缩手、全力以赴不甩手、事不干成不撒手，少讲不能办、多想怎么办的精神蔚然成风。

以项目建设为依托推进党史学习教育成果转化。稳步推进老旧小区改造，2021 年改造老旧小区 12 个、40 栋住宅单体、924 户居民住宅，现已全部完工。加快推进道路、管网、雨排等市政基础设施新建改造工程，新建城市道路 4424 米，改造提升城市道路 15459 米。全力落实为民办实事项目，实施背街小巷整治工程，对玉泉街巷道车行道和人行道、祁连街巷道东西两侧人行道和部分车行道、志强街 2 号楼北侧巷道南侧人行道、镜铁路两侧非机动车道进行改造，新

建非机动车道外侧路缘石、砌筑台阶踏步及挡土墙，并补充垃圾桶、坐凳等，现已完工。

三、以高质量行业监管为支撑推进党史学习教育成果转化

从严进行监督管理。要求全市各工程项目施工现场安装门禁管理系统，实施工地封闭管理，认真开展开复工条件审查，全市共有在建项目63项，其中续建项目42项，新开工项目21项，现已全部开复工。全面开展“保姆式”跟踪服务，全面梳理开复工项目，主动与参建单位进行联系沟通，解决企业在前期手续办理、开复工等各个环节中存在的困难和问题，助力企业顺利实现复工复产。开辟采购招标绿色通道，采取招投标在线审核备案，制定线上招标投标、非招项目备案工作流程图、工作模板，采取线上审核备案招标公告、招标文件、投标报名登记，进一步提高招投标效率，加快推动工程项目开工建设。稳步推进工程项目审批制度改革，认真研究解决制约工程建设项目审批关键环节，通过建立健全组织制度、优化提升审批流程等举措，推动工程建设项目审批制度改革工作有序开展。持续推动建筑产业转型升级，积极推进新型建筑工业化进程，推动公共建筑能效提升，不断提高政府投资项目和大型公共建筑绿色等级。2021年，全市新建绿色建筑项目31项，新建绿色建筑占比为90.43%；累计新开工钢结构装配式建筑项目15项，装配式建筑占新建建筑比例达到17.4%。认真抓好全市建筑行业质量安全工作，深入开展安全生产专项整治三年行动，对全市所有开复工项目进行全面排查检查，累计检查全市各类建设工程434项，督促整改各类隐患问题1215条，现场明确整改时限和责任人，要求责任单位限期整改。强化党建引领与疫情防控工作，动员广大党员参与疫情防控工作，抽调全局党员干部下沉友谊社区、雄关社区，参与全市疫情防控志愿服务1121人次、累计服务时长2304小时，为全市疫情防控工作贡献力量。

四、以城市精细化管理为抓手推进党史学习教育成果转化

加大城市基础设施维护管理力度，定期对城市主次干道开展徒步巡查，对发现的各类损坏设施及时进行修复，及时消除安全隐患。持续提升城市管理水平。认真开展城市地下市政基础设施普查工作，完成工程建设项目审批综合服务窗口设立，协调供水、供气、供热、供电、排水报装等市政公用服务单位入驻政府服务大厅并开展市政公用服务报装业务。进一步加大市政公用行业保障力度，开展全市燃气行业专项排查整治，开展各类市政公用行业安全大检查7次，查出安全生产隐患430项，现场下发整改通知38份，汇总下发检查结果通报9份，要求做到限期整改，现已全部整改完毕。

市住建局党组将继续坚持提高政治站位，紧紧围绕“三地两点”功能定位，立足新发展阶段，贯彻新发展理念，构建新发展格局，力争在“打造省域副中心、建设西部明星城”进程中，呈现住建事业高质量发展新局面，取得新进展，实现新突破。

党建引领 88载构筑新疆生命堡垒

新疆维吾尔自治区人民医院

这是一座有着红色基因和光荣革命传统的医院，这是东北抗日义勇军在新疆创办的首家现代医疗机构！

从新疆陆军医院到迪化市立医院；从新疆省立迪化医院到新疆省立第二人民医院；再从新疆省人民医院到新疆维吾尔自治区人民医院……在炮火的洗礼中，在中国共产党人的关怀与支持中，医院始终与国家命运紧紧相连，以医者初心承担健康使命，守护着新疆一方百姓。

1949年新疆和平解放，医院迎来前所有未的发展机遇，1955年新疆维吾尔自治区正式成立，医院正式更名为新疆维吾尔自治区人民医院。在自治区党委的坚强领导下，全院职工将全心全意为人民服务放在心中，落到实处，历经88年不懈努力，构筑出新疆各族患者的生命堡垒，并逐步发展成为集医疗、教学、科研、预防、保健、社区服务为一体的医疗航母，一步步引领着新疆卫生健康事业发展迈入快车道。

一、传承红色基因，践行“人民医院为人民”

20世纪30年代的新疆，军阀割据，战火连绵不断。

1934年，东北抗日义勇军转战新疆，为解决缺医少药的问题，成立了新疆陆军医院（新疆维吾尔自治区人民医院前身），院内设置内科、外科、传染科、眼科，由此开创了新疆现代医疗的先河。

1938年，医院更名为新疆省医院，革命先烈毛泽民（化名周彬）受党中央派遣赴疆任职。4年里，他改建成立新疆省药房、聘请苏联专家培训调剂员；大力支持彼时的省医院购地扩建；批示购进防护设备及两台X光机等，为新疆医药的事业发展做出了不可磨灭的贡献。

同年，迪化（现乌鲁木齐）市发生斑疹伤寒传染病，毛泽民亲率省医院医护人员深入各处防治，奋战一个半月直至疫情得到控制，他却因疲劳过度导致肺心病发作住院。住院期间，他仍笔耕不辍，在《新疆日报》上撰文《努力提高新疆各族人民卫生保健水平》，更为医院传承红色基因，践行“人民医院为人民”的文化理念奠定了基础。

二、党员干部冲锋在前，送医送药下基层

新疆和平解放后，在自治区党委的领导下，自治区人民医院从组织体制、医疗制度、设备供应、

人员编制及业务发展等方面进行了优化，逐步开展了支气管镜、断指再植、角膜移植、颅脑外科等诊疗项目，并在重症结核性腹膜炎、重症脑炎、宫颈癌、舌癌等重症疾病的治疗方面积累了丰富的经验。

“要把诊疗服务送到基层去，送到人民最需要的地方去。”秉承着这一理念，院党委抽调精兵强将组建了巡回医疗队，在做好常规医疗工作的同时，主动承担起南北疆的防病治病和巡回医疗工作。

从边远地区疫苗接种到深入牧区的包虫病筛查，从举办各类学习班，到深入基层培养医务人员……在院党委的领导下，党员干部冲锋在前，穿戈壁、越荒漠、攀雪峰，将医疗健康服务延伸至新疆基层的每一个角落，在新疆各种突发性疾病流行期间，医院成为防病治病的主力军，以脚为尺，一步步丈量出新疆的“健康图谱”，成为各族群众心目中当之无愧的生命堡垒。

党的十一届三中全会的召开，给自治区人民医院的发展建设注入了生机活力。80年代，医院先后建成了药库、药剂科制剂楼、内科楼、门诊楼，基础建设初步完善；90年代，医院提出了“质量建院，科技兴院”的指导思想，以医疗质量、医疗安全为抓手，全面提升医院整体服务水平；2004年，院党委紧抓医疗卫生改革的历史机遇，从改善就医环境、引进医疗技术人才、更新先进设备、加强学科建设、发展远程医疗等方面入手，大力发展新技术、新业务。

截至2021年，医院年门诊诊疗人数达273.9万人次，手术11.6万例，在各种常见病、多发病、疑难危重症疾病的诊疗救治方面积累了丰富的临床经验，40个专科位列自治区临床重点专科，妇科、高血压心血管、皮肤、急诊医学、临床护理、呼吸、消化专业跻身国家临床重点专科行列，并在医疗质量管理年、三好一满意、公立医院改革、远程医疗、应急医疗、等级医院评审等工作中引领全疆。

三、统一思想，把党的领导融入医院治理各环节

党的十八大以来，以习近平同志为核心的党中央把全民健康作为全面小康的重要基础，强调从经济社会发展全局统筹谋划，加快推进“健康中国”建设。

面对新时代的特点和要求，院党委不忘为人民服务的初心，牢记维护人民健康的使命，围绕普及健康生活、优化健康服务、完善健康保障等重点工作，不断把公立医院改革和发展推向前进。

为进一步统一思想、凝聚力量，医院首先明确了党组织的领导核心作用，要把方向、管大局、做决策、促改革、保落实，对医院的改革和发展起着引领和监督保障作用。按照这一思路，医院梳理了议事、决策流程，制定了“三重一大”实施细则和新时代党委工作规则，优化重大问题决策机制等，凡涉及医院改革、发展、稳定的重大问题、重大事项，都要由院党委商议决定。

随后，医院将“党委领导下的院长负责制”融入医院所有章程与制度中。如院党委提出的“四心四化”建设：以医疗安全为核心，把党建工作与业务工作融合，使精细化管理常态化；以人才培养为重心，实现医院发展的持续化；以文化融合为中心，使各族员工思想、工作统筹一体化；以创新创优为中心，将党建融入实体化，从制度层面促进党建与业务的融合。

同时，以基层党建为抓手，坚持“支部建在科室上”，按照学科相近、地域相邻、便于管理的原则，将医院原 45 个党支部调整为 76 个党支部，科室业务发展、人才引进、薪酬分配、职称晋升、评优评先、设备配置等重大问题决策都要通过党支部决定，把党的领导融入医院治理各个环节。

四、科学部署，“1346”品质工程助推医院高质量发展

2016 年，为全面提升医院品质，持续改善医疗服务，争创国家优质医院，促进医院各项事业健康有序可持续发展，院党委结合医院的定位与发展要求，制定了《医院 1346 品质提升工程实施方案》，通过“一个目标，三个转变，四个提高，六项措施”，将“精、准、细、严”的精细化管理贯穿到医院各项工作中。紧紧围绕推进分级诊疗、建立现代医院管理制度、健全药品供应保障制度、建立综合监管制度、完善人才激励制度等六项制度，全面落实公立医院改革工作目标，推动医院从粗放到精细化管理的转变，致力于为新疆各族人民群众提供高效、优质、精准的医疗服务。

在“1346”品质工程的引领下，医院各项事业发展取得了长足的进步。2015 年至 2021 年，医院年诊疗人数由 189.91 万人次上升至 273.9 万人次，增幅 44.23%；单日门诊量最高突破 1 万余人次，住院与门诊手术例数由 8.52 万例增长至 11.6 万例，增幅 36.15%；低风险死亡率由 0.03 降低至 0；平均住院日由 10.07 天降至 7.87 天；5 万余例患者纳入临床路径管理。

“十三五”期间，医院共获批科研项目 509 项，较“十二五”增加近 3 倍，累计获批科研经费 6327.5 万元，其中 2019 年获批的自治区级科研项目数、自治区适宜技术推广项目数均居全疆医疗机构之首。在党建引领下，医院迈入了高质量发展的快车道。

如今，院党委又提出了“四个中心”建设目标，即区域疑难危重症救治中心、临床科学研究和创新技术转化中心、医学人才培养中心、医学人文文化中心，增强医院实力，为进一步提升患者就医获得感不懈努力。

随着医疗服务能力稳步提升，医院治理体系与治理能力的现代化步伐持续加快，医院改革发展成效日益显著。医院连续 6 年荣获国家卫生健康委“全国进一步改善医疗服务示范医院”；连续 7 年入榜“中国医院竞争力·顶级 100 强”；在“全国医院信息互联互通 HIC100 强”排名由 20 位升至第 7 位。

五、守初心担使命，奋战基层“造血”、疫情防控主战场

作为新疆医联体龙头单位，医院一直将新疆区域医疗的协同发展视为使命。多年来，依托远程医疗平台，与141家医联体单位、319个专科联盟保持实时互动，全面提升基层医疗机构诊疗水平。并作为全疆首个试点，组团帮扶、全面托管皮山县人民医院，创建了以“1+1+1+X”形式为主体的对口帮扶新模式，通过对“人、才、物”的统一管理，将三甲医院的管理与发展理念根植于基层医院。并将优秀经验固化为制度向全疆推广，各级基层医疗机构也随之迈入了高质量发展的快车道。

利民之事，丝发必兴！2022年是党的二十大召开之年，是开启全面建设社会主义现代化国家新征程的关键一年，回首与共和国一同成长的88年风雨历程，回望毛泽民等革命先烈的大无畏牺牲精神，历史无言，精神不朽！

未来，新疆维吾尔自治区人民医院将继续传承红色基因，秉持初心前行，把对党的忠诚转化为干事创业的强劲动力，全力推动公立医院改革向纵深发展，努力为新疆各族患者提供高质量的医疗服务，用实际行动将“人民医院为人民”践行到底，以优异的成绩迎接党的二十大的胜利召开。

弹好支部建设“五线谱”
奏响管理育人“新乐章”

——湘西高新区税务局基层党组织建设工作做法

国家税务总局湘西高新区税务局

基层党组织坚强有力，党的根基才能牢固，党才有号召力、凝聚力、战斗力。为切实提升基层党组织建设力度、深度、高度，近年来，湘西高新区税务局坚持弹好支部建设“五线谱”，奏响管理育人“新乐章”，深入推进基层党组织建设，着力提升基层组织的政治功能和引领作用，实现了党业融合发展、互促共赢，在建设“四强”支部中创出了一条特色之路。

线谱一：突出一个统领——政治统领

党委引领带头，教育引导全局干部把准“税务机关首先是政治机关”第一定位，严守“旗帜鲜明讲政治”第一要求，把政治建设摆在各项工作之首，确保在制度机制上体现政治属性，在思想教育上体现政治原则，在执行落实上力求政治效果，切实树牢“四个意识”，坚定“四个自信”，做到“两个维护”。及时优化组织设置，配强支部人员，6 个支部 18 名支委成员 90 后占比 80% 以上，全局 57 名党员平均 39 岁，是一支心中有信仰、眼中有光芒、肩上有担当、脚下有力量的青年队伍。

线谱二：健全两个清单——工作日历清单 + 问题整改清单

健全“工作日历清单”。按日、月、季、全年等日历时序，将支部日常工作序时排列，瞄准时限一个个推进、一件件落实，解决了党支部特别是新设党支部对党建工作情况不明、业务不精、操作不熟等问题。

健全“问题整改清单”。机关党委对支部工作定期提醒、检查、通报、排名，点人点事点问题，公开“问题整改清单”，督导支部照单明时限、列举措、抓整改，破解了以往党建工作存在的制度执行不严、工作标准不高、检查督促不够等问题。

线谱三：创新三项机制——支部积分机制 + 经费保障机制 + 共建共享机制

创新支部积分机制。制发“党支部工作考核办法”，将支部各项工作进行细化量化，严格加分，严肃扣分，以积分排名让优秀支部与党员“露露脸”、让落后支部与党员“出出汗”，推动支部工作从“要我做”变成“我要做”。

创新经费保障机制。在党建预算经费基础上，再安排每名党员每年1000元费用支持支部党建，实现了支部工作由以往“被动参与”到现在“主动谋划”，支部积极性和能动性得到有力提升。

创新共建共享机制。以“支部+支部”形式，跨层级、跨部门、跨行业加强互联共建，支部既能结合特色“独立作战”，又能整合优势“抱团取暖”，实现“以强带弱”“强强联合”，有效破解了区局支部人员偏少、内容单调、形式单一等现实困难。半年来，各支部依托经费保障，自主开展“喜迎二十大 关心下一代”“税法宣传进苗寨”等主题党日活动20余次，与系统内外支部联建开展“喜迎二十大 奋进新征程”“品味端午 传承文明”等活动10余次，有力拓展了支部党建的内涵与外延。

线谱四：压实四级责任——党委责任+机关党委责任+党支部责任+支部书记责任

压实党委领导责任。带头大抓党建、大抓支部，思想上重视，行动上抓实，切实当好“风向标”，做好“领航员”；带头严守组织生活制度，经常、认真、严肃地参加支部生活，认真接受批评监督，倾听呼声建议，不做置身支部之外的“挂牌党员”。

压实机关党委督导责任。按月讲评支部工作，对支部阶段性计划指导把关；定期检查支部工作，听情况、看资料、问成效，做到逐一销号、定期通报；适时督导支部工作，跟踪支部重点难点任务，积极破难解疑，确保落实落地。

压实党支部主体责任。抓好支部党建、全面从严治党各项任务落实落地，以“五化”标准加强阵地建设，坚持党业齐抓共管，压实一岗双责，既当好支部工作的领导者，又当好主业工作的推动者。

压实支部书记第一责任。认真履行第一责任人责任，做到思想认识到位、时间精力到位、工作落实到位，带头抓、亲自抓，不当“甩手掌柜”和“二传手”，同时，抓好支委责任落实，确保守土有责、尽责。

线谱五：建设五型组织——学习型组织+效能型组织+服务型组织+创新型组织+廉洁型组织

一是建设学习型组织。认真落实干部教育培训规划和支部学习计划，以“为什么学”为导向、“学什么”为内容、“怎么学”为方法、“学到什么”为目的，用好理论课堂、红色课堂、实践课堂、网络课堂“四个课堂”，加强各类知识的深入学、常态学，营造浓厚学习氛围。半年来，支部书记带头上党课10次，各支部开展专题学习研讨20余次，抓实“学习强国”，全局90%以上干部每月学习积分保持在千分以上。

二是建设效能型组织。强化争优意识，扎实开展“星级党支部”创建行动，在创优中督促支部补强弱项，补足短板；广泛开展“晒身份、晒承诺、晒服务、晒业绩”活动，引导广大党员你追我赶、争先创优。强化执行力度。持续巩固党史学习教育和队伍整顿成效，加强支部“庸懒散拖”问题整治，营造重实绩、说实话、干实事、求实效的良好风气。强化制度保障。将党建与业务捆绑考核，用好容错纠错机制，鼓励创新、攻坚，对工作过失区分情况，该由支部承担的绝不让个人负责，让干部放下包袱、轻装上阵。

三是建设服务型组织。把党旗插在服务经济“主战场”，35 名党员骨干组成税收服务队，强宣传、细辅导、解难题，搭起征纳连心桥，保证新组合式税费支持政策提速落地，红利直达快享。把党旗插在服务税户“主阵地”，创新升级智慧办税服务，完善发票驿站、远程辅导、税务云课、网络直播新举措，90% 以上涉税业务实现自助办，智慧办税、“非接触式”服务、纳税满意率持续领跑。把党旗插在服务社会“大平台”，坚持党建带群建，40 余名志愿者分别参加高新区疫情常态值守、房屋安全排查，开展捐资助学、关爱儿童等护蕾行动，组织走访慰问、抗洪救灾等结对帮扶，用行动书写了税务责任与担当。

四是建设创新型组织。创新工作方法，积极学习系统内外优秀党建经验，分析短板，改进和创新措施，并及时付诸实施；大力实施“一支部一品牌”行动，鼓励支部所属部门大胆创新实践，不断擦亮“党建 +”品牌。半年来，第四支部的党业融合智慧办税服务经验得到了州局向省局的积极推介；第六支部的民族团结进步工作，作为全州民创示范点，接受了州委党委、统战部长吴凌频的带队观摩，并给予充分肯定。

五是建设廉洁型组织。支委班子带头严防“四风”，将党风廉政抓在日常、严在经常；全面梳理支部和业务工作廉政风险，制定防范措施，强化闭环管理，在支部一线筑牢廉政防线。将党风廉政纳入支部“三会一课”，通过学习法纪、警示教育、廉洁提醒等，让党员时刻严守红线、底线；同时，关心关爱干部，经常开展谈心谈话，构建了气正风清、团结活泼的良好干事氛围。

围绕中心抓党建　抓好党建促发展

云南省曲靖市麒麟区财政局

为贯彻落实中央、省、市、区关于加强和改进机关党的建设的总体部署，切实增强机关党组织的责任感，提高机关党建规范化水平，推动财政机关党建工作创新发展，充分发挥党组的领导核心作用、党支部的战斗堡垒作用、党员的先锋模范作用，打造一支“忠诚、干净、担当”的财政干部队伍，结合财政实际，现就进一步加强和改进机关党的建设提出如下实施意见。

一、总体要求

坚持以习近平新时代中国特色社会主义思想为指导，深入贯彻落实党的十九大精神和新时代党的建设总要求以及习近平总书记考察云南重要讲话精神，以党的政治建设为统领，以组织体系建设为保障，以强化责任落实为抓手，强化党组、党组书记、党支部书记、党组成员等党建工作责任。

坚持党要管党、全面从严治党，围绕中心、队伍建设、服务群众、着力强化理论武装等工作，切实做到严之有理、严之有据、严之有方、严之有力。充分发挥机关党组织的战斗堡垒和党员的先锋模范作用，严格落实“支部主题党日”“三会一课”等制度，为财政党支部规范化建设工作奠定坚实的基础。

二、重点任务

（一）强化党建责任落实

强化思想政治。强化党员的理想信念和党性修养教育，着力解决“总开关”的问题。坚持党组中心组理论学习制度，提升党员干部政治觉悟和政策水平，把政治纪律和政治规矩作为党员干部必须遵守的硬性原则，坚决查处违反政治纪律的行为，坚持党组民主生活会制度，提高领导班子发现和解决自身问题的能力。

严格落实“三会一课”、民主评议党员、领导干部双重组织生活会等制度，确保党内制度生活规范化、常态化。坚持和完善党务公开等制度，保障党员的知情权、参与权、选举权、表决权、监督权。严格落实党组集体领导与个人分工负责制，严格落实报告请示制度。坚持习近平总书记提出的好干部标准，发挥党组在选人用人方面的领导和把关作用，严格选人用人，并严肃查处选人用人上的不正之风和违规违纪问题。坚持党建工作与业务工作同部署、同落实，做到“两手抓、两手硬、两促进”。

强化党建工作责任。建立党组书记负总责、班子成员分工负责、各党支部负责人“一岗双责”的党建工作格局。党组书记要履行全面从严治党第一责任人责任，及时召开专题会议研究贯彻落实上级党委、党组关于党建工作的重大决策部署。及时召开党建工作会议，研究部署机关党建下一步工作，并加强督查，有针对性地解决存在的突出问题。切实抓好党组中心组理论学习、党课、谈心谈话、民主生活会、党员的教育管理等工作。经常开展谈心谈话，切实加强教育、管理和监督，坚持对党员干部严要求、严教育、严管理、严监督，带头执行党规党章党纪，做讲规矩、守纪律的表率。

强化党组成员分管责任。党组成员根据分工范围内的主要领导责任，落实党建工作责任，履行“一岗双责”的职能。严格执行党风廉政建设责任制，签订党风廉政建设责任书，落实党风廉政工作部署安排，抓好分管科（室）工作人员的廉洁自律工作，对存在的苗头性、倾向性问题及时提醒、定期谈话并督促纠正。坚持抓党建、抓分管业务工作同步进行，保证财政各项工作规范有序推进。

强化党支部书记责任。要加强对《中国共产党支部工作条例》（试行）的组织学习，在总支部委员会的集体领导下，负责主持党支部的日常工作，严格履行“一岗双责”，组织落实好支部委员会和党小组会。传达党的路线、方针政策和上级党组织的决议、指示。经常与支部委员和党员交流思想和工作情况，及时了解掌握党员的思想、工作、学习和生活情况，发现问题及时解决，做好政治思想教育工作。严格党的组织生活，按时召开支部组织生活会和民主评议党员工作，积极开展批评与自我批评，重视和加强对入党积极分子的培养、教育和考察工作，做好经常性的发展党员工作，吸引青年积极向党组织靠拢，增强党组织的活力、凝聚力、战斗力和号召力。

（二）严格落实机关党建制度规定

严格落实“三会一课”制度。党总支要根据各党支部党员数量、分布情况和实际工作需要，按照便于组织开展活动、便于教育、管理党员的原则划分党小组，按照党小组职责开展工作，要加强对“三会一课”的研究和指导，着力解决存在的突出性问题和区委巡察反馈的相关问题，加强督促检查，及时进行整改，做到应改尽改。同时，党支部要制定年度党建工作和学习计划，做到年初有计划，年终有总结。

（三）严格落实组织生活会制度

党支部每年至少召开 1 次组织生活会，也可根据工作需要和实际情况召开。召开组织生活会应有明确主题，聚焦解决问题。会前认真学习、谈心谈话、听取意见；会上查摆问题，开展批评和自我批评，明确整改方向；会后制定整改措施，逐一整改落实。

（四）严格落实民主评议党员制度

党支部一般每年开展1次民主评议党员，组织党员对照合格党员标准、党规党章，联系个人实际进行党性分析。党支部召开党员大会，按照个人自评、党员互评、民主测评的程序，组织党员进行评议。民主评议党员可以结合组织生活会一并进行，民主评议党员相关材料及时整理归档。

（五）严格落实谈心谈话制度

党组书记和党组成员之间，党组成员与分管科（室）负责人之间，党支部书记与支部党员之间，科（室）负责人与科（室）工作人员之间开展经常性谈话并做好谈话记录。

（六）严格落实支部主题党日活动

党支部按照区委组织部、区直机关工委要求每月按时开展支部主题党日活动，充分利用“云岭先锋”和“学习强国”等APP，开展在线签到和学习，活动要聚焦理想信念，强化党性锻炼，突出严肃性、政治性、规范性，做到年度有计划、季度有安排。党组领导要发挥好示范引领作用，带头参加支部主题党日活动。

（七）严格落实发展党员、党内组织关系以及党费收缴制度

按照《中国共产党发展党员工作细则》，严格按照发展党员5个阶段25个步骤程序，确保发展党员质量。落实好党员组织关系转接回执和离退休党员管理制度，规范党员组织关系转接程序，确保党员纳入党组织有效管理。严格执行党费缴纳规定，及时督促党员主动、足额、按月缴纳党费。

（八）严格落实换届规定

严格换届选举程序，认真做好酝酿、请示、选举、报批等各环节工作，建立健全按期换届提醒督促机制，分层级建立换届选举工作台账。

三、突出重点，全面提高财政党建工作质量

（一）加强党的思想政治建设

紧密联系实际制定推进机关党的政治建设的重点任务和措施，着力解决思想意识不强、观念淡薄、“灯下黑”等问题，增强“四个意识”、坚定“四个自信”、做到“两个维护”，在政治立场、政治原则上始终同以习近平同志为核心的党中央保持高度一致。建立健全重大事项请示报告制度，党建工作重大问题、重要事项、重要进展情况按规定及时请示报告。把学习《中国共产党章程》作为党员干部教育培训的重要内容，作为民主生活会、组织生活会的重要内容，引导党员把党章内容落实到实际工作中，把党建工作融入日常业务工作中，做到一体化推进。

（二）加强作风建设

严肃整治党员领导干部作风不实、弄虚作假、消极应付等问题。加强党员干部党性锻炼，

坚决杜绝不作为、慢作为、乱作为的问题，提高政治站位，自觉增强责任感和使命感。切实把思想和行动统一到党中央的决策部署上来，转变工作作风，把纪律作风作为一种刚性约束，以抓铁有痕、踏石留印的力度，打好这场严明纪律、改进作风的攻坚战。引导党员干部牢固树立群众观点，弘扬优良作风，保持清廉本色。

（三）加强党建创新性建设

提高机关党建工作实效，增强组织生活吸引力，激发党员参与的积极性。打造特色、有亮点的党建工作品牌，党员参加支部主题党日活动、党内组织生活、重大会议期间佩戴党徽，亮明身份，接受监督，增强党员意识，立足岗位做表率、树形象。充分运用“云岭先锋”“学习强国”APP 平台，使党建工作向着信息化、科学化、规范化的方向发展，积极推进智慧党建工作平台建设，确保学习教育落实到位。

（四）加强党建队伍建设

把抓机关党员队伍和干部队伍统筹起来，把抓机关党建工作与业务工作统筹起来，防止“就党建抓党建”和“以业务代替党建”等问题。借鉴总结其他单位党建工作与业务工作结合好的经验、做法，通过“万名党员进党校”活动、党建观摩会等方式，营造良好氛围。

（五）加强党的阵地建设

一是建立固定的党员学习教育场所。每个基层党组织至少要有一个管理规范、功能综合的党员活动室。同时要充分发挥各级党校在党员经常性教育中的重要作用，县市党校要把党员教育培训作为主要任务。利用各类院校、培训机构、革命纪念地和科技示范基地等方面的教育资源，建立党员教育基地。二是建立党员发挥先进性作用的实践阵地。要建立党员责任区、示范岗和教育实践基地，建立党员联系困难群众、老党员和老模范的联系点，建立下岗职工党员“双建双带”、党员互动、结对帮扶、技能培训等基地。三是建立基层党组织建设的宣传阵地。每个党组织要建立宣传栏，宣传党的路线方针政策，弘扬先进文化和先进典型。

发挥好党组织生活阵地作用，重点在于加强管理，建立健全各项组织生活和学习教育制度，按照模范党组织建设的要求，坚持组织生活经常化、党组织生活阵地标准化。为确保组织生活健康开展，要坚持以建设为动力，以制度为保证，以创建活动为载体，规范目标，促进党组织生活阵地最大限度地发挥作用。

组合式税费支持政策　税企共建促落实

国家税务总局泰来县税务局

2022 年 4 月 6 日，泰来县税务局机关第二党支部与国网黑龙江省供电有限公司多经党支部开展“组合式税费支持政策 税企共建促落实”支部共建主题党日活动。

首先，双方共同学习了《党章》，探讨、交流了党建工作经验，听取了多经党支部代表关于党建活动开展情况、党建活动创新方式方法以及难点亮点。泰来县税务局机关第二党支部书记王彤表示，今后要加强推进税企合作力度，以税收政策促进税企“亲”“清”关系。

随后，由法制股、税源股同志，讲述了李克强总理 2022 年政府工作报告有关组合式税费支持政策中相关内容，针对“六税两费”“增值税留抵退税”“小微企业所得税优惠”等优惠政策进行了一系列辅导，对税收优惠政策以及涉及的相关问题进行了宣传。

两支部党员重温了入党誓词，再次感受到了初入党员时的使命感和责任感，在庄严神圣的党旗下，双方党员燃起了继续埋头干革命的红色初心，坚定了砥砺前行的理想信念，牢记了践行党员宗旨的责任使命。

此次双方党支部结对共建活动，本着“我为群众办实事”的工作理念，有效提升缴费人纳税人满意度和获得感的活动宗旨，为建立长期“亲”“清”税企关系，实现“业务沟通，党建共促”合作关系奠定了扎实基础，为进一步提升党建工作提供了充足的动力和充分的信心，以优异的成绩迎接党的二十大胜利召开。

不忘初心路 奋进新征程

宁夏吴忠市红寺堡区人民医院

为庆祝中国共产党成立100周年，回顾党的奋斗历程，歌颂党的伟大成就，缅怀革命先烈，接受革命传统和爱国主义教育，传承红色基因，引导广大党员提升党性观念，坚定理想信念，充分展示新时代共产党员的先锋模范形象，推进党史学习教育走深走实，我院党支部以“不忘初心路 奋进新征程”为主题，组织全体党员、入党积极分子、中层领导、部分干部职工100余人分两批赴红色教育基地——盐池革命历史纪念园和六盘山长征纪念馆开展支部主题党日活动。

在盐池革命历史纪念园，全体参学人员怀着无比敬仰的心情瞻仰了盐池革命烈士纪念碑，重温了入党誓词，参观了革命烈士事迹展览。一件件满载革命历史的珍贵文物，一张张烙印着革命斗志的珍贵照片，让党员干部们感受到热情澎湃、热血沸腾的革命年代、无数革命先烈为党为人民前赴后继不畏牺牲的铁血精神。参学党员干部被革命先烈英勇的大无畏精神所感动，一致认为，要深刻领悟铭记历史，努力工作，更加珍惜现在来之不易的幸福生活。

在六盘山红军长征纪念馆，全体参学人员体验了全程2.5千米的浓缩版长征路，在纪念广场重温了入党誓词，在讲解员的带领下参观了红军长征纪念展览。通过瞻仰伟人雕像、聆听长征故事、参观红军长征途中的上百件遗物、文物、图片资料，回顾我党带领红军战士艰苦斗争的革命历史，体会幸福生活的来之不易。透过一件件印满岁月痕迹的历史文物和一张张珍贵的历史照片，仿佛看到了当年红军将士浴血奋战、前仆后继的壮烈斗争场面。泸定桥边、大渡河畔那英勇无畏的身影，雪山草地、高山峻岭那坚毅执着的脚步，赤水河上那胜利后的笑容等一幕幕的景象重现在参学人员的面前。先辈们用热血和生命谱写的“惊天地，泣鬼神”的长征之歌回荡在耳边，对革命先辈的敬仰之情油然而生。

此次赴红色教育基地瞻仰学习活动，是一次深刻的党性教育与灵魂的洗礼，不仅使我院党员干部职工更加了解中国共产党艰辛而伟大的革命历史，深刻感悟革命精神，同时更加坚定了大家传承践行光荣革命传统的信心。全体参学人员纷纷表示，要以革命先辈为榜样，以长征精神为引领，以习近平新时代中国特色社会主义思想为指导，以昂扬的精神状态、饱满的工作热情、务实的工作作风更好地履职尽责，为推动医院各项工作高质量发展凝心聚力。

党建引领　医路发展

内蒙古阿鲁科尔沁旗医院

赛罕乌拉巍巍矗立，黑哈尔河奔流不息，在阿鲁科尔沁旗这块红色热土上，历经风雨，孕育出一株杏林翘楚，这就是全国“改善医疗服务示范医院”，内蒙古自治区“敬老文明”先进集体，赤峰市五一劳动奖章、五一巾帼标兵、民族团结进步创建示范单位，阿鲁科尔沁旗医院。

阿鲁科尔沁旗医院是阿旗直属二级甲等综合医院，始建于 1946 年 8 月，是集医疗、护理、教学、预防保健、急诊急救、基层医疗指导为一体的综合性公立医院。医院占地面积 4.2 万平方米，全院设置科室 62 个，编制床位 360 张，附设阿旗胸痛、卒中中心，高危新生儿、孕产妇急救中心，传染病治疗中心和阿旗 120 急救中心，现有职工 531 人，其中专技人员 477 名，占全员总数 90%。

因党建而发展，依党建而兴旺。近年来，阿鲁科尔沁旗医院通过党建工作，找到了发展之路、明确了发展方向、确立了发展站位，实践出了一条党的领导有定力、服务发展有担当、增进福祉有情怀、凝心聚力有作为、自身建设有成效的党建工作之路。

一、红色引领，把牢航向

党旗高扬，党徽闪耀，党员争先……

2020 年 8 月，阿鲁科尔沁旗医院党委正式成立。依据严格落实“把支部建在科室上，将‘堡垒’筑到最前沿”的有关要求，医院全面落实党委领导下的院长负责制，按照科室职能成立行政、医疗、护理、退休四个联合党支部，明确了发展方向，实现了全科覆盖，细化了支部设置，有力促进临床业务发展。

医院夯实基层建设，充分发挥党组织的助推引领作用。把党建工作贯穿于科室业务、管理、岗位职责中，让党建工作全面渗透到科室建设中。心内科、神经内科、呼吸内科、神经外科、骨科等一大批特色学科涌现出来；心、脑血管介入治疗、腹腔镜微创技术、膝关节置换、CT 引导下穿刺活检等高新技术的成熟应用，使医院赢得了口碑，确立了区域优势地位。

二、党旗高扬，一心为民

“人民医院为人民”是阿鲁科尔沁旗医院始终践行的深刻内涵。在 2020 年新冠肺炎疫情暴发之际，作为阿鲁科尔沁旗定点防控机构，阿旗医院党组织紧急启动“应急疫情防控程序”，充分发挥临床各支部战斗堡垒作用，坚持党员上一线，干部冲在前的执行方针，医疗、护理、感控、保障等各级梯队马上组建并投入实战。

危难面前方显担当作为。面对疫情，阿鲁科尔沁旗医院党政班子全员上阵，每日组织督导，动员各方力量组织防护物资保障。在党员干部带领下，全院职工以最坚定的信念和决心冲上一线，成立了援鄂医疗队临时党支部，他们将鲜红的党旗闪耀在抗疫战场最前沿，311 份请战书、3 份入党申请书、2 支 40 人的援鄂医疗预备队、2022 年先后派出 3 支医疗队 28 人前往支援海拉尔、吉林、巴林左旗、赤峰市……一串串闪亮的数字背后，是阿鲁科尔沁旗医院的医护人员们，丹心向党，服务为民的最美见证。

三、建章立制，强基促优

完善的制度建设，才能保证党务、业务工作的有效落实。阿鲁科尔沁旗医院立足实际，探索出一条加强全面从严治党，促进精细化管理的重要路径。

医院党委深入推进党建工作与管理工作的互融互促，进一步规范管理制度和流程，明确党委会、院长办公会、职代会、质量与安全管理委员会等工作分工，完善“三重一大”议事决策机制。通过组建医疗质量与安全、病案管理和药事管理、应急管理等 18 个专业委员会，设立“拳头科室”，规范临床路径管理，细化分工，明确责任，提升整体水平。

规范管理全面振兴，人才队伍蓬勃发展。医院在完善和规范管理的同时，还重视人事评聘与薪资待遇改革，强化财务管理和成本控制，持续健全绩效奖惩机制。医院积极推出“人才培养”战略，建立起完备的自主招聘程序，进一步完善全院医护人员同工同酬和院科两级核算分配制度，逐步实行编外职工员额备案。并通过大力培养优秀年轻人才入党，为科室后续发展积蓄力量，近两年来，临床、护理年轻业务骨干发展对象已经占全院发展党员比例的 70%，青春血液的注入，为医院健康快速发展提供坚强的人才保障。

四、对口支援，公益利民

让红色旗帜高高飘扬在阿鲁科尔沁旗的每一寸土地上，让医疗服务走近群众普惠万家。近年来，阿鲁科尔沁旗医院在努力提高基层卫生机构服务能力，破解困扰地方医疗发展的难题上找到了一条光明之路。

自 2013 年开始，阿旗医院牢牢把握住对口支援的契机，先后与首都医科大学附属北京安贞医院、首都医科大学附属北京胸科医院建立起对口支援协作关系，同赤峰市医院签订三级医院对口支援二级医院协议。几年来，在三家医院的帮扶下，已经有心内科、呼吸科、感染性疾病科、肿瘤科、神经内科、神经外科、妇产科、普外科等 17 个科室 50 多位专家（超 200 人次），带着先进的医疗技术来到阿旗医院，帮助医院在技术项目拓展、人才队伍培养、综合能力提升以及医院影响力等多个领域的取得新的突破。

为进一步提升基层医疗服务能力，阿旗医院在重症救治、传染病治疗、肿瘤治疗等领域投入心血，努力突破，在多层级连续医疗服务方面积极探索，引入“长期坐诊、保姆式服务”对口帮扶工作模式，有效缓解了百姓“看病难、看病贵”问题。

五、技术引领，提质增效

智慧医疗，赋能医院信息化建设。随着科学技术的不断进步，阿鲁科尔沁旗医院的发展建设也迈上新台阶。通过建立完备的远程医疗信息系统，阿旗医院实现了与内蒙古自治区人民医院、赤峰市医院、北京胸科医院等多家三级医院开展远程会诊，并将旗内 7 家基层卫生院纳入远程系统管控中，数字化网络的广泛应用，进一步提高了医院的综合实力。

借助与赤峰市医院构建的医联体协作平台和与基层医疗机构对口支援服务协议，阿旗医院率先实现医学检验、医学影像、病历检查在市内、旗内医疗机构的资料和信息共享，优化就医流程，减少不必要的重复检查，实现了互认工作的制度化、规范化、常态化。自助挂号缴费机、影像片自助打印机、检验结果自助打印机、微信服务号自助挂号缴费、诊间支付系统等一系列设备设施相继安装到位，既提高了医院的办公效率，又为群众就医带来了便利。

叶茂于根，水深于源。回首过去，阿鲁科尔沁旗医院党建工作成绩喜人。展望未来，医院广大干部职工将以拼搏担当使命，以实干书写忠诚，秉承着大爱无疆、救死扶伤的医者信条，在改善医疗服务、提高患者就医感受的道路上砥砺奋进，不断前行。

充分发挥基层党组织战斗堡垒作用 有力推动财政各项工作健康发展

辽宁省朝阳市双塔区财政局党总支

双塔区财政局党总支在上级党组织的领导下，以习近平新时代中国特色社会主义思想和党的十九大及十九届历次全会精神为指导，认真贯彻落实中央和省市区委关于加强党的基层组织建设的决策部署，解放思想、转变观念、务实创新，充分发挥党组织的战斗堡垒作用和全体党员的先锋模范作用，为双塔区财政局业务工作提供精神动力和组织保障，有力地推动了财政各项工作的健康发展。

一、加强组织领导，规范化建设基础进一步夯实

党组书记年初对全年党建工作做出部署，制定《区财政局党组书记抓党建责任清单》与《区财政局党建重点任务清单》，带头落实党建工作任务，党组成员带头参加支部活动。支部书记年初制定本支部党建工作计划，精心谋划，明确工作目标、责任、步骤和具体措施，确保工作取得实效。

二、强化理论学习，学习型党组织建设进一步深化

采用集中学习与自主学习相结合的方法，不断丰富理论学习内容。财政局党总支始终把建设学习型党组织工作摆在突出位置，坚持周五学习制度，采取党员自学、专题讲座、集中培训、交流研讨等多种形式，组织党员干部职工重点开展以党史学习教育、习近平总书记系列重要讲话精神、《中国共产党党组工作条例》《中国共产党党和国家机关基层组织工作条例》等为主要内容的党员学习教育活动。通过开展学习活动，党员干部政治理论水平得到了进一步提升。

三、规范基础工作，服务型党组织建设进一步推进

（一）制度机制进一步完善

修订完善《双塔区财政局“三重一大”事项集体决策制度》《中共朝阳市双塔区财政局党组工作规则》等各项规章制度，对党员组织生活、台账管理等基础性党务管理工作进一步进行规范。

（二）高度重视党员日常管理工作

严格落实“三会一课”制度，党支部书记和支部委员带头讲党课，不断加强对党员的理想信念、革命传统和思想道德教育，强化党员党性观念。

（三）主题党日活动更加丰富多彩

开展“传承红色基因、牢记初心使命”主题党日系列活动。全体党员干部走进五一社区，投入资金2500元，党员们清理涂鸦约200平方米，清理小广告300余张，清理垃圾2吨，并体验了社区网格长、网格员工作。

（四）全员致力脱贫攻坚工作

帮扶桃花吐镇下洼村，结合村实际情况发展光伏发电项目，带动贫困户137户、257人，提升了村集体及贫困户经济发展动力；协调有关部门着力改善村基础设施条件，争取资金53万元，修建村内道路2.5千米，解决了村民出行难的问题；加大环境卫生整治力度，以公路沿线、村路沿线为突破口，清理垃圾5000立方米以上，切实改善农村居民的生产、生活、生态环境。同时，全局73名干部职工结对帮扶他拉皋镇王杖子村78户建档立卡贫困户，全局干部每人出资200元，为王杖子村贫困户购置红薯苗，王杖子村贫困户每人每年领取不少于10%的红薯扶贫合作社分红。

（五）切实做好党费收缴工作

督促党员按时足额缴纳党费，党员干部党员意识和理想信念进一步增强。

四、深化作风建设，廉洁型党支部建设进一步加强

一是扎实推进“两学一做”学习教育常态化制度化活动。教育引导党员把思想教育、党性分析、整改落实结合起来，不断改进工作作风。二是严格落实支部集体责任和支部书记第一责任人的责任。全面贯彻落实上级党组织关于党风廉政建设的决策部署，专题研究党风廉政建设工作，并结合支部工作实际制定党风廉政建设工作计划，落实了任务分工和具体措施。三是进一步严肃工作纪律，加强对党员干部的日常监督和考核，强化内部管理。

党建引领文化铸魂 助推医院高质量发展

甘肃省白银市中心医院

白银市中心医院始终坚持以习近平新时代中国特色社会主义思想为指导，全面贯彻党的十九大和十九届二中、三中、四中、五中、六中全会精神，忠诚拥护“两个确立”，坚决做到“两个维护”，坚持以人民健康为中心，以建设健康中国为己任，向本区域人民群众提供优质高效医疗卫生服务、防范化解重大疫情和突发公共卫生风险，不断推动医院高质量发展。

院党委始终以党建引领文化铸魂，着力建设公立医院高质量发展的新文化，构建公立医院高质量发展新体系，提升公立医院高质量发展新效能，助推医院高质量发展。

一、始终坚持党建引领，加强高质量发展组织保障

医院党委始终把党的政治建设摆在首位，全面贯彻党的卫生健康方针，坚持不懈地用习近平新时代中国特色社会主义思想武装党员干部，坚持党建引领医院文化，引导和推动广大医务人员牢固树立初心使命，不断筑牢仁德行医的思想根基。

党史学习教育开展以来，院党委把党史学习教育和医疗业务工作深度融合，认真完成党史学习教育各项任务，医院上下迅速掀起了党史学习教育热潮，真正做到学史明理、学史增信、学史崇德、学史力行，达到了学党史、悟思想、办实事、开新局的目标。在院党委的统一部署下，医院各级党组织、全体党员和广大职工认真学习、交流心得、畅谈体会，深刻领悟党百年奋斗重大成就和历史经验，不断提高政治判断力、领悟力和执行力，汲取奋力推进医院高质量发展的精神力量。

院党委理论学习中心组始终发挥关键少数的带头作用，坚持先学一步，多学一些，悟深一层，中心组多次组织召开专题学习会，深刻领会十九届六中全会精神实质，深刻把握“两个确立”的决定意义和“十个坚持”的科学内涵。医院各党支部层层压实责任，注重规定动作和自选动作的灵活结合，用好“三会一课”和主题党日活动，结合集中学习和个人自学、讨论交流等方式，推动广大党员不断学、反复学，学思结合、学深悟践，以昂扬姿态奋力开启“区域一流三甲医院”建设和高质量发展新征程。

二、建设特色鲜明的医院文化，唱响医者仁心主旋律

白银市中心医院的前身是1958年在白银市平川区靖远矿务局大水头煤矿诞生的“靖远煤矿

筹建处医院”。建院初期的10多位医护工作者，满怀着敢教日月换新天的豪情壮志，用青春、汗水和大爱谱写了一曲医院创业的赞歌；1969年，首都北京的月坛医院、中苏友好医院、北京医院、西城区医院的高级专家、医护骨干一行80余人，来到靖远矿区支援“三线建设”，为医院的发展和医疗技术水平的提高注入了生机与活力。

薪火相传，矢志不渝。几代中心医院人前赴后继，迎难而上，用热情和奉献把“一切以病人为中心”的崇高精神，根植在医院发展的血脉之中，形成了“真诚奉献 严谨创新”的中心医院精神。

医院以庆祝建院60周年为主线，回顾光辉历史，展望美好未来，着力打造精品文化工程。以60周年华诞为主题，精心制作了医院专题宣传片，编纂完成了58万余字图文并茂的《60年院志》。

医院建设了院史馆，大力挖掘和整理医院历史、文化特色和功勋人物，对医院发展脉络进行了梳理，提炼医院院训、愿景、使命，汲取了蓬勃发展的磅礴力量，激发新时代医务人员对工作极端负责、对人民极端热忱、对技术精益求精的不竭动力，唱响大医精诚、医者仁心主旋律。

三、开展形式多样的文体活动，丰富职工业余文化生活

文体活动能充分发挥医院文化的陶冶功能，为职工创造一个愉快、美好的工作环境，院工会积极响应市、区总工会的各项指示，为职工参加各类文体活动创造必要的条件和建立有效的激励机制，从建设医院先进文化、塑造医院品牌、增强医院凝聚力的高度来持之以恒地开展职工文体活动。

在“三八”国际劳动妇女节来临之际，举办“巾帼展风采健康伴我行”职工健步走比赛；在“5·12护士节”活动中，组织了以“不忘初心新起点，砥砺奋进新征程”为主题的锅庄舞大赛，全院医护人员共700多人参与这次活动，人数之多，规模之大，范围之广，刷新了近年来我院文化活动之最，有力地展示了我院医务人员精神面貌，向社会各界传递了强大医院文化；在庆祝医师节活动中，青年医师团队“集体宣誓”给人以情感共鸣和心灵冲击，倾心打造医学人文盛宴，受到社会各界高度评价。

连续举办了20届的“金秋助学”活动已成为医院一张靓丽的文化名片，活动不仅为学子的梦想架起爱的桥梁，院党委把实事好事真正落到广大职工的心坎上，让每位职工都切身感受到了“家”的温暖，更加紧密了医院党委和职工之间的深厚感情。每年开展的新员工入职素质拓展培训活动，提升和强化新员工心理素质，磨炼意志、增进毅力。通过丰富多样的文体活动为职工创造一个美好宽松的外部环境，焕发出更高的工作热情和创造性。

通过丰富多彩的文化活动，丰富了职工业余文化生活，陶冶了情操，增强了职工的集体荣誉感和凝聚力，更好构筑医院价值和医院力量，为广大医务工作者提供精神指引，为医院赢得良好的社会赞誉。

四、开展关心关爱职工活动，凝聚发展力量

医院坚持关爱职工制度不变，抓实困难职工帮扶救助，建立保护关心爱护医务人员长效机制。从工会经费中列支对困难职工进行慰问。一是每年元旦、春节、端午节、中秋节、国庆节期间，院领导带领相关部室负责人广泛开展节前走访、送温暖活动。送去米、面、油以及新春对联等慰问品的同时，将医院党政工组织的关怀和祝福也送到困难职工、党员及家属的心坎里。二是持续推进民生建设，坚持为职工办实事做好事解难题，充分体现医院对职工的人文关怀，把医院发展和职工生活紧密结合，形成职工为医院发展做贡献、医院为职工生活谋福利的良好氛围，切切实实让职工感受到医院党政工组织的关怀和温馨，进一步密切了广大职工群众和医院党组织的血肉联系，增进了院党政组织和困难职工之间的感情交流。更激发了职工拼搏奋斗、努力开创医院发展新局面的士气。

五、强化患者需求导向，构建和谐医患关系

医院始终坚持持续改善医疗服务，不断提高服务水平，优化患者就医流程，以“优质护理服务示范工程”为契机，在片区管理中充分发挥技术和经验优势，用关爱之心温暖患者、服务患者，展现医院良好的精神风貌，为前来就医的广大群众创造便捷温馨的就医环境。一是积极开展预约诊疗服务，患者可通过医院网站、医院公众号、拨打电话三种方式进行预约，方便了就诊群众。二是设置门诊导诊服务台，实行礼仪服务，主动、热情提供服务信息，负责导医导送、咨询解答。无家属陪同的年老体弱、行动不便病人，由门诊护士负责陪同就医。三是开设“绿色通道”。我院对危重病人和急诊病人，开设“绿色通道”先就诊（紧急处理），再挂号收费。四是疫情期间安排救护车免费送出行不便的出院患者，同接回有住院需求的患者。医院想病人之所想，急病人之所急，通过便民举措和温情服务，最大限度地满足广大群众的就医需求。

六、抓好精神文明建设，树立风清气正行业新风

医院大力营造见贤思齐、对标定位、比学赶超的浓厚氛围，树立先进典型，弘扬先进经验，增强党支部和广大干部职工的创造力、凝聚力和战斗力。一是每年组织召开年度“双文明”总结评比表彰会，对在“双文明”建设评比活动中涌现出来的劳动模范、先进科室、先进班组、先进工作者进行表彰奖励。通过评选活动，激发全院上下以先进典型为榜样，牢固树立“生命无价，患者至上”的服务理念，推动医院各项工作再上新台阶。二是大力营造科室文化氛围和科室人文环境，展现医务人员丰富多彩的人格魅力和生活风采，让医务人员和患者产生温馨和谐共鸣，在科室指定位置设立“科室文化园地”或“医护创意墙”，集中展示科室活动、模范典型、职工风采、生活花絮、全家福等积极向上、富有生活情趣的图片和文字，既突出科室特色，又彰显人文魅力。三是强化医德医风教育，贯彻落实《医疗机构工作人员廉洁从业“九项准则”》，进一步引导全院党员干部职工分清是非、荣辱界限，树立正确的医德观念，做到思想与品德、观念与行为的有机融合，为全面推动医院高质量发展提供坚强的纪律保障，营造风清气正的良好氛围。

七、全方位打造医院品牌，助推医院高质量发展

医院文化建设紧紧围绕医院中心任务，与《白银日报》、平川融媒等主流媒体建立良好的互动关系，及时将医院有新闻价值的消息传递给各媒体，多发稿、多报道，向社会展示医院白衣天使的精神风貌和良好的形象，扩大医院知名度，赢得社会对医务人员的爱护、尊重和支持。近年来，新媒体传播速度快、传播范围广、影响力大，已经成为现代信息发布必不可少的平台。医院积极探索与改进宣传工作的新途径、新手段，利用微信、网站、公众号等信息平台开展医院文化及宣传工作，现有两个微信公众号，定期发布医院工作动态、科普知识、便民信息等，扩大医院知名度，从而取得较好的社会效益。通过全方位打造医院品牌，潜移默化地引导职工将个人的理想目标与医院共同的信念目标有机结合在一起，为医院高质量发展提供不竭动力。

总之，医院文化建设是一项系统工程，医院文化建设的过程，实际是医院历史经验、历史传统总结和扬弃的过程。站在新时代、面对新机遇，白银市中心医院将全面贯彻习近平新时代中国特色社会主义思想，大力弘扬伟大建党精神，不断培育医院特色文化，构建医院健康向上、生动和谐的工作氛围。为实现中心医院高质量发展助推加力，谱写医院发展新的壮丽篇章。

在二十大精神的指引下奋勇前行

国家税务总局惠水县税务局

举世瞩目的中国共产党第二十次全国代表大会于 10 月 16 日在北京人民大会堂开幕。我在电视机前聆听了习近平总书记代表第十九届中央委员会作的报告，深受感动，心潮澎湃，感慨万千。

一、新起点·撸起袖子加油干

党的二十大在“两个大局”背景下召开，意义重大，影响深远。新时代以来的十年，党团结带领全国各族人民历经涉滩之险、爬坡之艰、闯关之难，以奋发之姿实现了一系列突破性进展，取得了一系列标志性成果，为实现中华民族伟大复兴奠定了坚实的基础。

党的二十大的召开，为中国未来五年乃至更长时期的发展擘画了蓝图，指明了方向。党的二十大报告强调，要坚持人民至上、坚持自信自立、坚持守正创新、坚持问题导向、坚持系统观念、坚持胸怀天下，在党的领导下，全国各族人民必将团结一心、奋发作为，不断夺取新的伟大胜利。

当前，面临国内外复杂严峻的形势，我们最重要的任务就是撸起袖子加油干，一步一个脚印把党的二十大作出的重大决策部署付诸行动、见诸成效。

二、新征程·昂首阔步向前行

党的二十大开启了一段新征程。我们清醒地认识到，税收工作所取得的一切成绩都是党带领着广大税务干部一道拼出来、干出来、奋斗出来的！所以，我们必将牢记，党的建设新的伟大工程需要长期深入推进。

我们要继续在党建引领上下功夫。要着力激发党组织战斗堡垒作用和党员先锋模范作用，明确党组织和党员在税收工作中的任务，统一思想认识，推动全面从严治党再上新台阶；持续推进党支部标准化建设，让党支部强起来、硬起来、活起来，真正成为宣传党的主张、贯彻党的决定、培养党的干部、凝聚创业力量的坚强战斗堡垒。

我们要继续在党建文化上下功夫。抓牢意识形态工作和理论武装，加强理想信念教育，引导党员干部牢记党的宗旨，坚定马克思主义信仰，凝心聚力，挺直共产党人的精神脊梁；发扬好伟大建党精神、中国税务精神和新时代贵州精神，采取多种形式营造浓厚的学习氛围，引导党员干部在税收工作中传承、践行、弘扬。

三、新思维·会当水击三千里

疫情暴发以来，党中央站在人民至上的历史高度，先后出台了一系列为企业纾困解难的税收优惠政策，让饱受疫情煎熬的企业重新燃起了希望。

新形势需要新思维。作为基层税务部门，我们不仅要抓好税收主责主业，还要以追求国家经济社会长期繁荣稳定的历史远见，推动各项税收优惠政策不折不扣落地见效，确保税费红利直达快享，让税收真正发挥在国家治理中的基础性、支撑性、保障性作用。同时，要以宣传落实税收优惠政策为切入点，建立健全服务纳税人的精细化网格化服务模式，营造良好的营商环境，吸引更多企业落户开花。

新问题需要新方法。要继续完善源于实践、行之有效的“三三制”工作法，将党员先锋、青年干部、业务骨干的优势充分发挥出来，老中青搭配分类开展疑点审查、风险排查和实地核查，有效防范政策落实过程中出现的风险，为税收安全拉上坚固“安全网”的同时，高质量实现“传帮带”。

四、新气象·路人皆言此处佳

2022年既是奋斗年，也是收获年。

这一年，我们沿着习近平总书记指引的方向奋勇前行，坚持人民至上，坚持纳税人缴费人至上，赢得了社会广泛认可。

我们聚力优化升级纳税服务，以刀刃内向的勇毅打通办税缴费的痛点、难点、堵点，持续深化“放管服”改革，不断做优“黔诚税悦”贵人服务品牌，纳税人满意度获得感稳步提升。

我们聚焦制造业、小微企业、民营企业、“专精特新”等市场主体，推出了一系列优质品牌服务，满足了不同类型企业的个性化需求。

我们关注退役军人、老年人、残疾人等特殊群体服务需求，采取陪同服务、绿色通道等暖心服务举措，精神也因此得到升华。

我们运用大数据思维，对税收征管薄弱环节开展信息比对，查问题、找漏洞、挖“死角”，认真开展风险数据比对，严厉打击偷逃骗，极大提升了税收的公平性。

五、新青年·长风破浪会有时

“当代中国青年生逢其时，施展才干的舞台无比广阔，实现梦想的前景无比光明。”这既是总书记的谆谆嘱托，也是党和人民对广大青年寄予的期望。青年是税务的未来和希望，我们要做青年的知心人、热心人、引路人，全心全意为青年搭建好施展才干的舞台。

做青年工作上的引路人。借助全省税务系统岗位大练兵、业务大比武、青年大讲堂等载体，让青年得以展现所学，增强青年干部自信心、进取心，在青年中营造良好的比学赶超氛围，促进青年队伍整体进步。

做青年生活上的知心人。通过文艺表演、趣味运动、联谊活动等，发掘青年的优势特长，并以此为纽带组建各类兴趣小组，让青年在活动中碰撞出火花，释放出激情。

做青年学习上的热心人。教育引导青年爱读书、会读书、勤读书，让学习成为青年的生活习惯和精神追求，通过学习扩展知识广度、提升精神厚度，人生境界不断升华。

艰难困苦，玉汝于成。我们坚信，只要紧密团结在以习近平同志为核心的党中央周围，坚定不移跟党走，就能够战胜前进路上的一切困难和挑战！

学在深处　干在实处

山西省阳泉市交通运输局

党史如明灯，照亮前行之路；党史如清泉，洗涤心灵之尘；党史如号角，激发奋进之力。

党史学习教育开展以来，市交通运输局把党史学习教育与庆祝建党100周年活动相结合，与为人民群众办实事相结合，与推动阳泉交通运输高质量发展相结合，精心组织、创新方法、问需于民，高标准高质量落实各项任务，扎实推动全局党史学习教育热起来、活起来、深起来、实起来，全系统广大党员干部接受了直抵灵魂的精神洗礼，感受到党史学习教育带来的变化与成效。

一、“关键少数”风向引领，奏响“主旋律”

市委党史学习教育动员部署会后，市交通运输局党组立即组织局领导和有关单位负责人研究推进党史学习教育的总体思路。3月5日，市交通运输局召开理论学习中心组党史学习教育第一次专题学习会，认真传达学习中央党史学习教育动员会议和省委、市委部署会议精神，并就全局做好开展党史学习教育各项准备工作提出要求。之后，市交通运输局党组印发了《关于开展党史学习教育的实施方案》，召集局属各党支部书记、党办主任就深入贯彻习近平总书记在党史学习教育动员会议上的重要讲话精神，开展党史学习教育作了具体安排，明确时间节点和工作任务。3月29日，组织召开党史学习教育推进会，对开展党史学习教育进行再安排再部署，充分做到及时、有序跟进党史学习教育各环节工作。

在此基础上，市交通运输局党组结合实际制作了《县级领导干部开展党史学习教育阶段性工作落实完成情况一览表》《局属各党支部开展党史学习教育阶段性工作落实完成情况一览表》两幅挂图，分别明确了8个方面的37项和9个方面的18项具体内容，实施挂图作战，步步跟进。为扩大党史学习教育宣传覆盖范围，市交通运输局依托工作点多、线长、面广的行业优势，把出租车、公交车、执法车辆作为移动宣传站，把各党支部党员活动室和路网场站作为固定宣传阵地，发放党史学习宣传资料2000余份，开展灵活多样的宣讲100余次，受到广大人民群众和监管服务对象的广泛好评。

“风不难化也，自上及下而风行。”市交通运输局始终把中心组学习作为班子和领导干部加强思想建设、提高政治素养的重要形式。特别是把党史学习教育作为全年中心组学习的重要任务，结合当前理论学习的主要任务和全局工作实际，印发了《2021 年党组理论学习中心组学习计划》，研究设计了 10 个学习专题和 1 次党课教育，以研读理论书籍、传达文件及会议精神为主，采取个人自学、集中领学、专题讲座等形式全方位推进党史学习教育。市交通运输局组织中心组共学习 8 次、集中研讨 7 次、讲党课 1 次，全局 12 位副县级以上领导共进行专题交流发言 38 人次。在市局理论学习中心组的引导下，局属 9 个党支部对标对表，召开党史专题学习 7 次，开展交流 6 次。局机关党委还开展了党支部书记“学悟新思想、畅谈新征程”交流研讨和各单位党员“党史故事我来讲”演讲比赛，有序推进党史学习教育。

二、学深悟透汲取力量，筑牢“压舱石”

“关键少数”示范学，“绝大多数”跟进学。

市交通运输局直属各党支部全面落实“自学 + 集中 + 专题研讨”的学习模式，对党员的自学情况实时把控、及时督促，推进党史学习教育走向常态化。全局 154 名党员实现了指定教材全覆盖。党支部每月至少举行 2 次集中学习和专题研讨，全体党员坚持每周自学、每月撰写两篇学习心得。同时，市交通运输局编发了《党史学习教育应知应会手册》，通过简洁明了的学习内容，快速学习知识重点、掌握精神实质，确保党员干部在党史学习教育中不掉队、不缺课、不漏学。

坚持线上与线下相结合，市交通运输局运用“学习强国”“山西干部在线”“三晋先锋”“领航阳泉”等学习平台推进党员个人自学。全体党员充分利用碎片化时间，随时随地听党课、学党史。利用手机搭建“学党史有声图书馆”，市交通运输局党史学习教育领导小组办公室每日在党员微信群中发送一篇“党史百年・天天读”，每周发送一篇党史小故事和一段党史短片，让全体党员的学习变为“有声有色”的视听式、沉浸式教育，更加“声”动有趣。

与此同时，局属党支部充分利用楼梯墙面空间打造“党的光辉历程”党史展览墙，用精练的语言、生动的图片，展示了我党 100 年来的不朽业绩，创造沉浸式学习氛围，让全体党员在耳濡目染中了解党史、学好党史。全局 9 个党支部分别深入我市和周边十几个红色教育基地开展红色教育。通过学习，全局党员干部坚定了理想信念，提升了党性修养，弘扬了优良作风，增强了参与学习的政治自觉。

为推动党史学习教育走深走实，市交通运输局成立了由 6 名局领导组成的巡回指导组，对局属 9 个党支部进行调研督导。通过听取汇报、座谈了解、观看视频、查阅资料、组织考试、实地察看、问题反馈等方式，详细了解各党支部开展党史学习教育的具体做法和亮点成效。1 名科室干部担任市直机关工委巡回指导组组长，就所督导 10 个单位好的经验和做法，在全局及时学习推广，起到了很好的效果。4 月 19 日和 5 月 20 日，省委党史学习教育巡回指导第一组 2 次到市交通运输局对机关党委和基层党组织党史学习教育情况进行调研督导，并且组织学习考试，给予了充分肯定，认为市交通运输局对党史学习教育高度重视、精心部署，组织领导具体有力，党史学习教育扎实深入，为民服务立足本职，学用结合注重落实，规定动作不打折扣，自选动作丰富多样，开局良好、进展顺利、成效明显。通过层层督导，确保了局机关党委和局属各党支部党史学习教育各项工作深入推进、落实落细。2021年“七一”，局机关党委被评为阳泉市“先进基层党组织”，1名共产党员被评为全市优秀共产党员，受到市委的表彰。5名优秀共产党员和3名优秀党务干部受到市直机关工委的表彰。

三、知行合一真抓实干，服务“大民生”

聚焦城市停车需求，市交通运输局牵头推进ETC智慧停车场建设，以目前城市建成区范围内的中心商业区为核心区域，以“ETC+车生活服务”为重点，打造ETC+智慧停车供给体系，提升城市静态交通服务能力，解决群众停车难题。8月24日，山西建投静态交通阳泉公司注册成立，将围绕“ETC+车生活服务”和“静态交通治理”两大主题，对我市静态交通体系进行全面提升，打造智慧城市“新样板”，标志着我市ETC智慧停车项目进入实质性推进阶段。

这是市交通运输局开展“我为群众办实事”实践活动的一个缩影。

学以致用，知行合一。自党史学习教育开展以来，市交通运输局坚持把“我为群众办实事”实践活动作为对照现实、推动工作、检验成效的重要内容，在深入开展调研走访、广泛征集意见建议的基础上，紧贴行业实际，聚焦群众“急难愁盼”，收集涉及交通基础设施、群众出行需求、监管服务效能、综合执法水平、行业便民服务等5个方面共计18件具体实事，纳入阳泉市交通运输局“我为群众办实事”实践活动项目清单。其中交通运输部印发的《关于山西省开展交通运输与旅游融合发展等交通强国建设试点工作的意见》，批复同意我省5个交通强国试点项目，我市“高密度中等城市交通拥堵治理与绿色出行”和“智能网联重载货运车路协同发展”两个试点位列其中。这两个项目的实施，将为我市提升区域竞争优势和交通服务品质起到积极而深远的作用，也是阳泉市交通运输局开展“我为群众办实事”的重大行动。

清单出台后，市交通运输局党组成员主动领任务，带头做承诺，全力抓落实；局属有关单位和局机关责任科室积极跟进，迅速成立工作组研究制定方案，明确工作措施，按照既定时间节点有序有力推进。其中，出租车爱心送考、规范整顿共享单车运营秩序、ETC智慧停车城市试点建设、入企帮扶解决实际困难、实行“轻微违法”首查免罚等实事、旅游公路建设取得积极成效。

以史鉴今担使命，万里征程催人急。市交通运输局党组书记、局长梁庆表示，市交通运输局将以深入开展党史学习教育为契机，用党的奋斗历程和伟大成就鼓舞斗志、明确方向，用党的光荣传统和优良作风坚定信念、凝聚力量，用党的实践创造和历史经验启迪智慧、砥砺品格。党旗下，阳泉市交通运输系统正在不断凝聚砥砺奋进的精神力量，蓄势奋进，为全方位推动高质量发展贡献力量。

以党建引领培树青年干部“四种品质”

国家税务总局益阳市大通湖区税务局

近年来，大通湖区税务局以党建为引领，切实加强青年干部的教育管理和日常监督，帮助青年干部培树职业生涯的“四种品质”。

一、“党建＋学习小组”，树牢政治品质

建立青年理论学习小组。每月1次“圆桌对话”，每季1次“读书沙龙”，每年1次“导师课堂”，把习近平新时代中国特色社会主义思想、党的十九大、二十大会议精神、中央重大决策部署等内容作为青年理论学习小组的“第一任务”。党委班子成员当导师亲自参与指导理论学习，把方向、明是非、防风险。同时，利用“学习强国”“学习兴税”等网络学习平台学习党中央精神等，引导年轻干部树牢捍卫“两个确立”、增强“四个意识”、坚定“四个自信”、做到“两个维护”的政治品质。区局在全市税务系统党史知识竞赛、全区喜迎二十大理论微宣讲比赛中均获得第一名的好成绩。

二、“党建＋青年夜校”，锻造专业品质

成立青年夜校。通过搭建“晚间课堂”，利用业余时间开展集中学习培训，局领导带头讲课，传经送宝，发挥专家能手的示范带动作用。开展以考促学，每季度固定开展1次综合知识考试，以检验学习成果。同时，党员领导干部与近两年新进税务干部进行师徒结对，切实发挥思想引领、技能引领、作风引领、生活引领作用。探索教育培训模式，按照“线上自学＋集中培训＋实战检验＋成果总结”等环节，以需求为导向，开展房地产企业所得税处理、土地增值税清算、公文写作等实战化培训，全面提升青年税干业务素质和履职能力，成为一名合格税务人。近年来，有16位青年干部被提拔到中层岗位，有5位青年干部进入省市系统各类专业人才库。

三、“党建＋阵地建设”，提升服务品质

以开展“三表率一模范”机关创建为契机，青年党员带头服务联系群众，开展“送政策、解难题、优服务”“我为群众办实事”“百名干部进百企”和便民办税春风行动等系列活动，为纳税人排忧解难；大力落实各项减税降费税收优惠政策，确保应享尽享；有效推进“一站式”“非接触式”办税服务，设立“不满意请找我”岗位，提升办税效率；结合单位文明建设工作，开展“精

细服务、精准执法”活动，建立“清上加亲”的税企关系；组织青年干部进社区、进企业、进乡村，开展疫情防控、法制宣传、乡村振兴等各类志愿服务活动，展示税务青年的风采和精神风貌。近年来，区局先后获得省级文明窗口单位，市级青年文明号，市级青年之家、在全省纳税人满意度调查中，荣获全市第一，全省前列等荣誉。

四、“党建 + 文化套餐”，增强清廉品质

打造“青廉文化套餐”。党建、纪检、人事等部门联合举办税务“青廉说”，邀请干部家属分享廉政故事；创办《我们这个家》期刊，晒出青年干部的家风家书家训；设置家庭助廉照片文化墙，开展家庭共答纪法试卷，拍摄“亲人的叮咛”微视频，签署助廉承诺书等，厚植良好家风。实施“1+2+3+4+N”监督工程，即：1 堂廉政党课、2 轮谈心谈话、3 层集中学习、4 次警示教育、N 次日常提醒，教育引导青年干部做遵纪守法、廉洁自律的表率。开展干部座谈会、政治家访、心理健康讲座，利用职工书屋、党员活动室等阵地，开展党团活动，弘扬清风正气。健全监督管理体系，制定《加强对年轻税务干部的监督管理实施方案》，发挥职能部门监督作用。截至目前，区局青年干部没有发生一例违法乱纪行为，连续多年被地方党委、政府评为绩效考核、社会治安综合治理先进单位。

巩固深化“不忘初心、牢记使命”主题教育成果

贵州省遵义市播州区人民医院 宋元茂

在全党开展“不忘初心、牢记使命”主题教育，实现了理论学习有收获、思想政治受洗礼、干事创业敢担当、为民服务解难题、清正廉洁作表率的目标任务。

为深入贯彻习近平新时代中国特色社会主义思想，持续推动全党不忘初心、牢记使命，切实增强“四个意识”、坚定“四个自信”、做到“两个维护”，团结带领人民群众为完成新时代党的历史使命而不懈奋斗，现就巩固深化“不忘初心、牢记使命”主题教育成果提出如下意见。

一、坚持用习近平新时代中国特色社会主义思想武装全党

习近平新时代中国特色社会主义思想是中国共产党的思想旗帜。坚持读原著、学原文、悟原理，继续在学懂弄通做实上下功夫，使全党始终保持统一的思想、坚定的意志、协调的行动、强大的战斗力。县处级以上领导班子要落实党委（党组）理论学习中心组学习制度，每年至少举办 1 期读书班，列出专题，集中学习研讨。

党员领导干部要列出年度重点书目学习，每年至少到分管领域、学校等基层单位或所在党支部讲 1 次专题党课。党员要按时参加党员大会、党小组会和上党课，通过学典型案例、听理论宣讲，增强学习效果。

二、强化理想信念教育和党性教育

坚持集中培训与日常教育相结合、组织教育与自我提高相结合，引导党员、干部筑牢信仰之基、补足精神之钙、把稳思想之舵。党员、干部要把党章作为必修课，经常学习对照，内化于心、外化于行。党员、干部党性教育和领导干部任职培训，要把党章作为必学内容。党委（党组）理论学习中心组每年安排 1 次党章集体学习，党支部每年组织 1 次党章专题学习交流。强化对党忠诚教育，落实主题党日制度，坚持和完善重温入党誓词、党员过“政治生日”等政治仪式，教育引导党员、干部强化党的意识、党员意识。

加强党规党纪教育特别是政治纪律和政治规矩教育，督促党员、干部强化组织观念，做到“四个服从”。就近就便用好红色资源、党性教育基地等，开展革命传统教育，传承红色基因，激发前行动力。开展党史、新中国史、改革开放史、社会主义发展史专题教育，让党员、干部

学习了解党成立以来的重大事件、重要会议、重要文件、重要人物，了解党的光荣传统、宝贵经验和伟大成就，做到知史爱党、知史爱国。

三、开展经常性政治体检

把政治体检作为党员、干部自觉打扫思想政治灰尘、不断增强政治免疫力的重要途径，发扬自我革命精神，用足用好批评和自我批评这一锐利武器，及时检视整改违背初心使命的各种问题，永葆党的先进性和纯洁性。各级领导班子和党员、干部要经常对照习近平新时代中国特色社会主义思想和党中央决策部署，对照党章党规，对照人民群众新期待，对照先进典型、身边榜样，查找自身在政治、思想、组织、作风、能力、廉洁等方面存在的差距和不足。领导班子还要针对巡视巡察、干部考核、专项督查反馈的意见，联系本地区本部门本单位发生的重大事件、典型案件，把自己摆进去、把职责摆进去、把工作摆进去，集体讨论查找问题。针对检视查摆的问题，立查立改，从具体事、身边事、群众最不满意的事改起，整改情况在适当范围内公开。

各级领导班子成员之间、党支部委员之间要经常性开展谈心谈话，交流思想、相互提醒、相互帮助。严格落实民主生活会、组织生活会制度，切实把批评和自我批评开展起来。党员领导干部要以普通党员身份参加所在党支部或者党小组组织生活，虚心听取意见，带头开展批评和自我批评。把民主生活会、组织生活会整改工作同党员、干部政治体检中查找出来的问题整改结合起来，保证整改到位。

四、推动党员、干部履职尽责、担当作为

敢担当、善作为是新时代党员、干部必备的政治素质。教育引导党员、干部忠实履行职责，做出经得起实践、人民、历史检验的实绩。健全重大突发事件领导班子应急处置机制和党员、干部应急动员发挥作用机制，推动领导班子和领导干部坚守岗位、靠前指挥，引导党员、干部关键时刻冲得上去、危难关头豁得出来、重大斗争中经得住考验。加强治理能力和专业能力培训，强化实践锻炼，提高干部打硬仗、解难题、防风险的能力。

健全干部担当作为的激励和保护机制，落实激励干部担当作为的具体措施，坚持能者上、优者奖、庸者下、劣者汰的选人用人导向，突出实干实绩考察考核干部，及时宣传表彰先进典型。建立党员先锋岗、责任区，推行设岗定责、承诺践诺，组织党员立足本职、担当尽责，发挥先锋模范作用。把干部担当作为情况作为结合巡视巡察开展选人用人专项检查的重要内容。对不敢面对问题、触及矛盾，工作长期没有实质性进展、群众反映强烈的问题长期得不到解决的领导班子，对庸政懒政怠政的领导干部，对解决群众困难“推拖绕”的党员、干部，依规依纪依法予以问责。

五、聚焦破解重点难点问题加强调查研究

大兴调查研究之风，把调查研究贯穿工作谋划、决策和执行全过程，贯穿发现和解决问题、密切党群干群关系全过程。县处级以上领导班子要围绕贯彻落实党中央决策部署和当前正在做的事情，着眼解决实际问题，每年研究确定若干重点调研课题。领导干部要结合分管工作领题调研，自己撰写或主持起草调研报告。

调研结束后，领导班子要研究分析问题症结、提出政策措施，把调研成果转化为解决问题、改进工作的实招硬招。坚持问题导向，哪些方面问题突出就聚焦哪些方面调研，问题出在哪个环节就重点在哪个环节调研。对调研发现的问题，能解决的马上解决，一时解决不了的要有时限。加强调研统筹，改进调研作风，防止扎堆调研、作秀调研，不增加基层负担。

六、坚持不懈为群众办实事做好事解难事

始终坚持以人民为中心，牢记人民利益高于一切，真心实意帮助群众解决实际困难，增强人民群众的获得感、幸福感、安全感。省、市、县党政领导班子要聚焦解决人民群众最急最忧最盼的问题，制定年度民生实事计划。采取适当方式公开方案、进度和结果，接受群众评价和监督。

完善党员、干部直接联系群众制度，县处级以上党政领导班子成员要建立基层联系点，联系时间一般不少于1年，各层级联系点一般不重复交叉。领导干部每年深入联系点至少1次。围绕解决改革发展稳定中的重点难点问题开展联系点工作，了解社情民意，帮助建强基层组织、谋划发展思路、解决发展难题。推行党员志愿服务，组织党员结合实际参加党组织开展的志愿服务活动，鼓励和引导在职党员到工作地或居住地党组织报到为群众服务。把联系服务群众与经常性做好群众思想政治工作结合起来，在解决实际问题中教育引导群众、组织凝聚群众，保持党同人民群众的血肉联系。

七、坚决反对形式主义、官僚主义

各地区各部门各单位要把树立正确政绩观的要求具体化，改进领导方式和工作方法，决不做自以为领导满意却让群众失望的蠢事。重点纠治贯彻落实党中央决策部署装样子、做选择、搞变通，维护群众利益不担当不作为特别是漠视人民群众生命安全和身体健康，发文开会不切实际，落实工作重“形”不重“效”、重“痕”不重“绩”，督查检查考核大范围要台账资料，多头重复向基层派任务要表格等问题。通过明察暗访、监督举报、重点督办，严肃查处典型问题。各地区各部门各单位每年要对形式主义、官僚主义问题纠治情况进行自查，加强督促整改。对形式主义、官僚主义的新表现、新动向进行梳理，作为下一年度纠治重点任务，持续深化整治，防止反弹回潮。

八、开展常态化专项整治

开展专项整治是解决工作中突出问题的有效方法和重要抓手。聚焦动摇党的根基、阻碍党的事业的各种问题，列出重点、集中整治。省（自治区、直辖市）党委要综合分析民意收集、信访反映、巡视巡察、调查研究等方面情况，每年确定若干突出问题进行专项整治。加强部门联动、上下互动，整体推进问题解决。适时组织开展专项检查，对问题较多的地区和单位重点查访，对专项整治不力或搞形式走过场的严肃批评、督促改正。

九、督促党员、干部遵规守纪、廉洁从政

督促党员、干部正确处理公私、义利、是非、情法、亲清、俭奢、苦乐、得失的关系，清清白白做人，干干净净做事，保持为民务实清廉的政治本色。党员领导干部要严守党的政治纪律和政治规矩，严格执行廉洁自律准则、党内政治生活若干准则、重大事项请示报告制度、领导干部个人有关事项报告制度等，知敬畏、存戒惧、守底线。坚持民主集中制，严格领导班子议事决策规则，落实领导干部插手干预重大事项记录制度，确保公正用权、依法用权、为民用权、廉洁用权。严格落实中央八项规定及其实施细则精神，坚持自查自纠，驰而不息改进作风。注意家庭家教家风建设，保持共产党人的高尚品格和廉洁操守。反对特权思想和特权行为，全面规范领导干部配偶、子女及其配偶经商办企业行为，完善政策规定，引导和督促领导干部主动规范、自我规范。对新任职党员领导干部及时开展廉政谈话。常态化开展警示教育，以案明纪、以案为戒、以案促改。

党委（党组）要负起主体责任，结合统筹推进常态化疫情防控和经济社会发展、改革发展稳定等各方面工作和人民群众对美好生活的新期待，加强组织领导，强化督促指导，推动巩固深化“不忘初心、牢记使命”主题教育成果各项任务落地见效。加强考核评估，通过听取意见、随机查访测评，了解党员、群众评价，及时发现解决存在的突出问题。上级党组织要派人列席下级党组织的民主生活会、专题学习研讨会等，加强具体指导。领导机关、领导干部要走在前、作表率，既抓自身又抓下级，形成一级抓一级、层层抓落实的工作机制，推动全党形成坚定理想信念、坚守初心使命、敢于担当作为的浓厚氛围。

永远跟党走　奋进新征程

——淮北市杜集区税务局开展“喜庆二十大”系列活动

国家税务总局淮北市杜集区税务局

中国共产党第二十次全国代表大会是一次十分重要的大会，为深入学习贯彻党的二十大精神，淮北市杜集区税务局组织开展“喜庆二十大”系列活动，热烈祝贺党的二十大胜利召开。

一、迎“会”

金秋送爽，红旗飘扬。在党的二十大到来之际，杜集区税务局积极开展“读经典－重温党史”“优服务—政策到家”“广宣传－喜迎盛会”等活动。

“读经典—重温党史”。职工书屋内，全体党员认真学习了《百年初心成大道》《红日》《红岩》等红色经典书籍，并开展深入研讨。党支部书记带领大家重温习近平总书记“7·9”重要讲话，引领大家结合百年党史，深刻体会习近平总书记重要讲话的政治性、前瞻性、指导性，深入领悟“两个确立”的决定性意义，进一步增强“四个意识”、坚定“四个自信”、做到“两个维护”，发挥党员先锋模范作用，以优异成绩向党的二十大献礼。

“优服务—政策到家”。支部党员深入辖区企业走访，共邀请10名办税经验丰富的企业会计师和个体经营户担任“税务服务体验师”，为其颁发证书。线下采取抽签方式随机分配体验师到服务大厅、“税邮驿站”等办税地点，现场体验最新“非接触式”自助办税终端智慧辅屏和人工窗口服务；线上通过电话、邮件等渠道体验远程指导办税服务。10名体验师从纳税人视角查找问题，提出纳税服务工作的改进建议，助力寻找纳税人“需求侧”和税务部门“供给侧”最佳结合点。

“广宣传—喜迎盛会”。税务干部通过悬挂条幅、宣传标语、电子屏等载体，在单位院内、办税服务厅、广场、公园等场所广泛宣传“喜迎二十大”相关信息和税费优惠政策，积极引导广大纳税人缴费人听党话、跟党走，切实营造迎接党的二十大胜利召开的浓厚社会氛围。

二、观“会”

2022年10月16日上午10时，中国共产党第二十次全国代表大会在北京人民大会堂开幕，习近平总书记代表第十九届中央委员会向大会作报告，杜集区税务局组织干部职工收看党的二十大开幕会盛况。

习近平总书记所作的报告全面阐述了过去五年的工作和新时代十年的伟大变革，科学谋划了未来五年乃至更长时期党和国家事业发展的目标任务和大政方针。报告指出，要高举中国特色社会主义伟大旗帜，全面贯彻习近平新时代中国特色社会主义思想，弘扬伟大建党精神，自信自强、守正创新，踔厉奋发、勇毅前行，为全面建设社会主义现代化国家，全面推进中华民族伟大复兴而团结奋斗。报告明确，从现在起，中国共产党的中心任务就是团结带领全国各族人民全面建成社会主义现代化强国、实现第二个百年奋斗目标，以中国式现代化全面推进中华民族伟大复兴。大会主题和党的中心任务在全局干部职工中引起热烈反响。

观看开幕式的税务干部们纷纷表示，收看了习近平总书记作的二十大工作报告，倍感振奋、倍受鼓舞。在新时代新征程上，将更加坚定的听党话跟党走，衷心拥护两个确立、忠诚践行两个维护，自信自强、守正创新，踔厉奋发、勇毅前行，以更加昂扬的姿态走好新长征、建功新时代，为实现第二个百年奋斗目标、全面推进中华民族伟大复兴做出税务人的贡献。

三、学“会”

党的二十大开幕以来，杜集区税务局广大党员干部在认真收听收看开幕会基础上，通过多种形式深入学习领会习近平总书记所作的报告。

全局各党支部第一时间召开党员大会，专题学习党的二十大精神，通过青年理论学习小组、党小组会议、专题党课等深入交流研讨。大家一致认为，党的二十大工作报告，在政治上高屋建瓴、思想上内涵丰富、实践上指向精准，要切实把思想和行动统一到学习贯彻党的二十大精神上来，深刻领悟“两个确立”的决定性意义，增强“四个意识”、坚定“四个自信”、做到“两个维护”。围绕党的中心任务，坚持中国共产党的领导、坚持走中国特色社会主义道路、坚持以人民为中心的思想，着力推进税收治理体系和治理能力的现代化，为实现第二个百年奋斗目标注入税动力。

夯基固本强引领
用“党建红”推动“行业兴”

广西南宁市武鸣区中（壮）医医院

南宁市武鸣区中（壮）医医院坐落于中国壮乡武鸣区，地处西江河畔，灵水湖旁。作为广西基层中医药壮医药建设典范，医院以“中医壮医 特色立院”为院训，坚持走“党建引领 人才强院”的发展道路。目前医院党委下辖党支部6个，在职党员113人。2020年，在城区党委的正确领导下，始终坚持以习近平新时代中国特色社会主义思想为指导，深入学习贯彻落实党的十九大及十九届二中、三中、四中、五中全会精神，围绕公立医院党的建设总要求，充分发挥党委的核心作用，通过“321”工作举措，带领全院党员干部，提高思想认识，增强工作本领，强化履职担当，狠抓工作落实，打造“党建促进业务 党员引领发展”的党建工作品牌，实现党建与业务工作有机融合、双向发展。

一、加强“3个建设”，把加强党的建设摆在突出位置

一是坚持思想建设为基础，强化理论学习与政治武装。通过扎实开展“两学一做”学习教育和“书记引航担使命”主题活动，以集中学习、微信群、“学习强国”平台等线上线下学习“齐步走”方式，不断提升党员理论水平，深化学思用贯通、知信行统一。二是坚持组织建设为重点，强化党组织政治功能。一方面深化公立医院党的建设，规范运行医院党委议事决策机制，确保党委对医院决策、执行、监督各环节的绝对领导。另一方面强化支部标准化规范化建设，以落实支部书记述职评议、党委联系支部、党支部组织生活质量提升行动和党支部达标创优工作为契机，深入查找和研究解决党支部不足与问题，推进医院基层党建工作提质聚力。同时注重严格党员队伍培养管理和充分发挥党员先锋模范作用，尤其在疫情防控工作中，医院37名党员勇担使命，冲锋在前，主动承担一线防控工作，34名干部职工深受感召，递交入党申请书，向党组织靠拢，党员队伍不断充实壮大。三是坚持纪律建设为保障，深入推进党风廉政与作风建设。医院党委切实履行年度主体责任清单，通过开展专题党课、树立身边榜样、观看警示教育片、通报典型案例等形式，加强党风廉政建设学习与警示教育。年内，医院召开全院性党风廉政建设专题会3次、廉政党课3次、树立先进典型2名。加强纪委对“三重一大”事宜、重点岗位部门风险点及干部职工工作作风纪律的监督力度，推进作风建设与医院文化建设工作双向考评，

工作效能与内涵素质双向提升。

二、助力“2个领域”，充分发挥党建优势和行业优势

一是助力扶贫领域，决战决胜脱贫攻坚。医院党委派遣精锐党员干部，扎实开展日常结对帮扶，加大后盾单位资金帮扶力度，主动提供免费体检医疗救助，狠抓院内健康扶贫政策落实，提高慢病卡、残疾证办理效率，确保各项健康扶贫政策应办尽办，贫困户应享尽享。2020年，医院定向投入10万元作为“云屏惠农”电子屏广告费用为贫困村村集体经济发展增添新的活力；办理慢病卡2137人，提供住院贫困户一站式结算服务791人；医院帮扶2020年预脱贫户均已通过“双认定”，原有已脱贫户均未出现返贫情况。二是助力民生领域，促进实现全民健康。结合主题党日、重大节日，开展健康温暖进企业、进社区、进学校等系列公益服务活动，组织党员志愿者深入医院困难党员职工家中、帮扶贫困村户、贫困户山区小学、老年活动中心等地开展慰问与义诊活动，为决胜全面建成小康社会、推进健康中国建设添动力。年内，共开展慰问活动9次，送出的慰问品和慰问金累计27770.91元；开展义诊活动14次，接待咨询、义诊、量血压、体检4181人次，发放资料13044余份。

三、依托“1个高地”，打造“党建引领 人才强院”的党建品牌

2019年，在城区党委和政府的指导下，医院顺利承办壮医药人才小高地建设项目，荣获城区党建人才示范基地称号，2020年，医院党委不断深化党建示范引领，持续发挥党建品牌效应。一是培养关键“领头羊”，凸显示范科室引领。医院党员任临床科室负责人占比60%，支撑医院学科建设及业务发展，以党委带动全院、支部带动全科室、支委带动全体党员，党员带动全体员工，增强业务与服务工作的主动性和创造性，逐步形成了“党建促进业务 党员引领发展”的良好局面，打造了壮医科等4个中医重点专科，培育了潘文斌、梁绍明等一批具有政治强、作风硬、医德好、业务精的壮医药人才团队，组建壮医药品牌和高层次人才队伍，树立起医院特色党建品牌。二是强化人才引领，实现医院跨越发展。积极引进各学科高层次人才，提高“双高”人员党员占比，有效促进学科建设均衡快速发展，不断开拓新技术和新项目，名医名科名院日益凸显，综合服务能力大幅提升，在区域范围内影响力日趋增强，医院业务实现新发展，服务水平整体大提升，群众满意度上涨，党建促业务成效显著。三是强化支援指导工作，带动医疗集团分院发展。先后派驻12名党员技术骨干下乡传帮带教，支撑卫生院业务发展，使得各集团分院业务能力及管理水平得到明显提升，有力地促进了卫生院业务的快速发展，为加快实现“健康武鸣”注入强劲动力。

党建引领 助力税收事业高质量发展

国家税务总局大城县税务局

为喜迎党的二十大胜利召开，县直工委联合县融媒体中心推出《献礼二十大·机关党建引领之窗》专题栏目，对部分县直单位机关党建引领作用进行宣传报道，通过深入展示和交流机关党建和业务工作深度融合，激励先进、鞭策后进，从而推进县直机关党建工作再上新台阶，为实现“经济强县、大美大城”提供坚强的组织保障。

大城县税务局坚持以党建为引领，以完善新“纵合横通强党建”机制体系为抓手，坚持牢牢抓党建基础建设，压实管党治党责任，围绕中心、服务发展、强化监督、示范引领的作用，进一步推动税收事业高质量发展。

面对当前的经济形势，如何更好地做好纳税服务，成为县税务局的重点工作之一。因此，县税务局为企业发放“2022年组合式减税降费政策大礼包”，推动实施新的减税降费支持政策落实落地。张伟就是办理退税业务的一名企业纳税人。

办事群众张伟说：“今年经济下行压力大，需求收缩，原材料价格上涨更是增加了企业资金周转压力，县税务局‘组合式’税费支持政策为我们纾困解难，使我们坚定了战胜困难的信心。”

与此同时，办税服务厅还开展“我为群众办实事——便民春风行动”，加快了办税流程，推进十税种合并申报，压减办税缴费次数和时间。推行“分级导税+资料预审”，倡导预约服务，简并办税资料，平均办税时长压减59%，切实提高纳税人、缴费人满意度和获得感。

国家税务总局大城县税务局第一税务分局办税服务厅分局长王文坡说：“在推进减税降费、个税改革、发票电子化等重大改革中突出党建引领，确保改革推进到哪里、党的旗帜就高高飘扬在哪里，充分发挥党组织战斗堡垒作用和党员先锋模范作用，切实提升纳税人、缴费人体验感和获得感，为实现税收现代化建设提供坚强保障。”

在基层党建工作方面，大城县税务局在规范“三会一课”、主题党日等规定动作的同时，还根据工作特点，进行本地党建文化品牌创建。在大城县税务局机关的多功能党建文化展厅和廉政文化长廊、三个主题展厅、四条文化长廊，几百张展示图片让人耳目一新。通过文化品牌打造，全局上下呈现出积极弘扬正能量，想干事、能干事、干成事的浓厚工作氛围。

国家税务总局大城县税务局党委书记、局长吴桂斌表示：近年来，大城县税务局按照“围绕税收抓党建，抓好党建促税收”的工作原则，不断强化“立足中心、建设队伍、服务群众”的工作思路，扎实做好党建和业务的“统筹、集成、融合”，推动党建和税收工作融通共进，在全局打造良好的政治生态，推动税收事业健康有序发展。

德术并举凝心聚力　砥砺前行续写辉煌

河北省唐县中医医院

唐县地处太行山东麓，保定西部，总人口 60 余万。唐县中医医院始建于 1982 年，位于唐尧路 58 号，现占地面积 6703 平方米，建筑总面积 24400 平方米。唐县中医医院被确定为全国 500 家三级中医院创建医院之一，未来几年一所建筑规模 116200 平方米的“保定市西部区域中医诊疗中心”将拔地而起，在习近平新时代中国特色社会主义思想指引下，砥砺前行，争创全国示范中医院。

一、强化思想政治教育、凝心聚力，一心谋发展

医院班子建设直接关系到医院的发展，院党总支充分利用“三会一课”、理论中心组学习等方式，不断加强领导班子政治理论学习，提高思想政治素质，努力实践新时代中国特色社会主义重要思想，不忘初心、牢记使命，增强拒腐防变能力和解决实际问题的能力。唐县中医医院班子凝聚力强，分工明确，全院职工精神风貌良好，管理措施到位，上下团结一心，相互配合，综合服务能力得到了很大提升。

医院先后荣获“全国综合实力百强医院”“全国优质高效百强医院”“全国百姓放心医疗单位”“打造大国工匠弘扬祖国文化优秀单位”“河北省示范中医院、著名中医院”“河北省优质服务百佳医院”“河北省文明单位”“河北省巾帼文明岗”“河北省优质护理先进医院”“保定市优秀示范中医院”“保定市著名中医院”“保定市文明单位”“保定市先进单位”等多项荣誉称号。

二、强化党管人才，用心用情打造队伍，保证传承创新发展

一是加强名医队伍建设。唐县中医医院现有全国中医临床优秀人才培养对象 1 名、河北省优秀中医临床人才研修项目指导老师 1 名、市级名中医 3 名、保定市新世纪学术和技术带头人 19 人、县级名中医 8 名。拥有一批具有一定影响力的专家，奠定发挥中医特色优势基础。二是加强人才队伍建设。广泛引进、选拔和培养人才，使医、教、研、管等各方面人才队伍得以充实。三是创新培养模式。全面开放名老中医药专家传承工作室，省市级名中医进课堂，广泛参与临床带教，开展“一对一”青年教师跟师培养，师资队伍明显加强。举办“推拿按摩”“中医适

宜技术”等学习班，培养中医特色治疗骨干人才。承担全县中医适宜技术培训，在全县乡镇卫生院、村卫生室得以推广。开展“西学中”活动，提高西医人员中医理论技能水平。四是执行编制内人员和聘用人员同工福利同酬待遇，制定《创新人员编制管理方案》和《薪酬制度改革方案》。

三、党建引领医院文化，塑造公益形象

一是建设职工中医文化的家园。大力开展院区文化建设，打造以“一馆、一廊、两厅”为核心，以特色文化墙为平台的中医药文化宣传阵地。发挥党支部群团组织作用，丰富职工文化生活，真正让职工体会到“以院为家”。二是建设患者康复的家园。推行公益性指标体系，持续开展中医药科普宣传，近3年组织健康宣讲38场。充分发挥党支部战斗堡垒作用和党员先锋模范作用，组织医护人员下基层、进社区义诊，并为老干部局、养老院免费体检等公益活动，将“患者康复的家园”向社会辐射。三是成立唐县中医医院医共体落实健康扶贫政策，建立了与9家卫生院的医共体合作模式，帮扶卫生院建立国医堂，扩大整合优质资源覆盖面，促进分级诊疗政策实施和医共体卫生院更好更快发展。

四、以全面加强党建为引领，确保各项工作取得实效。

一是加强民主政治建设，按照党支部、院办会议事规则，及时编印会议纪要，狠抓督导落实。规范院务、党务公开和职工代表大会制度，提高民主监督和管理水平。二是加强党支部建设，开展“三讲三做”“共荣共享”等多种主题活动，发挥党支部的战斗堡垒作用；创新开展党员责任区、党员示范岗活动，发挥党员的先锋模范作用。三是加强党风廉政建设，利用权力运行监控平台，加强对权力运行关键环节有效监控；发挥回访中心作用，对所有出院患者及时回访，监督党员干部服务行为，促进医院服务更加规范、高效。

凝心聚力、砥砺前行，唐县中医医院在上级党组织的领导下，将加大医院搬迁项目推进力度，按国家对县级中医院的建设标准，进一步提升综合服务能力。以中医药传承创新工作为契机，改善科研、教学条件，努力实现医教研相互促进、协调发展；大力推进对口帮扶、分级诊疗建设，完善合作平台，充分发挥河北省示范中医院的带动作用，续写辉煌。

彰显优势聚合力 鼎立殷都党旗红

国家税务总局安阳市殷都区税务局

一直以来，殷都区税务局始终坚持把抓好党建作为最大政绩，以打造党建示范点为目标，强堡垒、树先锋、铸铁军、谋发展，以标准化促进规范化，以创新力提升执行力，努力实现党建工作与税收工作的互促共赢。殷都区是殷商故都，是甲骨文的发祥地，是迄今出土最大青铜器“后母戊大方鼎”的故乡。殷都区税务局以党的“政治建设、思想建设、组织建设、作风建设、纪律建设、制度建设”六大建设为圭臬，结合本单位党建工作实际，打造了“鼎立殷都党旗红”的党建品牌，通过挖掘鼎“国之重器”的深刻内涵，确立了“1244”党建工作思路，汇聚了税务部门勇于创新、担当尽责的磅礴力量。

一、党旗一面，以“品牌效应”高扬“红色旗帜”

殷都区局通过培树党建品牌推动党建工作在基层落地见效。“鼎立殷都党旗红”，红色是殷商大地的底色，与鲜红党旗遥相呼应。鼎有“国之重器”的象征意义，与税收的基石作用不谋而合。区局通过解析鼎“两耳、四方、四足”的稳定结构，总结出“一个品牌、两个抓手、四个要素、四个支撑”的“1244”党建工作思路。通过富有特色的党建品牌与形象直观的工作思路，获得全局党员干部的广泛认同，进而增强集体荣誉感，最终唤起全局上下的使命感，开创“上有飘扬党旗，下有党建鼎立”的党建工作局面。

二、鼎执两耳，以“两个抓手”激发“红色引擎”

推动党建工作在基层落地见效，说到底是责任问题。同时抓住责任的“两个鼎耳”，才能激发党建工作的引擎。殷都区局以严格落实“主体责任”和“监督责任”两个责任为抓手，推进全面从严治党工作“纵向到底、横向到边”。一是班子拧紧“总开关”。党委书记、党委委员、支部书记始终坚持把党建职责扛在肩上、抓在手上。开好民主生活会、组织生活会，讲好专题党课，组织学习研讨，履行“一岗双责”。二是支部当好“主力军”。严格落实“月安排”“季通报”“年评议”的工作机制，建立“备案、提醒、留存”的全程记实制度，激发党建工作活力。三是党员织好“细胞网”。全体党员干部开展“亮身份、亮职责、亮承诺”“三亮”活动，在个税改革、减税降费、疫情防控等重点工作中积极发挥党员先锋模范作用、落实党建职能。四是全员扎好“篱笆墙”。班子成员采取日常检查与绩效管理相结合、定期督导与述职述廉相结合、约谈提醒和问责追究相结合的方式，落实好主体责任与监督责任；创新开展廉政文化作品征集、零距离参观红色教育基地、廉政家访等活动，保证作风建设永远在路上，营造风清气正的政治生态。

三、鼎呈四方，以“四个要素”展现“红色魅力”

党建工作归根到底是做人的工作，强调知行合一。《尚书》有言：聪者四要，一曰听，二曰视，三曰言，四曰思。殷都区局创新总结出“党建工作四入法”，让活动的形式和成效入耳、入目、入口、入心，使全体党员干部达到“聪”的境界。一曰入耳，耳得之而成声，常听常记。别出心裁建立党建广播站，开启“党建好声音”，每天分五个时段播放党章党规、习近平总书记系列讲话，重要论述著作、红色歌曲等内容，把党章党规作为“基础课”，系列讲话作为“必修课”，通过广播的形式在润物有声中教育引导党员牢记使命、担当履责。二曰入目，目遇之而成色，常看常学。依托区局“随处可见，随时可见”的党建展厅、党员活动室、廉政文化长廊、英模劳模长廊、党史文化长廊、税收文化长廊等阵地，使全体党员看在日常、学在平常，对标先进、见贤思齐，潜移默化地增强党员担当奉献的党性意识和为人民服务的宗旨意识。三曰入口，口述之而成章，常讲常新。在落实党委书记、领导班子、支部书记讲党课的基础上，号召广大党员走上台、讲党课、做表率、共担当。开展以“身边人讲身边事、身边事教身边人”的标兵典型讲述活动，定期邀请复旦大学教授、市委党校、市直工委专家学者到我局教授党课。四曰入心，心领之而成功，常想常思。每季度召开仪式化党员大会，设置为共唱国歌、诵读党章、对标先进、共同学习、展晒成长和重温入党誓词六个环节，唤起党员入党初心，重拾入党初衷，提升党员的使命感，让党员心灵得到洗礼。汇集每个党员的涓涓细流，翻腾出推动党的事业发展的红色海洋。

四、鼎立四足，以“四个支撑”牢筑“红色堡垒”

党员是加强党建的重点，党委、机关党委、党支部、群团组织则是党建工作开展的四大支柱。一是党委班子担当“排头兵”。班子成员每月到分局和股室进行一次“听查看”，每月召开一次中心组集中学习，每季度听取一次党建工作专题汇报，每半年进行一次从严治党专题研究，每年进行一次党支部书记述职评议，形成“以周保月、以月保季、以季保年”的责任闭环，确保党建主体责任扛在肩上、落到实处。二是机关党委扛起“千斤顶”。机关党委每月召开机关党委工作会，做好上传下达工作，协调解决重点难点问题。建立机关党委抓支部、支部抓党员的考核机制，支部书记每月审阅签批本支部《党支部工作记录本》和《党员学习笔记本》，机关党委每季度进行集中检查并通报检查结果，督促整改落实。三是党支部耕好“责任田”。鼓励各支部创新开展主题党日活动，增强组织生活感染力。开展“党课体验式”“支部互动式”“目标精准式”“税收植入式”四种学习模式，全面推广“郭鑫工作法”，结合减税降费、复工复产等工作，探索建立“支部＋工作团队”“支部＋业务项目”等模式，组建“党员先锋队”，引导党员亮出党员身份、树立先锋形象、带头攻坚克难。四是群团组织弹出“交响曲”。工会、共青团、妇委会开展“双优双推”“生日送祝福”“退休送关怀”“生病送温暖”等活动，最大限度地发挥工会“主力军”作用、青年“生力军”作用、妇女“半边天”作用，依托全国“五一”劳动奖章获得者，区局党委书记、局长王磊同志的“王磊创新工作室”为纳税人、缴费人提供贴心服务，协助党组织实施“守初心、践红心、聚党心、暖民心”“四心”工程，进一步提升队伍的凝聚力、战斗力和创新力，为税收事业发展凝聚正能量。我局的纳税服务工作得到省局党委书记、局长智勐同志批示肯定。

阔步迈进新时代，奋力开启新征程。殷都区税务局将持续深入推进党建示范点创建工作，以“圆满”完成各项工作为目标，丰富党建内涵、创新党建载体、提升党建质效、激发党建势能，推动形成党建工作和税收工作互联互融、互惠互赢的大格局，为税收事业的发展贡献殷都力量！

凝心聚力抓党建 不忘初心再出发

云南省楚雄市总工会

2021年开年以来，市总工会党组坚持把抓好党建工作作为加强自身建设的重要工作和首要任务，把第一责任人职责自觉扛在肩上，将党建工作紧紧抓在手上，把党建工作与贯彻落实市委市政府中心工作和工会主责主业深度融合，采取四项举措抓实党建工作，为新年度工作开好局、起好步奠定了坚实基础。

一、旗帜鲜明讲政治

一是深入学习习近平新时代中国特色社会主义思想和习近平总书记关于工人阶级及工会工作的重要论述，增强“四个意识”、坚定“四个自信”、做到“两个维护”，始终在政治方向、政治立场、政治原则、政治道路上同党中央保持高度一致。二是召开楚雄市总工会巡视整改动员会，市总工会党组副书记、常务副主席张金娜强调，要把“改当下”与“立长久”有机结合起来，切实把整改成果转化为市总工会党建工作不断提高的强大动力，确保整改工作取得实效。

二、驰而不息抓学习

一是召开党史学习教育动员会议，会议指出，市总工会党史学习教育，要以习近平新时代中国特色社会主义思想为指导，深入学习贯彻落实全国、全省、全州、全市党史学习教育动员大会精神，从党史中汲取智慧和力量，做到学史明理、学史增信、学史崇德、学史力行，学党史、悟思想、办实事、开新局，推动市总工会党员干部干在实处、走在前列、勇立潮头，奋力迈进全面建设社会主义现代化国家新征程。二是开展“学党史、悟思想、办实事、开新局”党史知识领读活动，会议要求，全体干部职工要以此次领读活动为契机，在工会系统迅速掀起党史学习教育热潮，把党史学习教育引向深入，引导全市广大职工心怀感恩，牢记嘱托，矢志不渝感党恩、听党话、跟党走。

三、严肃党内政治生活

严肃党内政治生活是全面从严治党的基础。党要管党，首先要从党内政治生活管起；从严治党，首先要从党内政治生活严起。一是红脸出汗，加油鼓劲，开展好2020年度组织生活会和民主评议党员各项工作。市总工会党总支高度重视，科级党员领导带头全程参与并指导各支部的组织生活会和民主评议党员工作，每名班子成员至少参加1个支部的组织生活会，及时掌握有关情况并对各党支部书记抓党建工作进行了点评。全体党员严肃认真、开诚布公、敞开心扉地开展了批评与自我批评，既有红脸出汗的辣味，又有加油鼓劲的激励，达到了团结鼓劲的目的。在民主评议中，每位党员坚持对组织负责、对同志负责的态度，严肃认真地对每名同志的现实表现做出客观评价。二是贯彻落实“党费日”，每月1日，组织全体党员在“党费日”当天自觉、积极主动向党支部缴纳本月党费。目前，市总工会各党支部党费收缴做到了所有党员按时足额缴纳，无人少缴、漏缴，进一步强化了全体党员的身份认同感、组织归属感、集体荣誉感。

四、党员主题党日活动见实效

一是明确活动主题。市总工会党组认真履行党建主体责任，制定了《楚雄市总工会2021年主题党日活动计划》和《主题党日活动方案》；每次活动前下发主题党日活动通知，确定活动主题、议程、活动时间、地点、形式等，并通过微信公众号、党员交流群等通知各支部党员，确保活动质量。目前，市总工会党总支已形成主题党日年初有计划、一月一部署、月月有落实的工作模式。二是注重督导常态化。市总工会党组把主题党日活动纳入党建工作责任制，列入基层党建年度考核和党组织书记抓基层党建工作述职评议内容。建立健全“主题党日”督查、通报、点评、考核等制度，定期对活动开展情况进行督导，对各党支部的主题党日活动从内容和程序上严格把关，确保活动内容不跑调；强化痕迹化管理，要求各支部及时整理归档文字、图片资料；做到主题活动有方案、有内容、有效果、有图文资料、有总结，充分发挥以党建引领业务工作的作用。

学史力行办实事 凝心聚力谋发展

新疆库尔勒市第一人民医院

“大爷，您这个情况必须要去正规医院全面检查一下，自己买药治是不可取的。”

“大娘，平时要少吃甜食，咸汤也要少喝。您的血糖有点高。”

库尔勒市第一人民医院组织义诊队走进阿瓦提乡，为村民送去身体检查、健康咨询、疼痛评估、免费冲击波治疗等“健康大餐”。

活动现场，医护人员分工明确，一边为村民们查体，测血压、血糖，一边耐心地解答村民提出的问题，细心叮嘱他们日常生活中应注意的事项，指导他们做好日常保健和常见病、多发病的预防……这是库尔勒市第一人民医院开展“我为群众办实事 医疗咨询送健康”巡回义诊活动的一个生动场景。

库尔勒市第一人民医院深入开展党史学习教育，将学习成效转化为提升医疗服务质量。

党史学习教育开展以来，库尔勒市第一人民医院坚持学史明理、学史增信、学史崇德、学史力行，精心谋划部署，认真组织实施，从“学”出发，以“做”落脚，不断从百年党史中汲取智慧和奋进力量，有机融入治院兴院的实践中，以实际行动践行初心使命，推动医院高质量发展。

一、强化学习教育，理论学习往“心”里走

“党史学习教育是唤醒红色基因、坚定理想信念的精神磨砺，是激励担当作为、善于谋事力做的动力源泉。广大党员干部要切实增强开展党史学习教育的政治自觉、思想自觉和行动自觉，真正做到学史明理、学史增信、学史崇德、学史力行，确保党史学习教育取得扎扎实实的成效。”2021 年 3 月 5 日，库尔勒市第一人民医院召开党史学习教育动员大会，库尔勒市第一人民医院党委书记、副院长吴延明在会上说。

党史学习教育开展以来，库尔勒市第一人民医院党委高度重视，坚持规定动作不走样、自选动作有特色，通过成立党史学习教育领导小组，研究制定《库尔勒市第一人民医院开展党史学习教育的实施方案》，采取自主研读贯穿学、集中研讨深度学、专题宣讲提升学、专题党课带动学、红色教育助力学、线上线下结合学等方式，不断创新党史学习教育的形式，引导广大党员干部深学细悟，让学习教育“走新”又“走心”。

医院党委坚持以上率下，带头学习，坚持先学一步、学深一层，把党史学习教育作为理论学习中心组学习的重要内容。各党支部坚持集中学习与自主学习相结合，深入研读“四史”等学习材料，通过党建共建联学、党建带团建联学等学习方式，开展了品读红色经典、观看红色教育片等丰富多彩的学习教育，进一步激发党员干部学习热情。2021 年 3 月 19 日、4 月 21 日和 5 月 26 日，库尔勒市第一人民医院召开党委理论学习中心组第三、第四、第五次集中学习，深入学习《论中国共产党历史》《习近平新时代中国特色社会主义思想学习问答》《毛泽东邓小平江泽民胡锦涛关于中国共产党历史论述摘编》《中国共产党简史》4 本必读书籍。2021 年 4 月 8 日，开展“学党史、祭英烈”活动，追忆英烈事迹、传承不朽精神。2021 年 4 月 22 日，开展“党旗映天山—品读红色经典”主题党日活动，传承弘扬革命优良传统，让党史学习教育“活起来”。

多形式、多渠道营造党史学习教育浓厚氛围。医院党委结合主题党日活动、党史学习教育宣传专栏等线下学习活动，用好“共产党员网”“学习强国”等线上学习平台，不断加强党员经常性教育，把党史学习教育内化于心，外化于行。

二、践行知行合一，让“力行”往“实”里走

学史重在力行。党史学习教育开展以来，医院把开展好“我为群众办实事”实践活动作为检验党史学习教育成效的重点内容和重要标准，以“学党史践行动、我为群众办实事”为主题，聚焦服务社会民生，坚持公立医院公益性，发挥医院专业优势，切切实实为老百姓办实事、做服务。

医院成立党员志愿服务队，设立“党员先锋示范岗”，开展“我是党员我承诺”活动等；还与乡镇、街道（社区）基层党组织实行互联互动，利用自身医疗优势，走进乡镇、街道（社区），开展义诊、宣教活动，免费为广大群众检测血糖、血压等，发放各类宣传资料；邀请河北省眼科医院白内障专家到院开展会诊手术，让优质的医疗技术资源惠及更多患者。

“每一次义诊，医院医护人员都会耐心细致地为百姓测量血压，进行常规身体询问及检查，针对每个人的症状提出相应建议，特别是对辖区内一些行动不便、长期卧床的老人，医护人员更是将医疗服务送到老人身边。”库尔勒市团结街道团结社区居民李女士说起库尔勒市第一人民医院义诊活动时露出了满意的笑容。

为缓解患者到院就医停车“一位难求”问题，医院发起“绿色出行让车位献爱心”倡议，党支部引领、党员先行，倡导全院职工上下班主动减少自驾，为患者“腾出车位献出爱”。为给患者提供更加人性化的服务，门诊设立无障碍卫生间、母婴室等便民设施，免费提供轮椅、老花镜、饮用水、针线包、充电器等日常用品；张贴就医流程、防滑防跌倒等温馨提示；全院人员坚持挂牌上岗、微笑服务，规范职业道德语言；增加院内绿化面积，给患者提供更为惬意的就诊环境；优化服务细节，变被动服务为主动服务，开通医院食堂微信订餐小程序，通过网上下单将饭菜送到患者床前；医院康复医学科还开展康复理疗工作“送上门”服务，医护人员

到病房内对患者进行针灸、理疗和简单的复健运动，解决行动不便患者的难题。

“早上在网上订好午餐，中午饭点就有工作人员准时送饭到病房，给我们这些行动不便的人省了不少事。”2021 年 7 月 10 日，在康复医学科就医的患者王先生在体验完网上订餐服务后感慨地说，“医院不仅提供送餐到病房服务，还推出康复理疗‘送医上门’服务，医护人员到病房为我们进行各种康复运动，真是心系患者。”

“中国共产党人的初心和使命，就是为中国人民谋幸福，为中华民族谋复兴。党史学习教育的落脚点始终是为广大群众办实事。我们要在尽量克服现实困难的情况下，将群众事、患者事放心上，把一件件实事办进群众心坎上，真正将党史学习教育的成果转化为为民办实事的‘走实’之举，提高群众的幸福感和满意度。”库尔勒市第一人民医院党委副书记、院长张平安说。

三、坚持有力有为，促进发展往“兴”里走

库尔勒市第一人民医院创建于 1954 年，发展至今，已成为一家集医疗、教学、科研、预防、保健、康复于一体的技术优良、设备先进、功能齐全的国家二级甲等综合医院，先后荣获“全国百姓放心优质示范医院”“全国三好一满意践行医院”“自治区十佳医院”“自治区文明服务示范窗口单位”“自治州先进基层党组织”“自治州级文明单位”“自治州医院管理先进单位”等荣誉称号。

在推进医院发展进程中，库尔勒市第一人民医院党委坚持把“党建引领，业务发展”作为发展重心。特别是 2021 年以来，医院在党史学习教育中，积极推进落实急救综合楼和传染病区项目建设，努力提升医院硬件标准；与解放军总医院、北京同仁医院、河北儿童医院、河南省郑州市第七医院等建立协作关系，助力医疗技术提升；积极储备医疗技术人才，建成临床科室 27 个、功能科室 5 个、其他辅助科室 7 个。

同时，医院还大力提升医护人员业务技能，营造“学技术、练技能、争先进、创一流”的比、学、赶、超学术氛围，培养选拔一批“行业状元”，推动医院高技能人才队伍建设，促进医院诊疗服务能力发展。

风雨兼程 67 载，初心未改谋发展。库尔勒市第一人民医院在党史学习教育中，学思践悟、深学笃行，努力把党史学习教育成果转化为干事创业的强大动力，推动医院各项工作展现新面貌，取得新成效。

奋进新征程　建功新时代
以优异成绩迎接党的二十大胜利召开

国家税务总局景德镇市昌江区税务局

一、加强党的领导，提升基层税收法治化水平

党的领导是实行全面依法治国的根本保证，全面依法治国绝不是要削弱党的领导，而是要加强和改善党的领导，是要健全党领导全面依法治国的制度和工作机制，推进党的领导制度化、法治化，要坚持党的领导和依法治国有机统一。昌江区税务局将法治税务建设作为提升税收治理能力的根本抓手，进一步规范税收业务和行政管理，有效防范和化解执法风险。“具体到我们基层日常税收工作中，就是要依法履职、依法尽责，担当作为。我们要深刻领会习近平总书记系列讲话精神和习近平法治精神，履职尽责，在自己的工作岗位中找准定位，税务干部带头遵守法律、敬畏法律、掌握法律、不断提高运用法治思维和法治方式深化改革、推动发展、化解矛盾、维护稳定、应对风险的能力，做尊法学法守法用法的模范，全面依法治国就能顺利推进，为党的二十大胜利召开贡献税务力量”。昌江区税务局第一税务分局长万绍华在区局党委会第一议题学习交流时说到。

二、强化真抓实干，积极提振作风勇争先

为了深入贯彻习近平总书记关于抓工作落实的重要指示精神，着力解决工作落实中存在的问题和不足，促进全局党员干部作风更优、落实更严，党委书记、局长刘勇同志给全体干部职工上一堂专题党课，党课深度剖析区局工作现状并提出四项准则：一是直面问题，正视不足；二是深入了解，分析原因；三是坚定信念，锤炼“三心”；四是担当作为，狠抓落实。并就四个准则展开解读，强调全体干部职工应当真抓实干出成效，提振作风勇争先的优良作风。时代是出卷人，我们是答卷人。当前，在上级的决策部署下，昌江区税务局各项工作都在有条不紊地进行，目标、举措都很明确，关键在于抓好落实。“为政贵在行”。区局将继续大力发扬为民服务孺子牛、创新发展拓荒牛、艰苦奋斗老黄牛的精神，把更多的时间和精力凝聚到抓落实上来，求真务实、真抓实干，为新时代税收现代化建设贡献力量。

三、凝聚新力量，弘扬党的优良传统

为进一步推进党的建设高质量发展，激励引导广大干部以实际行动和优异成绩迎接党的

二十大胜利召开。昌江区税务局以“喜迎二十大、向祖国报告”为主题举办了演讲比赛，各支部、分局分别派了 2 名代表参加比赛，围绕守初心、担使命，坚定理想信念，坚守道德底线，参赛选手们以慷慨激昂、奋发前进的精神面貌谱写着“税月华章”，结合身边优秀共产党员的事迹和自身学习、成长经历，用生动的语言、鲜活的事例、饱满的热情讲述对中国共产党的热爱之情以及对党的二十大的无限期盼和美好祝福之情，通过此次主题演讲比赛，展现出了税务干部的新担当、新作为、新面貌。

党建引领　深入推进医联体建设

广西三江县中医医院

公立医院是我国医疗服务体系的主体，是卫生健康战线的主力军，是党联系人民、服务群众的重要窗口。在健康中国建设的征途上，公立医院如何创新发展理念，实现高质量发展？三江县中医医院给出的答案是，必须加强党的建设工作，深入推进医联体建设。

在提升公共卫生服务能力，最大限度地满足人民群众医疗卫生健康需求方面，三江县中医医院积极落实党领导下的院长负责制，始终坚持“以党建引领业务发展，以业务发展促进党建”的工作宗旨，将党建融入医院经营发展和职工工作生活中。医院通过党员“亮身份”的方式，全面发挥党员先锋模范作用，实现党建与医联体建设双赢，推动医院可持续健康发展。

一、将联盟党建模式融入“三二一”医联体建设

三江县中医医院自 2016 年与柳州市中医医院结成紧密型医联体以来，在柳州市的全力帮扶下，三江县中医医院以柳州市中医医院医联体联盟党建提出的“1 强、2 树、3 联、4 共”工作体系为载体，抓住进一步深化医改的机遇，以“共建、共享”为核心，采取一系列措施提升 4 家医共体单位以及村卫生室的医疗卫生服务水平。一是将联盟党建工作模式融合到医共体建设中，指导医共体党支部换届流程，完善党支部构架。二是三江县中医医院派出业务骨干到各医共体单位担任院长和副院长。三是将临床科室分组对应 4 个医共体单位，下派医护人员到各对应的乡镇卫生院进行医疗质量、护理质量、院感知识、危急重症病人抢救和转运、常见病护理、供应室消毒技术、中医治疗等工作进行指导。四是帮助老堡乡、洋溪卫生院建设中医馆。三江县中医医院围绕“牢牢把握整合县乡村医疗卫生资源、提升基层服务能力、满足群众就医需求”三个核心任务。组建管理、临床、公卫、辅助服务四类中心建设，实行行政、业务、药品、财务、人事、绩效“六个统一”，使医共体单位的就诊人数、中医外治应用的比例、业务收入等均有所增加，让当地百姓不出乡也能享受优质的医疗服务。

二、不忘初心、践行使命，坚持以“为人民服务”为导向

民之所需，行之所至。三江县中医医院党支部始终恪守人民至上、生命至上的理念。自党史学习教育开展以来，医院党支部紧扣主题，以改善医疗服务和提高医疗质量为切入点，着力

在为民服务中践行初心使命。

“阿婆出院后有时身体还是不舒服，说带她上医院交通不便，嫌麻烦不想去，你们上门服务真是太好啦。”不久前，三江县中医医院党员服务队医护人员前往洋溪乡高露村、信洞村对出院的患者进行回访和义诊。医护人员为出院患者检查身体、指导用药等。医护人员到医共体单位所辖的地方走村串寨为基层群众服务已成为三江县中医医院的“常规动作”。

只有倾听群众的心声，才能更好地为群众服务。三江县中医医院紧紧围绕为民服务宗旨，不断深入基层一线，用医疗服务、医德医风、党员精神为群众提供多样化、贴心、优质的服务。

三、党旗所指，白衣披甲彰显医者情怀

在党和人民需要的地方，白衣天使从不缺席；党旗所指，就是冲锋所向。2020 年，面对新冠肺炎疫情大考验，医院班子勇挑重担，精准部署，科学防控，迅速组建抗疫突击队。党员干部纷纷请战，“党员先上”成为掷地有声的誓言。

2022 年初，百色疫情牵动着全区人民的心，三江县中医医院先后有 2 批共 31 名医护人员主动请缨，奔赴百色红色热土，支援抗疫。他们不惧风险和辛劳，翻山越岭到百色各个偏远山村为村民进行采核酸。他们说道：“我为参与抗疫感到无上光荣，要在自身岗位上做一些不辜负这身白衣的事。”

在疫苗接种方面，三江县中医医院结合“我为群众办实事”项目，第一时间组织接种服务突击队，在充实完善院本部接种点的基础上，到各乡镇疫苗接种点提供医疗保障，跟随县卫健局上门为百姓提供服务，使三江县 18—59 岁目标人群接种新冠疫苗覆盖率超过 90%。

四、培根铸魂，擘画医院发展新蓝图

党建聚心，文化铸魂。医院文化是医院发展的灵魂，为干部职工提供价值引领和精神支撑。三江县中医医院始终坚持把党建工作融入医院精神与文化的塑造和培育中，统筹党建和宣传关系，着力打造有人文温度和医学情怀的医院。

秉持“没有医学人文的绿水青山，就没有医院发展的金山银山”理念，医院打造了一个党建科普阵地、文化长廊，党建文化广场等，开展了一系列文化主题培训，通过健全文化意识，塑造高质量发展优势。2020 年 7 月医院荣获中共三江侗族自治县卫生健康工作委员会“红旗党支部”，2021 年 6 月荣获中共三江侗族自治县委员会“先进基层党组织”。

五、党风廉政，树立医者医风

在党风廉政建设方面，医院组织“纪律教育学习”“廉政读书报告会”等活动，通过开展专题培训、观看警示教育片、邀请总院讲授党课、签署廉洁行医承诺书等方式，强化党员干部的廉洁意识、筑牢拒腐防变的思想防线。在院党支部的带领下，医院的行风建设、医德医风建

设取得了成果，全院上下形成了风清气正的氛围

“医院将不断强化党建，秉持‘党建引领’这一战胜一切艰难险阻的重要法宝，让党建工作落实到医院的每一个角落。”医院党支部书记李泽鹏说，“三江中医人将坚守初心使命，在新征程中展现新担当，实现新作为，努力打造中医健康服务行业标杆，为建设‘健康侗乡’做出更大贡献。”

学习贯彻二十大 踔厉奋发绘新图

国家税务总局成县税务局

新征程里踔厉奋发，新时代中勇担使命。连日来，国家税务总局成县税务局通过领导干部带头学、支部活动集中学、青年干部创新学等多种形式，迅速掀起学习贯彻党的二十大精神热潮，全面推动党的二十大精神在成县税务落地生根、开花结果。

一、领导干部带头学，激发“头雁”效应

成县税务局党委坚持把学习宣传贯彻党的二十大精神作为首要政治任务，充分发挥党委会议“第一议题”和党委理论学习中心组学习的示范带动和辐射作用，做到先学一步、深学一层，以头雁效应激发群雁活力。在局党委理论学习中心组学习研讨（扩大）会议上，党委班子成员领学党的二十大报告，各股室负责人分别交流学习心得，不断加深对党的二十大精神的领悟，把新思想、新论断、新部署、新要求学深悟透，把思想和行动统一到党的二十大精神上来。同时，由“一把手”带头手写心得体会，撰写研讨材料，将思想感悟和学习感想跃然纸上，达到了学习领会二十大精神从笔尖到心间的效果。

二、支部活动集中学，凝聚“党群”活力

在各党支部，大家通过“三会一课”、主题党日等形式开展集中学习，党支部书记以带头领学和微党课形式，为支部党员讲解二十大报告的知识要点和热点话题，提高党员干部领悟党的二十大精神的学习效率。支部党员干部结合工作实际谈认识、讲体会、作表态，在相互交流、碰撞借鉴中深化思想认识，掀起学习热潮。“作为一名老党员，在学习了习近平总书记的报告后倍受鼓舞。还有 2 年的时间我将要退休了，我会始终不忘初心，听党的话、跟党走，在基层税收征管服务中，一如既往做好本职工作，走好人生的第一方阵，以实际行动致敬党，感恩党！”小川税务分局党支部党员安永红在支部讨论时激动不已。第一税务分局党支部党员们在研讨学习后纷纷表示作为新时代的税务工作着，将始终坚持以人民为中心的理念，厚植为民情怀，强化责任担当，在落实纳税服务、创新征管方式、简化办税流程等方面用情用心，以责任和担当当好“店小二”，切实提高纳税人缴费人满意度和获得感，为全县税收事业高质量发展作出新的更大贡献！

三、青年干部创新学，促发“内生”动力

习近平总书记在报告中指出“当代中国青年生逢其时，施展才干的舞台无比广阔，实现梦想的前景无比光明。”成县税务局青年干部们通过周五微课堂、青年理论学习小组和分享交流会等多种形式开展学习贯彻党的二十大精神相关活动，推进党的二十大精神内化于心、外化于行。在青年干部理论学习小组研讨会上，大家争相发言，谈感受、谈认识、谈体会，一致认为党的二十大的召开，极大地增强了大家干事创业的信心和决心。在今后的工作中，一定要把思想统一到党的二十大精神上来，把力量凝聚到实现二十大确定的奋斗目标上来，真正把学习贯彻党的二十大精神成果转化为推动成县税收工作的实际行动。

下一步，成县税务局将持续学习宣传贯彻党的二十大精神，自觉对标新时代新要求，紧密结合工作实际，严格落实市局党委和县委县政府的决策部署，在新的征程中不断强化思想武装、提升理论水平、增强业务能力，为建设幸福美好新成县而不懈努力奋斗。

党建引领 协同发展

湖北省郧西县人民医院

强化党建引领，助推医共体发展。近年来，郧西县人民医院医共体党委坚持党建引领，不断创新探索“党建 +”模式，实现党建工作与医共体发展同频共振，助推了城乡医疗服务同步高质量发展。

一、“党建 + 科学管理”，建立“机制共同体”

郧西县人民医院医共体党委成立后，积极实行集中统一科学管理，为医共体可持续发展建立重要机制保障。

郧西县人民医院作为医共体总院，坚持实行党委领导下的院长负责制，党委发挥把方向、管大局、作决策、促改革、保落实的领导作用，坚持民主集中制原则，认真贯彻执行“三重一大”制度，构建党建与业务管理深度融合工作机制。两年来，总院在党建引领下，成功创建“二甲”医院，通过了市级公立医院巡查、县委政治巡察，率先在全省推行县级医院综合改革。

医共体党委办公室、理事会办公室、医疗、人事、财务、信息、健康管理和后勤服务等“两办六中心”的常设管理与服务办事机构。制定了医共体章程、管理办法、议事规则、“三重一大”事项管理规定、办事机构工作方案、绩效考核办法、考核细则、分院发展鼓励办法等。严格按照“六统一”的要求，推进统一人员管理、统一资源利用、统一财务管理、统一药品管理、统一绩效考核、统一党建管理。还建立了总院领导包联分院工作制度和质控督查工作制度等。

二、“党建 + 队伍建设”，打造“人才共同体”

人才是医院发展的基本。郧西县人民医院医共体党委积极创新用人管人机制，不断推动人才队伍建设。

总院坚持德才兼备的原则，灵活采用选聘方式，引进医院急缺的人才并推进科主任、党支部书记“双带头人”培育工程，全面落实把业务骨干培养成党员、把党员培养成业务骨干的“双培养”机制。

在分院人才建设上，医共体党委一方面积极为分院用人给予支持，在程序监管下，确保分院有人用、能用人；另一方面，实行总院、分院人才双向流动，每年从总院派出一批分院急需的专家到分院坐诊，通过传帮带，提升分院人才水平。每年从分院抽调一批到总院挂职跟班学习，提升业务能力。今年，医共体总院根据夹河分院需求，下派7名专家常驻分院开展医疗服务工作。分院轮番抽调了5批次20余人来总院培训学习。

三、“党建＋医疗业务”，构建“服务共同体”

总院业务强，才能带动分院业务发展。为加强医疗业务能力建设，医共体总院在党委的领导和精心谋划下，提出“品牌兴院”战略，对医疗业务建设提出“外联，内培”的发展思路。

总院先后与市太和医院、人民医院合作开展医疗业务，2020年与太和医院签订管理人才代培协议，与人民医院签订学科对口帮扶协议；与华中科技大学附属协和医院签订协议，在专科建设、人才培养、科研创新、远程会诊等方面开展一系列合作。以合作助发展，总院先后通过了国家级胸痛中心和省级卒中中心的验收，成立了创伤中心、危急重症会诊中心。

自2019年开始，医共体总院党委坚持“一主两翼”的发展策略，大力支持上津和夹河分院的医疗业务能力建设。安排专家定期到上津等分院坐诊，安排专业人员常驻夹河分院，通过“师带徒”、技术指导、手术示教、学术讲座、教学查房、新技术使用等方式，帮扶提高医疗技术和服务水平。2021年以来，夹河分院开展了3至4级手术20余台，开展了糖尿病的胰岛素泵治疗和康复科、口腔科的建科工作等。

四、“党建＋人文关怀”，创建“认知共同体”

2020年，医共体党委决定建立“杏林活动室”，丰富职工的业余文化生活。目前共建立了瑜伽组、太极拳组、跑步组、乒乓球组、羽毛球组等8个兴趣活动小组，着力营造健康向上的良好风气。

2021年初，医共体党委从解决职工吃饭问题入手，改造升级“杏林餐厅”，把职工食堂外包给有实力的餐饮经营者，并拿出优惠措施，支持他们为职工提供优美环境、优质饭菜和优良服务。

2021年护士节，医共体党委创新方式，把节日表彰、才艺展示等放在夹河分院进行，号召各个分院积极参入、展现风采。在“七一”建党百年的表彰大会及年终工作总结大会上，表彰了分院多名优秀党员和先进党务工作者，让分院的干部群众备受鼓舞。

五、“党建＋医疗改革”，构建“发展共同体”

郧西县人民医院医共体党委不断响应“医改”政策，顺应“医改”大势，搭乘“医改”快车，做好“党建＋医改”这篇大文章。

医共体“心电、影像、检验”三大远程诊断中心建设及发展应用，极大促进了乡村卫生院业务发展，大大方便了城乡居民就医，每年省去乡村群众就医费用近300万元，实实在在地惠及了广大人民群众。

2021 年，医共体党委又做出重大决策，计划再投资百余万元，把心电远程诊断网络扩建到各村卫生室，让偏远地区的患者在第一时间完成心电图诊断，为农村广大群众生命健康建成“绿色通道”，打造农村心电诊断“五千米救治圈”，着力解决影响群众健康的心血管疾病救治难题。

六、“党建 + 作风建设”，打造“清廉共同体”

抓党风、带政风、促行风，筑牢思想防线，坚持打造廉洁自律的干部队伍，是医共体党委的重点工作。

2020 年以来，在定期党建工作巡回督查中，党委要求做到“三个一”：即开讲一堂廉政党课。党委委员结合政治形势、行业特点、上级要求做好备课，通过廉政党课提醒分院关注不正之风的新动向、新表现，帮助他们分析形势、解决实际问题；开展一次廉政谈话，制定了党委委员与分院支部书记、院长廉政谈话制度，并针对本行业易于滋生腐败的关键环节和关键部位，要求各分院拿出风险岗位清单和管理措施，真正做到用制度规定管权、管事、管人；开出一张问题清单，党委委员在分院巡回督查中，着力了解分院存在的问题和差距，拿出问题清单，分院针对问题进行阶段整改销号。

雄关漫道真如铁，而今迈步从头越。以党建为引领，全面开创“党建 +”工作模式，是医共体开新局、谋新篇、共创业、同发展的主要抓手，虽然做出点成绩，但离党的要求、离人民群众的需求还有较大差距。郧西县人民医院医共体党委将以习近平新时代中国特色社会主义思想为指导，进一步提振精气神、铆足新干劲，为医院高质量发展装上动力更加强劲的“红色引擎”，让医共体迸发新活力，为乡村振兴贡献力量。

党建聚力“小堡垒”助推“大发展”

国家税务总局阿拉善右旗税务局

一名党员就是一面旗帜，一个支部就是一座堡垒。今年以来，阿右旗税务局坚持“抓好党务、干好税务、带好队伍”，深化党建品牌建设，在实践中探索“232”支部工作法；围绕“四精”要求，将纳税人反映的“问题清单”作为干部办实事的“履职清单”，落实落细优惠政策，不断实现党业双融合双促进双提升；以党建文化为统领，凝心聚力育人，为税收事业发展提供强有力保障。

一、党建引领强根基，筑牢忠诚“底色”

固本强基夯基础。始终把党的政治建设摆在首位，把绝对忠诚作为政治底色。严格落实“第一议题”制度，把学习贯彻习近平总书记重要讲话和指示批示精神以及党的二十大精神作为支部会议、党员大会第一项议题，不断提升党员政治站位，增强“四个意识”、坚定“四个自信”，坚决做到“两个维护”，坚决捍卫“两个确立”。压实书记第一责任人职责，严格执行“书记账本”工作，解决“谁来干”“干什么”等问题，将组织活动从“偶然”变“必然”、由“软任务”变成“硬指标”。实施支部建设提升工程，围绕中心、建设队伍、服务群众，全面提升党支部组织力，强化党支部政治功能，扎实推进“模范机关”创建。唱响品牌强引领。深化打造党建品牌，以机关第一党支部“大漠乌尼　活力党建”、第二党支部“金沙碧蓝　绚丽党建”两个支部党建品牌为基础，探索“232”支部工作法，即以抓好 2 个党支部队伍为起点，每月围绕“微学习、微服务、微共建”的“3 微”活动不断丰富支部活动，让党旗在征管服务一线、改革攻坚前沿、抗疫志愿阵地高高飘扬，将党建工作的效果切实体现在推动税收工作的进程上、体现在提高纳税服务的质量上，达到党业融合、管爱融合 2 个效果，不断推进基层党组织标准化规范化建设。以党建共建作为学习交流平台，通过与工业园区企业、常山社区、阿右旗信用联社等开展联建活动，充分调动党员干部职工积极性，激发干事创业热情。以党建“联心”“聚力”“税惠”为核心，实现“税银企”三方良性互动。

二、党业融合优服务，增加服务“亮色”

多元税宣，播撒税惠政策。多年来，通过“税干上税课”“童心向党”等主题宣传活动进行税收普法教育，以“税 + 校”基地为辐射，逐步形成由学生到家庭、由家庭到社会的宣传格局，持续增强税收宣传效果。聚焦行业特色，设立“税收移动讲堂”，深入工业园区、特色企业“面对面”讲解政策，开设“云上课堂”，通过钉钉直播、腾讯会议等为纳税服务插上“数字翅膀”，打造多元化税宣方式。精准施策，为企纾困解难。创新推出“税务管家”服务，为纳税人提供定制化个性服务，精准对接企业需求，及时解决涉税困难，为企业发展增添税活力。推出“税把脉”服务，望闻问切知问题，以党员干部为网格节点，对接财务制度薄弱、发票管理混乱的企业进行点对点帮扶，面对面开展剖析、辅导，建立“服务提质”“协同共治”的双闭环机制。结合“我为群众办实事”，与辖区内重点企业、重大建设项目深入交流沟通，收集梳理 23 项企业需求，“点对点”精准推送税收优惠政策超过 100 次。

三、强根铸魂促成长，提亮队伍“成色”

以“学”为先，保持党建红原色。依托“每日夜学”“每日两题”“传帮带”等多渠道、多层次、全覆盖的方式学深悟透原理；加强学后阶段温故，搭建“随身学”平台，定期将学习内容、学习要点推送至工作群，引导干部沉浸式学习、碎片化学习；以“青税党校”为载体，开展主题大宣讲、思想大讨论、问题大检视，定期交流业务知识，及时“充电”提升业务能力，激励青年干部锻造过硬作风，打磨从税“基本功”，铸就志强队伍。以“善”为媒，彰显税务蓝本色。党建引领弘扬文明新风，聚焦为群众办实事，打造“税银企”服务乡村振兴实践基地、探索设置了“税收金融工作宣介小屋”、组建“乌兰牧骑 + 小税驼”服务乡村振兴先锋队，引导党员发挥“党建 + 实践”的示范效应，让“智税力量”挺进农村牧区，走上田间地头；依托“税收宣传文艺轻骑兵”“蒙汉双语税收宣传队”做实惠民政策宣传与志愿服务，将乡村振兴、疫情防控、优化营商环境、退税减税降费、民族团结进步作为主阵地，着力打造具有向心力、创造力、战斗力、执行力、合作力的“五力”党员干部队伍，激活党建红细胞。截至目前，参加包联小区全员核酸检测 5 次，参与“敲门行动”、行程流调、隔离管控等工作 200 余人次，为面临家庭困境的儿童（浦雪）捐助爱心款 6000 元，党委书记积为 3 名儿童送上微心愿礼物。以“志愿红”携手“税务蓝”，彰显税务向上向善本色，传递税务正能量。

发挥党建引领作用 推动医院改革发展

河北省香河县人民医院

医院坚持和加强党对医院工作的全面领导，切实发挥党委“把方向、管大局、作决策、促改革、保落实”的领导作用，紧紧围绕公立医院改革目标和任务，牢牢抓住公立医院公益性，以推行现代医院管理制度为抓手，以改革促发展，不断提升医院内涵建设，医疗服务质量和效率得到全方位提升，各项综合改革工作取得阶段性成果。医院先后荣获了“全国卫生系统先进集体”“河北省创先争优先进基层党组织”“廊坊市先进基层党组织”等荣誉称号。

一、强化政治领导力，实行党委领导下的院长负责制

深入学习贯彻习近平新时代中国特色社会主义思想和党中央重大决策部署，全面贯彻党的卫生与健康工作方针，不断增强“四个意识”、坚定“四个自信”、做到“两个维护”。把加强党的领导和党的建设写入章程，建立相关制度机制，严格落实党委领导下的院长负责制，把党的领导融入医院治理和现代医院管理的各环节。

一是完善“把方向”工作机制。认真落实党委领导下的院长负责制，明确党委是医院的领导核心，完善各项规章制度，制定了医院党委的职责，规范了党委会议的决策范围、院长办公会议的讨论与决策范围。凡是医院发展规划和重大问题决策、重要干部任免、重大项目投资、大额资金使用“三重一大”事项，以及涉及医务人员切身利益的重要问题等，均由医院党委集体讨论决策，确保医院重大事项决策充分体现集体的智慧。每月召开院长办公会，讨论院内重要行政、业务工作重点工作，制定落实党委决策的有关措施。

二是完善“解难题”攻坚机制。抓党组织建设。合理设置党建工作机构，下辖 6 个党支部，20 个党小组，形成党委领导支部、支部管理党小组、党小组凝聚党员的三级党建管理体系，确保党组织建设、党员教育管理“全覆盖”。抓人才队伍建设。按照党管干部，党管人才的原则，采取多种方式加快各类专业技术人才和学科带头人的培养。2021 年招聘英才 46 人，新培养中层干部 29 人，全年 144 人到三甲医院进修、参加短期培训和学术交流，目前中高级职称人员达到了 364 人，高级职称 130 人，一支专业齐全、结构合理、层次分明的人才梯队已逐步形成。抓组织生活规范。规范“三会一课”制度，严格落实主题党日，组织生活会、民主评议党员、谈心谈话等制度，组织党员志愿服务活动，切实做好发展党员工作。监督党员切实履行义务。疫

情期间，在战疫一线成立临时党支部，广大党员干部冲锋在前，主动亮身份、当先锋、作表率，在支援武汉、战斗在发热门诊、隔离病房、核酸检测一线，发挥了重要作用。抓党风廉政建设。强化医院党委全面从严治党主体责任，建立领导班子和领导干部责任追究制度，结合工作实际进一步加强廉政风险防控。严格执行国家带量采购政策，公示所需药品的采购量及采购价格。对单品种药品与供货公司签订承诺书，若违反规定则取消供货资格。同时扩展到总务、基建、信息、人事、财务等涉及人、财、物的所有科室部门，形成了政治清明、干部清廉、风气清正的良好氛围。

三是完善“抓落实”保障机制。医院全面启动现代医院管理制度，不断完善制度管理体系，按照二级综合医院评审实施细则和 IS09001 质量管理体系要求，医院每年对质量手册、程序文件等五类文件进行修改。引进质量管理工具，仅 2021 年开展 63 个品管圈，400 余项质量持续改进项目，实现科学管理。职能科室每月深入临床进行综合量化检查，月中进行院长行政查房，日常加强监督检查。量化实绩考核，落实重奖重罚，全院上下服务热情空前高涨，有效促进了业务工作开展。

二、注重政治引领力，不断激发党员干部的强大力量

医院党委多措并举加强党员干部政治思想建设，以深入学习贯彻党的十九届六中全会精神为重点，深化拓展党史学习教育，引导党员干部坚定理想信念、忠诚履职尽责，不断把学习成效转化为指导实践、推动工作的强大动力。

一是在“学”上向深向实。扎扎实实学好党史，组织党员干部学习习近平总书记在党史学习教育动员大会上的重要讲话精神，原原本本学习党史学习教育四本“指定书目”，做到学史明理、学史增信、学史崇德、学史力行。还人人下发了《中国共产党第十九届六中全会公报》《毛主席语录》《毛主席的五篇著作和诗词》等思想政治学习材料。医院党委班子成员始终坚持先学一步、学深一层，及时开展理论中心组学习、专题党课。通过院领导领学、交流研讨互学、知识测试促学、对照书籍自学、学习强国在线学等方式，使全院干部职工筑牢理想信念，始终保持良好的精神状态为患者提供优质服务。

二是在“悟”上入脑入心。为更好地学党史、悟党史，在党史中汲取党百年奋斗精神。党委组织党员干部到县委党校实地开展红色文化教育主题党日活动，重温入党誓词。组织全体党员观看了《榜样 5》《长津湖》等专题节目和党史教育片。在全院开展了红色沂蒙艺术党课，举办了“奋斗百年路，启航新征程”庆祝建党 100 周年大型红歌演唱会。通过了解革命先烈在抗日战争年代与和平建设时期不畏牺牲、为国图存的感人事迹，时刻牢记共产党员的初心使命和责任担当，引导党员干部向前辈英烈和身边先进典型看齐，做到学有榜样，改有目标，前有方向。

三是在“干”上出新出彩。医院党委把“我为群众办实事”实践活动作为党史学习教育的落脚点，想方设法破解矛盾和难题，着力解决群众急难愁盼问题。先后组织了近百名副主任医师专家到全县各村街、社区进行惠民义诊，点对点开展精准志愿服务，惠及10余个村街，服务群众4000余人次；开展向全县在党50年老党员致敬活动，为3000余名在党50年老党员进行免费体检，切实把温暖送到了老党员的心坎上。为满足患者就医需求，医院与三甲医院全面对接，购入超声诊断系统、化学发光检测仪等设备310台件，积极完成放射肿瘤科病房扩建、急诊科改造，新院区手术室、重症监护室两室建设升级等工程，有力保障患者检查治疗康复需求。

三、提升党建渗透力，有效助推公立医院高质量发展

医院将党建与医疗业务工作有机融合，从患者角度出发，不断完善医疗服务方式，推行“感动式”和“流程式”服务，构建和谐医患关系，助推医院高质量发展。

一是党建有力度，承诺得信赖。医院党委贯彻“以患者为中心”的服务理念，有力推动党员在服务品牌建设中发挥带头作用。2021年，又重新修改完善了“病人不满意，免收住院费”“120救护车365天24小时免费接送患者”等20项承诺，科科创建服务品牌，人人制定个人承诺，通过公开承诺践诺，强化党员自我约束、保持党员先进性、促进所在组织和科室和谐发展，深受广大群众赞誉和信赖。

二是党建有温度，服务暖人心。医院倡导“有温度的党建”工作理念，把让百姓舒心看病、安心看病作为一切工作的出发点和落脚点。推行以人为本的服务理念，坚持以患者为中心。在门诊为忠者配备饮水机、免费轮椅在病房配备冰箱、波炉，开设往来三个院区的免费班车，方便患者就医。开展网上预约挂号、个人账户费、查看检验结果等线上服务，优化就医流程，开展精细护理，做到入院有人帮、住院有人办、检查有人陪、出院有人送、回家有人访。患者可自助查询门诊费用和住院费用清单，让患者明明白白看病。目前患者满意度达到97.77%。

三是党建有深度，专科促发展。医院始终坚持“以党建促业务”的工作思路，将党建工作与业务工作深度结合，实施开展党员带头打造优质专科。以党员干部为骨干带头人，先后建设骨科、耳鼻喉科等骨干科室。组织党员干部广泛开展心脏支架手术、肿瘤放疗等多项新技术攻关，目前医院三、四级手术占比达50.8%，填补了多项市、县技术空白，有力推动了医院创新发展，2021年医院县域内就诊率达到95.9%。

学习党的二十大 贯彻落实再添力

国家税务总局张北县税务局 冀青春

党的二十大报告，全面总结了过去五年和新时代十年党和国家事业取得的举世瞩目的伟大成就，科学谋划了未来五年乃至更长时期党和国家事业发展的目标任务和大政方针，新时代十年的伟大变革，在党史、新中国史、改革开放史、社会主义发展史、中华民族发展史上具有里程碑意义，广大党员干部倍受鼓舞、倍感振奋。

党的二十大吹响了奋进的号角，意味着又一次历史性的出发。税务人将坚守为民初心，推进宣传贯彻党的二十大精神与税收重点工作紧密结合，持续践行以人民为中心的执政思想，推动新时代税收事业高质量发展。自觉以中国化、时代化的马克思主义思想强化干部队伍，自觉以推动税收事业高质量发展践行使命任务，自觉以自我革命的精神深化全面从严治党，自觉以踔厉奋发、团结奋斗的姿态，坚定信心、鼓足干劲，为全面建设社会主义现代化国家、全面推进中华民族伟大复兴贡献税务力量。

张北县税务局以学习研究党的二十大精神为专题，组织全局党员干部收看收听党的二十大会议直播，认真学习党的二十大报告精神，进行深入的交流与研讨，深刻领会思想指导要义，以党小组为单位开展“学、悟、干”相结合的交流活动，内化习近平新时代中国特色社会主义思想武装头脑、指导实践的作用，切实将党的二十大精神同深化税收征管改革、落实新的组合式税费支持政策等重点任务统筹落实、一体推进，将学习成果转化为推动各项税收工作的强大动力。

一、以学习落实二十大为契机，加强党建引领作用

充分发挥党建引领作用，坚持抓基层思想建设的导向，把基层党组织建设成为有效实现党领导的坚强战斗堡垒，激励广大党员发挥先锋模范作用，保持税务系统党员队伍的先进性和纯洁性，切实增强党组织政治组织能力，激励全体税务系统党员干部牢记新时代新征程的使命任务，把二十大精神全面落实到党建与税务工作中去。

二、落实组合式税费支持政策，优化税收营商环境

更好落实新的组合式税费支持政策，持续优化税收营商环境，有力服务县域“四个倍增”战略实施，为实体经济发展营造良好税收环境，以实际行动落实党的二十大精神。张北县税务

局将会同财政局、发改局、人社局等有关部门继续联合开展优化营商环境相关工作，助力小微企业发展“春雨润苗”专项行动，共同为小微企业“把脉会诊”，为困难企业提供“妙药良方”，深入推进增值税留抵退税、研发费用加计扣除等税惠政策，打好政策惠企和服务便民的组合拳。

三、深化二十大精神指导，持续开展乡村振兴工作

张北县税务局将进一步认清乡村振兴重担，综合研判县域“三农”发展现状，继续落实惠农税收政策，利用税收持续推进农村一、二、三产业融合发展，引导辖域各地拓展农业多种功能、挖掘乡村多元价值，突出特色产业发展，支持重点农产品加工、乡村休闲旅游、农村电商等产业建设，强化乡村精神文明建设，切实当好乡村振兴的指路人，用实实在在的行动使乡村更加美好、村民更加富裕、农业更加高效，携村民善美之手共同奋进新征程。

面对依旧严峻的疫情形势，张北县税务局将在常抓疫情防控前提下，全面落实退税减税政策，优化升级服务措施，全力保障税收工作有序开展，为纳税人营造安全的办税环境，实现“抗击疫情全程防护，网络办税一站服务”模式。

今后工作中，张北县税务局干部群众将继续以习近平新时代中国特色社会主义思想为指引，自觉把思想和行动统一到党的二十大精神上来，把智慧和力量聚集到落实党的二十大提出的各项任务上来，在新时代发展思想指引下，以高昂饱满的工作热情，做好办税服务的优化者、民生服务的保障者、政策服务的执行者，在全面建设社会主义现代化国家、全面推进中华民族伟大复兴的历史征程上谱写更加绚丽的税务新篇章。

传播党史文化 牢记初心使命

青海省西宁市城北区财政局

意识形态工作是我党一项极其重要的工作，新形势下做好意识形态工作关乎党的前途命运和国家的长治久安，关乎民族凝聚力和向心力。本文从党史文化和意识形态的重要性、传播学习党史文化推动意识形态工作的意义、方式方法等方面阐述。

一、鉴史知今，从党史文化中汲取力量

鸦片战争以后，中华民族陷入了内忧外患的危亡境地，中华文化也遇到了从未有过的严重挑战，中国的社会结构由封建社会逐步演变为半殖民地半封建社会。自鸦片战争开始到五四运动，中国人民为了反对帝国主义和封建统治进行了英勇不屈的斗争。随着帝国主义的入侵和现代工业的发展，中国出现了无产阶级并不断发展壮大。1919 年爆发的五四运动，促进了马克思主义与中国工人运动的结合，经过两年思想上和组织上的准备，1921 年正式成立中国共产党。中国共产党的诞生是中国革命发展的客观需要，是马克思主义同中国工人运动相结合的产物。

中国共产党成立后团结带领中国人民经历 28 年浴血奋战，打败帝国主义、推翻国民党反动统治，完成新民主主义革命，建立新中国；完成社会主义革命，确立社会主义基本制度；进行改革开放新的伟大革命，解放和发展社会生产力。这三次伟大的历史变革让中国政治、经济、文化、人民生活水平等方面有了质的变化。2016 年习近平总书记指出："中国共产党领导中国人民取得的伟大胜利，使具有 5000 多年文明历史的中华民族全面迈向现代化，让中华文明在现代化进程中焕发出新的蓬勃生机；使具有 500 年历史的社会主义主张在世界上人口最多的国家成功开辟出具有高度现实性和可行性的正确道路，让科学社会主义在 21 世纪焕发出新的蓬勃生机；使具有 60 多年历史的新中国建设取得举世瞩目的成就，中国这个世界上最大的发展中国家在短短 30 多年里摆脱贫困并跃升为世界第二大经济体，彻底摆脱被开除球籍的危险，创造了人类社会发展史上惊天动地的发展奇迹，使中华民族焕发出新的蓬勃生机。"

中国共产党的奋斗历史积淀形成了丰富的党史文化，所积累的丰富经验、所带来的精神激励，对于中国共产党而言，是最直接最真切因而也最宝贵的。历史是最好的教科书，我们唯有不忘历史才能开辟未来，善于继承才能善于创新。习近平总书记高度重视党史文化的学习和传播，提出各级领导干部要认真学习党史、国史，通过学史看成败、鉴得失、知兴替。"要了解

我们党和国家事业的来龙去脉。汲取我们党和国家的历史经验，正确了解党和国家历史上的重大事件和重要人物。这对正确认识党情、国情十分必要，对开创未来也十分必要，因为历史是最好的教科书”“学习党史、国史，是坚持和发展中国特色社会主义、把党和国家各项事业继续推向前进的必修课”。当今中国正在进行深刻变革，全面深化改革需要鉴往知来，攻坚克难离不开历史启示，为政用权缺不了理想信念的钙，因此，通过学习党史文化来补足共产党人精神上的钙是十分必要的。欲知大道，必先知史；欲想治国，必先懂史。中国共产党一经成立，就把实现共产主义作为党的最高理想和最终目标，义无反顾肩负起实现中华民族伟大复兴的历史使命，团结带领人民进行了艰苦卓绝的斗争，谱写了气吞山河的壮丽史诗。党员干部要善于从党史中汲取精神上的“钙”，将其融入血脉，内生为坚定的政治方向和强劲的前行动力，自觉用新思想武装头脑、指导工作、推动实践，自觉扛起为人民谋幸福、为民族谋复兴的历史重任。一个不记得来路的民族是没有出路的民族，传播党史文化的根本就是为了不忘初心、在新的奋斗路上奋勇前进，为了总结历史经验、把握历史规律，增强开拓前进的勇气和力量，为了反对历史虚无主义，增强意识形态领域主导权和话语权，保证党执政兴国的根基永固、血脉永续。

中国共产党历来高度重视文化工作和文化建设，不断以思想文化的觉醒、理论创造的新成果、文化建设的新成就推动党和人民事业向前发展，文化工作在革命、建设、改革各个历史时期发挥了不可替代的重大作用。文化和历史同源同流、密不可分，有历史必有文化，有文化必有历史。文化和历史的融合是客观存在的，将文化同历史结合起来研究势在必行。同样，将党的历史作为一种文化现象来研究，开辟一个新的视角和领域，无论对于深化党史研究，还是对于推动社会主义先进文化建设，无疑都具有积极的推动作用。中国共产党是一个具有高度文化自觉和文化自信的马克思主义政党，在中国革命、建设、改革各个历史时期，都注重运用文化引领前进方向、凝聚奋斗力量、推动事业发展。在这个伟大历史进程中，形成和发挥党史文化，对于推动社会主义先进文化发展和建设，具有积极的推动作用。

进入改革开放新时期，特别是党的十八大以来，我们党在探索中国特色社会主义道路的进程中，坚持把马克思主义基本原理同中国实际相结合，始终坚持物质文明和精神文明两手抓，实行依法治国和以德治国相结合，促进文化事业和文化产业同发展，推动文化建设不断取得新成就，走出了中国特色社会主义文化发展道路。我们党坚持解放思想、实事求是、与时俱进，不断推进马克思主义中国化时代化大众化，形成和发展了中国特色社会主义理论体系，为开辟和拓展中国特色社会主义道路、确立和完善中国特色社会主义制度提供了科学理论指导；坚持推进社会主义核心价值体系建设，用马克思主义中国化最新成果武装全党、教育人民，用中国特色社会主义共同理想凝聚力量，用以爱国主义为核心的民族精神和以改革创新为核心的时代精神鼓舞斗志，用社会主义荣辱观引领风尚，巩固了全党全国各族人民团结奋斗的共同思想道德基础；坚持为人民服务、为社会主义服务和百花齐放、百家争鸣的方针，发扬广大人民群众和文化工作者的创造精神，推动优秀文化产品大量涌现，丰富了人民精神文化生活；坚持推进文化体制改革，创新文化发展理念，解放和发展文化生产力，推动文化事业全面繁荣、文化产业健康发展，大幅度提高了人民基本文化权益保障水平，大幅度提高了文化在经济社会发展中的地位和作用；坚持发展多层次、宽领域对外文化交流格局，借鉴吸收人类优秀文明成果，实施文化走出去战略，不断增强中华文化国际影响力，向世界展示了我国改革开放的崭新形象和我国人民昂扬向上的精神风貌。我国文化改革发展，显著提高了全民族思想道德素质和科学文化素质、促进了人的全面发展，显著增强了国家文化软实力，为坚持和发展中国特色社会主义提供了强大精神力量。中国特色社会主义文化的繁荣发展，开辟了党史文化发展的新境界。

二、凝聚共识，占领意识形态主阵地

意识形态是一个哲学范畴词汇，可以理解为对事物的理解、认知。它是一种对事物的感观思想，是观念、观点、概念、思想、价值观等要素的总和。意识形态不是人脑中固有的，而是源于社会存在。人的意识形态受思维能力、环境、信息、教育、宣传、价值取向等因素影响。不同的意识形态，对同一种事物的理解、认知也不同。一定的社会意识形态是一定的社会存在的反映，并随着社会存在的变化或迟或早地发生变化。社会意识形态具有相对独立性，它对社会的发展起巨大的能动作用，有自身的发展规律，同时也具有历史继承性。一个国家的意识形态发展与经济发展并不总是平衡的，有时经济上相对落后的国家在思想领域会超过当时经济上先进的国家。随着经济不断发展，经济水平不断提高，中共十九大以来我国的思想文化和精神文明建设取得了突破性的进展，党中央全面加强对意识形态工作的领导，使得马克思主义在意识形态领域的指导地位更加巩固。与此同时，自媒体的兴起让人们的思想越发独立，人们的选择也越来越多，多变性和差异性也进一步增强。在外来文化的输入下，现在的一些年轻人受西方思潮影响极为严重，现如今人人都是自媒体，人人都可以在网上发布自己的言论和看法，这虽然体现了言论自由和包容性，但也存在一定的风险，这也从侧面证明，我国意识形态领域所面临的问题越来越复杂。我国是一个拥有十几亿人口的大国，如果大众长期处于思想混乱的状态，便不利于社会安定。

由此可见，做好意识形态工作，是我党一项极端重要的工作。当面对新的形势、挑战、环境时，意识形态工作需要在传承优良传统的基础上不断创新，我们必须充分认识到意识形态工作的重要性，增强做好意识形态工作的使命感和责任感。当前意识形态工作，必须坚持以习近平新时代中国特色社会主义思想为指引，始终坚持不忘初心、牢记使命，切实增强“四个意识”、坚定“四个自信”、做到“两个维护”，不断巩固马克思主义在意识形态领域的指导地位、巩固全党全国人民团结奋斗的共同思想基础。

三、传播学习党史文化，稳步推进意识形态工作

党史文化本身作为意识形态的一部分，体现出鲜明的意识形态属性，不断加强传播学习党史文化是新时代推进社会主义意识形态工作的需要。

传播党史文化能增强意识形态工作话语权。传播党史文化能让人民群众通过了解党史充分认识和理解中国共产党的核心价值观和波澜壮阔的光辉奋斗历史，进而使人民群众对社会主义意识形态形成共识，促使人民群众主动或有意识地形成社会主义意识形态。传播学习党史文化不仅仅能够用理论知识武装头脑、坚定理想信念、鼓舞人心，还能促使党史文化的建设和传承，更能增强社会主义意识形态的话语权。并且，随着新兴媒体的发展，人人都可以通过便捷的方式学习党史文化，钩沉党史之海，凝聚思想共识，激发奋进力量。

传播党史文化对主动占据意识形态主阵地起到重要作用。网络的虚拟性和匿名性容易使人们的自身责任感丧失，网络历史虚无主义在新媒体上肆意传播，为一些不法行为提供了可乘之机，甚至一些国家凭借其网络技术与信息传播渠道，不断加剧对我国意识形态方面的渗透与干预。这些严重影响了我国的社会主义意识形态建设。习近平总书记强调："我们正在进行具有许多新的历史特点的伟大斗争，面临的挑战和困难前所未有，必须坚持巩固壮大主流思想舆论，弘扬主旋律，传播正能量，激发全社会团结奋进的强大力量。宣传思想工作在事关大是大非和政治原则问题上，必须增强主动性、掌握主动权、打好主动仗。"因此，通过把牢党史文化传播主导权来守好网络意识形态主阵地迫在眉睫。在新的历史起点上，以清醒的理论自觉、坚定的政治信念、创新的方式方法，全方位多层次宣传党史文化，讲好党史故事，传播红色声音，发挥好党史的教育引导和凝心聚力的作用，以主流价值观引领社会思潮舆情。

四、通过传播学习党史文化来稳步推进意识形态工作可以从以下几方面开展

第一，重视党史文化，将党史文化作为意识形态宣传的重要内容之一。党史是先辈们留下的重要理论素材和精神财富，新形势下，加强党员干部对党史的学习是新时期党的建设的需要，我们始终要把党史工作作为立身之本、发展之基，高标准要求自己，加强党史的学习，坚定理想信念，利用业余时间通过学习强国、信仰的力量等 APP 重温党的发展历史。同时，充分发挥本地红色历史文化资源丰富的优势，大力开展党史教育活动，加大党史教育工作品牌建设，以培育和践行社会主义核心价值观，创新思路传播党史文化，传承红色基因。

第二，创新党史文化的传播方式。传统学习传播党史文化主要以传统的书本、讲授等方式开展，现如今新兴媒体快速发展，党史文化的传播要开始不断适应新型的传播方式，以加强党史文化传播为抓手，在现实与网络空间中使党史文化的传播力和控制力紧跟时代步伐，改变以往通过论坛、微博、公众号等重要平台上的单向传播形式，将单向传播转化为互动传播模式，通过互动交流的方式让大众对党史文化内容参与其中，使理论知识生动丰富起来，更能入心入脑，更具亲和力、感染力和吸引力。传播党史文化也必须坚持群众喜闻乐见的表达方式，在语言风格上重视党史文化传播和引导的通俗化、个性化和大众化，将党史文化类的学术化语言转化为人民群众愿意接受、形式灵活、符合传播形式的语言，将严肃的、说教式的语言转化为生动活泼、贴近大众习惯的语言进行传播。

第三，加大党史文化的传播力度。在信息爆炸的新时代，党史文化传播力度更为重要和迫切，需要将党史文化以大众更易接受和通俗方式传播，尤其是精神文明还有待提高的地方，更应当通过形式多样的方式大力开展党史文化宣传，以此增强社会主义意识形态吸引力，比如将党史文化以更具有大众影响力的党史文化作品和影视作品鲜活动人展示，强化党史文化的情感认同，达到以学养人、以情感人、以文化人的作用。

第四，培养研究传承党史文化的人才。一是用历史的力量强化人才培养，党史文化传播离不开人才的支撑和全社会的参与支持，培养大批热爱党史文化和擅长党史理论的专业人才有利于党史文化的传承和发扬。把党的发展历史融入人才培养的全过程，培养深入学习、研究和运用党史的专业型人才，是传承党史文化的崇高使命和重大责任，将党的发展历史中的理念和经验内化为人才的信念、外化为育人的具体行为。二是完善人才激励机制。最大限度调动广大党史工作者的积极性、主动性和创造性，让党史专业人才的创造活力竞相迸发、聪明才智充分涌流。

军规精神促融合　党建业务双提升

国家税务总局桂东县税务局

桂东县是“第一军规”颁布地。毛泽东同志于 1928 年 4 月 3 日在桂东县沙田圩颁布了“三大纪律　六项注意”（后发展为“三大纪律　八项注意”），成了革命军队无往不胜的力量源泉和胜利法宝。郴州市税务局紧紧抓住湖南省税务系统党史学习教育启动仪式在桂东沙田举行这一重要契机，在沙田税务分局建设红色教育基地。桂东县税务局以红色教育基地为依托，以“弘扬军规精神，打造税务铁军”为引领，将军规精神与税收工作紧密结合、深度融合，坚持与时俱进、守正创新，走出了一条党建与税收业务深度融合的新路子。

一、挖掘红色文化，军规精神与税务精神相互融通

发挥桂东红色资源优势，以党建引领税收工作高质量发展。一是用好一个基地。深入挖掘“第一军规”精神内涵，充分发挥好红色教育基地的作用，税务干部在红色氛围的熏陶中，潜移默化地锤炼了品格。2022 年 1 月基地建成以来，吸引系统内外 90 余批 1900 余人次前来参观学习，10 月 16 日开园仪式后，接待了市委宣传部、县委县政府、各兄弟单位 10 余批 300 余人次观园，获得一致好评。二是做好一个结合。做好“军规精神”与“中国税务精神”融合文章，通过深入践行“第一军规”中的“三大纪律”，切实做到“忠诚担当、崇法守纪、兴税强国”，深入挖掘“八项注意”在新时代的丰富内涵，着力打造公正型税务、法治型税务、服务型税务、效能型税务、信任型税务、审慎型税务、人才型税务、和谐型税务，并在税费征管中深入实践“八型税务”。三是创好一个品牌。围绕创建“弘扬军规精神，打造税务铁军”党建工作品牌，制定桂东税务“八个一”具体举措。10 月 16 日，举行了沙田税务分局红色教育基地开园仪式，桂东县委副书记、县长刘真和郴州市税务局党委书记、局长刘卫秋共同为红色教育基地揭牌。开展“礼赞党的二十大　兴税强国铸忠诚”系列活动打响品牌效应，荣登湖南卫视、湖南经视、桂东发布等媒体新闻专题，见报于《湖南日报》《红网时刻》《郴州日报》等各大媒体平台。

二、传承红色基因，军规精神与清廉税务有效融汇

充分发挥红色资源教育作用，用红色故事砥砺初心，用红色文化孕育清廉。一是红色教育促廉。充分依托第一军规广场、纪律文化中心和沙田税务分局红色教育基地，开展沉浸式实境廉政教学，让红色廉政文化教育成为税务党员干部教育的规定动作、党内组织生活的有机载体、

党史学习教育的鲜活教材，让廉政警钟敲进支部、敲进人心。讲好桂东红色故事，组织税务干部参加全县“红色故事宣讲”活动，到各单位和乡镇村组宣讲20余期次，听众2000余人次，开展青年“微党课”5次、读书分享会8次，用红色故事感染人、教育人、激励人，当好廉洁从税表率。二是倡导家庭助廉。10月23日，在沙田税务分局红色教育基地开展了学习党的二十大会议精神和“家庭助廉”系列活动，树榜样、倡勤廉，郴州市税务局党委委员、副局长李金铁参加活动，此项工作在10月25日晚的湖南新闻联播中报道。通过“家书说廉”“家访讲廉”“家属议廉”等“家庭助廉”系列活动，筑牢廉洁从税“家”防线。多年来，桂东税务保持着违法违纪零发生的记录。三是纪律规定固廉。以“军规精神”为依托，制定了桂东县税务局干部作风“三大规范 八项注意”，持续转作风、提效能、树形象，进一步提振干部队伍精气神，营造了干事创业的浓厚氛围。全面梳理各项规章制度，优化税收业务操作流程，完善制度防线、流程防线、信息防线、监督防线，做到用制度管权、管人、管事，有效防范廉政风险。

三、赓续红色血脉，军规精神与税收业务深度融合

以党建带业务，以党建促发展，将军规精神渗透到税费征管的方方面面。一是“党建+乡村振兴”促发展。派驻工作队到青竹村开展脱贫攻坚，发扬军规精神，助力将青竹村打造成夏季避暑、休闲度假的旅游“网红村”。青竹村被评为“湖南省脱贫攻坚示范村”“省级特色精品乡村”。脱贫攻坚胜利后转战乡村振兴主战场，派驻工作队到东洛村开展乡村振兴工作，以点带面推动民宿行业、黄桃种植产业发展，用税收优惠政策精准滴灌乡村发展特色富民产业，有效助力乡村振兴。二是“党建+精准落实”惠民生。落实组合式税费支持政策，建立绿色通道快退快享，以军规精神跑出退税“加速度”，实现企业退税资金“24小时”到账，有效减轻企业负担、激发市场活力。全国人大代表、光明村党支部书记郭小芹高度赞扬了退税减税工作。三是“党建+精细服务”显温度。设立党员先锋岗，党员干部率先垂范，主动为纳税人优服务、解难题。大力开展“我为群众办实事”实践活动，“一把手”带头“走流程、解难题、优服务”，以军规精神抓执行落实，简化流程、精简资料、优化服务，解决便民办税的难点、堵点问题32个，办成惠民实事89件，让纳税人缴费人办理税费业务更加简单便利。

下一步，桂东县税务局将深入学习贯彻党的二十大精神，进一步强化党建引领，充分发挥好红色教育基地的作用，宣传和推介桂东红色资源，讲好桂东红色故事，大力弘扬军规精神，打造召之即来、来之能战、战之能胜的桂东税务铁军，不折不扣地完成好组织收入任务，在深化税收征管改革、助力经济发展中攻坚克难，为桂东经济高质量发展贡献更大税务力量。

不忘初心勇跨越 强医惠民护康宁

贵州省荔波县中医医院

2021年是中国共产党成立100周年，是实施“十四五”规划、开启全面建设社会主义现代化国家新征程的第一年。近年来，在县委、县政府坚强领导下，在县卫健局的具体指导下，县中医医院党委坚持以习近平新时代中国特色社会主义思想为指导，以加强党的政治建设为统领，医院党建业务等各项工作实现了新突破、取得了新成效，党员干部职工不断增强“四个意识”、坚定“四个自信”、做到“两个维护”，确保了各项工作目标任务的如期完成。

一、把方向，弹好“三部曲”

医院党委紧紧围绕中央、省、州、县关于加强公立医院党的建设任务目标，大力强化党对医院的核心领导，着重弹好组织保障、落实推进、监督考核“三部曲”。

（一）弹好组织保障“前奏曲”

院党委准确把握职能定位，分工抓好组织实施，重新做出班子分工调整，重新修订医院章程，完善党委会和院长办公会议事决策制度，建立书记、院长定期沟通和党委班子成员联系党支部等长效机制，不折不扣落实党委领导下的院长负责制。2021年，召开党委会及专题会20次，院长办公会及专题会25次。

（二）弹好落实推进“进行曲”

坚持将一切工作到支部的鲜明导向，以支部标准化规范化建设和党建示范点创建为契机，组织编制《“三会一课”会议记录指导手册》《基层党支部基本制度汇编》，并召开党务干部业务培训会，专题讲授“三会一课”及发展党员规程等知识，确保上级决策部署在基层党组织能落实、能推进。2021年，医共体8个基层党支部标准化规范化“五星级”党支部达标率100%，临床第二党支部被命名为县级标准化规范化“五星级”示范党支部，同步被推荐作为州级示范党支部。

（三）弹好监督考核“交响曲”

根据高质量发展新形势、新要求，重新修订《质量管理考核方案》《绩效管理考核方案》，新建《党支部党建工作效能考核指标》《“微笑服务、温馨医院”执行落实考核方案》，按季度、按月组织各项监督考核工作，切实发挥绩效考核指挥棒作用。2021年，共评选出“优质服务”

科室6个，“微笑服务之星”88人次。

二、稳基础，深化“四项教育”

以建党百年为契机，深入开展爱国主义教育、党史学习教育、党风廉政教育和医德医风教育“四项教育”，拧紧医务人员信念总开关。

（一）深入开展爱国主义教育

七一之际，通过“观、送、过、唱、颁、寻、温”（即：观庆祝大会、送组织温暖、过政治生日、唱红色歌曲、寻红色足迹、颁纪念徽章、温入党誓词）七项措施庆祝中国共产党成立100周年，深耕文化沃土，厚植爱党爱国情怀。

（二）深入开展党史学习教育和“牢记殷切嘱托、忠诚干净担当、喜迎建党百年”专题教育

按照党史学习教育任务要求，拟定教育工作方案，制定党委班子成员党史学习教育工作日程表，菜单式“下单”任务，责任化安排阶段工作，专人动态更新管理台账，高位一体推进党史学习教育。医院党委开展集中学习28次，研讨11次，创新在微信公众号增设“学习党史，讲红色经典”和“话廉洁、守初心”专栏，推出党员同志讲党史故事音频49期，撰写“我最喜爱的廉政格言”九期87则，组织党员同志到黎平会议纪念馆和息烽集中营革命历史纪念馆开展党性教育2次。

（三）深入开展党风廉政教育

研究制定《党风廉政建设工作重点》《领导干部廉政档案管理办法（试行）》《领导干部职工责任追究办法（试行）》《廉洁风险防控工作方案》等工作机制，强化内部管理。坚持常态化开展廉政教育和警示活动，印发《党史学习教育警示教育活动实施方案》，重点开展“七个一”警示教育活动（开展一次廉政谈话、参观一次廉政警示教育基地、观看一次警示教育片、讲好一堂廉政党课、撰写一条廉政格言、开展一次专题廉政学习、举办一次党纪法规知识测试），适时邀请县纪委相关领导上廉政党课，组织到廉政基地开展警示教育，创新组织职工撰写“我最爱的一句廉政格言”并在公众号推出，多措并举增强干部职工的法纪意识和廉洁意识。

（四）深入开展医德医风教育

以贯彻落实医疗卫生行业《医疗机构工作人员廉洁从业九项准则》为目的，以创建“诚信医院”为载体，常态化开展党委书记查房、院长查房、行政查房，专项开展不合理医疗检查治理行动，强化医疗核心制度的监管，着力规范医疗行为。同时，充分利用“5·12”护士节和“中国医师节”组织重温南丁格尔誓言、重温医师誓词活动，进一步教育医务人员弘扬“敬佑生命、救死扶伤、大爱无疆、甘于奉献”的崇高职业道德。通过在醒目位置阳光公示医疗费用价格、费用清单，做到诚信服务、诚信诊疗、诚信收费和廉洁行医。2021年，荔波县中医医院被荔波县医疗保障

局授信为“三星级”最高医保诚信点。

三、保落实，实施五大“党建+”工程

医院不断深化“党建+”工作内涵，通过实施五大“党建+”工程，把党建工作内涵延伸到基层一线，融入业务工作各环节，助推党建业务深度融合。

（一）“党建+品牌”工程

以“仁和精诚·传承创新”的院训为指导思想，创建“医心向党·精医尚德”党建品牌，围绕品牌目标开展“医心向党”“医心为民”“医路前行”系列主题活动，擦亮“医心向党·精医尚德”党建品牌，使党建品牌成为党组织和党员干部服务患者、服务群众、服务发展的重要平台和示范阵地。以树立“患者至上”理念为目标，打牢“微笑服务·温馨医院”行业服务品牌，树立行业标杆，让患者一入院就能够感受到温馨的“一笑二心三声”（微笑服务；热心问候、精心服务；来有迎声、问有答声、走有送声）服务。以“我为群众办实事”为落脚点，打响“行医为民·服务乡亲”健康义诊品牌，为基层群众提供“三入三送”（入村入组入户，送医送药送健康）服务，提升群众就医获得感。

（二）“党建+疫情防控”工程

坚持“234”工作法（即：“二清”清政策、清底数；“三联”党政联动、干群联动、城乡联动；“四能”能第一时间处置、能第一时间调配队伍、能提供一批应急物资、能树一批典型标杆）抓实疫情防控工作，组织到帮扶村开展“我为群众办实事、疫苗接种护健康”主题党日活动，累计选派900人次到各接种点开展疫苗接种和医疗保障工作，组织应急防控演练7次，对院内每一个环节织密疫情防护网。

（三）“党建+中医振兴”工程

深入贯彻落实全国、全省、全州和全县中医药发展会议精神，大抓中医药传承创新发展工作，增设医院民族医药事业发展科，开展2期中医药适宜技术培训班，培训100余人次。坚持“一人一方”量身打造推出中药膏剂临方加工服务。组织开展“萌·芽”行动之中医药文化进校园及“小小中医师”体验活动，将每月5日定为“中医体验日”，为群众免费提供中医特色诊疗，进一步传播中医药文化。为大力传承创新发展民族医药，医院积极申报将水族草医治疗项目纳入州级医保统筹报销范畴。目前，医院水族草医骨伤科10个定额病种已纳入黔南州优势病种按病种定额付费试点，成为民族医药列入病种最多的项目。

（四）“党建+信息化服务”工程

以“诊间支付、病区结算”作为“我为群众办实事”项目，结合疫情防控需求，率先开展“诊间支付、病区结算”便民服务，使患者在诊疗过程中即可通过手机直接完成医保报销、自付缴费服务。以“互联网+医疗健康”为入口全面推广“黔康码”服务，患者通过扫描“黔康码”即可挂号、办理住院、取药、查询结果等相关服务，让数据多跑路，让群众少跑腿，既缩短就医时间，又减少院内感染的风险。

（五）“党建+学科建设”工程

将学科建设纳入“十四五”规划和党委重要议事内容，召开学科建设会13场次，明确学科建设目标方向。2022年启动了胸痛中心、卒中中心建设和ICU建设，目前已成功溶栓13例，先后选派32名骨干进修学习，不断强化党管人才，为学科建设储备了充足人才，3人晋升副高级职称，1人晋升正高级职称。新开展种植牙新技术，新成立治未病工作室，新推出督脉灸诊疗技术，年内共开展新技术5项，开展新项目3项。同时对皮肤科、外二科、发热门诊（预检分诊）等科室进行优化整合，既提升工作效率和服务能力，又避免资源的重复购置和浪费。

2021年，荔波县中医医院党委获黔南州“先进基层党组织”荣誉称号，4人获得省级“最美劳动者”荣誉称号，2人分别获得州级“最美战疫家庭”“优秀共青团干部”荣誉称号，1人获得县级“优秀共产党员”荣誉称号。各科室收到锦旗40面，感谢信20余封。接下来，荔波县中医医院将坚持把“初心使命”融入医院各项事业发展的全过程，在创新中夯实基础、在实干中淬炼党性、在担当中奋发有为。

党建引领税收
助力兴和县高质量发展

国家税务总局兴和县税务局

长期以来，兴和县税务局坚持党建引领，把党建工作与税费收入工作深度融合，促进党建工作与税收工作互促互赢，引领和保障新发展阶段税收现代化建设各项举措落地见效。主动适应新形势、新任务、新要求，围绕税务中心工作，充分发挥了基层党组织的战斗堡垒作用和党员的先锋模范作用，最终形成党建业务一体融合、一同提高的良好局面。

一、抓教育、提素质、强党性、增活力

为长期保持良好的学习氛围，建立了目标管理制度，因地制宜制定学习计划，细化学习内容，明确学习要求，注重结果应用，确保党员学习经常化、制度化、规范化。以中心组学习、“三会一课”、主题党日、政治业务学习等为主要抓手，通过集中学习、领导讲党课、学员大讨论等，分专题、分层次开展学习，提升党员理论素质，强化党员规矩意识，增强党员党性修养。充分利用“学习强国”“学习兴税”App等平台学习，不断充实党员“学习书包”及学习书籍，实现“线上＋线下”，上下联动“随时学”。

全局共打造红色展厅1个、学习讲堂2个、职工书屋1个，推动党史税史文化展厅建设，让宣传教育更加鲜活立体。结合双联共建活动，丰富学习模式，如主题党日活动进企业、进学校、进社区，利用主题党日活动加深与周边兄弟单位文化交流，通过“请进来、走出去”等多种方式，补齐短板，拓展思路，实现党建与税收“两促进、双提升”。

二、加强队伍建设，促进党建＋税收深度融合

制定党建工作与税费业务深度融合任务清单，将责任事项细化，将党建工作的方方面面融入税收工作整体安排，做到有计划、有措施、有要求，形成一目了然、要求具体的任务清单，全面推进各项工作落地生效。成立“党员先锋队”“青年文明号”，以党建带群团，发挥党组织、群团组织引领表率作用，增强组织活力，进一步激发税务干部干事创业的劲头，确保减税降费实打实、硬碰硬，确保纳税人应知尽知，应享尽享，截至9月底，2022年新增减税降费共计22748.45万元。

有效发挥党建工作围绕中心、建设队伍、服务群众的根本职责和核心任务，更好地发挥职

务与职级的功能作用，进一步激励干部队伍干事创业、担当作为，为高质量推进新时代税收现代化提供坚强的组织保障。强化廉政教育、纪律建设、监督执纪，把从严治党和党风廉政建设工作贯穿于税收工作全过程，在召开年度税收工作时，同步明确廉政工作思路和重点任务，与各股室负责人签订党风廉政责任书，压实“关键少数”的职责；紧抓廉政教育，持续筑牢干部勤廉思想。

将党建贯穿纳税服务始终，以党员干部为先锋，着力推出辅导宣传一体化套餐；以党员干部为标杆，着力做好纳税服务；以党员干部为主力军，着力打造模范机关”，通过亮出共产党员岗工作牌，党员工作职责和承诺上墙公开等，增强党员的责任意识和模范带头意识。在新冠肺炎疫情防控工作中，充分发挥党支部和党员干部积极作用，为纳税人提供“多渠道、多维度、多窗口”纳税服务，做到疫情防控“不放松”，纳税服务“不打烊”，切实保障支持疫情防控各项税费政策措施落地生效，助力疫情防控和企业复产扩能。

坚定走强化组织建设来引领事业发展道路

吉林省洮南市人民医院

洮南市人民医院始终以全面贯彻习近平新时代中国特色社会主义思想和党的十九大以及十九届历次全会精神为指导，按照全国、省、市委关于公立医院党建工作要求，牢记党的全心全意为人民服务的宗旨，大力弘扬和践行“敬佑生命、救死扶伤、甘于奉献、大爱无疆”的崇高精神，以强化政治思想、明确工作职责、服务群众健康为中心加强组织建设，为百姓健康办实事、办好事，不断拓展和深化医疗服务，使医院服务质量、服务水平、社会效益大幅度提高，有效地推进了医院各项事业稳步发展。

一、坚持政治统领，促进卫生事业发展

洮南市人民医院党委从加强职工队伍的政治意识、核心意识、大局意识、看齐意识入手，加强思想建设、组织建设和职业道德教育，以政治统领全局发展的理念，提出了医院发展的“135”战略目标：一是指一心一意为病人服务，改善医疗工作作风；三是指实施名医、名科、名院的“三名”战略；五是指创技术一流、设备一流、服务一流、管理一流、环境一流的五个一流医院建设方针。在全院坚定不移地开展理论业务学习，党员干部带头发挥模范作用，推动了医院卫生事业的发展。凭着这个思路，首先，以建章建制为起点，特别是强化医疗质量、保证医疗安全的十四项核心制度的落实，建立健全了院、科质控网络，对各项制度落实情况进行全程监控和管理。其次，鼓励医护人员进修，以满足患者的就医需求为指引，积极引进和推广先进新技术、新项目，提高医疗服务水平，开展了全方位肿瘤治疗、心血管介入、种植牙和智能胶囊消化道内镜等多项技术，建成导管室，成立了老年病科、肿瘤治疗中心、胸痛中心、体检中心，填补了洮南市多项医疗空白。再次，改造医疗环境，提高就医感受。对病房楼楼梯间、卫生间进行改造维修，室外地面柏油硬化，进行室内冷暖风水源热泵及消防系统改造；同时，在大厅安装多块 LED 彩屏，解决了多年来宣传横幅乱挂乱飘现象，营造了干净整洁舒适的环境，提高了患者的就医感受。

二、做好健康扶贫，真抓实干助力脱贫攻坚

院党委将健康扶贫工作列入重要议事日程，召开专门会议研究部署，制定实施方案，成立了医院健康扶贫工作组，下设办公室，扎实推进医疗救助，并组建了以高资深医师为主体的医

疗扶贫队伍，在具体工作中，利用义诊、会诊、参加各种会议及访谈等机会，倾听大家的心声，了解和摸清了贫困情况。组织健康扶贫医疗队先后深入 12 个乡镇、80 余个村屯，对乡村医生开展业务培训 10 余次，业务指导 800 多次，制定因人因病而异的治疗方案，每年帮扶 400 余位贫困人口，共投资 20 余万元，吉林省卫健委健康扶贫督导组对医院的健康扶贫工作给予了充分肯定和表扬，被评为“洮南市脱贫攻坚工作先进扶贫工作先进单位”。

三、做好疫情防控，让党旗在防控一线飘扬

自新冠肺炎疫情发生以来，担负起洮南防控救治任务，在院党委的组织领导下，全院职工发挥医疗技术优势，迎难而上，担当作为，白衣执甲，誓言：“疫情不灭，我不退。”先后组织召开工作部署会议及专家会诊等会议 126 余次、专题培训会议 57 次、应急演练 10 余次，发热门诊共接诊 1654 人，院内院外发热患者经专家救治组会诊共有 146 人，留观隔离 131 人，号召全体党员支持全市疫情防控工作，共收到并上缴捐款 15800 元。改造医院行政办公楼，完成了传染性病房和发执门诊的装修改造，为防控疫情做了充分的准备；设立核酸采集检测点，可一站式完成采集检测，避免了人员聚集；增加预检分诊，设立严格的就诊出、入口，年扫码测温人数达 16 多万人次。

在院党委号召下，共有 331 人递交请战书，有 2 名医护人员驰援武汉、6 名护士支援吉林，2021 年 1 月又选派 2 名司机支援通化、10 月派出检验人员支援哈尔滨核酸检测；全年根据需要派出 14 支疫苗接种不良反应救治小分队分布在全市各个接种点。这就是洮南市人民医院的医务工作者在党的领导下用不畏艰险、不惧病毒的实际行动，诠释了党旗引领下的医务工作者的高尚境界和使命担当。

在抗击疫情中，广大医务工作者立足岗位，英勇奉献，涌现出了多位先进典型，共有 8 人获得白城市优秀表彰，同时医院获得了“白城市五一劳动奖”荣誉。

四、做好统筹兼顾，抗疫与医院发展同推进

洮南市人民医院时刻牢记守护一方百姓健康的职责，制定了一整套增进百姓健康引进新技术新项目的发展规划，先后通过了体检中心、口腔种植牙和粒子植入技术的审批，一场突如其来的新冠肺炎疫情，也没有影响到业务的发展，在疫情平稳常态防控情况下，作为洮南市综合性最强的医院，于 2020 年 8 月 24 日医院成功通过了国家胸痛中心认证机构的认证，成为白城地区内首家成立胸痛中心的医院。目前正筹划卒中中心建设，逐步实现县域内综合医疗服务全面发展的目标。

洮南市人民医院用忠于党忠于人民的情怀，发挥团队精神和技术优势，不辱使命，不负重托，履职尽责，为百姓的健康撑起了一片蔚蓝的天空！

以“三个到位”为抓手
深入学习贯彻党的二十大精神

国家税务总局都兰县税务局

党的二十大召开以来，国家税务总局都兰县税务局始终把学习宣传贯彻党的二十大精神作为当前和今后一个时期的首要政治任务和头等大事，在全面学习、全面把握、全面落实上下功夫，提高政治站位，深化思想认识，加强组织领导，进一步推动宣传到位、学习到位、宣讲到位，切实把学习宣传贯彻党的二十大精神各项工作抓紧、推深、做实。

一、学习党的二十大，宣传工作要到位

党的二十大是在全党全国各族人民迈上全面建设社会主义现代化国家新征程、向第二个百年奋斗目标进军的关键时刻召开的一次十分重要的大会。为更好地宣传党的二十大精神，县局加大宣传力度，积极营造学习宣传贯彻党的二十大精神的良好氛围。精心制作 13 块宣传展板放置在单位楼道及院内宣传栏；安排专人挑选核心内容印制 100 份“党的二十大应知应会手册”，分发给全体干部职工及前来办税的纳税人、缴费人；挑选二十大重点内容制作“二十大知识每日一练”习题册 59 册，让税务干部做到每日一学一练，全面准确掌握二十大精神。

二、学习党的二十大，学习研讨要到位

县局在二十大召开以来迅速掀起学习贯彻党的二十大精神热潮，在八小时内和八小时外分别通过“集中统一学、四个层次学”+“线上平台学、自学自测学”+“研讨交流学”的“2+2+1”学习模式开展学习，确保党的二十大精神入脑入心。截至目前，县局组织全体税务干部集中学习党的二十大精神 4 次，通过党委会、党委理论学习中心组、党支部、青年理论学习小组四个层次学习 16 次。开展学习党的二十大精神研讨交流 6 次，结合“税收现代化服务中国式现代化推动青海税务‘向前看、向前行’大讨论”活动开展专题研讨 3 次。县局 56 名税务干部通过学习强国、学习兴税等线上平台每日进入“学习贯彻党的二十大精神”专区开展自学，并通过县局下发的“二十大知识每日一练”习题册进行自学自测。

三、学习党的二十大，培训宣讲要到位

县局高度重视学习贯彻党的二十大精神工作，组织安排学习贯彻党的二十大精神的主题党

课、培训宣讲等活动。县局党委书记以“奋力开创中国特色社会主义新局面——党的二十大报告学习解读”为主题为全体税务干部上党课，解读核心要点、领学重要内容，要求税务干部原原本本读原文、逐字逐句悟原理，准确领会精神实质。支部书记以“党的二十大精神为引领，奋力开创中国特色社会主义新局面”为主题，围绕党的二十大的重要意义、精神实质、实践要求等方面进行讲解，深入宣讲党的二十大精神，要求党员干部用党的创新理论武装头脑、指导实践、推动工作。青年理论学习小组组长以“学习二十大，奋进正当时”为主题，进行二十大精神培训，要求青年干部做到学思用贯通、知信行统一，坚定理想信念，强化责任担当，全力以赴做好本职工作，切实将党的二十大精神转化为立足岗位、建功新时代的强大力量。

以党建引领中医药守正创新传承发展

甘肃省中医院党委书记 郭 峰

习近平总书记指出，中医药学是“祖先留给我们的宝贵财富”，是“中华民族的瑰宝”，是“打开中华文明宝库的钥匙”“凝聚着深邃的哲学智慧和中华民族几千年的健康养生理念及其实践经验”。这些重要论述，凸显了中医药学在中华优秀传统文化中不可替代的重要地位。

长期以来，中国共产党把中医药作为维护人民健康的重要内容，在党的坚强领导下，中医药事业实现了历史性的跨越，走出了一条特色发展之路。我们深刻认识到，始终坚持党的领导是做好中医药工作的根本遵循，坚定信仰信念是中医药发展的思想基石，服从服务于党和国家工作大局是中医药工作的主题主线，全心全意为人民健康服务是中医药工作的鲜亮底色，加强党的建设是做好中医药工作的有力政治保障。

党的十八大以来，以习近平同志为核心的党中央高度重视中医药传承创新发展，明确做出“传承精华、守正创新”“着力推动中医药振兴发展”等一系列重要指示、批示和部署，从国家战略的高度对中医药发展进行全面谋划和系统部署，从顶层设计上明确了新形势下发展中医药事业的指导思想和目标任务，为推动中医药振兴发展和高质量发展指明了目标方向、提供了根本遵循。中医药事业发展迎来了天时、地利、人和的大好局面，中医药在全面小康社会建设和满足人民群众健康需要中发挥了越来越显著的作用。特别是在新冠肺炎疫情防控中，中西医结合、中西药并用成为我国抗疫方案的亮点，“甘肃方剂”为甘肃疫情防控做出了重要贡献，中医药再次彰显了中华民族原创科学和传统文化的价值和优势，中医药振兴发展迎来了我国历史上最美好的春天。

我国中医药的发展史，就是一部传承创新史。从秦汉时期《黄帝内经》奠定中医理论体系，到东汉张仲景的《伤寒杂病论》确立了辨证论治的理论和方法体系，到金元四大家的出现，再到明清时期温病学的产生，传承精华、守正创新是推动中医药发展的根本动力。要坚持传承不泥古、创新不离宗，注重用现代科学解读中医药学原理，推动传统中医药和现代科学相结合、相促进，守中医内涵规律之正，吸收同时代科技文明成果，提升中医药理论与实践的时代应用价值与活力，切实把中医药这一祖先留给我们的宝贵财富继承好、发展好、利用好。

在习近平新时代中国特色社会主义思想引领下，作为中医药资源大省的甘肃省，借力国家大力发展中医药事业的大好政策，站在文化自信的高度，因势而变，顺势而为，中医药事业迎来了千载难逢的发展机遇，在各级中医药机构和全体中医药人共同努力下，取得了显著成效，赢得了各级政府和广大百姓的称赞和好评，激发了广大群众爱中医、信中医、用中医的热情，中医药文化逐渐深入人心、进入寻常百姓家。

2021 年 7 月 1 日，《甘肃省中医药条例》正式施行，标志着甘肃省中医药全面发展进入有法可依的法制化轨道。近两年，省委、省政府出台了《关于中医药传承创新发展的若干措施》，省政府办公厅印发了《关于加快中医药特色发展的若干措施》。这些政策文件，都为贯彻落实“传承精华、守正创新”的中医药工作方针提供了强有力支持。

站在新的历史起点和新征程上，省级公立中医医院必须不折不扣贯彻落实习近平总书记重要指示精神，一要深刻认识“两个确立”的重大意义，进一步当好“三个表率”，坚定信仰信念，筑牢“两个维护”的思想根基，确保中医医院发展始终沿着正确道路前进；二要永葆对党忠诚，时刻保持共产党人政治本色，自觉担负起党赋予我们发展中医药事业的光荣使命；三要牢记“国之大者”，立足新发展阶段、贯彻新发展理念、构建新发展格局，勇担“创新、协调、绿色、开放、共享”新发展理念指导下的中医药传承创新和高质量发展的历史使命；四要深刻领会传承精华、守正创新，不断推动传统中医药与现代科学相结合、相促进，走中西医结合的中医院发展之路；五要落实以人民为中心的发展思想，竭诚服务广大人民群众，把联系和服务人民健康作为中医药工作的生命线；六要站在坚定文化自信的战略高度，以更高的站位、更大的力度在造福人类健康中擦亮中医药文化瑰宝这一靓丽名片，大力宣传和弘扬中医药文化，以中医药文化筑牢中医院发展的思想之魂，促进中医药文化环境形象、行为规范、价值观念内涵提升；七要坚持全面从严治党，严守纪律规矩，树立中医“治未病”的管党治党理念，夯实中医药事业发展的组织基础和坚强战斗堡垒；八要以深化改革、完善制度、提升内涵为动力，以实施医院“十四五”发展规划为抓手，进一步突出问题导向、目标导向、结果导向，促进中医医院高质量发展；九要增强人才支撑保障作用，以国医大师、全国名中医为引领，以省级名中医为核心，以各级各类领军人才、拔尖人才、骨干人才、优秀青年人才为支撑，扎实推进老中医药学术思想传承，使中医药薪火相传，不断发扬光大；十是凸特色、扬优势、强弱项、激活力，在发挥中医药养生保健、治病救人、瘥后防复这一主责主业、“内外兼修”上下功夫，释放中医药多元功能和价值，推动中医药振兴发展。

学习贯彻二十大精神
砥砺奋进续新篇

国家税务总局湘乡市税务局

盛世金秋逢盛会，砥砺奋进正当时。2022 年 10 月 16 日上午，中国共产党第二十次全国代表大会在人民大会堂开幕，湘乡市税务局组织干部职工集中收看了开幕会盛况，并通过局党委中心组集中学习、“星期二课堂”专题学习、青年理论学习小组主题讨论等方式，深入学习贯彻党的二十大会议精神，凝聚起推动湘乡税收事业高质量发展的磅礴力量。

坚持党建引领作用，严格落实党中央、国务院出台的组合式税费支持政策，在服务市场主体、激发市场活力上讲实效，在服务纳税人缴费人、优化税收营商环境上求实绩，确保政策红利直达快享，各项工作取得新成效。

“我们从去年 12 月份开始对生产线进行改造升级，部分车间因此停产。投资大，营收少，资金困难很大，这笔留抵退税款对我们来说真是一场及时雨！”收到留抵退税款后，湖南韶峰南方水泥有限公司负责人说道。湘乡市税务工作人员多次到企业走访调研，“一对一”精准宣传辅导增值税留抵退税、高新技术企业税收优惠政策，留抵退税款很快退回到企业账户，为缓解企业资金压力、加大研发投入注入“强心剂”。经过一年多的建设，该项目顺利点火，成功投料运行，正式投产后年产水泥能力达 300 万吨。

围绕中心抓党建，抓好党建促业务。在落实新的组合式税费支持政策中，湘乡市税务局牵住党建引领“牛鼻子”，打好党建联动“组合拳”，通过建立“党建联通、业务联动、问题联治”常态化联学共建机制，健全与财政、人民银行、公安、法院等部门沟通协作，确保“快退税款、狠打骗退、严查内错、欢迎外督、持续宣传”五项举措落实到位，充分释放政策红利。

“原来我们也能以灵活就业人员身份参加企业职工基本养老保险，现在有困难，还可以暂缓到明年年底补缴，这可解决了困扰我们这些外卖员的社保‘大’问题啊！”刚送完外卖就赶回来“听课”的“外卖小哥”刘师傅听完湘乡市税务局“送上门”的政策讲解后感到十分高兴。

美团外卖湘乡市运营中心共有在职外卖员 140 余人，由于工作方式和劳动关系比较灵活，仅有少部分参加了城乡居民基本养老保险。湘乡市税务局与湘乡市总工会联合开展“建会入会 + 社保缴费”专项活动，组织党员志愿者上门，对灵活就业人员养老保险缴费政策进行集中宣讲，在“外卖小哥”中获得了良好反响。

人力资源是企业发展的不竭动力，只有织密就业者的保障网，才能帮助企业留住人，助力企业健康发展。随着湖南省新就业形态劳动者集中入会行动的开启，今年以来全省已吸纳新就业形态劳动者 6.1 万人。前期，湘乡市税务局以“党建 + 文明创建”为引领，结合社区联点共建活动，上门入户开展社保缴费政策宣传辅导，并通过短信、微信等方式提醒灵活就业人员进行参保缴费。同时，与人社、医保部门畅通业务沟通机制，全面提升社保缴费服务，让灵活就业人员参保缴费更加便捷。截至 10 月，湘乡市灵活就业人员养老保险缴费人数同比增长 15.47%，缴费金额同比增长 22.88%。

近年来，湘乡市税务局以党支部“五化”建设为依托，持续深化税收领域“放管服”改革，大力推行“非接触式”办税缴费，充分发挥党支部战斗堡垒和党员先锋模范作用，着力创建“四强”党支部，全力打造“蓝盾纳税服务效能队”。税企微信群、QQ 群、云课堂、纳税人学堂、税收管理沙龙……党员干部聚焦群众“关心事”，点对点精准服务，帮扶解决实际问题，获评湖南省税收营商环境优秀单位。

东风浩荡，气象万千，意气风发，信心满怀。湘乡市税务局负责人表示，将深入学习贯彻党的二十大精神，坚定信心、迎难而上，推动湘乡税收事业高质量发展，以实际行动谱写全面建设社会主义现代化国家崭新篇章。

党建领航 赋能医院发展新格局

河北省青县人民医院

青县人民医院创建于1950年，是一所集医疗、教学、科研、预防、保健、康复为一体的综合性二级甲等医院。医院占地面积10万平方米，建筑面积8万平方米，编制床位800张，现有职工1047名。为切实加强新时期公立医院党建工作，医院坚持调架构、建机制、明职责、强筋骨，扎实推进医院党建工作，引领带动了全院各项工作的健康有序发展。医院先后被评为全国文明单位、全国百姓放心满意示范医院、国家级节约型机关示范单位、沧州市现代医院管理制度建设样板医院，在艾力彼中国医院竞争力排行榜中跻身全国县级医院300强。

一、完善组织架构，健全议事决策机制

坚持把加强医院党的建设作为首要任务来抓。2019年12月，按照新形势下医改工作要求，成立了医院党委，认真落实党委领导下的院长负责制，实行党委书记、院长分设。制定完善了医院章程，重构了医院的组织管理架构和运行管理体系，进一步明确了党组织职责权限、医院功能定位、办医方向等内容，把党的领导融入了医院治理和现代医院管理的各个环节。在此基础上，健全议事决策规则，制定了党委会、院长办公会议事决策规则，明确了各自决策范围、议事程序等相关规定，明晰了职责、理顺了关系，保障了工作的顺利开展。

二、把准职责定位，充分发挥医院党委领导作用

医院党委坚持发挥好把方向、管大局、作决策、促改革、保落实作用。

一是规划引领。研究制定了《青县人民医院五年发展规划》《青县人民医院人力资源发展规划》等专件，以政策规划引领医院健康发展。

二是重点推进。坚持抓重点、重点抓，推进疫情防控、医改、现代医院管理制度建设等重点工作开展。

三是抓好队伍。坚持党管干部、党管人才原则，加强医院干部职工队伍建设。严守选人用人原则，全院中层干部实行竞聘制，严格履行自荐报名、院党委资格审查、竞聘会演讲答辩、评委评分后予以聘任等程序。制定了《青县人民医院在职攻读研究生管理办法》，鼓励在职职工攻读研究生，院方予以报销学费。同时，每年派出大批人员去上级医院进修或外出参加学术

活动。

四是考核激励。改革完善医院绩效考核体系，采用以资源消耗为基础、以相对价值为尺度的 RBRVS 绩效核算方法，充分体现多劳多得、优绩优酬原则，激发了医护人员工作积极性。

三、切实加强党组织自身建设，建强战斗堡垒

一是加强党支部标准化、规范化建设。认真坚持“三会一课”制度。利用每个月的主题党日，规范化、常态化开展党建活动，并积极推进党建和业务工作深度融合。各党支部结合医院工作实际、工作特点，发挥党员专长，开展了家庭医生签约入户健康指导、义诊、免费筛查、到孝老食堂慰问等贴近医患需求的志愿服务活动，丰富了党建活动内容。

二是做好发展党员工作。按照发展党员工作方针，积极做好发展党员工作，并注重“双带头人”培育工程，将党性强、业务精、有威信、肯奉献的党员业务骨干培养为党支部书记。同时，制定了《党员、业务“双培养”制度》，积极发展医疗专家、学科带头人、业务骨干等“高知”群体入党，优化党员结构。两年来，共将 15 名入党积极分子转为预备党员，其中 7 人为中层干部，为党组织增添了新的力量。

三是充分发挥党员先锋模范作用。在新冠肺炎疫情防控期间，医院党委向全院发出动员令，号召全体党员干部冲锋在前、率先垂范。动员令发出后，一封封请战书纷至沓来：“我时刻准备着，迎难而上、抗击疫情、冲锋在前，把党员的旗帜亮出来！”“我是党员同时也是医务工作者，如果需要我随时进入前线！”……特别是在湖北武汉抗击疫情的紧要关头，医院党员护士马兰率领贾莹、刘艳、韩尚伟、董子渤四位同志临危受命、奋勇逆行，义无反顾奔赴援鄂抗疫一线，圆满完成援鄂任务，贾莹、刘艳、韩尚伟、董子渤四位同志光荣火线入党。在石家庄抗疫、冬奥会疫情防护现场，都留有医院医护人员的身影。

四、加强医院文化建设，打造医院良好形象

积极推进“以病人为中心”“患者至上”的医院文化建设。

一是实施了“医院文化有形建设”活动。将医院文化建设内容细化成 427 项具体指标，分解到各职能科室认真抓好落实，从而将医院文化建设从精神层面强调的“自觉性”，转变为执行医院文化若干制度的“强制性”。

二是持续开展了“做有温度的医者”活动。规范使用“七声十一字”文明用语，积极培树医护先进典型，倡导良好医德医风。活动开展以来，共在医院微信公众号推出了二百余期“做有温度的医者”专题报道，在社会上引起了热烈反响。

三是积极开展形式多样的精神文明建设活动。开展了“日行一善”活动，由医院职工自行捐款，每日为贫困患者提供免费餐券；组织了援鄂事迹报告会、“同心战疫 众志前行”职工摄影作品征集和建院七十周年暨医院迁建五周年系列活动；坚持每季度评选“病人最满意的医生护士”，

引导医务人员注重患者就医感受，规范工作行为。

五、加强医德医风和党风廉政建设，培树清风正气

一是抓好行风建设，促进廉洁行医。制定了廉洁从业行动三年计划，开展了医疗行业作风整治专项行动，建立了全院中层以上干部廉政档案，组织全院各科室签订了“行风建设和廉洁行医承诺书”，切实抓好“九项准则”落实，真正做到党风廉政建设与业务工作“两手抓、两手硬”。

二是抓好警示教育，筑牢廉洁防线。通过以案示警、邀请专家讲课、廉政谈话等形式，常态化开展多种形式的警示教育活动，促进全院医务人员知敬畏、存戒惧、守底线，恪守医务人员的职业道德和操守。

三是抓好监督监察，严格责任追究。充分发挥纪委监督职能，加强对医院“三重一大”及重点工作监督，梳理了院科两级岗位廉政风险清单，加强重点领域和易发多发廉政问题环节的监督，严格落实党风廉政建设责任制，确保各项廉政措施落实到位。

学党史 强信念 跟党走

四川省九龙县财政局党组书记、局长 余 刚

百年征程波澜壮阔，百年初心历久弥坚。在建党100周年之际，习近平总书记在党史学习教育动员大会上提出“树立正确党史观”的重要论述，强调全党同志要做到学史明理、学史增信、学史崇德、学史力行，学党史、悟思想、办实事、开新局，为全体党员干部学习党史提供了根本遵循。下面就如何结合实际学党史提几点要求。

一、坚持把学党史与传承党的革命传统优良作风结合起来

百年之前，嘉兴南湖的一艘红船上，书写了一个民族救亡图存的壮丽史诗；百年之后，红船驶过的地方，谱写了中华民族伟大发展的华美篇章。中国共产党自创建以来，从五四运动到南湖会议，从抗战胜利到中华人民共和国成立，从改革开放到民族复兴，一代代中国共产党人践行井冈山精神、长征精神、延安精神、航天精神……中国共产党在一次次实践中形成了独具特色的革命传统和优良作风，值得所有党员干部认真学习。学习党史，不仅要重温历史上的重要会议、重要事件、重要人物，要时刻结合新时代的具体实践要求，把革命传统、优良作风熔铸于乡村振兴、高质量发展之中，为实现中华民族的伟大复兴贡献力量。

二、坚持把学党史与学懂弄通新时代的创新理论结合起来

指导思想是一个政党的精神旗帜。中国共产党作为一个用先进思想孕育催生、用科学理论指导武装起来的马克思主义政党，历来高度重视理论思想对实践工作的引领作用。学好党史，认真分析领悟党史中孕育的知识内涵至关重要。中国特色社会主义进入新时代，创建了习近平新时代中国特色社会主义思想，成为我们思想指导实践的根本遵循。作为新时代的党员，我们要认真学习领悟习近平新时代中国特色社会主义思想，不仅要坚持读原著、学原文、悟原理，还要用心体会其内在的历史逻辑，不断提高自身的政治理论水平。同时，积极定期开展集中研讨交流，实地观摩红色教育基地、廉政教育基地，注重将理论与实践相结合，理论指导实践。

三、坚持把学党史与为人民守初心为民族担使命结合起来

中国共产党人的初心和使命，就是为中国人民谋幸福，为中华民族谋复兴。初心和使命是

激励中国共产党人不断前进的根本动力，一部党史，就是一部中国共产党为人民谋幸福、为民族谋复兴的历史。从土地改革、家庭联厂承包责任制，到今天的全面建成小康社会、脱贫攻坚，以及乡村振兴，从渴望吃得饱穿得暖到今天的吃得健康、住得舒心；从黄土高坡、苍茫大地到现在的绿水青山，中国的发展近在眼前，沉睡的东方巨狮已经苏醒。作为一名共产党员，我们要紧跟习近平总书记的步伐，不断提高自己的调查研究能力，坚持从群众中来到群众中去，把从党史中学到的精神、方法，运用到我们的工作中，为提高老乡的生活质量不断贡献自己的力量。

四、坚持把学党史与提高中国共产党的执政本领结合起来

常言道，读史以明智，学史知古今。我们的党史中蕴含着共产党人的历史智慧、政治智慧、管理智慧，学习党史可以优化党员干部的思维方式，学会用历史的眼光看问题，为中国的发展、建设，提供历史滋养。执政本领，是一个国家不可缺少的能力，中国发展到今天取得了许多世界瞩目的成就，但我们也面临着很多挑战，发展质量和效益还不够高，创新能力不够强，实体经济水平有待提高……作为党员干部，我们必须练就高强的本领，用极大的勇气和实力来迎接这些挑战。我们要通过学党史，学习共产党一路走来，屡屡化险为夷、化危为机，积累的方式方法，将前人的智慧与今天的智慧相结合，不断提高党的执政本领，为中国前行的步伐保驾护航。

党史如明灯，照亮前行之路；党史如清泉，洗涤心灵之尘；党史如号角，激发奋进之力。一部党史之中蕴含的知识还有很多，需要我们去细细品味、学习。

浅议如何在组合式税费政策落地见效的工作中发挥党建引领作用

——以国家税务总局夏河县税务局为例

国家税务总局夏河县税务局党委委员、副局长 黄 勇

国家税务总局夏河县税务局认真贯彻落实中共中央、国务院关于新的组合式税费支持政策，坚持党建引领，充分发挥支部战斗堡垒作用与党员先锋模范作用，以“党建红”引领“税务蓝”，为退税减税注入“红色动能”，助力落实好组合式税费支持政策落地落细、提质增效。

一、上下联动、条块协同，强化“纵合力”政治效果

（一）坚决扛牢“条主责”政治担当

一是清单式明责压实责任。全局上下牢固树立“税务机关首先是政治机关”意识，以党委为核心，发挥引领力，成立以党委“一把手”任组长的退税减税政策落实工作领导小组，内设11个专项工作组，专项工作组实体化运行，层层压实责任，明确时间表、路线图、作战图，把加强党对税收工作的领导落到实处。二是精细化履责推动落实。政策落实情况纳入局内部门考核，开展“一把手走流程”，带领一线落实落细各项工作，分区域、分行业、分税种实施政策落实“网格化”管理，并针对不同群体，围绕重点对象，逐项明确政策的可享受范围，逐户明确责任部门和责任人，定期推送应完成任务提醒，不定期对责任区工作进行动态跟踪、督促指导，让各部门干有目标、行有方向、事有所成。

（二）充分发挥“块双重”政治优势

一是积极争取地方党委支持。充分发挥双重领导管理体制优势，建立了组合式税费支持政策落实工作机制，主动向夏河县委县政府汇报县税务局退税减税工作进展、成效及存在的困难，重点阐释减税降费是“放水养鱼”，有利于财政收入的持续平稳增长，即以短期税收的“减”换取长远发展的“增”，积极争取地方支持，做到改革与组织收入“两不误、两促进”。二是健全精诚共治机制。与财政、人民银行部门建立政策落实会商机制，每月召开联席会议，交换县域经济发展计划、减税降费工作进展情况等信息，提前做好收入预测与研判。与人民银行建立联络机制，简化退税流程，对大规模退税提前预警，有效实现“税务速办、国库即办、财政稳办”，保证资金快速精准退付到位。

二、攻坚克难、众志成城，彰显“横联通”政治能力

（一）党建引领，在精准服务中应知尽知

一是政策红利账单推送更精准。抽调10余名业务骨干组建政策宣传辅导党员先锋团队，把支部优势凝聚成推动落实的强大力量，充分运用“陇税雷锋”全员帮办工作机制，坚持按纳税规模、业务类型、人员类别等推行税费优惠政策“一政一讲、一措一谈”，开展分类“点穴式”辅导，着力增强税费政策解读质效，确保纳税人缴费人知政策、晓流程、会申报。二是政策宣传更暖心。全面开展“滴灌式”组合式税费支持政策宣传，拓宽宣传矩阵，通过征纳沟通平台、电话、“直播课堂”、宣传短视频、入户走访等线上线下方式多轮次、全方位、常态化开展27场次政策宣传。为促进办税流程优化和政策更好落地，积极开展“一把手”、特约监察员、税务体验师走留抵退税流程活动，“边体验、边查找、边整改”，共收集解难舒心诉求意见30条，不断创新税费服务理念。三是快审快退更高效。以创新“甘‘速’办”税费服务为突破，持续压缩优惠办理流程、简并税费申报、简化资料报送等，在风险可控的前提下，实现无阻断快审快退流程，提供全流程“项目管家”纳税服务，业务办理提速35%。

（二）党业融合，在同频共振中提质增效

一是支部战斗堡垒作用充分凸显。县局第一、二党支部统筹、协作、共享，把退税减税列为支部工作重点，将落实退税减税政策纳入“主题党日”活动，支部书记带头走访企业，收集纳税人缴费人难点、堵点问题，确保退税减税政策精准落地。二是党员先锋模范作用有力发挥。以“平常看得出、关键时候站得出”为原则，着力锻造税务干部我将无我的境界，淬炼功成不必在我、功成必定有我的品格，在办税服务厅设立“共产党员先锋岗”，推行“包干责任制”，党员干部担任包联企业联络员、辅导员、保障员，深入企业辅导政策，以优质服务推动政策落地。三是群团组织力量有效整合。发挥团支部青年理论小组服务团和妇委会“退税减税巾帼服务队”力量，设置了留抵退税专项群团工作联络员，切实做到机关各部门和税务分局密切配合、齐心协力抓落实的工作格局。

（二）创新载体，在同心同向中汇聚合力

一是充分发挥“党建引领，金色税徽”品牌优势。县局党委丰富党建引领内涵，以“金色党建”为抓手，退税减税工作相关重点部门所在党支部主动提供涉税服务“大礼包”，形成税企良性互动的生动局面。在窗口设置“金色党员先锋岗”，要求干部亮明党员身份，突出党员窗口示范作用，以党员模范带动作用凝聚强大税收合力。二是嵌入实施纪检监督作保障机制。在政策推进过程中深化党委纪检组执纪监督作用，以“税收执法推进到哪里，监督伴随就跟进到哪里”的方式，加大对政策落实不力、统计把关不严以及在宣传辅导、管理服务等工作中有重大疏漏的部门和个人的责任追究，确保组合式税费支持政策各项工作任务第一时间宣传到位、落实到位、跟踪到位、问题解决到位。

三、精诚协作、凝聚合力，织密退税减税“防护网”

（一）精细比对筛选，算好“四本账”

严格落实总局“一册三表”工作机制，做到退税精准把控。依托税收大数据，全面评估分析，盘清行业认定账、企业划型账、纳税信用账、退库资金账，建立“信用＋风险”为基础的动态监管机制和留抵退税风险防控体系，形成《留抵退税纳税人清册》，对25户企业政策符合情况进行预审排查，共发现6户企业不符合政策条件。

（二）加强风险防控，守牢“生命线”

依托支部联建机制，整合税政、征管、分局等全局70%以上业务部门的优势资源，组建留抵退税审核团队，实行风险防控扎口管理。科学运用“机审＋人工审核”工作模式，实现“基本逻辑数据事前审、实质要素事中核、税收风险事后查”，把可能形成的问题预判在先、解决在前。在全面排查风险中发现存在退税疑点企业2户，缴回税款2.11万元。

（三）优化退税流程，把好“两道关”

按照“不断档”“不打烊”“不延迟”工作要求，重塑退税环节工作流程，提高退税效率。在税票开具环节把好纳税人账号、开户行行号等信息“初核关”，确保信息准确无误；在导出退库明细清册环节把好“复核关”，对错误条目进行修正，并将开票的退税户数、金额与省局下发的数据、国库收到的数据进行三方校验，确保退税无遗漏、无多退，显著提升退税准确率，蹄急步稳地推进政策兑现。

党旗猎猎迎风展　众志成城振翅飞

河南省内乡县中医院

2021年，内乡县中医院党支部在委党组正确领导下，坚持以全面学习贯彻习近平新时代中国特色社会主义思想和党的十九大精神为引领，坚持“人民至上、生命至上”的理念，开创性地提出“真中医、医真中”一心为民、精益求精办院方向，重温党的光辉历程，隆重庆祝百年华诞，赓续红色血脉，传承红色基因，在内乡中医事业发展史上谱写“党旗猎猎迎风展，众志成城振翅飞”的革命赞歌。

一、落实责任制，加强领导班子思想建设

加强理论学习，赓续红色血脉。坚持“三会一课”，坚持习近平新时代中国特色社会主义思想和党的十九大精神的学习，不断增强“四个意识”、坚定“四个自信”、做到“两个维护”，通过微信、《云上中医》、新闻头条、宣传栏等形式，弘扬医院精神，加强医院文化建设，切实提高党员职工思想觉悟。坚持结合行业特色的典型学习，坚持党组织在医院工作中的全面领导。

坚持民主集中制，提升科学决策力。严格执行“四个服从”组织的原则，坚持公正、阳光的选人用人导向，遵守党纪国法，坚持“三重一大”集体决策，严守“一把手”末位发言。出台文件、签署合同，法律和经济双把关，提高政治站位，坚守底线意识。

开好民主生活会，改善工作促发展。充分开展批评和自我批评，充分发挥纪检专干作用，全面全程监督检查，坚持红脸出汗，不但勇于自我剖析，更敢于指出发展中存在的问题，甚至通过现象挖掘深层次的私心杂念，永远迎着困难上，绝不绕着矛盾走。7—8月份突出注射疫苗工作，不因人员多、天气热而降低服务标准，为群众搭帐篷、发扇子、送凉茶，苗未到人先到，开门等候，细致做好解释工作，缓解焦躁情绪。支部每天及时巡查，发现服务缺陷，立即整改，从不让问题过夜。支部被市组织部授予“十佳抗疫基层党支部”。经常性认真查找不足，更好认清自我，提升党性修养，守为民之心，担社会大义。

二、健全组织强基础

强化制度提能力。实施“党建目标责任制”，认真落实“一岗双责”，加强支部目标考核、

党员发展、党员评议、党内帮扶、“三会一课”等各项学习制度，加强党支部战斗堡垒作用，产生向心力和凝聚力，形成联系群众的枢纽。

严格党员教育管理，培“根”铸“魂”。坚持“以人民健康为宗旨”，坚持“真中医、医真中”。利用微信群，坚持每天一课自学、每周一课集中学、每月一座谈深入学、每季度一次理论研讨系统学，学出模范典型，学出德艺双馨。

加强干部队伍建设，健全科学正确的选人用人制度，坚持“双带头人”制度，坚持负责人试用期制度，能上能下，坚持谈话和诫勉规定，严格执行聘后管理，把廉洁行医、廉洁政务、坚守医保政策作为“试金石”。磨炼出一批好干部、好医生、好护士、红管家。

三、加强党风廉政建设，营造清风中医、活力中医

常态性开展“以案促改”，坚持党史学习，树立正确价值观。建章立制，坚持公开、审计、多卡口把关，逐个科室检查过关，重点科室、重点岗位、重点人员、重大采购活动等廉政风险点，开展经常性廉政谈话及全程追踪检查相结合，持续传导压力，使大家“不敢腐、不能腐、不想腐，不敢懒、不能懒、不想懒”，真心为民。

四、坚持“真中医、医真中”，一心为民

围绕行风建设、“三好一满意”及公立医院质量提升年活动，中医院党支部开创性提出“真中医、医真中”办院新方向，要求货真价实，充分体现中医的简便验廉，合理检查、合理用药、合理诊疗、合理收费，把“一心为民”和能真正解决百姓疾苦作为终极目标。

五、全面加强党建工作机制建设

坚持中医院党的全面领导，根据医院工作开展的实际设立党小组，让党的领导表现在决策和细节上，彻底融入医院管理之中，确立中医院公立属性和中医主导地位。

六、党的执政能力提升

疫情多点散发和局部聚集性交织叠加、常态诊疗、“二甲”创建、医保支付政策改革、县域医共体建立、中医院整体迁建，艰险、荆棘磨炼着中医院党员的意志，激发了创造力和活力，我们踔厉奋发、笃行不怠，经受考验，去掉浮躁，凝神定气，团结群众，依靠团队，认真研究，有条不紊，一样一样办，一件一件做，信息升级，化解历史债务，积极争取各方支持，对表对标，夜以继日，着力推进医保改革和医共体建设、有序拉开整体迁建的序幕，规范诊疗行为、完善各种制度和医疗文书，顺利完成党和人民安排的各项任务。全年所有经济指标增长50%、“二甲”

评审顺利通过，完成内乡人多年夙愿，为仲景品牌烙上“内乡元素”。

七、百年华诞，强国有我

紧紧围绕党的百年华诞，认真开展“学党史、悟思想、办实事、开新局”活动，创新性开展“我为党徽添光彩”“医心向党，匠心为民”“升国旗，提自信”“缅怀烈士，向党的百年献礼”，发扬“三牛”精神，做人民的好医生等活动，用先烈的斗志、精神感照大家，给内乡中医人注入红色基因，让科室成为红色基地，全院全员全方位得以升华，顺利完成各项任务。南阳市中医药文化宣传教育基地落地内乡，为我县中医药大健康产业的发展奠定坚实基础。

抓党建促发展、抓党建促学风、抓党建促技术进步、抓党建促服务态度改善、抓党建促能力提升、抓党建促文化建设，党的建设是医院发展的“根”和“魂”。党建引领人才建设、学科建设、队伍建设，党建确立正确的办院方向，内乡县中医院2021年扎实的党建工作，引领中医院全面提质升级，发生了跨越式发展。

极不平凡的2021年已经过去，历史如椽巨笔饱蘸墨汁，生逢伟大时代是我们的幸运，建功伟大时代是我们的责任，让我们始终根植于广大人民群众之中，牢牢把握历史主动，紧紧扛牢党的大旗，以洪荒伟力创造内乡中医院美好明天！

“两新”平台牵起税务纵横线 党建引领搭建便民服务桥

国家税务总局阳泉市税务局

阳泉市税务局党委深入贯彻落实国家税务总局新“纵合横通强党建”机制制度体系以及市委“抓党建促基层治理能力专项行动”部署要求，锚定“强化党建共建、推动融合发展、服务社会大局”目标，与市委组织部联合建成山西省首家“新经济组织和新社会组织党建中心”（以下简称“两新”组织党建中心），为“两新”组织更好参与全市经济社会发展搭建全新平台，有效推动党建与税收业务深度融合，创优擦亮阳泉税务党建品牌。

一、依托“六大功能区”促进双向提升强党建

“两新”组织党建中心建筑面积约 2600 平方米，融合了党建活动、宣传展示、人才建设、智慧党建等功能，辐射和覆盖全市 3294 家两新组织、5295 名党员职工，已成为锤炼政治品格的新平台、提升党建理论水平的大讲堂、弘扬红色精神的主阵地，为深化夯实税务党建提供了强力支撑。依托“党性教育展厅”，税务部门党组织与“两新”党组织定期开展党建共建活动，推动“两新”党组织和税务系统广大党员互动共进。依托“社会组织孵化基地”和“非公经济组织红色领航示范服务基地”，税务部门党组织与“两新”党组织联合成立“红色党建联盟”，组织党员参加“双报到”“结对子”，参与基层治理，推动资源共享、阵地共用、活动共办、制度共创。依托“红色理论书吧”，为企业和税务部门党员提供学习、交流平台，定期举办小型读书沙龙、书友会等，实现“共享共赢”目的。依托“红色大讲堂”，不定期组织企业和税务部门党员开展教育培训，引导教育党员不忘初心、牢记使命，开展相关政策培训辅导，推动税收政策直达快享。此外，“六有”党员活动室是阳泉市标准化规范化水平最高的党员活动室，树立了税务党建“标杆”。税务系统各党支部每月组织主题党日活动，定期评选出税务系统和“两新”党组织“三会一课”典型案例进行展示，以示范促规范，以先进带后进，推动税务系统和“两新”组织党组织生活质量共同提高。

二、建立“1+6+N”模式牵起税务党建业务纵贯线

依托“两新”组织党建中心，市税务局建立了选派 1 名党建联络员、确定县区税务局 6 部服务热线、覆盖包括党建部门在内的 N 个内部业务部门的服务模式，在市县两级税务部门搭建

起党建引领、服务“两新”组织的纵贯线。党建联络员入驻中心，负责总体协调党建共建和税收服务事项；各县区税务部门指定专线接收中心指派的任务，协调党建和基层业务部门、办税服务大厅等及时组织党建共建活动、提供相关服务、解决有关问题。中心运行以来，市县两级税务部门与纳税人缴费人组织联合开展学习参观、集体重温入党誓词、交流讨论等党建共建活动 130 余次；帮助纳税人缴费人提供政策服务 1000 余人次；现场解决税收政策问题 130 余个，推送县局解决问题 80 余个，充分发挥了税务部门“纵合横通”的党建优势，为“两新”组织以及广大纳税人缴费人提供了多样化、智能化的党建活动阵地和全新的税费服务方式。

三、完善“5+1”服务机制搭起综合便捷服务横向桥

进一步拓展“两新”组织党建中心服务功能，畅通各部门服务渠道，深度汇集与民生紧密相关的民政、市场监督、人社、工商联等 29 个部门共同搭建服务窗口，采取“5+1”部门轮值制，每周 5 个部门轮值，税务作为 1 个常驻部门，主动加强与各入驻部门的涉税服务联动，推出了办税定制服务、政策精准推送，拓展党建引领纳税服务新模式；联合中心内各部门党组织，整合党建资源和公益资源，成立志愿服务队，不定期开展“为民办实事”实践活动，组织参与扶贫帮困、疫情防控等志愿服务，增强党组织凝聚力；聘请入驻单位代表为税务部门外部监督员，纳入一体化综合监督体系的重要组成部分，有效提升监督水平。同时，充分发挥入驻部门的优势，为“两新”组织提供工商、法律、安全生产等业务咨询，延伸开展低保、医保、法律维权、健康保障以及困难救助等社会化服务，构建起齐心合力抓党建，多方协作优服务的新格局。截至目前，市税务局共为 1099 户快递物流、互联网、物业、律师行业等新经济组织办理留抵退税 5936 万元，办理减免税 2432 万元。

“两新”组织党建中心为税务部门和“两新”组织以及纳税人缴费人提供了开展党建活动的“红色阵地”，有力促进了税务部门自身党建以及税费服务水平的全面提升，实现了党建强、发展强的良好效果，为全市经济发展和社会稳定贡献了税务力量。

纵深推进全面从严治党在基层落地生根

江苏省宿迁市宿豫区财政局

基层党组织是党的工作在基层全面落实的重要保障，是党服务群众的最前沿阵地，是基层工作的重要组织抓手和思想源泉，抓好层党建工作关乎党的基础和根基。宿迁市宿豫区财政局党组作为机关基层党组织，以“抓基层、打基础、强引领、提效能”为抓手，不断夯实基层党建的组织基础和思想基础，进一步提升全体党员的凝聚力、执行力，使局机关在落实党的方针路线政策，推进财政体制创新改革，引领财政各项事业发展上，具备良好的思想能动性和组织协调性，机关工作同党建融合发展取得良好效果。

一、强健基层组织设置，不断完善党的组织根系

高标准、严要求做好局党组和支部建设。一是做到领导到位，健全工作责任机制。明确机关负责人就是党建第一责任人，成立党建工作领导小组，签订责任书，建立“一级抓一级，一级带一级，层层抓落实”的工作制度，形成“党组书记带头抓、班子成员分工抓，党务干部专心抓”的工作格局。二是加强支部建设，做到组织横向到边。针对局机关老干部党员退休后组织松散、活动较少、联络不畅等问题，深入开展“六有一提升”提升工程，重点加强老干部支部建设，使老干部党员既感受组织关怀，又发挥余热才能。三是严格落实制度，规范组织生活开展。按照“五聚焦五落实”要求，规范组织生活开展，常态开展“党员活动日”“三会一课”、组织生活会、民主生活会、民主评议党员等，把组织生活作为常态开展党员教育的主要平台，严格抓、制度化、经常化。

二、深化政治理论教育，不断提升政治思想水平

党的理论具有鲜活性和发展性，只有不断学习，坚持不懈用党的创新理论最新成果武装头脑、指导实践、推动工作，才能深入掌握最新的理论知识，不断增强政治敏锐性，提升思维视野的广度。为此，宿豫区财政局党组大力抓政治理论教育，不断提升基层党组织政治思想水平。首先，把政治理论学习同党史教育结合起来。坚持学党史、悟党性、办实事，用党的奋斗历程和伟大成就鼓舞斗志、明确方向，用党的光荣传统和优良作风坚定信念、凝聚力量，用党的实践创造和历史经验启迪智慧、砥砺品格，把党的历史经验和优秀品质融入财政工作，指导实践。

其次，把政治理论学习同新发展理念结合起来。认真贯彻学习党的十九届五中全会精神，紧扣新发展理念，构建新发展格局，加快推进财政体制改革，培育创新机制，努力提升财政保障水平，防范和化解涉及财政领域的重大风险，以政治引领促进财政高质量发展。

三、发挥政治基层引领，不断拓展基层服务功能

坚持党对各项事业的全面领导，工作开展中时刻牢记政治站位，突出政治担当，围绕中心工作抓落实，突出服务强引领，充分发挥基层党组织的战斗堡垒和党员的先锋模范作用。在多项关键工作中突出先锋作用。实施党建服务基层，形成联建机制。实施机关党建同社区党建联建对接，把机关党建同社区党建相结合，完善党支部、物业、业主“三位一体”管理机制；实施党建助力扶贫，突出深入服务。形成建立支部对接、党员带头的“一对一”结对机制，支部负责村居项目，党员负责家庭走访，真正做到项目扶贫、精准扶贫；实施党建振兴乡村，打造对接平台。充分发挥机关党组织的桥梁连接作用，补齐村居信息短板，积极开展“万企联万村、共走振兴路”活动，开辟企业同村居项目合作的新型振兴道路；实施党建战斗引领，建立先锋队务。疫情期间，党员先锋队演变成志愿队，主动进社区帮助防疫管理，主动进企业，调研企业需求，开展了“五帮五送”“金融助企”等活动，为企业复工复产提供大力支持；实施党建提升服务，强化先锋示范。大力弘扬服务群众理念，营造服务群众氛围，规范服务群众标准，设置机关党员示范岗，形成良好的带动作用。

四、严肃党风廉政建设，不断凝聚正风肃纪良好氛围

推动基层组织全面从严治党是落实忠诚、干净、担当的重要抓手。为此，宿豫区财政局党组高度重视抓党组织的纪律、作风、廉政等问题，始终把党风廉政建设摆在突出位置，抓好“主体责任”，落实好“一岗双责”，完善各项制度；始终把机关作风建设作为重要工作，大力弘扬“三真三实”精神，开展作风建设“七项整治”专项行动，营造踏实肯干、务实担当的良好作风，不断推进强作风、增效能、优服务。

喜迎二十大 奋进新征程 税务蓝闪耀光芒

国家税务总局乌什县税务局

2022年是党的二十大召开之年，也是踏上全面建设社会主义现代化国家、向第二个百年奋斗目标进军新征程的开局之年。近日，国家税务总局乌什县税务局党、团组织开展“喜迎二十大 奋进新征程”系列主题实践活动，展现税务干部在新时代的精神风貌。

一、坚守初心不变，不负使命担当

乌什县税务局党员、团员通过重温入党、入团誓词，回顾党的光辉历程，开展主题演讲比赛等，坚定青年干部们为国聚财为民收税的初心，为实现中华民族伟大复兴的中国梦不懈奋斗的信念，激发青年干部们以新税务新风貌追梦新时代的使命感。

“我们这一代人生逢盛世，在信息化飞速发展的今天，我们多采用信息化方式、“非接触”式服务为纳税人缴费人办理业务。而税务前辈曾步行几十里、骑自行车几百里去收税，不论严寒还是酷暑从不停歇。不论是税务前辈们还是现在的我们，变化的是工作的方式，不变的是我们的初心和使命。”党员干部李澳旗在比赛中说到。重任在身，我们要以实干实绩彰显担当，扎实做好各项税收工作，特别是落实好包括大规模增值税留抵退税政策在内的新的组合式税费支持政策，始终把‘奋斗’二字写在同心筑梦的顽强拼搏里，写在走向复兴的凯歌行进中！

二、坚守初心不变，不负群众信任

“当承时代之任，勇赴基层一线，赓续税务精神，坚守税费收入原则。我们将以实际行动彰显税务人的担当，奔赴在民族复兴的大路上，不忘初心砥砺前行！”一段铿锵有力的宣讲词来自乌什县税务局联合华盛纺织有限责任公司举办的“喜迎二十大 推动党史学习教育再深入”主题党日活动中。

“通过‘我为纳税人缴费人办实事’‘千名干部访万企’等活动，我们公司与税务部门的联系越来越紧密，我们对各项税费优惠政策的了解更快、更准确了。本次的主题党日活动使我对党史有了更全面系统的认识和理解，让我进一步在学思践悟中坚定理想信念，汲取精神力量。”华盛纺织有限公司财务负责人袁静表示。

2022年以来，新的组合式税费支持政策为企业发展提供了强大动能。为加快政策红利直达快享，乌什县税务局通过直播课堂、上门走访、专场培训、税企交流群，征纳互动平台等多种方式为企业提供高效精准服务。乌什县税务局党委书记、局长樊盼东介绍，通过开展各种主题教育，引导广大党员干部赓续红色血脉，不折不扣把各项税费优惠政策落到实处，持续优化办税流程、提升服务质效，助力企业纾困解难，用真抓实干持续提升纳税人满意度和获得感，为地方经济社会的高质量发展蓄能加力。

三、坚守初心不变，不负税辉闪耀

乌什县税务局开展“百年恰风华　奋斗正青春”主题团日活动。此外，还联合乌什县阿合雅铁英村村支部开展以“乡村振兴　青春献力”为主题的团日活动，通过座谈会、入户走访进行惠农助农税费优惠政策宣讲，让各项税费优惠政策落实更加精准，为乡村振兴添动力。

在开展“民族团结一家亲”活动中税务干部组成志愿服务队深入田间地头帮助村民一起抢收核桃。有的拿着长杆打树上的核桃，有的提着桶、拎着口袋捡地上的核桃，有的按照核桃的等级进行分类包装……大家分工有序、齐心协力，顺利帮助3户家中缺乏劳动力的困难村民抢收5吨核桃，帮助6户村民销售核桃5000余公斤。

“你们来得真及时！我刚休完产假回来上班，正想了解一下关于3岁以下婴幼儿照护个人所得税专项附加扣除的政策。”在铁英村小学的教师办公室里，热孜瓦古丽老师满脸笑容地迎接税务干部们。乌什县税务局青年干部结合教师群体实际，向学校老师详细解读子女教育、继续教育等政策，现场辅导教师进行个人所得税综合所得年度汇算清缴操作。

党建引领聚合力 共促中医新发展

四川省邛崃市中医医院

邛崃市中医医院于2007年12月与原邛崃市人民医院、妇幼保健院、骨科医院整合成立“邛崃市医疗中心医院”，2016年7月为推动卫生专项事业发展独立运行。2017年3月，中医医院成立党委，2019年7月从市直机关工委划转市卫健系统党委管理，现有4个党支部，113名党员。近年来，邛崃市中医医院以党建为抓手，将中医四诊融入支部党建工作中，采取“望闻问切”，四位一体推进党建工作与医疗业务、中医药文化建设、精神文明建设同频共振，先后获评国家三级乙等中医医院、四川省脱贫攻坚先进集体、成都市基层医疗卫生服务先进党组织、成都市疫情防控先进基层党组织、县级医院综合能力提升先进单位等。

一、“望”党建大局、织密建强组织体系

（一）规范组织建设

院党委充分发挥领导核心作用，不断巩固党委领导下的院长负责制，实行党委书记与院长分设，完善重大问题议事决策机制，切实发挥党委“把方向、管大局、作决策、保落实”的作用。通过制定医院章程，将党的全面领导融入和内嵌到医疗业务、队伍发展、学科建设、对外合作等医院管理各个环节。印发《党内政治生活制度汇编》《党内规章制度选编》，规范党员教育、党支部工作、党务公开等支部工作流程，促进支部党建业务水平提升。

（二）加强群团建设

党委重视群团组织工作，落实党建带工建、党建带团建、党建带妇建的工作思路，先后成立医院工会、女职工委员会和团委。充分发挥群团组织监督和联系群众的独特优势，对事关职工切身利益的重要事项，决策前通过职工代表大会等方式，广泛听取职工意见建议；举办了职工运动会、书法培训班、摄影培训班、健身培训班等职工文娱活动，凝心聚力促进医院事业发展。呼吸内科荣获“成都市工人先锋号”，董伟主任医师、缪奇祥主任中医师分别荣获“邛崃市三八红旗手”“崃山工匠”光荣称号。医院团委荣获“五四红旗团委”光荣称号。

（三）健全党建考核机制

为进一步提高党建工作质量，促进党建与业务融合发展，医院党委创新工作思路和管理载体，围绕意识形态提升、结对活动的方面，把党建工作逐步融入科室综合管理中，落实落细，抓在

经常、融入日常。并采取考核结果与科室绩效工资、科室年度评先评优挂钩的方式，使党建工作与业务工作结得更紧，抓得更实。建立党建工作联络员制度，在党组织与科室之间起到桥梁纽带作用，为共同开展工作搭建平台。

二、“闻”党员教育、强化党员队伍建设

（一）强化政治引领

建立健全以党委中心组学习为统领，以各基层党组织“三会一课”为支撑，以“学习强国”为载体，线上与线下相结合的学习制度，营造“人人皆学、处处能学、时时可学”的学习环境，形成党委带动、上下联动的学习氛围。组织党员干部先后赴高何红军长征纪念馆、石棉红军强渡大渡河纪念馆、金堂贺麟故居等地进行革命传统教育、理想信念教育，以统一思想，凝聚发展合力。在党史学习教育中，医院充分发挥行业特色，创新宣传和实践形式，通过党委书记讲党课、开展临床科室大走访、学科共建等工作，即将完成党史有声图书馆设置工作，营造党史学习教育浓厚氛围，对内凝聚合力，对外扩大中医药影响，引导医院党员学党史、悟思想、办实事、开新局，推动党史学习教育走深走实。

（二）发挥先锋作用

市中医医院充分调动党员的积极性和创造性，通过党员佩戴党徽上岗“亮身份”，在医院重点岗位设置党员示范岗“亮岗位”，定期分析住院病区党员工作量“亮业绩”的方式，发挥党员的先锋模范作用。76岁的高龄党员、四川省名中医吴一箪主任中医师，以及78岁的高龄党员、四川省名中医林象贤副主任中医师，仍然坚持工作日坐诊。医院年龄最小的党员、29岁研究生罗敏中医师，利用休息时间主动参加医院党建宣传视频的策划和拍摄。“关键时刻党员要冲在疫情防控第一线。”疫情期间医院党委的号召得到了全院党员响应，在职及退休党员自愿报名参与预检分诊。院党委报批成立新冠肺炎邛崃市第三观察点临时党支部，选派高学历、高职称、高年资医务人员30余名参与完成转运、隔离观察任务。

（三）强化人才培养

在人才培养中坚持“党管干部、党管人才”原则，“有意识”发挥党组织作用，“有层次”培育人才梯队，“有系统”运行培养机制，实施以“三培养”为主要内容的“党员人才工程”。注重把业务骨干、学科带头人、优秀青年医务人员等先进分子培养成党员，高标准培养党员6名；把党员培养成医疗、科研、管理骨干，输送到重要岗位锻炼；把党员中的优秀人才培养成技术和管理骨干，选派参加上级医院进修、华西医院MBA管理培训等。医院逐步实施党支部书记“双带头人”培育机制，选拔政治素质高、党性观念强、有奉献精神的学科带头人和学术骨干担任党支部书记，引导党支部把工作重点放在调动和发挥党员在医疗、管理中的先锋模范作用上。每年开展管理人员民主评议，健全完善干部考核评价机制。开办中医经典培训班、中

医适宜技术培训班、名中医学术沙龙等，提升全市中医药专业技术人员业务能力。医院拥有正高级职称 14 人，副高级职称 46 人；博士研究生 3 人（在读 1 人），硕士研究生 32 人。全院在职人员党员占比 26%，管理人员党员占比 44%。

三、“问”服务业绩、促进党建业务融合

（一）优化医疗流程

党员牵头成立优化服务工作领导小组，以项目制协调全院在服务流程方面存在的问题，建立起以患者服务需求为中心的就医模式，现已改善骨伤康复科门诊住院流程、病房单剂量发药、核酸检测一站式服务等 5 个流程。制定《关于进一步深化错时延时服务工作实施方案》，党员带头开放节假日及夜间门诊，医院根据就诊量动态安排检验、放射、药房、收费室等辅助科室，通过微信、自助机、电话方式推行分时段预约诊疗，预约量达 77%，实现错峰就医。

（二）创新医疗模式

医院党委站在推动医院中心工作、服务群众的高度和角度，强化学科建设，培养省市重点中医专科 4 个，2018 年与成都市中医药大学建立医联体，2020 年建立邛崃市中医医院健康管理集团。为眉山药科学院非直管附属医院、四川省人民医院建立远程会诊中心，与四川省肿瘤医院等上级大型医院建立专科联盟，与华西附二院、成都八大处美容医院签订学科共建协议。高质量党建引领业务发展，2019 年医院住院病人 20481 人次，门诊病人 271847 人次，手术台次 1156 台，较 2016 年独立运行之初分别上升 66.51%、39.62%、102.81%。2020 年因疫情影响，业务量与 2019 年基本持平。在业务量大幅上升的同时，医院始终坚持控制医药费用不合理增长，通过成本控制，优化调整收入结构，加强对药品、耗材采购和使用管控，使次均门诊、次均住院费用、药品占医疗费用的比例控制在成都市区县同级同类医院平均水平的 75%左右，为同级综合医院的 60%左右，极大地减轻患者就医经济负担。

（三）履行公立医院职责

医院积极响应市委、市政府及卫生主管部门号召，先后选派 15 名高级职称医务人员长期驻点甘阿凉地区 6 家偏远地区医疗机构开展对口帮扶；组织省市名老中医组成援藏工作组赴九寨沟开展短期集中培训、点位指导等，提升帮扶地区专科能力建设，受到了受援地区地方政府和人民群众的好评及《中国中医药报》、人民网等媒体的广泛关注。与两院区所属社区开展结对共建，共同开展义诊、应急演练等工作。以“中医药六进”为载体，选培优秀讲师在全市推广中医药科普讲座，提升社会健康意识。坚持以党建为引领，全力做好疫情防控工作，成立以党委书记为组长的防治应急领导小组，全面组织医院防控有关工作，统筹协调医疗资源，推动疫情防控工作做实、做深、做细，得到市委、市政府及卫生主管部门的肯定，党员护士长刘虹红荣获成都市抗击新冠肺炎疫情先进个人，医院先后荣获“邛崃市新冠疫情防控先进集体”“邛

峡市最美抗疫先进集体”等奖项。

四、“切”党风廉政、打造良好政治生态

（一）开展各种廉政教育

医院重视党性党风党纪和廉洁从政教育，每季度召开一次党风廉政建设专题会议，把廉政教育学习与党支部集中学习、党员日常学习相结合。通过组织开展典型案例警示教育、观看警示教育片、签订廉洁从业承诺书、谈话提醒、工作提示等方式，切实做好廉政预警防患，突出问题导向、突出责任落实、突出防微杜渐，督促班子成员及科室抓好全面从严治党及医德医风工作。

（二）夯实工作作风

制定《廉政风险防控管理办法（试行）》，开展内部权力运行监控，针对各岗位可能出现的廉政风险问题，全面查找风险点，制定防控措施，每季度对防控措施落实情况进行自查，有针对性地加强教育、完善制度、强化监督。医院重视一岗双责和主体责任，班子成员完善了主体责任和一岗双责清单，明确监管职责，形成了上下贯通、层层负责的工作格局。

（三）开展专项整治活动

按照卫生健康行业领域突出问题专项整治要求，市中医医院重点在制度建设、流程梳理、宣传培训等方面开展了行业专项治理工作，持续加强全院职工依法依规执业意识；以信息化监管系统建设为保障，各部门协同合作，持续优化工作流程；对重点科室、重点药品和耗材异动实现动态监管，完善处方点评和耗材点评，深入推进医疗质量管理，持续规范诊疗行为。

紧扣“四高”标准 争创模范机关

国家税务总局万年县税务局

万年县税务局紧紧围绕习近平总书记提出的“讲政治、守纪律、负责任、有效率”的模范机关创建工作要求，致力于抓好党务、干好税务、做好服务、带好队伍，努力创建让党中央放心、让人民群众满意的模范机关，为服务万年经济建设高质量发展、推进万年税收事业现代化提供坚强政治保障。

一、坚持政治铸魂，高站位打造模范政治机关

（一）强化理论武装

牢固树立税务机关首先是政治机关的意识，始终把学习贯彻习近平新时代中国特色社会主义思想作为首要政治任务，全面落实“四个第一”制度，建立县局党委示范学、中心理论组集中学、党支部组织学、各类培训推动学、青年理论学习小组创新学、党员个人深入学的“六学”机制，切实“建强政治机关，走好第一方阵”。

（二）抓实青年培养

认真落实习近平总书记“传承红色基因，培育时代新人”的指示精神，深入贯彻落实税务系统新进人员“薪火工程”三年培养计划。采用“1+2+10”培养机制，创新打造人生导师和业务老师“双师制”，开展入职仪式、练兵比武、学军建队等“十个一”活动，全方位培养新进青年干部。建强青年理论学习小组，每月开展一次集中学习研讨，组织开展青年论坛、读书沙龙、红色家书分享、主题研学等“赓续红色血脉、兴税强国有我”系列活动，不断夯实青年干部理论根基。

（三）创响党建品牌

依托万年本土红色资源，积极打造“方志敏精神学习社”党建品牌，成立方志敏精神学习社志愿服务队，在疫情防控、文明城市创建、优化营商环境、减税退税等重点工作中发扬了“最艰苦的担子我们挑、最需要的地方我们去、最紧急的关头我们上、最困难的工作我们干”的税务干部突击精神，用实际行动擦亮政治底色。

二、切实履职尽责，高标准打造模范执行机关

（一）全力组织收入，保障预算任务顺利完成

面对疫情防控、经济下行的严峻形势，全县税务系统坚持严纪律、防风险、强管理，着力

统筹处理好“减”与“收”的关系，实现了收入质量稳步提升。一是坚持收入纪律。严格落实“四个坚决”“四个严禁”等组织收入纪律要求，确保组织收入依法依规。二是强化税收分析，深入调研了解全县经济税源状况，及时研判分析税收形势，做到每月税收收入均衡入库。三是抓好税源监控。综合运用税种管理、风险管理等机制，对收入风险较高的行业和税种实施精准监控，坚决防止税收异常增长。

（二）全员齐心协力，推动减税退税直达快享

全县税务系统深入贯彻党中央、国务院实施新的组合式税费支持政策重大决策部署，认真落实县委、县政府及市税务局相关工作要求，全力提速政策落实，加快退税资金“落袋”。一是高位推动退得稳，坚持把落实好新的组合式税费支持政策作为“一把手工程”，第一时间成立留抵退税政策落实工作领导小组及办公室，主要领导靠前指挥、亲自督战，先后 3 次专题听取退税减税工作汇报，主持召开全县系统退税减税工作推进会，确保责任层层压实，真正做到了党中央有部署、县委县政府有要求、县税务局见行动。二是优化服务退得快，以推进征管“五员”管理改革为契机，在办税服务厅设置集中审核岗，减少留抵退税审核环节，切实提高了流转效率。主动加强与财政、人行等部门协作沟通和信息共享，建立健全与财政、人行等部门协调机制，实行即推即审，避免税款在途压占和停滞。三是创新方法退得好，创新推行全流程电子退税，实现退税申请电子化、退税资料无纸化，纳税人从“只跑一次”变成“一次不跑”。四是政策找人退的准，依据税收数据分析，主动筛选符合退税条件的市场主体名单，制作拟退库清册，通过电话、微信视频等方式“点对点”精准辅导，合理引导企业通过“非接触”方式申请退税，让纳税人足不出户对政策红利应知尽知、应享尽享。

（三）全面深化征管改革，助力税收治理能力不断提升

万年县税务局对标对表中办、国办印发的《意见》和省委办、省政府办印发的《实施方案》，聚焦治理能力提升，狠抓任务落实。一是有序推进分类分级管理试点工作。印发《完善纳税人分类分级管理构建“五员”管理体系试点实施方案》，全面落实集中审核审批、管户与管事相结合、健全分类分级管理运行机制等三项重点工作任务。二是深化税收共治格局。主动向县委、县政府沟通汇报，提请成立由县主要领导担任组长的县税收精诚共治工作领导小组，结合我县实际，制定《关于进一步完善税收精诚共治工作协调机制的工作方案》，基本形成“政府领导、财政牵头、税务主责、部门协作、司法保障、社会参与”的税收精诚共治体系。三是优化税收法治建设。深入推进行政执法三项制度，税务执法公示数量共计 6978 条重大执法决定法制审核共计 66 户次；认真落实两批次“首违不罚”清单，探索创新柔性执法，推广非强制性执法方式，2022 年累计已办理首违不罚 189 户次。

三、提升宗旨意识，高质量打造模范服务机关

（一）优服务、强质效，营商环境获得新提升

万年县税务局准确把握推进“双一号工程”，综合运用研发费用加计扣除、留抵退税等，

全力支持数字经济行业发展，持续推进办税缴费便利化改革，进一步“减事项、减证明、减材料、减时间”，努力营造成本最低、效率最高税收营商环境，以“第一等”大作为体现税务成色，彰显铁军本色。一是以活动开展优服务。成立优化营商环境工作领导小组，由分管领导挂点，按照“万名税干访万企”工作要求，积极走访企业329户次，解决企业问题7个。一把手深入体验办事流程，查找痛点、堵点，切实打通政策落实的“最后一公里”。二是以创新措施优服务。在办税服务厅设立审核审批组，减少审核环节，优化办税流程，将平均办税时间压缩至1.31钟，企业开办中涉税事项办理时间压缩至3小时以内。邀请多名人大代表、政协委员、县财政局、工信局、工商联等部门负责人体验留抵退税办理全流程，采取实地参观、办税体验、座谈交流等方式，听取多方建议，整合有利资源，推动政策落地。三是以深化管理优服务。严格落实由领导带班、业务骨干轮值的导税制度，充分发挥宣传、咨询、预审、分流的作用，着力减轻窗口办税压力。实行办税错峰管理，纳税人可通过排队及预约服务子系统，实时查询办税波峰波谷，自主选择办税渠道、场所和时间，实现快捷办税。持续拓展网上办、掌上办、线上办、自助办等“非接触式”服务范围，90%以上涉税事项实现网上办理，全县“非接触式办税”业务量47.43万笔，电子税务局网上申报率达99.81%。

（二）助脱贫、促振兴，挂点帮扶呈现新作为

2013年至2020年，在齐埠乡塘背村、上坊乡上坊村两个扶贫挂点村，派驻2名第一书记和2个脱贫攻坚工作队（共4人）进驻帮扶，2021年，在乡村振兴帮扶点汪家乡坑边村，派驻1名驻村第一书记和1个乡村振兴工作队（共3人）进驻帮扶点，先后为挂点村直接投入和协调解决帮扶资金170余万元。一是强化基层组织建设。推动基层党组织规范化，进一步加强村干部队伍、基本阵地建设，为帮扶村的发展提供坚实的组织保障。二是推进基础设施建设。针对帮扶村基础设施建设滞后等现状，提出“整体推进、基础先行、改善面貌、提升功能”工作思路，助力帮扶村实施道路硬化、改水改厕、河堤护坡等项目，人居环境得到进一步改善，群众幸福感和获得感进一步提升。三是积极落实帮扶政策。对照“两不愁三保障”标准，推动住房、教育、医疗、就业、民政等政策落实落细。

（三）入社区、优服务，服务群众展示新风貌

一是推进社区结对共建。深化“党建+网格+微小事”，组织动员全局130名干部职工到结对共建社区和所在社区报道，要求党员亮明身份、接受监督、认领岗位、开展服务，每月安排两名干部前往共建社区开展“便民接待日”活动。二是助力文明城市创建。为充分发挥党支部战斗堡垒作用，我局以支部为单位组织所在支部党员、非党员和其他工作人员成立“方志敏精神学习社”创文工作志愿者服务队，积极投入到理论政策宣传、环境卫生整治、文明交通劝导等“创文”工作中，全力营造干净整洁、文明有序的宜居环境，为构建和谐美丽万年贡献税务力量。三是全力抗击新冠疫情。4.21万年突发新冠肺炎疫情，我局迅速成立3支42人的方志敏精神学习社抗疫突击队，全力包保万年第一个封控区国泰社区1127户家庭、2760名居民的疫情防控工作。十一期间，县局30余名干部职工主动放弃休假，担当防疫志愿者，积极投身疫情防控工作，累计工作时长超 2000 小时，筑起了一道道税务蓝的“战疫防线”，为社区居民的安全健康保驾护航。

四、持续正风肃纪，高水平打造廉洁模范机关

（一）深化作风建设

落实党委与纪检组专题会商制度，专题研究党风廉政建设工作，切实把党风廉政打造主体责任扛在肩上、抓在手上，推动“两个责任”一体落实。深入开展纪律作风专项整治活动，重点针对非职务违法犯罪、不作为乱作为、造谣诬告三个方面问题，组织全局 212 位干部职工参与自查，进一步筑牢思想防线。

（二）强化纪律规矩

利用纪检干部进支部、主题党日等活动常态化开展警示教育，用好监督执纪“四种形态”，发挥信息助廉、文化助廉、家庭助廉作用。

（三）完善监督体系

持续深化纪检监察体制改革，认真贯彻落实一体化综合监督体系“1+6”配套制度，建立健全科级领导干部廉政档案，聘请 12 位县人大代表和政协委员作为社会监督特约监督员，充分发挥纵向到底、横向到边的监督合力。

党建引领践行使命担当
砥砺奋进谱写高质量发展新篇

重庆市忠县中医医院

为贯彻落实国务院办公厅《关于推动公立医院高质量发展的意见》（国办发〔2021〕18号）和市政府办公厅《关于印发重庆市推动公立医院高质量发展实施方案的通知》（渝府办发〔2022〕5号）精神，按照县委、县政府及县卫生健康委工作安排，忠县中医医院持续加强党的全面领导，推动医院高质量发展，致力实现“三个转变、三个提升”，现就有关工作开展情况总结如下。

一、党建领航、思政铸魂，打造政治坚定工作团队

坚持党的领导，高举习近平新时代中国特色社会主义思想伟大旗帜，抓实抓细意识形态工作，严格落实党章党规，持续深化全面从严治党，践行民主集中制，严守政治纪律和政治规矩，不断增强“四个意识”、坚定“四个自信”、做到“两个维护”，加强党的建设，深化政治理论学习，深入开展党史学习教育，深入学习贯彻党的十九大及十九届历次全会精神，打造政治坚定工作团队，贯彻落实党委领导下院长负责制，推动医院高质量发展。

二、拼搏进取、真抓实干，综合服务能力上新台阶

2021 年是中医院健康路院区全面运行以来的第二年，院领导班子带领全体干部职工紧抓发展机遇，推进医院整体发展，各项工作上台阶。一是就诊环境持续改善。持续优化“一院两区一站”整体布局，业务用房面积增至 26620 平方米，开放床位增至 590 张，持续推进院区绿化项目，建设中医文化浮雕，加强医院内涵建设，新增 10 万元以上设施设备 21 台件，万元以上设备增至近 500 台件，添置便民利民设施设备，医院整体布局、医疗条件和就医环境得到进一步改善。二是医疗业务稳中向好。医疗业务收入 1.86 亿元，同比增幅 18.47%；总收入 2.03 亿元，同比增幅 15.72%；诊疗人次门诊 183866 人次（不包含单纯核酸检测人员），住院患者 17609 人次；患者出入院诊断符合率 98.1%，七日确诊率 99.03%，手术前后诊断符合率 100%，临床与病理诊断符合率 100%，推广新技术 35 项。三是人才培养“数质”双提升。“送出去”进修学习 3 月及以上时间人员 29 人，“请进来”21 名专家实施驻科“1+N”的团队培养，院内 3 个名医传

承工作室开展师承带教 38 名，4 人组队参加重庆马派中医传承定期学习。2021 年全县中医经典《温病学名著》决赛全县前 10 名中我院占 8 位，1 人获聘重庆市中医药文化科普专家，3 人分别获得重庆市先进工作者、重庆好医生、重庆市区县医学“头雁人才”荣誉称号，4 人成功通过副高职称、正高职称评审答辩，过关率 88.89%。四是专科建设稳步拓展。新增设置重症医学科，扩能血透室、肛肠科建成市级重点专科，疼痛科成功申报为市级重点专科，呼吸科成功申报为市级特色专科，现在我院拥有 15 个临床住院病区，15 个职能科室，其中国家级特色专科 1 个，重庆市中西医结合疼痛诊疗中心 1 个，重庆市中医重点专科 3 个，重庆市中医特色专科 3 个（含在建 1 个），县级重点、特色专科 7 个。

三、人民至上、坚守初心，致力提升群众满意度

一是慎终如始抓好疫情防控。2021 年核酸检测 53608 人次，新冠疫苗接种 109474 针剂，诊疗院感防控等培训 20 余场次，应急演练 5 场次，落实落细常态化疫情防控措施，保证了“零发生”“零感染”，守护人民群众健康安全。二是认真践行“我为群众办实事”。深入石子乡、任家镇、新立镇精华社区、敬老院等开展义诊 10 余场次，向新立镇精华社区捐赠 5 万元用于改善办公环境，“先诊疗后付费”结算 1143 人次，开展 65 岁以上老年人、高血压、糖尿病患者免费体检共计 5509 人，规范管理重精患者 102 人，7 岁以下儿童管理 1240 人，适龄妇女“两癌”筛查 310 人，一类疫苗接种 14220 人次，二类疫苗接种 40502 人次。三是信息化建设持续升级上档。各院区信息系统整体正常运转，努力减少故障发生率、降低故障等级和故障持续时间，有效提高了患者对我院信息化服务的满意度，完成 2021 年电子病历系统功能应用水平评级测评工作，达到 3 级标准，实现医院核酸采集系统与市核酸采集系统的平台对接，做到全市共享核酸检测结果，新旧医保平台平稳过渡、无缝衔接，通过政府采购平台购置了 OA 办公系统，即将上线运行。四是持续深化公立医院内涵建设。坚持以精神文明建设为核心，通过抓好院内社会主义精神文明建设，弘扬“讲文明、树新风”，推进医院志愿者服务，组织志愿者参加大党委“扫楼”“扫街”等志愿服务活动，推动各项工作统筹协调和医院全局发展，提升社会各界对我院工作的认可度和满意度。

2022 年是党的二十大召开之年，是实施“十四五”规划关键之年，我院将加强党的全面领导，重点围绕公立医院高质量发展的新体系、新趋势、新效能、新动力、新文化，坚持“党建引领”这一主题，紧扣“高质量发展”这一主线，瞄准“三级中医医院”这一目标，实施服务能力提升、服务质量提升和持续人才培养三大工程，抓好疫情防控、安全生产、深化医改、作风建设、学科建设、科研教学、技术推广、医院宣传、信息化九项工作，提升综合实力，补齐服务短板，提高县域就诊率，稳步提升中医院的管理能力、技术水平和综合服务能力，谱写医院高质量发展的新篇章！

以“纵合横通强党建”机制体系为抓手着力提升党建工作质量

国家税务总局利辛县税务局 陈 冯

一、加强学习，夯实思想根基

为认真贯彻执行《中国共产党党和国家机关基层组织工作条例》，利辛县税务局党委把认真学习领会和全面贯彻落实习近平新时代中国特色社会主义思想作为党委会第一议题，聚焦习近平总书记最新重要讲话精神、党史学习教育、党的十九届五中、六中全会精神、全面从严治党及意识形态等内容，召开专题研究会议，对《条例》的学习贯彻进行组织和部署，着力提升全局党员干部及青年税干的政治意识和理论素养。

从实开展党史学习教育，精心部署抓落实建立党史学习教育工作行事历，细化分解工作任务。及时为387名党员配齐党史学习4本必读书籍。多种形式抓学习，利用党委会、中心组集体学习会进行领学、导学；自开展党史学习以来，举办党史学习教育专题辅导班2期，赴红色教育基地举办为期5天的党史学习教育培训班，共计覆盖400多人次参与学习，组织人员集中开展线下党史知识竞赛399人次，召开“学党史忆税史话初心谋服务”座谈会，30名老、中、青三代税务人围绕学习党史谈心得体会，组织党员干部参观百年党史图片展、重温入党誓词等活动，开展红色经典诵读、红歌演唱等庆祝建党101周年系列文体活动，激发干部的爱党爱国爱岗的热情。

二、把握重点，紧抓党建工作

注重党务干部队伍建设。每年分两期到红色基地革命老区对“两优一先”者开展党性教育培训班，在本县聘请党校教授、县直工委等单位的优秀老师为全体党员上党课、开展党务知识培训，宣传党的最新政治理论思想、党建工作经验做法等，加强党员思想建设，不断提升党务工作者的能力和水平。

增强与地方良性互动。经常性向地方政府、组织部、宣传部、工委等部门走访汇报各项工作开展情况，高度配合各单位安排布置的各项工作，积极争先创优，各项工作成绩优异，年度综合目标考核成绩靠前。与社区开展结对共建，积极配合乡村振兴，选派6名税务干部到行政村任职，开展党史宣讲、走访慰问、爱心捐赠等活动。2021年，扶贫干部魏秀侠同志先后获得“安徽省脱贫攻坚先进个人”“亳州市三大攻坚战先进个人”，2021年3月份，全县党建工作现场观摩会在我局召开，观摩交流我局党建工作经验。

党建引领，切实为纳税人缴费人办实事。党委班子、支部书记定期走访纳税人，宣传税费优惠政策，为企业纾困解难，全力做好信访工作，积极解决事关人民群众切身利益的信访问题，到定点帮扶村开展“学雷锋”植绿护绿志愿服务活动，开展“办实事 便民春风进万家”实践活动，看望敬老院老人，深入企业了解生产经营情况，助力企业发展。2021 年，于秀娟同志分别获得亳州市优秀青年志愿者、安徽省文明家庭荣誉。

三、从细从严，明确分工，提高政治引领

加强基层党支部建设。强化支部组织建设和战斗力，发挥支委会在各项工作中的政治引领作用。为便于退离休党员开展组织生活，将原两个退离休支部扩为三个支部，按程序完成了 18 个支部的换届选举工作，做到了党组织设置全覆盖，按期换届，班子健全，分工明确。规范支部组织生活。定期下发各支部党建工作提示单，督促指导各支部严格落实“三会一课”、主题党日、书记上党课制度，扎实开展民主评议党员活动。

健全和执行党内监督制度，充分发挥机关党组织的监督职能。严格按照《党章》和《中国共产党党内监督条例》的有关规定，采取积极有效的措施，不断健全和执行党内监督制度，对重要的节点，如干部的婚丧喜庆事宜、子女上学等都下发严禁公款吃请、铺张浪费、公款旅游、公车私用的通知，进行监督检查，并将结果通报。坚持双重组织生活制度，在党史学习教育的各阶段、各环节，各支委会、党员大会、党课的次数较往年增多，且各支部广泛开展了民主评议党员的活动，局党委成员都以党员的身份参加了各支部民主生活会，有力地提升党建工作质量。

树党建品牌 担使命前行 为生命站岗

广西南宁市第四人民医院党委

第四人民医院党委坚决贯彻落实新时代党的建设总要求，以“全面加强公立医院党的建设”为主线，突出党建文化和党建品牌建设，不断汇聚公立医院党建与业务互融互促、同频共振的强大合力，推动医院发展全面进步、提质增效。

一、坚持党建引领，打造文化品牌

医院党委在党建文化建设方面，始终聚焦“三个强化”。

一是强化特色文化体系建设，塑造品牌形象。坚持走党建引领、文化先行的发展道路，有计划有步骤实施“文化强院”战略。建立以“为生命站岗”为核心价值观的特色文化体系，坚持“党建促发展、发展强党建”工作思路，推出“七彩党建”工作模式，让党建工作有抓手、有措施、有目标，有效促进党建引领业务稳步发展。

二是强化支部建设，打造支部品牌。按照“支部建在科室上”的原则，将8个支部改设为23个支部。稳步推行每周党建查房、每月支部“双随机”考核，全面落实支部委员绩效。在“七彩党建”品牌一体化推动下，党支部品牌创建做到“有名称、有标识、有主题、有举措、有活动”，实现“一支部一品牌”全覆盖。

三是强化阵地建设，创建人文医院。在建设党建文化长廊、杜丽群劳模工作室基础上，2021年升级打造“为生命站岗”主题党建文化园，形成室外“一区两廊四广场”、室内“一厅一馆”新模式。积极塑造“书香医院”新形象，成立“玉兰花香”读书会，出版发行《为生命站岗》《医路长行》等6本文化成果书籍，《医路长行》入选2020年自治区党委宣传部思政读书推荐书目、2021年首届“中国医学人文好书”上榜图书。同时，积极实施民生工程危旧房改住房改造项目，建造花园式休闲活动区、杏林休闲吧、儿童乐园，设置“红丝带之家”、便民接送服务车，开设婴儿游泳馆和孕产妇瑜伽班，荣获全国“人文爱心医院”称号。免费举办职工子女暑期托管班和夏令营活动，推行女职工哺乳假可延长至孩子满一周岁的照顾政策，全面增强了职工职业获得感。

二、坚持自身特点，培育先模品牌

党委把建强战斗堡垒、树立先锋模范人物、培育先模品牌作为党建文化建设的切入点和突破点。

一是注重建强战斗堡垒。一以贯之把党的政治建设摆在首位，持续完善基层党组织建设。作为新冠肺炎患者救治定点医院，全院上下同心聚力“一盘棋”，领导班子率先垂范、党员干部冲锋在前，医护人员日夜坚守隔离病房，12 人在战“疫”一线“火线入党”，成为抗击疫情生力军、先锋队，共同筑牢防控救治“红色堡垒”。医院党委荣获全国先进基层党组织、全国抗击新冠肺炎疫情先进集体、全国五一劳动奖状、广西三八红旗集体等荣誉。

二是注重全面选树典型。从临床护理、医疗和行政三个层面着手，先后培育选树了杜丽群、邓建宁和杨修凯 3 名党员先进典型。杜丽群荣获新中国成立 70 年最美奋斗者等 50 多项荣誉。在抗击新冠肺炎疫情中，选树林艳荣、韦彩云、刘升、韦善求等一批党员先进典型。一批党员获得广西三八红旗手标兵、自治区优秀共产党员等个人荣誉，学先进争先进蔚然成风。

三是注重广泛宣传推介。牢牢把握宣传主阵地，医院党委坚持将典型选树、培养、宣传一体化统筹推进，召开医院文化建设及先进典型宣传研讨会，邀请作家驻点一线撰写大量感人、真实的事迹、文学作品，高密度宣传报道和开展深入基层宣讲，抓好宣传重点热点亮点，营造学习先模浓厚氛围。

三、牢记使命担当，筑起技术品牌

始终坚持为党育人，牢记传染病医院的使命和担当，努力提升医院综合实力。

一是实施综合发展战略。全方位打造区域医疗中心，设立王福生院士工作站、廖万清院士工作站等 6 个专家工作站，一批国内知名专家受邀为外聘专家，广西博士后创新实践基地成功落户，医疗、教学、科研水平持续提升，南宁市等地区的传染病诊疗、康复和健康管理等需求得到有效解决。

二是贯彻科技兴院方针。积极构建自治区、市、院三级学科建设体系，感染性疾病科获自治区级重点临床专科，艾滋病科、结核病科、传染病护理科获南宁市特色专科，1 项科研成果荣获广西科技进步二等奖，实现市属医疗机构该奖项零的突破。

三是落实人才强院举措。制定出台人才激励政策，近十年先后引进副高以上高级职称人才 17 人、博士 4 人，培养博士 5 人、硕士生 12 人，接收硕士毕业生 48 人。定期选派业务骨干到国内知名医院和国外研究机构进修学习，培育一批忠于传染病防控事业、坚守传染病临床一线的医疗卫生战线“特种兵”。

创新红色＋绿色文化供给打好污染防治攻坚战

山东省青岛市生态环境局即墨分局

生态文明建设是关系中华民族永续发展的根本大计，也是关系民生的重大社会问题。为打赢打好污染防治攻坚战，青岛市生态环境局即墨分局严守生态环境底线，持续深化党建引领作用，在学思悟践中提神振气，强化生态保护责任担当，将党的建设与业务工作深度融合，积极推进全局工作全面发展。

一、深学细悟、打牢根基，推动学习入脑入心

青岛市生态环境局即墨分局始终坚持“基础在学习，目的在教育”的原则，把开展党史学习教育作为一项重大政治任务摆到突出位置，强化政治担当，抓好谋划部署。2021 年 4 月 19 日至 23 日，青岛市生态环境局即墨分局举办党史学习教育专题学习班，坚持潜心自学与集中学习、参观见学与现场感悟、分组讨论与集中交流、党史学习与党性教育相结合，推动深学深读、精学精研、入脑入心。通过采取“三会一课”、主题党日等形式，结合实际深入学习交流，推动学习常态化、制度化。

青岛市生态环境局即墨分局先后召开 6 次理论学习中心组专题学习、1 次研讨交流、4 次专题宣讲、6 次主题党日活动，着力在提高政治能力、强化政治担当上见实效，在坚守初心使命、办好民生实事上见实效，在深化改革创新、持续攻坚克难上见实效。

二、用好资源、讲好故事，厚植爱党爱国情怀

青岛市生态环境局即墨分局坚持在全局营造知史爱党、知史爱国的浓厚氛围，围绕庆祝建党 100 周年主题主线，开展建党 100 周年“七一”专题党课活动，发挥优势，集聚合力，创新红色＋绿色的文化供给。青岛市生态环境局即墨分局充分利用即墨区红色场地资源，开展红色主题党日活动。

用“红色”党史推动绿色发展，用绿色发展检验“红色”教育成果。通过多种多样的宣传形式，不断地稳固架起环保工作与人民群众之间的“连心桥”，教育内容丰富多样、让公众参更加积极地参与到绿色创建活动中来，为打好污染防治攻坚战奠定坚实的基础。

三、以学促干、深入融合，推动成果有效转化

良好生态环境是最普惠的民生福祉。青岛市生态环境局即墨分局始终把“我为群众办实事”实践活动作为工作的出发点和落脚点，坚持生态惠民、生态利民、生态为民，重点解决事关群众健康的突出环境问题，不断满足人民日益增长的优美生态环境需要。由于即墨区工业企业众多、小微企业聚集，探索试点环评打捆审批是即墨生态环境分局深化“放管服”改革的一项有力举措。6 月 16 日，山东省首个“打捆审批”项目在即墨落地落实，进一步提高环评审批效率，减轻企业负担、激发企业活力。此外，即墨区还组织召开凹版印刷企业挥发性有机物深度治理资金补助工作推进会议，制定《青岛市即墨区凹版印刷企业挥发性有机物深度治理项目补助资金管理办法》，安排执法人员深入企业一线，主动开展帮扶指导，持续抓好工业企业挥发性有机物治理工作，确保夏秋季臭氧污染管控工作取得实效。

据介绍，青岛市生态环境局即墨分局还组织全体党员干部，分别组成 23 个包村小组和 2 支志愿服务队，深入龙山街道办事处 23 个网格村庄、通济新经济区 2 个社区开展各项特色活动和志愿服务活动，向社区居民普及生态环境保护知识，听取居民反映的环境问题和意见建议，呼吁大家积极参与到环境保护中来。

青岛市生态环境局即墨分局相关负责人表示，要保持加强生态文明建设的战略定力，坚定不移走生态优先、绿色发展之路，将进一步加强支部的学习教育，提高各党支部自主学习能力和自我解决问题的能力，提高工作的有效性，推动全区环保事业健康有序发展。

厚德温万物 仁爱暖万家

四川省彭州市人民医院

彭州市人民医院以习近平新时代中国特色社会主义思想为指导，打造“厚德温万物，仁爱暖万家”党建品牌，通过“厚德仁爱，博学精术”彭医文化的深入挖掘，树立彭医人的文化自信，传承“敬业、务实、团结、创新”的彭医精神，让彭医文化内化于心，外化于行，汇集彭医人的集体智慧和力量，建有温度的医院，做有磁性的人，实现职工和患者“双满意”；引导全院党员干部和职工群众，勠力同心，奋楫笃行，紧握奋进之桨，高扬奋进之帆，不忘初心，砥砺前行，建人民满意医院，促进医院高质量发展，当好人民群众健康守护神。

一、党建引领物质文化建设，倾力创建智慧医院，让患者来院更省心

“厚德载物”的彭医文化，在新的历史时期赋予彭医人新的内涵，首先体现在医疗服务智能、智慧的方方面面。院党委以“厚德温万物，仁爱暖万家”党建品牌创建引领智慧医院建设，让患者来院更省心。

彭州市人民医院聚焦智慧医疗，着眼于患者来院就医方便快捷，从手机预约挂号看病缴费、诊间支付、智慧药房、智慧病房，到后勤一站式服务模式、多模态人机交互系统、桌面云……全方位改善患者的就医体验。医院不仅实现了上级城市医院远程会诊、院内三家医院内部会诊，还与 22 家乡镇医疗机构已实现院外会诊，让患者切实体验到更多的方便快捷，觉得看病就医特别省心。

彭州市人民医院智慧医院建设，智慧药房先行。高峰时段，患者取药平均等候时间从 30 分钟以上缩短至 7 分钟，有效提升了患者就医体验。医院潜心打造一体化手术室，使手术室从信息化向智能化转变，使手术定位更加准确，减少创伤，降低感染发生率，优化手术流程。其中，多模态人机交互系统在 2018 年智慧医疗创新大赛中获得一等奖。

彭州市人民医院采用新一代智能协同云，实现无纸化、移动化办公，不管是硬件更换成本、电费支出，还是人力资源投入，大幅度降低了运营成本，提高了工作效率和响应及时性。

二、党建引领精神文化建设，高度重视人文关怀，让患者来院更暖心

“厚德载物”的彭医文化，在医疗这个特殊的环境赋予特殊的内涵，关键在于人文关怀，体现在关心人、爱护人、尊重人等多个维度，院党委打造“厚德温万物，仁爱暖万家”党建品牌，

倍加重视人文关怀，让患者来院更暖心。

彭州市人民医院在人文关怀方面，特别重视患者的医疗服务细节。所谓“三分治疗，七分护理”。临床各护理单元相继推出一些小发明，利用身边的小物品，对一些常规的医护环节进行加工改造，诸如改良患者服、氧气收纳袋、预防压疮小棉垫、引流袋背包等小发明，不仅提高了医护人员的工作效率，也使患者感觉更加人性暖心。

彭州市人民医院内分泌科、康复科、骨科等科室通过建立康复之家、糖友会、肾友会等方式，与患者建立了亲密、温馨的充满温度的医患关系。

彭州市人民产科实行一体化服务，增设收费窗口，增加采血地点，提供产妇营养门诊、助产士门诊，多措并举，保障孕妇身心健康；儿科打造家化病区，对儿科候诊区进行童趣化装修，增设游乐设施等为生病的孩子提供家庭式服务，妇女儿童来院如同回家一般亲切温暖。

彭州市人民三个院区内分别增设便民店、营养餐厅、妈咪宝贝屋等，给患者和家属提供多元化服务，处处都充满着满满的情浓浓的爱。

三、党建引领制度文化建设，高度关注医疗质量内涵，让患者来院更放心

“博学精术”的彭医文化，体现在医院内涵建设方方面面。院党委以“厚德温万物，仁爱暖万家”党建品牌创建引领医院内涵建设，高度重视医疗质量与安全管理制度的完善落实，持续优化医疗流程，在实践中不断完善改进措施，强化监管考核。

彭州市人民医院通过医疗质量与安全管理月评价机制，重点部门和关键环节巡查机制，各专业科室、科室主任、执业医师质量积分机制，不良事件追踪分析机制等管控措施，保证《医疗质量与安全管理核心制度》《医院感染管理制度》等核心制度有效落实；通过全员参与质量管理体系的有效运转，质量安全观念得以深入人心，质量安全文化氛围已经形成，2018 年医院获得成都市“安全文化示范医院”称号。

彭州市人民医院通过了胸痛中心、卒中中心、中毒中心、创伤中心、心衰中心等五大中心建设，定期院内联合查房等 MDT 诊疗模式的探索，有效规范诊疗行为，强化了质量安全管理。

彭州市人民医院通过监管诊疗计划的“四合理、七吻合”，促进诊疗行为的合理规范；通过推进临床路径、单病种管理，临床路径管理的病种由 2018 年的 103 个扩展到 2020 年的 220 个，覆盖全部临床科室的常见病种；纳入临床路径管理的病例数占出院人数的比值由 2019 年初的 25.2%上升至 55%左右，患者来院应医更放心。

四、党建引领行为文化建设，全面提升医院专科实力，让患者来院更安心

“博学精术”的彭医文化，体现在医院各个专科实力的上等升级。院党委以“厚德温万物，仁爱暖万家”党建品牌引领业务发展，格外重视学习型、研究型和创新型医院战略的落地落实，提升专科实力。

彭州市人民医院依靠科技兴院、人才强院，狠抓人才队伍建设。医院1300多名职工中有高级职称175人、中级职称467人，博（硕）士86人，新引进学科带头人及技术骨干50余人，通过选拔组建一批优秀的内训师团队，承担医院及科室的优质服务工作的管理及培训任务，把医院服务愿景、服务理念更好落实到临床一线，全面提升全院职工的服务意识与服务技能，改善患者的就医体验。

彭州市人民医院对全院各专业科室统筹布局，引导各专业科室根据自身的基础和实力，瞄准本专业发展前沿，选择那些和专科发展趋势相一致，能带动整个科室发展，能出大成果的研究方向为主攻方向，制定一个长期稳定的发展规划，在重点专科的带动下，各科室协调互动，形成各具特色的专科群，使全院的专业科室形成合力，推动各专业科室稳定、快速发展。

彭州市人民医院妇产科和骨科率先在2017年、2018年创建成为四川省医学重点专科。2019年，呼吸与重症医学科、心血管内科、消化内科、老年医学科、肝胆胰外科、神经外科、重症医学科、急诊科等临床科室相继创建成为彭州市医学重点专科，2020年呼吸与危重医学科和中医科成为成都市医学重点专科。医院专业实力的快速提升，让患者来院更安心。

五、党建引领医院特色亮点，推进医疗养老服务深度融合，让患者来院更称心

医院打造“厚德温万物，仁爱暖万家”党建品牌，高度重视构建养老、孝老、敬老政策体系和社会环境，推进医养规整合，倾力打造“老有所养、老有所依、老有所乐、老有所安”的医疗养老环境，让患者来院更称心。

彭州市人民医院2018年打造的集医疗功能和养老服务于一体的祥福照护中心将医疗服务、养老服务、慢病监管、家庭生活融合到一起，确保老人在这里享受到高品质的养老生活。祥福照护中心由医疗区、养老区和园林区组成，条件优越、环境宜人，医疗区按老年病医院打造，设有老年医学科、康复科、中西医结合病房等，还设有内外门诊、妇科门诊、康复门诊等临床科室；养老区有养老床位280张，并分为失能区、半失能区和完全自理区，均配备了医术精湛的医护人员及经验丰富的养老服务人员。医院祥福照护中心智慧养老项目——“基于无线感知的老人健康监护”，利用全球领先的生物雷达探测技术以及相位分析技术，在给老人提供日常行踪监测的同时，不会暴露老人隐私。同时，老人在不需要佩戴任何监测设备的情况下，就能实现精准监测呼吸、心率，判断老人是否在床或离床监护，以及监测数据异常报警等，保障了老人的安全，同时方便了护理人员的管理。

医院祥福照护中心被评为“2018年四川最佳康养目的地”“最佳服务养老机构”“2019年中国医养结合十大品牌”“2019.3.15口碑榜社会责任企业”“2020年四川医养融合创新服务示范单位”“2020抗击新冠肺炎疫情先进养老机构”。

不忘初心，方得始终。彭州市人民医院党委“厚德温万物，仁爱暖万家”党建品牌建设，紧紧围绕彭州市百万城乡居民的获得感、幸福感和安全感，狠抓物质文化、精神文化、制度文化、行为文化、特色品牌建设，坚持以病人为中心，不断提高病人的信任度和忠诚度，竭尽全力为病人提供诚信优质服务，扎实推进健康彭州战略目标，锐意进取，开拓创新，不断提升医院的综合实力和社会影响力，2020 年以优异的成绩通过国家三级甲等综合医院评审，“厚德仁爱，博学精术”的彭医文化得以升华，并将在“十四五”新的征程中发扬光大。

喜迎二十大 树税廉清风

——国家税务总局嘉荫县税务局家庭助廉活动正在进行时

国家税务总局嘉荫县税务局

在二十大即将召开之际，为充分发挥家庭在一体推进“不敢腐、不能腐、不想腐”机制建设中的特殊作用，进一步教育和引导全体党员干部和干部家属弘扬廉政文化、筑牢“不想腐”的思想堤坝、永葆清廉本色，嘉荫县税务局党总支积极统筹谋划，精心部署开展了以“同树税廉清风、共筑廉洁防线”为主题的“家庭助廉”系列活动。

一、清风寄语，家书话廉

向异地交流任职的领导干部家属及近3年入职的青年干部家属发放廉政家书共计15份。在有力推进嘉荫县税务局廉洁文化进家庭、筑牢党员干部家庭拒腐防变防线的同时，也充分发挥了党员干部家属在党风廉政建设中的特殊作用，持续营造出嘉荫税务局优良党风、勤廉作风、纯正家风的良好氛围。党委书记、局长高辉在写给异地交流任职的领导干部家属家书中感谢家属对嘉荫县税务局工作的大力支持，并鼓励家属坚持不懈的发挥春风化雨般的助廉亲情和潜移默化的守廉影响，做好廉洁齐家的支持者与参与者。党委委员、副局长、第一党支部书记金国栋在写给新任职干部的家书中倡议：用亲情共筑家庭廉洁防线，争做廉洁家庭建设模范，打造清廉文明、温馨和谐的幸福港湾。

二、细雨润心，家访讲廉

进一步完善廉政家访制度，加大监督力度，以廉政家访架起“连心桥”，筑牢拒腐防变的“双重防线”。党委书记、各支部书记主动“进家门、见家人、访家情；话家常、讲廉政、问冷暖”悉心听取基层干部所思所盼所需，送去组织关怀，叮嘱家属常吹“廉政风”，当好“贤内助”。通过这种面对面拉家常式的交流，以了解促理解，以理解换支持，有效促进家庭和睦，让受访干部及家属在感受到组织温暖的同时，增强自觉接受监督、抓好家教家风的责任感，为廉政家访注入温情。

三、警钟长鸣，家属议廉

嘉荫县税务局党委班子邀请新任职中层干部家属莅临办公楼参观，并与新任职干部一同参加座谈会。会上集中观看了《远离家庭腐败》警示教育片，通过真实的案例教育引导和激励税务干部及家属知廉、守廉、助廉，进一步增强税务家属的监督意识、廉洁意识。党委委员、副局长刘广亮代表党委班子倡议："通过这次家庭助廉活动，要逐步建立"父母教育儿女、儿女提醒父母、妻子警示丈夫、丈夫引导妻子"的家庭廉洁教育机制，形成"防微杜渐于外，清正廉洁于内"的和谐家庭理念，为每一个税务干部营造一个健康、安全、和睦的港湾，为税务事业提供一个和谐健康发展的平台。"

嘉荫县税务局以此次喜迎二十大，树税廉清风活动为契机，全面提高家庭成员廉洁自律意识和廉政监督意识，引导带动家庭深入开展廉政教育，有效发挥家庭在党风廉政建设中的特殊监督作用列入党风廉政建设工作重点，以铁的纪律迎接党的二十大胜利召开。

党史学习教育氛围浓亮点多

广东省惠东县人力资源和社会保障局

为深入贯彻落实党中央关于在全党开展党史学习教育的安排部署和习近平总书记在党史学习教育动员大会上的重要讲话精神，切实做到学史明理、学史增信、学史崇德、学史力行，引导广大党员干部学党史、悟思想、办实事、开新局，惠东县人社局党组牢牢把握党史学习教育重点和具体工作要求，多点发力、多措并举，营造浓厚学习氛围，扎实推动党史学习教育有力有序开展。

一、提高政治站位，迅速动员部署

自开展党史学习教育工作以来，我局党组提高政治站位，深刻领会党史学习教育工作重大意义，第一时间组织召开惠东县人社局党史学习教育动员部署大会，成立以局党组书记为组长的党史学习教育领导小组，明确责任领导和责任人，制定实施方案，确保全局上下在思想上、政治上、行动上同以习近平同志为核心的党中央保持高度一致，真正做到“感党恩、听党话、跟党走”，推进党史学习教育起好步。

二、多措并举，丰富学习形式

我局坚持集中学习和个人自学的原则，采取党史知识竞赛、征文活动、“党史学习心得我来写”、收听收看专题辅导课、专题培训班等多种方式灵活学习，确保党史学习教育更加生动、更加有效。

一是把党史学习教育作为党组理论学习中心组学习的重点内容，制定集中学习教育计划，精心组织实施，开展集中学习 8 次。同时，把学习党史、新中国史、改革开放史、社会主义发展史等内容作为党员领导干部的必修课，培养历史眼光，做到知史爱党、知史爱国。

二是各种专题学习会议，包括党组织书记专题课堂、党支部专题学习、股室（单位）集中学习等专题会议，确保学习教育全覆盖。

三是多次邀请专家授课。2021 年 5 月 14 日下午，邀请党校讲师林金生为我局开展党史学习教育宣讲活动。7 月 21 日上午，惠东县人社局召开学习贯彻习近平总书记“七一”重要讲话精神专题培训班。此次培训班邀请了县委党校讲师、党史教育宣讲团讲师刘宇琴为我局全体党员干部进行授课。7 月 29 日上午，惠东县人社局机关党委组织收听收看学习贯彻习近平总书记“七一”重要讲话精神专题宣讲报告会。

四是开展党史征文活动、党史知识竞赛。2021 年 6 月 21—25 日期间，局机关党委开展“党在我心中”主题征文活动。6 月 25 日下午，我局机关党委组织各党支部开展“党史知识竞赛”。

五是开展主题党日活动。2021 年 7 月 22—23 日，惠东县人社局机关第一党支部、第二党支部、离退休党支部联合到高潭东江干部学院开展党史学习教育主题党日活动。7 月 30 日，就业中心党支部到罗浮山东江纵队纪念馆开展主题党日活动。

六是开展党史学习书籍“送书上门”活动。2021 年 6 月 9 日上午，我局党员志愿者深入离退休党支部开展党史学习书籍“送书上门”活动，让行动不方便的高龄党员也有机会阅读和重温党史。

七是积极开展“融媒课堂”。2021 年 4 月 30 日下午，组织机关党委党员干部观看党史题材电影《郭富山》。7 月 1 日上午，我局组织局机关各股（室、大队）中层以上干部在局机关 8 楼会议室集中收听收看习近平总书记在庆祝中国共产党成立 100 周年大会上重要讲话直播实况。7 月 30 日下午，组织党员干部职工到弘诚影院观看党史题材电影《革命者》。

八是撰写党史学习心得体会。2021 年 6—9 月，组织全体干部职工，每月书写一句自己的党史学习体会，心得体会以便利贴的形式粘贴在局机关大楼四楼的宣传栏，每月更新。同时，要求每位党员将自己的党史心得体会写入《党史学习教育笔记本》。

三、科学统筹，高标准组织推进

为各党支部发放《论中国共产党历史》《毛泽东邓小平江泽民胡锦涛关于中国共产党历史论述摘编》《习近平新时代中国特色社会主义思想学习问答》《中国共产党简史》等党史学习书籍。通过指导各党支部开展主题党日活动等形式，深刻领会党的奋斗历程和伟大成就，用党的光荣传统和优良作风坚定信念、凝聚力量，各党支部组织开展集中学习累计 20 余次。同时，做好“庆祝中国共产党成立 100 周年”活动宣传，为党史教育开展营造良好舆论氛围。

四、注重转化成果，确保党史学习教育取得实效

积极开展“我为群众办实事”实践活动，积极谋划各类与群众切身利益相关的办实事项目 18 件，切实为群众办实事、办好事、办身边事，不断提升人民群众的获得感、幸福感、安全感。其中，2021 年 4 月 28 日至 5 月 14 日期间，我局开展积极“服务企业大走访活动”，由局党组领导分组带队上门走访各镇（街道、度假区、旅游区）企业，全面了解企业的基本情况、经营状况，详细了解企业用工缺口，倾听企业的需求诉求等情况，协调帮助解决企业遇到的困难和问题，向企业宣传解读我县与望谟县对接帮扶政策，积极为我县企业牵线引荐望谟县外出劳动力，牵线搭桥做好两地劳务协作服务工作。

坚持党建引领 奏响高质量发展主旋律

湖北省宜昌市农业农村局

近年来，宜昌市农业农村局坚持以党建工作为引领，守初心、担使命，从围绕中心、服务“三农”着手，以党建带队伍，以队伍促业务，实现了党建与农业农村工作同频共振、相向而行，互促互进、齐头并进，为宜昌“干在实处，走在前列，当好引擎，争当表率”全面赋能。

宜昌实施乡村振兴战略实绩考核2019年位居全省市州第一、村庄清洁“六定工作法”2020年获省农业农村厅肯定并在全省推介、市农业综合执法支队2020年被认定为第一批全国农业综合行政执法示范窗口、市渔政监察支队荣膺中国渔政亮剑2020年系列专项执法行动先进集体、市农科院微生物所获评2021年度全国城乡妇女岗位建功先进集体……一张张奖状、一项项殊荣、一句句褒奖，是该局党组坚持党建引领，奏响农业农村工作高质量发展主旋律的生动写照！

一、建强红色堡垒，打造过硬队伍

该局党组以习近平新时代中国特色社会主义思想为指导，高质量推动农业农村系统基层党的建设，不断提升党建规范化、科学化水平，为乡村振兴战略实施提供强有力的政治保障。充分利用党组理论学习中心组学习会、“三会一课”、主题党日活动等形式强化理论武装，不断提升党员干部队伍政治理论素质，切实增强“四个意识”、坚定“四个自信”、做到“两个维护”。

突出政治引领，不断强化政治建设。局党组结合实际抓理论学习，把习近平新时代中国特色社会主义思想、党的十九大精神等作为学习重点，并开展交流讨论。坚持理论联系实际的马克思主义学风，紧密结合改革发展稳定等各方面工作，以新理念、新思想、新战略指导实践、推进工作。严肃党内政治生活，从严落实“三会一课”、谈心谈话等制度，提高党内组织生活质量，增强党员组织观念。丰富党内活动，采取多种形式，加强社会主义先进政治文化教育，增强党员干部的文化自觉和文化自信。

抓实党建规范化建设，筑强战斗堡垒。该局党组把党建工作列入重要议事日程，坚持和中心工作同谋划、同部署，同落实、同考核。党组书记带头讲党课，各级党员领导干部均在分管单位和领域讲授党课，仅2020年局系统领导干部就讲党课共46场次，听课人员达1000多人次。

改进工作作风，密切党群干群关系。该局党组以巡察整改为契机，抓好党员干部作风转变。对照巡察反馈问题，各基层党组织主动作为，积极建立问题整改清单，明确整改措施、整改时限，以最好的态度、最快的行动、最严的纪律推进巡察整改任务落实。针对巡察反映出的问题，局党组问责、处分党员干部职工 32 人次，帮助党员干部做到心有所畏、言有所戒、行有所止，做讲规矩、懂规矩、守规矩的表率。

二、高扬红色旗帜，倾力履职尽责

把支部建在农业项目上、建在农业产业发展上、建在农民群众脱贫攻坚道路上，宜昌市农业农村局党组延伸党建触角，筑牢党建阵地，让党旗高高飘扬在农业农村第一线。着力激发队伍创先争优能力，用实际行动履职尽责，竭力为企业和农民群众解决产业发展、环境整治等各方面的困难。

2020 年，面对突如其来的疫情与春耕备耕期叠加的严峻形势，该市农业综合执法支队党员干部闻令而动、敢于担当，积极争取复工政策支持，及时收集农资企业诉求，主动帮助解决农资复工企业车辆通行证和人员出入证审批的难题，逐一把证件送到复工人员手中。分区域、品种及时从市内、外省调剂农资缺口，分门别类指导帮助农资生产和经营企业复工复产。全市分批确定 40 家市级农资配送企业，疫情期间累计配送农资 1.31 万吨，分批确定的全市 633 家三级农资配送企业配送农资 19 万吨，保障了全市农业生产顺利进行。

2021 年以来，在党史学习教育中，该局党组坚持学在先、悟为要、做为本，扎实开展“我为群众办实事”实践活动，依托“双千”服务平台，统筹协调全系统开展“双千”服务活动，为企业纾困解难。党员干部下到田间地头，走进农业企业，解答技术难题，了解群众关切的民生实事和群众的“急难愁盼”问题。已累计服务企业上百家，针对企业生产经营情况、技术需求和发展方向，共收集整理 18 项“我为群众办实事”重点项目。

该局党组以优化企业营商环境为抓手，深入开展企业走访服务，就科研力量薄弱、投入不足和项目申报等方面存在的困难和问题与企业进行广泛深入的交流，提出有针对性和可操作性的破解办法。该市农科院抓住高山蔬菜育苗关键时期到企业走访，对蔬菜漂浮育苗中出现的问题进行技术指导和跟踪服务；市渔政监察支队就禁售“长江活鲜”后如何合法经营人工繁育水生保护动物的问题，向企业现场解疑，宣讲《水生野生保护动物特许利用许可证》办理流程，指导大家网上申报；市水产技术推广站针对渔业结构调整与转型升级，研究实施了陆基循环水帆布桶养殖模式集成与推广项目，帮助企业实现经济效益与生态环保的双赢。

三、凝聚红色力量，推进产业发展

宜昌温州蜜柑种植面积、产量居全国首位；肉类总产量和生猪外调量居全省第一；茶叶综合效益居全省前列；蔬菜产量居全省第二位……市农业农村局党组探索工作创新，发挥党组织战斗堡垒和党员先锋模范作用，努力促进党建工作与业务工作深度融合，重点围绕推进产业发展，推动农业增效农民增收，全市农业农村工作始终保持在全省第一梯队，并呈现稳步向上提升的良好态势。

宜昌市农业农村局坚持“县域经济特色化、特色经济产业化、产业经济集群化”原则，推动农业产业形态由“小特产”升级为“大产业”，空间布局由“平面分布”转型为“集群发展”，形成了柑橘、茶叶、蔬菜等一批特色产业集群。柑橘、蔬菜、粮油、畜牧等支柱产业年产值均超过 100 亿元，柑橘、茶叶、高山蔬菜等特色产业优势突出。全市共培育“一村一品”专业村镇 469 个，其中全国“一村一品”示范村镇 18 个，创建乡村特色产业十亿镇、亿元村 3 个。

依据各地特点和农业比较优势，市农业农村局科学规划特色产业区域布局，强化协作配套，引导特色农业和加工、物流产业等聚集发展。全市拥有国家级农业产业化龙头企业 6 家、省级 80 家，居全省前列。2020 年，全市农业产业化重点龙头企业实现营业收入 955 亿元，出口创汇 3.7 亿美元。龙头企业通过订单收购、股份合作等多种形式带动小农户共同发展，吸纳农民工就业约 9.8 万人，辐射带动农户超过 70 万户，创建省级农业产业化联合体 8 个。

全市各地坚持统一规划、多元投入、分步实施原则，整合项目资金对农产品加工园区基础设施进行提档升级，持续提升专业园区创新发展能力。引导产业从分散布局向集聚集群发展，不断提高企业和产业集中度，创建了一批与产业发展相适应的加工集聚区。全市共有国家现代农业产业园 1 个、省级农业产业化示范园 4 个、省级现代农业产业园 8 个，打造了以稻花香、土老憨、屈姑、萧氏、采花为领头雁的农产品加工龙头企业雁阵。枝江、宜都、当阳等农产品加工产值达到 200 亿元，夷陵区过 100 亿元。产值过亿元企业 180 家，其中过 20 亿的企业 8 家。

实施区域公共品牌战略，引导推动柑橘、茶叶品牌整合，构建“区域公共品牌 + 企业自主品牌”体系。近年来，全市先后打造了“宜昌宜红”“宜昌毛尖”等区域公用品牌，“宜昌蜜橘”“秭归脐橙”入选中国百强农产品区域公用品牌，“宜昌蜜橘”“宜昌宜红”“秭归脐橙”纳入央视“品牌强国工程”。培育“稻花香”“土老憨”等中国驰名商标 38 个，有效期内“两品一标”企业达 160 家、产品 312 个。

迈上新征程　奋斗正当时

——国家税务总局塔城市税务局持续深入学习党的二十大精神

国家税务总局塔城市税务局

伟大成就鼓舞人心，历史使命催人奋进。中国共产党第二十次全国代表大会胜利闭幕以来，国家税务总局塔城市税务局持续组织党员干部深入学习党的二十大精神，掀起学习贯彻热潮，凝聚团结奋进力量。大家纷纷表示，要以更加饱满的热情和更加昂扬的斗志投入到工作中，踔厉奋发、勇毅前行，在全面建设社会主义现代化国家、全面推进中华民族伟大复兴新征程中展现新作为。

一、深学细悟，报告振奋人心

党的二十大报告，全面总结了过去五年和新时代十年的“三件大事”以及党和国家事业取得的彪炳史册、举世瞩目的伟大成就，科学谋划了未来五年乃至更长时期党和国家事业发展的目标任务和大政方针。国家税务总局塔城市税务局各党支部结合当前疫情防控要求，采用线上“云端”主题联学等形式专题学习党的二十大精神。大家一致表示，将以党的二十大精神为指引，自觉以中国化时代化的马克思主义强化思想武装，自觉以推动税收事业高质量发展践行使命任务，自觉以踔厉奋发、团结奋斗的姿态为中国式现代化贡献税务力量。

二、聚焦民心，站稳人民立场

“税收取之于民、用之于民、造福于民，这是以人民为中心的发展思想在税收工作中的体现。”大家一致表示，要学以致用，把学习贯彻党的二十大精神与发挥税收职能作用结合起来，时刻牢记“为国聚财、为民收税”神圣使命，以“时时放心不下”的责任感，聚焦纳税人缴费人涉税难题，以高昂饱满的工作热情，为纳税人缴费人做好政策服务、保障服务、办税服务，以一流的服务举措营造更优的税收营商环境，以税务人的“辛苦指数”换取纳税人缴费人的“满意指数”。

三、笃行实干，奋斗无止境

面对党的二十大报告擘画的宏伟新蓝图。大家纷纷表示，将始终坚持以习近平新时代中国特色社会主义思想为指导，把思想和行动统一到党的二十大精神上来，把智慧和力量凝聚到落实党的二十大提出的各项任务上来，在新时代税收现代化的新征程上踔厉奋发，勇毅前行，始终牢记职责使命，依法依规组织税费收入，不折不扣把各项税费支持政策落实到位，始终坚守人民立场，倾力优化营商环境，努力服务广大市场主体，在全面推进中华民族伟大复兴的历史征程上谱写更加绚丽的税务篇章。

以党建为引领　不忘初心　不懈奋斗

甘肃省舟曲县中藏医院

舟曲县中藏医院共有职工78人，中共舟曲县中藏医院党支部共有党员19人，尽管医院党员较少，但先进基层党组织的优良传统没有丢，拼搏进取、乐于奉献的精神没有变，争先创优、争创一流的干劲没有减。在上级党委的正确领导和上级部门的关心支持下，始终坚持以习近平新时代中国特色社会主义思想为指导，从抓支部党组织建设入手，充分发挥基层党组织的战斗堡垒作用和党员的先锋模范作用，带领全体员工抢抓机遇，锐意进取，各项工作取得显著成绩。

一、加强支部班子建设，增强党组织战斗力

在实践中我们体会到，只有钢班子，才能带出铁队伍。近年来，我们始终坚持狠抓支部班子建设，不断提高班子成员的整体素质，持续打造一支负责任、有能力的班子。自班子组建以来，始终坚持党建与医院业务工作两手抓、两手都要硬的指导方针，带头认真执行党的各项路线、方针政策和上级党委的工作指示、要求，在思想上、政治上和行动上与上级党委保持高度一致，班子成员团结奋斗、开拓进取，坚持民主集中制和贯彻群众路线，讲学习、讲政治、讲正气，清正廉洁，公道正派，紧紧围绕医院的中心工作，创造性地开展党的工作，在党员和群众中具有较高威信。为提高自身综合素质，增强党务工作能力，班子成员利用业余时间系统地学习了党章党规，较系统学习掌握了党务工作有关知识和工作技巧，为开展各项党务工作奠定了良好基础。

二、提高党员队伍素质，充分发挥党员的先锋模范作用

为造就一支政治过硬、业务优良、作风清正、纪律严明的党员队伍，充分发挥党组织的战斗堡垒作用，中藏医院党支部注重做好以下几项工作：一是认真坚持“三会一课”制度，要求党员同志做学习的表率、做贯彻执行党的方针政策的表率、做遵章守纪的表率，加强自身政治修养和道德修养，全心全意为人民服务，一心一意为农商行谋发展。二是要求党员同志做文明优质服务和廉洁勤业的表率，全面提高员工队伍素质和优质文明服务水平。坚持以理想信念教育为核心，加强员工世界观、人生观、价值观的教育和职业道德教育，组织员工学习专业知识，法律、法规知识，提高职工为人民服务的本领。全体职工自觉遵守各项规章制度，立足岗位，

扎实工作，全心全意为患者着想，树立起了中藏医院良好的社会形象。三是要求党员同志做业务工作的表率。各项业务工作中，全体党员同志率先垂范，得到了患者和患者家属的满意和认可。

三、树党员新形象，为党旗增光添彩

在2020年初疫情发生后，中藏医院党支部紧急召开了全体临床一线医护人员工作会议，会上广大医务人员踊跃报名，27名医护人员主动报名参加了抗疫先锋队。抗疫先锋队成员举行了“医学生誓言”宣誓活动，进一步表达了自己抗击疫情的决心。党员们也自发重温了入党誓词，表达自己“不忘初心、牢记使命”，跟党走、听党话的坚贞信念。

在2020年8月17日泥石流灾害发生时，中藏医院支部各党员始终默默无闻，充分发扬“特别能吃苦、特别能战斗、特别能奉献”的精神，以实际行动践行社会主义核心价值观。支部党员主动前往河堤装沙袋抗洪，清理医院院子淤泥。之后，又在受灾群众医疗服务点为受灾群众提供医疗保障和心理辅导。党员杨占入负责后勤保障，灾害发生后，周边群众饮用水和食物出现短缺，他迅速组织医院食堂职工做饭烧水，为周边受灾群众提供免费的食物和饮用水。

中藏医院党支部始终坚持用自己的行动来表达“为人民服务”，用自己的行动来突出“内强素质、外塑形象”，以群众的利益需求作为筹划工作的出发点，以群众是否满意作为检验工作的落脚点，以实际行动赢得群众认同。在“十四五”新的起点上，我们将不忘初心、重整行装，坚持以党建为引领，继续发扬我党艰苦卓绝的奉献精神，为实现中华民族伟大复兴的中国梦不懈奋斗。

全面落实新时代党的建设总要求
以“党建＋税收”双轮驱动互促机制
持续加强党建工作走深走实

国家税务总局丹巴县税务局　胡　钢

2022年，丹巴县税务局党委坚持以习近平新时代中国特色社会主义思想为指导，深入学习贯彻党的十九届历次全会精神。按照税务总局党委“条主责、块双重，纵合力、横联通，齐心抓、党建兴”的思路，调整完善“纵合横通强党建”工作机制，以党的建设为统领，着力在凝心铸魂上持续用力，以“党建＋税收”双轮驱动互促机制促进深融合上探索创新，在夯实组织建设上打基础固根本，在全面从严治党上常抓不懈，较好地完成了各项工作部署，党员干部队伍凝聚力、战斗力持续增强。

一、政治建设放首位，持续加强党的领导

在地方党委、政府和州局党委的坚强领导下，县局党委把政治建设摆在首位，全面落实新时代党的建设总要求，把党建工作同税收工作高度融合，不断强化组织建设、作风建设和制度建设，持续加强党的领导。一是健全党建领导责任机制，确保“有人抓”。2022年县局党委召开4次专题会议研究部署党建工作和意识形态领域工作，把党建工作，意识形态工作与税收业务工作统筹安排，形成主要领导亲自部署，党员干部人人参与的良好党建工作格局；二是健全党建工作和意识形态工作推进机制，确保“经常抓”。制定《中共国家税务总局丹巴县税务局委员会2022年全面从严治党工作要点》，明确了重点工作、责任部门，层层分解、细化量化、严格考核、逐项兑现，形成齐抓共管的良性机制；三是优化方式纳入绩效考评，确保“抓得好”。将党建工作列入绩效考评指标，统筹推进组织、制度、责任、考核“四个体系”建设。

二、学习教育重全面，不断强化政治引领

县局党委始终把政治建设摆在首位，以加强学习为先导，不断加强党员干部思想政治教育，引导全体党员干部坚定理想信念，把加强党对税收改革工作的领导落到实处。

（一）“线上＋线下”相结合持续推动党史学习教育学深学实，取得实效

县局机关党委紧密结合党员、干部思想和工作实际，以“集中学”＋“自学”“线上学”＋“书

本学”相结合的方式，把党史学习教育贯穿始终，在全局营造学党史、悟思想、办实事、开新局的浓厚氛围。一是按照“全覆盖，无死角”的要求，县局党委集中学习 4 次，20 人次参加学习，组织党委理论中心组学习 8 次，中心组党史学习教育专题研讨 4 次，扩大到县局中层以上干部参加学习；组织全局职工（包括临聘人员）集中学习 2 次，参与人员达 91 人次，并购置发放“五史”学习资料 64 套，税史学习资料 15 套，全员形成学习心得 183 篇；二是党支部利用“三会一课”开展党员集中学习五史，共组织开展学习 8 次，150 人次参加，上党课 4 次；三是组织青年干部学习，成立青年理论学习小组，制定学习方案，开展理论研讨学习，集中学习 2 次，参与人员 26 人次；四是依托系统内学习“学习兴税”平台，开展党史知识学习及线上测试竞赛活动，全局 69 人（含临聘等所有人员）参与率达到 100%；五是利用“川观”新闻、州局线上“党史学习测试”小程序、县委组织部门分享线上党史学习小程序和“共产党员网”等线上学习载体推动学习深入，全局参与率和学习目标完成率均达到要求。

（二）创新活动载体，亮点突出

一是为进一步弘扬正能量，推动党史学习教育工作，丹巴县税务局以《我想对党说……》微视频、寄语征集的表现形式，以永远跟党走，甘当为民服务孺子牛的精神，聚焦税收征管一线，讲述自己入党和一心为党辛勤工作的亲身经历。以微视频《党岭山上的最后一笔党费》、世界读书日“悦读党史”征文活动及“讴歌百年辉煌、奋进崭新征程”为主题的征文及党委书记谈党史学习教育的征文方式表达丹巴税务人对党的赤子之情，献礼党的二十大；二是为推动党史学习教育走深走实，组织全局党员干部分两批前往“两弹一星”干部学院，在“两弹城”开展了以“弘扬‘两弹一星’精神，锤炼干部党性修养”为主题的党史学习教育专题读书班活动，现场学习体验，追寻奋斗足迹，感悟信仰力量，传承红色基因

三、队伍素质抓提升，推进党的组织建设

县局党委将加强组织建设作为全面从严治党固本之策，将党建嵌入业务工作各环节。依托“三会一课”、主题党日等，将理论学习与业务研讨结合起来，提高党员干部理论素养和业务能力，充分发挥基层党组织监督保障作用。一是按照民主集中制根本组织原则，完善了党费收缴、党内情况通报制度、重大决策征求意见、培养入党积极分子、吸收预备党员等多项党建工作制度，使党建工作进一步规范化、制度化；二是积极组织开展支部“三会一课”、谈心谈话等党内组织生活，加强党员考核管理，提高党性修养，教育引导党员干部发挥好示范引领作用；三是结合党史学习教育开展形式多样的主题党日活动，筑牢党员干部思想认识，练就勇于砥砺奋进的过硬本领，延伸党建触角、夯实组织基础；四是为全面推进基层党组织标准化、规范化建设，提升组织力，强化基层党组织政治功能。按照《中国共产党章程》和《中国共产党党和国家机关基层组织工作条例》，丹巴县税务局机关党委于 2022 年完成机关两个支部的换届选举工作；五是发挥党建引领，做好创先争优工作。丹巴税务先后荣获全国节约型机关、甘孜州先进基层

党组织、甘孜州青年文明号、甘孜州民族团结进步示范单位等荣誉称号。

四、结对帮扶在落实，全力抓好群众工作

运用“党组织 +”的形式，压实帮扶责任，大力推进群众工作到实处。县局帮扶工作队认真履行各项职责，积极与太平桥乡对接，前后多次深入实地开展森林防火宣传教育、换届选举督导、乡村振兴工作及巩固脱贫攻坚成果等，确保了帮扶工作更具有针对性和实效性。

五、党建引领夯基础，大力优化税收服务

落实“纵合横通强党建”工作要求，加强党建与业务工作的融合。一是以第 31 个全国税收宣传月为契机，结合党史学习教育，开展一对一进行政策宣传、纳税辅导，并围绕“我为纳税人缴费人办实事暨便民办税春风行动”，成立延时服务业务工作小组，建立工作台账，并在提供延时服务的同时接受纳税人的意见反馈及建议，不断总结工作经验，不断推出更多便民服务方式，不断打造丹巴税务便民服务窗口良好形象；二是组建征纳互动推广工作组，党员干部主动上门入户宣传征纳互动相关工作，同时引导纳税人注册加入征纳互动平台，并对平台注册过程出现的问题进行指导、协助及解答，确保广泛覆盖；三是将“我为群众办实事”落到实处。为认真践行“学党史、悟思想、办实事、开新局”要求，县局制定《国家税务总局丹巴县税务局开展税收宣传暨“我为纳税人办实事”便民办税活动工作方案》，并召开专题会议，全面安排部署相关工作：1. 坚持问题导向，立足纳税人缴费人需求，持续派遣数个小分队，深入区乡各企、事业单位，开展税费宣传暨“我为纳税人缴费人办实事”活动；2. 按照县局干部包企联户工作部署，主动深入乡镇、深入乡村企业提供上门服务，落实惠民政策，巩固拓展减税降费成果，宣传延续实施和新出台的税费优惠政策，收集影响政策落实的薄弱环节和堵点难点。2022 年该活动共派遣税收宣传小分队 180 人次，走访纳税人 650 余户次，收集纳税人缴费人问题 5 条，及时解决纳税人问题 5 条，为纳税人缴费人办实事 60 余次。

六、“一岗双责”更深化，稳妥巩固党风廉政建设

县局党委坚持从影响税收改革发展的突出问题和机关党建的薄弱环节入手，紧扣时代特点、部门实际和党员特征，持续推动机关党建工作守正创新，为全局党的建设向纵深发展注入动力。一是党建部门深入贯彻习近平新时代中国特色社会主义思想，坚定不移全面从严治党，落实“一岗双责”，强化责任担当。持续深入开展党风廉政建设，坚持以正面教育为主、预防为主、事前监督为主的工作模式，继续落实“五个严禁”、中央“八项规定、六项禁令”等有关规定，牢固树立“四个意识”，坚定“四个自信”，自觉做到“两个维护”，不断推动党风廉政建设向纵深发展；二是坚持教育与管理相结合，开展观看《一念地狱》警示教育短片，参加《酒驾醉驾及涉赌涉毒相关法纪知识测试》、主题联学、开展纪律作风专项整治工作等方式，增强党员干部从严治党意识、廉洁从政意识和艰苦奋斗意识，提高党员干部遵纪守法的自觉性和拒腐防变的能力，有效地防范和减少违纪问题的发生，为进一步营造丹巴税务风清气正、廉洁从政的良好氛围，为高质量推进新发展阶段丹巴税收现代化提供坚强有力保证。

习近平总书记强调，“要以问题为着力点，在补短板、强弱项上持续用力，以增强精准性、实效性”，丹巴县税务局县局党委将深入贯彻全面从严治党各项工作部署，坚持以习近平新时代中国特色社会主义思想为指导，立足新形势、新特点、新要求，从严从实抓好全面从严治党工作，充分结合本单位实际，更好运用地方党建资源，努力吸收借鉴地方党建工作的好经验好做法，进一步完善新的提升改进举措，不断丰富、发展、落实好“纵合横通强党建”机制制度体系，以抓好党务、干好税务、带好队伍的新成效迎接党的二十大的胜利召开。

初心如磐踔厉奋发
使命在肩笃行不怠

新疆医科大学第七附属医院

“人民健康是社会文明进步的基础，是民族昌盛和国家富强的重要标志，也是广大人民群众的共同追求。”党的十八大以来，习近平总书记始终把人民健康放在首位，不断推进健康中国建设。要加快推进健康中国建设，就需要医务工作者不忘初心，牢记嘱托勇担重任，敬业奉献，守护健康，努力打造健康中国需要、人民群众满意的高素质医疗队伍，推进健康中国建设实现新跨越。

作为新疆维吾尔自治区首家公立三级老年病医院，2020年8月正式独立运行，在自治区党委、人民政府的坚强领导下，在新疆维吾尔自治区卫生健康委员会、新疆医科大学等各级部门的关心、支持下，学院（医院）党委紧紧围绕新疆工作总目标，始终坚持以病人为中心，以加强党的建设为主线，聚焦主责主业，强化党建引领，奋力推进高质量内涵式发展。

一、突强政治统领，旗帜鲜明带头做到“两个维护”

坚持把政治建设摆在医院工作全局的首要位置，发挥党委“把方向、管大局、作决策、促改革、保落实”的政治核心作用，不断增强“四个意识”、坚定“四个自信”、做到“两个维护”，深刻认识“两个确立”的决定性意义，不断提高政治判断力、政治领悟力、政治执行力，推动全面从严治党向纵深发展。

二、突出理论武装，推进党史学习教育走深走实

根据自治区党委、大学党委的总体部署，按照学史明理、学史增信、学史崇德、学史力行的要求，坚持把党史学习教育与学习贯彻第三次中央新疆工作座谈会精神、与贯彻落实自治区重点工作部署、与统筹医院医疗、教学、科研、管理以及服务等各项工作结合起来，扎实开展党史学习教育，全院广大党员干部受到了一次全面深刻的政治教育、思想淬炼、精神洗礼，达到了学党史、悟思想、办实事、开新局的目的。

建立党史学习教育周例会、月总结及经验交流工作机制，加强督导指导，确保党史学习教

育开展有序、落实有力。以党支部为单位组建学习小组，坚持读原著、学原文、悟原理，创新学习教育方式，坚持“请进来”与“走出去”相结合，通过“线上+线下”“集中+分散”“小微讲堂”“党史微故事”等方式，积极开展形式多样的活动，营造全覆盖、高密度、多维度的党史学习教育氛围，切实提升学习实效。

立足行业特点，发挥示范作用，以群众需求为导向，深入开展“我为群众办实事”实践活动，梳理制定“我为群众办实事”任务清单，不断丰富拓展党史学习教育的内涵，提升质量效果。

三、突出基层基础，强基固本筑牢战斗堡垒

在原有13个党支部的基础上扩建到26个党支部，设置4个党总支，制定基层党组织目标考核管理办法，推进标准化、规范化建设，强化党员教育管理。扎实推进基层党建工作创新，选树“标准化规范化支部”“双带头人支部”和“样板支部”先进典型，进一步增强党建工作与业务工作同向聚合、深度融合的力度。严格落实“三会一课”、主题党日、组织生活会及民主评议党员等制度，扎实开展“亮身份、亮业绩、争先进”和“党员示范岗”评比活动，引导党员干部在医院改革发展中当尖兵，在业务上争一流，在服务上做模范，切实发挥党支部战斗堡垒作用和党员先锋模范作用。

四、突出担当作为，着力建设高素质干部人才队伍

按照新时代好干部标准选好用好干部，大力选拔使用对党绝对忠诚、素质能力过硬、堪当医院重任的优秀干部，以队伍高素质保证发展高质量。

确立人才引领发展的战略，深化人才发展机制改革，建立人才引培绿色通道，采取高端领军人才和优秀中青年人才引进相结合、个人和团队引进相结合等方式，广泛吸引、培养、用好各方面人才，不断完善人才引进、培育机制，改进人才评价机制，创新人才流动机制，健全人才奖励机制，加快建设高素质人才队伍，为高质量发展提供人才支撑。

五、突出严实细暖，发挥组织优势凝聚战役力量

医院党政主要负责同志认真履行第一责任人职责，坚守岗位、靠前指挥，班子成员各负其责，履行“一岗双责”，带头扛起抗击疫情的政治责任。广大党员干部舍小家顾大家，吃住在医院，克服各种困难，毫无怨言，加班加点，充分发挥先锋模范作用，不忘初心、牢记使命，把防控疫情作为践行初心使命、体现责任担当的试金石和磨刀石，发扬斗争精神，增强担当意识。严格落实值班值守制度，细化工作机制流程，落实联防联控措施，构筑群防群治抵御疫情的严密防线，全院一盘棋、上下一条心，为做好常态化疫情防控工作贡献各自的力量。

按照上级部门要求，院领导亲自带队，组织医务人员深夜冒着大雨转运第六附属医院患者，直至早上6点，顺利完成150余名病人的安全转运安置工作，在全院各科室精心照护下，全部

治愈出院。

接到外派支援任务的号召，全院党员干部职工踊跃报名，一封封请战书摆上了领导的桌面，一句句“我是党员，我先上”等言语彰显出了党员的责任和使命，医疗队员们顾不上家中的老人和孩子，舍生忘死、逆行出征，日夜奋战在抗疫一线，突显出七附院人招之即来、来即能战、战即能胜的顽强作风。

面对疫情，医院广大党员始终冲锋在前、勇挑重担，把初心写在行动上，把使命落在岗位中，让党的旗帜在疫情防控一线高高飘扬。1个党总支荣获自治区抗击新冠肺炎疫情先进基层党组织，3个集体荣获自治区抗击新冠肺炎疫情先进集体，1名党员荣获自治区抗击新冠肺炎疫情优秀共产党员，3名同志荣获自治区抗击新冠肺炎先进个人。

六、突出纪律规矩，纵深推进全面从严治党

坚决扛起管党治党政治责任，一体推进“三不”体系建设，坚持“严”的主基调毫不动摇，持续净化政治生态。严格落实党委主体责任、纪委监督责任，党委书记切实履行“第一责任人”责任，坚持全面从严治党和医院中心工作同谋划、同部署、同推进、同考核，推进全面从严治党向纵深延伸。

七、突出统筹推进，推动高质量内涵式发展

紧密结合医院中心工作，全面推行“党建+”，紧紧围绕实施“1236”工程，即：“一个坚持”——坚持党的全面领导；“两个抓手”——以学科建设和人才队伍建设为抓手；“三项统筹”——统筹做好“医教研”协同发展；“六大战略”——质量立院提能力、服务塑院升品质、人才强院谋创新、专科兴院筑品牌、管理治院促规范、文化育院聚人心，将党建引领医疗、教学、科研、管理、工程建设等方面项目化、具体化，切实把基层党组织的战斗堡垒作用和党员的先锋模范作用激发出来，把人才凝聚起来、把群众发动起来、把作用凸显出来，更好统筹疫情防控和发展、统筹发展和安全，全力做好改革发展稳定各项工作，奋力开拓医院高质量内涵式发展新局面。

征途漫漫，唯有奋斗！在“两个一百年”奋斗目标历史交汇的关键节点，我们开启了全面建设社会主义现代化国家新征程，正昂首阔步行进在实现中华民族伟大复兴的道路上。不忘初心，方得始终。我们将继续秉承“救护生命、关爱健康”的初心，以只争朝夕的精神肩负人民健康使命，以拓荒开垦的姿态追求新作为，干在实处、走在前列、勇立潮头，汇聚起七附院人昂首前行的磅礴力量，以优异成绩迎接党的二十大胜利召开！

立根铸魂 强化党的意识 打造“钢铁”财政队伍

四川省自贡市沿滩区财政局 徐华平

一、主要工作情况

（一）强化党建思想引领，切实筑牢政治理论根基

1. 把党的政治建设摆在首位

我局始终自觉在思想上政治上行动上同以习近平同志为核心的党中央保持高度一致，定期组织学习习近平新时代中国特色社会主义思想、习近平总书记对四川工作系列重要指示精神、党的十九大及十九届二中、三中、四中、五中全会精神，用党建、党风廉政建设以及意识形态工作指导我局财政收支管理、资金监管、政府采购管理、结（决）算审核等财政中心工作。定期召开党员大会、党小组会以及开展主题党日活动，组织学习《中国共产党廉洁自律准则》《中国共产党纪律处分条例》等，通过常态化政治学习，不断强化政治担当，把准政治方向，确保“财”服从于“政”。

2. 发挥支部战斗堡垒作用

加强支部规范化建设，扎实推进智慧党建工作，在“盐都先锋”上有效记录“三会一课”“主题党日”活动，不断完善党建工作，促进党建工作信息化、智能化。强化党员自学，提高政治觉悟，“学习强国”“汇贤学堂”学习率达到100%，营造了良好的学习氛围。扎实开展脱贫帮扶，下派第一书记、驻村队员以及援彝干部5名，在扶贫事业上尽职尽责；通过走访慰问等活动，对结对帮扶的52户贫困户发放物资累计20000余元；通过扶贫832平台、职工帮扶采购贫困地区（户）产品10000余元。

3. 持续巩固主题教育成果

将“不忘初心、牢记使命”作为加强党的建设的永恒课题和全体党员、干部的终身课题，制定《沿滩区财政局理论学习计划》，明确党组会、职工大会学习安排，全年组织学习习近平新时代中国特色社会主义思想、党的十九届五中全会精神、宪法等精神20次，组织领导干部开展调研15次，不断巩固主题教育成果，切实提升我局政治理论水平。

4. 严肃认真开展党内政治生活

组织学习省纪委十一届四次全会、市纪委十二届五次全会和区委十二届十一次全会精神，

观看《厉害了我的国》《盐都问政》《越界》等视频教育片，进一步增强了党员干部的党性观念和宗旨意识。深入贯彻落实好《关于新形势下党内政治生活的若干准则》等党内法规制度，坚持民主集中制，认真执行党组工作规则，落实“三重一大”事项集体决策机制。严格执行领导干部双重组织生活、民主生活会、民主评议党员、谈心谈话等制度，严守政治纪律和政治规矩。

（二）压实管党治党责任，纵深推进全面从严治党

1. 狠抓责任落实

不断压实党组主体责任、书记第一责任人责任和班子成员“一岗双责”。2020 年初制定了我局《2020 年落实全面从严治党主体责任工作要点》以及《关于印发全面从严治党主体责任清单以及负面清单的通知》，坚持将党风廉政建设和反腐败工作与财政业务工作同部署同推动，自觉将其纳入党组重要议事日程，定期研究、分析、部署财政党风廉政建设工作，细化各项任务和落实措施，抓实党风廉政建设日常工作。

2. 全面落实党风廉政建设牵头任务

我局持续聚焦全面从严治党、党风廉政建设和反腐败工作，统筹谋划，全面落实《关于推进 2020 年全面从严治党、党风廉政建设和反腐败工作的意见》（自沿委发〔2020〕12 号）牵头任务。

（1）“一卡通”管理情况。我区大力推进惠民惠农财政补贴资金社会保障卡“一卡通”工作，所有市定 43 类 65 项惠民惠农财政补贴资金已全部实现社会保障卡“一卡通”发放，发放 14493.56 万元，62 万余人次，其余我区新增项目将按相关管理流程，通过审核备案后进行系统发放，实现了“一卡通”到“一卡统”的转变。

（2）农业农村领域暴露出的突出问题系统治理情况。我局积极配合开展沿滩区村（社区）财务管理突出问题系统治理，现已全面完成 12 个乡镇（街道）、46 个行政村、21 个社区财务管理突出问题系统治理的区级复查和市级抽查工作，各村（社区）普遍存在大额现金支出较多、账务处理不规范等问题，已分别由相关行业部门交由乡镇整改，其中，2 个问题已作为线索报送区纪委。为构建长效机制，区财政局会同有关部门正在研究起草《沿滩区农村集体经济组织三资管理暂行办法》和《沿滩区村（社区）财务管理暂行办法》，规范财务管理等内部监督机制，不断巩固和扩大整改成果。

（三）恒抓意识形态工作，全面落实意识形态责任制

1. 强化组织领导

我局始终牢牢掌握意识形态工作领导权主动权，压实意识形态工作责任制，加强对意识形态工作的领导。我局成立了一把手任组长，党组成员任副组长，各股室负责人为成员的意识形态工作领导小组。根据工作分工，按照“一岗双责”要求，抓好分管股室的意识形态工作。同时将意识形态工作与财政业务工作同部署、同落实、同检查、同考核。已组织 2 次意识形态领域专题研究分析会议，排查我局是否有职工发表违背中央、省、市区委精神的言论，分析当前全局意识形态领域存在的潜在风险，安排下一步意识形态工作，确保了意识形态工作责任的落实。

2. 维护网络意识形态安全

始终坚持做好网上舆论管理，掌控网络意识形态主导权，把握正确舆论导向，做到主要负责人亲自抓网络意识形态安全。密切关注财政部门和业务领域内意识形态阵地建设，积极稳妥做好重大突发事件和热点敏感问题的舆论引导。规定职工在使用局办公 qq 群、工作微信群时，只能用于日常工作和传递正能量，不能聊天或作其他用途。

二、存在的问题

2020 年，我局稳步推进党建、党风廉政以及意识形态工作，但仍然存在一些差距。一是学习领会上级文件精神不透。个别同志对工作职责、任务要求、纪律规矩研究不够深入，不能及时进行自我更新，掌握的知识与财政现代化要求有差距。二是对党建工作缺乏创新。常常忙于应付复杂的财政业务工作，精力有限，对新形势下落实好党建工作思考不多，办法不多。

三、下步工作打算

（一）突出政治建设，着力提升思想站位

始终把政治建设摆在突出位置，注重政治引领，持之以恒学习贯彻习近平新时代中国特色社会主义思想。着力引导全体党员干部增强“四个意识”、坚定“四个自信”、做到“两个维护”。落实好统筹疫情防控和经济社会发展工作、减税降费政策措施、持续优化营商环境，确保财政事业进一步发展。

（二）严守政治纪律，严肃党内政治生活

严格落实《中国共产党问责条例》《中国共产党纪律处分条例》等党纪党规，认真履职尽责。通过常态化、多载体、多种形式的督促引导，强化党员干部纪律规矩意识，促进形成良好的政治生态。坚持民主集中制原则，进一步规范议事决策程序，要把政治纪律和政治规矩体现到令行禁止和不折不扣抓落实上，确保中央决策部署和上级工作要求在沿滩财政落地生根、开花结果。

（三）强化理论武装，统一意识指导行动

通过进一步组织对党的十九届五中全会等重要会议精神学习，不断学深学实习近平总书记关于意识形态工作方面的重要论述，坚定用以武装头脑、指导实践、推动工作。同时加大对网络意识形态工作人员的培训和教育，提高网络意识形态工作干部的思想高度。

守住初心担使命　当家理财勤为民

云南省丘北县财政局　钱荣俊

初夏若雨等花开，普者黑小荷才露尖尖角。走进丘北县财政局，一株株竞相绽放的鲜花清香扑鼻，大门上“廉洁理财、勤政为民”的八个大字，是财政人刚正不阿的灵魂。多年来，丘北县财政局以习近平新时代中国特色社会主义思想为指导，紧紧围绕“守住初心但使命、当家理财勤为民”这一主题，以“干在实处、走在前列”为抓手，严肃党内政治生活，夯实阵地堡垒、促进党员发挥先锋模范作用，抓实党支部规范化达标创建工作，全力打造政治过硬、作风优良、业务精湛、团结和谐的“财政铁军”。积极应对新冠肺炎疫情影响迎难而上，扎实做好“六稳”、全面落实“六保”任务，统筹推进稳增长、促改革、调结构、惠民生、防风险各项工作，始终坚持生财有道、聚财有方、理财有序、用财有据的财政工作理念，管好用好国家财政资金，让财政资金利民惠民富民，为全县经济社会跨越发展做出了积极的贡献。

一、切实履行主体责任服务经济跨越发展

紧紧围绕县委各项基层党建重点工作任务，全面抓好各项工作落实。认真履行党建工作“第一责任人”的职责，做到党建与业务工作同部署、同研究、同落实、同考核。在抓好基层党建、脱贫攻坚、民族团结等重点工作任务的同时，充分发挥县委、县政府“参谋”和“助手”的作用，为人民当好家理好财。2020 年财政一般公共预算收入完成 48799 万元，占年调整预算的 101.7%；一般公共预算支出完成 434865 万元，比上年增支 45660 万元，增长 11.7%，圆满完成了财政各项目标任务。

二、发挥战斗堡垒作用提高基层党建水平

巩固主题教育成果，坚持问题导向整改，坚持把“不忘初心、牢记使命”作为加强党的建设的永恒课题和终身课题抓好学习教育，紧盯问题摸底排查，围绕主题教育 9 个专项整治抓好整改落实，明确整改时限和整改责任人，压实责任应整尽整。严肃党内政治生活，提高政治生活质量，坚持把推进学习型党组织建设作为基层党建工作的重要任务，严格执行党委理论学习中心组学习、支部“主题党日”“三会一课”等制度，全年举行党委理论中心组学习 8 次，党委书记上党课 2 次，党支部书记上党课 14 次，支部主题党日 114 次，班子成员以普通党员身份参加了组织生活会。促进党建任务落实，夯实党建工作基础，认真做好党支部规范化达标创建

工作，2020年申报创建五星级党支部2个，四星级党支部4个，三星级党支部2个，压实领导班子挂联党建责任区责任，定期不定期开展专项检查指导。持续推进国有企业退休人员社会化管理和党建入章工作，协调转接国有企业退休党员100名，目前党建入章工作正有序推进。

三、发挥财政职能作用增强为民服务能力

抓党建引领脱贫攻坚，采取“党支部+”模式，开展脱贫攻坚补短板、人居环境提升、慰问贫困党员等活动，为扶贫挂钩点筹资160余万元办好事实事20余件，改善村内基础设施，提升农户生活质量。抓党建抗击疫情，采取“党建+疫情防控”模式，及时拨付资金586.76万元，为打赢疫情防控阻击战提供财力保障；开通采购“绿色通道”，有效满足全县疫情防控物资需求；认真贯彻落实减税降费政策，让企业和群众实实在在享受到改革发展的红利；组织党员进行自愿捐款19530元，为坚决打赢疫情防控阻击战伸援手献爱心。抓党建促爱国卫生行动，采取“党员+”模式，按照“爱国卫生7个专项行动”的要求，领导班子包片、党员干部包户开展工作，彻底改变网格区“脏、乱、差”现状，倡导健康文明新风尚，全面提升广大人民群众的获得感、幸福感；筹集创卫资金343.34万元，确保爱国卫生专项行动取得新成效。

多年来，丘北县财政局始终把基层党建作为一项重要任务抓紧抓好，通过党员作用发挥，干部职工齐头并进，财政局连续19年保持省级文明单位荣誉称号，11个财政所多年来保持州、县级文明单位和文明财政所荣誉称号；先后被中国疾病预防控制中心授予第四届“万步有约”健走激励大赛“全国优秀健走单位”和“优秀团队”，省委、省政府评为“云南省抗旱救灾先进集体”，云南省妇联授予云南省“三八红旗集体”，省人社厅、财政厅授予“十一五”时期云南省财政系统“先进集体”和“五五”普法先进集体，州委、州政府授予“普九”先进集体，州人社局、财政局授予“文山州财政系统先进集体”，并记集体三等功1次；荣获州、县级授予的青年文明号各1个；2013年被中共云南省委学习型党组织建设工作领导小组办公室评为全省学习型党组织建设先进集体，被省纪委评为第二批廉政文化进家庭示范点；连续5年获“丘北县党风廉政建设责任制考核一等奖”和综治维稳一等奖等表彰和奖励19个，各种文体活动获得10个奖项，个人授省、州表彰有13人，有效推进了“四个”文明建设，构建了社会主义和谐财政、民生财政、法治财政、稳固财政、阳光财政、效率财政，有效推动了各项财政工作全面发展。

新的目标催人奋进，新的征程任重道远，在新的起点上实现经济社会跨越发展，是历史赋予财政人的神圣使命，是全县人民的热切期盼。财政局将在县委、县政府的坚强领导下，深入贯彻落实习近平新时代中国特色社会主义思想，大力弘扬“不忘初心使命，为民当家理财”的财政精神，团结和带领全局干部职工，以高昂的斗志、饱满的热情、超常的举措、务实的作风，奋力拼搏，开拓进取，努力为“十四五”起好步开好局，以更加优异的成绩向建党100周年献礼。

创新“党建+”模式　助力乡村振兴

四川省达州市通川区农业农村局

近年来，通川区农业农村局牢牢把握乡村振兴战略总要求，着力于提升农业现代化、特色产业、美丽乡村、农村宅基地和农村增收“五大行动”，围绕“党建+”推动基层党建与乡村振兴深度融合、齐头并进，持续巩固和提升脱贫攻坚成果，努力探索一条以“党建引领”助推乡村振兴的新路子。

一、“党建+融合”，提升农业现代化水平

积极探索机关党建与业务工作深度融合的规律，力求搭起一座深度融合桥梁，寻找党的建设工作落脚点，推动机关党建与业务工作从“单一布局”向“整体谋局”转变，从推进中的“两张皮”向落实中的“一盘棋”转变。大力推进良种、良法、良制、良田、良机“五良”融合，在粮食生产功能区和特色农产品优势区开展主要农作物全程机械化示范区创建行动，在园区率先实现全程全面农业机械化，全面提升农业机械化、信息化、智能化、数字化水平。正在打造总投资约3000万的高标准农田建设示范区，切实提高耕地质量。

二、“党建+产业”，提升特色产业集聚力

充分发挥“党建引领”示范带动作用，将党组织建在农业产业链上，坚持把服务企业发展作为产业园区党建着力点，切实做到抓党建促发展。结合经济结构特点和产业特色，以闲置宅基地和集体建设用地为载体，积极探索产业发展新路径、村庄发展新规划，大力发展“8+3”特色产业和“数字三农”，统筹产业全域布局，实施品牌提升行动，持续提升“一李两莓”品牌影响力、竞争力，认证“三品一标”农产品15个，推进新型田园社区、农旅融合景区和现代农业园区“三区共建”，积极争创国家农业现代化示范区。

三、“党建+生态”，提升美丽乡村示范力

坚持把生态环境、人居环境的提升作为推进党史学习教育常态化、制度化的重要载体，以“红色先锋”引领“宜居乡村”发展的创新模式，着力锻炼出一支“懂农业、爱农村、爱农民”的“三农”工作队伍，结合“我为群众办实事”实践活动，持续推进文明创建、农村环境整治（绿

化工程）、农村道路亮灯（亮化工程）等工作。扎实开展农村人居环境整治“五大行动”，全面推广“厕污共治”新模式，以“遇水搭桥、遇山开路”的决心与毅力，促使农业更强、农民更富、农村更美，跑出加强美丽四川宜居乡村建设农村人居环境整治“加速度”，力争年内完成金石镇陈家坪、樊家大院，罗江镇大坪村，双龙镇曾家沟村、松坪村屈家大院等美丽庭院建设，率先建成全市美丽乡村示范带。

四、“党建＋改革”，提升农村增收制度力

深入学习贯彻习近平总书记对“三农”工作的重要指示精神，聚焦“坚定不移深化农村改革”，进一步释放农业农村发展的内生动力。以农村宅基地“三权分置”改革契机，盘活闲置宅基地，利用空闲安置房、农房，推进实施宅基地改革试点工程、土地增减挂、高标准农田建设等举措，对当地风貌进行升级改造，增加农户经济收入，促进新产业新业态有效落地。持续推动农业供给侧结构性改革，深化农村土地制度改革，通过农地“三权”分置改革，释放农村劳动力，促进城乡资本投资农业生产经营，促进农地适度规模经营，培育和发展新型农业经营主体。积极探索新型农村集体经济有效实现形式，发展壮大农村新型集体经济，让农民更多分享产业增收收益。

守住内心　勇于追求

河南省兰考县民政局

党史学习教育活动开展以来，兰考县民政局把推进党史学习教育常态化制度化作为重要政治任务来抓，坚持规定动作不走样、自选动作有特色，扎实做好各项工作。现总结如下。

一、党史学习研讨

以习近平总书记在党史学习教育动员大会上的重要讲话精神、习近平总书记在庆祝中国共产党成立 100 周年大会上的重要讲话精神及党史学习教育指定用书为重点，着力完善常态化长效化的学习机制。

一是上下联动学。认真贯彻落实学习，形成党组理论学习中心组示范学、支部大会引领学、党员干部自主学“三学联动”模式。发放专门的学习笔记本，定期督促检查，推动各项学习要求落到实处。2021 年以来，已先后举办中心组学习 3 次、支部学习 4 次，党组书记讲党课 2 次，支部书记讲党课 4 次，形成党组中心组学习笔记 18 篇、学习研讨材料 50 余篇、党员干部个人自学笔记均达到 40 篇以上。

二是集中辅导学。严格每周五学习制度，每周由班子成员领学党史学习教育资料。组织开展党史专题培训，于 5 月 12 日、26 日分两批组织党员干部到大别山革命老区，追寻革命足迹，聆听革命故事，感受革命精神，通过学习进一步激发了党员干部的爱国主义热情，进一步坚定了共产主义理想信念；组织机关党支部开展专题宣讲 4 场次，依托社工开展“童心向党”经典电影放映周活动，已在 14 个村（社区）放映电影 18 场；开展“老人口述史——忘不了的记忆”项目，以纪实的方式通过部分退伍老兵、见证历史发展的知名人士，结合自己的奋斗经历、兰考历史的变迁、经济社会发展实际讲好家乡故事，以身边人、身边事感染党员干部赓续红色基因，拼搏进取，弘扬正能量、奏响主旋律。

三是创新方式学。积极探索加强学习教育的新平台新载体，拓宽学习渠道，增强学习实效。在“七一”来临之际，举办迎接中国共产党成立 100 周年系列活动，共庆党的百年华诞。全体干部职工合唱《没有共产党就没有新中国》《歌唱祖国》等经典歌曲，用歌声忆光辉岁月、颂百年初心、续精神血脉；局党组书记、局长赵世国带领机关全体党员干部重温入党誓词，激励大家坚定理想信念，筑牢政治忠诚；局班子成员带领党支部委员到老党员家中走访，为“光荣在党50年”纪念章获得者佩戴纪念章，致敬老一辈党员对党的忠诚、对工作的坚守、对人民的付出、对理想的执着。认真聆听老党员对民政工作的指导意见和建议。

二、党员干部上党课

6月30日，局党组书记、局长赵世国以《从学习党史中感悟和践行共产党员的初心使命》为题，从“内心尊重群众、脑中装着群众、一切为了群众、热情关心群众、清正感召群众”5个方面阐述了学习百年党史的必要性和做好新时代民政工作的重要性，为全体干部职工上了一堂党史学习教育专题党课。6月3日和7月1日，民政局基层党支部书记分别为本支部党员讲授党课，勉励同志们深刻体悟中国共产党开创百年历史伟业的成功密码，理解民政部门在党的百年历程中担负的重要责任，强调全体干部职工要从党史学习中不断汲取营养、净化灵魂，激发动力、提升能力，为推动全县民政工作高质量发展贡献力量，为建党100周年献礼。

三、持续开展“我为群众办实事”实践活动

一是持续开展“情暖社区·关爱老人”义剪活动。为有效提高养老服务水平，让老人们在家享受到更高质量的居家养老服务，民政局采取政府购买服务的方式，自4月份，在3个街道的19个社区开展“情暖社区·关爱老人”义剪活动，活动中每月轮流到19个社区依次开展，每到一处，老人们有序排队，切实享受到了“上门”“专属定制”免费理发服务，得到了受惠老人们的一致赞许。截至9月底，此项目已惠及老人4708人次。

二是开展“整治村内环境，促进村民增收”活动。堌阳镇朱庄村是民政局的结对帮扶村，村内有废弃坑塘一个，多年无人管理，俨然成为一个垃圾场，为切实提升村内环境，增加村内集体收入，民政局联合朱庄村委大力开展了废弃坑塘整治活动，通过多方筹措资金6万元，对废弃坑塘进行整体改造提升，坑塘面积8亩，鱼苗13000余条，预计当年收益4万余元。现在已将多年来的“垃圾坑”变为一个景观塘、增收塘，构建了经济效益和社会效益双丰收的良好格局。

三是开展“预防走失，为爱行动”主题宣讲活动。5月9日是防走失日，为老人免费发放黄手环系列公益产品，帮助走丢老人安全回家。向老人宣传了黄手环行动与阿尔茨海默病预防知识，并向60岁以上有需求的老人发放了防走失定位贴与微信黄手环共40份。

四是开展“留守儿童和困境儿童关爱保护”活动。民政局建立了儿童福利政策宣讲活动长效机制，委托社会工作机构组建专业宣传团队，在全县范围内开展留守儿童信息排查、防溺水安全教育及政策宣传进村居活动，重点宣讲未成年人保护法、困境未成年人救助保护等政策法规和儿童防溺亡等安全自救教育知识等，提高儿童自我保护意识。社工已对464个村的4400余名留守儿童进行走访并填写留守儿童排查登记表，走访过程中发放口罩1500包、毛巾960条、圆珠笔、笔记本1700套、儿童关爱杂志500本、年刊685本、开展防溺水安全知识宣传及政策

宣讲 12 场次，发放防溺水宣传页 600 余份。

五是持续开展居家养老上门服务。投资 278 万元，为 1182 名分散特困供养老年人购买助洁、助浴、助医等居家养老服务，积极争取上级社工养老服务项目 3 个，为 1000 多名老年人开展助老服务。

六是深入开展了“解忧暖心传党恩”活动，持续走访排查困难群众，详细掌握社会救助政策落实情况，了解走访对象家庭人口、日常收支、困难需求等情况，及时调整低保政策享受人员名单，将符合条件的困难群众纳入低保范围，切实保障困难群众基本生活，4 月份以来，共将 810 人纳入低保救助范围。

七是开展“容缺受理”便民服务。为提高办事效率，为群众提供优质、高效、便捷的行政服务，民政局社会组织管理股对基本条件具备、主要申请材料齐全且符合法定形式的社会组织申办单位，在其次要条件或申请材料欠缺情况下，经过申请人做出相应承诺后先予以受理，全面优化民政系统政务服务和营商环境，提高办理社会组织审核、审批的实效，真正实现“让群众少跑腿，让信息多跑路”的服务模式，打造群众满意的民政窗口。

八是开展“童心向党”百米画卷献礼建党百年。兰考县民政局组织正心社会工作服务中心的专业社工开展“我为群众办实事‘童心向党’百米画卷献礼建党百年”系列活动。由儿童绘制“童心向党”画卷 10 幅共 100 米，让孩子们接受党史教育，激发其爱党爱国情感，感悟自己身上的担当与使命。

九是为低收入人群改造家庭基本面。民政局科级干部带领驻村工作队员深入结对村（社区）低收入人群及“两类人群”家中实地察看基本面情况，投资 7 万元为低收入人群垒建花园、硬化步道，吊顶，做防水，扣墙板，并按照“五不五有”标准配齐橱柜、桌凳、沙发等家具用品。

十是链接物资驰援灾区。因遭遇罕见持续性降水，我省多地因极端暴雨导致严重内涝，兰考县慈善总会闻“汛”而动，自灾情发生后，第一时间联系兰考县多家爱心企业向受灾严重的鹤壁地区捐赠物资，7 月 25 日，县慈善总会将 1200 箱矿泉水、250 箱泡面、250 箱馍干、50 箱牛奶送往灾区。

十一是党员干部在防控一线践行初心使命。民政局党员干部坚持人民利益高于一切的工作理念，在防控新型冠状病毒感染肺炎的斗争中积极发挥党员先锋模范作用，用实际行动践行初心使命。8 月 5 日起，无论烈日风雨和周末假期，民政局 19 名党员志愿者都坚守在裕禄大道 7 个防疫卡点和城东社区的志愿服务岗位上，劝导群众外出佩戴口罩，排查社区出入人员行程码、健康码，排查疫苗接种情况，登记人员信息，严控中高风险地区回兰人员，构筑起疫情防控的最后一道“防火墙”。

十二是在养老服务机构推行安装视频探视系统。疫情防控期间，为保障老年人的生命健康，我县 17 家养老服务机构实行全封闭管理，暂停亲属对入住老人的一切探视活动，但也由此激起了部分老年人的负面情绪，为避免和缓解老人因封闭管理产生的孤独感和疏离感，我局在惠德颐养院、老年公寓等养老服务机构安装视频探视系统，倡导老人和亲属通过视频、电话等非接触式探视加强彼此之间的沟通交流，此项措施受到了入住老人及家属的一致认可。

十三是举办“红色兰考·人才振兴”慈善助学活动。县慈善总会从2020年“99公益日”募捐的20万元资金，资助我县考入一本、二本院校的低保、特困、建档立卡、残疾人、边缘户、低收入户家庭的学生，共筛选确定资助贫困生40名，每人分获5000元的助学金。为助力发展我县民办教育事业，激励培养更多优秀人才，县慈善总会创新资助方式，动员创新中学、兴兰中学捐赠20万元，县慈善总会配捐20万元，签订合作协议，共同开展贫困家庭学生救助、困难教师救助。

十四是向结对村（社区）捐赠水泵。雨后，民政局班子成员带领党员干部到结对村（社区）检查村内防汛排涝基础设施建设情况，现场察看受灾农作物地块，并走访慰问了受雨灾影响的困难群众，要求驻村工作队多走访帮扶户，勤查看农作物，及时上报灾情，将防汛工作与乡村振兴工作结合起来，确保困难户灾年收入不减。为及时解决结对村（社区）排涝抗汛缺少水泵的问题，民政局及时捐赠水泵7台，帮助缩减抢排田间积水时间，确保农作物受损降到最低。

十五是开展“热血浓情·点亮生命”义务献血活动。为进一步加强精神文明建设，弘扬奉献、友爱、互助、进步的志愿者精神，9月9日上午，兰考县民政局组织党员干部参加义务献血活动。通过本次活动，7名党员共献血2800毫升。

四、存在问题

一是个别党员、部分群众的笔记记录不够好，达不到每天一篇。

二是个别同志学习只停留在记笔记上，学习内容不能入脑入心，没有真正弄懂悟透。

五、下步打算

持续抓好学习教育。突出政治引领，加强督导，继续抓好学习教育、交流研讨的组织实施，教育引导党员干部找准差距不足，检视自身问题，为下一步找差距、抓落实打下扎实的基础。

严格落实方案计划。按照时间节点要求，及时推进党史学习教育，对学习不扎实、工作进展缓慢的党支部进行通报，推进党史学习教育各项工作的落实落地。

注重宣传推广经验。注重总结党史学习教育中的好经验、好做法、好典型，加大宣传力度，营造浓厚氛围。及时用学习成果来推动工作取得实效，切实做到学习工作相辅相成、共同促进。

强化党建引领　提升服务能力

四川省凉山州第一人民医院党委书记　曹力生

凉山州第一人民医院始建于 1939 年，是四川省民族地区最早的一家三级甲等综合医院，也是重庆医科大学附属凉山临床学院、省医学科学院·省人民医院（集团）网络医院、省肿瘤医院（集团）凉山州分院。医院设院本部（顺城街院区）、马道院区、长安院区暨凉山州传染病医院三个院区，编制床位 834 张，开放床位 1600 余张。总占地 116.13 亩，总建筑面积 92700 平方米，业务用房 85000 平方米。医院党委下设 1 个党总支、18 个党支部，共有党员 674 名。

近年来，医院党委按照中央、省、州关于公立医院党建工作安排部署要求，认真落实党委领导下的院长负责制，有效发挥党委领导核心作用，及时把党建工作写入医院章程，修订完善《党委会议议事决策规则》《院长办公会议事规则》《党委书记和院长定期沟通制度》等管理制度，积极构建党委、党支部、党小组深到底、纵到边、全畅通、能联动的党建网络。以民族地区群众健康需求为导向，始终将党建同医疗、教学、科研、管理等业务工作同谋划、同部署、同推进、同考核，着力把党建工作成效转化为医院的发展活力和竞争实力。医院党委荣获中共四川省委表彰的“四川省先进基层党组织”2 次，荣获中共四川省委、四川省人民政府表彰的“四川省抗击新冠肺炎疫情先进集体”1 次。

一、强思想，在学习教育上下功夫

坚持把党的政治建设摆在首位，始终把习近平新时代中国特色社会主义思想作为党员干部的主课和必修课，全面指导各支部、每一名党员深入开展思想政治学习，构建一级抓一级、层层抓落实的党建工作责任制。建立常态化政治理论学习制度，采取集中学习与个人自学相结合的方式，通过党建月会、党委理论学习中心组学习会、主题党日活动、党务工作培训班、专题党课、“学习强国”APP 等多种形式，推动理论学习往深里走、往心里走、往实里走。2021 年，征订《中国共产党简史》等学习资料 4265 本，组织开展讲党课、现场教学等党史学习教育专题学习 30 余次，在健康凉山官微等平台推送党建理论文章 3 篇。

二、强制度，在党组织自身建设上求发展

修订完善党务工作人员职责和《党建月会制度》《“三会一课”制度》一系列党建工作制度，

不断推进医院党建工作规范化、程序化、制度化、科学化发展。督促指导各党支部严格落实“三会一课”、组织生活会、民主评议党员等工作，督促指导各支部制定年初计划和年终总结，定期检查支部工作手册记录、党员党费缴纳、发展党员等各项工作落实情况，支部书记在党建月会上以PPT形式作党建工作经验交流分享。支部工作实行清单制管理，建立责任清单、任务清单、问题清单“三张清单”，制定《基层党支部党建工作目标管理考核细则（试行）》，每月对照“三单”考核支部落实情况，将工作落实情况与党支部委员绩效挂钩。推行“把党员培养成专家、把专家培养成党员、把党员专家培养成干部”的“三向培养”模式，以提升党支部标准化规范化建设为重点，通过现任干部中“留”、后备干部中“提”等方式，选优配强1个党总支、18个党支部的书记、副书记，他们既在业务工作上发挥核心作用，又在夯实基层党组织战斗堡垒上发挥模范作用。

三、强业务，在服务能力上出实招

2021年3月23日，习近平总书记在福建考察时指出，“现代化最重要的指标还是人民健康，这是人民幸福生活的基础。把这件事抓牢，人民至上、生命至上应该是全党全社会必须牢牢树立的一个理念”。医院党委充分发挥把方向、管大局、作决策、促改革、保落实的领导作用，坚持把党建引领贯穿医院高质量发展、服务群众健康的全过程。党员骨干带头在近3年开展以肿瘤精准早筛、早查、早治为代表的新技术、新业务192项，胸痛中心、卒中中心、创伤中心、危重孕产妇救治中心、危重新生儿救治中心建设进入规范化、标准化进程。近年来，肿瘤手术加新技术放化疗、胸心血管外科微创手术、介入治疗、心脑血管急诊介入诊疗等系列项目的推广开展，真正解决患者大病不出州，解决群众“急难愁盼”问题。重点工作党委始终抓在手上，艾滋病防治工作第一阶段目标任务圆满收官，持续推动第二轮艾防工作。党员干部积极参与门诊导诊、维持秩序、乡村振兴、疫情防控、森林草原防灭火、爱国卫生运动、文明城市创建等志愿服务活动，推动党员干部下沉社区常态化长效化，真正做到党建工作与业务工作“同心同向、同频共振”。秉承“让信息多跑路、让患者少跑腿”的服务理念，不断优化就医流程、提高就医效率，推出预约挂号、移动支付、自助查询、电子票据、电子健康卡、诊间支付、医保结算自助终端机、“云病案”服务等一系列便民利民举措。

四、强作风，在党风廉政建设上狠发力

习近平总书记指出，新时代党的建设总要求是坚持和加强党的全面领导，坚持党要管党、全面从严治党。医院党委始终把履行全面从严治党主体责任放在首位，扎实开展党风廉政教育、警示教育、医德医风教育，定期召开党风廉政建设专题会议，多次组织观看廉政宣传片、警示教育片，在春节、端午节、中秋节、国庆节等节假日向全院干部职工发送廉洁提醒短信，定期对重点岗位管理人员进行轮岗，不定期对重点岗位、重点人员进行教育督促和廉政谈话，对所有新入职人员、实习生、进修生、规培生进行医德医风专题培训，筑牢全院干部职工的纪律意识、责任意识和担当意识。加强对党员领导干部的日常监督和管理，严禁医务人员收受红包、回扣，切断可能发生的微腐败链条。将工作任务层层分解落实到医院各领导班子成员、各科室，科室负责人全部签订党风廉政建设责任书、党风廉政建设个人承诺书和杜绝“小金库”承诺书。

五、强责任，在抓意识形态工作上求突破

落实意识形态工作责任制，长期把意识形态工作摆在医院工作的重要位置，牢牢掌握意识形态工作领导权、主导权、话语权。加强对意识形态领域重大问题的研究处置和重要阵地管理，制定《网络舆情应急处置预案》《微信公众号管理制度》《新闻发言人制度》《通讯员队伍管理办法》《网站管理办法》，规范医院网站、微信公众号的使用和管理。牢牢把握舆论主动权，提升对内对外宣传舆论的引导力、影响力、公信力，依托舆情大数据监测平台监控涉及医院的信息，对可能引发网络舆情的突发事件、热点敏感问题，快速应对、及时处置，防止网络舆情危机的发生，迄今已成功处置网络舆情苗头 13 起。

六、强使命，在定点帮扶上用实劲

积极践行社会公益事业，25 年来，医院党委一如既往对昭觉县开展驻村帮扶工作，始终把党建引领贯穿定点帮扶全过程。创新开展结对帮扶模式，落实产业帮扶、消费帮扶、教育帮扶、健康帮扶“四大”帮扶举措，如期完成新时代脱贫攻坚目标任务。目前，重新选派两位工作能力强的彝族干部担任凉山州昭觉县古里镇龙沟村、书租村驻村第一书记，持续开展乡村振兴定点帮扶工作，形成巩固拓展脱贫攻坚成果同乡村振兴有效衔接的工作合力。

七、强队伍，在人才建设上拓思路

认真落实党管人才要求，始终将“求才、用才、育才、留才”摆在重要战略地位，全面加强公立医院党对干部队伍和人才队伍的建设。2020 年以来，经高校双选会、人才引进政策，共计引进博士研究生、硕士研究生 46 人，发放高层次人才激励金 370 万元。认真落实住院医师规范化培训制度，2021 年入职本科住培结业生较上年同比增长 77%。

八、强科研，在学科建设上做文章

医院党委高度重视重点专科建设和科研工作，相继出台《重点学（专）科管理办法》《教学科研绩效管理办法》等管理制度和激励办法，从各方面对重点专科建设和科研工作给予支持，促进医疗、教学、科研水平综合提高。近五年，地市级科研立项率、结题率大幅提升，国家级、

省部级科研申报率、立项率逐步增加，建成儿科、肿瘤科等 8 个省级重点专科和肾病内科、骨科等 17 个州级重点学科。加快推动临床医生向“双师型”人才转变，积极为凉山基础医学教育及基层实用型人才成长创造良好条件。

九、强文化，在民族工作上用力气

医院党委全面贯彻党关于加强和改进民族工作的重要思想，以加强各民族团结和谐交往交流交融为目标，始终牢记“民族团结、医患和谐”的精神，常态化推进中华民族共同体意识宣传教育，努力构建“民族团结模范医院、医疗服务放心医院”。大力推广应用彝汉双语教育培训，精心选拔培养一批彝汉双语护士，解决患者看病就医沟通交流不畅的后顾之忧。在医院第三方服务中，给偏远地区少数民族群众提供较多工作岗位，对他们开展实用卫生技能健康教育培训，提高保安、保洁、护工等工作人员的健康意识、卫生习惯和职业防护技能，改善他们的生活条件。

风劲潮涌，自当扬帆破浪；任重道远，更须策马加鞭！站在“十四五”开局之年，州一医院将继续传承红色基因，弘扬革命精神，守初心担使命，全力推动公立医院改革纵深发展，着力加强公立医院党的建设，不断提高抓党建促发展的能力和水平，为加快建设健康凉山做出新的更大贡献。

树牢政治意识
推进党史学习教育走深走实

江西省于都县民政局　曾昭金

于都县民政局把抓好党史学习教育作为贯穿全年的重大政治任务，坚持把政治引领、政治标准、政治要求贯穿于学习教育的各方面各环节，对标规定动作做到位、自选动作有特色，努力将学史明理、学史增信、学史崇德、学史力行的目标要求落到实处，在学党史、悟思想、办实事、开新局上取得实效。

一、坚持把政治引领贯穿始终，把准方向定位

强化组织领导，成立以党组书记为组长的党史学习教育领导小组和指导督导组，班子成员和抽调精干力量加强对各支部、局属各单位党史学习教育的指导督导，结合部门实际制定了党史学习教育方案。强化动员引领，班子成员坚持以上率下，发挥好示范带动作用，在学习教育中做到标准更高、要求更严、落实更好，推动民政系统上下联动、一体推进，以高度的政治自觉投身党史学习教育，浓厚党史学习教育氛围。

二、坚持把政治标准贯穿始终，紧盯学习实效

上好开局第一课，深入学习习近平总书记关于党史学习教育的重要讲话重要指示精神、视察江西赣州（于都）重要讲话精神、对民政工作重要批示精神，强化理论武装，感悟思想伟力，筑牢信仰之基，着力提高“政治三力”。创新学习形式，举办一次读书班、组织一次专题调研、举办一次专题讲座、每一次专题学习开展交流研讨、每月组织一次党组中心学习、每月组织一次支部结合主题党日“3+X+3”学习、每周非工作时间开展一次 2.5 小时党史集中学习、举办一次党史知识竞赛、开展一次现场教学、讲好一次专题党课“十个一”活动。注重用好用活于都本地红色资源，开展读红色经典、讲红色故事、唱红色歌曲、看红色电影、参观红色教育基地“五红”活动。学习我县民政系统钟万祯、孙观云身边的典型。确保在真学真悟真懂真信中增强“四个意识”、坚定“四个自信”、做到“两个维护”。

三、坚持把政治要求贯穿始终，推动事业发展

立足习总书记关于民政工作“三个聚焦”“三基”职责重要指示精神，坚持学习实践同步推进，

把“我为群众办实事”实践活动作为出发点和落脚点，推动民政事业高质量发展。一是巩固拓展脱贫攻坚成果同乡村振兴有效衔接。将低保审核确认权限下放至乡镇，方便群众办事，坚守“应保尽保、应救尽救”底线，主动发现潜在返贫对象，及时将符合条件的困难群众纳入救助范围，提高临时救助反应机制，全县共保障城乡低保对象5.2万人。紧盯群众“急难愁盼”问题，开展“解忧暖心传党恩——情暖万家”主题实践活动，走访慰问困难群众850余人次，发放慰问款物3.8万余元，解决问题43个。投入120万余元通过公开招投标聘请第三方专业机构为分散供养特困人员提供精细化专业服务。二是建立健全养老服务体系。总投资3.3亿元的23个乡镇敬老院建设项目，已完成第一批11所敬老院建设并投入使用，2020年启动了第二批5所敬老院建设。投资亿元以上的于都老年养老示范基地、至善健康养老中心2个项目即将完工，以集中供养特困失能人员为主的岭背中心养老院已投入运营，集居家、社区养老为一体的嵌入式养老院于都桢爱养老中心已建成使用，全县23个乡镇198个具助餐、助洁、助浴、助安功能的农村互助养老设施初具规模。三是基层社会治理推进有效。指导全县394个村（居）圆满完成了第十一届村（居）民委员会换届选举，依法将村（社区）党组织书记选举为村（居）民委员会主任实现“一肩挑”比例99.24%，村“两委”成员交叉任职比例61.22%，确保了各村（社区）“两委”干部中至少有1名女性和大专及以上学历的成员。扎实开展民政领域市域社会治理现代化，殡仪馆搬迁和绿色殡葬改革有序稳步推进。

党建引领　书写退税减税精彩答卷

国家税务总局康保县税务局　樊智敏

为确保新的组合式税费支持政策落地生根，康保县税务局扛牢政治责任，突出党建引领，丰富党建内涵，为落实好新的组合式税费支持政策注入“红色动能”，把党建触角延伸到退税减税工作各环节、全过程，推动新的组合式税费支持政策落地见效、惠企利民，以实际行动助力市场主体更好发展。

一、党建引领聚合力，助企发展勇担当

为进一步激发党员干部干事创业、创先争优的饱满热情，康保县税务局进一步发挥好各党支部政治主导及战斗堡垒作用，要求部门重要问题必须先经过党支部研究和决策，形成支委会决议再组织实施。将退税减税工作与“三会一课”有机结合起来，不断增强党员干部狠抓退税减税政策落实的政治自觉、思想自觉和行动自觉。广泛开展“凝聚红色力量，助力退税减税”主题党日活动，充分发挥党建引领作用，助推退税减税直达快享。

积极探索“党建＋退税减税”工作模式，充分发挥新“纵合横通强党建”机制的优势，对内，组织党员骨干建立专业化团队，疏通、简化退税减税工作环节，依托税收大数据，建立退税减税工作台账，对退税减税企业进行分类分级管理，为其量身定制退税减税方案，推行退税减税“一条龙”服务。对外，积极向地方政府汇报退税减税工作推进情况，与财政、银行等相关职能部门沟通协调，争取多方支持，打通退税减税工作“最后一公里”。

二、支部引航齐发力，退税减税提质效

“一个支部就是一座堡垒。”康保县税务局将支部建在办税服务厅，让支部作为退税减税工作的前沿阵地，充分发挥支部的战斗堡垒作用，推动退税减税工作提质增速。

支部组织开展“三会一课”时，既深入学习习近平新时代中国特色社会主义思想，也系统学习退税减税政策文件，更好地实现了党建与业务的有机结合，夯实了退税减税工作的思想根基。同时，创建“管家式服务”团队，通过包联到户、按日统计、监控分析等动态管理，全面组织落实退税减税工作。

“疫情以来，我们的资金流一直十分紧张，好在国家有好政策。在税务干部的指导下，我通过电子税务局申请了留抵退税，当天就看到退税款到账。犹如‘雪中送炭’，盘活了我们目

前的现金流，极大缓解了公司资金压力，让我们对未来的发展更有信心。”康保华源新能源有限公司负责人刘学文激动地说。

三、党员先锋勤作为，贴心服务暖人心

“3400多万留抵退税款的及时到账，犹如‘雪中送炭’，盘活了我们目前的现金流，极大缓解了公司资金压力。”康保华源新能源有限公司负责人刘学文激动地说。“我们能够顺利办理留抵退税，离不开税务部门贴心、周到、高效的办税服务和政策指导，即使周末也有求必应，用最快的速度将‘退税红包’送到我们手上。”

作为一家风力发电企业，康保华源新能源有限公司资源优势得天独厚，但苦于前期投入建设成本较大，加上政策性限电以及国家电网补贴不能及时到位，从而导致连年亏损，濒临破产。正当企业为缓解资金压力发愁的时候，康保县税务局“党员先锋队”第一时间将增值税留抵退税政策推送给企业，并全程辅导企业线上申请留抵退税，为企业送上“真金白银”。

在新的组合式税费支持政策出台后，为高效落实留抵退税政策，康保县税务局及时抽调20多名党员干部组建“退税减税党员先锋队”，对内开展专题培训，对外开展全覆盖宣传辅导，向纳税人精准推送留抵退税政策。通过深入企业问计问需，精准对接市场主体涉税需求，建立“一企一策”。利用税收大数据平台加强税收数据分析，精准锁定符合政策享受条件的纳税人，通过电话、走访、税企微信群等方式，进行“一对一”宣传辅导。同时，在办税服务厅设立退税专窗，安排专人引导纳税人在电子税务局办理退税业务，确保遇到问题有人应，退税有人管，确保审核、受理、推送流程不断档不掉线。

四、初心不改敢冲锋，担当使命不言苦

2022年4月是退税减税工作的高峰期，工作千头万绪，而海量的减税降费数据统计是工作的重中之重。每当入夜，县局的办公楼总有一盏明灯亮起，这其实并不稀奇，这已经成为第一党支部纪检委员——张健的生活日常。

县局收入核算股共只有两名干部，作为负责人、党员的他自然而然就承担起了股室的大部分工作。一方面他承担起本次退减工作中的政策宣传辅导工作，他认真学习新政策，不断总结政策疑点难点，以创新性的思维生动易懂地向基层税务干部和纳税人讲解政策内容，另一方面，面对大量的退税信息，他再次义不容辞地站了出来，仔细核算争取做到应退尽退，同时结合核算报表，他认真分析，撰写报告，为当地政府和上级税收机关提供了翔实可靠的分析。面对退减工作时间紧任务重的工作形式，基层岗位每天的工作量很大，会统核算、减免报表、测算分析、退税对账，让工作经验不长的他应接不暇，用他自己的话说就是自己在退税减税的战场上已经练就了十八般武艺。他没有抱怨，他说，这个时候作为一名共产党员，必须冲锋在前。

三个“一” 夯实党建引领基础

贵州省盘州市总工会

习近平总书记强调：“新形势下，工会工作只能加强，不能削弱；只能改进提高，不能停滞不前。”新形势下，党和国家对工会工作提出了新要求，这对工会来说是新挑战，也是新机遇。近年来，为抓住新机遇，迎接新挑战，开创新局面，盘州市总工会党组突出三个“一”，夯实党的“领头雁”基础，持续强化党组织的建设，在基层组织建设、户外劳动者综合服务站建设、凉都工匠场、文体活动、职工职业技能竞赛、困难职工解困脱困、服务职工群众等工作中取得了新成效，有了新突破，为盘州工运事业打开新局面，奠定了坚实基础。

一、坚持一个领导

始终坚持党对工会工作的绝对领导，把党建工作放在突出位置，认真贯彻落实中央和省、六盘水市和盘州市委关于党的建设和群团工作的决策部署，以党建带工建，妥善处理抓党建与抓业务的关系，做到同安排、同部署。市总工会把学习贯彻党的理论创新成果、大政方针政策、重要决策部署作为一项极端重要的工作长期坚持，将相关内容纳入党组中心组学习研讨、“三会一课”、党组会议以及每周干部职工例会当中，切实提升干部职工的思想认识高度，坚定理想信念，推动理论知识学习与实际工作相结合，确保党的决策部署能够得到及时、有效的落实。

二、建强一个组织

市总工会牢牢掌握党建工作重点，不断加强党组的思想建设、政治建设、组织建设、作风建设、纪律建设和制度建设，用过硬的作风、良好的工作状态影响带动基层工会、机关支部，持续提高党组的辐射带动能力。通过形成监督检查机制，定期对党组会议定事项的贯彻落实情况进行跟踪，推动履职尽责；通过每月至少开展2次干部作风检查，加强作风建设，保障工作纪律；通过干部职工每周汇报上周工作小结和下周工作计划，统筹业务工作进度，增强工作实效。

三、带好一个班子

坚持以党组带动支部、以组织带动个人、以先进带动集体，选优培强班子成员、机关支部班子。通过思想政治教育、理论知识学习、业务素质提升等有效举措，培养有能力有思想的班子队伍。

通过严格执行“三重一大”报备、重要事项请示报告等措施，一体推进不敢腐、不能腐、不想腐，建成干净担当的班子队伍。通过严格落实民主集中制、党组议事规则等制度，充分发挥班子作用，群策群力，打造有聚力战斗力的班子队伍。

以清廉医院建设　促医院业务发展

河南省鹤壁市中医院

医院的工作直接面向社会，面向群众，与人民的生老病死及生活息息相关，加强党风廉政建设，杜绝商业贿赂，培养和锻炼一支医德好、医术精、医风正的高素质队伍，不仅关系到病人的治疗和康复，还关系到社会风气的好坏。近年来，鹤壁市中医院坚持“一切以病人为中心”的服务理念，不忘初心、牢记使命，以党风廉政建设为导向，转作风、抓落实，持续提升医疗服务质量，将清廉医院建设与医院管理相结合，运用中医“治未病”的理念，以围绕廉政文化建设为抓手，抓班子、带队伍、强机制、抓落实，不断推进党风廉政建设向纵深发展，持续保持高压态势不断加大治本力度，逐步形成不敢腐不能腐不想腐有效机制，为医院的健康、快速高质量发展带来生机和活力。

一、坚守责任担当，推动党风廉政主体责任落地生根

（一）落实主体责任

一是紧密结合医疗改革发展实际，抓住落实主体责任的“牛鼻子”，不断强化政治意识、大局意识、核心意识、看齐意识，切实把思想统一到中央、省委、市委的决策部署上，把行动落实到推进医院改革发展的实践中。二是党委书记把“第一责任人”职责放在心上、扛在肩上、抓在手上，切实当好党风廉政建设的领导者、执行者、推动者。三是班子其他成员切实履行“一岗双责”，做到业务工作管到哪里，党风廉政建设就深入哪里。

（二）层层传导压力

一是3月18日召开党的建设暨党风廉政建设工作会，坚持层层压责、严字当头，构建全面从严治党一级抓一级、层层抓落实的工作格局。二是与各党支部、各科室签订党风廉政目标责任书36份；紧盯节假日，开展廉政谈话8次，围绕杭州三甲医院麻醉科医生和郑州市六院“套保”问题在全院召开以案促改部署会2次，党员领导干部结合岗位特点，撰写剖析材料100余份；对新调整任用的13名正科19名副科和5名副科级交流干部开展任前集体廉政谈话，并签订《廉洁自律承诺书》；“一把手”与班子成员开展谈心谈话2次，与中层干部一对一谈心谈话1次；严查工作纪律，开展疫情防控、节假日值班、工作纪律检查6次，全院通报4次，涉及科室8个，批评教育10人次。三是严格落实中央八项规定精神，驰而不息纠正“四风”，加强公务接待、

公务差旅、公务用车等管理，推动作风建设常态化长效化。

（三）自觉接受监督

一是严格执行“三重一大”、医疗行业“九不准”等制度。突出监督重点，建立健全防止利益冲突机制，主动破解“一把手”监督难题，围绕选人用人、重大决策、资金使用和项目安排等，做好权力运行监督，形成“副职分管、正职监管、集体领导、民主决策”的权力制衡机制，防止决策失误、权力失控和行为失范。二是深入开展查处医药购销和行医中不正之风专项行动，坚决纠正医疗卫生服务方面损害群众利益行为。对违反“九不准”规定的行为，发现一起、坚决查处一起。完善医德考评制度，将医疗卫生人员的违规违纪行为记入个人诚信档案，加大对收受红包、回扣，滥检查、乱收费等损害群众利益的行为的查处力度，促进加强行业自律。

（四）严肃党内政治生活

一是顺利召开第一届全体党员大会，选举产生第一届党委委员、纪委委员。党委班子成员深入各支部开展组织生活会 2 次，围绕巡察反馈的问题开展高质量民主生活会 1 次。二是围绕星级支部创建工作设置党员活动和廉政谈话室 4 个，结合“三级医院”创建、推进 6S 管理、科室品牌创建等工作，设置特色党小组 16 个，充分发挥党员先锋作用。三是通过“三会一课”、主题党日、支部书记上党课等开展理想信念教育，教育引导广大党员干部坚定理想信念，对党绝对忠诚，自觉在思想上政治上行动上同以习近平同志为核心的党中央保持高度一致。全年开展主题党日活动 12 次，“三会一课”12 次，组织党员干部 80 余人到石林会议旧址党史教育基地开展党史学习教育。

二、把廉政文化建设与制度和机制相结合，构筑抵御商业贿赂的防火墙

（一）严明党的纪律规矩

以学习贯彻落实《党章》《廉洁自律准则》《纪律处分条例》《问责条例》《新形势下党内政治生活准则》《党内监督条例》等为重点，深入开展政治纪律教育和监督，严格执行党的政治纪律、组织纪律、廉洁纪律、群众纪律、工作纪律、生活纪律，督促党员干部严格遵守党章党规、自觉维护中央权威，自觉做到在政治上讲忠诚、组织上讲服从、行动上讲规矩，形成遵纪守规的良好习惯。始终把维护党的政治纪律和政治规矩放在首位，坚决纠正和查处上有政策、下有对策，有令不行、有禁不止，口是心非、阳奉阴违等行为。

（二）扎实开展廉政警示教育活动

召开党风廉政专题会议 4 次，学习传达《中央纪委国家监委公开通报十起违反中央八项规定精神典型问题》《省纪委监委通报 5 起违反中央八项规定精神问题》《市纪委关于三起违反中央八项规定精神问题的通报》《中华人民共和国监察法实施条例》等，教育引导干部职工遵规守纪，树立积极向上、干事创业、风清气正的良好行业形象。运用正反两方面典型，增强廉

政教育的说服力和感染力，提高教育的针对性和有效性，筑牢拒腐防变的思想道德防线。

（三）完善廉政风险防控机制

一是制定印发《中共鹤壁市中医院委员会关于印发违反医疗卫生行业行风建设“九不准”和严明工作纪律加强作风建设的有关规定及违反规定的处罚办法的通知》《市中医院围绕郑州市第六人民医院医用耗材“套标”问题开展以案促改工作实施方案》，将医德医风考评结果与各科室绩效工资挂钩，加强对廉政风险的动态排查和防控措施的跟踪落实，不断健全风险预警机制。二是建立药品、耗材、设备代理商来访登记制度，严禁代理商到诊室药房推销产品，与医药商签订医药产品廉洁购销合同；5万元以上支出由党委会集体研究决定，大项工程及设备一律推行“阳光工程”公开招标采购。三是医用耗材推行SPD管理，通过第三方专业物流平台，借助条码识别技术，保证可靠准时、多次少量、可追踪的耗材供应，规范简化流程，提高效率，减少差错的同时规避廉政风险；探索推进处方（医嘱）前置审核，进一步优化就医流程，规范用药行为。四是深化服务对象第三方满意度评价工作，抓好党务公开和院务公开，主动回应社会关切问题。

（四）以党建查房制度促清廉医院建设

围绕党建工作制度贯彻情况、科室业务发展建设情况、医护人员廉洁行医情况，制定《市中医院党建查房制度》《市中医院“党建查房”实施细则》，党委书记带队9次深入科室调研，走访患者、倾听意见，梳理台账问题5条并整改完成。将“党建查房”各项管理和评价都转为评得出、量得准的“刚性指标”，院党委的指导力和党支部（党小组）的执行力融为一体，形成了以考促改、以评促建、以导促管的良性工作机制，提升了全院职工的凝聚力和向心力。

“党建 +N”模式 助推中心业务发展

贵州省天柱县中医院

近年来，天柱县中医院坚持以党建引领人文医院发展，通过探索“党建 +N”模式，有效推进党建与人才、民族医学、医疗业务、服务体系深度融合，使党建工作成为助推业务发展的有力引擎，以高质量党建推动医院高质量发展。

一、“党建 + 人才”，多渠道培养人才队伍

一是坚持“走出去，请进来”相结合，聚焦短板，精准发力。联合贵州医科大学附属医院、遵义医科大学附属医院、贵州中医药大学附属医院，持续输出业务骨干进修 20 余人次。引进后备人才 90 余人次，贵州中医药大学第二附属医院定期分批次选派 3 名专家不间断对我院进行技术帮扶，在帮扶专家的指导下，开展教学讲座 24 次。二是坚持“双培养”机制，注重培养党务强和业务强的“双强”干部，把业务骨干培养成党员、把党员培养成业务骨干。通过理论与实践、线上与线下的方式，加强党员干部职工思想淬炼，全面推进“铸魂赋能，提质增效”。

二、“党建 + 设备”，构建科学发展新模式

一是完善医院设施建设，提升医疗质量服务，奥林巴斯 CV-290 电子胃肠镜、经皮微创关节镜、膝关节镜、电子胃肠镜等医疗设备的投入，强化医疗专科建设；智慧医疗自助机项目、黔康码管理信息系统、一站式服务大厅等项目并投入使用，群众就医问诊成效进一步巩固提升，大力解决群众就医排长队现象，提升医院整体服务水平。二是搭建专科联盟，实现医疗共享，与贵州医科大学第二附属医院、贵州航天医院搭建了呼吸及呼吸危重症专科联盟，2021 年开展远程会诊 10 例，其中与余杭区会诊 3 例，与贵州中医药大学第二附属医院开展 7 例。

三、“党建 + 民族医学”，推动中医药事业发展

一是以“发扬民族医药，造福人类健康为已任；坚持以患者为核心，以科技为依托，以诚信为根本”的宗旨，将医疗和科研有机地结合起来，挖掘贵州侗、苗各民族医药的丰富资源。此前已顺利完成第四次全国中药资源普查项目的省级验收。2021 年 8 月份启动了天柱县中医院苗侗医药文化园建设，分以中药标本为主的展览室和以实物为主的百草园项目，共种植 50 余种

中草药，计划种植500种以上。二是积极培育“中医优势病种”，开展单病种付费工作和中医优势病种工作。将颈椎病、腰椎病、面瘫病列为中医优势病种，优势病种全年出院人次占总人次的78%以上，据统计，针灸科颈椎病、腰椎病的好转率在98%以上，面瘫好转率95%以上。

四、“党建＋文化”，激发发展新活力

一是创新形式，激发干部职工内生动力。组织开展元旦节登山、“三八”妇女节、“5·12”国际护士节活动及喜迎建党百年“学党章、知党史”知识竞赛等活动。二是深入联系群众，以“四心服务”为抓手，成立志愿者工作站，启动了“学雷锋志愿者服务”活动项目，有效优化就诊程序，改善了“到处问，到处跑”的现象，干部职工积极参与到志愿服务人数为988人，累计为患者服务3952小时，服务群众达35000余人次。结合“我为群众办实事”实践活动，深入开展“党心连民心、健康基层行、中医进万家”大型义诊活动，赴邦洞街道米溪村、蓝田镇三合村、坌处镇清浪村等地开展义诊活动，服务基层群众1400余人次。

“党史 +”助力生态环境能力建设

宁夏石嘴山市生态环境局

党史学习教育开展以来，市生态环境局将党史学习教育与习近平总书记在黄河流域生态保护和高质量发展及视察宁夏的重要讲话精神相结合，坚持精准治污、科学治污、依法治污，努力提升生态环境监测监察能力现代化建设水平，为我市深入打好污染防治攻坚战奠定基础。

一、“党史 + 改革创新”，提升排污权内生动力

市生态环境局以学史力行为突破点，深化排污权改革，提升排污企业减污、降碳、强动能主动性。创新排污权市场交易机制，积极建立社会资本投入生态环境保护的市场化机制，探索第三方环境治理减排量与排污企业需求量相挂钩，推行治污集约化、产权多元化、运行市场化。依托石嘴山市生态环境指挥调度中心监管平台，建设石嘴山市排污权数字化管理平台，实现企业污染物排放总量的实时监控、实时核量和提前预警功能，为后续企业排污总量监管提供技术支撑。

二、“党史 + 生态文明”，提质环境监测扩项增动能

市生态环境局以学史崇德为出发点，积极申报创建生态文明示范市，印发实施《石嘴山市生态文明建设规划（2020—2025 年）》，围绕国家生态文明示范市建设涉及的六大领域、九大任务、36 项指标对标对表、查漏补缺。在环境监测方面，以地表水、地下水、集中式饮用水水源、废水、废气、土壤等为攻坚重点，扎实开展监测扩项评审。

三、“党史 + 项目入库”，提高生态环境监管水平

市生态环境局以学史增信为切入点，紧扣“六争两招两引”重点工作，精心谋划《石嘴山市、乌海市大气污染区域联防联控》《石嘴山市挥发性有机物（VOCs）监测监管能力》等大气、水及土壤污染防治项目 9 个，及时将谋划储备项目填报到生态环境部项目管理系统，为争取中央专项资金支持奠定基础，并对储备项目实施动态管理，及时调整更新。《2021 年石嘴山市土壤环境监测能力建设项目》和《石嘴山市大气监管能力提升项目》被纳入生态环境部储备项目库，争取到中央专项资金 1280 万元。项目建成后将填补工业园区周边土壤监测工作空白，实现挥发性有机物精准溯源，有效遏制臭氧和土壤污染现状。

四、“党史 + 监测质量”，提升生态监测数据质量

市生态环境局以学史明理为落脚点，制定《石嘴山市生态环境监测站2021年质量监督计划》，不定期采取现场检查、实验室分析监督、盲样考核等方式开展内部质控考核，现场采样及实验室分析全过程监督检查；充分发挥生态环境指挥调度中心50套高空瞭望、300套在线自动监控及污染源全过程监控设备、70个工业堆场扬尘监控设备、5套激光雷达、3套恶臭气体监测设备、6套固定式尾气遥测设备等信息化手段，精准运用“1+2+9+700”网格化管理机制，建立了转办、督办、办结、后督察闭合式管理机制，坚持对企业违法行为“零容忍”，发现一起，严肃查处一起。2021年以来，通过市生态环境指挥中心环境信息化监管平台累计转办各类环境问题1200余个，发布调度指令200余条，为基层环境执法监管和深入推进全市生态环境综合整治提供重要依据。

五、“党史 + 主动服务”，提升生态环境应急水平

市生态环境局以“学党史、悟思想、办实事、开新局”为着力点，在面对新冠肺炎及鼠疫疫情防控工作新要求，迅速制定并启动疫情期间医疗废物处置应急预案，紧盯医疗废物运输、安全处置工作环节，三县区分局结集行动，快速响应，制定鼠疫疫情防控七项要求，加强对定点医院、隔离酒店、医疗废物处置单位等场所的监管力度，出动180人次监督检查16家医院及2家医疗废物处置点，确保疫情医疗废物全过程监管，加强生态环境监测、执法、应急保障和重点人员闭关管理，切实守好疫情防控最后一道防线。

“1+2+3”强力助推党建工作高质量发展

国家税务总局金昌市金川区税务局 田伯超

自2018年7月20日挂牌成立以来，金川区税务局始终坚持以习近平新时代中国特色社会主义思想为指导，不断加强政治机关建设，着力增强政治意识，坚持政治领导，强化政治功能，巩固政治根基，严守政治纪律，不断创新基层党建模式，主动适应基层党建新要求，充分发挥税务部门机关党建的积极作用，从根本上保证党的税收事业持续健康发展。金川区税务局共设立党总支1个，党支部6个，目前有中共党员94名（预备党员4名），入党积极分子8名，其中35岁以下党员21名，占党员人数的22.34%；本科及以上学历党员83人，占党员人数的88.3%。近年来，金川区税务局牢固树立“围绕税收抓党建，抓好党建促税收”的理念，创新推行“1+2+3”党建工作机制（聚焦一个目标：党建红+税务蓝，新征程展现新作为；抓好两个创建：创建三个品牌：镍都税先锋、“税小蓝”365、书记工作室；创建七个示范岗：“税雷锋”示范岗、青蓝创优示范岗、清风护航示范岗、智税金川示范岗、税企连心示范岗、惠农服务示范岗、退役军人涉税服务室；推进“三务”融合：以深入推进“纵合横通强党建”工作机制为抓手，促进党务、业务、服务深度融合，达到“抓好党务、干好税务、带好队伍”目标，为高质量推进新时代税收现代化提供坚强保障、注入强劲动力），注重抓基层打基础、抓亮点求突破、抓创新增活力，大力推进金川税务党建制度化、标准化、品牌化建设，党建工作整体水平得到有效提升。

一、打通“主动脉”，推进政治功能实体化

金川区税务局始终秉持税务机关首先是政治机关的理念，坚持以习近平新时代中国特色社会主义思想为根本遵循和行动指南，自觉贯彻新时代党的建设总要求和新时代党的组织路线，牢固树立主责主业意识，积极履行基层党建工作职责，确保党中央决策部署和上级党委重要决定在区局落地落实。深入贯彻落实习近平总书记重要讲话精神，不断增强践行“两个维护”的思想自觉和行动自觉，抓常抓严政治理论武装和政治机关意识教育，严格执行“第一议题”制度，不断提高“政治三力”。创新建立“五学联动”（班子领学增动力、潜心自学筑根基、青年研学促思政、参观见学强领悟、比学助学促吸收）学习机制，打造“五微一体”（微课堂、微信息、微书馆、微论谈、微活动）活动机制，增强了理论武装的针对性、实效性，实现了党的创新理论学习全覆盖，推动了“税务机关首先是政治机关”理念深入人心。认真贯彻税务总局党委《关于进一步完善新“纵合横通强党建”机制体系的意见》，全面落实《全国税务系统党的建设工

作规范》，制定印发《深入推进党的建设高质量发展两年行动方案（2021—2022 年）实施办法责任清单》，推出政治建设、思想建设等 8 方面质量提升行动和 54 项具体措施，为重大决策落实和全局工作推进提供了坚强政治组织保证。

二、搭建“强磁场”，推进组织功能实体化

优化完善“纵合横通强党建”机制制度体系，着力构建横向到边、纵向到底、内外互动、上下联动、齐抓共管、整体推进的党建工作新格局。自觉主动接受地方党委及其工作部门领导，主动融入地方党建工作，累计向地方党委、政府部门走访汇报相关工作 30 余次，健全完善信息互通、统筹协调、沟通汇报等机制，充分发挥条块共管优势，促进区局党组织建设和党员教育管理监督、群团组织建设、精神文明创建等工作走在本地前列。牢固树立“把抓好党建作为最大的政绩”的责任意识，实施支部建设提质工程，整合优化党支部设置，创建了聚焦纳税人缴费人急难愁盼问题，推行党员挂牌上岗、亮明身份制度，切实为纳税人缴费人办实事、解难题的“镍都税先锋”党建品牌；聚焦凝聚“条”“块”最大合力，实现党建工作与业务工作深度融合，探索税企“亲清”关系新模式的“书记工作室”党建品牌；聚焦凝聚新发展阶段税收现代化青春力量，鲜活组织血液，形成正向激励，切实增强党组织生机活力的“税小蓝 365”党建品牌。以党建引领推动税收工作提质增效，将党建工作、税收工作融入地方“大盘子”，更好服务经济社会发展大局。

三、启动“推进器”，推进教育功能实体化

积极实施教育培训工程，搭建涵盖思想素质、作风素质、能力素质的党性教育框架和业务素质高、责任心强、工作绩效好的专业培养框架。开办党支部书记培训班，举办“党支部建设”论坛，深化“支部工作法”案例总结运用，开展支部工作经验交流会，创新党支部活动方式，加强学习交流和互促共进。着力推进“双培”工程实施，引导全局党员干部积极承担起“党建引领税收发展”的纽带作用，消除“党建与税收业务”缺乏结合点的堵点，三年来共将 9 名业务骨干培养为中共党员，将 12 名中共党员确定为业务骨干培养对象，其中青年党员 9 人，占培养比例 75%，有效推进金川税务迈进党建和税收主业“一抓双提升”的快车道。完善教育培训体系，实施青年理论学习提升工程，成立青年理论学习小组 3 个，开设“青年夜校”17 期，与“青年干部理论讲堂”“部门负责人上讲台”有机结合，运用“学习兴税”平台，实现线上线下灵活多样有质有效的学习教育形式，强化专业能力和专业素养，落实落细“学习型机关”建设。

四、找准“聚力点”，推进服务功能实体化

税收工作一头连着党的大政方针，一头连着国计民生。面对突如其来的新冠肺炎疫情、政策性减税降费等严峻复杂的组织收入形势，金川区税务局党委充分发挥党建引领作用，团结带领全体党员干部坚持组织收入原则，统筹推进疫情防控和纳税服务工作，既确保减税降费政策精准落地，又坚决完成预算确定的组织收入任务，为全区经济社会发展提供了坚实的财力保障。着力在党建引领税收高质量发展上加以探索和实践，通过抓好党建持续为税收中心工作引来“活水”，进一步发挥党委引领、支部落实、党员带头三级联动作用，设立了“税雷锋”示范岗、青蓝创优示范岗、清风护航示范岗、智税金川示范岗、税企连心示范岗、惠农服务示范岗、退役军人涉税服务室七个特色示范岗。以党建为引领，深化“放管服”改革，着力提升税费服务质量，推出“简事快办”“容缺受理”“涉税军人服务室”“首席审批官”“境外涉税辅导”等金川税务特色服务，用心用情用力解决好群众急难愁盼问题，其中甘肃首家退役军人税费服务室被金昌市政府评为“金昌市2021深化放管服改革优化营商环境提质提标十大亮点”之一。持续开展“便民办税春风行动”，广泛开展“主题党日+”活动，深化税企党建结对共建。积极搭建“税企服务站”，成立以党员突击队和青年先锋服务队为主的授课团队，按照“随需随授”原则为纳税人提供“定制”服务，共举办20期424人次的特色培训，受到纳税人缴费人一致好评，税收营商环境展现新气象。“一名党员就是一面旗帜”，广泛开展“亮身份、亮职责、亮承诺”特色实践活动，先后成立疫情防控志愿服务队4个、“党员先锋队”3个、学雷锋志愿服务站1个，青年志愿服务队1个，攻克乡村振兴、疫情防控、文明创建等重点工作，以实际行动诠释新时代税务精神。

五、打好“组合拳”，推进监督功能实体化

坚持党员监督日常化，坚持抓党风廉政建设不放松，深入开展“违规收送礼品礼金、私车公养问题”专项整治工作和纪律作风问题专项整治工作，扎实开展“以案明纪”专题警示教育，严肃查处公款吃喝送礼、违规收受礼品礼金、违规接受管理和服务对象宴请以及出入隐秘场所等“四风”问题。常态化开展廉政教育，强化日常监督，探索建立干部职工“八小时以外”监督管理办法，加强党员干部“八小时之外”监督管理，组织廉政专题学习，切实增强干部职工廉洁从政和拒腐防变能力。设立税务廉政文化长廊，大力弘扬共产党人忠诚老实、公道正派、实事求是、清正廉洁等价值观，大力弘扬冲锋在前、敢于担当、求真务实、真抓实干的文化，大力弘扬艰站稳政治立场，牢固树立宗旨意识，大力弘扬艰苦奋斗、勤俭节约、从严治家、不谋私利的文化，大力弘扬勤政为民、团结奋进、关心友爱、互助协作的文化。同时，关心关爱干部职工，努力为干部职工办实事，排忧解难、凝心聚力，营造积极向上的机关氛围。

笃定实干争朝夕，不负韶华勇奋进。在上级党委和区委、区政府的坚强领导下，金川区税务局先后荣获了第十四批省级精神文明建设先进集体、甘肃省税务系统先进集体、甘肃省青年文明号、金昌市五一劳动奖状、全市助残先进集体、全市巾帼文明岗、全市第四次全国经济普查先进集体、全市七五普法先进集体、全区双拥工作先进单位、全区先进基层党组织等多项荣誉。新起点展现新气象，新征程呼唤新作为。在党旗引领下，金川区税务局党员干部将更加勠力同心、踔厉奋发，为高质量推进新发展阶段税收现代化，加快建设幸福美好金川作出新的更大贡献，以优异成绩迎接党的二十大胜利召开！

以高质量党建引领自然资源工作跨越式发展

内蒙古乌审旗自然资源局

2021 年乌审旗自然资源局坚持以习近平新时代中国特色社会主义思想为指导，紧扣机关党建目标任务扎实开展工作。

一、坚持政治理论学习，扎实开展党史学习教育

一是始终坚持把政治建设摆在首位，深入学习贯彻习近平新时代中国特色社会主义思想和党的十九届二中、三中、四中、五中、六中全会精神，习近平总书记参加内蒙古代表团审议时的重要讲话精神，认真学习贯彻习近平总书记关于民族工作和铸牢中华民族共同体意识工作的重要论述，在学懂弄通做实上持续用力，不断增强“四个意识”、坚定“四个自信”、做到“两个维护”。二是扎实开展党史学习教育。围绕党史学习教育总要求，及时召开党史学习教育动员部署会，制定《乌审旗自然资源局党史学习教育实施方案》，明确党史学习教育的学习内容、学习阶段、学习要求，为有力推进党史学习教育工作提供根本遵循。为全体干部职工购置党史学习教育专用笔记本，订购四本指定书籍 68 套以及习近平总书记“七一”重要讲话单行本，做到全体党员人手一套，方便党员自主学习。2021 年 4—9 月，安排全体干部职工每日进行党史知识自学。年内，党员领导干部讲党课 2 次，开展集中学习 40 余次，集中研讨 5 次，举办学习交流会 1 次，专题读书会 1 次，赴红色教育基地研学 1 次，进行 5 次知识测试，召开党史学习教育专题组织生活会 1 次，党员人均笔记在 2 万字以上。

二、聚焦落实党建责任，提升党建工作水平

一是认真履行第一责任人职责。坚持主动抓党建、带头抓党建、自觉抓党建。牵头制定《乌审旗自然资源局 2021 年党建工作要点》，带头严格执行党的组织生活制度，落实“三会一课”、民主评议党员等各项制度，积极开展志愿服务、文明城市创建、法制宣传、扶贫帮困等主题党日活动。二是强化意识形态工作。全年召开意识形态分析研判报告会 4 次，各股室、基层自然资源所负责人向分管领导汇报意识形态（网络意识形态）工作 1 次，开展意识形态专题督查 1 次。2021 年，全局意识形态领域（网络意识形态）未发生重大问题。三是从严抓好党风廉政建设。严格落实主体责任，认真履行“一岗双责”。年内召开专题党风廉政会议 1 次，班子成员汇报

分管领域党风廉政建设工作 4 次，班子成员与分管口干部开展廉政谈话 4 次。组织党员干部观看警示教育片 3 部，专家讲授案例剖析 1 次，开展集体廉政谈话 1 次、身边事教育身边人警示教育会 2 次。

三、夯实党建基础，促进支部标准化规范化建设

一是完善党的组织设置。年内进行了支委班子换届选举工作，选优配强了班子成员，增强班子战斗力。二是严肃党内政治生活。全面落实“三会一课”、组织生活会、领导干部双重组织生活、民主评议党员、谈心谈话等组织生活制度，全年主持召开党员大会 6 次，支委会 6 次，讲党课 2 次，开展党员固定活动日活动 11 次。上交党费 21794 元，表彰优秀共产党员 4 名，完成 1 名预备党员转正，4 名发展对象转预备党员的工作。三是健全党内关怀机制。对机关党员和 3+1 互助共建联系嘎查党员情况进行摸底，开展重要节日期间对联系嘎查党员、驻村干部、困难党员的关怀慰问活动。2021 年以来，共慰问党员群众 11 人。四是在职党员进社区工作有序开展。年初与独贵龙社区签订互助共建协议，全体在职党员深入居住地社区报道，进行了岗位认领，支部与独贵龙社区共同开展活动 7 次，结合疫情防控、全国文明城市创建工作，组织局机关党员到居住地社区参与活动，进行志愿服务近 100 人次。

四、凝聚党建力量，强化重点任务落实

一是深入开展“我为群众办实事”。坚持开门纳谏，党史学习教育开展以来，列出问题清单 6 项，已全部完成整改。机关党员全部认领完成微心愿。深入开展民族团结一家亲活动，走访慰问独贵龙社区 8 户困难户，解决实际问题 2 项。结合主题党日活动、社区活动，进社区进行自然资源法律法规宣传宣讲以及问题解答 8 次；各基层自然资源管理所利用苏木镇、嘎查村集市进行自然资源法律法规宣传，农村牧区宅基地、设施农用地办理程序宣传解答。二是促进乡村振兴。选派 1 名优秀党员干部长期担任梅林庙嘎查第一书记，因地制宜，立足实际，不断发展壮大村集体经济，主动为帮扶嘎查和企业搭建桥梁，为嘎查拓展销售渠道和空间。2021 年，梅林庙嘎查实现集体经济收入 102 余万元。三是常态化开展疫情防控工作。积极配合社区疫情防控工作，进一步摸清责任片区的住户情况，建立台账，划分责任人，常态化开展疫情防控工作。四是深入开展机关党建“灯下黑”专项整治工作。及时制定《乌审旗自然资源局开展机关党建“灯下黑”问题专项整治推进机关党建提质升级实施方案》，对照标准查摆出问题 3 项。针对存在的问题提出了切实可行的整改措施，确定责任人，扎实开展整治，均完成整改。五是促进民族团结，推行使用国家统编教材。开展《中国共产党统一战线工作条例》、民族团结、铸牢中华民族共同体意识的专题学习，并积极做好思想疏导、政策宣传等工作。

“三抓三促”推动党史学习教育走深走实

云南省保山市隆阳区住房和城乡建设局

2021 年以来，隆阳区住房和城乡建设局围绕党史学习提质量、党员带动提标准、为民办事提成效，打出党史学习教育“组合拳”，教育引导全体党员干部从党的百年历程中汲取宝贵启示，切实把学习党史同总结经验、对照现实、推动工作结合起来，不断推动党史学习教育走深走实走细。

一、抓党史知识学习，促党史学习教育提质

充分发挥局党组会、理论中心组学习领学、促学、督学作用，并通过“三会一课”、局长办公会、专题组织生活会、周例会等同步跟进，引导全体党员干部全面系统学、深入思考学、联系实际学。通过“住建干部职工上讲堂”“党员红色故事大家讲”、观看红色影片等多种方式抓好学习教育，组织党员干部到易罗池滇西抗日战争纪念碑、保山市委党校党史学习教育基地等红色基地开展实地教育，确保做到规定动作有深度、自选动作有特色，不断推动全局上下同频共振大学习，持续高质量推进党史学习教育。

二、抓党员示范引领，促党史学习教育提标

召开党员大会，为党龄达到 50 周年的 9 名党员举行“光荣在党 50 年”纪念章颁发仪式，开展“两优一先”评选表彰活动，评选出优秀共产党员 1 名，进一步发挥党员先锋模范作用。发挥党员干部在乡村振兴中“排头兵”作用，由领导干部带头深入帮扶村摸民情、听民声，助力破解发展难题，选派 6 名党员干部到瓦房乡巴戛村、干塘村驻村帮扶。通过“党建 + 志愿服务”的形式，机关党员积极投身“双报到”、创文创卫、文明劝导等志愿服务活动，不断把责任感、使命感融入社会事务当中，使每名党员干部都成为一面鲜红的旗帜。

三、抓办好为民实事，促党史学习教育提效

深入开展“我为群众办实事”实践活动，通过调查问卷、现场走访等方式，列出民生实事计划 17 件，建立责任清单，确保民生实事有效落实落地落细。2021 年以来，完成海棠路、升阳路、上下巷街、学府路、永昌路、人民路等 9 条道路部分雨污管网清淤 53.39 千米；完成全区

农房抗震改造 521 户；完成集镇污水管道敷设 237.62 千米、终端建设 1 个；在中心城区新建室外吸烟亭 16 个；修复中心城区破损路面 28023 平方米、修补人行道 7011 平方米，更换井盖 403 套、雨落板 290 套，清淤 523.36 立方，疏通下水道 70 个；城市公厕“三无三有”达标 163 座、“四净三无两通一明”达标 450 座、“三净两无一明”达标 299 座、完成旱厕消除 205 座。通过把党史学习教育与为群众办实事、解难题结合起来，不断提升了人民群众的获得感、幸福感。

打造“特色”主题党日活动品牌 绽放解放思想之花

湖南省郴州市苏仙区自然资源局

在加强机关党建工作过程中，苏仙区自然资源局党组和系统机关党委主动适应新形势新任务新要求，采用多种形式，创新探索新路径，努力增强时代感，使机关党建工作焕发新的生机与活力，其“特色”主题党日活动，以其新颖的形式和广泛的参与度，受到了机关党组织和广大党员的热捧，为自然资源事业发展提供了坚强的组织保障。

一、明确主题，增强主题党日活动的针对性

围绕建设郴州新城“首善之区”战略目标，找准机关党建工作与业务工作协同推进的结合点，明确“用党旗在基层一线高高飘扬”作为特色党日活动主题，结合部门特点精心策划，突出“三个注重”。

（一）注重红色基因，培根铸魂

机关第二党支部紧扣党史学习教育，深入贯彻落实习近平总书记“用好红色资源，讲好红色故事，搞好红色教育，让红色基因代代相传”的重要指示要求，邀请志愿军老兵龚美孝讲述抗美援朝的故事，激发在职党员干部的责任感和使命感，铭记历史，续写辉煌。机关第一党支部走进湘南起义纪念馆，重温“红色记忆”，缅怀革命先烈，传承红色基因，感悟初心使命，赓续老一辈革命家的崇高品德，延续共产党人的精神血脉，大力弘扬开拓进取、干事创业的拼搏精神。

（二）注重民生福祉，行之为民

立足自然资源部门职责特点，紧扣为民主题、紧贴重点业务、紧盯实际成效、统筹当前和长远、聚集重点开展为民办实事。机关第一党支部开展“学党史、促业务——我为群众办实事、我为党旗添光彩”活动。区政协党组成员、副主席、局党组书记、局长陈三即率先垂范，带领相关业务部门负责人到项目到企业主动对接，面对面交流，帮助企业解决困难和问题。机关第四党支部开展“科技下乡解民忧”活动，深入高山地区良田镇二渡水村高头岭，对猕猴桃、三叶木通、南五味子种植开展技术指导，助力种植户丰产增收，阔步迈入乡村振兴“快车道”。

（三）注重党建引领，继“网”开来

为更好地贴近中心、服务大局，机关第一党支部紧密结合工作实际，充分发挥党建引领作用，深度聚焦建党100周年这个主题，创新搭建“主题党日+网格化”模式，组织支部党员下沉到社区网格，负责网格巡查、信息采集、收集民意、调处纠纷，深入企业进行自然资源领域安全生产隐患网格化排查整治，从讲政治的高度确保全区大庆之年、换届之年、开局之年平安稳定，实现了党建工作与业务工作深度融合、互促共进。内容丰富、形式多样的主题活动，让主题党日活动不但有味，更有质有效。

二、创新形式，增强主题党日活动的感召性

各党支部积极创新形式，拓宽载体，以多样性、灵活性和趣味性的方法丰富党员生活，增强了主题党日活动的吸引力。

（一）让党员动起来

机关第四党支部充分利用春节前后农民工集中返乡时段，通过窗口前移、现场咨询、送证下乡等形式，为返乡民工提供“绿色通道”服务，开展苏仙区自然资源领域“湘融湘爱”农民工服务活动，为良田镇老百姓办理登记发证3173本，在贴心服务中提高了群众的满意度。

（二）让活动实起来

立足分民忧、解难事，机关第一、第六党支部把与百姓生活息息相关的历史遗留办证问题作为党日活动主题抓好抓实。区政协党组成员、副主席、局党组书记、局长陈三即主动挂帅，带领工作人员展开调查核实，争取政策，把脉问诊，摸清项目实情，找准问题症结，创新工作思路、大胆担当作为，切实解决老百姓的揪心事、愁心事、烦心事，成功为9722户业主办理了不动产证，群众看在眼里、记在心里，送来了10多面锦旗。

（三）让效果好起来

机关第一党支部联合五盖山镇狮子山村党支部开展“学史力行”活动，成功调解好五盖山镇狮子山村一起长达6年的生态公益林面积纠纷问题。截至6月份已发放到户森林生态效益补偿基金247616.73元，实地面积2478.93亩，惠及农户122户，受益群众达600余人次，林农的满意度达到100%。

三、注重结合，增强主题党日活动的实效性

始终围绕区委、区政府的中心工作，做到“三个结合”，既丰富了主题党日活动的内涵，又有效推进了职能工作。

（一）与创先争优活动相结合

五盖山林场党支部在树典型、强示范上做文章，积极组织参加评选“郴州市新时代最美自

然资源人”活动，将本单位“新时代最美自然资源人”向上级推荐，发掘推选一批综合素质高、工作业绩好、一贯表现好的最美人物，其中段志华同志荣获“郴州市新时代最美自然资源人”荣誉称号。机关第五党支部依托评选“郴州市自然资源系统改革创新案例”平台，深入总结、充分展示“十三五”期间自然资源系统改革创新探索和典型经验，苏仙区矿业绿色转型发展改革获评郴州市自然资源系统改革创新优秀案例。

（二）与服务苏仙发展相结合

机关第三党支部将党建工作与经济工作相结合，开展了“三进一亮”活动，邀请苏仙产业开发区相关领导座谈，了解企业在征地拆迁和办理用地报批手续过程中遇到的难点、堵点、痛点，把精准的服务及时送给企业，打通为企业服务“最后一公里”。机关第五党支部深入学习贯彻习近平生态文明思想，认真践行“两山”理论，大力推进矿山生态修复与土地复垦、建设用地增减挂钩相结合，构建多方参与、合作共赢的生态修复工作新格局，积极争取将苏仙区纳入合理利用废弃矿山生态修复试点范围，变废为宝，还人民群众金山银山和绿水青山。

（三）与“七一”活动相结合

开展庆祝中国共产党成立100周年理论文章征集活动暨“我为苏仙献良策：苏仙发展，我的责任”征文活动；各党支部联合举办了“我同苏仙颂党恩：红色传承，绿色发展”演讲比赛，党员干部齐聚一堂，同颂党恩，共同抒发对党和祖国的热爱崇敬之情；以《中国共产党简史》为主要内容，组织了“铭刻红色记忆，党史＋业务”知识竞赛。通过这些红色传承活动的开展，激发全局党员干部“学党史、悟思想、办实事、开新局”的热情。

潮平两岸阔，风正好扬帆。站在“两个一百年”奋斗目标历史交汇点上，区自然资源局党组和系统机关党委始终锚定新时代机关党建的使命任务，弘扬伟大建党精神，坚持唯实唯先、善作善成，持续推动我区自然资源事业实现新发展、迈上新台阶。

探索公立医院党建工作压实到支部的有效路径

浙江省嘉兴市第一医院

鲜明树立一切工作到支部的导向，是加强公立医院党的建设的必然要求。本院党委作为党的诞生地——浙江嘉兴一所规模最大的三甲公立医院的党组织，全面落实从严治党主体责任，探索压实党建工作到支部的有效路径，通过“四个一”，即“一机制、一体系、一制度、一项目”建设，促进党务业务深度融合，为公立医院党建引领高质量发展，发挥了行之有效的推动作用。

一机制：建立党委抓支部工作的长效机制

随着党的十八大以来全面从严治党的深入推进，贯彻新时代党的组织路线，把党支部建设放在了更加突出的位置。加强公立医院党的建设就必须要改变以往基层“重业务、轻党务”的局面，真正做到党务工作常抓常严，建立党建工作闭环管理机制。

本院在实行多年的党支部工作目标管理量化考核基础上，建立党支部书记述职评议、党务干部工作例会等长效工作机制。重点是创新实行党务干部工作例会，搭建起党委—群团组织—党建工作内设机构—党支部“四位一体”的常态化工作联络部署机制。由党委班子、工青妇组织负责人、党建工作内设机构负责人、党支部书记共同参会，注重发挥党建工作内设机构的统筹协调、上传下达、落实执行、督促检查职能，并将群团统战工作纳入党建日常管理，与医院行政周会同频召开，做到全院党务与业务同部署、同督查、同落实、同考核。从根本上改变了以往党委与一线党支部之间工作脱节，任务部署和检查不经常、不紧密的“漏环”现象，真正建立起党委抓实基层党建的长效工作机制。

一体系：建立党务干部培训体系

习近平总书记指出，要建设高素质专业化的党务干部队伍，把党务干部培养成为政治上的“明白人”、党建工作的“内行人”、干部职工的“贴心人”。本院党委制定《党务干部培训制度》，实施分层分类的年度培训计划。培训对象覆盖全院党小组长、党支部委员及以上党务干部，培训内容包括党章党规、思想理论、党的历史、工作职责与方法等，培训课堂与党务干部工作例会同步设置，每年集中培训不少于 10 次。在公立医院党务干部普遍兼职的情况下，通过系统的理论学习和思想武装，不仅让党的思想理论在党务干部中成为一种知识素养，全面提升党性修养，更着力于将党务干部培养成为能够全面肩负新时代医院党建工作的实干者。

一制度：健全党支部参与科室重要事项决策制度

2019 年本院党委探索试行《党支部参与科室管理制度》，在积累了初步的实践经验基础上，2021 年贯彻上级党委文件精神，进一步修订实施《党支部参与科室重要事项决策制度》。建立起科室—党支部工作例会制度，每月至少召开一次，明确党支部参与科室决策的重要事项范围、参会对象，特别是依据实际情况，制定了党支部参与科室重要事项决策的程序，理清了科室行政管理和党支部民主监督之间的关系，深化促进了清廉科室及清廉医院建设，有力提升医院管理科学化、民主化、规范化的水平，为建立现代医院治理体系打下基础。

一项目：开展项目化攻坚克难行动

夯实公立医院党的建设，关键在于切实发挥基层党组织的战斗堡垒和党员的先锋模范作用。本院党委结合“锻造‘唯实唯先、善作善成’堪当现代化建设重任的团队专项行动”，锚定“十四五”高质量发展目标，探索党务业务深度融合的管理路径，项目化推进攻坚克难行动。党委班子成员领办调研项目以上率下，全院党支部针对所在科室的发展掣肘，全覆盖领办攻坚克难项目，2021 年总计领办 47 个项目，并在每两周的党务干部工作例会上进行轮流汇报，接受测评，以此督办项目落地。在党组织的带领下，全院科室开展“对标创标”活动，临床、医技、行政、后勤各科室对标同行先进、查短板、剖原因、明措施，总计开展 110 个对标创标项目，每季度进行总结评价。党委制定项目实施及年终评优奖励方案，初步建立起新时代公立医院党委抓党务、业务、服务融合的闭环工作机制。

践行民政为民 倾情解忧暖心

河南省睢县民政局

党史学习教育开展以来，睢县民政局严格按照上级工作部署，聚焦“一老一小”等特殊群体，创新工作法，引导党员干部做到学史明理、学史增信、学史崇德、学史力行。切实将学习成果转化为解决群众“急难愁盼”问题的行动和实效。

近期来，全县民政系统干部职工认真学习贯彻习近平总书记“七一”重要讲话精神，并结合党史学习教育活动，深入开展“我为群众办实事”等十项实践活动。

一、守牢“一条底线”

牢牢守住民政服务领域安全生产这一底线，以湖北十堰市张湾区艳湖社区集贸市场发生燃气爆炸事件为教训，成立督导组，分别由局长、副局长担任组长，采取分片包乡和谁检查谁签字谁负责的排查方式，对全县所有养老服务机构开展地毯式排查，通过排查全县养老服务机构存在安全隐患 180 处（其中立行立改 155 处，限期整改 23 条，交大隐患 2 处），针对排查出的安全隐患及时建立了问题台账和整改清单，并向各乡镇和各养老服务机构下发整改通知书，压实属地管理责任，确保全县民政服务机构安全生产零事故，形成工作闭环，对排查出的安全隐患已全部整改到位。

二、把握“两个重点”

紧紧抓住民生救助和养老服务这两大重点，党史学习教育开展以来，及时成立走访核查组，开展“我为群众办实事”大走访大排查活动，实现“人找政策”向“政策找人”的转变，在走访排查中将符合救助的困难边缘人群及时纳入相应的救助范围，对民政救助对象存在住房、教育、医疗等困难的转请相关职能部门办理，形成早发现、早帮扶的“主动救助”。通过排查新增城乡低保 865 人、特困供养 87 人、残疾人两项补贴 335 人、临时救助困难群众 436 人、救助流浪乞讨人员 9 人，转交其他部门办理的 321 件，确保了党史学习教育扎实推进，落到实处。同时，抓好民政服务机构常态化疫情防控工作，提高疫情监测预警和应急处置水平，压实防控责任，确保了全县所有服务对象“零感染”目标，每周开督导展一次卫生大扫除，要求室内达到无异味、无蚊蝇、无杂物，室外整洁统一、窗明几净、环境优美，食堂卫生保持清洁，炊具、餐具清洁干燥，把好卫生安全关。

三、实现“三个突破”

进一步提升了文明殡葬新风、社会事务和“放管服”工作，积极推进移风易俗、倡树文明殡葬新风工作，全面落实惠民殡葬政策，公益性安葬设施实现县、乡全覆盖，稳步提升火化率和节地生态安葬率。加快殡仪馆建设工作进度，打造全国先进、河南一流的人文殡葬、绿色殡葬综合服务场所。对全县 118 名孤儿和 191 名事实无人抚养儿童逐户逐人开展走访，通过走访，对 26 名特困孤贫儿童家庭，购买了慰问品、学习用品，给予 1000 元慰问金，解决他们生活和学习中的实际困难。并对全县 41 名 14 岁以下重点困境儿童开展了“邻里守望”关爱行动，为他们送去了学习及体育用品和 2000 元的慰问金，让他们感受党和政府的温暖。深入推进了“放管服”改革，深化改革创新作为推动民政事业发展的根本动力，对于上级部署的改革任务，全力推进，走在前列，对承担的任务，积极探索，勇于创新。稳步开展婚姻登记“跨省通办”试点工作，全面提升婚姻登记服务能力。

四、完善“四个体系”

进一步完善了社区治理、基层政权、区划地名和社会组织管理等四个体系建设，全面推进了基层社区治理能力，在维护社会和谐稳定、夯实党的执政基础上实现了新提升。加强了基层政权和基层群众自治组织规范化建设，严格按照村“两委”换届程序，全部完成 20 个乡镇，545 个行政村，7 个社区，村“两委”换届工作，产生支委干部 1659 人，支部书记 545 名。清理不规范地名两个，更名命名 7 个乡镇，13 个自然村，规范了地名清理整治工作。加大了社会组织监管力度，完善了动态监督机制，依法成立登记 7 例，变更登记 5 例，注销 1 例，确保社会组织健康发展。

以“罗山先锋”党建品牌创建引领时代新人

国家税务总局吴忠市红寺堡区税务局

国家税务总局局长王军指出，税务机关首先是政治机关。作为位于罗山脚下移民新区吴忠市红寺堡区的“年轻”税务局，红寺堡区税务局牢固树立税务机关首先是政治机关的思想意识，结合全局35岁以下青年干部占比80%的实际情况，通过打造“罗山先锋”党建品牌，进一步将青年干部培养可担大任的时代新人。

一、锻造青年学习先锋，培养有思想有理想的时代新人

红寺堡区税务局将提高思想政治教育放在首位，在“罗山先锋”品牌创建过程中，注重引领青年干部以坚定的理想信念筑牢。

一是青年干部集中学。以青年理论小组为载体，创造性打造“干部领学 + 青年主讲 + 现场评分 +X”学习模式，深入学习习近平新时代中国特色社会主义思想、党的十九大及十九届历次全会精神，扎实开展“党史学习教育”，切实引领青年干部深刻领悟“两个确立”的决定性意义，不断增强“四个意识”、坚定“四个自信”、做到“两个维护”。二是纵合横通互动学。打造“知行学史”课堂，在知党史、明党史的同时，充分用好宁夏当地红色资源“活教材”作用，组织青年干部前往宁夏移民博物馆、六盘山红军长征纪念馆、盐池革命烈士纪念园、红寺堡区弘德村学习交流，深入学习习近平总书记视察宁夏重要讲话精神，继承、弘扬老一辈革命烈士爱国情怀和奉献精神，确保青年干部知行合一、学深悟透。三是丰富载体创新学。悉心组织了“罗山先锋”徒步行、不忘初心跟党走”读书分享会、“税说新语”朗诵比赛、学习强国达人挑战赛等青年干部喜闻乐见的学习活动，让青年干部在参与活动的过程中学用结合，融会贯通，进一步提高政治理论学习积极性、主动性。

二、锤炼使命担当先锋，培养担重任挑大梁的时代新人

青年干部应当忠诚担当，用奋斗完成时代和人民赋予的使命。在“罗山先锋”党建品牌创建引领下，青年干部积极承担家国责任，为地方经济社会发展作出应有贡献。一是做抗击疫情的守夜人。面对疫情散发态势，红寺堡区税务局组织青年干部成立“突击队”，多次在疫情出现的第一时间，进驻社区协助开展核酸检测及值班值守工作，青年干部真正冲锋在疫情防控第一线。二是做社区居民的暖心人。组织青年干部加入社区志愿服务队，节日期间慰问敬老院，

为耄耋老人送去关怀和温情，定期到社区、扶贫帮扶点开展帮扶活动，为他们解决生活难题，青年干部真正活跃在关爱群众第一线。三是做守护绿洲的护林人。红寺堡区处于宁夏中部干旱带，植树成为防治荒漠化、涵养水源的重要手段。红寺堡区税务局青年干部响应红寺堡区委、政府号召，积极参加义务植树活动，几年来共植树一万余棵，为荒漠变绿洲作出实际努力。

三、打造纳税服务先锋，培养善服务能奉献的时代新人

红寺堡区税务局没有下设税务分局、税务所，作为基层一线税务局，需要直接为纳税人、缴费人服务。红寺堡区税务局立足这一实际，以“便民办税春风行动”为抓手，聚焦主责主业，组织青年干部成立纳税服务小队，着力解决纳税人、缴费人的堵点、难点、痛点问题，切实提升纳税人满意度和获得感。一是持续学习提能力。为了更好地服务纳税人、缴费人，青年干部每周一、四坚持开参加干部夜校政治业务学习，集中学习自学税务师、会计师等相关知识，在业余时间“蓄能充电”。目前，共有 1 名干部考取律师资格证，5 名干部考取在职研究生，2 名干部在红寺堡区政府举办的大比武比赛中取得第一名的好成绩，个人综合素质和纳税服务能力进一步提升。二是问计问需解难题。青年干部开展“千人进万户”纳税人需求实地调查大走访活动，向建筑、交通运输、技术服务等重点行业和中介服务机构办税人员等重点人群问计问需，解决难题，今年以来共走访纳税人 1000 余户次。推出“不满意，请找我”专项活动，在办税服务厅设置“难题请找我”青年干部服务专岗，为纳税人答疑解惑，切实做到件件有回应、事事有落实。三是加强宣传促发展。今年以来，青年干部积极开展辅助办税、宣传税法知识。通过电话、税企互动平台、现场培训等方式开展培训 10 次，制作税收宣传视频 5 部，浏览量达一万余次。发放税收宣传资料 3000 余份，有效提升了纳税人、缴费人政策知晓度，提高了纳税人、缴费人业务办理效率。

铸魂强基 勇毅前行 在新时代新征程上谱写医院工作新篇章

安徽省铜陵市立医院 童胜好

铜陵市立医院成立于1966年，2012年移交铜陵市政府管理。建院50多年以来，医院一直重视党建工作。尤其是党的十八大以来，医院党建工作以习近平新时代中国特色社会主义思想为指导，认真贯彻落实中共中央办公厅《关于加强公立医院党的建设工作的意见》，注重工作方法的继承和改进，工作机制的传承和创新，工作路径的探索和拓展，积极做到“继承与创新相结合”“加强与融合相促进”，持续加强和改进医院党的建设各项工作，积极推进“融合式党建”，为医院改革稳定和高质量发展提供了强有力的政治保障。

一、推陈出新，不断创新工作机制

铜陵市立医院原隶属的铜陵有色企业，党建工作有着光荣传统和完善体系，其创建的党建思想政治工作“六大工程”工作机制在业内有着广泛影响（曾获中国有色企业现代化管理成果一等奖）。铜陵市立医院移交改制后，传承有色企业党建工作的光荣传统，结合医院体制改革面临的新形势、新任务、新要求及员工思想状况，将多年实施的党建思想政治工作“六大工程”改进为先锋工程、文化工程、清风工程、和谐工程“四大工程”，把医院党建及业务管理重要指标纳入“四大工程”工作目标管理考核体系，坚持党建工作和医院中心工作同部署、同落实、同检查、同考核，着力强化医院党的领导，聚焦医院稳定、改革、发展重点任务，积极发挥党建思想政治工作的凝聚共识、思想引领、激发斗志等功能，实现了医院移交工作平稳运行，医院在移交后的三年多时间里，顺利实现创建国家“三甲”综合医院目标，成为安徽省企业医院成功移交改制的典范，为国内企业医院改造提供了经验。医院先后荣获安徽省先进基层党组织、卫生计生系统先进集体等荣誉。

2021年，医院认真总结近年来党建工作经验，根据现代医院管理的制度要求和新时代医院高质量发展需要，进一步探索新时代医院党建工作新机制，建立了“12344”党建工作体系，即坚定“一个目标”——以高质量党建工作引领医院高质量发展；遵循“二个规律”——遵循党建工作规律，遵循医院运营发展规律；坚持“三个原则”——坚持政治建设为引领、坚持融入医疗业务、坚持分级管理；确立“四个重点”——理想信念教育、方针政策执行、组织作用发挥、党员教育管理；开展“四大行动”——大学习，大比武，大创新，大提升。

在实践中，市立医院将“12344”党建工作体系作为主线贯穿于党建思想政治工作“四大工程”之中，使医院党建工作既体现了新时代党建工作的要求，也在创新和改进中更具目标性、系统性、规律性和实践性。

二、合纵连横，切实增强工作创新

近年来，铜陵市立医院以党组织标准化建设为抓手，以主题活动及系列活动为载体，以党建“四大工程”目标管理考核机制为纽带，切实增强党建工作的创新性和有效性。党建工作合纵连横，主要体现在四个方面。

一是强化党的领导核心作用，明确党委工作职责，规范党委议事规则，坚持政治建设为引领，建立党委领导下的院长负责制报告制度，发挥党委把方向、管大局、保落实作用，用扎实有效党建工作统领医院改革建设发展各项工作。

二是强化党的组织建设，按照“支部建在科室上”要求对医院党组织架构进行调整，探索“双带头人”培养机制，78.6%临床医技党支部由临床学科带头人及技术骨干担任，建立了党支部参与科室决策管理及科主任定期工作汇报双向沟通制度，坚持党组织分级管理，用党总支“联横”的监导凝聚作用，确保党委及院部的各项决策得到落实及各项中心工作、重点任务有序推进。

三是强化工作融合机制，把各项重点任务及重要管理工作纳入党建“四大工程”，实现医院党建工作与各项行政业务工作的全面深度有机融合，通过党建工作考核机制，推进各项业务和管理工作高质量完成。在医院“三甲”创建过程中，根据“三甲”创建任务分解情况，明确党支部在督导推进创建任务完成的责任，在“三甲”创建攻坚战中充分发挥党组织战斗堡垒作用和党员先锋模范作用，形成了“同心协力、勇于担当、甘于奉献、锲而不舍、砥砺前行”的“三甲”创建精神，为实现“三甲”创建目标起到重要推动作用。在2018年实施安徽省重点医改项目——城市紧密型医联体试点改革任务过程中，通过开展以“守真心，立足岗位比责任落实；讲细心，立足规范比业务能力；拼耐心，立足服务比工作作风；献热心，面向群众比服务态度”“四心四比”主题实践活动为抓手，层层动员，广泛发动，通过开展“巴林特小组”学习、阶段性评比等具体措施，转观念，理思路，找差距，定目标，提升服务能力，强化服务理念，促进医联体成员单位增强创新服务方式、延伸服务链条的主动性，推进医疗资源下沉、医防融合和创新服务体系等改革措施落实，有力推进了紧密型医联体改革建设，为创造医改“铜陵经验”提供了内生动力。结合医院中心工作和形势任务要求，医院在扎实开展“两学一做”“不忘初心、牢记使命”主题教育等规定动作同时，先后开展了“三个以案”专项活动、“创新发展——70周年献礼”系列活动、大学习·大比武·大创新·大提升“四大行动”，2021年医院结合党史院史学习教育，开展了“三牛杯”创优献礼活动。各项活动的开展，对推进医院转型发展和重点项目、中心工作的落实起到重要作用。

四是强化“两个责任”落实，强化各系统、各部门抓党建的责任，依托党建工作突出优势，充分发挥党建引领推动作用，将党建工作的“软实力”转化为医院发展的“硬支撑”，使党的组织成为推动医院发展的“稳定器”和“压舱石”，形成齐抓共管党建工作局面，不断提升党建工作质量。医院先后获得2018年度国家卫健委“创新建设城市医联体案例”金奖、2019年度国家卫健委“改善医疗服务创新医院”及2020年度国家卫健委“改善医疗服务示范医院”等荣誉。

三、精雕细琢，积极发挥品牌效益

市立医院在加强和推进党建工作中，高度重视文化建设和品牌效应。在文化建设上，努力发掘和培育医院优秀文化，在认真提炼医院文化理念同时，通过创作《铜陵市立医院赋》《铜陵市立医院医者规》、编纂《医院发展概览》、编排精彩文艺节目等文化创建活动，不断提升医院文化品格，打造医院文化品牌，积极发挥医院文化的思想教育功能和规范行为作用。富有特色的医院微信公众号在本地区深受群众欢迎，成为医院靓丽的“文化名片”；开设的“书香满院”栏目发表员工作品230余篇，体现了市医人读书思考的文化品位。医院十分重视服务品牌和党建品牌的创建工作，“四大行动”催生的“一线吹哨，后勤报道”服务品牌，在提升服务中不断完善，并向医技、机关延伸；2021年医院创新性举办“党建品牌发布会”，一举推出“红帆”“畅想‘胃’来”“红专并进，医路为民”“同心影行”“‘星机关’，‘心服务’”“‘两心三好’新药学”等21个各具特色的党支部党建品牌；通过开展“改善医疗服务优秀案例（团队）”评选活动，总结提炼了具有较大影响力的16个医院优质服务品牌。为辖区居民群众提供了优质、高效、便捷的医疗健康服务。

医院通过品牌的打造和宣传，提升了影响力，增强了凝聚力，放眼未来，市立医院将进一步提升党建工作水平，以高质量党建引领医院高质量发展。

党建引领新征程 税村共治新动能

国家税务总局和政县税务局 马文琛

为深入学习贯彻党的二十大精神，确保党的二十大精神学习走深走实，真正学出效果、学出质量、学出担当，切实将县局全体干部职工思想和行动统一到党的二十大精神上来。近年来，和政县税务局以党建为引领，以创新为驱动，以服务纳税人为基础，大力推动党建与税收业务融合互促，创建“党建引领·阳光税务”党建品牌，找准党建与业务深度融合的切入点，不断探索强化税务工作模式，创新开设了“税村共治”项目，助力税收优惠政策落地落实。

一、党建引领，创新展现“税动力”

和政县税务局党委认真贯彻落实新时代党的建设总要求，坚持以习近平新时代中国特色社会主义思想为指导，认真贯彻落实党的二十大精神，结合临夏州税务局“四抓四带”工作思路和“三精”工作理念，紧紧围绕“抓好党务、干好税务、带好队伍”新时代税收现代化建设总目标，积极开拓“党建引领·业务融合”工作新思路，创新开拓出“税村共治”项目，助力乡村振兴税收优惠政策落地落实。

和政县税务局召集党员干部组建“党员暖企团”“青年先锋队”“税宣小分队”，充分引导党员干部带头冲锋。由工作经验丰富的老党员组成“党员暖企团”，利用自身丰富业务经验为企业经营指明发展思路，提出纠改意见，以党建红色为企业照亮发展金色；由甘做人先敢想敢做的青年党员组建“亲年先锋队”，深入乡镇村落调查了解居民生活状况，发挥敢想敢干的拼搏精神为民众改善道路出行、健康锻炼、幼儿教育等多方面需求，以青春热情点亮群众生活激情；由业务知识精通拔尖的中层骨干党员组建起“税宣小分队”，充分利用自身熟练的工作能力和精尖的业务知识，深入各行各业为企业量身定做送上税收优惠政策，帮助企业建立税收筹划，以业务高光为行业健康发展撒上希望春光。全局党员干部多角度、全方位发力，着力解决企业经营难点，群众生活痛点，政策需求“贫乏”点，充分将党建工作同税务工作相结合，展现“税动力”。

二、精准施策，群众需求有回应

结合和政县涉农企业自身文化水平和信息渠道的弱项，为解决部分农业合作社纳税主体反馈的业务知识“穷”、优惠政策“困”、纳税申报“难”的特殊情况，和政县税务局利用“税村共治”平台，充分发挥党员干部的战斗堡垒和先锋模范作用，按照“一切服务基层、一切服务企业、一切服务民生、一切服务投资”的部署要求，联合乡政府站所、工商联、医疗、养老保险等部门，在辖区部分乡镇建立“乡村税校”和“税费服务站”，通过深入宣传、远程指导、面对面讲解税收政策，手把手教会申报表填写、申报流程操作，极大地解决了涉农纳税人办税难的问题。税村共治项目系列举措是形成税企联合、多方引导、共同助力乡村振兴的一个新起点，为涉农税收宣传搭建起了新平台，积极构建乡村综合治理格局的创新探索。充分利用“税村共治”项目，积极构建政策惠农、服务便农、培训兴农、税银利农“四位一体”税农发展模式，创新服务助力乡村振兴建设。截至10月底已建立4所“乡村税校”，共有2444户农户和企业享受涉农税费减免1595万元。

三、服务优化，企业办税更舒心

县局党委班子高度重视纳税服务工作，建立起班子带头、骨干跟进的纳税服务模式，带领党员干部走进重点企业，将一系列“组合式”税费支持政策和服务优化措施送到企业。党员干部们通过专班上门、一对一服务、专题培训、线上远程辅导、电话沟通、户外宣传等方式，确保新的组合式税费支持政策精准送达市场主体。和政县税务局牵头整理“纾困16条”措施，扶持商贸业企业应对疫情、纾困发展，还定期组织县局业务骨干为重点企业详细解读税收政策。对因疫情不能到现场办税的纳税人，通过微信、电话、短信等无接触式方式辅导纳税人办税，做到防疫同时不放松税收工作。把服务企业作为促进深化征管体制改革，帮助企业发展的直接动能，大力优化营商环境，积极探索税收工作新方法、新作为。纳税人对和政税务的服务水平和服务效率频频点赞。和政县滨河东区项目施工技术负责人陈学礼表示，项目自动工以来，和政县税务局工作人员简化办事流程，积极跟踪服务，第一时间跟进解决项目推进中的每一个涉税问题，同时向我们宣传防疫政策，为我们企业送来防疫物资，我们的心暖了，干劲也更大了。

弘扬伟大建党精神　办好人民满意教育

湖南省湘西州教育和体育局党组理论学习中心组

习近平总书记在庆祝中国共产党成立100周年大会上的重要讲话高屋建瓴、思想深刻、内涵丰富，具有很强的政治性、思想性、理论性，体现了深远的战略思维、强烈的历史担当、真挚的为民情怀，是一篇马克思主义的纲领性文献，为全党全国各族人民向第二个百年奋斗目标迈进指明了前进方向、提供了根本遵循。全州教育和体育系统要深入学习贯彻习近平总书记“七一”重要讲话精神，坚守为民初心、担当育人使命，聚焦人民群众对教育的新期待，持续深化教育改革发展创新，全力以赴办好人民满意教育。

一、以学习贯彻伟大建党精神为行动指南，引领教育发展之路

教育是国之大计、党之大计，在党和国家事业中处于基础性、先导性、全局性地位，建设教育强国是实现中华民族伟大复兴的基础工程。习近平总书记在全国教育大会上强调，要加强党对教育工作的全面领导，坚持中国特色社会主义教育发展道路，坚持社会主义办学方向，加快推进教育现代化、建设教育强国、办好人民满意的教育。全州教育和体育系统党员干部要把思想和行动统一到学习贯彻伟大建党精神上来，充分发挥党组织在教育事业发展中的领导核心作用，增强“四个意识”、坚定“四个自信”、做到“两个维护”，真正把学习成效转化为推动新时代教育事业高质量发展的强大动力和生动实践。“教育必须为社会主义现代化建设服务、为人民服务，必须与生产劳动和社会实践相结合，培养德智体美劳全面发展的社会主义建设者和接班人。”党的教育方针为新时代教育工作提供了行动指南。我们要坚持以习近平新时代中国特色社会主义思想为指导，坚定不移坚持社会主义办学方向，擦亮马克思主义的鲜亮底色，坚持把思想政治工作贯穿于学校教育管理服务全过程，引导广大青少年扣好人生第一粒扣子。要把全面贯彻党的教育方针融入学校教育、家庭教育、社会教育全过程，着力提高学生思想道德素质，全面培养具有社会责任感、创新精神、实践能力的时代新人。

二、以学习贯彻伟大建党精神为动力之源，铺就教育奋进之路

站在新的历史起点上，必须始终坚持以人民为中心，积极回应、不断实现人民群众对教育改革发展事业的新期待，凝心聚力育新人，求真务实谋发展，奏响新时代教育发展的奋进曲。

坚决响应习近平总书记对全体共产党员发出的伟大号召，牢记初心使命，坚定理想信念，践行党的宗旨，永远保持同人民群众的血肉联系，始终同人民想在一起、干在一起，风雨同舟、同甘共苦，忠职履责、服务人民，努力为实现人民对美好生活的向往而不懈奋斗。要践行初心、担当使命。以立德树人为根本，自觉对标党中央、省委、州委的决策部署抓好落实，确保在思想上政治上行动上同以习近平同志为核心的党中央保持高度一致。要深化改革、释放活力。深入推进课程改革，创新教学方式方法，全面深化教育督导体制改革，不断提升教育治理能力，激发教育发展活力，办好人民满意的教育，努力让每个孩子都能享有公平而有质量的教育。要提质培优、服务人民。深入实施名教师、名校长、名教练“三名”工程，高位对接中国教科院等国家教育智库，整体提升教育质量和教育科研水平，让人民群众接受高质量教育的需求得到更大满足，让更多的学生接受更优质教育。

三、以学习贯彻伟大建党精神为创新之源，推进教育改革之路

发展是第一要务，人才是第一资源，创新是第一动力。创新发展、新旧动能转换，是我们能否过坎的关键。办好人民满意的教育，办好更高质量更加公平的教育，必须深化改革创新。要强化教育领域综合改革，以管理体制和育人方式改革为核心，系统推进评价方式、激励机制、课后服务、课程改革、高考综合改革、招生入学改革、“双减”改革等重大改革举措，有效破解教育热点难点问题，努力使优质教育资源总量不断扩大，各类教育协调发展。坚持全州“一盘棋”思路，大力实施把优秀党员培育为骨干教师，把骨干教师培育为优秀党员的“双向”培养，大兴“学习之风、调查研究之风、解决实际问题之风”等三种作风，实行政治理论、业务素养、普通话、信息技术运用“四过关”，切实提高教师的教育理论和实践水平，打造一支师德高尚、业务精湛、结构合理、充满活力的高素质专业化的教师队伍，更好满足人民群众接受高质量教育的需求，用实际行动诠释中国共产党人“对党忠诚、不负人民”的精神品质。

贯彻党的二十大精神　奋力谱写税务新篇章

国家税务总局保亭黎族苗族自治县税务局

为深入学习贯彻党的二十大精神，进一步加强政治引领、筑牢共同思想政治基础，促进新时代税收事业步入新台阶，2022 年 10 月 31 日下午，保亭县税务局召开党委理论学习中心组学习（扩大）会议暨读书研讨班，传达学习党的二十大精神以及总局、省委、省政府、省局的会议精神，并开展学习讨论，推动学习党的二十大精神走深走实、入脑入心、见行见效。通过学习党的二十大精神，进一步增强了党员、干部深刻领悟“两个确立”决定性意义、增强“四个意识”、坚定“四个自信”、做到“两个维护”的政治自觉。

研讨会上，各参会同志紧密结合工作实际就深刻领会和贯彻落实党的二十大精神谈了学习体会。党委委员、副局长李云飞表示，通过学习党的二十大报告内容，结合分管的税收工作有以下三点体会：一是要进一步坚持党建引领，在深化税收改革、助力地方经济社会高质量发展中，充分发挥基层党组织战斗堡垒作用和党员先锋模范作用。二是要抓好全员培训，创新学习培训方式方法，确保党的二十大精神入脑入心。三是要切实把思想和行动统一到党的二十大精神上来，把学习成果转化为推动各项税收工作发展的强大动力。

青年党员干部李晓蕾谈到，作为新时代的青年税务干部，我们要把个人的理想追求融入党和国家的发展事业之中，不断增强税收工作的责任感、紧迫感，把创先和争优作为一种常态，倡导敢为“天下先”的创新精神。

其他参会同志也纷纷表示，大会的胜利召开，必将有力推进中国特色社会主义事业向前发展。作为税务干部，要以习近平新时代中国特色社会主义思想和党的二十大精神为指导，不断提高政治判断力、政治领悟力、政治执行力，在本职岗位上做出更大的成绩，助力保亭税收高质量发展。

党委书记、局长姜昌林强调，在全面学习理解报告精神的基础上，要持续学深悟透、见诸行动，进一步以理论指导实践、以学习引领工作，结合税务实际工作，继续加强自身建设，为谱写全面新时代税务新篇章贡献保亭税务力量。同时提出三点要求：一是要高标准定位，深入理解精神要义。二是要高起点谋划，大力营造宣传氛围。三是要高规格推进，保障贯彻落实到位。

下一步保亭县税务局将在省局、县委县政府的正确领导下，振奋精神，以更饱满的热情、更昂扬的斗志、更务实的作风，创造新时期的税务新局面，助推保亭税务朝着更好、更快、更高、更强的目标一路高歌猛进！

“不忘初心、牢记使命”党建引领促发展

内蒙古乌拉特后旗蒙医医院

乌拉特后旗位于内蒙古自治区西北部，总人口 6.5 万人，其中蒙古族 1.7 万人，是一个以蒙古族为主体，汉族居多的少数民族边境旗。蒙古族自古以来以游牧为主，结合环境、生活、居住、饮食等特点，逐渐积累形成了独特的蒙医药学理论和治疗方法。

乌拉特后旗蒙医医院是巴彦淖尔市旗县区级唯一一所蒙医综合医院，2015 年通过国家二级甲等蒙医综合医院等级评审。医院按照“院有专科、科有专病、病有专药”的发展思路，进一步明确发展方向，突出蒙医药优势特色。蒙医传统疗术科、蒙医心身医学科被列为自治区级重点专科，蒙医骨科、康复科被列为市级重点专科，初步形成了学科专业配套、优势特色突出、科学协调发展的蒙医药特色服务新格局。

乌拉特后旗蒙医医院党支部以“不忘初心、牢记使命”主题教育常态化为契机，以“全面加强公立医院党的建设”为主线，着力发挥党组织的凝聚力和战斗力，引领全院医务人员在拓展医疗服务领域、传承蒙医药传统文化等方面下功夫，在一线服务岗位开展了党员“亮身份、亮标准”活动，打造了“党建 + 蒙医药文化传承”“党建 + 治未病工程”等党建品牌。

一、“党建 + 蒙医药文化传承”品牌

（一）蒙医药文化展厅

2016 年以全国第四次中药资源普查工作为契机，通过四年的艰苦努力，在上级专家团队的带领下，医院组织广大党员和药剂制剂技术人员，对乌拉特后旗野生药用植物、国家重点野生药用植物、稀有濒危药用植物进行普查，并对栽培品种、市场主流品种及传统知识进行调查，最终将普查品种的标本、图片、样品、种子等相关实物、记录和调查报告提交国家，为当地药用植物摸底调查奠定了基础。累计投入近 200 万元，建立了蒙医药文化展厅（蒙医药教学基地），面积 170 平方米，收集了蒙药浸渍标本、腊叶标本、饮片、动物、矿物质标本等 800 多份，各类蒙医药类书籍 100 多册，蒙医药相关文物 100 多种，涵盖了乌拉特后旗大部分常见的药用植物、矿物质及动物标本。满足了蒙医药教育、教学的需要，成为宣传乌拉特后旗和蒙医药文化的宣传、科普、教学、展览为一体的基地，为乌拉特后旗蒙医药文化的传承、创新、传播和蒙医药事业发展建设发挥着重要作用。

（二）党员教育实践基地

2017 年在旗委政府的大力支持下，在乌拉特后旗山前苗圃作业区建立了 20 亩试验田，作为蒙草药种植基地。试种多个品种，有甘草、红花、瞿麦、枣仁、藏木香等，并对种植的草药进行含量进行测定，根据《中医药典》中药材、饮片的含量限度，达到标准水平或高于标准。

（三）党员示范岗

2012 年，医院蒙药制剂室通过了内蒙古自治区验收，取得了《医疗机构制剂许可证》。从开始的 50 多万的产值升到了至今 300 余万的产值，不仅如此，随着仪器设备的更新和人才的输入制剂质量不断提高，疗效也随之更加确切，当地的患者越来越增加对蒙医药信任，而且这种效应也辐射到了周边盟市和旗县，治病就医的患者也越来越多，甚至还有蒙古国患者慕名而来。

疫情期间经党支部组织药事委员会研究讨论，对蒙医药优势专方、验方进行筛选，及时拿出对预防流感、疫病等能起到积极作用的蒙药制剂方案，包括口服制剂昂查奈日拉嘎和沙参止咳汤，已经形成配方额尔登 7 味汤、呼和嘎日迪 9 味丸、义和哈日 9 味散等内服、外熏、随身携带蒙成药。组织专人在门诊楼熬制汤剂并免费提供给就诊患者和医护人员，得到了患者的普遍好评，同时抗疫随身携带包更是成为医护人员的随身标配。

二、“党建 + 治未病工程”品牌

在发展和建设重点特色专科的同时，进行整体资源整合，2018 年成立治未病服务中心，下设蒙医心身医学科、蒙医传统疗术科、体检科。开展蒙药浴疗法、热沙池疗法、热盐疗法、热玉石疗法、热蜡疗法、足底反射疗法、推拿、针灸、放血、色布苏疗法、震脑术、策格疗法、英格苏疗法、驴奶疗法、保健酒、养生茶、营养膳食等蒙医特色诊疗项目约 50 项。2021 年接诊患者 34967 人次，治未病服务中心建设逐步推进，取得了较好的社会效益。

“奋斗百年路，启航新征程”，乌拉特后旗蒙医医院党支部带领全体员工沿着健康中国建设的道路，充分发挥医院特色优势，努力为人民健康事业继续努力。

党建聚力 引领医院管理提档升级

四川省岳池县人民医院

岳池县人民医院党委不断加强公立医院党建工作力度，推进党的建设与“文化统院、质量立院、人才强院、科技兴院”的医院宗旨相融合，提升现代医院管理水平，促进医院高质量发展。

一、抓责任落实，筑牢基层党建工作基础

率先在全市落实党委领导下的院长负责制，是全市现代医院管理制度试点医院。院党委运用党建“四同”工作法积极打造“党建同心聚合力，医路同行暖民心”党建品牌，为实现医院高质量发展提供坚强保障；积极践行“把党支部建在科室”，共设立20个党支部，实现应建尽建，把党建工作的链条延伸到每一个科室；制定《党群目标考核细则》，并将党群工作纳入年度考评与业务工作同考核，与绩效挂钩。

二、抓管理创新，不断实现管理模式新突破

成立了由院长直管的高质量发展办公室，从战略层面上对医院进行整体规划布局、确定发展定位及战略落实，助力医院高质量发展，实现医院管理从断点管理向“宏观战略 + 发展推进并进”的管理模式转变。将运营管理、医保物价管理、财务科、病案统计科整合成立了运营管理部，以全面预算和流程管理为核心，以全成本管理和绩效管理为工具，对医院内部运营各环节的设计、计划、组织、实施、控制和评价，对医院人财物技术等核心资源进行科学配置、精细管理，提升高质量发展新效能。医院不断改革和完成年终综合目标管理考核工作，进一步提升中层干部管理执行力。通过实施院办公会制度，对党委、行政各类决议进行专项督导落实，提高了工作效率。坚持信息建设重要性，正在推进互联网医院和智慧化医院的建设。主动衔接市、县医保局，让医院成为全市首家日间手术医保结算试点医院，有效推动医保支付方式改革、优化医疗资源和服务质量。创新开展每周一和每周六院领导服务日，党委班子成员深入一线倾听基层声音，真正“俯下身子”服务患者，坚持每周二到临床科室晨交班，每月组织相关职能科室开展行政查房，全院开展“思路大比拼和大研讨”听取职工意见，并设立奖项激励职工。

三、抓党建引领，推进党的建设与质量立院相融合

进一步完善三级质量控制网络和质量管理考评体系，充分发挥挂靠在医院的广安市肿瘤

性疾病质量控制中心、广安市临床营养质量控制中心、广安市老年医学质控中心职能，开展全市质量控制活动。在医疗质量管理上，坚持实施基础质量、环节质量、终末质量全程监控；与县妇幼保健院开展专科联盟试点，选派5名党员骨干到联盟单位任学科主任，与罗渡中心卫生院建立紧密型医联体，选派党员干部任院班子管理团队，带动提升基层医院医疗和管理水平。2019年国考中，在四川省三级医院中名列39，2020年获国家卫健委医政医管局表彰的“改善医疗服务行动示范医院”。

四、抓人才培养，持续增强医院发展动力

坚持党员双培养制度，近三年选派业务骨干赴台湾、华东地区、北京、成都、重庆等地参加培训。选派优秀党员骨干前往省卫健委、市卫健委、市医保局等处跟岗学习。近三年共15名党员被培养成干部；选派12名中层干部参加四川大学华西医院医院管理MBA学习，并计划将全院中层以上干部分两批到小平干部管理学院进行封闭式培训；开展组织结构和定岗定编定责工作，优化组织和人才结构，充分发挥人才优势；注重高层次人才的培养和引进，医院现有硕士研究生71名，一半为引进，一半为院内培养；柔性引进博士研究生2名填补医院博士研究生空白，引领院内整体学术氛围。

五、抓学习型组织建设，提高党员干部政治素养

创新学习方式，每周四下午举行“党员固定学习日”，参学情况记入党员个人积分制管理档案，作为年度考核依据；制定了《“学习强国”学习平台管理与考核办法（试行）》，实行积分制管理。为扎实开展党史学习教育，组建党史宣讲队利用晨交班到全院进行巡讲。创建了“八个一”文化项目：一份报纸、一个网站、一个微信公众号、一个抖音、一本画册、一支宣传员队伍一部微电影、一首歌。抗疫原创歌曲MV获《人民日报》转载，点击量达100余万次。拍摄的微电影连续三年获省卫健委微电影评选活动奖项。在2020年医院人文管理路演大赛进入全国36强；被中国医院人文品牌峰会组委会评为2020年度“人文品牌医院”；2021年在全国改善医疗服务行动擂台赛中，医院《党建引领医院文化建设》案例获得优秀奖。

六、抓公益服务，进一步强化社会责任担当

医院始终坚持将医院公益性作为医院文化的主旋律。成立了院内志愿者服务队伍，实行志愿服务积分制管理；每年招募社会志愿者培训后上岗；开展“急救知识、艾滋病、结核宣传进高中校园”“营养知识进乡村学校、进小学”、急救知识进机关和义诊活动。与特殊教育学校建立长期帮扶关系，持续开展“医院开放日”“新生免费体检”“圆梦微心愿”等志愿服务。医院公益事业进入2020年全国医院公益“百强”风云榜。

七、抓廉政建设，实心共建“阳光医院”

以改善患者就医体验为抓手，开展“实心”为民服务活动：成立了一站式服务平台，与群众更贴心；调整门诊作息时间，与群众更暖心；充分发挥信息技术优势，让群众省心；持续改进护理服务（叙事护理和安宁疗护），让群众安心；开展日间手术，让患者称心。每月由院领导轮流带队到街头开展问政和“面对面接访”工作。持续开展“大处方”“泛耗材”“滥检查”等医疗行业乱象的专项治理工作，通过换、限、停等手段，药占比从26.66%下降至18.16%，住院次均药费从1396.83元降至952.84元，150余个品规纳入国家集采。加强对新药遴选和现用药品再评价的监管。医院药事管理获2021年四川省医院协会“医院药事管理优秀奖”。

“风好正是扬帆时，奋楫逐浪天地宽”，医院党委将进一步探索“党建+业务”的模式，达到党建、业务的齐头并进和深度融合，从而全面提升医院管理水平，丰富“三甲”医院内涵，实现医院发展新跨越。

改革发展　奋楫争先

——党的十八大以来国家税务总局大邑县税务局工作综述

国家税务总局大邑县税务局

党的十八大以来，在习近平新时代中国特色社会主义思想的指引下，在上级部门的坚强领导下，国家税务总局大邑县税务局立足新发展阶段、贯彻新发展理念、构建新发展格局，围绕“抓好党务、干好税务、带好队伍”，抢抓机遇、聚焦改革、奋力作为，各项工作取得了较为显著的成绩，为服务好成渝地区双城经济圈建设，高质量建设经济实力强、环境质量优、城乡形态美、治理成效好、幸福指数高的雪山大邑贡献大邑税务力量。

一、十年来，大邑税务深学细悟，推动党建引领持续增强

（一）党的建设有为有力

局党委始终把党的政治建设摆在首位，十年来开展500余次党委会第一议题学习、100余次党委理论学习中心组学习、200余次主题党日活动、80余次专题党课。抓好党支部规范化标准化建设，十年来先后获得四川省文明单位、成都市先进党组织等荣誉称号。

（二）学习教育有声有色

从党的群众路线教育、“三严三实”“两学一做”到“不忘初心、牢记使命”主题教育，再到党史学习教育，全局党员经历思想淬炼、灵魂洗礼，不断强化宗旨意识、为民情怀，把学习成果转化为为群众办实事、解难题的具体行动。

（三）实践活动有始有终

从税制改革到征管改革，从减税降费到服务高质量发展，从脱贫攻坚乡村振兴到抗击新冠疫情。全局19个党支部、147名党员担当作为，深入开展各类实践活动，充分发挥战斗堡垒和先锋模范作用。十年来，先后获得2项省部级荣誉、15项市厅级荣誉、21项市厅级以下荣誉、40多项县级荣誉。

二、十年来，大邑税务夯基固本，推动财源保障持续筑牢

（一）圆满完成组织收入任务

十年间，坚决落实组织收入原则，依法依规组织收入，严守“不收过头税费”底线，在做

好各项税制改革、征管改革和疫情防控等重点工作的同时，正确把握经济形势，克服减税降费持续、疫情冲击、经济下行等不利因素，圆满完成市局、县委政府各项收入目标任务。为大邑经济发展、社会稳定和财政收入增长做出积极贡献。

（二）不折不扣落实减税降费政策

坚决贯彻党中央、国务院重大决策部署，确保各项优惠政策落地生根，助力各类市场主体纾困解难。十年来，大邑税务累计落实减税降费8.9亿元，涉及业务办理量124958条次。

三、十年来，大邑税务守正创新，推动“四精”治效持续提升

（一）推动精确执法“执”出规范

从合并到合成，我局全面推行依法行政，严格落实执法三项制度，明确执法责任，做到有权必有责、失责必追究。通过内部风险防控系统进行风险排查、数据预警，不断提升风险防控的能力。

（二）推动精细服务“服”出便利

从网办率51%到实现299个事项全程网上办，网上申报率达99%以上。我局落实服务举措，A级纳税人占比从2012年度的0.3%提升至2021年度8.64%，基本构建“线下服务无死角、线上服务不打烊、定制服务广覆盖”的税费服务新体系。

（三）推动精准监管“管”出实效

通过税费征管方式转型升级，深挖税收大数据，将数据转化为税源，强化风险管理。五年来持续推进业务流程、制度规范、信息技术、数据要素的融合升级，有效实现了从以票控税到以数治税管理模式的转变。

（四）推动精诚共治“治”出合力

从第一批非税收入划转到如今，与人社、银行等部门建立常态化联系机制。与行政审批、市场监管、商投等部门建立市场主体数据交换机制、招商引资企业信息沟通机制，为协税护税夯实数据基础。与检察院、法院等部门联合执法，发挥了精诚共治的良好作用。

（五）推进以税资政“资”出成绩

密切关注经济发展态势，紧扣县委政府关切，尤其是疫情以来，高效开展疫情防控与经济税源联动分析，打造《关于企业复工复产情况的专题报告》《新冠疫情对我县经济税收影响的调研报告》等十余期税收分析精品，多次获县委、县政府主要领导肯定性批示。

四、十年来，大邑税务宽严相济，推动队伍活力持续激发

（一）从严治党持续深化

县局党委履行好主体责任，推动构建全面从严治党新格局。定期组织召开全面从严治党工作会议，把管党治党工作纳入总体布局。推进构建一体化综合监督体系，班子成员履行好“一

岗双责”，扎实落实党委与党委纪检组专题会商会议制度，将各级巡视巡察问题整改纳入全面从严治党工作任务切实加以整改。

（二）执纪问责持续深化

十年来针对纪律作风、疫情防控、减税降费政策落实等情况开展明察暗访突击检查 102 次，发放督察通报 46 期，处理 4 人次、提醒 3403 人次，督促干部职工排查风险 2073 人次、自查梳理风险点 327 个。开展非职务违法犯罪问题专题教育学习 4 次、廉政约谈 920 人次。

（三）队伍建设持续深化

持续激发内生动力，积极选拔任用优秀人才，十年来新提拔中层副职 36 人，中层正职 11 人，副科级领导干部 3 人。大力培养骨干人才，制定落实教育培训计划，十年来本科在职人员提升学历 5 人，新增初级会计职称 23 人、中级会计职称 3 人、三师 8 人，新增进入省局人才库 3 人、市局人才库 19 人。

坚持党建赋能 引领教育发展

湖南省长沙市教育局

近年来，长沙市教育局准确把握党建质量提升新要求，深入落实市委“党建聚合力”工程，聚焦根本保证、强基固本、融合发展三个关键要素，不断把党建势能转化为发展动能，以高质量党建引领教育高质量发展。

一、聚焦根本保证，坚持和加强党的全面领导

（一）坚持政治建设统领

坚持以习近平新时代中国特色社会主义思想为指导，把政治建设摆在首位，扎实开展党史学习教育，持续用党的创新理论武装头脑，牢牢把握意识形态领域的主动权、话语权，引导系统内党员干部不断增强“四个意识”、坚定“四个自信”、做到“两个维护”。

（二）把牢办学治校方向

践行“四个服务”办学根本，全面贯彻党的教育方针，把牢社会主义办学方向，落实立德树人根本任务，组织挖掘“校史中的红色基因”，探寻毛泽东、刘少奇、蔡和森等一大批革命先辈在长沙学校学习、生活和从事革命的故事。召开红色基因学校座谈会，联合30所“红色基因校”向全国发出“用好红色资源、赓续红色血脉”倡议，让红色基因融入青少年的血脉，让赓续红色血脉成为青少年的自觉，着力培养“有根有魂”的时代新人。

（三）落实党的全面领导

积极稳妥推进中小学校党组织领导的校长负责制，出台《关于贯彻落实“三重一大”事项集体决策制度的实施办法（试行）》，印发《长沙市教育局局直单位“三重一大”决策事项清单》，中小学校党组织按照集体领导、民主集中、个别酝酿、会议决定的原则研究决定重大事项有了基本遵循。进一步选优配强局直属中小学校党组织书记，为实施中小学校党组织领导的校长负责制做好思想准备、组织准备、工作准备。

二、聚焦强基固本，全面提升基层党组织组织力

深化支部标准建设。坚持抓基层强基础，按照“达标、提升、创优”思路，以建设“合格、优秀、示范”支部为抓手，持续推动347个党支部开展“五化”晋位升级。三类支部占比分别为100%、61%、9%。全面推进“智慧党建”平台运用，打造党员教育管理的“空中阵地”，

实现教育管理线上线下同步实施的新局面。

打造过硬党员队伍。坚持开展党组织书记集中述职评议考核，对履职情况进行评分定等，约谈管党治党意识不强、成效不佳的党组织书记，学校党组织书记管党治党意识和能力进一步增强。开展“把骨干教师培养成党员、把党员培养成骨干教师”的“双培养”工作。全市骨干教师、卓越教师中党员占比达到80%，市级首席名校长、名校长中党员占比达到97%，名校长工作室学员中党员占比达到95%。

提升“两个覆盖”质量。印发《关于进一步加强民办学校党的建设工作的实施意见》，组织召开全市民办学校党建工作现场推进会，向市管民办学校派驻党组织书记和党建指导员31人，对民办学校新建党组织按照5000元—10000元不等的标准拨付启动经费，实现民办学校基层组织建设从“全面覆盖”到“有效覆盖”的提升。

三、聚焦融合发展，党建质量与教育质量双提升

（一）搭建融合发展平台

持续开展“在立德树人中践行初心与使命”主题活动，举办“百年辉煌 我心向党”先锋故事会，评选全市教育系统“两优一先”各100名，形成了党员在教书育人中树立先锋形象的党员教育品牌。常态开展共产党员示范岗、示范班、志愿服务队创建活动，倡导党员亮标准、亮身份、亮承诺，比能力、比作风、比业绩，围绕构建高效课堂教学、优化作业设计、促进教育城乡均衡发展等方面发挥先锋模范作用，营造了“校校有先锋、人人学先锋、个个争先锋”的浓厚氛围。

（二）创新融合发展方式

结合主题党日、“红色课堂”“理想信念工程”“素质提升工程”“学风建设工程”等，积极推进“党建 + 德育工作”“党建 + 师德师风”“党建 + 教学实践”融合创新，评选“党建 +”融合创新优秀案例30余项。

（三）提升思政教育实效

以“红色教育”为主题，开展多种形式的“开学第一课”，传承红色基因，引导青少年听党话、跟党走。深入推进大中小学“手拉手”思政一体化备课。组建备课组6个，18所驻长高校、100多所中小学、幼儿园参与集体备课，创建省级中小学思政课改革创新示范区2个。

回首百年路 展现新作为

四川省兴文县民政局机关党委副书记、办公室副主任 艾学梅

2021年是极不平凡的一年，它是中国共产党建党第100年，是“十四五”开局起步之年，也是我国社会主义现代化建设进程中具有特殊重要性的一年。回首百年光阴，中国共产党在泥泞中起步，在曲折中发展，它从风雨飘摇的黑暗中走来，一篷红船承载着一盏星火，从嘉兴南湖启航，点亮了中国革命前行的道路，承载了人民的重托、民族的希望。如今巍巍巨轮承载着中国梦破浪前行，引领中华民族伟大复兴扬帆远航。

一、百年党史见成长，以史为鉴知兴替

中国共产党的历史是一部厚重的典籍，记录着新中国从无到有、从小到大、从弱到强、从一个胜利走向另一个胜利。雄关漫道真如铁，无数的革命先烈用鲜血染红飘扬旗帜，用信仰浇灌革命火种，用忠诚谱写英雄赞歌。红色星火从井冈山燃起，越过长征路上的雪山草地，在延安发展壮大，熊熊燃烧，中国共产党带领人民在苦难中铸就辉煌。人间正道是沧桑，经过28年的浴血奋战和顽强奋斗，我们党和人民历经千辛万苦、付出巨大牺牲，在战胜日本帝国主义侵略后，经过人民解放战争，以摧枯拉朽之势推翻了帝国主义、封建主义、官僚资本主义三座大山，求得了民族独立和人民解放。当毛泽东主席在天安门城楼上庄严宣告中华人民共和国成立，飘扬的五星红旗从此屹立于世界民族之林。

二、百年党史促奋斗，拼搏进取创新篇

千淘万漉虽辛苦，吹尽狂沙始到金，中国共产党的一百年，是鲜血、汗水、泪水写就的一百年，是筚路蓝缕、披荆斩棘、砥砺前行的一百年。百年来，我们的国家、我们的民族历经挫折而奋起、历经苦难而辉煌，中国共产党的意志与精神在艰苦的熔炉中锻造升华，从“为有牺牲多壮志，敢教日月换新天”的豪情，到“到中流击水，浪遏飞舟”的浩然壮气，从“乱云飞渡仍从容”的战略定力，到“不到长城非好汉”的进取精神，从“打得一拳开，免得百拳来”的魄力，到“世上无难事，只要肯登攀”的决心，以及延安精神、“两弹一星”精神、铁人精神、扶贫精神、抗疫精神……中国共产党奋力诠释了“千磨万击还坚韧，任尔东西南北风”的拼搏进取精神，演绎了“安得广厦千万间，大庇天下寒士俱欢颜”的奉献担当。

三、百年党史迎未来，昂首阔步向前行

明天的中华民族，可以说是“长风破浪会有时”，经过鸦片战争以来170多年的持续奋斗，中华民族伟大复兴展现出光明的前景：我们比历史上任何时期都更接近中华民族伟大复兴的目标，比历史上任何时期都更有信心、有能力实现这个目标。现在，中华民族正在朝着自己伟大的梦想不断奋进，向着自己伟大的目标挺进。中华民族伟大复兴的中国梦是将国家、民族、个人的命运紧密联系在一起的，实现复兴的中国梦是全体中华儿女的共同目标。未来还需要一代一代的中华儿女承前启后，继往开来，为实现中华民族的伟大复兴继续努力。

四、百年党史注营养，初心不改展作为

“明镜所以照形，古事所以至今”，回顾历史，不是为回避今天面临的困难和问题寻找借口，而是汲取“风雨不动安如山”的信仰力量和“不将今日负初心”的思想力量，坚守为民情怀。在县委、县政府的正确领导下，在上级部门的精心指导下，在社会各界的大力支持下，兴文民政人忠实履职，奋勇前行，积极践行“民政为民、民政爱民”初心理念，主动适应新形势，在开拓中前行，在创新中发展，用勤劳和智慧干成了一件又一件大事，完成了一个又一个跨越：社会救助保障越发有力。兴文民政紧紧围绕“民政为民、民政爱民”的宗旨，用温情为全县困难群众编织了一道道密实的民生“保障网”，各项救助逐步完善，保障标准从低到高，并实现了“应保尽保”下的“动态管理”。社会福利事业普惠更广。全县养老服务机构建设稳步推进，养老服务质量不断提升，各项福利政策全面落实，留守儿童得到全面关爱，慈善事业方兴未艾。社会公共服务水平趋优。深入推进了殡葬改革，积极倡导移风易俗，树立殡葬新风，深入推进村（居）民依法自治和民主管理，依法依规圆满完成村（居）“两委”换届，完成了乡镇行政区划和村级建制调整改革，深化推进了社会组织的培育和监管。实现了一个又一个梦想：成功创建四川省“和谐社区示范县”、创建了兴文独有的“孝亲敬老”品牌、争取成为四川省首批城乡社区治理试点县之一、被县委、县政府评为脱贫攻坚工作先进集体、被四川省双拥工作领导小组授予“拥军优属先进单位”称号……

千秋伟业，百年只是序章。新时代赋予新使命，新征程彰显新作为，新的征程充满挑战，也召唤新的奋斗。当此之际，我们应把握机遇、迎接挑战，要有“协调各方，总揽全局”的格局，切实打造民政领域的精品工程，打造独具兴文特色的重点亮点民政服务工作；践行“民政为民、民政爱民”的工作宗旨，聚力民生改善，持续巩固兜底性民生保障，保障困难群众基本生活；探索创新基层治理举措，构建共建共治共享新格局……相信砥砺前行后，我们定能锻造一支兴文“民政铁军”，为全县经济高质量发展贡献民政力量。

奋斗写荣光 实干迎盛会

——礼县税务局开展“喜迎党的二十大 兴税强国铸忠诚”主题实践活动

国家税务总局礼县税务局

盛会将至，举国瞩目。近期，礼县税务局精心筹划组织了一系列“喜迎党的二十大 兴税强国铸忠诚”主题实践活动，既展现了礼县税务人奋发向前、勇担使命的精神风貌，也进一步激励了全体干部职工干事创业的热情，鼓舞大家在新征程上作出新贡献，助推礼县税务事业高质量发展。

一、初心如磐志不移，坚持学“习”永不怠

礼县税务局坚持通过县局党委会议第一议题、每月党委理论学习中心组学习第一主题和青年理论学习小组、各党支部“三会一课”等多种途径持续学习落实《习近平谈治国理政（第四卷）》、《习近平经济思想学习纲要》、习近平《论“三农”工作》等内容，进一步推动习近平经济思想和党中央经济工作决策部署落实落地，使得各层级的干部职工都在日常学习中体悟到了思想伟力。

广大干部职工纷纷表示，通过不断深入的学习贯彻习近平新时代中国特色社会主义思想，让大家提升了政治站位、锤炼了党性、开阔了眼界，深切感受到了当代中国马克思主义的真理力量，深切感受到党的领导是党和国家事业不断发展的“定海神针”，并立志要不断推进党的创新理论与税收工作的结合，真正做到学以致用、知行合一。

二、政治建设色不变，第一方阵排头兵

2022 年 8 月 26 日，礼县税务局党委书记以“走好第一方阵 我为二十大作贡献”为主题，为全体党员干部讲授专题党课，开展对党忠诚教育。

党课以“强化政治机关意识 走好第一方阵”为题，结合习近平总书记和总局王军局长对于政治机关的重要论述，紧贴礼县税务工作实际，从切实筑牢“强化政治意识，走好第一方阵”的思想基础，深刻把握“两个确立”，坚决做到“两个维护”，切实增强第一方阵的自觉，以及加强“第一方阵”队伍建设三个方面进项详细阐述，引导全体党员进一步学深悟透政治机关

建设的要义，坚定发展信心，激发昂扬斗志，引领推动工作。各党支部书记也紧随其后，纷纷走上讲台，开展党课宣讲，带领党员干部忆初心、明使命、显担当，掀起学习热潮。

三、税企联动无缝隙，“陇税雷锋”更便民

为更好地发挥基层党支部战斗堡垒作用和党员的先锋模范作用，进一步增进税企双方的沟通和交流，架起税务部门和纳税人之间的“连心桥”，礼县税务局第二税务分局与礼县春天药业有限责任公司积极开展税企共建活动，助推税企党建工作发挥最大效能，实现税企发展有机融合。

在春天药业有限责任公司，第二税务分局党员干部与企业工作人员坦诚交流，为共建企业解答涉税问题，并为企业法人和财务人员详细讲解减税降费、税费缓缴等相关税收优惠政策，“一对一”辅导企业财务人员，帮助企业及时掌握税收政策动态。

四、清廉教育化春雨，一封家书寄真情

好风传家，初心永续。礼县税务局深入贯彻习近平总书记关于注重家庭家教家风建设推进全面从严治党的重要指示批示精神，充分发挥干部家属在反腐倡廉中的助推作用，以“同树税廉家风、共筑廉洁防线”为主题，积极组织开展“家书说廉、家访讲廉、家属议廉”系列活动。

家书不长，却承载着组织满满的温情。活动开展以来，县局党委书记、局长带头为异地交流任职的本级班子成员家属寄送廉洁家书、各党支部重点给本部门新入职的青年干部们寄送廉洁家书近十封。一封封家书，既表达了对家属们支持税务工作的感谢，也向干部家属汇报了我们近年来的工作成效；一帧帧回信，洋溢着真情与温情，实现了组织与家庭的有效互动，营造出向上向善的良好氛围。

五、薪火相传续传统，新老齐聚颂党恩

2022 年 9 月 27 日，时值重阳节将近，又适逢党的二十大即将召开的重要时刻。礼县税务局举行了“喜迎二十大　重阳颂党恩”老干部座谈会，邀请了 13 名退休老干部与青年干部欢聚一堂，一起“颂党恩、谈建言、送寄语”。

时代纵有不同，初心一脉相承。老中青三代党员代表和退休老干部们纷纷结合自己的入党故事、思想历程和初心感悟，共话党恩、党情、党性。老干部们表示，党的政策好、发展变化快、人民情怀真，这些都是十八大以来最真切的感受，对即将召开的二十大满怀期待，充满信心。与会青年干部也深受鼓舞，通过这场“面对面”的交流活动，让他们更加深刻地感受到了老一辈税务人攻坚克难、锐意进取的政治担当，他们将继承老一辈税务人对党忠诚的政治品格、高度负责的为民情怀、无惧无畏的担当精神和实干苦干的工作作风，以一往无前的奋斗姿态和

永不懈怠的精神状态在工作岗位上再建新功。

征途漫漫，奋斗不息。接下来，礼县税务局将继续强化党建引领，围绕税收抓党建，通过党建促税收，着力建设标准规范、多能高效的战斗堡垒，努力推动党建与税收工作取得新成效，以实实在在的工作成绩迎接党的二十大胜利召开！

创建党建文化品牌 引领医院改革发展

江西省崇仁县人民医院

崇仁县人民医院是崇仁县唯一一所综合性二级甲等医院，建院于1931年。根据实际情况，崇仁县委在2019年12月将医院党支部升格为党委。现党委下设四个党支部，分别为临床党支部、医技党支部、行政后勤党支部和老年党支部。

一、背景情况

崇仁县人民医院党委高度重视党的建设工作，始终加强党的领导，以党建“三化”建设为抓手，通过“强根基，推动组织功能标准化；树导向，推动组织活力规范化；求创新，推动党建工作信息化；促融合，推动医院发展上台阶，着力解决组织建设不精准，阵地功能不健全，组织管理不规范，党建效能不明显等问题，充分发挥公立医院党组织领导核心作用，推动医院改革发展。

二、主要做法

在实践中，崇仁县人民医院党委紧紧围绕“党建工作、医疗服务、人才队伍建设、医德医风建设”来谋划全年的重点工作任务，把党的建设和卫生健康中心工作紧密结合起来，倾心打造党建“120”品牌，强化公立医院党的领导，促进医院各项工作健康发展。

（一）构建一套规范的工作体系

围绕标准化规范化，着力构建一套完整的“党的组织体系、规范的运行机制、现代的管理制度”。进一步优化了组织设置，下设了4个支部，配齐配强支部书记，确保每名党员都能接受党组织的有效管理。明确院党委的职责定位，强化公立医院党的领导，全面实行院党委领导下的院长负责制，充分发挥党委把方向、管大局、作决策、促改革、保落实的领导作用，把党建工作要求写入医院章程，制定了《院党委会议议事决策流程图》和《院长办公会议议事决策流程图》，完善了党务、院务双公开制度。进一步明确医院理事会、职工代表大会的权限和议事程序，充分发挥它们的作用。

（二）推进业务和党建工作双融合

做强公立医院党建工作，促进党建工作与医院改革发展互融共进，做到同谋划、同部署、同督促、同落实，在具体工作中做到“工作双考核、队伍双培养、品质双提升”。“工作双考核”即对医院各科室业务工作考核的同时一并考核党建工作，建立业务和党建“双查房”，业务和理论学习双同步；“队伍双培养”即将医疗专家、学科带头人、优秀青年医务人员等“高知”发展成党员，把党员培养成医疗、教学、科研、管理骨干；“品质双提升”即发挥党员名医效应，通过帮带建设一流科室和名医队伍，提升为民服务水平。

（三）打造群众满意的百分医院

通过党建引领，积极完善医院各项安全操作流程，严格执行医院感染管理制度，下发医务人员行为规范服务标准手册，推行“微笑服务在脸上、礼貌问候在嘴上、无私奉献在心上、勤奋工作在手上”的服务理念，优化诊疗流程，为患者提供绿色、安静、舒适的医疗环境，努力实现“安全事故零发生、卫生环境零污染、为民服务零距离”的工作目标。

（四）建立“党员百分制”考核办法

“百分制考核”主要从参与组织生活情况、发挥党员先锋作用、服务群众等方面对党员进行考核，结果作为党员执业考核、评先评优、职称评聘的重要依据，考核结果列入人事档案。

党员积分由各支部结合党员互评、调查核实等方式对党员打分获取。各支部每月 5 日之前将上月支部全体党员获得的积分情况上报医院党办（党员积分由各支部结合党员互评、调查核实等方式对党员打分获取），由医院党办登记在《崇仁县人民医院党员百分制考核积分表》中。医院党办在每年 1 月 15 日之前将上年度全体党员积分情况进行汇总，得出党员个人年度积分并及时予以公示。对积分较低的党员，区别不同情况，进行妥善处置。

三、取得成效

（一）党组织的凝聚力进一步提高

通过扎实推进党建“三化”建设，落实党内政治生活更加严肃规范，有效带动全院党员自觉强化“四个意识”，党组织政治功能不断增强；在医院党委、党组织规范化、标准化的指导下，各位党委及支部书记、委员，定期开展党员活动，规范各支部、各位党员政治学习，并结合医疗业务多次组织党员开展社会实践活动，将曾经相对单一的党员活动变得更丰富多彩，各位党员在名党员在学习与实践当中落实党员责任与任务，各党员都积极主动参与相关活动，并取得一定的成效。

（二）党员的先锋模范作用得到充分发挥

以落实党员“先锋创绩”制度为抓手，完善考核评价机制，创新党组织活动内容方式，广泛开展党员志愿服务和党员设岗定责、承诺践诺、挂牌上岗等活动，组织开展党员“亮身份、树形象”活动，规范党员徽章佩戴，推动党组织活动与公立医院业务工作有机融合，党员带头提升医疗服务，充分发挥党员先锋模范作用，促进医护人员提高服务质量。

应新冠肺炎防控指挥部要求，医院各党员自发组织全院医务人员在医院口入口设立防控卡点，对医院出入人员进行体温监测及督促戴口罩等防控。大家不畏严寒酷暑，不惧刮风下雨，为县域人民健康保驾护航。

（三）有效落实新冠疫情防控责任

新冠肺炎疫情暴发后，医院迅速成立新冠疫情防控临时党支部，研究制定新冠肺炎疫情防控工作方案及各类应急预案，迅速成立领导小组、专家救治组等，有效落实疫情防控各项工作。在医院党组织的统筹领导下，医院共收治5例（新冠疑似病例），后均确诊转往抚州市第一人民医院，防控措施落实到位，未发生院内感染事件；积极开展各项外援工作，做到和全国人民一起同舟共济、共克时艰，先后派出多名优秀医务人员支援湖北、抚州市医疗点、上饶铅山等地的疫情防控工作，他们奔赴目的地后，积极投入到当地疫情防控工作中，得到充分肯定及一致好评。

（四）利用专业优势服务群众

作为窗口服务单位，医院一直坚持以人为本，服务群众的意识，切实利用专业优势，为群众办实事，办好事，规范市场秩序，营造良好的营商环境。尤其自全党开展党史学习教育以来，医院党委及各支部多次组织党员志愿者，开展慰问困难群众关爱服务，并为其送医送药；多次组织义诊专家团队到对口帮扶单位开展义诊活动，为群众进行健康宣传与指导，健康体检等。在党委的组织下，系统地查找医院在办理慢性病申请流程和转诊转院、出入院等群众就医办证流程中存在的不足，结合建立对非必要资料的“容缺办理”机制等，解决了群众在就医办证时存在的难题。

（五）党风廉政建设取得实效

医院党委始终把党风廉政建设，建立健全各项规章制度作为工作的头等大事。陆续成立“不担当、不作为、慢作为”作风突出问题专项整治领导小组和开展“好人主义之害”解放思想大讨论活动领导小组等，在全院深入开展专项整治活动，各个职能部门每月定期对医疗服务质量和安全进行自查，定期进行医院从业人员资质自查，并按要求处理违规行为。如为进一步规范抗菌药物的使用，有效控制感染，制定《崇仁县人民医院临床医师合理使用抗菌药物年度积分卡管理制度》，促进抗菌药物合理用药，更好满足新时代人民群众对医疗健康的美好需求。

医院党员干部在提升业务能力的同时必须要充分发挥党员先锋作用，把全部的服务热情放在群众身上，坚持以患者为中心。我们在夯实党建工作中只有不断改进工作作风、提升服务效能，加快解决为民服务的问题，才能真正发挥出党建引领业务发展的最大效益。

党支部结对共建 “红色引擎”激发新活力

——玉树市税务局第二党支部、协新村党支部开展支部联合共建活动

国家税务总局玉树市税务局

为坚持和加强党的全面领导，发挥基层党组织战斗堡垒作用，服务乡村振兴工作有序开展，近日，玉树市税务局第二党支部与小苏莽乡协新村党支部开展支部共建活动，并签订党建结对共建协议。玉树市税务局党委书记、局长王淮杰同志组织参加了这次活动。

“……履行党员义务，执行党的决定，严守党的纪律……”活动在铿锵有力、语气坚定的重温入党誓词中拉开帷幕，大家戴上党员徽章，面向党旗，庄严承诺，表达了守好初心，担好使命的坚定理想信念，彰显了党员干部的责任担当。

随后，尼么、卓玛、尕金等协新村党员同志根据实际情况介绍了协新村基本村情“框架”及产业发展情况、老百姓希望实现的协新“梦想”，结合亲身经历，详细介绍了协新村人民群众在生活中存在的困难及各项工作开展过程中遇到的掣肘问题。双方党员同志就抓好党支部工作、增强党组织影响力和感染力、推进基层组织建设、发挥党员先锋模范作用、党支部建设的新做法新经验等方面交换了意见建议，为今后持续推进党建引领乡村振兴，加强基层组织建设等方面提供了目标与方向。

市局第二党支部副书记屈宏儒同志说明了支部共建协议的内容，双方签订协议后，他表示，此次支部共建是双方面向未来、携手共进、协力共赢的有力举措，希望两个支部从“组织建设互促、党员干部互动、党建载体互用、扶贫帮困互助、学发展共赢”等方面，以党建共建作为加强学习交流的重要平台，一起开展党组织活动，共同推进党建工作，以钉钉子精神做实做细做好乡村振兴等各项工作。

市局党委书记、局长王淮杰同志以党员的身份参加了活动，结合乡村振兴、为民服务等当前及今后一个时期的重点工作，他表态：一要当好政策宣传的“领航员”。乡村振兴工作是继精准扶贫之后党中央在新的历史条件下推进共同富裕的新部署。作为党员，大家要牢记使命、真抓实干，向村民传达各级党委政府的农村工作方针、决策和部署、引导村民转变落后思维观念，解除畏难情绪，树立科学发展理念，激发村民产业致富的工作干劲。二要当好村情民意的“调研员”。农村工作千头万绪，纷繁复杂，工作量大，牵涉面广。了解村民意不能光靠上级党委政府的人，需要村民党员协助驻村工作队做好深入调查研究，摸清农村脱贫致富底数，掌握村民所思所想，为上级部门开展乡村振兴工作、发展村集体经济等方面的参谋决策、落实各项方

案提供第一手资料。三要当好遵纪守法的“模范员”。各位党员要以高度的政治责任感和使命感，模范遵守好各项法律法规，服从严遵守上级党委的管理，艰苦朴素，勤俭节约，以自身的形象去影响和感染他人，全力以赴当好优秀党员。

这次支部结对共建活动，拉近了两个支部的距离，为农村基层党建注入新鲜血液，助力乡村振兴发展。今后，结对共建党支部双方将共同创新、积极作为，探索局村党支部合作新实践，充分发挥党建优势推动特色支部建设，共同打造特色党建品牌，在推动乡村振兴具体工作中，体现党的优越性和先进性。

坚持党建引领 点燃振兴引擎

江苏省淮安市洪泽区人民医院

江苏省淮安市洪泽区人民医院始终坚持以习近平新时代中国特色社会主义思想为指引，坚持党建引领发展，凝心聚力，锐意进取，积极应对新形势变化，在危机中育先机，于变局中开新局，在风险与挑战中点燃振兴引擎。

以党的政治建设为引领，以服务医院中心大局为目标，汇聚智慧力量，营造干事氛围，推动医院高质量发展。

一、在系列活动中汲取力量

以庆祝中国共产党成立100周年为契机，邀请老党员重温入党经历、重读入党志愿书，组织预备党员集体宣誓、畅谈入党感言，开展齐唱红歌主题党日活动、参加全区唱红歌比赛、举办“永远跟党走”道德讲堂暨建党100周年广场文艺演出等系列活动，激励全院各级党组织和广大党员，从党的光辉历程中汲取智慧力量，筑牢初心使命，增强爱国爱院的家国情怀。

二、在主题教育中锤炼党性

成立党史学习教育领导小组，召开党史学习主题教育动员会、党史教育专题学习研讨会，制定主题教育工作方案，深入开展主题教育。设置每周四为党史学习日，组织学习《百炼成钢》《党史故事100讲》等党史内容，在全院形成浓厚的党史学习教育氛围。

三、在学做结合中谋实办事

将党史学习教育与推动医院高质量发展相结合，将“两在两同”与“我为群众办实事”相结合，切实把学习教育成果转化为工作成效。2021年，全院发展党员23名。实施“双带头人”工程，从学科或潜在学科带头人中发现和培育党建带头人，选举产生新一届党务干部，基层党组织活力明显增强。号召各职能部门结合自身岗位，每月办理一件为民办实事项目。各党支部争相组织开展义诊、宣教、培训等活动，用心用情服务群众。

四、在文化建设中提升品质

坚持以人为本，成风化人。相继出台人才引进工作方案，在全院营造人才至上、支持人才引进的浓厚氛围；制定内部聘任临床高级技术职务办法，对已取得高级专业技术职务的人员进行医院内部职称聘任；实施专业技术岗位竞聘晋级实施方案，对符合晋级条件的 147 人签订岗位聘用合同变更书，兑现了薪级工资，员工实实在在感受到医院的关爱，工作积极性不断提升。以“全民阅读”“全民健身”活动主题，相继开展趣味运动会、迷你休闲跑等有益身心健康的休闲活动。2021 年开展自救互救急救技能公益培训 10 余次，参与“9·9 腾讯公益日”和“慈善一日捐”爱心活动，共捐善款约 5 万元，180 人次主动参与无偿献血，献血量达 55000 毫升。共20余位员工先后入选省、市、区级新时代好人榜。“最美跪姿”“援鄂护师术后三天路边救人”“爱心大力抱”等诸多洪医故事获赞无数，榜样力量激励、影响和带动更多人群。

2022 年，淮安市洪泽区人民医院新院区搬迁渐行渐近，三级医院创建步入新发展阶段。医院始终坚持党建引领，将以高分通过二级甲等综合性医院复评审为契机，积极应对常态化疫情防控、新院区运营等困难和挑战，对标找差，持续改进，把困难和挑战作为着力化解和攻克的重要任务，持续完善机制体制，激发员工干事热情，更好推动医院各项事业不断向前发展。

发挥条块共管优势 凝聚党建工作合力

国家税务总局右玉县税务局 赵 慧

税务机构合并后，层级多、队伍大、分布广，机构、编制、干部实行垂直管理，党组织关系属地管理，党建工作容易出现力量分散、“两边管、两难管”的问题。国家税务总局结合双重领导管理体制的实际，确立了“条主责、块双重，纵合力、横联通，齐心抓、党建兴”的新“纵合横通强党建”机制体系。右玉县税务局坚决有效执行，坚持齐抓共管，汇聚纵合优势，聚焦横通联动，推动党建工作高质量发展。

一、主要做法

贯彻落实新“纵合横通强党建”机制体系，关键在真抓，靠的是实干。我们在全面承接上级党委各项决策任务的基础上，重点在“条、块、纵、横”四个方面进行了深化。

（一）在“条”上压实责任，尽责担当更加有为

我们牢固树立“把抓好党建作为最大的政绩”的意识，强化政治担当，积极主动作为，始终把主体责任扛在肩上、落实在行动上。制定了党委、党委书记、党委委员、支部主体责任和监督责任清单，对责任事项实行项目管理、对口承接、督查督办和述职评议，形成全面从严治党主体责任链条。把学习习近平新时代中国特色社会主义思想作为党委会议“第一议题”、学习培训的“第一主题”、个人自学的“第一任务”，并形成制度。与市委党校合作，设立理论教学联系点，把党校课堂办到了税务最基层。严格落实党委工作议事规则和“三重一大”制度，对大额资金使用、干部选拔任用等重大事项，坚持集体研究、共同决策。严格落实中央八项规定精神，组织开展了形式主义、官僚主义集中整治，违规收送礼品礼金、私车公养问题专项整治，始终坚持“严”的主基调。

（二）在“块”上主动融入，条块协同更加有序

我们结合“党员组织关系隶属地方”的实际，主动将税务机关党建融入地方党建的大盘之中，自觉接受所在地党委及其工作部门的管理指导。制定了与党委政府及其工作部门常态化沟通的实施办法。实行“三主动、三必报”工作机制，即：主动请示汇报、主动沟通联系、主动配合工作，经验亮点必报、重大改革必报、工作总结必报。全面对接地方党委及其工作部门安排部署的工作任务，先后参与了全县扫黑除恶、领导干部违规入股企业问题专项清理、政法队伍整顿等工作。全局60名在职党员全部到所在社区报到登记，常态化开展“6+1”便民、利民、

惠民服务活动。在帮扶村开展“支部结对、干部结亲”，“党员一帮五”等工作，强化党建引领，发展特色产业，推动帮扶工作由“输血”向“造血”转变。条线管理与属地管理深度融合，有效避免了管理盲区和职责交叉，收到了“条块协同、优势叠加”的成效。

（三）在“纵”上凝聚合力，责任传导更加有效

我们立足“以税务总局为主”的前提和“党建主责在税务”的特点，主动肩负起党的建设和全面从严治党主体责任，全面承接落实总局、省局、市局各项决策部署和管党治党责任，并有效传导至各税务分局。注重示范带动，坚持“书记抓、抓书记”“抓机关、带系统”，形成上行下效、整体联动的效应。每年进行支部书记抓基层党建述职评议，逐一进行点评并现场打分。深入落实“下抓两级、抓深一层”的工作机制，建立“一名县局领导联系、一名党务干部指导，一套工作方案实施”的分局党建联系点制度，具体参与指导创新项目和“三会一课”、组织生活会、党日活动等工作开展。通过层层压实责任，将压力传导到“神经末梢”，形成了层层有责、各负其责、齐抓共管的党建工作合力。

（四）在“横”上打通壁垒，内部配合更加有力

全面从严治党是一项系统工程，需要各方面各部门协同配合。我们明确“纪检组、人教股、办公室、纳服股都是党建工作部门”的定位，明晰职责分工，建立协调配合机制。党建工作股既管机关又管系统，横向抓到边、纵向抓到底。以“党建 +”为载体和平台，将党建工作与税收工作一起谋划、一起部署、一起落实、一起检查，深入业务流程、融入岗责体系，促进了党建工作与其他工作深度融合。在机构改革、疫情防控、减税降费、个税改革、脱贫攻坚、提升纳税人满意度等重点任务攻坚中，成立党员先锋突击队，最大限度发挥了党建的引领作用，让党旗始终飘扬在税收事业改革攻坚的第一线。

二、工作成效

（一）全面提升了党建工作质量

通过严格落实“纵合横通强党建”工作思路，积极融入地方党建大局，构建条块结合、资源共享、优势互补的“条 + 块”党建工作新格局。稳步推进支部标准化、规范化建设，积极开展精神文明创建活动，队伍凝聚力不断增强，党的建设质量逐步提升。2020 年县局党总支委员会被评为全省税务系统先进基层党组织，全局顺利通过全国文明单位复查验收。

（二）充分发挥了党建引领作用

新“纵合横通强党建”机制抓住了党建工作与税收业务的结合点，发挥了自上而下管理的优势。通过“党建 + 减税降费”，成立党员先锋突击队，攻坚业务难题，推动政策落实，减轻企业负担、激发市场活力。通过“党建 + 纳税服务”，设立“党员示范岗”，为纳税人提供“线上 + 线下”服务，办税缴费更方便、更快捷。通过“党建 + 乡村振兴”，把党建优势转化为帮扶优势，实现稳定脱贫，被山西省委、省政府评为“全省干部驻村帮扶模范单位”。

（三）更好服务了经济社会发展

“纵合横通强党建”机制体系的鲜明特点是条块共管，充分发挥这一显著优势，有利于更好服务全县经济社会发展大局。税务部门主动对接供给侧结构性改革任务，为产业发展、招商引资提出建议，协助做大做实全县经济总量。科学组织税费收入，服务全县“六稳”“六保”和新发展格局。

三、几点启示

（一）关键是抓主体责任

只有扭住了主体责任这一“牛鼻子”，抓牢第一责任人这一关键中的关键，强化守土有责、守土担责、守土尽责的政治担当，才能带动班子成员履行“一岗双责”，形成各司其职、各负其责、齐抓共管的良好局面，推进党建工作向纵深发展。

（二）方法是抓条块协同

充分发挥垂直管理和地方管理两个优势，妥善处理条块关系，用好两种资源，形成税务系统与地方党委抓党建工作优势互补、共管共治的格局，实现了内外聚合、纵横联通，双向发力，一体推进。

（三）根本是抓制度落实

制度的生命力在于执行，发挥考核“指挥棒”作用，把新“纵合横通强党建”机制体系作为政治督查、绩效考核的重要内容，推进落地落细，把制度优势更好转化为治理效能，推动税务系统党的建设高质量发展。

党史学习践初心　为民实事现真情

云南省永善县人民医院党委书记　朱前余

党史学习教育最终是为了“力行”，更好推动工作，永善县人民医院重点从“如何学、怎么思、如何做”三个方面进行了部署。如何学，就是学精髓、务本义，认真研读《论中国共产党历史》《毛泽东邓小平江泽民胡锦涛关于中国共产党历史论述摘编》《习近平新时代中国特色社会主义思想学习问答》《中国共产党简史》等4本书，使党员干部在思想上与党中央保持高度一致；怎么思，就是结合自身工作实际，围绕中心抓发展，深入具体找差距，切实增强使命感、责任感；如何做，就是要牢记使命，践行初心，做从严治党的模范。

永善县人民医院自启动党史学习教育以来，采取“十一个一”的工作措施：即召开一次全院职工动员大会，上一堂生动党课、每人记一本读书笔记、集中搞一次大型义诊、创一个老年友好医院、职工每人献一条管理良策、深入挂钩村进一次农家体验、搞一次知识竞赛、写一篇心得体会、建立一批规章制度，办理一批民生实事。紧紧围绕“学党史、转作风，强服务”。学有所思、学有所悟、学有所获。以作风转变，带动服务态度提升，助推医疗质量，提高医疗安全。以患者为中心，以质量为核心，以控费为基础，以大型医院巡查为推动，扎实抓好爱卫专项行动巩固提升，坚持公立医院公益性，医院竭力秉承“厚德精医、博爱为民、开拓创新、敬业奉献”之院训，始终坚持“以病人为中心、以质量为核心、全心全意为人民服务”的办院宗旨，牢记“救死扶伤、呵护健康”的使命，致力以“诚信办院、科学治院、质量强院、人才兴院”的管理理念，倾力将我院建设成为区域内质量一流、技术一流、服务一流的医疗中心，让患者满意、政府放心、职工自豪、同行尊重。

通过党建引领，全院上下齐抓共管，医院已发展为集医疗、教研、预防、保健、康复为一体的国家二级甲等综合医院，成功创建了“胸痛中心、卒中中心、创伤救治中心、危重孕产妇救治中心、危重新生儿救治中心”，医院拥有飞利浦1.5T核磁共振，联影60排CT，西门子16排螺旋CT，岛津全数字化DR；西门子、飞利浦及三星超高端四维彩超，经颅多普勒仪、24小时动态心电图及动态血压，DMIecg运动负荷测试系统、超声骨密度仪、肌电图仪；迈瑞、日立、西森美康等医学检验全套流水线、冰冻切片机；奥林巴斯及开立电子胃肠镜、氩气高频电刀；Wolfs及Storzs腹腔镜、宫腔镜、胆道镜，Leep刀，Auriga XL钬激光，电外科能量平台、超声刀，Wolfs 等离子电切镜、膀胱镜及输尿管镜，CO_2 激光及紫外线治疗仪；椎间孔镜、关节镜、颅内压监护仪；纤支镜、多功能呼吸机；白内障超声乳化仪、耳鼻喉内窥镜；康复机器人等先进医疗设备，切实提升了医院的综合救治能力和诊疗水平，保障了区域内患者就医诊疗的健康需求。

固本强基 凝心聚力
全力开创公司安全生产新局面

湖北鄂州梁子湖区供电公司总经理、党委副书记 王 虎

2022年，省公司提出九大安全理念并编制安全文化手册，为我们安全工作提供思路，指明方向。学习和构建“1+9+N”安全文化体系，能有效地解决当前安全管理所面临的诸多问题和困惑，我们深刻认识安全工作的极端重要性，集中全部力量，把安全管理放在最高层级，紧紧围绕“四个管住”，坚决守住安全生命线，为公司安全工作筑牢基础。下面我从五个方面展开论述。

一、强化安全责任落实

责任是安全生产的灵魂，安全生产没有局外人。抓领导干部安全履职。严格领导干部安全履责评价考核，将履责评价由履责次数向履责质效延伸。落实安全包保责任制，督促领导和管理人员加强学习，提升履职能力。建立安全履责档案，每季度检查管理人员履职情况，对履职不力的严肃问责。抓班组长安全履责。按季度开展班组长安全履责评价与公示，督促班组长到现场履责，建立履责档案库，并在公司安委会上通报履责情况。抓全员安全履职。及时修编完善安全责任清单，开展“知责明责履责”专题活动，推动全员安全责任落实。全员签订安全履责承诺书，并对照安全目标，层层签订安全责任状，对未完成目标的，纳入绩效考核。

二、强化安全监督问责

牢固树立“所有的事故都是可以避免的”。规范安全稽查。确保稽查全覆盖，保障安全监管的专业性、带头履责，常态化开展作业现场“蹲点式”安全稽查，督导管理人员及作业人员管好业务范围内的安全。突出专业稽查。落实“三管三必须”要求，将专业稽查次数以及违章记分次数作为一个硬指标，衡量专业管理是否到位，确保专业部门每月现场安全检查不少于12次，违章记分每部门不少于6分，对违章人员予以处罚通报并直接纳入季度安全工作考评。修订安全奖惩办法。明确违章处罚、事件考核、安全约谈、安委会通报、安全工作评价等考核手段应用范围，严格考核，拧紧知责、履责、督责、问责的责任链条。大力整治违章行为。花大力气抓监督强管控，抓违章强考核，持续发力、久久为功，对违章中涉及工作票签发人、许可人等责任的，一并纳入记分处罚。严格作业过程管控和违章闭环管理，以过程管控求实效，以结果

导向抓督导，对于违章闭环整改要逐级跟踪督办，做到件件有安排、有计划、有结果、有评价。

三、强化安全风险管控

建立双重预防机制，做到关口前移、分层分级管风险。严格现场风险管控。充分发挥专业保证和监督体系协同管控作用，以管理穿透为重点，以“四个管住”为抓手，涉及高风险作业，专业部门和安监部门在公司周例会上汇报安全风险管控情况及措施，并现场督导“三防”落实情况，确保现场安全措施执行到位。严格作业计划管理。抓牢计划这个龙头，严格计划编审批管理、风险评估，制定合理的风险防控措施，实现风险超前预防和事故防范关口前移。明确计划专责，负责作业计划的管控、录入等工作，从源头管住作业计划。严格队伍人员管理。选拔技术水平高、安全履责能力强的队伍人员，建立规范的安全准入、淘汰机制，构建线上队伍、人员安全档案，实施动态“负面清单”，把真正懂管理、有技术的队伍留下，把遵章守纪的“明白人”用上去。严格风险指标管控。依托安全生产风险管控平台和安全督查中心，强化作业现场全过程、全覆盖监督管控，将各班组作业计划完成率、合格率、智能设备使用情况、到岗到位情况等纳入安全工作评价考核，促进公司各作业现场标准化，作业安全日常化，确保管控措施有效落实。

四、强化安全教育培训

安全培训是员工掌握安全知识、提升安全技能、规范安全行为的重要手段，是保障员工安全的护身符。坚持全员安全教育培训。督导各专业编制年度专业安全培训计划，提升班组关键人、明白人安全履责能力，以班组“小安全”保障公司“大安全”，围绕“干什么、学什么，缺什么、补什么”开展有针对性、能解决问题、消缺薄弱环节的培训。持续开展“安全日活动”，鼓励“明白人”利用安全日活动讲安全课，加大现场实战培训力度，以实战案例指导两票、施工方案、智能设备应用等培训，提升全员业务技能素质，营造尊崇技术、尊崇专业、尊崇干事的良好氛围。加强安全培训结果应用。对安全考试成绩突出者给予奖励，对考试不合格人员实施考核、待岗处理，对分包人员考试不合格者实施禁入。

五、强化安全基础保障

基础不牢，地动山摇，安全生产重在基础保障。推动智能安全工器具实施应用。推进智能安全工器具库房的实际应用，将智能库房出入库应用情况纳入季度安全工作评价。坚持开展“两票”评价管理。检查各基层班组“两票”评价及整改情况，通报“两票”应用情况，严格“两票”奖惩管理，对录入安管平台未进行闭环的或检查不合格的一律不纳入奖励范围。突出安全文化建设。打造班组文化墙、文化长廊等，增强班组安全文化氛围，实现全员“共保互助”安全共识。构建违章曝光红黑榜，推动“人人有责、人人尽责”内化于心、外化于行，形成想安全、会安全、抓安全的良好氛围。

第二篇

工运事业及工人工作的发展研究与思考

凝聚建功新时代的磅礴力量

安徽省滁州市总工会

岁序更替，奋斗不息，总有一些力量催我们奋勇前行，总有一种使命让我们全力以赴……2021 年，滁州工会人致力于维护职工权益、凝聚职工力量，在推动开展职工思想引领、产业工人队伍建设改革、打造智慧工会等方面实招频出、创新不断、成绩斐然。这里截取的 7 个片段，是工会人奋力前行、主动创新的证明，更饱含了“娘家人”对职工的深情……

高光时刻：滁州市总工会连续 11 年荣获全总“市级工会财务会计工作先进单位”称号，连续 7 年荣获“全国基层职工互助保障工作优秀单位”称号，荣获省总经审工作规范化考核特等奖、安徽省 2019—2020 年度“安康杯”竞赛“优秀组织单位”称号，市困难职工帮扶中心获省总工会授予“安徽省五一劳动奖状”“安徽省城市困难职工解困脱困工作中做出重要贡献集体”“安徽省网络安全宣传周活动先进单位”等称号。

亮点一：职工思想政治引领不断加强

2021 年 3 月 16 日至 18 日，滁州市总工会在全省工会率先利用官方微信公众号组织开展“学习百年史·奋进新征程”网上答题竞赛。在 3 天时间里，全市 2321 名职工参与答题竞赛，南谯区、明光市、来安县、琅琊区总工会获优秀组织奖。

滁州市总工会深入宣传贯彻党的十九届六中全会精神，以庆祝中国共产党成立 100 周年为主线，组织开展全市职工演讲比赛、巡回宣讲会、网上答题、党史知识竞赛、诵读红色经典、免费送红色电影等活动 560 余场次，征集书法美术摄影作品 420 幅，开展新时代文明实践活动 100 余场次。召开庆“五一”劳动和技能竞赛表彰大会暨职工岗位创新宣讲会，制作公益宣传视频，开展“职工职业道德建设标兵单位和个人”“滁州市最美职工”评选和劳模主题宣传宣讲等活动，引领广大职工见贤思齐。

亮点二：组织动员职工建功新时代

2021 年，滁州市总工会组织开展“金融支持现代化新滁州”、滁州城际轨道交通项目劳动竞赛以及网络安全、物业管理等 20 场示范性劳动和技能竞赛，引领带动全市开展各类劳动和技能竞赛 600 余场，参赛单位 2796 个，参赛职工近 23 万人次。

滁州市总工会大力开展“建功十四五 奋进新征程”主题劳动和技能竞赛，普遍开展“职工岗位创新”劳动竞赛，围绕科技创新、产业升级、乡村振兴、重大项目、重点工程等，与市交通运输局联合成功承办全省交通运输执法人员技能大赛，积极组织参加全国第七届职工技能大赛安徽省选拔赛、长三角G60职工安全网络大赛、长三角智能制造物流管理职业技能竞赛等活动。着力提升职工创新创造能力活力，开展“跟着劳模去创新”活动，举办15场劳模创新大讲堂，组织10名劳模结对帮助10家非公企业技术创新，培育10项劳模重点创新项目，打造8个创新示范平台，9名劳模实施名师带高徒计划、带徒36人，建设14个劳模助力乡村振兴示范基地。深化技术革新、技术协作、发明创造、合理化建议、网上练兵和“五小”等群众性技术创新活动，激发职工创新创造活力，向省总推荐申报30个重大合理化建议项目，11个项目获表彰。

亮点三：推深做实维权服务工作

定远县“法院+工会”劳动争议诉调对接工作室2021年9月挂牌成立以来，3个多月共调解劳动争议案件33件，办结33件，成功调解22件，调解率达66.7%，涉及金额42.3万元，在工会、法院介入下，职工合法权益得到及时维护。

滁州市总工会大力推进工会法治化建设，建立“送法进企业，普法进园区”长效机制，开展法治宣传活动60余场次、各类法律咨询服务活动百余场次，法律知识网上答题参与职工19万人次，联合市法援中心办理涉及农民工法律援助案件17件，帮助农民工挽回经济损失178.5万元。全市“法院+工会”劳动争议诉调工作实现全覆盖，全市工会诉调组织共参与调处劳动争议案件144件，成功调解110件。2021年安徽省工会“宪法进企业·新就业形态劳动者法治护航行动”在滁州启动。出台《关于切实维护滁州市新就业形态劳动者劳动保障权益的实施意见》，建立健全新就业形态劳动者权益保障机制。开展新就业形态劳动者入会集中行动和“工会进万家·新就业形态劳动者温暖行动服务月”活动，引导全社会关心关爱新就业形态劳动者。

亮点四：提升智慧工会建设服务水平

2021年，滁州市县同步拓展“互联网+”普惠项目，全市累计办理工会会员卡7.8万张，持卡会员累计享受优惠622万元。市总投入210余万元打造“绿色出行、低碳环保”普惠品牌，半价乘公交实现滁州全域覆盖，助力全市“双碳”工作。

滁州市总工会积极开展“智慧工会创新应用年”工作，建好用好市总职工服务网、微信公众号、微博等网络平台，提高服务基层、服务职工能力；简化入会流程，3800余人通过“码上入会”，不断丰富“电子微书屋”内容，并借用其开展线上读书有活动奖5场次，发放微信红包8.6万元。落实意识形态工作责任制，深入开展“网络安全宣传周”活动，组织开展“好网民”主题活动，承办全省工会“网聚职工正能量咱们e心跟党走”主题摄影作品征集，我省19件作品获奖，占全国总奖数23.7%。滁州市获全总、中央网信办表彰奖项5个，省总和省委网信办表彰奖项39个，市总获“优秀组织单位”称号。

亮点五：深化产业工人队伍建设改革

2021年，滁州市评选命名首届“皖东工匠”，深化劳模创新工作室（联盟）建设，1人入选“长三角工匠联盟首批入盟工匠”，选取10家单位作为市首批产业工人队伍改革试点单位，产业工人队伍建设改革工作取得显著成效，获省调研评估组充分肯定。

滁州市先后出台各类文件12个，累计发展产业工人党员1439名，发展工会会员118390人，开展各类补贴性职业技能培训17.75万人次，全市技能人才达33.61万人，其中高级技能人才10.4万人。开展名师带徒活动，加大技术创新扶持力度。持续做好建会入会工作，深入开展“基层组织建设提升年”活动，重点推进规模以上非公企业、物业公司、民办学校以及货车司机等新就业形态劳动者建会入会工作，成立市物业管理行业、交通运输行业、经开区物流园3家工会联合会和天长市交通运输物流行业协会工会，236家企业工会，吸纳货车、网约车司机等新就业形态劳动者17216人，其中货车司机13807人。2021年，新建工会组织1080家，新增会员32828人，建会、入会“四项”指标分别完成省总目标任务的270%、164%、131%、230%。

亮点六：加强企事业民主管理工作

滁州市试点建立非公企业工会主席考评机制，完善考核办法，让市总各部室、园区工会和企业职工分别参与打分，给予20家非公企业兼职工会主席履职补贴，调动工作积极性、主动性和创造性，助推活力工会建设。滁州市调整市推行厂务公开工作领导小组成员，举办培训班，开展网上知识竞赛和“聚合力促发展”提案征集推荐等活动，选树厂务公开民主管理先进集体29个、先进个人28名。国有控股及其控股企业、事业单位和百人以上非公企业厂务公开民主管理建制率分别达98.5%、98.3%和97.4%。

亮点七：着力提升职工群众幸福指数

2021年，滁州市工会免费举办职工素质教育大课堂，分别开设舞蹈、健身太极、茶艺、古筝等培训班，400名职工线上报名参加培训，社会反响好。

滁州市总工会结合党史学习教育，扎实开展“为职工办十件实事”活动。开展工会家政培训促就业活动，为343名困难职工、农民工提供免费培训。为700余名市（县）建档在册困难女职工和“八大群体”及新就业形态女性劳动者等开展免费“两癌”筛查。开展夏季“送清凉”活动，采购18万元防暑慰问品，慰问市直和园区70家企事业单位职工。组织5120名职工参加疗休养活动，为594名农民工提供免费体检，向4636名新入会货车司机等八大群体会员赠送在职职工意外伤害互助保障。开展关心关爱环卫工人“六个一”活动，帮扶慰问和免费服务环卫工人 5300 余人次。举办 10 场“皖工鹊桥”婚恋交友活动，1400 余名青年职工参加。新建阳光家园 31 家、“工会服务驿站”56 家、市级以上职工书屋 20 家。组织开展市直职工乒乓球、羽毛球混合团体赛等活动，丰富职工文体生活。

推出系列惠企举措　助力实现“开门红”

福建省厦门市海沧区总工会

截至 2022 年 2 月 15 日，海沧全区规模以上工业企业正常复工 394 家，复工率达到 98%。高复工率的背后，离不开海沧区总工会系列惠企举措的积极推动。

2022 年以来，海沧区总工会在深入开展习近平总书记致厦门经济特区建设 40 周年贺信重要精神大学习大讨论活动的基础上，以“提高效率、提升效能、提增效益”行动为抓手，先后释放 300 万元爱心大礼包、最高 450 元“平安返厦”补助金等系列惠企举措，落实省、市总工会“工会红・助力开门红”专项行动，助力海沧区经济发展第一季“开门红”。

一、爱心礼包，助力员工留厦返厦

河南开封的小李说，在海沧务工多年，年年都有工会爱心大礼包，让人有一种家一般的温暖。“这个年，我在海沧过得很开心。”小李说。

2022 年，海沧区总工会设立 200 万元专项慰问金，慰问困难职工及苦脏累险艰苦行业、新就业形态劳动者、电力、环卫等岗位的职工，春节期间坚守岗位和疫情防控一线职工，并为他们送去 1500 条红围巾、5 万个特制的“工会红”爱心口罩。设立 300 万元专项资金，对留厦的非公企业非厦门籍会员，赠送新春爱心大礼包，以每名会员不超过 100 元标准进行补助。此外，支持基层企业组织开展“留厦过年”主题文体活动。趣味游园、看电影、户外健步等小型分散、形式多样的文体活动，丰富了辖区留厦过年职工的精神文化生活。

为营造良好用工环境，提升外地职工获得感，海沧区总工会设立 300 万元专项资金，启动 2022 年外地职工“平安返厦”活动。鼓励职工春节期间留厦过年，节后合理安排错峰返乡；全年内回乡返厦均可申请一次交通补助；为从宁夏、云南、甘肃等省区“点对点”带来海沧的务工人员送上红围巾和爱心口罩。

二、一事一议，关爱员工传递温暖

通过海沧区总工会的指导，企业开展留厦过年集体协商一事一议，陆续出台节前节后带薪休假、轮岗轮休、提薪加福利等措施。厦门某半导体有限公司700多名员工春节期间坚守工作岗位，海沧区总工会了解情况后立即派员指导公司工会就留厦过年进行集体协商一事一议，确定除按国家法定规定支付加班费外，每人另付 1800—2500 元补贴，一线员工还有持续服务奖 2200 元，公司同时设立春节坚守岗位亲属慰问奖近千元，并另拨 25 万元组织宿舍送温暖、新春大礼包、幸运大抽奖等丰富多彩的线上线下游戏及抽奖活动。员工直呼企业工会很给力，在厦过年很温暖，开春工作更有劲。

三、安全教育，促进企业有序生产

福建某食品股份有限公司工会相关负责人表示："海沧区总工会进企送安全，通过教育提醒、案例警示，使我们全体员工进一步绷紧安全弦，站好安全岗。"

节前，海沧区总工会深入辖区企业"送安全"，1500 多名职工通过安全知识竞答、安全生产技术咨询等互动形式，系统学习安全生产知识，为节后高效开工营造浓厚的安全氛围。福建安井食品股份有限公司作为食品生产企业，春节前后的生产任务非常繁忙，为了保证生产工作安全有序，确保节前的市场供应，企业积极响应海沧区总工会的"送安全"活动，在不影响生产情况下组织员工参与安全知识问答，取得了良好的学习效果，使企业员工对安全知识有了更进一步的认识与掌握，为节后复工复产安全生产保驾护航。

四、劳模引领，帮助企业提效增产

节后一开工，海沧区总工会立即深入辖区企业，详细了解企业首季度生产经营情况、节后职工到岗情况及开工是否遇到困难，了解企业技术创新能力、对工会工作的意见和建议以及工会工作开展情况。鼓励企业充分发挥劳模创新工作室和工匠工作室的示范引领作用，进一步增强企业的核心竞争力，为海沧区造就一支有理想守信念、懂技术会创新、敢担当讲奉献的产业工人队伍贡献自己的力量。

何剑洋职工创新工作室，是厦门某维生素有限公司的核心技术团队，为公司 2022 年春节前完成"年产 800 吨维生素 A 油和年产 200 吨维生素 D3 油"新厂项目的建设和验收搬迁，发挥了重要作用。经过技术人员不断优化工艺，以及对新设备、新技术的使用，解决了搬迁过程中出现的技术难题，大大缩短了试生产所需的时间。本项目的实施使企业产量提高约 30%，人均产值也大幅提高。2022 年春节，因生产需要，企业坚持生产不停工。企业工会为了鼓励员工留厦，为员工置办了丰富的节日礼物，春节期间在食堂就餐的员工，无论上班与否均免费就餐；同时，与食堂联手，为员工烹制了丰盛的年夜饭。

精心打造新时代职工之家
提升工会组织凝聚力影响力

山东省滨州市总工会

2021年底，“滨州市职工信赖的职工之家”“滨州市职工信赖的娘家人”发布仪式由滨州市总工会成功举办，发布仪式上通过视频短片、宣读颁奖词、文艺表演等形式，生动展现了在全市范围内选树的10家“滨州市新时代模范职工之家”的风采风貌，以及10名“滨州市新时代模范职工娘家人”立足本职岗位、真情服务职工的动人事迹。一个个闪耀的名字，一件件感人的事迹，一种种坚韧的精神，令人肃然起敬，就像一盏盏明灯照耀前行的路。滨州市总工会希望通过举行发布仪式这种形式，让每一个故事都能成为一颗种子，在更多的职工群众中生根发芽，影响和带动全社会各行各业职工群众迎难而上，用行动和智慧披荆斩棘，一起奔向未来。

近年来，滨州市总工会把职工之家的建设作为一项长期性、基础性任务来抓，以竭诚为职工群众服务作为一切工作的出发点和落脚点，切实增强工会组织服务社会、服务企业、服务职工的能力，让职工群众真正感受到工会是“职工之家”，工会干部是最可信赖的“娘家人”。为建设好职工之家，滨州市总工会坚持为基层服务、为职工服务的工作理念，把职工之家建设作为提高一线职工文化体育活动质量、丰富职工精神文化生活、保障职工精神文化权益的重要手段，自2019年开始，积极帮助各机关、企事业单位、街道（乡镇）、基层社区等申请职工之家创建资金，创建滨州市新时代职工信赖的职工之家、滨州市职工信赖的娘家人，通过培育示范点，以点带面，逐步形成覆盖职工广泛、设施设备完善、规章制度健全的职工之家活动阵地网络。滨州市总工会工投入资金220余万元，建设市级职工之家30家；争创市级职工信赖的娘家人29人；争创全省十佳职工信赖的职工之家1个，获得补助资金50万元；争创全省职工信赖的娘家人1人，全市职工之家建设的基础得到夯实。

建好职工之家是基础，怎么充分利用才是关键。滨州市总工会充分发挥发挥职工之家的示范引领作用，结合职工之家所在机关、企事业单位、街道（乡镇）、社区等的各自特点，开展丰富多彩的文化体育活动和以关爱职工为目的的各类活动，通过举办社区基层宣讲活动等，大力弘扬劳模精神、劳动精神、工匠精神及伟大建党精神，及时宣传劳动者的先进事迹、党的理论政策，让广大职工群众永远听党话，感党恩，跟党走；通过举行趣味运动会、演讲朗诵比赛等，让职工群众们在形式多样的文体活动中放松自我，展示自我，在轻松愉悦的氛围中增进彼此间的交流与互动，感受到职工之家的关爱与温暖，提升集体向心力和感召力。通过开展助困、帮扶、培训、就业、维权等服务活动，把职工冷暖记在心上、挂在心头，普惠服务职工有温度，彰显了新时代职工之家的关心关爱。一系列各具特色的职工之家，形成了党建与工建工作相辅相成、相互促进的良好模式，增强了广大职工群众对职工之家工作的归属感和认同感，提升了工会组织的凝聚力和影响力。

在建好职工之家、活跃职工之家的基础上，滨州市总工会还强力推进新就业形态建会入会工作，千方百计为新就业形态劳动者提供服务，为职工之家汇聚能量，形成合力。为指导新就业形态劳动者建会入会，滨州市总工会聚焦重点行业、重点领域，深入一线广泛开展大调研、大排查，先后推动互联网平台企业、货运挂靠企业、快递加盟企业、外卖配送代理商、劳务派遣公司等关联企业实行会员实名制登记，进行动态化管理，逐步实现新就业形态劳动者会员精准统计。拓展网上建会、指尖入会，滨州市物流行业（大货车司机）、快递行业、家政服务业、酒店餐饮服务业、物业行业等行业工会联合会先后成立，掀起了新就业形态劳动者建会入会工作新高潮。全市工会基层数量 2957 家，会员 429422 人，其中 2021 年全市新建工会组织 301 家，新增会员 40304 人，新增农民工会员 35885 人。

2022 年滨州市总工会将继续创新工作模式，从关心、关怀、关爱职工角度出发，充分发挥广大职工“娘家人”的职能作用，积极推进特色职工之家建设，给予基层职工家庭般的温暖，全力打造职工放心之家、满意之家、安全之家、温暖之家。

推进产业工会建设　增强工会凝聚力

山东省临朐县总工会

近年来，县总工会根据全总《关于深入推进产业工会工作创新发展的意见》和省总《关于进一步加强产业工会建设的意见》的精神和要求，立足临朐产业（行业）特点，把产业（行业）工会建设与创新发展作为一项“补短板”的重要内容抓紧、抓好，提出了“建起来、活起来、强起来”的工作目标，本着边组建、边规范、边运转的原则，先后在文化旅游、化工、铝型材等产业（行业）工会建设方面取得了新突破。

一、完善组织体系，推动产业工会组织建起来

健全完善、上下通畅的组织网络体系，是产业工会更好发挥作用的基础和保证。在产业工会组建过程中，注重结合我县实际和行业特点，按照先易后难、分步实施的原则，注重借势借力，坚持党工共建，以区域性行业集群为重点，依托行业协会采取多种方式，建立区域产业特色鲜明的行业性工会联合会。

铝型材产业是我县的支柱产业，入选全省“十强”雁阵型产业集群，依托铝型材行业协会组建铝型材行业工会联合会和铝型材产业工会委员会，涵盖了67家规模以上铝型材生产加工企业以及胶业、玻璃、胶条、粉末等关联配套企业200余家，入会会员4.5万余人。

我县文化底蕴深厚、旅游资源丰富，是全域旅游示范县，依托文旅集团组建了文化旅游产业工会联合会。

化工产业优势集中，依托省级化工产业园组建了化工产业工会。

二、突出工作重点，促进产业工会工作活起来

产业内企业行业相同，性质相近，可比性强，开展行业性技能竞赛和行业性工资集体协商有着独特的优势。为此，县总工会在强化载体建设上下功夫，使产业工会作用发挥实现最大化。

（一）突出抓好行业性的技能竞赛活动

职业技能竞赛和职业人才评选表彰是激励广大技术工人努力钻研技术业务，提升劳动者整体素质的重要策略，为进一步提高技术工人的地位，联合组织部、人社局制定出台了《临朐工匠评选管理办法（试行）》，形成了全社会尊重技能、尊重技能人才的社会氛围。成功举办全

县首届铝型材门窗制作职工职业技能竞赛、化工产业安全知识竞赛、导游比赛、农业旅游优秀产品大赛、网红主播大赛等职业技能竞赛 12 次。

（二）突出抓好行业性工资集体协商工作

开展行业集体协商、签订行业集体合同，有效破解了“企业不愿谈、工会不敢谈、职工不会谈”的困境，推动平等协商、集体合同覆盖更大范围、更多人群，在构建和谐劳动关系中发挥了重要作用。

三家产业工会指导签订了行业性工资集体协商 164 家，覆盖职工 25145 人。其中，县化工产业行业工资集体协商工作，被评为潍坊市 20 家典型案例。

三、着力整体推进，促使产业工会强起来

“查身边隐患，保职工安全，促企业发展”群众性安全生产活动，是工会的一项重要职责。

产业工会充分利用组织体系健全的优势，筑牢安全生产的第一道防线，先后组织开展了安全生产职工合理化建议“金点子”“安全知识大培训、安全隐患大排查、安全素质大提升”等活动。共收集“金点子”合理化建议 58 条，邀请安全专家排查企业安全隐患 65 人次、280 余条，举行防火演练 22 场。“查、保、促”活动的开展，最大限度地发挥了广大职工群众在促进企业安全生产中的重要作用，为促进安全生产形势持续稳定好转做出了积极贡献。

探索“互联网 + 工会”服务职工新途径

湖北省宜昌市总工会党组书记、常务副主席　皮祖武

在疫情防控常态化、职工需求多元化的当下，工会工作如何创新方式方法，更好地服务职工群众，服务党委政府中心工作？湖北省宜昌市总工会积极探索“互联网 + 工会服务”新模式，推出“职工健步走”微信小程序，引导职工群众线下走路健身、线上打卡学习，不仅激发了职工群众的健身热情，也把工会服务中心大局，开展职工思想引领的大课题植入到“职工健步走”的活动中，微信小程序搭建起工会服务职工的大舞台。

一、创新服务方式

在疫情防控常态化的背景下，线下集中开展文体活动受到一定限制，职工运动健身大多以自主分散的方式进行，工会作为职工群众的“娘家人”，如何将他们组织起来，促进全民健身，增强职工的凝聚力和向心力？宜昌市总工会将工作的着力点转到线上，依托移动互联网的无限承载力，深度拓展“互联网 + 工会服务”，让职工文体活动焕发新的生机与活力，取得了一举多得的社会效果。

微信小程序引发健身热，文体活动开启新模式。自 2020 年 12 月起，宜昌市总工会在“宜昌工人”微信公众号推出“职工健步走”小程序，活动采取走路线闯关模式，通过调取手机步数信息累计达到路线所需步数即完成线路，获得一定数量运动币。同时，每条线路都设置了若干个打卡点，达到打卡点且有足够的运动步数即可参与答题，正确回答相关知识问题即可通过打卡点，并获得相应运动币。活动分个人组、团体组和单位组，按照所获运动币数量，还设有日冠军、周冠军、月冠军、总冠军等奖项，获奖者可获得电子证书及一定奖励。同时，采用运动币抽奖方式发放一定物质奖励。为引导职工科学健身，合理安排运动量，单日步数上限设定为 3 万步。健步走活动方式新颖，个人挑战、团队 PK、联合闯关，玩法多样，促进了职工运动习惯的养成，激发了全民健身热。

健身学习两不误，思想引领润物细无声。“职工健步走”的路线定期更新，打卡点知识问答题的内容也紧扣时代热点，推陈出新，涉及党史教育、人文地理、法律法规、时事政治等多个方面。比如党史学习教育，党的十九届五中全会、全国劳动模范和先进工作者表彰大会，湖

北省委、宜昌市委全会，省、市“两会”等重要会议精神，重走长征路、学党史感党恩跟党走，《民法典》《宪法》等相关知识，一项项主题教育和专项学习的内容被适时融入“职工健步走”活动中，让被动枯燥的学习变得生动鲜活，深入人心。走路健身、打卡答题、轻松学习，职工群众在强健身体的同时，也能启迪思想，增长见识，有效激发了职工群众的学习热情。

推介美景宣传产品，服务发展增添引擎。“宜昌职工健步走”设置了“实景路线、虚拟路线、活动路线”三大类别，“实景路线”将宜昌滨江公园、宜都文峰公园、枝江金湖国家湿地公园、当阳玉泉路、远安桃花岛健康步道、秭归屈原祠、兴山昭君广场沿河步道等具有代表性的景区景点纳入其中，打卡点知识问答涵盖了当地历史文化、乡村旅游、生态治理等内容，通过答题推介各地文化名片、旅游资源和乡村振兴的新成效，带动了乡村旅游的疫后重振。“活动路线”探索与商家、骨干企业开展合作，通过打卡答题宣传企业文化、推介地方产品、助力消费扶贫。

二、整合力量推动

各级工会广泛动员，职工群众踊跃参与。活动启动前，宜昌市总工会向各县市区总工会，市直产业（行业）、企业工会，市直机关工会发出了《关于开展全市职工健步走活动的通知》，动员全市广大干部职工积极参与到活动中来。《通知》要求各级工会组织站在推进健康城市建设的高度，把“健步走”作为疫情防控常态化特殊时期职工文体活动的重要内容，以此提升广大职工的身体素质和健康水平。各级工会组织除了动员个人参与活动外，还组建了单位组参加竞走，单位组人数达到单位工会会员数的60%以上，确保了活动的参与面。“健步走”活动参与人数已达1.6万人，先后有273个单位参与，组建团队643个。

整合有效资源，成本投入少社会效果好。“职工健步走”活动由宜昌市总工会、宜昌市委网信办联合主办，搭建起规范化的网络活动平台，保证了线上活动的可持续开展。宜昌市总工会抽出专人设计更新健步走路线，收集整理知识问答题库，保证了健步走路线常走常新。同时，三峡晚报社作为协办单位，对活动的阶段性工作进行了重点推介，对健步走引发的健身热潮进行了跟踪报道，大大提高了活动知晓率，扩大了职工参与面。“职工健步走”小程序共上线54条路线，其中实景路线14条，虚拟路线40条，活动路线1条，共设置打卡点703个，推出758道知识问答题，路线里程超40万千米，总步数达1.8亿步。

商家参与互动，增添活动吸引力。“职工健步走”小程序为商家参与互动、推介产品留足了空间，除了活动冠名，提供奖品，还专门开设了“活动路线”，为商家和企业搭建展示窗口，通过知识问答推介企业文化和特色产品，增进了职工群众对本土企业和产业发展的了解，推动营造良好的营商环境。商家和企业在提供奖品的同时，也为参与活动的职工群众带来了福利，让活动更接地气，更具吸引力。

三、活动带来的启示

服务职工群众要找准着力点。进入新时代，职工文体生活呈现出新的特点和规律，服务职工群众的手段和方式也日益多样化，工会工作要不断探索服务职工的新途径和新办法，只有找准工作的切入点和着力点，用对方法和手段，才能把工作做到职工的心坎上，最大限度地激发广大职工群众的参与热情，推动活动蓬勃开展。

提升活动质效要找准结合点。“互联网+工会服务”具有无限的承载力，只有找准工作结合点，才能提升活动质效，让活动效益最大化。在“职工健步走”活动中，我们做到了线下健身与线上学习的结合，服务职工群众与服务中心工作的结合，一举多得，多方共赢，取得了事半功倍的效果。

持续推进活动要找准发力点。“职工健步走”活动能有好的开端，取得初步成效，得益于我们协调各方力量精准发力。各级工会广泛发动，保证了职工参与面；新闻媒体及时跟进报道，提高了社会知晓率；商家参与互动，增强了活动的吸引力。多点支撑，精准发力，推动了“职工健步走”活动的持续开展。

四、创新驱动提质

“职工健步走”活动虽然取得了初步成效，但活动开展的时间还不长，实际运营过程中也还存在一些问题和不足，还需要进一步优化和创新，推动活动规范化、常态化开展，更好地满足职工群众的新期待。

做好结合文章，增强思想教育的实效性。进一步做好职工思想教育与文体活动的结合文章，宜昌市总工会将重点围绕党史学习教育活动，做好党史等“四史”教育的知识融入，规划好“健步走”路线，引领职工群众学党史、感党恩、跟党走。在做好主题教育的同时，丰富答题方式和题库内容，探索短视频、图文显示等多样化的答题方式，增加多元化的答题内容。

完善功能设置，增强活动的互动性。加强与网络技术平台和服务机构的合作，应用好计算机和大数据信息技术，提升小程序的智能化水平，增强群众参与活动的便利性、互动性。

推动市场运作，增强活动的持久性。向市场要活力，通过招商的方式，吸引更多的文化旅游企业、农业产业化龙头企业等地方特色企业参与到活动中来，共同设计“健步走”路线，制定活动兑奖规则，提供活动奖品及礼品。通过市场化的方式，保障活动持续长久开展，进一步发挥活动的辐射带动效益，实现多方共赢。

加大推广力度，扩大活动的参与面。加强与县市区工会、产业（行业）工会的协作，将“健步走”作为职工文体活动和思想政治教育的重要内容，推动活动进社区、进学校、进企业、进机关，通过工会搭台将更多的职工吸引到活动中来。与商家、企业定期举行线下和线上评选表彰活动，并邀请新闻媒体对活动内容及“健步走”阶段性成果进行宣传报道，提升社会知晓率，扩大活动参与面。

品牌引路深耕主业　先锋扛旗服务发展

江苏省盱眙县总工会

“两在两同”建新功行动开展以来，县总工会紧扣县域经济社会发展大局，稳固主责主业“基本盘”，校准服务职工“角色定位”，以“我为群众办实事”实践活动为抓手，发挥工会组织广泛联系职工群众优势，在书香城市建设、疫情防控保障、产业工人队伍建设改革等诸多领域交出了精彩答卷。

一、品牌引路，当好“娘家人”

在盱眙，“书香城市”建设不仅亮点纷呈、成果丰硕，而且已成为叫响全国的“金字品牌”。2021 年，县总工会在全国“书香三八”读书活动中被授予“优秀组织奖”，是全国县区级总工会唯一获此殊荣的工会组织。与此同时，盱眙县工会战线以“劳模工匠进校园、思政教师进企业”活动为载体，采取线上与线下结合的方式，组织劳模、工匠走上讲台，宣讲先进事迹，弘扬劳模精神、工匠精神。持续发挥“职工心灵驿站”亲民服务品牌影响力，邀请心理学专家为广大职工开设心理健康专题讲座、举办绘画心理学培训班，全县工会战线已有 40 多名心理健康辅导员通过专业资格认证，成为绘画心理分析师。

二、先锋扛旗，打好“组合拳”

根据疫情防控进入常态化的形势需要，县总工会组建了 13 个疫情防控小组，从全县工会系统抽调了 100 多名党员职工当先锋，下沉到各镇（街）工业集中区、盱眙经济开发区，与企业一道守护疫情防控第一道防线，协助企业开展疫情防控、疫苗接种等宣传工作。盱眙县总工会将心理疏导阵地前移，邀请南京师范大学心理学专家开设心理健康服务能力培训，同时为全县疫情防控工作选配了 660 名心理健康服务人员。在此基础上，筹集资金 32 万元，面向疫情防控及生产一线职工开展“送清凉”慰问行动。

三、产改运力，用好“孵化器”

盱眙是“龙虾之都”，县总工会在推进产业工人队伍建设改革过程中，以盱眙龙虾创业学院为“孵化”载体，打造形成了“产、学、研、创”一体化人才培养体系，将“产改”触角向养殖、烹饪、餐饮、电商等龙虾全产业链延伸，由“红胖胖”等龙虾龙头企业“打头阵”，引进知名专家教授组成专家讲师团，通过校企合作、产教融合，建设高技能人才培养基地，推动盱眙龙虾产业迈上富民强县“快车道”。

充分发挥职能作用　促进民族团结

云南省宣威市总工会

宣威市总工会全面贯彻落实党的民族工作方针政策，紧扣“中华民族一家亲，同心共筑中国梦”总目标，结合工会职能职责，扎实开展工作，为促进民族团结贡献工会力量。

一、强化思想政治引领，发挥先进典型示范引领作用

市总工会始终把培育典型、示范引领作为民族团结进步创建工作的重要抓手，持续挖掘、选树和表彰先进典型，始终坚持以社会主义核心价值观为引领，着力打造“中国梦·劳动美”文化品牌，在各类人员、各类行业中，积极选树先进示范典型。全年共推荐表彰全国“工人先锋号”1家；省级劳动模范1名、“五一劳动奖状”2名、“五一劳动奖章”2名；曲靖市级劳动模范5名、“五一劳动奖状”7名、“五一劳动奖章”7名、“工人先锋号”6家。

二、加大建会入会力度，切实团结各族人民

市总工会始终旗帜鲜明、立场坚定地坚持党对工会工作的领导，坚持“党工共建”工作机制，切实加强工会组建力度，着力提升基层治理和民族宗教工作的能力和水平。在整体推进工会组建和会员发展工作的基础上，进一步加大“两新”组织建会力度，着力推进货车司机、网约车司机、快递员、外卖配送员等为代表的新就业形态劳动者工会组织与工会工作“双覆盖 双推进”工作，开展“5个100”活动，组建成立了宣威市快递行业联合工会、宣威市出租车司机联合工会，联合西宁街道工会开展外卖配送员（饿了么）、保安员、家政服务员集中入会仪式3场次。组织开展新就业形态劳动者宣传宣讲、法律维权、帮扶服务等活动10场次。

三、着力提升技能素质，促进民族地区经济社会发展

在来宾街道举办彝族刺绣手袖制作技能培训，共100人参加，通过培训，更好传承民族特色、促进就业。选派东山镇芙蓉村3名彝族刺绣代表参加曲靖市第三届职工综合技能大赛女职工刺绣技能竞赛，2名获得二等奖、1名获得三等奖。精心承办曲靖市第三届职工综合技能养老护理员和育婴师大赛，来自曲靖各县（市、区）的31支队伍62名选手参赛。组织参加曲靖市第三届职工综合技能中式面点（月饼）师技能竞赛，阳光食品、曲交集团、悦来香食品、升达火腿

荣获传统金牌奖，浦记食品荣获创新金牌奖，1 人获“技术状元”称号，3 人获“技术能手”称号；组织参加曲靖市第三届职工综合技能插花师技能竞赛，获团体一等奖，1 人获二等奖，1 人获三等奖；在曲靖市第三届综合技术大赛行车工、叉车工、钳工等比赛中均获得良好名次。

坚定信念守初心　矢志建功新时代

内蒙古呼伦贝尔市总工会

历史的长河奔流不息，时代的波涛卷起巨澜。早在20世纪20年代，扎赉诺尔煤矿就建立了辖内最早的工会组织。1957年9月，呼伦贝尔盟工会正式组建。改革开放以来，呼伦贝尔市的社会主义现代化建设事业取得了令人瞩目的辉煌成就。国民经济保持快速健康的发展势头，结构调整成效明显，经济体制改革不断深化，对外开放取得突破性进展，综合经济实力不断增强，城乡面貌、人民生活水平、生态文明、民族团结、精神文明建设和民主法治建设取得了可喜的成绩。而这些成绩的取得，无一不凝聚着工人阶级主力军的智慧、心血与汗水。

一、认真履职尽责，加强思想引领

多年来，呼伦贝尔市总工会紧紧围绕各级党委的中心工作和全市改革发展的稳定大局，主动担当作为，切实维护广大职工的合法权益，架起党和政府密切联系群众的连心桥，得到了各级党委、政府的认可，得到了广大职工、人民群众的支持和信任。

呼伦贝尔工会组织自组建以来，就一直十分重视职工思想政治教育，在不同的历史时期，市总工会大力开展形势政策教育、职业道德教育、遵纪守法教育、理论学习和理想信念教育，引导职工保持正确的政治方向，坚定不移听党话，矢志不渝跟党走。市总工会还通过知识竞赛、演讲比赛、专题讲座、职工大讲堂等形式，在全市范围内组织各族职工开展“中国梦·劳动美”“草原职工心向党、建功亮丽内蒙古”“唱响主旋律 弘扬正能量”等主题宣传教育实践活动，使广大职工坚定中国特色社会主义的理想信念不动摇，牢固树立社会主义核心价值观，不断提高思想道德修养和科学文化素质。

二、弘扬民族精神，引领社会风尚

工人阶级是物质财富的创造者，也是精神财富的创造者，是践行民族精神的重要力量。近年来，市总工会先后举办了“中国梦·劳动美——劳动奉献者之歌”先进事迹报告会、学习贯彻习近平总书记给中国劳动关系学院劳模本科班学员回信精神座谈会、“全力推进复工复产，行动诠释劳模精神”全市劳模工匠座谈会等，大力弘扬劳模精神、劳动精神、工匠精神。通过各类媒体平台，广泛宣传劳模的先进事迹和突出贡献，扩大劳模在全社会的影响力，充分发挥劳模的示范带动作用，树立“劳动光荣、知识崇高、人才宝贵、创造伟大”的时代新风。通过建立健全劳模管理服务工作机制，不断提升劳模管理和服务工作制度化、规范化、科学化水平。截至目前，全市共有全国劳模和享受全国劳模待遇 43 人；省部级劳模和享受省部级劳模待遇 512 人，营造了劳动光荣的社会风尚和精益求精的敬业风气。

三、激发劳动热情，做好维权服务

为贯彻落实新发展理念，团结动员广大职工以主人翁姿态建功新时代，围绕呼伦贝尔市各个时期的经济社会发展目标和不同时期的工作重心，市总工会通过开展劳动技能竞赛、经济技术创新、建功立业等主题活动，充分激发广大职工的劳动热情和创造活力。稳步推进职工创新体系建设，引导劳动模范和高技能人才领衔创办职工创新工作室。截至目前，我市已创建创新工作室 188 个。

五年来，参加基层企事业工会开展的劳动和技能竞赛的职工达 130 万余人，提出合理化建议 62275 件，实现技术革新 8226 项，发明创造 1907 项，这一串串数字见证着广大职工的奋斗故事，也体现出他们为推进科技进步和经济高质量发展所做出的重要贡献。

维护职工合法权益、竭诚服务职工群众是工会组织的基本职责。市总工会顺应职工群众对美好生活的向往，切实做好职工权益维护工作，推动构建和谐劳动关系，健全工会服务职工体系，做实服务职工工作，把党和政府的关怀与工会的温暖送到广大职工心坎上，成为职工信得过、靠得住、离不开的知心人、贴心人、“娘家人”。推动城市困难职工解困脱困是党中央交给工会组织的一项重要政治任务，经过近年来的奋斗，呼伦贝尔市困难职工数量由 2017 年的 4005 户到 2020 年底困难职工解困脱困工作目标如期实现，困难职工生活水平明显提高、发展能力不断增强、精神风貌得到改变，党同职工群众的血肉联系更加紧密，为全面建成小康社会、推动共同富裕做出了积极贡献。

四、矢志改革创新，勇立时代潮头

新时代全面深化改革进入新阶段，改革开放天地宽，砥砺奋进正当时。全市各级工会扎实推进工会改革创新和产业工人队伍建设改革，工人阶级先进性不断增强。工会领导机关精简编制，提高领导机构中劳模和一线职工代表比例，建立专职为主、兼职与挂职相结合的工会干部队伍，增强了工会组织的广泛性和代表性。以非公有制经济组织、社会组织、新产业新业态、开发区（工业园区）为重点领域，以农民工、货车司机等群体为重点对象，开展“强基层、补短板、增活力”工作和入会集中行动。积极推进“互联网 +”工会建设，探索普惠职工、网上入会等新方式、新途径，工会组建实现新的突破。目前，全市工会会员总数 33 万余人，其中农民工会员 3 万人，基层工会组织 6176 个，覆盖单位 7698 家，工会组织吸引力凝聚力战斗力切实增强。

五、聚焦百年党史，追寻光辉足迹

百年征程波澜壮阔，百年初心历久弥坚。在庆祝中国共产党成立100周年之际，市总工会以党的建设为重点，高质量高标准开展党史学习教育，抓好职工思想政治引领，教育引导广大工会干部铭记党的光辉历程，传承红色基因，更加坚定自觉做到“两个维护”。为凝聚工人阶级力量，营造庆祝建党100周年浓厚氛围，市总工会以爱党爱国爱社会主义为主题，组织开展“建功十四五、职工心向党”“永远跟党走”“党旗在基层一线高高飘扬”等群众性主题宣传教育活动。把开展庆祝活动与履行引领职工听党话、跟党走的政治责任结合起来，通过开展红色教育、先进事迹宣讲、主题知识竞赛、征文演讲、书画摄影、文艺会演等职工喜闻乐见的文体活动，唱响时代主旋律，引导广大职工紧跟共产党、奋进新时代。

辉煌历史照亮未来，复兴宏图催人奋进。市总工会将更加紧密地团结在以习近平同志为核心的党中央周围，凝心聚力、锐意进取，乘风破浪、阔步前行，为实现“十四五”开好局、起好步，为全面建设社会主义现代化国家做出新的更大贡献，以优异成绩庆祝中国共产党成立100周年！

团结女职工
为高质量发展凝聚“半边天”力量

河南省安阳市总工会

组织女职工参加“书香三八”“玫瑰书香”读书活动和“做书香女性，育良好家风”读书征文活动；举办庆祝新中国成立70周年“中国梦，劳动美，巾帼情”女职工文艺会演；创办“女职工美丽课堂”……如今，在安阳的女职工们，工作之余可参加的活动可谓丰富多彩。

近年来，安阳市总工会以习近平新时代中国特色社会主义思想为指导，坚持围绕中心、服务大局，担当作为、履职尽责，旨在提升女职工素质、组织女职工建功立业、维护女职工合法权益、关爱女职工身心健康、规范女职工组织建设。

一、强化理论武装，深化主题教育

召开女工干部“不忘初心、牢记使命”主题教育征求意见座谈会；开展女工干部思想政治培训；举办“巾帼庆华诞，歌声献给党”大型线上接力唱活动，通过探索统一思想、凝聚人心的活动载体，加强和改进女职工思想政治引领工作。

二、开展劳动竞赛，创新活动形式

组织开展家政职业技能大赛、护士长岗位技能竞赛、幼儿教师、纺织缝纫工等12项女职工专项技能竞赛；创办“女职工美丽课堂”，尤其在疫情期间开通的线上“美丽微课堂”“女职工心理健康微讲座”等，拓展了“美丽课堂”传播空间；推出“防控战疫，女职工在行动”“最美女职工”和“防汛救灾中的巾帼力量”系列报道，举办巾帼建功事迹展。通过深入实施素质提升工程，组织动员广大女职工建功立业。

三、创新维权机制，保障合法权益

将每年3月份定为女职工维权行动月，开展相关法律法规集中宣传活动及“情系女职工、法在你身边”为主题的知识竞赛；对全市112名女职工维权法律监督员进行培训，建设一支懂法律、敢监督、会协调、善处理的女职工维权法律监督员队伍；建立本地区、行业、系统女职工权益保障预警机制，畅通联系反馈渠道，及时掌握基层女职工权益保障动态信息。

四、开展“关爱行动”，情暖女性职工

对困难女职工、特别是单亲困难女职工、困难女农民工进行针对性帮扶救助，开展“关注女性健康”知识讲座，对困难女职工进行“两癌”筛查等；疫情期间开展“送慰问”“送生活物资”“送通讯保障”“送保洁消毒”“送特病保险”“送心理关爱”六送活动；主动与市教育局对接，联合举办市直机关职工子女托管班，形成“工会爱心 + 教育规范 = 安阳工会爱心托管班”的特色；在机关企事业单位、劳动者爱心驿站、医院、车站、便民中心等推进爱心母婴室建设等。五年来，全市各级工会女职工组织以满足新时代女职工美好生活需要为导向，扎扎实实地为女职工办实事、做好事、解难事。

“全市广大女职工立足岗位、艰苦奋斗，勇于奉献、开拓创新，用实际行动诠释了新时代女性精神，在全面建成小康社会的进程中发挥了不可替代的‘半边天’作用。”市总工会党组副书记、常务副主席曹保贵表示，下一步，市总工会将在市委和省总的坚强领导下，锐意进取，真抓实干，团结动员全市广大女职工，为安阳建成“一个强市”，实现“八个领先”做出新的更大贡献！

引领向党之心 凝聚奋进力量

山西省运城市总工会

历史的画卷，在砥砺前行中铺展；

时代的乐章，在不懈奋进中奏响。

省工会十三大以来的5年，运城市总工会牢牢把握正确政治方向，在运城市委和省总工会的坚强领导下，以习近平新时代中国特色社会主义思想为指引，全面贯彻党的十九大和十九届二中、三中、四中、五中、六中全会精神，紧紧围绕打造“三个强市”、构建“三个高地”目标定位，用好“五抓一优一促”经济工作主抓手，团结动员全市职工为“十四五”转型出雏形开好局、起好步，蹚出具有运城特色的转型发展新路贡献力量。

省工会十三大以来的5年，市总工会全心全意服务职工群众的每一个脚印都展现出踏石留印的力量——全市4771个企事业单位的168万余名职工参加了各类主题劳动竞赛和“五小”竞赛“六化”提质行动，创造经济效益达20.33亿余元；“两节”送温暖筹集资金4085.72万元，慰问困难职工、一线职工68891人；命名110名“河东工匠”；开展万名职工职业技能培训，培训职工24.79万人；全市共建立“户外劳动者爱心驿站”85家、工会会员让利店425家、“妈咪小屋”87家……一系列醒目数字的背后，都彰显出运城工会人的初心和坚守。

一、坚定政治方向，筑牢思想根基

永远跟党走，奋进新征程。运城各级工会组织把团结引导职工听党话、感党恩、跟党走作为重要政治责任，深入学习贯彻党的十九大和十九届二中、三中、四中、五中、六中全会精神，中国工会十七大精神以及习近平总书记关于工人阶级和工会工作的重要论述、在全国劳动模范和先进工作者表彰大会上的重要讲话精神、视察山西重要讲话重要指示精神、在庆祝中国共产党成立100周年大会上的重要讲话精神，制定“学习讲话精神、激发转型伟力”和“劳动创造幸福”主题宣传教育活动方案，利用各种舆论宣传阵地，通过举办专题学习会、报告会、研讨会、专题培训班等方式，推动习近平新时代中国特色社会主义思想进企业、进车间、进班组，教育广大工会干部和职工群众切实增强“四个意识”、坚定“四个自信”、做到“两个维护”，在思想上政治上行动上同以习近平同志为核心的党中央保持高度一致。

运城市总工会不断深化“中国梦·劳动美”主题宣传教育，充分发挥工会“大学校”作用：

新建扩建各类“职工书屋”1116个，其中全国“职工书屋”27个、省级“职工书屋”15个、市级“职工书屋”示范点30个；以6个省级“党的创新理论”示范宣讲站、10个市级“党的创新理论”示范宣讲站为依托，成立了76人的宣讲队伍，举办“学党史、守初心”党史学习教育运城市劳模工匠宣讲报告会76场，受众人数累计达3万余人；举办“中国梦·劳动美——学习贯彻习近平新时代中国特色社会主义思想和党的十九大精神”全市职工演讲比赛、读书活动，代表全省参加全国职工读书知识竞赛总决赛并荣获季军；在卫生、教育等系统举办“爱岗敬业、圆梦人生”主题实践活动报告会，深化社会主义核心价值观教育。

积极落实工会意识形态工作责任制。加强职工职业道德建设，扎实开展精神文明创建和全民阅读活动，积极培育职工文化，开展“网聚职工正能量·争做中国好网民”主题活动，组建900人的高素质工会网络评论队伍，切实当好意识形态工作的领导者、推动者、执行者。

二、服务发展大局，彰显工会作为

全力打赢疫情防控阻击战。面对突如其来的新冠肺炎疫情，运城市各级工会迅速行动，向职工发出倡议书，编印职工防疫读本，开展“共抗疫情、就地过年，关爱职工、共促发展”行动，全市共筹集278.83万元慰问231个单位的1.7万余名职工；筹集415.65万元专项防疫资金，对388个单位的防疫一线人员、赴鄂医护人员进行慰问，动员模范单位和个人捐款捐物3063.56万元，下拨小微企业返还工会经费3975万元，发放“云闪付”消费券1019万元，促进消费恢复，拉动经济回升。

为让广大职工“当好主力军，建功‘十四五’”，运城市总工会大力弘扬劳模精神、劳动精神、工匠精神，不断创新劳动竞赛和技能竞赛等载体，广泛开展岗位练兵、技能比武、技能培训等劳动竞赛，团结带领广大职工在经济建设中发挥主力军作用。

聚焦“六新”，广泛开展劳动和技能竞赛。围绕“1311”重大工程项目开展“建功‘十四五’、奋进新征程”——“六比一创”劳动和技能竞赛，扎实开展“当好主人翁、建功新时代”“立足岗位、奋勇争先，建功高质量转型发展，争当新时代最美劳动者”等主题劳动竞赛和“五小”竞赛“六化”提质行动，全市共有4771个企事业单位的168万余名职工参加，创造经济效益达20.33亿余元。服务“五抓一优一促”经济工作主抓手。制定《运城市总工会落实市委“五抓一优一促”具体措施》，筹集97.31万元慰问“1311”重大项目工程一线职工，深入“1311”重大项目工程一线开展“党在我心中——凝聚力量鼓舞干劲、助力‘五抓一优一促’”全市重大工程项目巡回慰问演出和“情系职工鼓干劲、建功立业促发展”“1311”重大工程项目慰问活动，开展“听党话、感党恩、蹚新路、做贡献”“送党史、送文化、送温暖”“进项目、进企业、进工地”活动，举办“中国梦·劳动美——‘五抓一优一促’运城职工在行动”全市职工演讲比赛，凝聚起广大职工的建设激情和劳动热情。

充分发挥劳动模范先进人物示范引领作用。5年来，共选树全国先进集体（个人）20个、省级先进集体（个人）229个、市级先进集体（个人）1620个；为428人次全国劳模、3603人次省劳模和540人次市劳模分别发放专项补助资金、荣誉津贴、春节慰问金等共计786.85万余元，组织222人次全国劳模免费健康体检，着力增强劳模和先进典型的获得感、幸福感、满足感。开展两届“河东工匠”选树活动，命名110名“河东工匠”，举办“初心向党、匠心筑梦”运城市庆祝“五一”国际劳动节暨第二届“河东工匠”命名发布会，目前正在联合市委组织部、市人社局开展第三届“河东工匠”选树活动；新建、扩建职工（劳模）创新工作室105家，发挥了职工（劳模）创新工作室在弘扬精神、传承技能、创新攻关、培养人才等方面的引领作用。此外，运城市总工会以“五一”评选表彰为契机，开展“劳模宣传月”活动，为各级劳动模范、先进工作者、五一劳动奖获得者和工会干部送一封慰问信，举办“建设大运城、劳动最美丽”庆“五一”劳动模范故事主题晚会等，与运城市电视台联合开设《点燃劳动激情、聚焦最美劳动者》《我们身边的劳模故事》《工匠精神在河东》《新时代劳动者》等电视专栏，在全社会营造劳动最光荣、劳动最崇高、劳动最伟大、劳动最美丽的社会风尚。

三、做实维权服务，用心关爱职工

加大稳企援岗力度。积极参与完成26家市属“僵尸企业”的处置工作，开展“春风行动”暨“就业援助月”“民营企业招聘周”、高校毕业生就业创业“春雨行动”金秋招聘直播带岗等活动，为8000余名下岗职工提供再就业免费技能培训。

开展城市困难职工解困脱困工作。以市委、市政府的名义出台《关于建立全市城市困难职工解困脱困工作长效机制的实施意见》，扎实开展“双包”联系，“金秋助学”筹集500余万元精准帮扶1100余名困难职工子女，高质量完成城市困难职工解困脱困工作成效第三方评估，使现有建档城市困难职工全部解困脱困。

全力维护职工合法权益。加强“三零”单位创建，积极参与根治欠薪冬季攻坚行动，开展“七五”普法、“遵法守法·携手筑梦”服务农民工公益法律服务行动和法制宣传行动，建立外出务工人员工会法律工作服务站108个；广泛开展“安康杯”竞赛、“集体合同和工资集体协商月”活动、“女职工维权保护专项集体合同”活动和“女职工维权行动月”等，880个单位的35万名职工参与“安康杯”竞赛，签订集体协议3005份、女职工专项集体合同1316份。

深化服务职工特色品牌。扎实开展“我为群众办实事”实践活动，全市共建立“户外劳动者爱心驿站”85个，其中17个被省总工会授予“山西省政府民生实事项目——户外劳动者爱心驿站”，3个被推荐为“全国最美爱心驿站”；开展为货车司机、快递小哥送一份体检、送一份保险、送一封慰问信“三送”活动，共筹集资金47.97万元为1966人送去体检、保险和慰问信。“两节”送温暖筹集4085.72万元慰问困难职工和一线职工68891人，“夏送清凉”为高温下坚守一线的园林工人、送水工、快递员、交通警察和建筑工人送去慰问金和“清凉礼包”；建立工会会员让利店425家，涵盖网点621个，评定“诚信会员让利店”150家；建设“妈咪小屋”87 家，其中省级 52 家；落实女职工 30 元卫生费，促进工作场所性别平等和预防性骚扰，为 2200 余名困难企业女职工、新就业形态女性劳动者等免费普查“两癌”，维护女职工的合法权益和特殊利益。

丰富职工文化生活。先后举办 5 届迎“五一”全民健身长跑大赛暨健步走活动、首届半程（迷你）马拉松比赛、迎新年职工合唱音乐会、职工合唱艺术节、运城市“龙腾虎跃杯”第三届职工篮球比赛、“迎七一、颂党恩、跟党走”庆祝中国共产党建党 95 周年文艺演出等一系列职工群众喜闻乐见的各类活动，丰富和活跃了职工群众的精神文化生活，形成了工会文化体育活动的品牌。运城市总工会被国家体育总局评为“群众体育先进单位”。

四、大力度实举措，推进工会改革

运城市总工会以增强政治性、先进性、群众性为主线，深入推进工会改革，要求全市各级工会组织把改革作为一项重大政治任务来抓，认真贯彻落实《中共运城市委群团工作改革方案》和《运城市总工会改革实施方案》，按照增“三性”、去“四化”，强基层、促创新的改革总体思路聚焦深层次问题，突破重点难点，在建机制、强功能、增实效上下功夫，切实把改革各项目标任务落到实处。

一系列改革措施出台，激活了工会工作的“神经末梢”。运城市总工会修订完善了 40 项规章制度，配备了 4 名兼（挂）职副主席，对内设机构、下属单位进行了撤销、合并、更名、改制等；13 个县（市、区）总工会按照改革方案基本完成改革任务，市、县两级共配备兼（挂）职副主席 62 名，市工会代表大会代表、市总工会委员、常委会成员中劳模和基层一线人员的比例分别达到 81%、44%、30.7%。

为深化产业工人队伍建设改革，运城市总工会认真落实《新时期产业工人队伍建设改革方案》，贯彻《山西省产业工人队伍建设改革省总工会负责任务实施方案》；按照“政治上保证、制度上落实、素质上提高、权益上维护”的总体思路，制订《运城市贯彻落实责任分工方案》，建立运城市产业工人队伍思想政治工作联席会议制度；开展万名职工职业技能培训，培训职工 24.79 万余人次，推进“人人持证、技能社会”建设，培养造就了一支有理想守信念、懂技术会创新、敢担当讲奉献的产业工人队伍。

运城市总工会通过一套套改革组合拳，使工会组织更加精简高效、坚强有力、充满活力，使服务大局、服务职工、服务基层的能力和水平得到了进一步的提升，党联系职工群众的桥梁纽带作用、国家政权的重要社会支柱作用和职工利益代表者维护者的作用发挥得更加充分。

五、坚持党工共建，强化自身建设

深化全面从严治党。实施“1515”党建工作，全面落实党建工作责任制，贯彻执行民主集中制，认真落实“三会一课”、民主生活会、领导干部双重组织生活、民主评议党员、谈心谈话制度，开展经常性的批评和自我批评；贯彻落实中央八项规定精神，积极与派驻纪检监察组开展全面从严治党会商工作，自觉接受纪检监察组的监督，深入开展党政领导干部违规入股企业整改工作，经常开展警示教育，引导工会干部严格自律、守住底线，进一步营造风清气正的政治生态；加强工会经费监督管理，5 年来对 195 个基层工会经费收支情况进行审计，确保工会经费合理合规使用。

扎实推进自身建设。开展“两学一做”学习教育、“深化学习找差距，转变作风促发展”专题活动、“机关化、行政化、贵族化、娱乐化”专项整治活动、“大讨论大实践大学习”活动、“不忘初心、牢记使命”主题教育、党史学习教育等，特别是 2021 年党史学习教育期间举办了 8 次党史学习教育专题学习研讨，先后赴杜马战役英烈西牛纪念园、闻喜县陈家村、闫又文故居等接受红色教育，举办“学党史、颂党恩、跟党走”庆祝建党 100 周年红色经典诵读活动、“永远跟党走、奋进新征程”健步走活动等。通过开展学习教育和专题活动，党员干部的“四个意识”进一步增强，宗旨观念进一步强化。严格贯彻落实中央关于改进工作作风、密切联系群众的八项规定和全国总工会、省总工会及市委有关要求，切实改进工作作风，让职工群众感受到了工会工作的新气象、新变化。

狠抓工作落实见效。强化工作实施进度管理，制定月工作完成及预安排制度，对每月工作任务、工作指标实行项目化、清单化管理，做到月初有计划、有安排，月末有总结、有评估，有力有序推动各项工作落细落实。

坚持党建带工建。开展村级工会和农民工入会专题调研，深化工会组建和职工入会专项行动以及“三双”“四权”“会、站、家”一体化建设，加大新就业形态劳动者入会工作力度。全市 4301 个基层工会达到“六有”工会标准，其中 7 个基层工会被评为全国“模范职工之家”，7 个基层工会被评为全国“模范职工小家”，28 个基层工会被评为山西省“模范职工之家”，21 个基层工会被评为山西省“模范职工小家”。提升工会干部素质。拨付社会化工作者工资补贴 232 万余元，充实乡镇（街道）工会力量；举办全市干部能力素质、通讯员、集体协商指导员、厂务公开民主管理、财务经审干部业务培训班等，通过线上线下多种形式，培训工会干部 1.8 万余人次，其中 5 名同志荣获全国“优秀工会工作者”称号、22 名工会干部荣获山西省“优秀工会工作者”称号。

六、结语

过去 5 年，运城市总工会牢牢坚持党对工会工作的领导，与党政中心工作同频共振，高举维护职工权益旗帜，全心全意为职工群众服务，坚持面向基层夯实基础，以改革创新增强发展动力，工会工作方向明确，有声有色、扎实有效，在打通联系服务职工群众“最后一公里”的道路上不断前行。

新时代赋予工人阶级新使命，新征程召唤工会组织新作为。面对新形势、新任务，运城市总工会正团结动员全市广大职工深入学习贯彻党的十九届六中全会精神，积极贯彻落实省第十二次党代会全面部署和市第五次党代会目标任务，在市委和省总工会的坚强领导下，以“五抓一优一促”为经济工作主抓手，以实现“一区两城三强市三高地”目标定位为着力点，坚持党的领导、坚持正确方向、坚持服务大局、坚持职工为本、坚持改革创新、坚持法治保障，努力实现工会理论武装得到新加强、职工思想引领取得新进展、职工建功立业展现新作为、维护职工权益取得新实效、服务职工水平实现新提升、工会组织建设呈现新活力，团结动员广大职工为奋力蹚出一条具有运城特色的转型发展新路、实现“一区两城三强市三高地”目标定位不懈奋斗，以优异的成绩迎接党的二十大胜利召开。

凝聚力量服务职工群众

河北省廊坊市总工会

2021年是“十四五”规划开局之年，也是建党100周年，市总工会将坚持以习近平新时代中国特色社会主义思想为指导，围绕中心、服务大局，全面加强职工思想政治引领，开展建功立业活动，竭诚服务职工群众，不断深化改革创新，切实提高职工群众的获得感、幸福感、安全感，为加快建设“五个廊坊”做出积极贡献。

一、加强思想政治引领，积极引导全市广大职工坚定不移听党话、跟党走

坚持加强党的领导，全面贯彻中央、省、市全会精神和各项决策部署，锤炼工会干部忠诚干净担当的政治品格。全面加强工会系统意识形态工作，坚持正确的政治方向、舆论导向和价值取向，广泛凝聚职工思想政治共识。大力弘扬劳模精神、劳动精神、工匠精神，激发全市劳动者的劳动热情和创造活力。做好职工思想政治工作，开展工会系统庆祝建党100周年系列活动，深入开展党史宣传教育，增强职工群众坚定不移听党话、跟党走的思想自觉和行动自觉。

二、发挥主力军作用，广泛凝聚建功新时代的强大力量

围绕国家和省市重大战略、重大工程、重大项目、重点任务，广泛组织开展职工劳动竞赛。围绕我市核心主导产业、新兴产业，开展一系列职工职业技能大赛。创新丰富竞赛形式，选树各类典型。

三、持续推进劳模和工匠人才创新工作室建设，鼓励创新创效

深化产业工人队伍建设改革，努力造就一支有理想守信念、懂技术会创新、敢担当讲奉献的产业工人队伍，为全市高质量发展提供人才保障。进一步加强通武廊三地工会对接交流，发挥工会组织在推进京津冀协同发展中的积极作用。

四、履行维权维稳职责，努力构建和谐稳定的劳动关系

立足维护职工合法权益，依法解决职工群众实际困难，促进社会环境和谐稳定。深入开展“木兰有约”等普法宣传活动，以及“遵法守法·携手筑梦”服务农民工公益法律服务行动等法律

服务活动，增强职工群众法治意识。加大法律援助工作力度，对职工群众求助的劳动争议案件等及时提供法律援助，努力实现应援尽援、应援优援。做好劳动争议纠纷诉调对接，开展劳动争议多元调解。加强基层工会劳动法律监督组织建设和队伍建设，切实有效开展工会劳动法律监督。

五、提高民生服务质量，切实做好职工群众的“娘家人”

持续开展城镇困难职工解困脱困工作，建立健全长效机制，巩固帮扶成效。开展困难职工创业就业服务，加强创业就业培训，做好小额贷款贴息项目扶持工作。组织实施送清凉活动和双节送温暖等慰问活动，为职工群众送去党和政府的关怀。继续开展“职工医疗互助”活动，缓解职工因病导致的生活压力。做好市以上劳模的服务和管理工作，提高工作规范性。以各级职工服务中心为依托，逐步健全职工服务网络体系，全面提升职工服务中心综合服务能力。

六、强化自身改革建设，夯实服务职工群众的基础

以推进工会改革向纵深发展为契机，加强基层组织建设和队伍建设，提升整体工作水平。深入推进百人以上非公企业建会工作，提高非公企业建会工作规范性，不断扩大工会组织覆盖面。加强基层工会规范化建设，突出抓好乡镇、街道、开发区、现代农业园区工会规范化建设和企业工会组织建设。加强网上工会建设，进一步推动工会服务上网、活动上网、工作上网，为广大职工提供更高效、便捷、精准的多维服务。进一步提高工会干部理论素养和专业素质，增强服务职工的综合能力，打造高素质专业化工会干部队伍。

让更多奋斗者在有福之州遇见幸福

福建省福州市总工会

六年转瞬即逝，六年弥足珍贵。

回首六年，福州市总工会坚持“3820”战略工程思想精髓不动摇，不忘初心、牢记使命，以吐故纳新、赶潮推浪的奋斗者姿态在新时代有福之州开启筑梦之旅。

回首六年，福州市总工会以工会人的初心担当使命，以娘家人的担当致敬匠心，以贴心人的情怀温暖心灵，以奋斗者的姿态砥砺前行，镌刻下新时代有福之州职工之家的时代印记。

回首六年，福州市总工会不求近功、不安小就，以改革创新的精神作答“时代命题”，引领百万职工投身福州加快建设现代化国际城市的生动实践，获评“全国文明单位”“全省工会工作先进集体”等全国级荣誉 21 项、省级荣誉 29 项，富有福州特色的服务发展、服务职工工作品牌让越来越多的奋斗者在有福之州、幸福之城遇见幸福。

一、“五月风”起，让思政讲堂融入基层

在 2021 年庆祝建党 100 周年主题劳模故事会上，全国先进工作者、福建省福州肺科医院结核科主任陈晓红感慨地说：“福州是一座幸福的城市。在党的领导下，福州正以全新的姿态奋勇向前，蓬勃发展。作为一名共产党员，我希望通过自己的力量，让病人减少痛苦、恢复健康，让大家在福州更幸福地生活，这就是我一直在追求的。”这段讲述是市总工会“五月风”讲坛中的一个场景。

突出“中国梦·劳动美”“永远跟党走”“劳动创造幸福”等主题，坚持用“劳动”破题，打造“五月风”职工思想政治工程，福州市总工会邀请各级劳模、一线劳动者走上“五月风”讲坛、基层单位主题班会、“工会大学习”舞台，用劳动者自己的故事、自己的语言，把新思想传递到工厂车间、生产一线，融入职工心坎里，引领广大职工做改革发展的坚定支持者、维护者。

九原板荡，是谁点燃福建工人运动的革命星火？觉醒年代，怎样的春雷能响彻沉寂的中国？在庆祝建党百年之际，福州市总工会组织力量深入挖掘中国共产党领导下的福州工运历史，让沉寂历史中的工人运动、革命先烈重新走入职工群众视线，“我们走在大路上”福州市职工政治生活馆在 2021 年“七一”前夕建成投入使用，短短 3 个多月，就有数百批次近万名职工前来“打卡”接受教育。

潮平两岸阔，风正一帆悬。全面铺开的“榕城百万职工大学习活动”，覆盖职工超过200万人次，自媒体“福州工人E家亲”微信公众号累计阅读量超2800万，精心策划拍摄“劳模心向党、奋进新时代”劳模主题VLOG、“十四五，我和福州一起干”劳动声音海报等，讲好时代故事、劳动故事，汇聚同心同德、同向同行的磅礴力量，唱响新时代劳动者之歌，让职工思想政治建设蔚然成“风”。

二、技无止境，让劳动者人生出彩

漫步福州的串珠公园和城市绿岛，一个个造型优美、寓意深刻的职工园林艺术作品与周边景致完美融合，为市民游客带来一场场别致的视觉盛宴，这是福州市职工示范性劳动竞赛庆祝建党100周年氛围布置专场竞赛的成果。60个班组548名职工立足岗位、精心“匠造”60组不同主题花境景观小品，描绘出建党100周年来的辉煌历史；劳模评审、人大代表、政协委员、一线职工评委亲历见证、点赞票选，成为美丽榕城一道道风景被永久保留，让这座城市处处留下了劳动竞赛的“痕迹”。

在这2000多个日夜里，无论是在福州市民服务中心的办事大厅，还是在福建东南汽车的生产车间，无论是在绿色福州的街头巷尾，还是在长乐滨海新城的重点项目工地，一股岗位练兵、创先争优的风潮时刻涌动。简化办事流程、精简办理要件、缩短公积金服务时限，做的是减法；规范汽车焊装操作、提升叉车操作精度、改进钣金修复工艺，行的是加法。一加一减，方式不同，但初衷一致，是为了更高质量的劳动。在美丽福州，职工技能竞赛扮靓了城市，一个个“网红打卡地”应运而生；在滨海新城，职工劳动竞赛赛出了“滨海速度”，一个个重量级项目落地生花。不同的劳动，服务发展的效能却同样强劲。

为了真正将身怀绝技的职工通过“一技之长，能动天下”引领带动更多职工投身奋进新时代伟大实践，福州市总工会始终致力创新劳动竞赛组织和活动方式，将立足岗位参与竞赛作为基本形式，把竞赛成果对服务发展的效用作为评价重要标志，打造“市级抓示范、县级抓区域、基层抓特色”的三级工会劳动竞赛联动格局，劳动者的出彩人生绽放在千锤百炼、焊花闪烁、刻刀起舞的岗位上，迸发伟大复兴的新征程路上。六年来，“当好主力军·奉献青运会”“建功十三五·建设新福州”“战疫情·促发展·当好主力军”“当好主力军·建功十四五”等主题劳动和技能竞赛遍及全市各行各业，785场形式各异、内容丰富的劳动竞赛活动吸引了从央企、国企到小微企业等9000多家参赛单位，参与职工累计超过150万人次，各个行业都涌现出一大批劳动模范和能工巧匠。

走上台的劳动模范成百上千，辛勤工作的劳动者超过百万。福州市总工会全力弘扬劳模精神、劳动精神、工匠精神，推荐评选劳动模范812名，命名劳模创新工作室218个，全方面展示劳模风采；倾力打造劳模创新工作室，带动创造了8520项职工创新成果，在全省“五小”创新大赛中荣获各类奖项1656个。为了进一步唤醒职工梦想，工匠选树培育行动、现代师徒结对活动正在如火如荼地开展中，通过命名“年度福州工匠”等活动，选树各级各类工匠人物400多名，推动6万多名职工结成师徒。为了给职工创新创业创造提供更多可能，助力职工创客的梦想在有福之州安家，总面积1.85万平方米的“职工三创中心”全面建成，入驻团队超过130支，其中还有台湾团队20支，带动就业1050余人，成为全国最大的职工“三创”孵化中心，获评省级科技企业孵化器。

三、工会提灯，照亮职工圆梦之路

星光不问赶路人，时光不负有心人。

“我毕业了！”2021年6月，福州茉莉花茶制作从业者、市劳模刘木溶取得了工商管理专业专科学历，“作为劳模，我享受了学费全免，而且通过学习实实在在掌握了营销、管理等知识，对我企业的发展起到了重要作用，感谢工会娘家人。”刘木溶激动地述说着自己的圆梦之旅。

与他一样圆了求学之梦的还有各行各业的212名普通劳动者，他们都是福州市职工“求学圆梦”学历提升行动首批受益者。近年来，福州市职工“求学圆梦”学历提升行动已经向4404名参与学习的职工发放助学金444.72万元，助力众多有梦职工一点点实现计划、一步步达成梦想。

“学校、企业、工会三方共同组成教学管理队伍，参与试点课程教学与实训工作的企业人员待遇等同于学校外聘教师”“技能实践的专业课程100%在企业完成，企业教师承担实践课程教学任务要在60%以上”……福州市总工会与福州职业技术学院联合打造的全省首个“工匠学院”，通过开设“二元制”学历班、职工技能提升班，设立“厂中校”，举办职工劳动技能竞赛和劳模工匠进校园活动等方式，致力推动校企工“三元”协同育人，面向先进制造业、现代服务业、战略性新兴产业培养区域经济社会发展急需的高素质技术技能人才，打造“亲近产业”的工人队伍。截至目前，福州工匠学院已在32家企业建立技能实训基地，帮助518名工人参与学历、技能提升。

开设800余场职工公益课堂；新落成的福州第二工人文化宫30%面积（约2万平方米）用于开展技能实训；市职工三创中心建成全国首个职工知识产权协同创新基地；每年安排800万元支持职工创新创业创造……一系列组合拳创新产教融合、校企合作、工学结合等职工素质提升模式，将职业培训与企业生产经营相融合，为产业工人队伍建设改革赋能，为产业工人搭建提升素质、实现梦想、追求幸福生活的筑梦舞台。通过开展“产业工人队伍建设改革深化年、提升年”行动，产业工人待遇提升、建设产业工人人才库等举措也已相继落地，产业工人队伍建设改革不断向纵深发展、向基层延伸。

四、暖心服务，让“娘家人”更有温度

送温暖、送健康、送知识、送平安……六年来，福州工会始终把让职工有更多“获得感幸福感安全感”、共建共享有福之州、幸福之城，作为服务职工的终极目标，深入实施职工温暖工程，在提升服务能力上下足功夫，努力打造工会与职工的“命运共同体”，让越来越多的福州工人感受到了“幸福来敲门”的喜悦。

2021 年 10 月，曹操出行网约车司机陈昶昌如愿加入工会组织，还领到了福州市总工会送出的入会礼包。“早就知道工会有举办职工疗休养、技能培训等活动，对加入工会很是向往，没想到现在拿起手机动动手指就入会了。”陈昶昌激动地说。

“让劳动者体会到工会组织的温暖，有一个心灵之家，是我们一切工作的出发点和落脚点。”在福州市总工会党组书记、副主席林如长看来，“倾听职工呼声，回应职工期待，让改革发展的成果更多更公平地惠及广大职工，是我们工会组织和工会干部责无旁贷的担当和使命！”工会为方便新就业形态劳动者入会而采取的“指尖入会”行动，正犹如涓涓暖流，直抵人心。

“我妈妈是聋哑人，家里唯一的收入就靠她到酒店后厨帮人打杂。感谢福州市总工会的结对助学，让我有机会通过读书改变命运，我会向着心中的梦想微笑前进！”福建师范大学协和学院投资学专业新生小郑在 2021 年福州市总工会“金秋助学”助学金发放暨结对助学仪式上表示。“金秋助学”是福州市总工会把解决职工操心事、烦心事、揪心事作为“我为群众办实事”的落脚点的一个缩影。

想职工群众之所想，急职工群众之所急，工会暖心服务还体现在职工可以更加便捷地享受到党委政府的大爱、工会职工之家的温度。六年来，市、县、基层三级工会联动帮扶机制不断健全完善，每年多渠道筹资 1000 万元以上，为困难职工提供一次最高 5 万元救助，职工温暖工程累计筹措资金约 5.7 亿元，覆盖职工超 124 万人，33.41 万人参加职工医疗互助……一系列服务举措共同汇聚成为温暖有福之州这座城市的大爱力量。

六年来，职工与工会间的“亲情纽带”，在一个个爱的故事里不断系牢。“工会有约·缘来是你”单身职工交友联谊活动吸引 1.2 万余名青年职工参与，连续举办了 11 年的新福州人集体婚礼，为超过 1000 对的新人带来了幸福；“情暖返乡路”让职工不再为回家发愁，“春节‘驻’福、寄爱回家”“新福州人看福州”让新福州人感受第二故乡的包容与大爱；“关爱环卫工人十年行动”、职工子女暑托班、一线职工疗休养等服务，把榕城的温暖带到了千家万户、把阳光播撒到职工心中……在幸福之城，无论你来自何方，每个职工都在分享着来自工会的关爱，伴随着城市发展的脚步。

五、维护公正，为职工“保驾护航”

2021 年 9 月，福州市总工会在闽侯青口汽车工业园区举行园区职工法律服务一体化基地揭牌仪式，“园区枫桥”机制落户园区又新增一处，可实现劳动争议在园区就地解决。据福州市总工会权益保障部介绍，各“园区枫桥”试点 2021 年 1—10 月共调解劳动争议案件 23 起，调解成功 16 起。

工会服务“法治化”，维权体系“向前走”。推广“1+4”职工社会化维权机制建设，1.2

万家基层企业工会成立劳动法律监督委员会，成立13个“劳动争议诉调工作室”，组建由55名律师组成的职工法律服务队，在100家重点企业开展工会劳动关系监测，集体协商建制率动态保持在90%以上，覆盖职工近90万人……以深化“园区枫桥”试点、构建和谐劳动关系综合配套改革试点为重点的工会维权服务体系正如榕树枝干一般勃发，决定了福州工会维权工作的广度与深度，一个立体化的工会维权网络正向上生发、开花结果。

2020年疫情期间，福州市总工会联合市人社局、市中院出台《关于常态化疫情防控下推动劳动争议诉调工作联动机制的意见》等6份实施意见，筹集3000余万元开展疫情防控一线职工及家属慰问，返还小微企业工会经费3500多万元，疫情防控一线始终活跃着工会“五月风”志愿者的身影。

六、逐梦未来，工会改革永远在路上

在东海之畔，任潮涨潮汐总有一种力量在推动着福州工运的福船扬帆破浪，开拓前行。在这股力量中蕴含着党政的期许、工会的责任、发展的根基。六年来，福州工会人顺应党领导下的全方位、开创性、深层次、根本性的时代变革，张满改革的风帆，推动工运事业的福船依闽江之岸向海而兴。

数据是一面镜子，映衬出改革的艰难，也记录着改革的突破：六年来，福州县级以上工会委员会中劳模和一线职工比例均提高到60%以上，全部配备兼（挂）职副主席；许多小微企业成立工会，新增建会单位3.1万家，新发展会员25万人，组建职工创客、社区工作者、快递等行业性工会联合会54个；下拨镇街（园区）工会补助经费2400万元、职工之家建设补助经费900万元，出台非公企业工会干部岗位津贴制度，创建市级以上模范职工之家300个，模范职工小家381个，建设共享职工之家55个，有效激发基层工会活力；配备专职社会化工会工作者240余名，有效解决了基层工会“缺钱”和“缺人”问题。

时代在发展，事业在创新，“数字工会”建设步伐也在加快，46项“数字工会”全链条智慧服务上线，线上公益培训职工20.2万人次，线上积分福利惠及48.42万人，超126万人次参与线上主题活动。职工“线下跑”也变成了数据“线上跑”，一条条服务职工的快速通道铺展开来。2021年10月上线的“福州市工会智慧组建服务系统”可通过12个数据接口实时刷新数据，有效增强对基层工会的精准服务和业务协同。在2021年第四届数字中国建设峰会上，“数字工会•职工三创”首次亮相，得到了组委会充分肯定和职工群众普遍欢迎。

在福大怡山文创园的“共享职工之家”，工会蹲点干部小孙与职工一起布置职工之家，一起做月饼、DIY蛋糕，她说：“过去我脑子里充斥着的是财务规章制度，默默地做个‘账房先生’，渐渐快忘记了‘娘家人’的身份，现在与职工‘坐在同一条板凳上’，让我真正体会到什么是‘受职工之托、暖职工之心’。”

工会改革之变，是工作作风之变，更是提质增效之变。2021年以来，福州市总工会进一步创新一线干部考核机制，透过一条条实打实的工作举措，进一步将责任和压力传导到“神经末梢”和每一位干部职工，强化考察运用，把考察的触角延伸到工会建设第一线、服务职工第一线、劳动矛盾第一线，通过实地考察、实绩比较、实时测评来检验工会干部在一线的工作成效，为工会改革注入持续前行的制度动力。工会“走进基层、走近职工”活动获评“全市优秀党建品牌”，工会“五月风”志愿服务活动入围首届“福州十大奋斗者故事”评选，工会干部提振精气神经验在全市现场会上推介。

山高愈前行，梦好起宏图。“创新与坚守，检验的是气度，考量的是智慧，是时代赋予工运事业永恒的命题。”福州市委常委、组织部长、市总工会主席郭学斌表示，“未来五年，是福州加快建设现代化国际城市的重要窗口期、关键发力期，站在新的历史起点上，福州工会人将始终高举习近平新时代中国特色社会主义思想伟大旗帜，坚持‘3820’战略工程思想精髓不动摇，以‘功成不必在我’的胸怀和‘功成必定有我’的担当，团结动员福州市广大职工矢志不移地朝着建设现代化国际城市目标奋勇前进。”

当好“娘家人” 情暖职工心

浙江省建德市总工会

近年来，市总工会在党史学习教育中紧紧围绕“我为群众办实事、我为企业解难题、我为基层减负担”主题，努力做到“职工有所呼，工会有所应”，在为职工服务中自觉践行初心使命。

为深入开展关爱职工普惠行动，促进职工身心健康，6 月 15 日至 19 日，市总工会全面开展 2021 年度一线职工免费体检工作，累计为全市 1098 名企业一线职工免费送上健康体检。

据悉，本次免费体检活动主要优先考虑从事一线的公共服务行业以及脏、苦、累、险工种的一线职工。免费体检项目包括血压、脉搏、腹部 B 超、女性乳腺 B 超、十二导联心电图、数字化胸片、血常规、尿常规、肝功能、空腹血糖、肾功能、血脂、肿瘤五项等项目，为职工带去较为全面的健康检查。

在体检现场，医护人员认真检查并做好记录，对检查结果出现异常的项目，耐心了解病历，精准判别，并于当天体检结束后将情况反馈给市总工会统一对接体检职工，做到早沟通、早提醒、早复查。对体检发现职工普遍出现的高血压、脂肪肝等问题，通过开展健康讲座、进行体检反馈等方式做好后续指导。

一线职工免费体检工作，得到职工的一致好评。“体检直接送到企业来，不用一大早就去医院跑上跑下排队了，真的是很方便，而且一做完马上就可以回到工作岗位上，也不耽误工作，真好！”来自洋溪街道的一线职工骆大姐开心地说。新加入工会组织的杭州兰翔建材有限公司的小赵说：“以前只知道工会是为职工维护权益的，没想到还有这样暖心的活动，让我们享受到了实实在在的福利。”

“开展一线职工免费健康体检活动，让职工在家门口就能参加体检，及时了解自身的健康状况，让一线职工切实感受到工会‘娘家人’的关爱。”市总工会相关负责人介绍说，一线职工免费体检工作只是个开始，市总工会对基层职工的关怀工作会一直做下去。接下来，还将陆续开展一线职工免费疗休养、送清凉慰问、困难职工慰问等一系列活动，进一步提高职工的归属感，增强工会组织的凝聚力，构建和谐的劳动关系，用心当好“娘家人”。

“四举措”提升基层工会工作质效

江苏省泰兴市总工会

2021年，泰兴市总工会坚持“补短板、增活力、固根基”，“四措并举”夯实工会基层基础，大力提升全市基层工会工作的质效。

一、创新建会形式大工会组织覆盖面

按照上级工会部署要求，始终坚持把建会、入会和工会规范化建设工作作为工会基层工作的基础和重点。我们采取协调外部力量，整合内部资源，打破部门壁垒的模式，加强与基层党委、政府职能部门合作、密切配合，推动建会入会工作常态化、长效化。2021年把新业态群体和小微企业工会组建作为专项行动摆在突出位置，在建会途径上，将常规建会、入会和集中建会、入会有机结合；在建会对象上，将“两新组织”、非公企业和小微企业同步推进，突出新业态群体入会；在建会目标上，将硬性指标与区域实际有机结合，对职工人数较多且长期不建会的单位采取上门服务的模式进行政策宣讲，引导企业积极加入工会，通过全年的不断努力，2021年全市新增独立基层工会152个，联合工会17个，组建家政服务行业工会联合会，涵盖11个养老、家政机构，吸收会员3000余人。有效扩大了工会组织的覆盖面。

二、全面开展小微企业集中建会行动

以小微企业工会经费全额返还工作为契机，开展小微企业集中建会行动，重点以已缴纳筹备金未建会小微企业为中心，加强与财务资产管理部及各基层工会的沟通联系，梳理小微企业数据，分区建立数据库，信息比照、动态更新，做到企业基本情况清、未建会原因清、推进建会进度情况清。由市总分管负责人带队到各街道、园区走访调研，积极宣传工会的性质和入会意义，重点宣传小微企业工会经费全额返还政策，工会建立后按规定比例返还筹备金的政策，增强企业和职工对工会的认同感归属感，营造建会入会的积极氛围。全市3000余家已缴纳筹备金未会的企业中已建工会（含加入联合工会）达85%以上。

三、持续推进工会会员实名制数据库建设

根据省、泰州市总“江苏工会服务网”工作要求，2021年我们将工会会员信息采集作为工

作重中之重，列入全年考核目标，督促指导基层工会进一步完善数据采集的格式、标准、内容，畅通与“江苏工会服务网”的数据交换和动态更新，细化时间节点和工作要求，按时推进数据采集和录入工作，为及时掌握进展情况，实行“通报”制度，其目的为更好地推进基层工会组织和会员管理的制度化、规范化、信息化和网络化，实现工会组织覆盖精准化，更好地为基层、为企业和服务服务。数据库内会员信息采集已达 12 万人。

四、不断推进基层工会规范化建设

严格把握建会入会和工会管理程序，对全市 100 余家国有企业进行了工会组织建设工作业务培训；利用走访调研、召开企业职工代表恳谈会等契机，发放《职工加入工会的十大好处》《企业入会的好处》及给非公企业主的《建会告知函》10000 余份，大力宣传工会组建的好处、听取企业和职工对工会的诉求和建议。通过对新业态劳动者群体的走访调研，在大庆养老院打造了“护理员之家”，其目的为更好地服务新业态劳动者，让他们感受组织的温暖，能够体面工作、舒心工作。2021 年还命名表彰了一批组织健全、管理规范、运行良好、群众满意的先进集体，产生 41 个“模范职工之家”、45 家“模范职工小家”；泰州市第三批“百佳示范工会”4 个，为全市工会规范化建设树立了典型和榜样。对全市获全总、省总表彰的 43 家模范职工之家和小家进行了资格复核。

扛起职责 持续发力 扩大实效

福建省厦门市总工会

随着我国平台经济的快速发展，快递员、网约配送员等新就业形态劳动者在我国经济社会发展中发挥着不可或缺的重要作用。推进新就业形态劳动者入会，保障新就业形态劳动者的合法权益，成为当前和今后一个时期各级工会的重点任务。2021 年，福建厦门市总工会聚焦新就业形态劳动者“急难愁盼”问题，在思想引领、建会入会、权益保障、服务打造等方面创新举措，让新就业形态劳动者工作更放心、生活更舒心。

一、强化思想政治引领，广泛凝聚共识合力

“开网约车期间，因为拾金不昧、耐心等待和帮助独自出行的老人小孩，客户给了我不少好评，这份工作给我带来了很多的快乐，也让我有了收入的保障……而这些都离不开党和政府，特别是工会组织对网约车司机群体的关爱。”在劳模宣讲走进前埔南社区新时代文明实践站活动现场，厦门市劳模、网约车司机韩顺全分享了自己对于“劳动创造幸福”的感悟，倡导大家感恩生活、积极劳动。

2021 年以来，厦门市总工会依托工会新媒体平台、职工书屋、新时代文明实践站、职工春晚等线上线下学习阵地，扎实推进党史学习教育向纵深发展，强化对新就业形态劳动者的思想政治引领。

在厦门市总工会新媒体平台推出“学党史”“十九届六中全会”等学习专栏，推送相关内容 112 篇，阅读量突破 70 万，广泛宣传党的路线方针政策和保障新就业形态劳动者群体权益的各项政策举措。拍摄发布《您好，我是聋人骑手》《小镜头追逐大梦想》等宣传视频，通过挖掘外卖送餐员、网络主播等新就业形态劳动者的追梦故事、奋斗故事，深入了解他们的思想状况、工作实际、生活需求，传达一线职工心声。组织工会劳模宣讲团、工悦领读天团进社区、进园区、进工地，通过诵读、荐书、阅读分享的形式，让理论宣传和思想教育更接地气、更有活力、更有温度，劳模宣讲团成立以来累计开展宣讲 90 多场。以职工春晚为依托，鼓励更多新就业形态劳动者登上春晚舞台，以多样性文体活动和宣传形式凝聚人心、汇聚力量。

“我特别珍惜这次登台的机会，我是下班后直接从快递点赶来海选的，因为平时工作忙排练时间不够，下一次我喊上同事们一块儿表演，相信能在春晚的舞台上创造更多精彩。”快递

员黄启志弹着吉他在春晚海选的舞台上完成了他的拿手歌曲。2021 年是厦门职工春晚举办的第十个年头，在这个舞台上留下了不少新就业形态劳动者的精彩瞬间，他们在这里演绎发生在岗位中的动人故事，更传达出对美好生活的向往和追求。

二、加快推进建会入会，夯实基层工会建设

新就业形态劳动者用工关系复杂、就业灵活、流动性大，如何突破建会入会难点，实现工会组织和工会工作的“双覆盖 双推进”，是厦门市总工会近年来的重点课题。

2021 年 7 月，人社部、国家发改委、全国总工会等八大部门共同印发《关于维护新就业形态劳动者劳动保障权益的指导意见》。厦门市总工会积极响应，印发了《厦门市总工会推进新就业形态群体工会工作实施方案》《关于 2021 年度新就业形态劳动者入会工作专项补助资金使用安排的通知》《关于做好推进新就业形态群体建会入会的通知》等相关文件，充分动员各级工会抓重点、攻难点，着力扩大工会组织有效覆盖。

聚焦重点领域和头部平台企业，开展入会集中行动。“从今天起，我就是一名工会会员了。这意味着，我们从此有了‘娘家’。对于我们新就业形态劳动者来说，不但有了业务沟通与交流的平台，内心也有了强烈的归属感，能够更好地服务厦门未来的发展。”刚刚加入工会组织的网络直播员“小一”激动不已。11 月 16 日，在湖里区总工会的积极推动下，思凯文化传媒有限公司、译迦（厦门）咨询管理有限公司两家企业联合工会分别正式成立，近 230 名职工入会，同时还成立思凯网络直播员联合工会，吸纳 160 名网络直播员入会，此举走在全省工会工作前列。

拓宽新就业形态劳动者入会渠道，创新建会入会方式。“来，了解一下加入工会的十大好处，扫码即可入会！”为最大限度地吸收新就业形态劳动者加入工会组织，思明区总工会在前期摸排的基础上，结合新业态群体工作特性，开设“网上扫码入会”方式，深入街道、园区开展建会入会宣传，及时对接后续工会卡信息采集及统一办理工作，切实畅通职工的“回家路”。

厦门市总工会主席倪超表示：“考虑到新就业形态从业人员的特殊性以及平台企业的实际情况，各级工会组织更应该主动靠前、尽心服务，探索集体登记入会、网上扫码入会和流动窗口入会等灵活多样形式，让职工在入会‘最后一公里’处也能获得一站式服务。”

三、切实做好维权工作，解决职工“急难愁盼”

“感谢湖里区总工会对我的帮助，调解员负责且耐心。”8 月 23 日，网络主播温小蒙在厦门市湖里区总工会调解员曾焕生的帮助下，拿到 1.3 万元调解款。这也是 1 年多来，曾焕生参与调解的第 17 起新就业形态劳动纠纷。这一次，从启动调解到调解完成，他只花了不到 72 小时。

饿了有外卖送餐员送餐到家，累了有网约车驾驶员送到家门，购物有快递小哥送货上门……大众便捷生活的背后，是新就业形态劳动者活跃的身影。近年来，随着新就业形态劳动者从业

人数大幅增加，新业态职工的权益保障也成为当前工会的重点工作。

“无论是替传统行业职工还是替新就业形态职工维权，都绕不过‘法理情’三个字。”厦门市总工会党组书记、副主席许毅青表示，“平台经济的用工形式和新就业形态职工的就业方式给工会维权带来新的挑战，但这并不意味着工会的维权方法就失灵了，而是需要我们在原来的基础上继续探索。”为了切实维护职工权益，厦门市总工会出台《厦门市总工会关于切实维护新就业形态劳动者劳动保障权益的实施办法》，让新就业形态劳动者的权益保障不再“真空”。

积极发挥“一函两书”作用，促进良好用工环境。2021 年厦门市总工会为网络平台企业发出了两份《工会劳动法律监督函》，提醒各平台企业依法合规用工、落实公平就业制度、保障劳动者身心健康等，从源头预防，保障新就业形态劳动者的合法权益。其中，提示函提到的“连续送单超过 4 小时，系统 20 分钟内不再派单”相关话题一度登上了微博热搜第二名，阅读数突破 1 亿人次。

大力推动“园区枫桥”机制，强化职工法律服务。在新就业形态职工集中的重点区域、重点企业建立信息员队伍，发挥工会组织第一知情人、第一报告人作用。设立新就业形态劳动者法律服务工作站，为新就业形态劳动者提供劳动法律法规宣传、咨询、劳动纠纷调解和司法援助等法律服务。在新业态聚集区推广“园区枫桥”经验，加强法律维权服务一体化基地建设，建立劳动纠纷多元化解机制。

四、推进服务体系建设，提升工会服务水平

为切实实现好、维护好、发展好新就业形态劳动者合法权益，厦门市总工会加大普惠服务工作力度，着力推进服务体系建设。开展“工会进万家 新就业形态劳动者温暖行动服务月”活动，以送文化服务、送健康服务、送法律服务、送维权服务、送就业服务、送关爱服务“六送”活动为重点内容，切实发挥工会娘家人作用，用心关爱新就业形态劳动者。

疫苗专场、夏日清凉礼包，专题服务活动传递工会温暖。“这个专场非常好，不用排队，不耽误工作，对我们这些从事快递和外卖人员帮助很大。”新入职的外卖骑手徐亚东只花了十几分钟时间，就完成了新冠疫苗的接种。

疫情期间，针对网约配送员、快递员等新业态职工作息不规律、疫苗接种不便等实际困难，厦门市总工会举办疫苗接种专场，为近 300 名新业态职工成功接种疫苗。由于走街串巷、上门入户的职业特性，快递员成为拧紧疫情防控“安全阀”的重要“螺丝”。厦门市总工会组织开展安全关爱慰问行动，为邮政和申通快递营业点的工作人员送上了冰袖、水壶、2000 个口罩、96 瓶酒精喷雾等慰问物资，为职工筑牢防疫屏障。

爱心驿站、共享职工之家，服务阵地建设提升服务实效。“来到这里就好像回家了一样，里面装备齐全，解决了我们喝水难、热饭难、歇脚难等问题，我们的心里也特别温暖。”结束了派送任务的快递小哥和外卖骑手正在爱心驿站内稍作休息。

为让更多职工享受贴心服务，厦门市总工会持续推进爱心驿站与共享职工之家建设，目前全市已建成400多家爱心驿站，在邮政、顺丰、申通等快递网点建立10家“暖蜂小屋”，重点解决快递小哥、外卖骑手、货车司机等新业态职工在工作中遇到的歇脚难、上厕难、充电难等实际问题；累计建成共享职工之家108个，按照省总《共享职工之家建设与运行规范》，厦门市总工会进一步规范共享职工之家运行模式，选树10家示范点，切实打造职工的“加油站”和“暖心窝”。

围绕保障新就业形态劳动者的权益、解决职工急难愁盼问题，厦门市总工会将在阶段性进展的基础上扛起职责、持续发力、扩大实效，把党和政府的关怀、工会组织的温暖送到新就业形态劳动者的心坎上，不断增强新就业形态劳动者的获得感、幸福感、安全感。

高质量推进党建高地创建

浙江省嘉兴市秀洲区总工会

绿豆汤、水杯、毛巾、风油精……秀洲区高照街道总工会联合户外职工爱心驿站为辖区内的环卫工人、交警、城管等城市一线劳动者送去“清凉礼包”，同时向他们宣传防暑降温小常识，并叮嘱他们要注意身体，工作的同时也要做好防暑降温。

在运河社区的户外职工驿站，记者看到，座椅、冰箱、饮水机、微波炉、针线包、药箱、书籍等物品一应俱全。一线户外劳动者可以在此按需拿取免费饮水、给手机充电、借用爱心雨具、取用常用药品等，实现了“冷了有地方取暖，热了有地方凉快，渴了能喝口热水，累了有地方歇脚”。

为解决户外劳动者“吃饭难、喝水难、休息难、如厕难”等问题，秀洲区陆续设立了100家户外职工驿站，把户外职工驿站站点打造成为户外劳动者服务的平台，按照有饮水机、微波炉、血压计、打气筒、充电器、休息座椅“六有”标准建设，让更多户外劳动者得到更好的服务。

而这只是“娘家人”全方位服务一线职工的一个缩影。为扎实开展党建高地创建行动，秀洲区总工会坚持把群众利益放在首位，从“小切口”入手解决群众心中的“大问题”，真心实意为群众办实事、做好事、解难事的同时，在工会系统建立健全党建高地创建机制，形成争先创优的良好局面，实现服务职工满意度高、职工群众幸福感强，为加快打造具有辨识度、显示度的党建高地“金名片”贡献工会力量。

在争当助企高质量发展的推动者行动中，秀洲区总工会深化“三访三强三创”活动，将其与中心工作有机结合、统筹推进，积极探索品牌化创建、项目化推动、精准化服务等新手段新方法，依托劳模工匠宣讲团，深入开展红船精神进企业活动，进一步增强机关党建的红色引擎动能，助力企业开展企业自治、法治、德治“三治融合”工作。

“围绕党建带工建，我们找准党建工作与工会工作的有机结合点，全面推动新时代秀洲区产业工人队伍建设改革。”秀洲区总工会相关负责人介绍道，为全力配合做好规上企业的党组织组建工作，秀洲区总工会在建立完善工会“推优入党”工作机制的同时，通过完善非公企业工会主席分级管理制度，进一步提升服务企业、服务职工的能力和水平。

为推进党建和业务深度融合，秀洲区总工会还进一步深化“秀工惠”服务品牌的工作机制，丰富服务内容，不断拓展品牌的内涵和外延，通过服务品牌创建，努力在工会系统营造关爱职工、服务发展、务实高效的工作氛围，更好地履行组织职工、引导职工、服务职工和维护职工合法权益的重要作用，积极将其打造成为市级机关服务品牌。

坚守“工”字特色，全方位服务一线职工。围绕“我为群众办实事、我为企业解难题、我为基层减负担”，秀洲区总工会还深入结对村高照街道高家桥村慰问困难党员、开展“网格连心、组团服务”活动及平安大巡防；一如既往地做优做实“春夏秋冬”四季帮扶、就业、女职工关爱行动等传统工会服务品牌，进一步加大对困难职工的帮扶力度；开展“当一周工人，体工会初心”活动，走进企业进行一次劳动锻炼、结交一批职工朋友、收集解决一些企业问题、体悟一次工会初心；加强户外职工爱心驿站、妈咪暖心小屋管理，深化“美好生活能量站”文化普惠活动。

精准服务　普惠职工

山东省烟台市长岛综合试验区总工会

2021年，区总工会围绕全区工作大局，以强化思想政治引领、聚焦主责主业、夯实基层组织基础为重点，积极引领职工建功立业，切实维护职工合法权益，充分发挥了工会组织联系职工的纽带和桥梁作用。

一、强化思想引领、凝聚职工力量，引领广大职工听党话、跟党走

2021年，区总工会以丰富职工思想政治教育载体为目的，开展了申报“新时代职工思想政治引领教育基地”命名活动，长岛海洋生态文明展览馆、砣矶红色文化展览馆等4个基地被命名为首批区级“新时代职工思想政治引领教育基地”；“长岛老海岛事迹陈列馆”被市总工会命名为烟台市新时代职工思想政治引领教育基地。以庆祝建党百年为主线，举办了“迎建党百年·展劳动风采”主题摄影、“讲述长岛故事　传承红色基因”宣讲会、“健康工会乐运动　凝心聚力绽芳华”庆祝建党百年职工工间操比赛等主题活动，覆盖全区6000余名职工，激励和引导广大职工弘扬爱国主义精神，听党话、跟党走。深入挖掘、选树各领域优秀职工典型，结合省“五一劳动奖章”、市“优秀工会工作者”、市“女职工建功立业标兵”等先进个人和市“模范职工之家”等先进集体评选活动，向上推荐省市级别先进个人10人，先进集体8个，在全区上下营造了学习榜样、争做先锋的良好氛围。

二、聚焦主责主业、强化责任担当，引领广大职工建功立业

围绕长岛的海水养殖、旅游业等支柱性产业，举办了首届养殖业技能竞赛、长岛“鲅鱼饺子”“海菜包子”标准化制作技艺竞赛，通过劳动技能竞赛，鼓励广大职工学技术、练技能，提升综合素质，助力长岛产业发展。开展“6·16”安全生产月宣传咨询活动、线上安全生产知识有奖竞赛、发布安全生产类知识等公众号9期，提高广大职工群众安全生产的法律意识；结合职工群众的实际需求，打造“群心课堂”服务品牌，设了书法国画、短视频拍摄剪辑、摄影技巧学习采风等多项培训课程160课时，丰富职工群众业余文化生活；围绕阵地建设，延伸服务触角，在钓鱼岛景区、砣矶镇、大钦岛乡、北隍城乡创建工会户外劳动者驿站4个，扩大职工会员的服务范围。

三、夯实基层组织建设、筑牢战斗堡垒，切实维护职工合法权益

推进新就业形态劳动者入会、建会工作，成立行业联合会1家、村级企业工会1家、快递、网约车等新业态工会组织5家。举办首届工会财务人员技能竞赛，覆盖全区基层工会近70家；开展对区直机关、事业单位工会2019—2020年度财务收支状况专项审计，促进基层工会财务规范化管理，筑牢“防火墙”“隔离带”。常态化开展“四季帮扶”工作品牌，“春送岗位”，开展“春风送岗位 就业暖民心”招聘宣传一条街活动，提供金融、餐饮等行业岗位信息340个。“夏送清凉”，启动线上“送清凉券”活动，环卫工、快递工等户外劳动者在户外劳动者驿站兑换清凉券500余份，线下开展“夏送清凉”实地走访慰问活动，走访慰问交警、建筑工人等2000多名户外劳动者，发放价值8万元的矿泉水、毛巾等防暑慰问品。“金秋助学”，为3名在档困难职工子女发放助学资金共2.3万元。“冬送温暖”，为3名建档立卡困难职工发放省财政帮扶救助金10.31万元，为64名困难职工送去价值近4万元的米、面、油等慰问物资。召开“一卡一计划”新政策推进会，为全区33个单位688名职工办理职工补充住院医疗保险，切实保障工会职工权益。

四、强化特色品牌建设、深化关爱活动，提升广大职工获得感、幸福感

举办“浓情腊八·温暖风雪无阻的你”送温暖、“农民丰收节”走访慰问、“新就业形态劳动者”送温暖等主题公益活动4场次，覆盖环卫工、农民工、留岛职工、新就业形态劳动者700余名；面向中、高考学生家长及乡村小学师生开展“向日葵”心理关爱讲座4场次；举办“青春有约 缘来是你”“为‘泥’而来 不负好时光”陶艺制作等活动，为青年职工提供交流、交友的平台；利用“齐鲁工惠”客户端连续推出“月饼礼盒60减28元抵扣券”“800张影票大派送”等普惠活动，受益会员达2000余人次，提升了广大职工的幸福感、获得感。

为经济高质量发展贡献巾帼力量

辽宁省凌源市妇女联合会

2021年以来，凌源市妇联团结带领全市广大妇女积极投身经济社会高质量发展实践，切实维护妇女儿童合法权益，为经济社会高质量发展贡献巾帼力量。

一、深入推进“创业创新巾帼行动”

举办春风行动招聘会，为求职者和用工单位搭建面对面对接的平台；举办100人的家政服务培训班、50人的手工编织培训班、62人的电子商务培训班，为城乡妇女离土不离乡或到异地就业实现转移致富创造条件；与农业农村局、劳动就业局联合，为30名妇女发放贷款534万元；与凌源市供销联社联手，创新搭建“供销有约”数字化惠民平台，聘请数字供销领域专家学者对农村妇女进行数字供销培训，以数字赋能传统产业，实现生产经营方式的数字化转变，取得供销改革和妇女创业双突破。

二、深入推进“乡村振兴巾帼行动”

依托妇字号基地，举办300人的农村妇女科技培训班，带动建档立卡贫困妇女10人，新增就业岗位10个。新增妇女致富带头人40人，妇女科技骨干10人，新增致富项目户150户。组织500名妇女参与义务植树，栽植树木5000株，造林面积500亩。创建“美丽农家示范村”5个，评选“美丽示范庭院”243户，开展“最美庭院”投票评选活动，评选“最美庭院”35户。

三、实施“助力优化营商环境巾帼行动”

举办以“促发展、创新业、做贡献”为主题的女性创新创业带头人交流会，市就业局、市税务局、银行等有关部门以及全市各行各业、各领域的女企业家代表相互交流，共话发展，共促提高，通过现场教学让她们更加掌握国家政策和市委、市政府发展方向，扩大发展空间。

四、全方位加强维权服务

举办法制培训班4场，发放《反家庭暴力法》《中华人民共和国未成年人保护法》《婚姻家庭法律指导手册》等宣传读本2000册，民法典、禁毒、残疾预防等彩色折页1000份、宣传单 1000 份，发放“蓝盾巾帼共创平安”主题活动宣传单 2 万余张、宣传手册 4000 余册，通过妇女议事会平台积极宣传《民法典》《反家庭暴力法》等法律知识 30 余次，积极参与中国普法微信公众号举办的民法典有奖竞答活动，受益妇女 3 万余人。

五、持续加大关爱帮扶力度

组织观看“两癌”防治知识，通过广泛宣传，提高城乡妇女防治知识知晓率。开展“关爱女性健康直通车”公益项目。联合妇女儿童医院举办女性健康知识讲座 3 场，为 300 余名农村妇女提供义诊和咨询服务。与卫健部门联合实施妇女“两癌”免费检查项目。为 19 名低收入“两癌”患病贫困妇女争取全国“贫困母亲两癌救助项目”资金，让患病贫困妇女得到及时资助。积极争取到贫困母亲安康保险项目资金 2.36 万元，为 1180 名贫困母亲每人投保 20 元中国人寿保险公司的妇科特种大病保险，增强她们抵御大病风险的能力，缓解贫困母亲因病致贫、返贫问题。

六、常态化开展巾帼志愿服务活动

为东城街道单家店社区、南街街道站前社区、南街街道馨王社区的妇女儿童之家、儿童活动场所送去各类书籍 600 余册，充实“妇女儿童之家”的图书室藏书量；制作创城宣传小围裙 5000 件，分发给各社区及城郊村妇联组织，在集市、广场、商铺等进行发放，为广大居民宣传创建省级文明城市应知应会知识，掀起市民争做文明凌源人的热潮；组织各级巾帼志愿者开展清理“小张贴、小广告”专项治理志愿服务活动，集中清理违法张贴的小广告，为创城尽力、为美丽凌源添彩。

争创“六好”妇联
在服务高质量发展中彰显新作为

江苏省盐城市盐都区妇女联合会

盐城市盐都区妇联以争创引领妇女思想好、服务高质量发展好、维护妇儿权益好、构建家庭文明好、夯实基层基础好、塑造作风形象好“六好”妇联组织为抓手，全力做好引领、服务、联系各项工作，在巾帼创新创业、美丽乡村建设、巾帼家政服务提质扩容等方面积极作为、创新实践，实现重点工作新突破，服务高质量发展新提升。

一、为巾帼创新创业“赋能”

盐都区妇联积极挖掘和培树巾帼创业典型，在《盐都日报》、盐都人微信公众号开设“凝聚她力量 奋进新征程”专栏，加大宣传力度，发挥典型示范引领作用，激发妇女创新创业热情；实施女企业家高质量发展领航计划，积极支持女大学生创业，建立盐都女性人才信息库，涌现出一批女大学生创业典型。同时选拔优秀女性人才、发掘创业创新项目，助力经济社会发展，其中洄琉玻璃文创项目进入第二届江苏巾帼科技创新大赛半决赛，“谐振农符”项目晋级决赛。

盐都区妇联干部深入企业走访调研，了解企业生产经营状况，进行安全生产宣讲，建立经常性沟通联系机制，收集企业需求并帮助反馈、协调和解决；举办“相约‘三八’，春风送岗”女性专场招聘会，提供就业岗位500余个，为企业与女性求职者搭建双向选择平台。

二、为美丽乡村建设“聚力”

盐都区妇联坚持宣讲创绿、植树添绿、环保护绿，引领妇女和家庭主动传播绿色理念，自觉投身绿色行动，持续巩固绿色成果；常态开展“20+爱我家集中清扫日”活动，组织妇女议事会，推进学习强国进家庭、党史学习教育进家庭，组织“好婆婆好媳妇”评选等。盐都区创建美丽庭院示范户568户，大纵湖度假区倪杨村等7个新型农村社区被评为市级“美丽庭院”示范点。

三、为巾帼家政提质扩容“充电”

在盐都区妇联的推动、指导下，盐都区家政行业龙头企业喜悦家政有限公司成立妇联，让妇联组织成为行业发展的助推器，最大限度地联系服务家政行业妇女姐妹，成为她们的温暖娘家。

盐都区妇联开展“诚信服务、美好生活”巾帼家政诚信服务周活动，邀请优秀家政培训师分享家政服务诚信之道，倡导积极向善、诚信守责、爱岗敬业的家庭服务理念；在塘桥、跃马等村居（社区）试点设立巾帼家政服务点，开展“巾帼家政进社区”，收集妇女群众家政培训及就业需求信息，搭建村居和家政公司的供需对接平台，实实在在帮助妇女在家政领域就业，成为直接联系和服务妇女的前沿阵地；联合家政公司提供保洁、育婴、养老等定单式培训，已培训3680 人次，进一步提高妇女就业能力，拓宽就业渠道。

“五大新引擎”
谱写妇幼健康事业新篇章

江西省宜丰县妇幼保健院　熊辰阳

近年来，江西省宜丰县妇幼保健院坚持党建引领，学思践悟，驱动新理念、新技术、新装备、新模式、新业态“五大新引擎”，践行精医为民初心，谱写妇幼健康事业发展美篇章。2021 年，荣获第三届中国健康县域卓越建设者 / 全国改善医疗服务最具价值案例奖。

一、贯入新理念，综合服务能力有了新提升

2021 年 3 月，该院投资 8000 余万元，总建筑面积 1.7 万平方米的城南新院实现整体搬迁。新院集妇幼保健、临床医疗、优生优育、预防接种、中医保健、健康教育、科研培训、医养结合“八位一体”，开设了婚育一站式服务中心、母婴护理与月子中心、产后康复中心、医学美容与健康管理中心、儿童感统训练中心、儿童青少年近视防治中心、宫颈癌和乳腺癌防治中心和妇孺国医馆、雷火灸体验馆、孕产瑜伽馆以及孕育学校“七中心三馆一学校”，极力打造赣西北富有特色的妇女儿童专科医院。2021 年 6 月，该院引入 9S 精益管理，确保“二级甲等妇幼保健院”复评审工作顺利完成，同时拓展新业务，运营效率不断提升，业务收入同比增长 16.1%；医疗服务收入占比 35.1%，总诊疗量增加 1.1 万余人次，门诊次均费用同比减少 16.27 元，住院人均费用下降 200 余元，实现社会与经济效益“双赢”目标。

二、引入新技术，妇幼学科领域多项新突破

“中医药 + 妇幼健康是未来发展趋势，还可以缓解群众看病难、看病贵，惠及妇女儿童，我们干起来。”2018 年 8 月，该院党支部书记、院长卢晓荣决定将中医“治未病”理念和妇幼健康融合发展，形成“产前中医药调理→孕期保健指导→产后中医康复”服务模式，目前已为万余名孕产妇和儿童提供了有效、安全的中医药服务。同时组建 MDT 团队，开展的妇科腔镜微创手术、乳腺旋切、宫颈癌和乳腺癌根除手术在本县处于领先水平，月子与母婴护理中心、孕产瑜伽、医学美容、儿童心理门诊与早期发展以及孕妇营养门诊、更年期保健专科门诊填补该县空白。同时与省级多家三甲医院建立专科联盟，让百姓不出县就能享受该院优质的医疗保健服务，全面推进了“幸福产科、健康儿科、美丽妇科、绿色中医”高质量发展。

三、投入新装备，医院硬件建设再迈新台阶

该院先后投入3000余万元用于新院装修和新购置CT、宫腹腔镜、宫腔电切镜、高频电刀、多普勒超声诊断系统、新生儿呼吸机、中药熏蒸机、可视喉镜、体外碎石机、第七代黄金超光子M22、二氧化碳点阵激光治疗仪、调Q激光治疗仪等医疗保健和医学美容设备。同时，还争取该县红十字会捐赠病床、手术床、办公设施以及企业捐赠动态DR设备和妇幼健康快车，总价值200多万元，大大提升了妇幼健康服务能力。

四、融入新模式，婚育联办打造服务新体验

“我们在这里可以享受免费婚前医学检查、办理婚姻登记、孕前优生检查、地中海贫血筛查以及免费发放叶酸、避孕药具、优生优育咨询‘七免同办同检’一站式服务，还为我们新婚夫妇提供整个生育周期的保健服务，让老百姓少跑腿、少走路，真是便民又惠民……”拿到结婚证的刘女士开心地说。2021年5月，该院有效整合县婚姻登记服务资源，创办了婚育一站式服务中心，率先在宜春市实现“结婚与生育”一条龙管理，深化了“最多跑一次”的办事模式。

五、植入新业态，妇幼健康管理取得新成效

该院以落实妇女儿童“两纲”为抓手，妇幼重大疾病防成效显现。近三年，全县妇女“两癌”筛查2万余人次，儿童健康体检和儿童青少年免费视力检查分别达3万人次。2020年1月，将该县预防接种门诊整合并入医院管理，2021年，新建发热门诊和核酸检测实验室，改建疫情隔离观察点，积极开展新冠疫苗接种、核酸检测，全力做到“应接尽接、应检尽检”，进一步加强了新冠肺炎常态化管理。2022年3月，该院秉承“全生命周期健康照护”大健康新理念，满足群众需求，创办全县首家公立医院医学美容与健康管理中心，并与江西省妇幼保健院结为医学美容专科联盟，创立全省首个医学美容博士工作室，实现群众在家门口就能享受到三甲医院安全、专业的医疗美容诊疗服务，提升了群众就医获得感、生活幸福感。

踔厉奋发铸名院，笃行不怠向未来。该院党支部书记、院长卢晓荣表示，面对全新形势，既要立足本职践行初心使命，又要抢抓机遇创新发展。他们将全力发挥妇幼优势，致力于为妇幼人群提供更高品质的医疗保健服务，靶向发力，奋楫扬帆，以高质量转型发展的优异成绩迎接党的二十大胜利召开！

打好创新服务“组合拳”
提升残疾人幸福感

江西省安吉县残疾人联合会

作为特殊群体，残疾人越来越受到社会各界的关心关爱。在第 30 个国际残疾人日来临之际，县残联结合宣传贯彻党的十九届六中全会精神，以争当“三个第一者”（残疾人的第一知情者、第一代言者、第一维护者）的姿态推出系列活动，为残疾人送上丰厚的节日“大礼包”，切实帮助残疾人解决实际困难，搭乘“共富”班车。

一、在全省创新开发公益性岗位

残疾人张生 2021 年有了一份新工作，在山川乡高家堂村做保洁员，每月工资有 2000 多元。“因为身体特殊，很难找工作，当保洁员后，有了工资，也有了更多的获得感。”张生说。

为更好助力残疾人就业，县残联积极开发残疾人公益性岗位，在残疾人数 80 人以上的村（社区）设置残疾人专职委员岗位，并在同行残疾人艺术团推出 20 个演员公益性岗位，为他们提供多样化的就业选择。2021 年，县残联和县人力社保局又联合推出了涉及村（社区）保洁、保绿、垃圾分类管理员等工种的公益性岗位，并明确“残疾人之家”公益性岗位，落实高校残疾人毕业生兜底保障政策，力度更大。

运用公益性岗位政策帮扶安置就业，是县残联在全省创新实施的一项福利新政。前期，县残联依托“数字残联 + 网格”精准摸底残疾人从事公益性岗位需求，有效进行残疾人和公益性岗位匹配，采取广泛宣传政策、摸排上岗需求、组织上门动员、有序推荐上岗等措施，推动残疾人公益性岗位政策落地落实。全县共落实 82 个公益性岗位。

二、“家庭医生”在线守护身心健康

“王医生，我们这里有一位残疾人患有心脏病，平时应该注意些什么？”……最近，一个名为“天使守护 365”的微信工作群交流频繁，群成员有全县 23 家“残疾人之家”的工作人员及 7 名医护人员，双方通过在线实时交流，为残疾人身心健康保驾护航。

残疾人工作涉及方方面面，对于“残疾人之家”工作者来说，残疾人的生理、心理障碍是他们面临的最直接难题。为了缓解残疾人突发身体状况紧急救助难题，县残联建立“天使守护”

工作机制，牵头创建“天使守护365”工作群，聘请7名医护人员作为家庭医生志愿者。

据介绍，7名医护人员来自县中医院康复中心及安吉第二医院，涉及康复科、精神科、全科等多个科室。“工作群以疾病预防、紧急情况前期处置等咨询服务为主，医护人员给予院前相应知识告知，帮助‘残疾人之家’工作人员及时解决突发状况，避免残疾人遭受二次伤害。”县中医院康复中心主任王龙华说，平时家庭医生还会在群里宣贯健康知识，尽可能提供多方面服务，守护残疾人健康安全。

三、打好“组合拳”为残疾人谋福利

“国际残疾人日是残疾人自己的节日，通过活动开展，不仅要让他们有精神上的助残，更要有实实在在的就业增收举措。”县残联相关负责人介绍，今年，围绕“共享共富、幸福同行”主题，县残联打好“组合拳”，推出多项惠残助残“套餐”，让残疾人在幸福路上一个不掉队。

县残联联合五大协会组织上百名残疾人通过游览美丽乡村鲁家村的方式，体验公共无障碍设施，感受“无障爱”生活。“以前出门需要家人陪同，现在有了无障碍设施，出行方便了，心情也变好了。”盲人代表汪女士说。当天，县残联还第一时间向大家传达党的十九届六中全会精神，为残疾人送上丰厚的“政策礼包”。

此外，县残联还正式启用了浙北辅助性就业产品（余村）配送中心，丰富全县23家“残疾人之家”辅助性就业产品品种，让残疾人就业更有保障；全县23家“残疾人之家”自发将内部的医疗、康复服务、图书阅览等资源对外开放，打造扶残助残共享驿站。“接下来，我们将继续加快发展残疾人事业，团结带领残疾人积极投身加快建设共同富裕绿色样本的实践中，共建共享更加美好幸福的生活。”该负责人说。

聚焦重点工作　优化营商环境

广东省珠海市金湾区人力资源和社会保障局

党史学习教育开展以来，金湾区人力资源和社会保障局聚焦政务服务、就业培训、人才引进、劳动执法等工作领域，以重点业务、关键环节为着力点，围绕人力资源和社会保障工作的新要求，充分发挥职能作用，采取有力措施，大力践行服务至上理念，持续优化营造高效、便捷、规范、公平的营商环境。

一、加快“放管服”改革进程，夯实营商环境发展基础

金湾区人力资源和社会保障局以“一件事一次办”为抓手，结合人社快办行动工作要求，积极贯彻落实让群众“最多跑一次”，营造“利企便企”环境。根据市政务服务事项标准化专项工作实施方案工作要求，认领并梳理政务服务事项 46 项，围绕直接面向企业和群众依申请办理的政务服务事项，优化办事流程、缩短办理时限、精简申请材料、进一步提高行政审批的透明度和便捷性等方式实现流程再造，方便企业群众办事。如对受理的事实清楚、权利义务明确的工伤认定申请，由原来的 15 日提速为 7 日内做出工伤认定决定。通过简政放权，使企业群众办事更加便利。

二、坚持“稳增量”工作基调，创新就业培训发展模式

全面落实就业创业扶持政策，通过金湾政府网和“金湾人才”微信公众号向区内企业及时推送就业创业补贴申报指南，从社保、岗位、吸纳就业、创业等方面给予扶持。2021 年 1—5 月，已审核发放各类就业创业补贴约 217 万元，惠及 879 人。搭建公共就业服务平台，举办线上线下招聘会 64 场，累计参会企业 1600 家次，累计提供就业岗位 100317 个。完善职业技能评价机制，积极推进区内企业自主开展职业技能等级认定工作，举办企业自主开展职业技能等级认定政策专题宣讲会，并结合本区实际和企业需求推动区内企业自主开展职业技能等级认定工作，鼓励企业按照“谁用人、谁评价、谁发证、谁负责”的原则开展职业技能等级认定，带动全区劳动者高质量就业。

三、扩大“金英汇”品牌影响，加大优才服务工作力度

创造驱动，人才先行。2021 年 1—5 月，金湾区人力资源和社会保障局充分了解人才生活发

展需求，结合营商环境工作要求，精准对接人才服务。一是印发《金湾区、珠海经济技术开发区产业人才卡“优先”服务工作方案》，通过统筹公共服务资源，在优先解决人才子女入学、优先安排医疗服务、优先提供政务服务、优先提供文化服务、优化信息系统数据共享五方面落实好人才的“优先”服务工作。二是打造“金英汇”产业人才服务品牌，常态化开展人才交流活动。通过举办金湾区产业人才单身联谊派对活动，吸引了来自区内重点发展企业的40位单身人才参加，切实解决人才婚恋交友问题。三是牵头制定《金湾区少年儿童友好型试点社区建设推进工作方案（2021年）》，全方位提升少年儿童舒适安全生活环境，全面营造惜才爱才的良好氛围。四是健全人才安居体系。2021年1月，根据《区政府第123次常务会议纪要》精神，已草拟《金湾区人才公寓管理暂行办法（试行）》，并配合做好人才安居系统筹建工作。五是开展金湾区产业人才新政实施效果满意度评估，走访辖区内重点企业45家，调研珠海户籍非金湾就读大学生约100人，回收问卷3103份，为进一步完善优化人才政策提供重要背书。六是做好人才引进核准工作，根据上级政策进一步放宽人才引进年龄、学历、岗位等限制条件，并特别新增重点企业优秀员工直接引进入户事项。2021年第一季度，全区核准引进各类人才1626人，同比增长359.32%，为金湾区的产业升级和发展提供强有力的人才支持和智力支撑。

四、做强“无欠薪”城市名片，营造和谐公平劳动环境

和谐稳定的劳动关系是优化营商环境的重要支撑，自金湾区一体化运作以来，建筑领域劳资隐患因素增多，金湾区人力资源和社会保障局压实疫情防控和劳动关系稳控责任，通过出台《金湾区建筑领域欠薪问题专项治理工作方案》，建立健全高效协调工作机制，使全区建筑领域企业规范劳动用工管理。联合区住建部门面向四个镇举办建筑领域企业劳资管理人员劳动保障法律法规培训班，有效预防化解劳资矛盾及拖欠农民工工资问题。统计历年工伤案件数据，筛选出全区10家工伤案件高发企业，深入企业与其共同分析商讨解决方法，并制定相应工作方案，引入社会资源，进一步帮助企业降低工伤发生率。完善工资支付诚信体系制度，严格贯彻《珠海市拖欠农民工工资违法行为黑名单认定和公布办法》，将4家公司列入“黑名单”，营造知信、守信、用信的良好环境。加大“治欠保支”工作力度，1—4月份全区移送拒不支付劳动报酬案件8宗，震慑根治恶意欠薪，极大地维护了劳动关系的和谐稳定。

以劳动力市场高质量发展支撑一流营商环境建设

陕西省西安市人力资源和社会保障局

近年来，西安市人社局坚持以习近平总书记来陕考察重要讲话精神为根本遵循，扎实落实党中央、国务院和省委、省政府，市委、市政府相关工作部署，深入推进“放管服”改革、优化营商环境、“互联网＋政务服务”工作，就业质量稳步提高、人才活力加速迸发、企业群众满意度明显提升，为推动全市经济持续健康发展贡献人社力量。

一、坚持营商环境主体，把准改革方向

坚持以营商环境建设实现新突破为主题，推动劳动力市场高质量建设。一是坚持系统思维谋划。制定《劳动力市场监管指标攻坚提升方案》，对营商环境中劳动力市场监管的各项指标领域、重点工作进行了周密部署，构建了协同高效的工作新格局。二是坚持创新思维引领。探索开展了“机关事业单位入职一件事”“退休一件事”等多项“一件事一次办”改革试点，在劳动力市场建设领域创新推出“就业创业一体化、社保经办集成化、人才评价社会化、收入水平均衡化、监督监管常态化”5个方面86项改革举措，走出了一条以创新引领改革的新路径。三是坚持市场思维推动。严格执行市场准入“负面清单”制度，充分发挥市场在劳动力配置中的决定作用，做大做强国家级人力资源服务产业园，引进市场化人力资源服务机构2162家，培育骨干企业53家，服务劳动者360万人次，形成了劳动力有序流动的新局面。四是坚持法治思维规范。扎实落实《优化营商环境条例》，建立企业诚信、拖欠工资“红黑名单”，引导企业合法经营、劳动者依法维权，实现拖欠工资案件动态清零，劳动人事争议仲裁结案率达到98.3%，建立了依法保障劳动者权益的新体制。

二、统筹用活各类资源，汇聚改革合力

坚持把优化营商环境摆在全市工作的重要位置，统筹各类资源，汇聚各方智慧，调动各种力量，持续为劳动力市场建设注入强大动能。一是上下联动建机制。积极对接市、区两级就业工作和根治欠薪工作领导小组，建立联动机制，以做好根治欠薪工作为重点，强化源头治理、重点治理，开展“双随机、一公开”抽查检查，规范用工行为，整顿人力资源市场秩序，营造良好就业环境，实施联合惩戒，依法打击恶意欠薪违法行为。二是部门联手解难题。紧紧抓住

教育、医疗、住房等劳动者关切的利益问题，新建改扩建学校195所，新增学位19.4万个，招聘教师7833名；开工建设13所三级医院，新增床位1.6万张；建成分配保障性住房25.6万套，惠及中等以下收入及外来务工人员100万人。三是区域联盟促共享。发挥国家中心城市辐射带动作用，积极推动“跨省通办”“区域共享”，建立丝绸之路经济带人才合作联盟、关水经济区人才合作联盟、陕甘宁青人力资源交流联盟，定期举办高峰论坛、双城招聘、人才互访等系列活动，累计发布岗位信息200余万条，促进劳动力转移就业超过60万人次。

三、以数据信息为支撑，夯实改革基础

坚持标准统一、数据通用、全城通办的思路，不断强化数据赋能，为营商环境不断优化、劳动力市场高质量建设提供有力支撑。一是细化指标体系。将劳动力市场监管指标分解为就业服务、社会保障、审批监管等6个二级指标，细化为招聘场次、培训人次、监管频次等53个三级指标，推动劳动力市场建设各项任务易操作、可量化、便考核。二是构建信息体系。打破部门壁垒、联通信息孤岛，整合就失业登记、创业贷款、职业介绍等10余个子系统，建立就业服务系统平台，为劳动者和用人单位提供问政策、找工作、查社保、保权益等162项服务。三是打通经办体系。织密基层服务网络，推动人社业务部分服务事项下沉街道社区办理，全力打造“15分钟便民服务圈”。实现85.5%公民个人事项可在步行15分钟范围内办理。

四、坚持为民服务宗旨，提升改革质效

坚持把企业群众满不满意、高不高兴作为优化营商环境的最高标尺，着力为劳动者提供全面周到的品质服务。一是全群体覆盖。突出高校毕业生、农民工、退役军人等重点群体，出台稳就业23条举措、稳定劳动关系12条意见、大学生就业创业20条意见，推动政策红利全覆盖，2020年城镇新增就业15.3万人。二是全要素保障。紧贴劳动者就业创业需求，集中项目、资金、平台、技能等要素资源，连续4年组织创业创新大赛，建成创业孵化基地59家、标准化创业中心72家，发放创业担保贷款9.3亿元，开展各类补贴性技能培训117.3万人次。三是全周期服务。围绕劳动者求职创业全生命周期，大力推行就业见习计划、创业引领计划，发布急需紧缺人才目录，建成就业见习基地1490个，提供见习岗位1.8万个；首创浸入式“直播送岗”活动，提供岗位6万余个，帮助1.2万人上岗。四是全方位监督。发挥人大、政协、媒体监督合力，畅通劳动者意见反馈渠道，优化12345热线营商环境专席问题办理机制，全面建立政务服务“好差评”系统，满意率达到99%。

五、坚持简政放权促落地，释放改革红利

聚焦惠企便民政策措施落地的“最后一公里”，着力解难点、通堵点、祛痛点，不断增强劳动者获得感、幸福感。一是简政放权激活力。持续推进“告知承诺制”“一业一证”“一照

多址”等改革，在全国率先取消高校毕业生报到备案手续，有效降低劳动者就业创业门槛。二是减时增效挖潜力。在全市统筹推出105项“一件事一次办”主题服务，累计办件量6万余件，实现减环节81.7%、减材料30.6%、减跑动75.1%、减时限50%。三是减税降费解压力。聚焦抓好“六稳”“六保”工作，精准落实各项助企惠企政策，2020年发放稳岗返还资金54.8亿元、“复工助力贷”84.7亿元，投入就业补助资金5.7亿元，8.2万人享受各类就业创业政策。

下一步，西安市人社局将在省厅指导支持下，深入贯彻落实党中央、国务院关于优化营商环境的决策部署，对标先进、积极探索，持续用力、久久为功，努力推动全市营商环境实现新的突破，奋力谱写西安新时代追赶超越新篇章。

“六心”谱写人社高质量发展新篇章

安徽省宣城市人力资源和社会保障局

近年来，市人社局坚决贯彻落实市委、市政府坚部署，统筹推进党史学习教育与人社各项工作，坚持“1567”工作思路，积极推进人社各项政策落实落地，主要目标任务取得稳步增长。2021年1—6月，全市新增就业3.03万人，完成全年目标任务75.8%，城镇登记失业率2.77%，低于4.5%的控制目标；全市基本养老、失业、工伤保险参保人数和社保卡持卡人数均已完成年度计划。

一、就业创业稳民心

优化完善稳就业政策体系，聚焦重点群体，打好减负稳岗扩就业组合拳。围绕开发区企业招工难、留人难等问题，采取网络直播招、机构推荐招、现场专场招、就地就近招、以老带新招、人才夜市招等多种招聘方式，上半年，组织“2+N”招聘会806场，提供就业岗位25万个，达成就业意向3.5万人，签订劳动合同1.75万人。约为企业减少工伤保险费和失业保险费5104万元，预计全年减费约1亿元。

二、社会保险惠民心

围绕抓扩面，兜底线，积极推进企业职工基本养老保险基金省级统筹工作，人社领域待遇进社保卡、社保省集中系统上线等工作走在全省前列。截至6月底，城镇职工基本养老保险、失业保险、工伤保险参保人数分别达79.7万人、25.65万人、36.36万人，完成全年目标任务101.36%、98.76%、97.98%。为44.05万符合领取条件人员按时足额发放养老金3.4亿元。为全市4.73万贫困人口代缴保费809.51万元。

三、人才引育强民心

健全完善人才服务链，设立高层次人才服务专窗，发行宛陵优才卡。围绕高素质、高层次、高技能人才队伍建设，着力用好“平台、舞台、擂台”，做到人才培养“标配”、人才服务“顶配”、人才使用“匹配”。2021年上半年，会同市委组织部开展宣城市“汇智聚才、赋能发展”系列活动，召开宣城市校地校企合作对接会和重点企业人才引进洽谈会，赴北京召开宣城籍优秀人才座谈会，积极推进“一地六县”人才综合体建设。1—6 月，全市共新增技能人才 8248 人，其中新增高技能人才 1715 人，开展补贴性职业技能培训 3.32 万人次。

四、和谐劳动安民心

与长三角 G60 科创走廊九城市签订劳动关系工作一体化发展合作协议。抓好保障农民工工资支付条例的宣传和贯彻落实。农民工欠薪投诉批次、涉及农民工人数、欠薪涉及金额持续下降。1—6 月，市本级共查处欠薪案件 60 起，涉及人数 171 人次、涉及金额 175.088 万元，案件结案率达 100%，办结劳动人事争议仲裁案件 240 件，调解率为 75%，高于全省平均水平。

五、公共服务暖民心

不断推进“人社服务快办行动”提质扩容增效，积极推进“就近办”“跨省通办”“一网通办”“一卡通办”，完成 15 个“一件事”打包窗口办理，新增“一件事”服务事项 25 个，高频服务事项平均提速 78%。宣城市居民服务“一卡通”暨第三代社保卡正式发行，全市 14 家合作银行 247 个网点即到即办。宣城“智慧人社”成功上线，实现 142 项人社服务事项和 10 个打包“一件事”网上办，安徽省电子劳动合同在我市试点启动，签订了首份安徽电子劳动合同。

六、党的建设凝民心

深入开展党史学习教育，在全市人社系统开展“学党史、担使命，打造人社铁军”主题实践活动。聚焦“就业难”“增收难”“用工难”三难问题和与群众切身利益密切关联“十件实事”，开展“我为群众办实事”大实践。组织党员干部走访全市企业 690 余家，解决企业用工问题 270 余个。走访社区（村）开展就业创业、社会保险、技能培训等政策咨询、服务活动 200 余次，服务群众 1 万余人次。开发公益性岗位 1676 个，安置 1028 名就业困难人员就业；为 3379 名符合条件的失业人员发放失业补助金 226.75 万元。

创新人才体制 激发人才动力

山东省泰安市人力资源和社会保障局

近年来，泰安市人社局按照省、市“重点工作攻坚年”部署要求，坚持将创新作为根本动力，积极推进人才政策体系创新、工作理念创新、体制机制创新、服务模式创新，大规模开展职业技能培训、强化技能人才评价激励对于创新发展和新旧动能转换具有十分重要的意义。

一、创新人才政策体系，激发引才吸引力

泰安市出台人才新政“金十条”和47个配套细则，实施“泰汶专才”计划、泰安市国有企事业单位“优才回引”计划，制定《人才支撑工业经济发展实施细则》，政策惠及各级各类人才，形成了含金量高、突破性大、针对性强、科学完善的人才政策体系，提升了泰安引才吸引力。2019年以来，全市已兑现各项补贴2000余万元。2020年，全市拿出500个事业单位引才进人计划，专项用于“双一流”高校毕业生招聘，不设笔试环节，采取网上视频面试方式进行。对工业企业引进的优秀高校理工类毕业生，实行“政府给身份、企业给待遇”人才共享机制，可使用工业企业高层次人才专项事业编制，参照事业单位工作人员享受相关待遇，在用人企业服务满10年后，可依程序按照事业单位人员有序流动，打通企事业人才通道。

二、创新人才工作理念，激发育才向心力

牢固树立“人才为经济发展服务、人社为人才发展服务”工作理念，以企业和发展需求为中心引育人才。一是聚焦企业需求抓培训。发挥企业主体作用，推进企业技能人才培训和自主评价工作融合发展，打通“需求—培训—评价—补贴”全链条，实现了职工涨本领、企业增效益、就业稳岗位。全市2.2万名职工参加职业技能提升培训，7884名职工取得职业技能等级证书，11643名职工取得职业培训合格证书，技能人才自主评价备案企业数和发放技能等级证书数在全省居第一位。二是聚焦产业实际抓考核。加大专项职业能力考核力度，探索形成了双“1+N”专项职业能力考核新模式，即在推进落实上，1000元培训补贴+N项服务举措；在考核体系上，1项主要考核指标+N项实用考核指标。全市开展专项职业能力考核2.8万人次，位居全省第一。全省专项职业能力考核工作会议在泰安召开。三是聚焦创新创业抓大赛。与上海信隆行合作，开展“才入泰安 势如泰山”全国大学生创业大赛，三届大赛共有196个项目参赛、47个项目获

奖、9 个项目签约落地。充分发挥技能大赛培养人才、发现人才的作用，精心组织举办各级各类技能人才职业技能大赛。2020 年全市共开展 43 个工种、32 场次职业技能大赛，2300 人参加，通过大赛选拔高技能人才 1961 人。

三、创新人才体制机制，激发用才凝聚力

发挥人才评价“指挥棒”的作用，创新人才评价激励机制，让各类人才人尽其才、各展所长、各得其所。一是深化职称制度改革。放宽职称申报人员范围，执行向基层倾斜的职称评聘优惠政策，110 人通过基层卫生技术高级职称评审，450 人通过基层中小学高级教师评审。开展新型职业农民职称评审，破除“唯论文、唯职称、唯学历、唯奖项”论，共有 43 人获评农民农艺师（中级）、277 人获评农民助理农艺师（初级）。二是深化技能人才评价制度改革。健全完善技能人才评价体系，探索设立特级技师制度，组织开展了泰安如意科技时尚有限公司特级技师评审工作。该公司高技能人才、齐鲁首席技师王文革顺利通过评审，成为全市首位获得“特级技师”资格的高技能人才，与正高级工程师享受同等待遇。三是深化人才激励制度改革。出台《关于进一步落实事业单位高层次人才收入分配激励机制完善绩效工资管理的实施办法》，健全以知识价值和实绩贡献为导向的人才收入分配激励机制，扩大事业单位分配自主权，探索实行“协议工资制”“年薪制”“项目工资制”等灵活多样的分配办法。

四、创新人才服务模式，激发留才亲和力

一是打造优质便捷的服务环境。落实高层次人才服务联席会议制度，构建高层次人才服务体系。做好高层次人才认定工作，发放“山东惠才卡”93 人；发放“泰山人才金卡”191 人；发放高层次人才证书 1506 人。统筹兼顾疫情形势和实际需要，利用泰山“集结号”双创平台，采取“云招聘”“云直播”“远程面试”“在线签约”和线下现场招聘、专场招聘、当场面试签约多种形式相结合的方式，合力构建线上线下共同发力的招聘模式。泰山“集结号”被中国就业促进会评为 2019 中国地方就业创新事件。二是打造温馨舒适的生活环境。落实《高层次人才服务绿色通道实施办法》，畅通高层次人才服务绿色通道，做好“山东惠才卡”“泰山人才金卡”人才服务，在子女入学、居留落户、医疗健康、人才安居等 18 个方面提供精细周到的服务，多渠道满足人才生活居住需求。三是打造高效一流的营商环境。建立服务事项清单，大力推进制度创新、流程再造，打造人社部门“4S”“四精八同”公共服务品牌，成立高层次人才服务联盟，切实做好引进人才的编制管理、职称评定、岗位聘用、薪酬管理和配偶随调工作，确保让各类企业、各种人才在泰安心有所安、业有所成。

推进人力资源要素市场化配置改革

浙江省衢州市人力资源和社会保障局

近年来，衢州市人力社保局按照“先行先试、重点突破、稳妥推进”的原则，深入推进人力资源要素市场化配置，平衡发挥“有形之手”和“无形之手”的作用，不断完善人力资源服务体系，积极促进人力资源服务业与其他产业协调发展，构筑促进衢州经济社会发展的人力资源新优势。

一、搭建集聚平台，释“放”市场活力

（一）合作共建人力资源产业园，打造就业服务新品牌

由市人力社保局与市绿色产业集聚区合作共建衢州市人力资源服务产业园，同时加强对县（市、区）指导，按照“稳步推进，协调发展”原则，逐步形成以衢州市人力资源服务产业园为核心，柯城区、开化县人力资源服务产业园为支点的“一点多元”格局。为加快市本级核心工业园区的人力资源市场化配置，通过公开招投标，确定衢州市人力资源产业园为承接方，将省市统一部署开展的春风行动、大学生就业服务月、残疾人就业援助月、“333”就业服务月、周末劳务集市等公益性招聘活动进行外包，取得了较好的社会经济效益。市本级累计举办公益性招聘会13场，参会单位459家，提供就业岗位2345个以上，主要专业涉及普工、操作工、质检员、销售、文员、出纳等，需求人数20231人，入场应聘人数超过5500人，初步达成意向人数652人。

（二）市场化运营大学生创业园，打造创业孵化新品牌

围绕“促进创业、带动就业、催生效益、孵化项目、引领示范”五大目标，公开选聘专业的创业孵化企业作为衢州市大学生创业园（西区园）的运营商，全面负责入驻企业的招商、服务、管理、活动、宣传等工作。创业孵化企业成立了一支由9名知名创业导师组成的创业导师库，包括阿里巴巴浙江讲师团、全国大学生创业导师、浙江大学培训中心等相关领域的创业导师及专家，为入驻企业开展创业培训辅导，引导创业者选择合适的运营模式，并根据项目现阶段的发展情况进行分级孵化。2017年，衢州市大学生创业园（西区园）运营团队被列入“浙江省电子商务服务企业名录”，创业园被认定为“衢州市首批市级众创空间”，被列入“浙江省电子商务产业基地名录”，新引进创业项目22个，成功孵化出园6家，半年实现产值4800余万元，同比增长41.2%。

（三）探索政府购买基层平台服务，打造基层服务新品牌

结合该市“四个平台”（综治工作、市场监管、综合执法、便民服务）建设，将人力社保基层平台纳入便民服务平台，突出人力社保部门“民生保障”特点，打造“基层服务”品牌。对接基层“四个平台”建设，将乡镇、街道基层人力社保公共服务纳入便民服务中心平台，允许乡镇、街道将劳保员编制、岗位、经费打通统筹使用。允许村、社区对兼职劳保员进行整合，与其他整合后的各条线人员实行网格化管理。加强便民服务中心人力社保业务指导，明确办理事项流程和标准，做好平台归并后人员思想工作，确保工作有序衔接。会同市财政出台《衢州市本级基层人力资源和社会保障服务资金补助实施办法（试行）》文件，对市本级托管的白云、东港、黄家、新新等4个街道的6个社区、50个行政村的人力社保基层平台服务进行购买，根据市本级托管街道所属行政村常住人口中的劳动力资源数，每年给予不超过5400元的资金补助，其中给予具体承办人员不低于补助总额的60%；对市本级托管街道所属社区按照人力资源和社会保障工作任务完成数量、质量，每年给予不超过10000元的资金补助，用作人力资源和社会保障工作经费。

二、建立长效机制，强化全程监“管”

（一）建立业务财务一体化体系，实现内部防控信息化

结合“跑一次改革”，对涉及资金拨付的37项业务、不涉及资金拨付的33项业务进行梳理，按照既方便群众办事、又合法合规的原则，进行科室业务廉政风险点排查，编制精简优化表、流程表，探索通过配备高拍仪，对业务档案进行影像化管理，实现业务档案“无纸化”。对现有各业务系统进行摸底，通过打造数据交换平台，实现各业务系统互联互通，依托现有公共就业服务系统，建设符合衢州就业工作实际的财务业务一体化信息系统，实现业务流程、财务会计流程、管理流程有机融合，实时反应内部各项业务状况，掌握资金走向，将廉政风险降到最低。同时，在外部购买服务过程中，严格按照政府采购办法的相关规定，采取公开招投标或竞争性磋商等方式，按照公开择优的原则确定承接方。

（二）建立科学评价体系，实现绩效评估量化

严格创业园管理和绩效评价制度，制定《驻园企业管理暂行办法》《入驻企业考核办法》等各项管理制度，对入驻企业实行动态调整机制，申请入驻的创业项目需通过项目初审、专家团面试后方可入驻园区孵化；对孵化成功的项目，园区帮助对接商业区、产业园等适合扩大经营的场所推荐落户；对无法继续经营、不服从管理的项目实行劝退，有序引导其办理退园手续。同时对项目实施情况进行全程跟踪和监督，制定《公益性招聘活动考核办法》《大学生创业园考核办法》，通过考核评分表将考核指标量化，采取实地检查、台账抽查、人员访谈相结合的方式，对项目的工作绩效、服务对象受益情况、公众满足等进行评估验收。

（三）建立跟踪服务体系，实现管理常态化

建立健全人力资源服务业统计制度，每季度统计市场热门岗位、市场供求情况，及时掌握就业失业信息，加强数据的分析应用，为就业形势分析提供一手数据素材。建立公益性招聘值班制度，每场公益性招聘活动，均派出工作人员，对会前宣传、会务组织等情况，进行全程跟踪监督。全年公益性招聘活动合同执行过半后，组织人员根据考核内容，进行中期考核评估，对实际运作中存在的问题，提出意见建议。

三、深化配套支持，“服”务要素改革

（一）打破部门界限“一窗受理”，实现“跑一次”

在实现在本部门“最多跑一次”的基础上，将“设立人才中介服务机构许可”“设立职业中介机构许可”两项业务，按照群众、企业到政府办事“最多跑一次”的标准，依托浙江省政务服务网，经过与工商部门的沟通协调打通部门界限，将两部门的原有审批流程，合并优化形成标准化业务手册，由工商统一收取必要材料，部分材料部门之间流转，直接由工商提供，实现“一窗受理、一表登记、一次告知、一网流转、一次办结”。以往整个流程走下来，需要群众去两个部门，至少跑 3 次，目前已有两家公司享受到改革的便利，只需跑一次服务窗口把材料一次性提交完整，半个小时就能完成整个流程，工作人员通过 EMS 或上门送达的方式送达人力资源许可。

（二）创新信息化服务手段，实现“零上门”

积极探索应用“互联网 +”技术为群众提供方便快捷服务，开发“衢州人社”APP，实现参保信息查询、求职岗位自动匹配、就业地图等高级接口功能落地运行。推广新版衢州就业网“在线选摊、网上报名”的招聘会线上服务模式，企业足不出户即可完成线下招聘会的报名工作，打造真正意义上的无纸化招聘市场。2020 年上半年，全市举办春季人力资源交流大会、劳务集市，残联、集聚区专场招聘会等 89 场，设摊单位 3803 家，提供岗位 94525 个，达成初步就业意向 48168 人次，对接成功率达 51%。

（三）创新金融要素保障，实现“低成本”

引导和鼓励创业创新，降低创业成本，对符合条件的创业者提供创业担保贷款贴息、创业社保补贴、创业带动就业补贴、创业场地租金补贴等扶持政策。为加快创业担保贷款政策落地，主动对接财政、人行制定完善《市本级创业担保贷款贴息方案》，对创办个体工商户或企业的在校大学生和城乡劳动者，可申请不超过 50 万元的创业担保贷款及贴息。加大对大学生创业园的支持力度，给予不超过 300 万元的一次性建园补贴和每年不超过 100 万元的运行补贴。对入驻大学生创业园的企业或创业团队，根据创业大赛获奖情况可给予不超过 20 万元的启动资金资助；对在外租房、符合条件的入驻创业项目负责人及核心成员，可给予每月不超过 500 元的房租补贴。此外，创业园实行前两年租金全免，第三年免租金 50% 的优惠政策，并给予一定的就餐补贴，极大地降低了创业成本。

五大亮点工作引领人社事业高质量发展

山东省莱西市人力资源和社会保障局

2021 年以来，莱西市人社局坚定践行以人民为中心的发展思想，努力克服新冠肺炎疫情的不利影响，在全面完成就业创业、社会保障、人才引育、劳动维权等重点职能工作的基础上，倾力打造五大工作亮点，推动人力资源社会保障事业高质量发展。

一、实施莱西市海外赤子服务乡村振兴支持计划

通过实施该计划，搭建海外人才创新创业的对接交流、服务扶持长效合作平台，吸引一批海外人才到莱西市创新创业，实现以人才链带动乡村振兴产业链发展升级，以产业链发展带动传统产业转型升级，构建起“政府搭台、企业参与、人才引领、协调共建”的乡村人才振兴新模式。2021 年 10 月份成功举办了“莱西市海外赤子服务乡村振兴活动启动仪式暨海外赤子服务乡村振兴签约仪式”活动，标志着海外赤子服务乡村振兴支持计划正式拉开帷幕。

二、打造农民工返乡创业带动就业示范点

为进一步激发电商市场活力，不断拓展新生代农民工创业就业空间，莱西市先后出台了系列扶持、刺激电商行业发展的政策，引领新生代农民工创业就业新方向。其中，人社局积极打造了农民工返乡创业带动就业示范企业——青岛天天购电子商务有限公司，累计拉动新生代农民工创业就业 3000 多人，营业额突破 50 亿元，天天购公司的示范典型得到了人社部有关领导的充分肯定和青岛市就业创业工作领导小组办公室的通报表扬。

三、出台实施《莱西市研究生购房券发放办法》

该办法主要从两个方面进行了创新突破：一是放宽申领条件，取消了对户籍的限制，取消了缴纳社保满 12 个月的限制，由事后发放改为事前发放，最大限度减轻研究生购房负担。二是实行承诺制度，研究生申领购房券须签订使用协议，自使用购房券购房之日起，至少在莱西工作满 3 年并按时缴纳社保，工作不满 1 年须全额返还购房券金额，满 1 年不满 2 年返还 70%，满 2 年不满 3 年返还 40%。拒不返还的向法院起诉追回并纳入失信人员名单，《办法》实施以来，受到高学历人才高度称赞。

四、打造人社服务下沉“莱西经验”

依托已建成的社区党群服务中心和基层网格员，深入推进人社服务下沉工作，通过完善服务制度，创新服务方式，加速实施人社服务“一窗受理、就近办、一次办”，不断为农村基层社区、村居居民提供“方便、快捷、人性、贴心”的人社服务，目前已初步构建起以市级人力资源社会保障综合服务中心为中枢，12处镇街便民服务中心为重点，党群服务中心为支撑，城镇社区（村）网格为节点的立体化、全覆盖、上下贯通的精准人社服务网络，有效打通了服务群众的“最后一公里”。

五、创新推行机关事业单位工作人员绩效考核

自启动机关事业单位工作人员绩效考核改革以来，先后两次在全市范围内进行调研，并针对调研情况对改革方案进行了完善，目前共设置了三个考核档次（10%、85%、5%），三档人员扣发奖励性绩效工资的10%奖励给一档人员，该办法的出台实施，在不增加财政负担的前提下，率先在省内用活了奖励性绩效工资，切实发挥好绩效考核在奖优罚劣、评先选优等方面的激励鞭策作用，2021年5月10日，青岛市委组织部“立德为公”公众号推广了莱西市经验做法。

坚定信心不动摇　咬定目标不放松　落实责任不松劲

山西省浮山县民政和人力资源社会保障局

上半年，县民政和人社局紧紧围绕县委办好“三件大事”、做好“五篇文章”总体工作思路，扎实推进重点项目、惠民实事，有序开展社会保障、人事人才、换届选举等工作，取得了一定成效。现将工作情况报告如下：

一、工作完成情况

（一）确保就业形势稳定

品牌培育促进就业。全力打造“浮山厨师”劳务品牌，以创办浮山刀拨面加盟店为载体带动产业发展，提高持证率、就业率、增收率。起草了《“浮山厨师”劳务品牌建设实施方案（讨论稿）》，完成了刀拨面加盟店样板店设计、面食菜品标准制定、门牌服装设计定制、旧店改造等工作。挂牌成立了“浮山县浮山厨师劳务产业发展服务中心”，以及浮山厨师临汾服务站，实现了正常运转。截至目前，已完成5期厨师培训班和3期综合培训班，培训厨师222人。6月底，城镇新增就业1000人，已完成531人，完成市下达任务的53.1%；创业带动就业350人，已完成198人，完成市下达任务的57%；失业人员再就业150人，已完成132人，完成市下达任务的88%；就业困难人员再就业100人，已完成85人，完成市下达任务的85%；农村劳动力转移就业1400人，已完成1040人，完成市下达任务的74%。

（二）完善社会保障体系

2021年1月到目前为止，为我县373名符合领取条件的城乡居民发放丧葬补助74.6万元；按《关于做好城乡居民补充养老保险2021年待遇发放的工作》（晋人社厅函〔2021〕4号），为我县城乡居民发放补充养老保险金，65周岁以上（含65周岁）每人每月发放20元，80周岁以上（含80周岁）每人每月再增加10元，从2021年1月1日起执行，截至目前，为13125名符合条件的城乡居民增发了养老金待遇，已全部发放到位。为我县失业人员累计发放失业保险金795人次102.9万元；失业保险扩围行动中，按照1024元/月/人标准累计发放失业补助金1319人次135万元。农村低保455户1004人，累计发放155.3万元；农村特困747户758人，累计发放389.6万元；残疾人3326人，累计发放177.2万元。城镇低保1020户2187人，累计发放399.38万元。机关事业单位中的408名差额、自收自支人员参保后养老金标准几乎番翻，每人平均增幅 2200 元，且及时足额发放。城乡居民补充养老保险涉及 13125 人，人均增加养老金 20 元。继续完善以居家养老为基础，社区服务为依托，机构养老为补充的养老服务体系，为 1838 名 80 岁以上老人每月发放生活补助 50 元。

（三）殡葬基础设施工作快速推进

为加快推进殡葬制度改革。成立了浮山县殡葬基础设施建设工作领导小组，该建设项目被列为浮山县重点工程项目。目前用地预审已批复，可行性研究报告已完成，行政审批局已立项，发改委已纳入本级筹备库，环境评价正在编制。县殡仪馆、公益性公墓正在办理征地手续，规划和自然资源局正在调整规划，编制土地用途调整方案，组织专家评审，统一纳入城镇交界范围内。

（四）推进人事人才建设

目前，事业单位设岗定责工作正在进行，根据方案将在 6 月底完成；全县事业单位人员招聘 20 人的请示报告；将全县事业单位 2020 年度的人员考核表、调资表装档案。

（五）构建和谐劳动关系

多次开展根治欠薪专项行动，严厉打击欠薪行为，2021 年上半年累计返还工资保证金 116.6 万元。协调处理欠薪平台、市长热线转办案件 30 余起，协调处理拖欠工资 7 起，涉及农民工 4 人。我县劳动保障监察投诉举报结案率和拖欠农民工工资举报投诉案件结案率达 100%。劳动人事争议仲裁院截至目前处理劳动人事争议案件 9 件、立案裁决 6 件，涉及 24 人，涉案金额总计 110 余万元，不予受理的 3 件。“12345”市长热线等来信来访处置率 100%。

（六）强化基层政权建设

全县 125 个行政村全部换届结束，共选举产生“两委”班子 634 名，其中党组织书记 125 名，村委会主任 124 名，一肩挑 99 名，一肩挑比例达到 80%。完成撤乡设镇工作，目前我县辖 4 镇 3 乡，已全部实现正常运转。

二、存在的问题

当前工作中主要还存在敬老院五保对象入住率低；城乡低保收入核算存在一定难度；就业结构性矛盾仍然突出，城镇居民增收渠道狭窄等问题，需要在下一步工作中认真谋划和改进，全力加强。

三、下一步工作打算

加强对养老机构的规范化管理，努力扩大特困供养对象的集中供养率，持之以恒抓好消防安全，提高为入住院民服务水平。继续扎实做好农村日间照料中心的正常运营，提高对孤寡老人的日常生活照顾和服务。

按照“人人持证、技能社会”建设要求，加大电子培训券领取力度，加快实施技能培训，多渠道实现劳动力转移就业，完成各项就业任务。

持续打造浮山厨师劳务品牌，快速推进浮山刀拨面加盟店建设，新开门店、改造门店尽快投入运营，带动产业发展，促进就业、实现增收。

深化殡葬制度改革，尽快完成县级殡仪馆建设项目立项、环评等手续办理，年内完成建设任务。

用足政务服务“加减法”换来社保服务新效能

河南省安阳市人力资源和社会保障局

近年来，市人社局积极推进经办服务“一窗办理”“一网通办”“只进一扇门”“最多跑一次”，不断加深社银合作，打造社保业务“15分钟服务圈”，实现全省通办，真正做到减环节、减材料、减时限、治痛点、疏堵点、优服务，服务保障水平不断提升。

一、服务末端做加法

市人社局充分利用银行网点布局广、基础设施好等特点，探索“社保+银行”模式。与工商银行、农业银行、邮政储蓄银行、洛阳银行、建设银行、中国银行、交通银行、郑州银行等8家银行合作开展社保银行一体化服务网点建设。群众可到周边银行网点，就近办理参保登记、注销登记、信息变更等23项社保业务。目前，已开放社银一体化服务网点20个，另有59个正在建设中。

二、服务方式做加法

市人社局大力推广“不见面办”服务模式，80%的社保业务可通过网上办理，15项业务实现掌上可办，实现社保服务“网厅一体化”有机结合，让群众办理社保业务足不出户。截至目前，共受理社保网报业务43.61万笔，占全部受理业务量的63.7%。

三、服务时长做加法

为有效解决群众“上班时间没空办事、下班时间没处办事”问题，自2020年7月4日起，市人社局社会保险服务大厅在全省率先推行每周六延时服务制度，切实满足群众办理社保业务需求。该项工作走在全省前列，受到群众一致好评。

四、办事流程做减法

市人社局安排专人与市场监管局联合办公，设立“企业开办专区”，实现企业开户“一窗受理”，手续内部流转，在办理企业注册登记的同时，即时办理企业社保开户手续。线上线下企业开办均可实现社保同步开户。

五、办理手续做减法

建立容缺受理机制。线下企业在开设社保账户时，新注册企业未完成公章刻制的，可先以法人签字暂代单位公章办理手续，实现企业开户同步员工参保登记，进一步提高参保企业办理社保业务的时效性。

六、业务材料做减法

市人社局按照“能压缩的时限坚决压缩、能整合的业务加快整合、能简化的材料必须简化”原则，对标全国先进，对业务办理时限一再进行压缩，对证明事项和流程进行大幅精简再造。目前，61 项政务服务事项办理时限在法定时限的基础上再压缩 94.5%，达到全国先进水平，其中 46 项业务实现 1 日办结，4 项业务即时办结，所有业务事项实现全省通办。

“四化联动”推动人力资源和社会保障事业高质量发展

湖北省大英县人力资源和社会保障局

2021年，县人社局紧紧围绕“民生为本、人才优先”工作主线，聚焦就业创业、社会保障、人才人事、劳动关系四大业务板块，持续深化改革，不断探索创新，人社治理体系更加完善，治理能力显著提升。第三季度城镇居民人均可支配收入达27258元，同比增长9.9%，增幅排全市第二位。

一、多措并举，促进就业创业多元化

坚持经济发展就业导向，支持规范新就业形态发展，全面落实援企稳岗政策，增加就业岗位。截至目前，大英县已发放稳岗补贴20.31万元、创业担保贷款3382万元，公益性岗位安置就业1292人，组织开展各类职业技能培训1357人次，预拨付培训补贴756万元，完成目标任务104%。推进“互联网+公共就业创业服务”，打造线上线下公共就业服务平台，开展“遂企智造·职等你来”招聘行动，举办各类招聘会14期，发布招工信息6012条，提供就业岗位7853个，达成意向性协议781人，城镇新增就业4269人，城镇失业人员再就业897人，“4050”等就业困难对象再就业325人，分别完成目标任务的88.3%、66.1%、141.3%，城镇登记失业率3.95%，控制在4.4%以内。

二、健全体系，促进社保管理服务社会化

一是聚焦“全民社保”，持续扩大参保范围。实行全国统一的企业职工养老保险制度，推动企业职工基本养老保险实现法定人员全覆盖。促进灵活就业人员、新就业形态从业人员参加企业职工基本养老保险。截至2021年8月底，全县养老保险、工伤保险、失业保险参保人数分别达到37.66万人、2.37万人、1.2万人。2021年9月，企业职工基本养老保险省级统筹获得人社部、财政部考核组的充分肯定。二是聚焦“民心社保”，持续改善民生福祉。2021年1—8月，发放基本养老金59261万元、遗属生活困难补助460.54万元、死亡人员丧葬抚恤金1275万元；1—9月，发放失业保险金185.87万元、失业补助金35.1万元，代缴基本医疗保险费54.05万元，

为困难群体代缴城乡居民基本养老保险 55.2 万元。

三、智力帮扶，促进人才服务基层化

落实《大英县深入推进人才强县战略新十条措施》，鼓励引导人才向基层一线流动，建立高层次人才服务基层专家团制度，搭建专家智力服务基层平台。2021 年 9 月，开展四川省海内外高层次人才服务团创新创业走进大英示范活动，精准对接县内 6 家企业、10 个项目需求，针对亟待解决的产品优化、技术攻关、景区打造、人才培养等问题展开智力帮扶，现场指导 71 次、解决技术难题 46 个、举办专题讲座 13 场、座谈会 41 场、提出意见建议 128 条、培训惠及基层专业技术人员及群众 950 人次。

四、标本兼治，促进治欠保支常态化

深入推进劳动合同制度，督促企业严格落实劳动合同法相关规定。开展《劳动法》《保障农民工工资支付条例》等宣传活动 20 余次，免费发放宣传资料 1 万余份（册），指导碧桂园、正黄金域香江等 15 个在建项目补签劳动合同 2000 余份；加强部门联合执法，建立健全劳动关系协商协调机制。联合上级和住建等部门开展农民工工资支付情况专项督查检查 20 余次，召开全县根治拖欠农民工工资工作领导小组会议 2 次；开辟农民工维权“绿色通道”，切实做好举报投诉案件查处。设立“农民工维权接待室”，24 小时接受群众电话举报投诉，共受理农民工欠薪问题及案件 225 件，结案 222 件，投诉举报受理率 100%，调解结案率 98%。

稳就业 保民生 守初心

江西省芦溪县人力资源和社会保障局

自党史学习教育开展以来，芦溪县人社局紧扣社保、就业、劳动保障服务工作职责，积极为群众办实事、解难题，进一步增强群众的获得感、幸福感和满意度，稳定民生基本盘。

一、促就业惠民生

积极做好聚焦创业扶持工作，全县创业孵化基地（飞天电商园）累计吸纳 101 家企业或创业团队入驻，累计带动就业 310 人。2021 年以来，发放创业担保贷款 9587 万元，直接扶持 330 人创业，带动 1950 人就业；举办线上线下招聘会与送岗位下乡活动 41 次，累计服务企业 390 家次，提供岗位 1.76 万个，为 7400 余人提供求职服务；稳定公益性岗位安置 1567 名就业困难人员就业，其中脱贫劳动力 1403 人；全县 35 家扶贫车间吸纳 251 名脱贫劳动力就业，已发放补贴 13.4 万元。

二、夯基础便民生

加强便民基层平台建设，整合基层服务力量，推动效能建设，变“多门办理”为“一门服务”。一是在全县 9 个乡镇均建立了规范化、标准化、信息化基层劳动保障平台。二是与农村商业银行（原信用联社）联合做好了全县金融综合服务站建设，在全县各村、社区先后布放了 141 台 POS 机，10 台离行式自助服务网点。三是为各乡镇劳保所全面配备了采集设备，深入推进“就近办、一所式办理”，将社保卡服务延伸到基层一线。

三、延服务暖民生

创新工作方式，积极推行“掌上办、网上办、立即办”以及一窗式办理模式，建立健全了延时、预约服务工作机制，不间断地提供服务，切实解决了企业以及群众办事排队久、非工作时间办事难等堵点难点问题。1—8 月份，电话业务咨询 8100 余件，柜台及后台业务办件量 6500 件，网厅办件量 16716 件，人社手机 APP、赣服通养老资格认证线上办件量 15372 余件，延时服务非工作时间接受咨询、受理业务 1620 余件。

四、沉基层护民生

深入开展农民工欠薪专项调查，联合有关部门对项目建设主体责任单位的在建项目开展实地督查。针对督查发现的欠薪隐患线索，运用行政执法、企业失信惩戒机制、刑事追责等机制，推动欠薪案件依法快速解决。县劳动监察局处理拖欠工资投诉 11 件，共为 134 名劳动者追回工资 69.83 万元；通过“智慧仲裁”受理案件 114 件，结案率 98.26%，调解率 87.61%，调裁金额 473.89 万元，切实有效维护了劳动者的合法权益。

打造“四大体系”
推进“南粤家政”工程高质量发展

广东省江门市人力资源和社会保障局

江门市人力资源和社会保障局把深入实施“南粤家政”工程作为开展党史学习教育、办好惠民实事的重要抓手，围绕“培育产业体系、搭建信用体系、健全标准体系、完善保障体系”发展目标，全面推动江门市家政行业提质扩容和高质量发展，以满足人民群众不同层次的生活追求。

一、案例背景

随着居民老龄化速度加快、“三孩”政策出台，许多家庭对“一老一小”照护的家政服务需求越来越迫切。近年来，家政服务业发展迅速，但仍存在发展不规范、供给不足、满意度不高等“难点、堵点、痛点”问题。实施“南粤家政”工程，是民生工程、民心工程，对激发家政服务业促就业、扩内需、惠民生具有重大意义。

二、主要做法

（一）搭建发展平台，强化家政产业体系

一是打造“南粤家政”创业孵化平台。建设“南粤家政”综合服务示范基地，其中南粤家政（江门）产业园已于今年 4 月完成升级改造并开园，目前入驻家政企业 35 家，总营收超过 1500 万元，是广东省首家南粤家政产业园，也是江门市培育家政龙头企业和引领产业发展的重要载体。二是打造“南粤家政”培养示范平台。依托南粤家政（江门）培训基地，开展母婴、养老、居家、医护等家政服务技能培训项目，开发适应社会需要标准家政培训课程。三是打造“南粤家政”交流合作平台。成立南粤家政（江门）护理学院，紧贴港澳家政人才需求，打造集教学、培训、鉴定三位一体的家政行业职业培训和港澳家政人才培养合作平台。四是打造“南粤家政”行业发展平台。南粤家政（江门）产业学院于 9 月初竣工验收，将用于培养现代型、专业型、复合型中高端人才和师资，成为集“产、学、研”一体的新型家政研发培育平台。

（二）建设家政超市，构建家政信用体系

一是构建南粤家政（江门）数字化信息平台。依托就业实名制系统打造“互联网+”家政服

务超市，目前有 80 家家政企业入驻平台，让市民“一站式”轻松购齐家政服务。推广家政“安心码”，记载家政从业人员服务记录、技能评价、信用评价等信息，对接用工黑名单、失信被执行人名单等，有效推动家政企业和从业人员提升服务质量。二是打造江门本土“安心家政”品牌。举办两期“邑管家”大专班，培育综合型高素质管家人才，打造“邑管家”家政品牌。依托江门市对外劳动服务有限公司向港澳输出在岗家政劳务人员 168 人，服务港澳家政、养老护理行业的雇主 21 家，树立口碑好、声誉佳的港澳劳务合作品牌。探索“一试两证”鉴定模式，50 多名澳门学员通过考核并获两地证书。积极开展“南粤家政”社区行和乡村行活动，打响家政服务品牌，累计组织 108 家次家政企业举办 24 场活动，服务居民约 1.5 万人次。

（三）制定行业规范，完善家政标准体系

一是推动成立江门市家政服务协会，现有会员单位 52 个、理事单位 15 个，发布江门市第一个家政服务团体标准《母婴生活护理服务基本规范》和《母婴生活护理员培训规范》，通过深入研究拟定家政行业标准和服务规范，积极开展家政服务活动，初步形成以优质家政企业为代表的行业集聚效应。二是制定《南粤家政（江门）产业园诚信化服务星级评定指南》（母婴生活护理篇），在行业指导、行业自律、服务标准制定执行等方面进行积极探索和组织引领，促进行业从原来的“小散乱”走向标准化、系统化、规范化发展。

（四）创新服务机制，建立家政保障体系

一是强化家政技能培训。将“粤菜师傅”和“南粤家政”工程相融合，创新实施复合型“家·厨”“家·教”人才一体化培养项目。强化校企合作、校校合作，签订《“南粤家政”工程人才培养就业合作协议》《产社联盟合作协议》。二是强化家政社区服务供给。通过“公益性 + 市场化”社区家政服务模式，全面打通“家政服务 + 技能培训 + 推荐就业 + 调解维权”全链条式的家政社区服务，全力打造家政服务 15 分钟生活圈。全市 12 所家政基层服务示范站全部投入使用。三是拓展家政人员供给途径。与云浮市签订《深化两市“粤菜师傅”“广东技工”“南粤家政”工程合作框架协议》，建立江门—云浮“南粤家政人才流动服务站”；与云浮市技师学院、云浮市永盛职业培训学校、云浮市高薪职业培训学校签订《家政服务劳务对接合作框架协议》，拓宽家政人员输出渠道，助力乡村振兴。四是强化政策扶持。出台《江门市进一步推进“南粤家政”工程促进就业工作实施方案》《江门市人力资源和社会保障局关于江门市实施“南粤家政”工程促进就业若干措施》《推动“南粤家政”工程高质量发展工作要点》等政策措施，形成多部门齐抓共管、联动协调的组织领导保障，扶持家政行业服务载体和创业实体发展。

三、工作成效

江门市家政行业逐步壮大，截至第三季度末，全市办理工商登记且在我市就业实名制系统有用工记录的家政服务类企业共 289 家，累计带动就业创业 27975 人次。2021 年 1—11 月，江门市共培训家政服务类技能人才 8952 人次，其中母婴服务培训 2603 人次、居家服务培训 1212 人次、养老服务培训 4331 人次、医护培训 806 人次；通过技能鉴定获证 7385 人；带动就业创业人数 18541 人次。

“八个一” 推进营商环境大提升

贵州省黔东南州人力资源和社会保障局

州人力资源社会保障局积极贯彻落实《优化营商环境条例》《省人民政府办公厅关于印发进一步优化营商环境更好服务市场主体若干措施的通知》和《黔东南州2021年营商环境大提升工作方案》精神，认真按照州委、州政府关于全州营商环境大提升工作部署，全力推动全州人社系统认真落实惠企政策，着力打造一流营商环境。

一、建立一套工作体系

州人力资源社会保障局高度重视营商环境大提升工作，成立以局主要领导为组长的优化提升营商环境工作领导小组高位推动工作开展，细化各部门工作任务高效实施提升营商环境工作措施，明确各项工作时间节点高频开展工作调度督促工作落实。

二、制定一份工作方案

年初按照州委、州政府工作部署，认真梳理工作要求，结合工作实际制定了《2021年加强劳动力市场监管工作方案》，明确了工作目标、工作任务、组织机构和工作要求，理清了工作思路和步骤。

三、组建一支迎评团队

为做好营商环境“国考”“省考”工作，州人力资源社会保障局从就业、社保、劳动关系、劳动保障、劳动仲裁等部门抽调一批业务骨干，组成前方填报工作组和后方保障工作组，积极开展迎评准备工作。

四、明确一份工作责任

结合省、州优化营商环境要求，紧紧围绕九项指标任务，制定了《2021年营商环境大提升“劳动力市场监管”任务分解和责任分工方案》，针对每项指标制定具体工作措施，确定牵头领导、牵头单位、牵头责任人、责任单位和责任人，并明确完成时限，确保每项任务落实到位。

五、组织一次提升培训

围绕做好迎接2021年国家发展改革委和省级第三方机构对我州营商环境的“国考”“省考”，5月14日在凯里召开黔东南州优化营商环境提升暨劳动力市场监管培训会，组织全州人社系统90人参加培训会，进一步提升了全州人社系统做好优化营商环境提升工作的业务能力。

六、开展一轮走访服务

州人力资源社会保障局以“营商环境迎评估新，新增企业户户见”走访服务活动为抓手，认真贯彻落实“走基层、办实事、优指标、促提升”营商环境迎评估专项行动，通过周密安排部署、丰富活动内容、加强工作调度、开展提醒谈话等四项工作举措，推动营商环境专项行动取得实效。截至9月底，全州人力资源社会保障部门共走访服务企业7564户，进一步提升了企业对人力资源社会保障部门的知晓率、认可度。

七、整理一套印证材料

结合《2020年中国营商环境评价填报指引》和《2021年贵州省营商环境评价填报指引》，州人力资源社会保障局梳理总结出劳动力市场监管指标佐证材料建议清单，提供给各县（市）人力资源社会保障局和各相关科室，指导做好印证材料收集整理工作，最后将形成一套全面细致的印证材料供集中填报时使用。

八、总结一批典型案例

按照填报指引的要求，安排就业、劳动保障等部门提前整理出一批关于监督执行国家企业职工工作时间、休息休假制度，监督执行女工、未成年工的特殊劳动保护政策情况，就业创业、失业补助、职业技能提升、就业困难援助等方面的典型案例，体现我州在劳动力市场监管方面的经验典型。

打造优化营商环境“人社模式”

山东省临沭县人力资源和社会保障局

2021年，临沭县人社局充分发挥职能作用，围绕保民生稳就业，聚焦人社重点业务、关键环节，大力践行服务至上理念，促进改革举措落实落地，持续抓好优化营商环境工作，全面营造高效、便捷、规范、透明的营商环境和政务服务体系。

一、优化软实力，传递人社民生温度

“今年我从威海毕业回到临沭工作，需要重新办张社保卡，政府部门办事时间和我们上班时间重叠，我才接触新工作，要是专门请假过来既费时又耽误事。现在有了‘延时服务’，一通电话便能预约业务，下班后再来办理。这太方便了我们这些‘上班族’了，给办事大厅点赞！”2021年大学毕业的李婷婷是预约延时服务的受益者，刚办理完社保卡业务的她开心地说道。

临沭县人社局政务大厅窗口首席代表相振国表示：“针对企业及群众服务需求时间与人社业务办理时间不同步、不同时等问题，县人社服务大厅在全市首推‘预约服务、延时服务、错时服务’，经办服务窗口午间不间断、周末不休息，提供‘365天不打烊’服务，最大限度满足了广大企业和群众对政务服务的需求，不断提高群众满意度。”同时，临沭县人社局进一步完善门户网站、智慧人社APP、社会保障自助服务一体机“三位一体”的“互联网+人社”智慧服务体系，群众办理人社业务更加方便，无论通过互联网、APP，还是一体机，都能便捷办理人社业务。

据了解，为了进一步提高政务服务效率，为企业和群众提供更为优质的服务，临沭县整合优势资源，以县人社局政务大厅为核心，9个镇街人社服务窗口为延伸点，各社区（村）人社服务站点为补充，全面打造“1+9+N”人社业务办理新格局，将城乡居民参保、失业人员登记、就业创业证申领等8项人社高频政务服务业务下放到镇街和社区（村），充分发挥镇街和社区（村）服务点、智能式自助终端设备的功能和有效辐射作用，形成15分钟人社服务高效快捷办理圈，让企业和办事群众少跑腿。

“接下来，我们将以办事单位群众和经办工作人员两种角色，对人社业务全程检验，找准政策落实中的痛点、堵点和难点，归集办件数据，广泛听取群众意见建议，推动问题整改，不断倒逼人社政务服务水平整体提升。”临沭县社会保险事业中心主任李华祥说。

二、构筑硬支撑，护航企业轻装前行

2021年以来，临沭县各项社保基金累计结余13.02亿元，基金支撑能力居全市前列。全县企业职工每月人均养老金从2005年的861元增加到2200元，城乡居民养老保险从2011年每月55元增加到150元，失业保险金从180元增加到1530元，实现17年连涨；社会保险参保人数稳中有增，企业职工养老保险扩面征缴6000人，指标完成率位居全市前列。

“企业都是想着赚钱，从来没想到还能‘天上掉馅饼’”，道依茨法尔机械有限公司企业负责人钟默说道，“2021年9月份，3万余元的稳岗返还补贴发放到公司账户上，受到去年疫情影响，企业几乎停摆了小半年，从来没想到不裁员准时交社保还能享受稳岗返还补贴政策，我们都没有主动申报就能享受好政策，这真是给我们企业发展增加信心和动力！”

2021年，临沭县继续落实失业保险支持企业稳定岗位政策，更好发挥失业保险基金预防失业、促进就业的作用。据县人社局失业保险室负责人曹洪蕾介绍，2021年稳岗返还补贴政策有三个新特点：一是采用“免申即享”方式，通过数据共享、部门联审和大数据比对，实现参保单位不提交材料、免进门、不见面即可获得返还资金；二是简化流程，将三级审核压缩至一个工作日，公示期减少至5个工作日，确保资金早落地、企业早受益；三是扩大稳岗返还受益面，把社会团体、基金会、社会服务机构、律师事务所、会计师事务所、以单位形式参保的个体经济组织纳入稳岗返还范围。

2021年以来，临沭县人社局通过执行政策到位、经办服务到位、优化环境到位、援企稳岗到位等“四到位”，实现社保减免“及时化”、便捷参保“多元化”、基础设施“标准化”、资金补贴“规范化”。围绕“健全完善制度、理顺申领流程、减少经办环节、降低申报门槛”四个原则，加大支持小微企业稳岗补贴力度，激励企事业单位切实承担稳定就业的社会责任，稳定现有用工岗位，充分发挥失业保险“防失业、促就业”作用。2021年以来，发放稳岗补贴8批次共计246.89万元，涉及县域内520家企业，涉及参保职工25124人，进一步发挥了稳岗补贴促进企业生产发展作用。

三、淬炼主力军，助力劳动关系稳定

“企业需要给离职人员补缴社保吗，不交对企业有影响吗？”

“辞退学历造假的怀孕女职工合不合法？”

……

营商环境建设，法治化是保障。受疫情持续影响，部分企业生产经营面临着各种困难，县人社局积极转变理念，及时回应市场主体需求，于2021年推出“人社服务专员制度”和“劳动保障特派员制度”，全县人社部门100余名干部职工被确立为人社服务专员兼劳动保障监察特派员，以镇街为单位划分9个网格，局科级以上领导干部担任网格长，每名专员兼特派员负责联系4—5家企业，提供企业招聘、劳动保障法律宣传、引导企业规范用工、协调解决企业欠缴社保等上门服务，畅通人社政策落地“最后一公里”，助力优化营商环境。

“人社服务专员制度和劳动保障监察特派员制度的实施，是督促企业在严守法律、安全底线的前提下，进一步发挥人社部门职能作用，帮助企业减轻负担，保障其正常运转，为创业者提供成长空间，为企业发展营造良好公平的法治环境。”县劳动保障监察大队中队长郝洋说。在劳动保障特派员走访中了解到部分企业职工集中追诉社会保险费的问题，由于经济下行，企业面临资金压力大的实际，经与社会保险经办部门多次沟通，多方查找政策依据，并报市人社局批准，与补缴社会保险压力较大的3家用人单位签订了补缴社会保险费滞纳金缓缴协议，大大缓解了企业压力，为临沂市首例。

在改进执法监管方式的同时，县人社局积极引导企业构建劳动关系和谐企业，在全县范围内推广使用电子劳动合同，并搭建统一的电子劳动合同管理平台。进一步健全企业信用体系，对于评定诚信示范企业和诚信企业，优先安排诚信企业进入人力资源市场招聘，优先推荐诚信企业及其法人、负责人作为评优候选对象，为诚信企业开启人社绿色通道服务。

据统计，2021年以来全县共受理企业诉求150条，主动摸排化解劳资纠纷23起，涉及职工42人，协调支付工资16.3万元。帮助企业解决用工3700余人，为6家企业发放创业担保贷款1700万元，为17家企业落实社保补贴31万元，为22家企业发放一次性创业补贴20.4万元。通过多种有效举措，确保政策落地见效，实现矛盾不上交、化解在源头，为临沭经济社会发展建设增添和谐力量。

用心用情创“优化” 倾心倾力助“营商”

河南省鹿邑县人力资源和社会保障局

近年来，鹿邑县人社局注重学用结合，紧盯人民群众所急所盼所需，认真开展“我为群众办实事”实践活动，积极为我县各类求职人员与用人单位搭建就业桥梁，切实解决广大劳动者“就业难”和企业“招工难”问题，把提升优化营商环境同解决群众实际困难、推动就业工作结合起来，尽心尽责为群众办实事、解难题，以“小切口”解决“大民生”，走出一条人社“优化营商环境”的特色路。

一、抓住有利时机，夯实城镇新增就业实名制工作

根据我县实际，以“实现更高质量的就业”为目标，充分利用春节期间外出务工人员集中返乡和春节后大批农民工集中外出务工的有利时机，及时分析研判就业最新形势，制定科学详细的工作方案，进一步完善优化营商环境。通过召开座谈会、加大回访调查力度、加强基层业务指导等有力举措，有效夯实了城镇新增就业实名制工作。我县城镇新增就业已达 11757 人，新增农村劳动力转移就业 15200 人。省人社厅就我县为就业形势持续稳定做出的积极贡献寄来了感谢信。

二、抓好就业招聘，促进就业活动有效开展

为扎实做好稳定和促进就业工作，我们在强化岗位对接、落实扶持政策、开展就业招聘、优化营商环境等方面持续发力，已连续四年成功举办了“春风行动”等就业服务活动大型招聘会。仅2021年举办的“迎新春送温暖，稳岗留工”网络招聘会就组织了用工企业406家，提供大型商超、特色化妆刷产业、加工制造等领域招聘岗位 10000 余个，活动期间累计有 22.3 万人次观看了线上直播，线上回复、解答各类问题 300 余条，10000 余人在线投递简历，后台 7000 余人与企业达成用工意向，实现精准对接，促进稳定就业之路。

三、抓好就业指导，扎实开展“万人助万企”活动

企业是最重要的市场主体，我们持续跟踪县域内重点用工企业情况，主动上门倾听企业诉求，摸清服务对象需求，建立重点企业用工常态化服务机制，动态化监测企业用工情况，保障企业

用工需求。并按照县工作要求，及时成立“万人助万企”领导小组和用工保障工作专班，及时收集汇总企业用工需求，印发招工简章30000余份，充分利用人社部门基层就业和社会保障服务平台，先后为有用工需求的17家企业解决用工1819人，切实提高问题办结率和企业满意度。

四、抓好人社服务，开展“厅局（处）长走流程”活动

局领导根据自身分管业务，科（股）长根据股室承担业务，聚焦企业、群众政策“懂不懂”、流程“通不通”、体验“好不好”问题，走进县行政服务大厅人社便民窗口，以办事群众身份对社保卡办理、就业创业等业务进行体验，又以工作人员身份进窗口体验工作流程，以“体验”过程中遇到的问题为导向，当堂“会诊”，精准“把脉”，找出线上、线下办理流程中存在的堵点难点问题，针对性地提出解决措施或形成意见建议，切实提升政务服务质效。活动开展以来，共体验流程56项，收集群众或工作人员反映需求8个，都已立行立改。进一步提升了服务群众水平，树立让群众满意的人社形象，切实优化人社营商环境，推动人社服务再升级，抓好了人社服务之路。

五、抓好平台搭建，推进农民工返乡创业

吸取先进的社群运营和服务经验，打造了“鹿e家”返乡创业大数据服务平台，并于4月1日正式运营。多次组织开展返乡创业大数据平台工作推进会议，形成县乡村三级联动，将“鹿e家”的推广使用作为一项重要的政治任务，深入动员、层层组织、有效指导，做到面对面去讲、手把手去教、实打实去用，最大力度实现“鹿e家”覆盖到千家万户，使其成为老家人返乡就业创业交流、获取就业创业信息、了解就业创业新政策的聚集地，确保真正做到“老乡聚起来、产业引回来、人才用起来”。全县新增返乡创业人数8688人，打造出鹿邑人社返乡创业之路。

六、抓好“人人持证，技能河南”，促进农村劳动力就业增收

持证是牛鼻子，就业是关键环，增收是落脚点。我们将“人人持证，技能河南”建设工作作为局重点工作来抓，成立工作专班，定期召开会议对工作推进中存在的困难和问题及时研究解决。精准掌握劳动力培训和企业招工需求，合理设置培训内容，政策支持，贴心服务，通过大规模技能培训，已使8566人至少掌握了一项技能。通过开展职业技能大赛，使技术精湛的劳动者和极具特色的劳务品牌脱颖而出。并积极推荐我县特色劳务品牌“鹿邑化妆刷制作工”代表河南在吉林省长春市举行的“第三届全国创业就业服务展示交流活动”和河南省郑州市举办的“第四届中国·河南招才引智创新发展大会暨第二届中国·河南开放创新暨跨国技术转移大会”对外展示交流，更好地把“劳务品牌”转化为独具鹿邑特色的“就业名片”，让更多的人实现技能就业、技能增收、技能服务，拓宽了鹿邑县农村劳动力就业增收之路。

推动人力资源社会保障事业高质量发展

山东省青岛市人力资源和社会保障局

青岛市人力资源社会保障局作为民生部门，牢记初心使命，增强为民情怀，切实履职尽责，不断提升为广大市场主体和人民群众服务的质效。

一、切实保障和改善民生，夯实高质量发展民生基础

大力实施就业优先战略。牵头推进创业城市建设，创业带动就业效应明显提升。出台支持多渠道灵活就业、促进劳动力要素市场化配置等一系列稳岗扩就业政策措施，开展企业稳岗留工、高校毕业生聚青、职业技能提升等专项行动，搭建起灵活就业服务、企业急需紧缺用工对接、就业援助服务、青年实习实训公共服务“四大平台”，打造青岛创业总部实体平台，在全国率先实施就业创业政策落实和业务经办风险防控办法，推动互联网平台灵活就业商业综合保险补贴政策落地，截至 2021 年 10 月底，全市实现城镇新增就业 33.07 万人，政策性扶持创业 5.04 万人，城镇登记失业率 2.98%，就业形势稳中向好、创业倍增效应持续显现。始终兜牢社会保障民生底线，稳步提高企业退休人员基本养老金等社会保障待遇，创新建立企业发展年金联盟，构建多层次、多支柱养老保险体系，在全省率先建立非劳动关系特定从业人员工伤保障制度，实现工伤保险向家政服务人员、实习学生等职业人群覆盖，实施社会保险扩面征缴行动，截至 10 月底，全市养老、失业和工伤保险参保人数分别达到 780.2 万、269.5 万和 313.2 万人。织密和谐劳动关系防护网，出台特殊工时审批管理、规范用人单位裁员减员等系列政策文件，开展维护外卖、快递等新就业形态劳动保障权益专项行动，优化预防调节机制，推动劳动仲裁提速增效、劳动执法提速攻坚，健全治理拖欠农民工工资长效机制，开展根治农民工欠薪专项行动，截至 10 月底，共为 2.9 万名劳动者追回各类经济损失 3.36 亿元，有效维护了劳动者合法权益。

二、深入实施人才强市战略，激发人事人才创新创业活力

坚持党管人才原则，扎实推进人社领域重大人才工程、重点人才政策和工作任务的落实。实施新一轮顶尖人才认定和奖励政策、推进以强化青年人才储备为目标的“金种子”人才培养计划等多项引才聚才新政，发放新一轮青年人才落户就业一次性安家费 3.53 亿元。创新实施博士后留青激励政策，博士后出站留青率达 77%。率先推进工业互联网工程技术人才职称评审，

951 人取得职称资格。出台推动技能人才与产业融合发展实施方案，开展企业技能人才自主评价改革，全市已有 50 家企业开展自主评价 7200 余人次。打造“留学生科创岛”，助力留学生、高校毕业生、高层次留学人才落户青岛创新创业。连续三年举办中国·山东（青岛）博士后创业创新成果大赛，举办首届“一带一路”国家在华留学生走近青岛系列活动，搭建青年人才来青创业创新平台。启动千名专家“进重点企业、进企业研发机构、进见习实习基地”行动，推进高校、科研院所与企业在科技创新、成果转化、人才培养等方面深度合作。全面深化事业单位人事制度改革，健全高层次人才收入分配激励机制，出台支持中医药事业聚才用才强化高质量发展若干政策措施，创新出台市属事业单位公开遴选实施办法，鼓励用人单位结合自身岗位需求自主招聘，事业单位人才集聚力和创造力明显提升。

三、着力创新惠企利民举措，提升人社公共服务质效

围绕破解群众办事难问题，加快人社服务“数字化”转型，在全国首创社保待遇领取资格大数据认证平台并出台认证服务标准，大数据综合认证率超过 99%，其中大数据无感认证率达 94.5%。在全国首建工伤保险智能化服务平台，160 余名危重症职工实现“足不出户”远程鉴定。打造“税学医房”一站式人才服务体系，创新实施“免申即享”的人才无感服务试点，打造更优人才发展生态。在全市创新推广电子合同和电子集体合同，帮助企业降本增效。深入开展人社服务“快办行动”“人社干部走流程”，高效推进职工退休、人才服务“一件事”，其中企业职工退休办理时限从 20 天缩短至 10 天，显著提升了企业群众办事体验感和获得感。创新推动胶东五市人社服务一体化，实现社保待遇领取资格、工伤认定调查和劳动能力鉴定协作互认，推进养老关系转移接续“不见面”提速办，发布推动电子劳动合同高质量发展“青岛共识”，促进人力资源社会保障要素在胶东五市高效配置。

立足本职提效能 多项举措促营商

河北省饶阳县人力资源和社会保障局

为进一步服务政府中心工作，饶阳县人社局立足本职，提质增效，在优化营商环境方面积极作为，为饶阳县高质量发展贡献了人社力量。

一、精细化服务，保障企业人才需求

一是积极帮助重点企业解决用工难的问题。通过人员分包、建立微信群等方式，主动搜集企业发展中存在的用工问题。在了解到重点企业河北喜奥食品有限公司存在用工困难的问题后，主动对接企业，了解用工需求，通过多次在微信公众号、省市招聘网站发布招聘信息、下乡进村现场重点推荐、组织各镇区劳保所工作人员到公司现场同企业负责人交流等多种方式，帮助企业新招用员工 10 人，有效缓解了企业用工难的问题。二是开展“政策找企业”活动。依据就业创业各类优惠政策规定，对照全县各企业实际情况，主动联系符合条件的企业，协助做好各类优惠政策享受工作。2021 年以来，共为河北大北农农牧食品有限公司、河北喜奥保健食品有限责任公司等 2 家企业发放吸纳就业社保补贴 33.39 万元，为河北大北农农牧食品有限公司、河北喜奥保健食品有限责任公司等 5 家企业发放吸纳就业补贴 4.55 万元，为饶阳大北农农牧科技有限责任公司、河北喜奥保健食品有限责任公司等 2 家企业开具吸纳重点群体证明。

二、搭建用工平台，广纳优秀人才

一是搭建用工信息平台。通过在饶阳人社信息平台公众号发布招用工信息、协助企业和劳动者在河北公共招聘或衡水人才网发布企业招聘信息和求职信息，为广大求职者和用人单位搭建供需服务平台。二是开展线上招聘服务。采取微信公众号、河北公共招聘、衡水人才网发布，利用乡镇集市的有利条件适时组织现场招聘会等线上线下方式，组织举办“2021 年就业援助月招聘系列活动”“2021 年春风行动网络招聘系列活动”，向劳动者推荐就业岗位信息、创业担保贷款、入驻创业孵化基地、职业技能培训、灵活就业等优惠政策宣传材料。共收集岗位信息 4588 个，发放宣传材料 56000 余份，为 20 余家企业成功招聘员工 230 余人。三是创新应用信息化工作模式。依托“阳光劳动保障”综合办公系统，自主开发就业招聘、创业培训等办公模块，力争实现就业招聘、创业培训等工作信息化，达到企业用工岗位信息、劳动者就业意愿信息精准匹配，提高招聘效率、扩大创业培训社会知晓度的工作效果。

三、提升职业技能，开展以工代训

严格按照上级有关工作要求，积极推进全县重点企业职工各类技能培训，不断提升企业职工技能水平，为全县就业稳定提供有力支撑。一是积极开展企业职工技能培训。2021 年，严格落实上级职业技能提升行动工作要求，主动对接企业，宣传政策、协助指导企业开展职工技能培训，及时解决工作中出现的问题，确保培训工作顺利推进。共组织河北冀胜轨道科技股份有限公司等 6 家开展电工、工艺品雕刻工、多工序数控机床操作调整工等各类企业职工技能培训班 9 个班次，培训企业职工 461 人。二是积极开展以工代训。严格按照上级要求，加大援企稳岗工作力度，全力抓好以工代训工作。对符合条件的企业特别是外贸加工企业，主动对接，积极服务，大力推进企业以工代训工作开展。2021 年共组织饶阳鸿源机械有限公司等 12 家企业开展以工代训，培训企业职工 293 人。

优化营商环境，最终要以群众满意度和获得感为衡量标准。饶阳县人社局将持续发力，为企业发展提供更加优质的人社服务。

学党史践初心 我为群众办实事

贵州省兴义市人力资源和社会保障局

党史学习教育开展以来，兴义市人力资源和社会保障局坚持把学习党史同为群众办实事结合起来，全体党员干部用实际行动践行“学党史、悟思想、办实事、开新局”的要求，倡议每名党员为群众办实事，切实有效地为群众解决烦心事、操心事、揪心事，增进民生福祉，让党史学习教育真正落在实处。

一、着力倾听群众呼声、解决群众诉求，尽心尽力为民办实事

党员领导干部深入社区、居民家中，详细了解居民居住环境，居民的生产、生活和身体状况。向低保户发放就业政策宣传手册、推荐就业岗位；帮助居民改善生活环境，切实解决生活难题，为群众排忧解难，改善生活质量。在走访慰问中，党员干部们有针对性地向困难群众宣讲惠民帮扶政策，详细了解、记录相关情况，鼓励他们坚定信心，早日致富奔小康。

二、着力脱贫不脱钩，助力贫困群众增收创建

人社局干部职工每月至少一次深入敬南镇水淹凼村建档立卡贫困户家中，进行走访排查，与农户亲切交谈，认真查看补齐连心袋资料，详细询问家庭基本情况、外出务工、种植养殖产业发展、整体收入等情况。综合研判评估农户“一达标两不愁 3+1 保障”情况，是否有返贫致贫风险。结合困难群众实际，精准发力，做好贫困对象帮扶，认真履行职责脱贫不脱钩，帮助困难群众增收。

三、着力开展电信、金融防诈骗宣传，强化群众防范意识

2021 年 5 月以来，市人力资源社会保障局党员干部陆续走进社区走家串户开展电信诈骗、金融信贷防诈骗等宣传，积极向社区群众发放宣传资料、回答现场咨询等，向广大群众宣传电信诈骗惯用手法和形式，宣讲人社政策法规，特别针对返乡农民工关切的社会保险、就业创业帮扶政策等进行了详细介绍，让群众警惕各种以招工聘职、代缴养老保险、就业创业补贴、疫情防控等为名实施的诈骗活动。通过宣传活动，进一步增强群众防范电信网络诈骗犯罪的意识和能力，提高对电信诈骗的警惕度。

四、着力社区网格综合治理，助力文明城市创建

为提高城市卫生综合管理水平，改善社区居民居住环境，市人力资源社会保障局每周一组织职工深入桔山金桔社区开展社区网格“脏、乱、差”大排查整治工作，以治理整顿包保网格卫生工作中存在的重点和难点问题为突破口，着力整治卫生，彻底清除卫生死角，着力解决“脏、乱、差”问题。同时，在职党员深入所居住的社区参加社区工作，推进文明城市创建工作，使社区环境得到极大的改善，营造了社区和谐、优美的良好氛围，得到了社区居民的理解和支持，取得了良好的效果。不少居民表示，文明城市是一件共商、共建、共享的大好事，他们愿意积极支持、主动配合，进一步推动兴义市文明城市创建活动。

五、着力开展文明交通劝导，助力安全出行创建

市人力资源社会保障局在职党员志愿者在居住地社区负责的十字路口维持交通秩序，积极开展文明交通劝导活动。志愿者们头戴小红帽、身穿红马甲，站在马路两旁，热心为过往行人指路，帮助小学生、老年人安全过马路。耐心劝导行人遵守交通规则，协助交警指挥疏导行人、非机动车，及时制止不文明交通行为，真正做到“交通来劝导，文明我先行”，以实际行动带动和影响更多市民自觉遵守交通法规，营造文明和谐的交通环境。

强化创新思维 推动高质量发展

山东省邹平市人力资源和社会保障局

邹平市人力资源和社会保障局始终严格落实中央和省、市部署要求，用好用足改革创新关键一招，破解发展难题、厚植发展优势，全面落实“六稳”“六保”工作任务，各项工作取得了显著成效。

一、强化党建引领，纵深推进改革创新

局党组高度重视全面深化改革工作，将人社领域改革事项融入全市高质量发展的大局中谋划推进，以全面叫响“温情人社、民生先锋”工作品牌为目标，建立完善了领导干部联系镇街工作机制，开展了“严纪律、强素质、勇担当、树形象”等主题活动，持续推动“人社干部走流程”“政策找企、找人”，落实“无形认证、免申即享”工作要求，聚焦改革发展的难点堵点，从人民群众和服务对象最关心、最迫切的实际需求出发，全力推进改革创新，进一步扩大了“惠企利民”政策知晓度、普惠面。高度重视责任落实，党组书记作为“第一责任人”牵头抓总，党组成员作为“具体责任人”分头负责分管领域内的改革攻坚事项，压实细化工作责任，每月至少调度一次工作，以有解思维推动了各项重点改革工作提速增效。

二、狠抓工作落实，营造最优营商环境

坚持以群众需求为导向，以群众满意为目标，聚焦中央、省委、滨州市委和邹平市委工作部署要求，以改革促发展，推动各项措施落实落地，以实实在在的工作成效，营造最优质的发展环境。一是在健全就业创业服务促进机制方面。建立“线上 + 线下”常态化招聘工作机制，举办招聘会 56 场，提供就业岗位 8300 余个，达成就业意向 4500 余人。扎实开展职业技能提升行动，培训各类劳动者 7190 人次，完成农村转移劳动力培训 6257 人次，完成年度任务的 297.95%。为 3.72 万人发放失业补助金 5956.44 万元，为 2288 余名失业人员发放失业保险金 3182.11 万元、代缴医疗保险费 641.3 万元。落实减负稳岗政策，减收 3729 家参保单位失业保险费 2511.05 万元、3117 家参保单位工伤保险费 787.23 万元，为 1417 家企业落实稳岗返还资金 841.68 万元，稳定就业岗位 8.67 万个。2021 年，全市实现城镇新增就业 6916 人，完成年度任务的 115.27%。二是在推进社保领域改革创新方面。全面落实企业职工基本养老保险基金省级统收统支要求，实

现企业退休人员养老金“十七年连涨”、机关事业退休人员养老金“第六年连涨”，年内两次提高城乡居民基础养老金待遇水平，惠及4.45万名退休人员、13.7万名城乡老年居民。三是在深化人事人才改革创新方面。在省内外高校设立6家引才工作站，立足全市产业需求，将“选择邹平一名校人才直通车”开进4省12市，举办招才引智活动16场，引进省级及以上高层次人才18人，本科以上大学生2423人（其中，硕士162人，博士6人）。创新人才评价机制，96家技能人才自主评价备案企业，累计评价2459人，其中高技能人才376人。落实“直评直聘”和“定向评价、定向使用”的基层职称政策，有828名镇街一线专业技术人员享受到政策。举办邹平市首届职工职业技能大赛，18批次、410人入住两家人才公寓，发放各项人才补助共计715.115万元，共有33名持有“惠才卡”的高层次人才、35名持“渤海英才服务卡”的高层次人才，全方位提供暖心贴心服务。四是在政务服务改革创新方面。持续优化通办业务模块，强化通办服务支撑，推动14项“全省通办”事项、14项“跨省通办”事项落实落地，2021年通办事项办件量达到23.12万件，咨询量达6500余条，逐步实现企业缴纳社会保险费、办理职工退休手续的全程网上办理。同时，建设村居人社服务平台300个服务点，下沉服务事项70余项，基本实现高频业务就近就地办理业务。

三、突出目标导向，激发争先创优活力

以完成上级目标任务为底线保障，鼓励和引导干部职工充分解放思想、开阔发展视野，先行先试、大胆创新，持续推进一系列的改革措施，始终保证了邹平人社工作的高质量发展，并取得可喜的成果。2021年，邹平市人社局承担9项考核指标，均提前超额完成。2021年3月25日，滨州市加快推进企业技能人才自主评价工作动员部署会在邹平召开，邹平市人社局作为典型代表在会上作了交流发言。2021年11月24日，滨州市委组织部副部长、市人社局党组书记、局长李荣舜专门做出批示，对邹平引才工作给予充分肯定。2021年11月15日，滨州市根治欠薪冬季专项行动推进会在邹平召开，邹平市人社局做了典型经验交流。“为农民工办实事解难题”“推进政策找人”等做法先后被《人民日报》“民生周刊”、山东卫视《山东新闻联播》等重点媒体宣传报道，在滨州市人社系统业务技能练兵比武中获得团体县（市区）第一名，被表彰为全省人社系统宣传工作先进集体、滨州市“七五”普法依法治理工作表现突出的集体等。

四、立足新的起点，凝聚奋斗力量

要持续推进更加充分更高质量就业。推动政策找人、找企，持续加大各类就业资金落实力度，实现城镇新增就业6000人以上，城镇登记失业率控制在3%以内，开发城乡公益岗位3000个以上，培训各类劳动者5000人次以上。要积极构建更可持续的社会保障体系。全市基本养老保险人数达到58万人以上，按项目参加工伤保险参保率保持100%；完成养老保险全国统筹各项任务；继续深化社保卡“一卡通”创新应用；建成330个以上村居人社服务点。要进一步打造更具活力的人才高地。举办“选择邹平—名校人才直通车”招聘活动不少于15场，引进本科以上大学生2000人以上、硕博士不少于120人；企业自主评价技能人才不少于3000人；做好博士后科研工作站（基地）等平台建设工作，完善“人才政策找人、无形认证、免申即享”机制，实现人才公寓入住“网上办”“零跑腿”。要强力构筑更加和谐稳定的劳动关系。推进根治拖欠农民工工资问题机制改革，推进落实“三项”制度，确保2022年农民工工资按期发放；推进仲裁标准化、规范化建设，提升调解成功率、结案率，跑出新形势下劳动维权“加速度”，打造仲裁服务升级版；增强用人单位依法用工的法律意识，争创市级劳动关系和谐企业4家以上。

邹平市人力资源和社会保障局将以全市“两会”胜利召开为契机，围绕全市改革发展稳定大局，突出重点抓关键，围绕主责主业，创新工作思路，强化担当，努力打造富有成效的经验、办法，为全市经济社会高质量发展做出积极贡献。

第三篇

乡村振兴与农业农村农民的新发展思路与举措

生态优先　谱写乡村振兴新画卷

江苏省淮安市洪泽区农业农村局

2021年，洪泽区农业农村局依托本地生态资源优势，坚持生态优先，大力发展创意农业、休闲观光农业、农耕体验农业、高效设施农业，“四带五区一园”格局初步形成。全区绿色稻米种植面积11.37万亩，“岔河大米”被登记为国家农产品地理标志，岔东绿色食品有限公司获江苏最美绿色食品大米企业称号，并成功入选首批国家生态农场，全市唯一。“洪泽大米”区域公用品牌包装使用率达60%以上。牵头举办2021“苏韵乡情”江苏乡村休闲旅游农业（淮安）专场推介。国瑞有机稻米产业园获批江苏省农耕实践基地，龙禹生态园、洪泽湖度假村获批江苏省康美基地。龟山村、头河村入选江苏省休闲农业精品村，渔家风情万荷园、五湖生态农场入选江苏省休闲农业主题创意农园。田园雅居和花海康居两个新型农村社区被省特色田园乡村联席会议命名为省级特色田园乡村，描绘出一幅新时代“鱼米之乡”乡村振兴新画卷。

一、扎实推进秸秆离田利用

搭建起“政府推动、企业实施、农户参与”的秸秆机械化离田利用模式，全年实现秸秆离田利用30万亩，占比30%以上；创新实施“五化三提升”（基料化、燃料化、肥料化、饲料化、工业原料化，环境质量提升、种植效益提升、集体经济收入提升），推动实现秸秆综合利用率达98%以上，位居全市第一。

全面强化面源污染治理。开展畜禽粪污治理专项整治行动，对全区68家规模养殖及8家重点监管单位周边农用地土壤进行采样、检测、环境质量评价，实现全区畜禽粪污综合利用率达98%以上。探索建立农药包装废弃物回收处置“112N”模式，即建设区级农药包装废弃物转运中心1处，建设镇级农药包装废弃物回收站12个，建设农药包装废弃物回收点N个（所有农药门店），形成“政府监管、主体回收、统一处置”的工作机制。化肥农药下降比例位居省市前例，获批建设部级“化肥减量增效示范县”和部级“酸化耕地治理示范县”，全市唯一。

二、深化推进生态湖区建设

投入约3亿元深入开展“两船”清理整治，清退湖区住家船2500条、餐饮船27条和非法新增住家船198条。编制洪泽湖水产生态养殖示范区实施方案，成立洪泽湖渔业发展公司，推动渔业产业向“以渔治水”生态养殖模式转型。全面完成洪泽湖、白马湖等水域退捕禁捕处置工作，获省禁捕退捕工作领导小组书面表扬。

三、着力提升生态宜居水平

围绕做好农房改善“后半篇文章”，探索城乡公共服务均等化新路径，以让群众“稳得住、能致富、生活好”为目标，采取市场运作和政策支持相结合的办法，探索新型农村社区公共服务供给新模式、人居环境管护新机制、就近就业新路径和乡村产业发展新场景，构建新型农村社区宜居宜业长效机制，着力提升乡村外在“颜值”、培育内在“气质”，全面启动实施农村人居环境整治提升五年行动，重点培植市级示范村 13 个，编排基础设施建设类项目 42 个，累计投入资金 2285 万元，市级示范村创成率位居全市第三名。

加强“放管服”改革　不断优化营商环境

福建省三明市农业农村局

一、推行审批“容缺受理”，让企业“少跑腿”

为了主动应对统筹疫情防控和经济社会发展的新形势，针对行政审批工作进行改进，推出“容缺受理”工作机制，行政许可审批事项“容缺受理”按照“关键材料不缺失”“缺项材料不影响实质性审核”原则，在非关键性材料缺少或者存在瑕疵的情况下，经申请人做出相应书面承诺后，窗口可先行受理，进入正常审批程序；受理人员当场一次性告知需要补齐的材料、形式、时限和超期处理办法，待申请人补齐全部材料后，颁发相关批文、证照。实行审批先行受理、先行审核，帮助企业尽早取得主体资格，尽快投产经营，切实减少企业办事人员到窗口跑路次数。2021 年以来，局行政审批窗口已办结无公害农产品申请审批件 14 件，待办结 25 件。“容缺受理”审批让企业投资落户的信心进一步增强，进一步激发了市场主体发展活力和动力。

二、动态调整权责清单，确保权力规范运行

2021 年 6 月重新梳理了《三明市农业农村局 2021 年度权责清单》，并经市委编办、市发改委、市政府办审核同意，依法明确市农业农村局权责事项清单为 372 项（公开 320 项），其中：行政许可 5 项、行政处罚 234 项、行政强制 18 项、行政监督检查 31 项、行政确认 4 项、行政裁决 1 项、行政奖励 6 项、其他行政权力 1 项、其他权责事项 72 项（公开 20 项）。并在福建省网上办事大厅、三明市政府网、三明市农业农村局网站上公布。通过“法治、公开、便民”的清单管理模式，进一步规范行政职权运行，推动了依法履行监管职责落实。

三、“双随机、一公开”抽查，加强事中事后监管

制定《三明市农业农村局 2021 年随机抽查事项清单》《三明市农业农村局　三明市市场监督管理局关于开展 2021 年度“双随机、一公开”跨部门联合抽查工作的通知》（明农〔2021〕118 号）；组织各相关科（站）制订“双随机、一公开”抽查工作方案，全面推行“双随机、一公开”监管，进一步规范随机抽查事项清单和跨部门监管事项清单，做到“双随机、一公开”监管全覆盖，同时，健全检查对象名录库和执法人员名录库，2021 年“双随机、一公开”抽查的检查对象名录库和执法人员全部在“农业云—131 平台”中随机抽取，确保公平、公正、公开。抽查结果及时通过局

门户网向社会公开，通过开展“双随机、一公开”抽查，市场主体守法经营的自觉性大大增强，进一步优化了三明营商环境。

四、强化农业执法监管，营造良好营商环境

2021年以来，全市出动执法人员9254人次，检查各类农资经营门店5044家次，抽检农药143批次、兽药50批次、肥料33批次，责令企业整改11家，全市共立案查办59件，查处农资案件29件，渔业10件，动物检疫类18件，农村宅基地2件。案件办结共50件（其中移送司法机关案件2件），罚没款21.79万元，挽回经济损失112.96万元。通过强化农业执法监管，有利改善了农业系统营商环境。

五、“互联网+监管”，监管数据共享

为充分发挥“互联网+监管”系统应用，按市发改委审改办的要求，认真做好监管事项目录清单认领、检查实施清单梳理、行政处罚、强制等监管事项与三级执法平台职权的关联；做好“双随机、一公开”年度计划、专项计划及行政监管、行政监督检查各项相关数据系统录入工作，实现监管数据共享。

创新农机服务模式打通为农服务“最后一公里”

广西贺州市农业农村局

自党史学习教育开展以来，贺州市农业农村局紧紧围绕“学党史 办实事 促三农”的主题，创新开展农机服务模式，深入田间地头开展便民服务，积极推动“我为群众办实事”实践活动走深走实。

一、科技助农到田头

“在收割前，我们要检查作业田块，去除田间木桩和石块等硬杂物，在正式开始作业前要进行试割，根据作物、田块，确定作业速度，对照作业质量标准仔细检测试割效果。同时，对收割机相应的零部件做对应的调整，然后再试割并检测，直到达标为止。”这是贺州市农业农村局机收减损技术指导组在早稻收割作业现场进行机收减损技术指导的流程。

“以前只知道机器收割完要去捡谷子，没想到通过规范作业就可以减损。”在工作人员用收割机试割水稻现场，看到联合收割机作业后留下了整齐的稻茬，粉碎的稻渣里再也找不到夹杂的稻粒，农机手盘良勇高兴地说。

二、政策解答在村头

八步区大宁镇赖村的购机户老李最近有点烦。2021 年 3 月，他在桂岭镇的农机经销店购买了一台微耕机，听说微耕机当年的补贴情况与往年可能有所不同，但是经销商解答不清楚，又不知道该找谁来解答。贺州市农业农村局工作人员了解到这个情况后，立即组织农机购置补贴政策宣传组联系老李，并于当天下午 5 点多赶到赖村，现场为老李解答了疑问。

解答完成后，工作人员与老李拉起了家常，并提醒他操作农机具时要注意安全。老李高兴地说：“感谢你们给我吃了个定心丸，总算是松了一口气。”

三、便民服务暖心头

顶着炎炎烈日，贺州市农业农村局联合八步区农业农村局一行 5 人来到桂岭镇桂岭街西区市场，只见空地上停放着十几台待检验的农机，工作人员需要从几个方面对这些农机具进行检查。“你们能送检下乡入户，让我少折腾了好几个来回，不仅节约了开销和时间，还不影响我的农资销售和农田管理，真的从内心感谢你们。”云平农机经销店的陈光杰说。

“我在育秧时发现秧苗出苗不齐、秧苗枯黄等情况，又排查不出原因，非常着急！”钟山县晶铧农机合作社董继金一个电话，贺州市农业农村局立即组织专业技术人员深入该合作社，现场对问题秧苗进行了诊断并给出了解决方案。

正是这样一次次田间地头、村头村尾的技术指导和贴心服务，凝聚起了农业机械化助推乡村振兴、助力农业农村现代化的强大动力，使农机化技术精准对接地方、产业、农民的需求，对接新型农业主体，对接社会化服务体系，打通了为农服务“最后一公里”，确保为农服务真正往深里走、往心里走、往实里走。

履职尽责　为民解忧
推动“我为群众办实事”落地见效

黑龙江省黑河市农业农村局

党史学习教育开展以来，黑河市农业农村局多措并举，把“我为群众办实事”实践活动作为党史学习教育的重要内容和突出抓手，坚持问题导向，立足群众需求，真心实意为群众办好事、办实事、解难事，不断增强人民群众的获得感、幸福感和安全感。

一、专项整治有“速度”，着力解民生福祉重点难点问题

全面摸排农村户厕问题，聚焦改厕模式、施工、产品质量、管护、资金使用、工作推进六大方面，针对“不能用、不好用、不会用、不愿用”问题深入各县（市、区）地毯式、全覆盖开展排查整改。全市发现问题 1621 个，其中，厕屋问题 191 个，厕具问题 285 个，粪池问题 159 个，用水问题 44 个，防冻问题 295 个，粪污处理问题 101 个，后期维护问题 275 个，其他问题 271 个。截至目前 1621 个问题厕所已全部完成整改，厕所达到能够正常使用，确保群众满意。在突出生态环境问题排查整治“百日攻坚战”行动中，排查农药包装废弃物回收工作中存在问题 16 项，即整即改完成 15 项，有一项需要财政资金支持，资金正在申请中，截至目前全市建立村屯回收点 766 个，农药经营门店设立回收仓（桶）198 个，县级储运站 6 个，回收农药包装废弃物 375.44 吨。农药包装废弃物的回收在一定程度上减轻农药对农产品的污染，有效控制农产品农药残留超标，切实提高农产品质量安全水平。

二、科技下乡有“深度”，传授先进农业生产技术

市农业农村局科技下乡服务队长年开展送科技下乡活动，将“业务大讲堂”开展到田间地头，为农民群众讲解农业生产基本知识，种子、农药、化肥的选择及使用，耕地的管理及保护，农垦的先进耕作经验等，现场为农民群众答疑解惑，切实为农民朋友提供技术服务，推动农业生产科技化，切实为农民办实事办好事。

三、志愿服务有“温度”，切实解决群众实际困难

黑河市农业农村局扎实开展“我为群众办实事”文明卫生进小区活动，常态化深入包保小

区开展“创建文明城”志愿劳动活动，齐心协力帮助居民清理庭院中的生活垃圾、建筑材料、废旧物资等杂物，巩固党史学习教育成果，生动诠释了“我为群众办实事”的宗旨，共同打造美丽黑河，魅力黑河。在张地营子村出现洪灾前，黑河市农业农村局组建志愿者私家车队，开展扶危助困救援行动，将16名无法撤离的村民安全转送至黑河市区，将13名村民送至临时集中安置点，帮助群众办实事，让受灾群众感受温暖，密切党群干群关系。

四、安全检查有“力度”，保障人民群众舌尖安全

为保障端午节期间农产品质量安全，让市民过上一个安定祥和的节日，市农业农村局积极行动，按照国家农业农村部和省农业农村厅要求，在全市所辖县（市、区）的屠宰环节、养殖环节和蔬果种植基地、早市等农产品源头，以及农贸市场等食用农产品比较集中的环节，进行了全域、全覆盖抽检，抽检样品主要以节日期间消费量大的猪肉、牛（羊）肉、鸡肉等畜禽肉，鸡蛋等禽蛋、鱼等水产品，以及蔬果等农产品。期间共抽取以上品种样品257个，均已送达相应的检验机构，检验结果出炉，地产农产品样品合格率仍保持在100%的水平。市农业农村局从小事做起，从身边事做起，以实际行动保障人民群众舌尖上的安全，践行为群众办好事的宗旨，推动党史学习教育走深走实。

立足工作实际为民办实事

新疆博州农业农村局

党史学习教育开展以来，博州农业农村局发挥行业优势，切实为群众办实事，送科技送政策送服务，同时加强农产品质量安全监管，确保农民权益的同时，确保全州各族群众“菜篮子、米袋子、果盘子”安全。

一、农业技术服务送到田

博州农业技术推广中心深入推进科学施肥及绿色防控，印发《博州 2021 年化肥减量增效实施方案》《博州农作物病虫害绿色防控指导意见》《小麦、玉米、棉花、甜菜、设施蔬菜病虫害绿色防控技术方案》等文件；发布不同作物水肥一体化施肥配方 10 个；推广测土配方施肥技术 260 万亩。组织农技人员深入生产一线，根据各类作物不同生长期，对水、肥的需求，加大灌水、施肥、病虫害防控等各项技术指导，提高农民科学管理农作物的水平，组织专家 200 余人次，下沉巡回指导服务 30 余次，指导农民安全、有序开展春耕生产，提高了先进技术到位率。

二、惠农政策送到户

博州农业农村局积极落实耕地地力保护补贴、农机购置补贴、高标准农田建设项目等惠农政策。2021 年争取中央及自治区高标准农田建设项目 17 万亩，项目资金 18195 万元。已经评审高标准农田建设项目 10 万亩，开工建设高标准农田 0.3 万亩。继续组织州、县、乡三级农业技术人员与村（队）种植业脱贫户结对，对从事农业种植的脱贫户开展技术指导服务，目前技术人员已对种植业巩固脱贫户开展集中培训和技术指导服务 3 次，进一步巩固脱贫成果，促进脱贫攻坚成果同乡村振兴有效衔接。争取自治区农业推广体系改革与建设项目资金 500 万元，以推广优质安全、节本增效、绿色发展的农业技术为导向，建设村级农业技术服务站 10 个，招募村级特聘农技员 20 名，建立科技示范基地 6 个，培育科技示范主体 30 个，培训县乡农技员 93 名。

三、农产品质量勤监管

博州农业综合执法支队加强综合执法，实施农资打假专项整治活动，加大日常监管和专项治理力度，严厉打击无证经营、未审先推、标签不合格、违规经营禁限用农（兽）药等违法行为；强化农产品质量安全执法。持续实施农产品质量安全“利剑”专项行动，严厉查处违法使用禁限用农（兽）药的行为；强化农机安全执法，以农村道路、农田作业场所为重点，深入农村道路、田间场院，排查整治农业机械违法载人、无牌无证、酒后驾驶、逾期未年检、安全设施不全等安全隐患，落实各项安全防范措施，检查各类农业机械 89 台次、大型工程机械 15 台次，排查整治各类农机安全生产隐患 92 个，隐患整改率达 100%。检查农机专业合作社 22 家、农机大户 78 家，检查农机维修网点、农机营销企业以及农机配件门市部 85 家。州、县（市）农业综合行政执法机构联合市场监管、公安部门开展农资市场、种养殖基地、天然水域等执法检查 7 次，发放宣传资料 8000 余份，张贴禁限用农药目录、保护野生动物海报 200 余张，为 550 多名农资经营户和群众提供了法律咨询服务，提高了经营者、生产者和群众识假辨假维权能力和质量安全意识。

以行动践行初心　以责任担当使命
全力推动“排忧行动”向纵深发展

山西省阳泉市农业农村局

开展“排忧行动”专项政治监督工作，是市纪委监委深入贯彻落实党的十九届六中全会、省委第十二次党代会、市第十三次党代会精神的一次实践行动，也是深化党史学习教育、学史力行“我为群众办实事”的具体举措。“排忧行动”开展以来，市纪委监委驻市农业农村局纪检监察组深入学习领会师旭明书记在“排忧行动”专项政治监督动员部署会上的讲话精神，严格按照市纪委监委《关于开展解决人民群众急难愁盼问题“排忧行动”专项政治监督的实施方案》的要求，全面聚焦脱贫攻坚和乡村振兴专项领域，持续压实责任，聚焦突出问题，强化统筹协调，着力推进巩固脱贫攻坚成果同乡村振兴工作有效衔接，对问题排查一竿子到底逐级抽查，对排难解困抽丝剥茧层层化解，让排忧落到实处，让行动名副其实。

一、多措并举践行动，着力精准行监督

为切实推进脱贫攻坚与乡村振兴领域“排忧行动”专项政治监督工作落到实处，市纪委监委驻市农业农村局纪检监察组多次召开工作安排部署会，出台了《关于脱贫攻坚与乡村振兴领域“排忧行动”专项政治监督工作方案》，抽调工作人员组成专班，积极采取“五账工作法”和“四边”工作法，紧盯项目申报、项目施工、项目验收及资金拨付等关键环节，以群众利益最直接、群众反映最关切、群众期盼最强烈的突出问题作为监督检查的切入点，严格执行周总结、月汇报工作制度，积极开展监督检查，全力推动“排忧行动”各项工作取得实绩。

二、起底摸排建台账，扩大宣传促排忧

为彻底摸清阳泉市脱贫攻坚和乡村振兴领域问题情况，市纪委监委驻市农业农村局纪检监察组对全市涉及脱贫攻坚和乡村振兴的项目、专项资金使用情况进行了全面摸底排查，并对收集的问题线索进行认真分析、梳理，坚决做到不放过一个细节、不隐瞒一点真相、不漏掉一个死角。建立“排忧行动”统计台账，确保问题线索不遗失，发现问题精准化，问题处理零积压。整理收集惠民政策 110 项，资金拨付使用 98873.726 万元，发现问题线索 2 条，建章立制 22 项。与此同时，为提升群众对行动知晓度、参与度，拓展多种渠道进行宣传报道，先后在“清风阳泉”

微信公众号、市农业农村局网站和微信公众号上发布行动信息，并在市农业农村局网站开办“排忧行动”专栏。

三、事必躬亲入基层，真查实纠解难题

“排忧行动”开展以来，从脱贫产业发展到人居环境整治，从农村户厕改革到“菜篮子”工程，市纪委监委驻市农业农村局纪检监察组深入一线基层，进村入户，解决老百姓最迫切、最关心的难题。监察组足迹实现了对全市三区两县脱贫攻坚和乡村振兴领域全覆盖，监督检查发现问题 40 个，其中已整改 32 个，未整改 8 个，针对排查出来的问题开展跟踪督导，确保问题件件有回应，件件有落实，全面达到排查整改目标要求，让百姓放心，让群众满意，把行动走深走实。

凝心聚力学党史　砥砺前行强党性

广东省潮州市枫溪区农业农村局

党史学习教育开展以来，区农业农村局加强学党史、悟思想，引导广大党员干部“学史明理、学史增信、学史崇德、学史力行”，营造了良好的学习氛围。

一、抓好学习常态化

迅速成立枫溪区农业农村局党史学习教育领导小组，统筹推进党总支部党史学习教育的组织、实施工作。认真贯彻“学史明理、学史增信、学史崇德、学史力行”的总要求，结合实际制定了《枫溪区农业农村局关于开展党史学习教育的实施方案》，指导各下属党支部参照实施方案认真开展党史学习教育。

召开党史学习教育动员大会，组织各类学习会，要求广大党员干部深刻领会习近平总书记重要讲话精神实质，全面把握学习教育的重点，围绕党史学习教育的重点内容、体会感悟、方式方法、学习计划等方面开展学习研讨。

组织党员干部前往登塘镇世田村开展红色学习教育活动，参观党史图片展，瞻仰烈士纪念碑，重温入党誓词。通过学习党史补足精神之钙，从中感悟初心使命和责任担当，传承红色基因，发扬优良传统。

二、多措并举办实事

区农业农村局以“我为群众办实事”为抓手，结合工作实际，将学习成果转化为工作实效。

结合“双创”活动，组织干部职工每周五下午在辖区内开展爱国卫生行动，共同提升人居环境，提高环境保护意识，以实际行动践行“我为群众办实事”的初心使命。

联合区文明办，在财富中心开展枫溪区“世界水日”“中国水周”宣传服务活动，通过鼓励市民参与 2020 年度河长制公众测评、分发河长制宣传手册、小礼品等形式，让市民了解河长制的意义和节约水资源的重要性，营造人人爱护水资源的良好氛围。

推动乡村振兴项目落地，助力美丽宜居乡村建设。今年年初落实英塘村紫凝轩池塘清淤、枫二村池塘整治、堤头村道路改造、西边村南片沟渠整治、田头何村主村道改造提升等 5 个乡村振兴建设项目，目前堤头村和枫二村 2 个项目已完成建设。同时启动田头何村整体改造项目，以此为突破口和示范点，打造为“特色产业+文化体验+美丽乡村”的全域旅游新样板，按照“以点串线、以线成带”的思路，辐射延伸詹厝村、藏龙村、白塔村、槐山岗村、李厝村等村庄，形成带状连片发展的乡村振兴“示范圈”，走符合枫溪实际、具有枫溪特色的乡村振兴道路。

三、打好精准脱贫和污染防治二大攻坚战

一是进一步巩固决战决胜脱贫攻坚工作成果，采取村级排查、镇级落实，区级指导相结合的方式对已脱贫人口进行跟踪监测，目前对两户边缘易致贫户已采取相关措施进行跟踪帮扶。二是“打好蓝天碧水保卫战”，区农业农村局按照“有烟必查，有火必纠”的原则，积极组织相关人员深入田地开展巡查，始终保持对露天焚烧农作物秸秆的违规行为严查重处的高压态势。共出动人员107人次，开展田间巡查50次，巡查过程发现并扑灭焚烧农作物秸秆行为14次，发放宣传资料200份，提高广大人民群众的环保意识。完成沟尾溪（枫溪段）、七枞松沟（白塔段、前进段）清淤，共清理长度3千米，清运淤泥1.6万立方米。第一季度完成全区河道清漂累计25.75千米，清理漂浮物461.73吨，投入清漂资金约42.83万元。清理重点支流两岸的违法占地6宗、违章建筑1宗，还群众一个“水清岸绿”的自然环境。

接下来，区农业农村局将继续把党史学习教育融入日常、抓在经常，把“学史明理、学史增信、学史崇德、学史力行”目标要求贯穿始终，真正做到学党史、悟思想、办实事、开新局。

大力优化营商环境　全面助推乡村振兴

吉林省吉林市昌邑区农业农村局

近年来，昌邑区农业农村局不断优化营商环境，全局上下结合工作实际，立足岗位服务，找差距、抓落实，助力企业增效、农民增收，全面落实强农惠民政策，进一步优化农业系统营商环境，深化“放管服”改革，为涉农企业和群众提供更高效、优质、便利的服务，助推昌邑乡村发展全面振兴。

一、转变工作作风，营造良好营商环境

围绕“优化服务从我做起”“立足本职践行服务”，全局上下进一步强化责任担当，落实“一岗双责”责任制，全力打造优质服务软环境。开展以“优化营商环境怎么办、担当作为怎么干”为主题的干部下基层活动，选派业务骨干，深入企业开展政策宣讲、现场咨询解答、送政策上门等多种形式的活动，为群众、企业提供更加高效、精准、个性化的政策服务；2021 年春以来出动技术骨干 20 余人次，深入乡村田间地头，围绕春耕生产、农业防灾减灾、病虫害防治等方面开展一系列技术指导培训，全面推进农业技术服务事前对接、事中服务、事后跟踪工作，切实保障百姓诉求得到及时满意解决。

二、用活政策资金，切实助力企业发展

区农业农村局始终把助力农业产业化企业发展放在重要位置，为其提供密集、高含金量的政策支持，研究制定了《关于加快推进昌邑区现代农业产业园建设若干政策》，鼓励新型经营主体放开手脚，各展所长，筑牢农业产业发展基石。2021 年以来，累计上争中央、省、市各级奖补资金 3900 万元，在改善全区农产品生产、仓储、加工和销售渠道等方面取得了较好成效，减轻了企业在生产投入和拓展销售渠道方面的负担，为全区企业创造良好的投资环境和政策支持。

三、推进项目建设，夯实农业发展基础

在重大项目建设方面，实行“上门服务”，集中力量助推事关全区农业长远发展的重点项目，2021 年以来，落地的现代农业项目达到 10 个，总投资达到 1.7 亿元。突出抓好高标准农田建设项目建设过程中各类问题的协调和解决，狠抓项目对接，加强竣工验收监督工作，预计 2021 年

底全区高标准农田面积可以达到 13 万亩。推进农村人居环境整治，创建省级美丽乡村 6 个、省级休闲农业乡村 1 个、3A 级美丽乡村 2 个、美丽庭院 1628 户、干净人家 6590 户，实施农村“厕所革命”，已完成改厕 5640 户，进一步提升和优化全区农业发展环境。

四、主动“靠前”服务，解决企业实际困难

进一步强化公仆意识，树立为民服务理念，变“找上门”为“送上门”，变“要求办”为“主动办”，变“要我服务”为“我要服务”，努力营造亲商、爱商、敬商、助商的良好氛围。2021 年初为解决全区省级龙头企业在生产种植期间对玉米种子的迫切需求，区农业农村局分管局长赶赴河北省保定市，协调昌邑区企业购买种子有关事宜，成功帮助企业解决 2500 公斤的种子缺口，实实在在解决企业燃眉之急。

优化营商环境是一项长期复杂的系统工程，今后区农业农村局将立足行业职能，以时不我待的紧迫感和只争朝夕的责任感，积极投身到乡村振兴发展的时代潮流中，把农业发展成为有奔头的产业，把农民发展成为有吸引力的职业，把农村发展成为安居乐业的美丽家园。

深化“放管服”改革
助力经营主体持续发展

四川省广元市农业农村局

广元市农业农村局结合农业项目投资实际，主动对接成广、渝广、杭广等合作平台，不断优化营商环境，狠抓政策落实与服务落地，多举措强化对新型经营主体的支持和发展。

一、强化服务意识，落实支持责任

一是深入推进农业“放管服”改革。全面完成“一网通办”百日攻坚行动工作任务，各项指标综合排名在市级部门前列。依法对本局行政权力事项从320项调整为346项，依申请行使的政务服务事项调整为21项（27个子项）。依法科学配置农业政务服务事项，配置准确率、办事指南准确率、电子印章证照制作率、网上可办率和“最多跑一次”均达到100%。推进政务信息资源共享开放，共收集录入政务共享信息56条，向社会开放41条、依申请开放15条，共享数据开放率达到100%。

二是认真落实涉农惠企金融政策。积极争取上级补助资金，2021年以来，已争取到位中省项目82个、资金13.37亿元。充分发挥风险补偿金作用，全市金融机构2021年已发放涉农贷款2.79亿元，贷款户数达到441户。及时启动涉农保险试点，全力保障本市农业保险高质量发展。

三是持续整治招投标领域突出问题。全市农业农村招投标领域突出问题系统治理共自查项目29个，中标金额约6.3亿元，已发现18个问题，已整改完成17个问题。

四是完善工作责任落实机制。印发《〈2021年度市领导联系重点产业、重点项目、重点企业、行业协会商会工作责任清单〉的通知》及《关于开展2021年农业农村系统项目投资“大比武”活动的通知》，将该项工作纳入年度目标考核范围，现已进行全市农业农村系统季度通报2次。

二、加强主体培育，做好保障服务

一是大力实施新型农业经营主体提升行动。新登记家庭农场1027家、农民合作社93家。规范提升家庭农场155家、农民合作社114家。新创建国家示范社5家，新申报国家级龙头企业2家、省级示范社24家，已评定市级示范社36家。已创建家庭农场省级示范县1个、农民合作社质量提升整县推进省级试点县6个。开展调研走访服务企业62次，收集协调解决问题67个。

二是做优广元农产品品质。大力开展“两品一标”创建，新认证地理标志农产品1个、绿色食品10个、有机证书30张，新增认证面积3485亩。苍溪县20万亩全国绿色食品原料（油菜）标准化生产基地通过现场考核验收。全面推进食用农产品达标合格证制度，全市2550个新型生产经营主体共开具合格证17.3万张、附证上市农产品7032.12吨。完善农产品质量追溯体，动员2842家生产主体入驻国家农产品质量追溯平台、录入产品追溯信息18443批次。2021年上半年全市农产品质量省级例行监测合格率超过98%。

三是持续开展“广元七绝”品牌营销。聚焦对外宣传，“央视十七套”对全市优质特色农产品进行6期专题报道、浙江电视台在黄金时间对广元优质特色农产品开展一个月的广告宣传；《农民日报》对广元现代农业进行了7期报道。组织全市30家优质农产品生产加工企业参加第29届中国新春年货购物节（成都、重庆）、第十届四川国际茶业博览会等活动6次。进一步拓展“832”平台对全市优质脱贫产品线上销售力度，截至2021年9月，全市共入驻企业324家，产品11105个，2021年实现销售额4500万元。积极推进脱贫产品进客运场站活动，已辐射全市8个高速公路服务区和9个客运站。通过电商平台对全市300余个农产品进行展示销售。优质特色农产品促销达16.9亿元。

四是认真落实新型经营主体参与决策制度。对《广元市“十四五”畜牧业发展规划》环境影响评价进行网络信息公示，公开征求公众意见；印发《市级重点龙头企业认定和运行监测管理办法》时，通过县区农业农村系统征求主体意见及建议。

三、增强监督合力，提高监督效力

建立完善随机抽查事项清单、检查对象名录库、执法检查人员名录库和实施细则“一单两库一细则”，联合市经信、市场监管等部门对16家农资市场主体进行了“双随机”联合检查。截至2021年9月，全市农业农村部门共出动农业执法人员5824人次，检查农业生产经营主体7988家次，查处各类违法案件90件，移送司法机关11件，共处罚没款59.4余万元，挽回经济损失240余万元。建立行政调解委员会，依法开展行政调解。全力打造“说到做到”的政策环境，全面构建“亲、清”交往的新型政商关系，着力打造民营经济健康发展的良好营商环境。

多措并举
推动“我为群众办实事”实践活动走深走实

贵州省贵阳市农业农村局

自开展党史学习教育以来，贵阳市农业农村局紧围绕“四新”主攻“四化”，找准农业现代化发力点，把握乡村振兴切入点，探索农业农村高质量发展关键点，紧盯粮食生产、高标准农田建设、特色田园乡村·乡村振兴集成示范试点建设等民生实事，深入推动“我为群众办实事”实践活动走深走实，为推进乡村振兴开好局、起好步奠定坚实基础。

2021年1—9月，实现一产增加值152.67亿元、同比增长8%，增速比2021年上半年提高0.7个百分点，高于全省平均增速0.3个百分点，在全省排位第三，为近年来最好排位；农村常住居民人均可支配收入达到15821元，同比增长11.3%，绝对数和增加值均是全省第一。

一、聚难事，推动“察民情访民意”转化落地

强化调研成果运用。聚焦群众操心事、烦心事、揪心事，深入开展“察民情访民意”专题调研，党委领导班子成员及副县级干部分别结合分管领域深入基层一线、深入田间地头扎实开展调查研究，形成专题调研报告9篇，梳理为民拟办实事32件。其中，局主要领导牵头调研的《贵阳贵安“进一步推进移风易俗建设文明乡风”的调研报告》，转化为《贵阳市贵安新区关于进一步推进移风易俗建设文明乡风的实施方案》，从而指导基层推动移风易俗工作落实，其他同志的调研成果，为市委、市政府高规格召开脱贫攻坚与乡村振兴有效衔接、推进农业现代化等会议，出台乡村振兴及农业现代化有关政策文件提供了参考。

强化调研推动业务工作。对标对表省、市“我为群众办实事”任务清单，召开16次局党委（扩大）会议研究党史学习教育“我为群众办实事”实践活动，逐一进行分解目标任务，明确责任处室，逐一逐项抓好落实。党委领导班子成员围绕巩固拓展脱贫攻坚成果、乡村振兴开新局、厕所革命、粮食生产等，深入各区（市、县）及贵安新区各乡（镇）调研指导工作38次，为加快农村经济快速增长、推动乡村振兴开新局起好步夯实了基础。2021年以来，脱贫攻坚成果持续巩固，全市未发生新的返贫致贫；农业产业加快发展，夏秋冷凉蔬菜产业带，食用菌育种、种植、加工、销售一体化产业带，精品水果产业带，茶旅融合产业带等逐步形成；农村人居环境整治工程全面推进；启动了36个特色田园乡村·乡村振兴集成示范试点建设，各项民生实事有力推进。

二、谋长远，健全“我为群众办实事”体制机制

狠抓顶层设计。建立健全全面推进乡村振兴建设体制机制，组建成立市委农村工作暨实施乡村振兴战略领导小组、“强省会”五年行动乡村振兴指挥部、贵阳贵安农业现代化专项组，形成横向互动、上下联动、信息畅通的工作格局，建立39名厅级领导定点联系村的工作机制，形成大抓“三农”、善抓“三农”的工作氛围，高位推动各项工作落地落实。同时，牵头印发市委农村工作会议“2+5”文件以及全市农业现代化推进大会“2+8”文件，推动了中央、省、市“三农”各项决策部署在贵阳贵安落地生根。

建强运行机构。聚焦持续巩固拓展脱贫攻坚成果与乡村振兴有效衔接，将原市扶贫办调整为市乡村振兴局。同时，在全省首创组建贵阳市乡村振兴服务中心，成立首家乡村振兴战略研究院、乡村振兴公益基金管理中心、农业农村系统融媒体中心，充实人员队伍力量，搭建起全面推进乡村振兴建设的“四梁八柱”，营造出全社会共同关心支持乡村振兴建设的浓厚氛围。

完善调度机制。建立健全了乡村振兴指挥部工作运行机制，对巩固拓展脱贫攻坚成果与乡村振兴有效衔接实行一月一调度、一季一分析，形成全市上下齐心协力抓“三农”的实干氛围。

三、抓项目，突出“我为群众办实事”民生载体

聚焦省、市项目清单，坚持“项目为王、大抓项目、抓大项目”，谋划高质量农业项目，确保乡村振兴有载体有支撑。

构建产业体系。立足“稳粮、保供、优种、联工”，全面构建贵阳贵安农业产业体系。2021年粮食播面140.91万亩、产量43.57万吨；实现了播面不减、产量不减的目标，蔬菜、食用菌、茶叶、水果、中药材产量分别完成267.67万吨、9.04万吨、1.62万吨、51.6万吨、5.46万吨，实施农产品加工业提升行动，推进西南粮食城、乳品加工等重点项目建设及开阳、修文、乌当等农产品加工区建设，农产品加工转换率达56%。

健全生产体系。建成12.5万亩高标准农田，配套机耕道、沟渠、输排水管共计454.77千米。巩固提升30个以上样板坝区及53个省级农业园区；成立贵州种业集团、蔬菜良种繁育中心，建立省级蔬菜名特新优品种展示基地。

完善经营体系。加大经营主体引进培育力度，目前市级以上农业龙头企业143家、合作社2355家，2021年新增了3家国家级龙头企业。加强品牌培育创建，新增农产品商标2764个。构建从农田到餐桌的便捷“流通网”，建成全省最大的公益性示范市场“贵阳农产品物流园”，为市民“菜篮子”保供稳价发挥了主导作用。

四、抓改革，夯实“我为群众办实事”内生动力

聚焦“我为群众办实事”民生项目的痛点和难点，强化改革创新，夯实发展动力。

做实农村改革。抓好息烽县全国宅基地改革和农村承包地到期后再延长30年先行试点，年底延包协议签订率达90%以上，建立完善了宅基地申请、审批、管控等全流程体系，破解了农户申请建房“房户”互为前置的问题。省农村资源资产权益交易中心贵阳分中心正式挂牌，为加快推动农村各类产权入市交易搭建了平台。

强化示范引领。以点带面、点面结合、压茬推进36个特色田园乡村·乡村振兴集成示范试点，深入推进乡村建设行动。

探索新乡贤试点。在清镇、息烽开展新乡贤回归试点，建立“土专家、田秀才、乡创客”人才库，积极探索新乡贤参与乡村振兴机制路径。

深化“三变”改革。实施农村“三变”试点项目122个，完成投资7.8亿元，惠及6.6万人，实现“三变”改革行政村全覆盖。在2.5万亩高标准设施蔬菜基地实行“六股分红”模式，2021年上半年支付村民分红4374万元。

五、强规范，推进“我为群众办实事”有序管理

聚焦巩固拓展脱贫攻坚成果、贯彻新发展理念办实事、保障基本民生需求等办实事，建立健全市农业农村局“我为群众办实事”工作台账，明确分管领导、责任处室、完成时限，强化项目建设过程管理。

加强实事项目督促检查，切实强化跟踪管理，确保实事项目按照农时季节推进，做到项目建设和农业产业增效“双促进、双提升”。2021年8月24日，经邀请贵阳市农业农村局聘请的作风监督员进行无记名问卷调查，调查结果，对农业农村局“我为群众办实事”工作很满意。

多举措办实事 六维度暖民心

山东省兰陵县农业农村局

党史学习教育开展以来，兰陵县农业农村局把“我为群众办实事”作为党史学习教育的重要内容和突出抓手，坚持问题导向，立足群众需求，真心实意为群众办好事、办实事、解难事，不断增强人民群众的获得感、幸福感、安全感。

一、动员部署有“速度”

先后召开党组会、党史学习教育动员大会和理论学习中心组学习交流研讨会，第一时间传达学习、动员部署。党建办牵头制订“我为群众办实事”活动方案，广泛动员全体职工亮身份、做表率、当先锋，以多种形式深入田间地头、深入群众当中，把密切联系群众和服务群众作为实践活动的根本，全面解决好群众遇到的各类问题。

二、志愿送暖有“温度”

组织党员干部分批到柞城社区深入开展“我为群众办实事”双报到活动，按照“双报到”清单，以主题实践、固定党日等形式开展志愿服务活动5次。活动中，志愿者们走进困难家庭，看望孤寡老人和留守儿童，与群众面对面沟通交流、心贴心纾困解难，通过完成孩子们的微心愿、为老人打扫房间等多种形式送关怀、送服务、送温暖，将党史学习教育成果转化为为民服务的内生动力。

三、农业执法有“力度”

围绕党建引领民生重点工作，县农业执法大队针对农业重点领域进行专项执法检查。春耕备播时，全面启动农资打假“春雷”行动，对种子、农药、化肥、饲料等进行监督检查，严防假冒伪劣产品流向田间地头，确保农业生产安全和农产品质量安全；值蒜薹上市之际，开展蒜薹专项抽检，在大蒜主产区共抽检27批次，确保群众“舌尖上的安全”；持续开展畜产品执法检查，严厉打击畜禽流通屠宰环节违法违规行为，保障辖区内畜禽及其产品的质量与安全；推进秸秆禁烧工作，局班子成员带队到各乡镇（街道）督导秸秆禁烧，建立常态化督导机制，严防第一把火，确保做到不冒一处烟；持续开展安全隐患排查工作，共出动1000余人次，检查全县所有企业，确保人民群众的生命财产安全不出问题。

四、宣传教育有“深度”

为保障粮食安全，做好小麦条锈病防控工作，县农业农村局动员全体农技人员分组包乡镇深入排查小麦条锈病发病情况，广泛发动全县遴选的 100 名基层植保员、农技站长、合作社、种粮大户在全县开展拉网式普查。印发《兰陵县 2021 年小麦条锈病防控技术意见》《关于做好小麦条锈病监测防控的紧急通知》等宣传明白纸，出动农技人员 5000 余人次，印发彩色挂图明白纸 30000 余份，悬挂条幅 100 余幅，电视宣传 3 次，将小麦条锈病的防控宣传工作织成密不透风的网。

五、农技服务有“密度”

开展了 4 次农业技术服务“三下乡”活动，发放病虫害防治材料 2000 余份、农业技术挂历 400 多份、配方施肥书籍 1000 余册、玉米技术 100 问 700 余份、玉米平衡施肥技术宣传单页 500 余份、小麦条锈病防治宣传单页 1000 余份。

六、专家帮扶有“精度”

开展“专家 + 基地”一对一指导活动，结合乡村振兴“三步走”部署，县农业农村局建立了专家人才库，成立“一对一”结对帮扶专家队伍，着力构建提升更多的供应长三角“菜篮子”基地。目前，已有 60 名中高级职称人员进驻各基地，在生产管理、品牌建设、基地改造提升等方面开展宣传和技术指导，进行精准帮助，实现高效服务，取得成效，兰陵县芦嫫草莓种植专业合作社等 13 家主体被认定为长三角中心城市农产品供应基地。在农技专家指导下，兰陵县大苗家龙劲蔬菜种植农民专业合作社进行了路域环境打造，申请了“高英蔬菜”“高英种苗”商标，进一步扩大基地规模，新建了两个育苗温室大棚，产业规模和档次都得到了进一步提升。

立足新阶段 展现新作为
推动农业农村高质量发展

陕西省勉县农业农村局

勉县农业农村局深入学习贯彻县十六次党代会精神，紧紧围绕“11366”战略，以乡村振兴为统揽，扎实推进特色现代农业建设，大力实施乡村建设行动，促进农业高质高效、乡村宜业宜居、农民富裕富足，为奋力谱写勉县新时代追赶超越新篇章贡献力量。

一、优布局、补短板、创品牌，发展乡村产业

紧紧扭住产业发展的“牛鼻子”，以产兴农、以产富农，持续在优布局、补短板、创品牌上下功夫，助推群众增收致富。

（一）优化产业布局，发展壮大特色产业

按照“南山茶、北山药、平川粮油菜、丘陵林果畜”的产业布局，坚持“市场、绿色、质量”导向，纵深推进“粮、茶、药、果、蔬、畜”等优势产业及辣椒、食用菌、蚕桑、肉牛、生态鸡、中蜂、水产养殖等特色产业协同发展，打造以优势产业为引领、特色产业为支撑的乡村产业格局。抢抓建设“汉方药都”契机，围绕中药材标准化种植、良种培育、道地药材精深加工，以天麻、猪苓、西洋参等为重点，建设一批秦巴山区优质中药材生产加工基地。

（二）补齐短板弱项，厚植产业发展基础

落实“藏粮于地、藏粮于技”战略，推进高标准农田建设，2021 年实施高标准农田建设项目 3 万亩，三年累计实施高标准农田建设 6.7 万亩，农业生产综合能力显著提高。聚焦产业链种养、加工、流通和销售等关键环节，2021 年安排实施涉农整合项目 144 个、18183 万元，强力推进实施了一批农产品精深加工、冷链物流和市场销售等农业产业强链补链延链项目，全县农业农村经济呈现出稳中向好的发展态势。

（三）推进品牌创建，助推产业转型升级

加强“味见汉中”农产品区域公用品牌的宣传和营销，以茶产业县域公共品牌建设为重点，打造一批县级以上农产品区域品牌、全国知名企业品牌，完善质量标准，强化品牌保护，加快形成小农户对接大市场、小农户融入大产业、小农户共享大品牌的格局。

二、搭平台、强扶持、促改革，壮大集体经济

坚持精准施策、量体裁衣、靶向发力，在搭建平台、促进改革、强化扶持上下功夫，做大做强村级集体经济这块“大蛋糕”，促进农业增效农民增收。

（一）搭建综合平台

牵头筹建了勉县“两山银行”综合平台，对县域内适合集中经营的资源资产进行摸底、确权、登记，将资源资产集中存入“两山银行”的大数据平台，通过策划、包装，进行项目招商、资本对接和金融赋能，破解乡村振兴中融资难问题，实现生态资源资产与资本的高质量融合。漆树坝镇张家桥村将集体 19000 亩林地资源打包存入“两山银行”，获得县农村信用联社授信额度 500 万元，按照一定比例贷款 200 万元发展肉牛产业。

（二）强化政策扶持

统筹整合资产、资源、资金，引导支农、扶贫、产业等各类项目向村级集体经济发展项目适度倾斜，扶持其盘活集体资产、兴办农业基地和农产品加工项目，形成稳定的村级集体经济收入来源。脱贫攻坚期间，为培育壮大贫困村集体经济，向 111 个贫困村拨付“三变”改革扶持资金 4360 万元。2021 年落实 25 个村、1250 万元集体经济扶持项目，持续增加集体收入。

（三）深化农村改革

巩固和深化农村集体产权制度改革成果，健全农村集体资产经营管理机制，深入实施家庭农场培育计划和农民合作社规范提升行动。创新农业农村投融资体制机制，完善农业农村投资重大项目库，推动建立金融支农联盟，大力发展政策性农业信贷担保，稳步开展农业保险“扩面、增品、提标”试点建设。

三、抓试点、重整治、强保障，推进乡村建设

我县始终把农村人居环境整治作为乡村振兴的第一场硬仗，因村制宜抓整治，分类实施抓推进，点面结合抓覆盖，建设美丽宜居乡村。

（一）抓好试点建设，强化示范引领

高标准完成 1 个乡村振兴示范镇和 27 个示范村规划编制工作，有效防止“千村一面”。推进市级农村人居环境整治“十镇创优百村示范千村整治”三年行动示范镇村建设，完成 1 镇 10 村示范创建工作。加快推进定军山、温泉、元墩、阜川、漆树坝区域乡村振兴示范带建设，实施人居环境整治提升项目 24 个，投入涉农整合资金 1200 万元。

（二）注重源头治理，强化专项整治

大力开展农村“厕所革命”、生活垃圾治理、生活污水治理、农业生产废弃物资源化利用、

村容村貌提升五大行动，累计完成卫生厕所建设 1.2 万余座，配置各类垃圾收集设施 7 万余个、各类垃圾转运设施 3 千余个，全县卫生厕所普及率由 65.25%提升到 80.51%。农村生活垃圾有效治理率达 90%。

（三）强化长效长治，建立保障机制

严格落实人居环境整治网格化管理，压紧压实 1057 名保洁员“划片保洁”责任，将每周二确定为全县环境集中整治日，有效解决人居环境整治容易保持难问题。探索建立农村公路养护、农村安全饮水管护等八大长效机制，明确管护标准和考核办法，推动全县农村公共基础设施专人管、有人护。

发展现代农服　助力乡村振兴

湖北省襄阳市襄州区农业农村局　晋开学

农业社会化服务是发展现代农业的必由之路。近年来，襄州区大胆探索，积极创新，大力发展以土地托管为主要形式的农业社会化服务，引领小农户融入现代农业发展大格局，有效剖解了“谁来种田”和“怎样种田”的时代命题。2021 年 11 月，襄州区双丰收农机专业合作社、襄州区佳富天宇农机专业合作社在全省农业博览会上入选全省第一批农业生产社会化服务典型案例，全省仅有 15 家，全市只有 2 家；襄州区汇吉兴农机专业合作社被农业农村部确定为全国农业社会化服务创新试点单位，全国仅有 100 家，全省仅有 3 家。2021 年 12 月，襄州被确定为省级农业社会化服务创新试点县，全省仅有 9 个县（市、区），襄阳市只有襄州 1 家。

全区累计发展各类社会化服务组织达到 900 家，成为承担农业社会化服务的主力军，全年农业社会化服务面积突破 300 万亩次，托管服务比率达到 80%以上，带动全区小农户达 10 万余户，初步构建“主体多元、覆盖全程、综合配套、便捷高效”的农业生产社会化服务体系，进一步提高农业综合效益和竞争力。

一、大力推动农业机械化，为农业社会化服务发展安上先进的引擎

农业机械化为农业社会化服务提供了巨大的推动作用，能提高生产效率，减少人工成本，促进增产增效。全区主要农作物已经实现产前、产中和产后各个环节的生产机械化，农业机械化综合作业水平 92.1%，位列全省第一，被评为“全国农机平安示范（县）区”“全国主要农作物全程机械化示范区。据统计，全区总动力 141.3 万千瓦。拖拉机 8.1 万台，其中大中型拖拉机 1.1 万台、联合收割机 5375 台、插秧机 2100 台、植保无人机 103 架、喷杆喷雾机 58 台、农机作业北斗监测终端 660 套。如古驿鄂襄豪深合作社投资 100 多万元购置了美国纽荷兰凯斯 4088 收割机，全省仅有 2 台。

二、大力推动土地规模化，为农业社会化服务发展提供广阔的天地

近年来，随着新型“四化”同步发展，农村大量青壮劳动力从农业产业脱离，在农村生产生活的，大都是留守儿童、妇女、老人，对农业社会化服务的市场需求很大。襄州区通过深化农村土地“三权分置”改革，采取出租、入股、托管等多种形式，积极盘活农村土地经营权，

引导农村土地经营权向种田大户流转，向新型农业经营主体集中，扩大农业适度规模经营水平，进一步促进农业社会化发展。

三、大力推动典型示范化，为农业社会化服务发展树立良好的榜样

襄州区在实践中，先后探索和创新出了诸多农业社会化服务发展先进典型模式，得到各级领导高度认可和广大群众良好评价。如张家集双丰收农机专业合作社创新的土地托管半托管模式，得到参加2019年全国农业生产现场会各级领导的一致赞许；龙王鑫美农机械化种植专业合作社跨区域开展机插秧模式，被央视《三农三人谈》栏目专访推介；古驿农机专业鄂襄豪深合作社在抗疫期间通过“微信小课堂”为农户解春耕春管燃眉之急，被央视宣传报道；古驿佳富天宇农机专业合作社“盲人修车兄弟”常年为周边农户提供优质农机社会化服务，被评为“荆楚楷模”。

四、大力推动政策一体化，为农业社会化服务发展注入强大的动力

一是积极实施农业社会化服务项目。近年来，襄州区先后实施4次中央农业生产社会化服务项目，财政奖补资金1700万元，对粮食烘干、土地深翻、机械插秧、统防统治、配方施肥、小麦条播等农业生产薄弱和关键环节进行资金扶持。二是积极加强农业生产基础设施建设。通过对农机购置、粮食烘干设备购置、农产品冷链实施等进行补贴，对农业用地、用水、用电、用气等进行保障，极大地提升了社会化服务实力。三是积极开展政策性信贷保险扶持。在农村金融上，为缓解新型经营主体“贷款难”“贷款贵”等问题，襄州区与省农担公司合作，创新农村金融服务体系，设立涉农贷款担保风险补偿基金，累计发放金融创新贷款369笔2.3亿元。在农业保险上，通过与人保、平安、太平洋、中华联合财险等合作，全区现已开展水稻、小麦、母猪等11个政策性险种。

五、大力推动科技现代化，为农业社会化服务发展插上腾飞的翅膀

2021年7月，襄州区被农业农村部列入“全国农业科技现代化先行县”共建名单。近年来，该区以农业社会化服务组织为依托，大力推广小麦绿色提质增效全程机械化技术、水稻机插秧同步侧深施肥技术、化肥减量增效集成技术等17项主推技术，推动农业科技社会化服务发展，为农业社会化服务提供了科技支撑，提高了农业社会化服务的“含金量”，提升了托管“点单率”，增加了群众“满意度”。

四措并举　扎实推进“放管服”改革工作

甘肃省华亭市农业农村局

为进一步提升政务服务质量，持续优化营商环境，华亭市农业农村局采取多项有效措施扎实推进“放管服”改革工作。

一、强化组织领导，落实工作责任

为确保“放管服”改革各项工作有序推进，农业农村局结合工作实际，立足工作职能，成立了“放管服”改革工作领导小组，全面推进各项改革措施落实。指派1名业务专干负责具体事务办理。在日常工作开展中，将“放管服”工作纳入单位年度目标管理考核内容，坚持主要领导总体抓，分管领导具体抓，办公室总协调，局属单位各负其责，做到了领导、机构、人员“三到位”，建立了一套工作有部署、责任有分解、实施有检查、年终有考核的制度体系，形成了一级抓一级、层层抓落实的责任落实机制。

二、建立完善权责清单，让办事群众“一看就懂”

持续深化“放管服”改革，推进政府职能转变，切实解决群众反映强烈的办事难、办事慢、办事繁的问题，建立完善了权责清单，按照《中共华亭市委机构编制委员会办公室关于对权责清单进行动态调整的通知》（华机编办发〔2021〕10号）要求，农业农村局对照《甘肃政务服务网》，并依据法律法规变动调整、事项类别、实施依据等情况对21项权责事项进行了调整，其中：新增2项，取消2项、调整4类17项。调整后农业农村局共有权责事项249项，其中行政许可类21项、行政处罚类195项、行政强制类14项、行政监督类1项、行政征收类1项、行政确认类1项、其他行政权力类16项。大力开展“放管服”改革宣传，充分利用“华亭农牧”微信平台等媒介，广泛宣传发布农业农村领域改革信息、政策法规解读、办事服务指南、工作成效进展。通过窗口、电话、微信等方式，认真开展前期服务咨询工作，加强与办事群众的互动交流，引导群众精准申报，让“信息多跑路，群众少跑路”。

三、健全信息公开制度，让办事群众“一问便知”

坚持以“公开为常态、不公开为例外”原则，切实加大政务信息公开力度。对依法应当主动公开的信息，及时、准确、全面地向社会公开。在政府网站发布了大量的政务信息和惠农信息，公开了单位工作职能、办公地点、办事流程等情况。

四、加强事中事后监管，让群众“落实到位”

严格按照政策规定，在大力简政放权的同时，农业农村局高度重视，加强了事中事后监管能力。按照“谁审批、谁监管，谁主管、谁监管”的要求，对取得审批手续的相关企业或合作社进行定期不定期执法检查，对经营异常的企业或合作社发放整改通知书并限期整改到位。

五项举措打造乡村振兴“新引擎”

陕西省商南县农业农村局

近年来，商南县农业农村局紧抓农村实用人才培养、产业技术指导服务、农产品安全监管、农业机械化提升、村集体经济发展等重点工作，积极打造“新引擎”，助推乡村振兴。

一、精心组织培训，增添农村人才“生力军”

坚持以提高农村劳动力综合素质为目标，以实用技术培训为重点，夯实乡村振兴人才基础。结合县情，开设茶叶、养殖、食用菌、养蜂、中药材、林果、天麻、木耳等专业培训班 20 个，累计培育新型职业农民、高素质农民 1199 人。录制小麦、油菜、马铃薯、果树种植、中蜂养殖、茶叶春管等微课堂 13 期，通过钉钉群和远程教学课堂开展学习指导，组织 800 余人参加网上直播学习 32 期，组织 80 余名致富带头人赴江西、南京、杨凌等地参观学习，发挥产业示范带动作用，为乡村振兴奠定人才基础。

二、统筹技术力量，架起产业帮扶“连心桥”

以农技人员素质提升为抓手，建立健全基层农技推广人员能力建设新途径。加强产业技术指导，开通短信平台，为 10000 余名产业脱贫户发送产业技术指导服务短信 35 期 25 万余条。编印《商南县产业扶贫实用技术读本》5000 册，涵盖商南县 26 个产业。按照“实际、实用、实效”的原则，成立了以农技专家为主的县级专家团、以职业农民“土专家”为主的 9 支专业技术服务小分队，以灵活方式开展产业技术服务，累计组织培训 800 余场次、2 万余人次，实现了产业技术服务全覆盖。

三、加强源头监管，拧紧产品质量“安全阀”

加强农产品质量安全普法宣传，编印《农产品质量安全生产消费指南》10000 余册。加强速测速检，重点对县辖区蔬菜生产基地、农贸市场、超市出售的蔬菜、水果的农药残留，畜禽养殖场和屠宰场的畜产品瘦肉精进行日常抽检，近三年来累计完成定性检测（速测）农产品 456 批次，抽检样数 14250 个；指导企业设立检测室开展自律性检测 9000 个，定量检测 300 个，检测合格率 100%。加强“两品一标”、GAP（良好农业规范）认证和名特优新农产品申报，指导

26家企业和合作社通过无公害产地认定，认证茶叶、花生、甘蓝、马铃薯、核桃、黑小麦、香菇、杏鲍菇、饮用菊花、猕猴桃等无公害农产品29个，推广使用无公害标识150万枚，无公害基地认定面积突破4.5万亩。指导7家企业和合作社取得有机农产品认证证书，认证产品11个。为8家企业配发追溯打码机和农残速测仪，督促指导县域内14家规模化农业生产经营主体纳入市农产品质量安全监管平台管理，为农产品质量安全示范县创建提供了有力保障。

四、强化农业生产，提升现代农机“硬支撑”

大力开展农机安全大宣传大排查大整治行动，编发农机安全知识短信5000余条，组织监理人员进村入户为广大农机手开展上门农机检审验500余台次，办理注销48台，排查安全隐患60起。落实农机购置补贴政策，累计申报补贴购买机具96台（套）、资金23.25余万元；单机补贴3000元以上的补贴机具入户率达到100%，做到了渠道畅通、应补尽补。扎实推进农机试验示范推广，指导绿园现代茶叶开发专业合作社引进红茶加工机械1套；在试马镇毛河村、过风楼镇县河口村启动农机化综合示范基地、粮油示范基地项目，以道德农机专业合作社为依托，集耕、种、管、收为一体的近400亩农作物全程机械化作业技术示范基地已具规模。商南县年均完成机耕17万亩、机播5万亩、机收2万亩，累计开展猕猴桃、中药材、粮食作物等农机化作业4000余亩，示范机械化收获、秸秆还田1200余亩，有力提高了机械化水平和规模化效益。

五、壮大集体经济，激活农村发展“新动能”

积极配合村级换届工作，协助完成2249名村“两委”候选人的资格审查工作。编制《村级财务审计政策汇编》，围绕村集体经济财务管理、规范建账等组织业务专题培训，深入商南县10个镇（办）126个村（社区）督查指导“清账”工作，审计金额4325万元，对商南县换届后48个需变更的村集体经济组织法人予以变更登记发证。大力推行“三变”改革，采取自然资源租赁、盘活闲置资产、开发自然资源、自然资源入股等方式，努力实现集体资产保值增值。进一步强化集体经济“五联”模式，采取旅游带动、园区带动、反租倒包、支部带动、固定收益分红等模式，稳步壮大集体经济。商南县流转土地26423.97亩，发展集体产业155个。村集体经济积累5万元以下的有8个村，5万—10万元的有47个村，10万—20万元的有36个村，20万—30万元以上的有16个村，30万元以上的有12个村，惠及贫困户9330户。村集体经济成为乡村振兴的“助推器”。

“四个注重”推动“我为群众办实事”走深走实

陕西省吴起县农业农村局

党史学习教育活动开展以来，县农业农村局党委结合党史学习教育，以学促干，注重学习成果转化，坚持把农民群众利益放在首位，通过为群众提供技术服务、制定落实、宣传扶农惠农政策、加强农业基础设施建设等多种方式，积极开展“我为群众办实事”实践活动，取得了良好的成效。

一、注重惠农措施制定落实，激励发展特色产业

开春以来，我局抓早动快，在充分调研征求意见的基础上，及早制定了《吴起县 2021 年扶农惠农七条措施》《吴起县 2021 年巩固拓展脱贫攻坚成果产业扶持办法》，鼓励全县广大农户因地制宜发展特色产业，在政策的激励下，广大农户的努力下，全县农业产业蓬勃发展，全县新建苹果园 3690 亩，新建日光温室 400 座，大弓棚 332 座，种植标准化露地南瓜 11000 亩，标准化胡萝卜 4000 亩，种植粮食作物 31.2 万亩。

二、注重农业技术服务指导，提升产业发展能力

结合党史学习教育，我局大力塑造“兴农先锋”队伍，围绕果、畜、菜、粮、渔重点产业，组成了以党员为主体的 5 支党员先锋农技服务队，深入农村基层一线、广大新型经营主体、产业基地，开展送技术、送政策、送服务活动，通过举行春季果树管理培训会、粮食安全暨统筹利用撂荒耕地推进会、玉米增密度提单产种植现场会、农业面源污染防治政策及技术培训会、特色蔬菜培训会及上门入户指导等多种形式全面开展，累计召开各类宣传培训会 350 余场次 25000 人次，技术人员“手把手”指导 2800 余人次，发放传单、技术资料和政策法规等 32000 余份、书籍 4000 余本。通过周到的技术服务，全面提升了产业发展能力。

三、注重农业基础设施建设，提升农业发展潜力

2021 年，我局深入实施“藏粮于地、藏粮于技”战略，将基础设施建设高标准农田项目作为“我为群众办实事”重点实践活动之一，按照“因地制宜、集中连片、整体推进”模式，新建高标准农田 3 万亩。为把高标准农田建设这件深受群众欢迎的实事办好，我局严格按照时间节点，倒排工期、挂图作战，抢抓项目施工黄金时期，严把工程质量，在项目选址、勘测、设计、招投标及人地矛盾等各环节下足功夫，项目于3月20日顺利开工建设，已完成项目90%，完成土地平整1998亩；土壤改良3万亩，投入有机肥3000余吨，农家肥3000余吨；高效节水3万亩，新打机井5口，铺设管道23000米，软体水窖207座；新修田间水泥路2条，5.8千米。下一步，我局将在不影响农业生产的前提下，持续为民办好“田间事”，不断补齐基础设施短板，力争通过高标准农田建设，勾勒出“田成方、管相连、路相通、林成网”的美丽乡村画卷，让农民群众实实在在地享受到实施农村基础设施建设带来的实惠，让“高标准”农田，成为农民愿意种的“稳产田”“高产田”，推动全县农业发展再上新台阶。

四、注重典型示范引领，带动产业提档升级

2021年是“十四五”开局之年，是巩固拓展脱贫攻坚成果同乡村振兴有效衔接的关键之年，产业振兴是乡村振兴的基础，为此，我局大力开展典型示范，通过示范引领推动产业提质增效、提档升级，以产业振兴带动乡村振兴。半年来，全县发展各类农业产业示范点27个，其中苹果方面7个，建成刘河湾袖珍苹果示范园、长官庙新庄湾示范园、吴仓堡镇丈方台示范园、吴起南梁山楸子试验站4个美丽果园，发展苹果利益联合体3个；粮食作物方面14个，发展千亩吨粮田示范点6个，玉米增密度示范点5个，水肥一体化技术示范点3个，农作物新品种展示示范点2个；蔬菜方面6个，发展胡萝卜标准化示范点1个，南瓜标准化种植示范点1个，以设施农业为主的现代农业园区1个，食用菌示范点3个。通过这些示范点的引领，全面带动产业提档升级。

创新引领 跑出乡村振兴“加速度”

广东省清远市农业农村局

近五年，在市委、市政府正确领导下，市农业农村局准确把握新时代“三农”工作要求，全面推动农业升级、农村进步、农民发展，农业农村工作取得了显著成效。

在全省实施乡村振兴战略的主战场上，清远在2018年至2020年全省实施乡村振兴战略实绩考核中，连续三年位列粤北片区第一名，实现“三连冠”。市农业农村局等3个单位获评“广东省乡村振兴先进集体”。“一把手”抓“五个一”力促乡村全面振兴、乡村振兴样板区建设、打擂比武推动美丽乡村建设、“六活六支”模式发展乡村民宿、以改革举措推进乡村振兴新实践等“清远经验”，多次得到省委领导肯定并在全省推广。

一、富民兴村产业做强做优

在与广州市相距仅40余千米的清城区源潭镇，推动建设粤港澳大湾区“菜篮子”产品清远配送中心，“清远味道”从这里出发，走上大湾区市民餐桌。

产业是乡村振兴的底气，近年来清远立足于全省北部生态发展区的功能定位，以“入珠融湾”为重要契机，以深化农业供给侧结构性改革为主线，以农业产业发展“五大一深化”提升行动为突破，推进农业“3个三工程”，打造“3+3+X”农业产业体系，聚力建设现代农业产业集群，带动农民持续稳定增收，做强富民兴村产业。创建2个国家级现代农业产业园、14个省级现代农业产业园，已实现一县一园（或多园），联农带农10万多户；已落实建设“一村一品、一镇一业”项目275个，创建省级“一村一品、一镇一业”专业镇11个，专业村164个，农村集体收入实现稳定增长。

以加快农产品“入珠融湾”为例。清远围绕“湾区所向、广州所需、清远所能”，携手广州打造大湾区的“米袋子”“菜篮子”“果盘子”“茶罐子”工程。清远共有43个粤港澳大湾区“菜篮子”生产基地、产品加工企业和销售点。

两市还积极推进广清农业众创空间建设，推广“清远农家”品牌，线上线下助力清远优质农产品投放广州市场。全市共有126家农业经营主体获颁“清远农家”品牌商标授权证书，累计开设“清远农家”专卖店和专柜86个。

据市农业农村局介绍，“十四五”期间，全市还将结合驻镇帮镇扶村工作，积极探索创建镇域现代农业产业园，作为发展镇域富民兴村产业的重要抓手；申报创建一批跨县集群优势产业带，力争打造4个百亿级以上、6个50亿级以上的全产业链产业；大力发展“一村一品、一镇一业”，加快推进农业产业强镇项目建设。

二、“美丽乡村”向“美丽经济”转化

平坦黝黑的柏油路连接绿水青山间的村落，大水坑村一幢幢四层小楼排列整齐，巷道分明，整洁而开阔，屋墙上是饶有趣味的田园墙绘，屋门前的乡村民宿招牌各有千秋。

谁曾想到，大概十年前，位于清城区东城街的新桥民宿村仅有15间破旧的泥砖危房，房前屋后杂草丛生，还有蚊虫滋生的臭水坑，村集体年收入不到1万元。如今，新桥民宿村内41户村民，已有23家通过改造自家民宅经营起特色民宿，全村共有218间标准客房，约318个床位。上年村里民宿营业额最低的一家有13万元，最高的达到30万元。

民宿经济引流吸“金”的背后，是清远依托美丽乡村建设成果，聚力打造多元组合、产业共融、业态相生的乡村产业新模式、新业态，加快“美丽乡村”向“美丽经济”转变。

近年来，全市通过财政“以奖代补、先建后补”推动全域建设美丽乡村，累计创建美丽乡村9986个，占总村数69.55%。在美丽乡村建设的基础上，利用生态资源优势，探索“六活六支”模式大力发展乡村民宿，推动从“建设乡村”向“经营乡村”转变，从“美丽乡村”向“美丽经济”转变。全市共发展乡村民宿890家，全省乡村民宿发展现场推进会在清远成功举办。各地通过盘活利用农村土地、农房和古村落等资源，不仅吸引众多大湾区游客来清远休闲度假，还带动乡村产业多元化发展，使老百姓从中获益、稳定增收。

全市乡村民宿已实现装备研发生产、投资运营推广、金融服务配套、专业人才培养、区域品牌打造、创业创新孵化全产业链发展。在乡村民宿的带动下，全市休闲农业和乡村旅游发展进入快车道，累计创建全国美丽休闲乡村2个，国家级休闲农业与乡村旅游示范点1个，省级休闲农业与乡村旅游示范镇12个、示范点29个。

三、“三块地”激活一盘棋

沿着清新区下迳村乡村振兴精品线路驱车前行，途中就能去到金龙洞地下河、下迳村小华山风景区、虎尾山水云天风景区等特色景点。山水旅游资源被盘活，受到越来越多游客的青睐。

农村土地征收、集体经营性建设用地入市、农村宅基地制度改革三项改革试点，统称为“三块地”改革，是农村土地制度改革的重要内容，也是其中的难点。

针对农村土地等资源要素分散细碎，导致农村资源难利用、农业规模经营难实现、乡村产业难落地等问题，市农业农村局积极探索推进农村集体经济组织股份合作制和“三块地”改革，着力推进农村资源整合盘活利用。

下迳村作为探索推进“三块地”改革的试点，以不改变土地用途为前提，积极探索农村“三块地”管理新机制。相继完成了清产核资、集体经济组织成员身份认定、折股量化等一系列工作。随着该村股份经济合作社的正式成立，将加快盘活农村承包地、宅基地、集体经营性建设用地等资源。全市已有225个集体经济组织开展了股份合作制改革。

事实上，“三块地”改革只是清远探索乡村振兴，激活农村活力的一部分。近年来，清远从扶贫经济开发试验区到全国第二批农村改革试验区，积累了丰富的改革经验，形成可全国推广复制的“清远经验”。

在“十三五”收官、“十四五”开局之际，清远再次成为城乡融合发展、建立稳定脱贫长效机制、新型城镇化、电子商务进农村等多个国家级及省级试点，继续弘扬“敢闯敢试、敢为人先”的改革精神，启动乡村振兴样板区建设，为再创新时代“清远经验”提供有力保障。

多措并举 助推农业高质量发展

浙江省嵊州市农业农村局

2021 年，嵊州市农业农村局坚持党史学习教育与推动“三农”工作两手抓、两促进，稳步推进农业生产，优化农村人居环境，拓宽富民增收途径，盘活改革创新活力，助力我市在打造“重要窗口”和高质量发展建设共同富裕示范区县域样板中交出了“三农”工作高分报表。

一、围绕“稳保供”，农产品保障有力

实施粮食生产功能区“非粮化”整治，2021 年累计整改优化“非粮化”面积 2.86 万亩，粮功区“非粮化”抛荒田复种面积 1173.23 亩，“良田”回归“粮田”；生猪存栏 20 万头，产能达到 38 万头，自给率稳定在 160%以上，切实保障了百姓的“菜篮子”“米袋子”。

二、打造“强芯片”，现代种业创新发展

扩大专用稻种植，根据粮食终端产品确定专用稻品种，专用稻生产的榨面供不应求；推广优质稻种植，三碗米业收购优质稻米订单粮基地面积超 1.5 万亩；发掘适合山区种植的节水旱稻品种，种植技术在全省推广；连续第五年承办长江下游水稻新品种大会，为水稻新品种展示、良种筛选、技术交流提供平台，“看禾选种”基地被认定为首批国家农作物品种展示评价基地。

三、奏好“振兴曲”，“五星 3A”迭代升级

高标准开展乡村规划设计，持续优化乡村布局，集成政策措施、集成项目资金、集成推进力量，打造有辨识度、有引领带动作用的“乡村振兴先行村”2 个，施家岙村和温泉湖走出了乡村形态整体提升的蝶变之路，打造成高层次的共同富裕基层示范点。

四、立足“清家底”，合同清理效果显著

以“三资”领域腐败问题和侵占农村集体资产资源突出问题专项整治为抓手，全面排查无偿占用、程序违法、显失公平等违规处置村集体资产资源问题，追缴拖欠承包款 4029 万元，帮助各村增收 15 万元以上，被评为 2021 年第二批“奔跑奖”项目。

五、聚力“促增收”，消薄成效持续巩固

整合优化政策、资金和土地等资源，全面激活镇、村级“造血”功能，将“不动死资产”变成“流动活股份”；推进黄泽小微工业园等“飞地抱团”项目建设，通过市级统筹、跨村发展、股份经营、保底分红等发展模式，推进村级经济的高质量发展；实施村级集体经济发展提升基金项目，每年可为每个行政村提升 13.25 万元的经营性收入，2021 年底全市所有村经营性收入达到 30 万元以上。

六、稳慎“夯地基”，改革试点有序推进

以全国农村宅基地改革整市试点为契机，在严格遵循改革政策大框架不变基础上，探索突破陈规旧制，积极探索全链条管理、一庭院三基地建设、规划整合村创建等嵊州特色项目，瞄定阻碍要素流动障碍点位，定向发力激活土地资源，实现农村内生动力量级放大、能级提升。该项工作获陈德洪副市长批示点赞，第三季度全省宅基地试点地区改革综合指数排名居绍兴第一。

七、聚焦“智慧 +”，数字化改革步伐加快

全面推进“三资”管理数字化转型，全市 269 个村（居）全部上线省农村集体经济数字管理系统；推出“一村一码”阳光公开，实现从传统监督到“智慧 +”实时监督的转变，实现“码上公开”；推进“三农”领域数字化改革，完成“浙农码”赋码数 13771 条；“温泉湖村——跟着节气游乡村”项目成功申报成省“先行先试”项目。

八、争当“先锋军”，争先创优喜获佳绩

赵洪同志获“全国五一劳动奖章”，储开江同志被评为“浙江省最美公务员”，杨曙东同志被授予“嵊州市劳动模范”，同时获得国家级、省级、市级三级荣誉；稳产保供措施有力，浙江省生猪保供突出集体和粮食增产保供成绩突出个人双双花落我局；执法案卷被评为全省优秀案卷。

深学党史践初心 为农服务办实事

青海省西宁市农业农村局

自党史学习教育开展以来，西宁市农业农村局坚持学党史与悟思想融会贯通、办实事与开新局同向发力，结合工作实际，创新形式载体，引导党员干部群众以学促干、以学促进，深化“我为群众办实事”实践活动，把学习教育成果转化为增强党性、改进作风、提高能力、推动工作的实际成效。

一、农业生产开局良好，首季实现“开门红”

一是紧抓农时，强化科技服务，保障农资供应，春播生产顺利推进并接近尾声。全市已完成农作物播种总面积 160.50 万亩，其中，粮食作物 91.16 万亩，油菜 50.98 万亩，蔬菜 9.68 万亩，其他 8.68 万亩。备耕春播期间，各级农业农村部门和农资供应部门储备各类良种 858.93 万公斤，组织各类化肥 6876.74 吨，市农业综合行政执法监督局检查农资经营单位 76 家，覆盖面达 92.6%。全市投入各类农业机械 15.06 万台，其中拖拉机 7.6 万台，配套农机具 8.79 万台部，农机部门检修农机具 8 万余台套，培训农机人员 1200 人次。全市举办各类农业科技等各类培训班 134 期，培训农民 1.61 万人（次）。市农业技术推广服务中心结合三区人才服务和专家服务队“乡村振兴服务行”，开展各类培训 20 次，培训指导农民 646 余人次，高素质农民培训跟踪服务 3 期。加大重点农业技术推广项目实施力度，实施化肥农药减量增效 60 万亩，全膜覆盖栽培技术推广 14 万亩，农作物种子工程 1.77 万亩，优质饲草种植 20 万亩。

二是狠抓畜禽补栏、春季防疫和畜禽产品调运监管工作，畜牧业生产稳步提升。一季度肉、蛋、奶产量分别达到 1.77 万吨、0.13 万吨、3.33 万吨，同比增长分别为 1.7%、30%、23.3%。全市牛、羊、生猪、家禽存栏分别为 44.41 万头、90.4 万只、16.86 万头、49.79 万只，其中生猪存栏同比增长 65%。春防期间，全市共配发各类疫苗 640.87 万头份毫升，共免疫注射各类动物 238.497 万头只羽次，市动物疫病预防控制中心抽调防疫技术人员组成春季动物防疫工作服务督导小组，深入养殖场户，开展动物防疫督导及技术指导服务工作，确保免疫效果和免疫密度。积极落实草原生态保护奖补政策，草原禁牧与草畜平衡奖补资金 1224.1 万元，奖补面积 576.07 万亩。强化动物卫生监督工作，产地检疫各类畜禽 24.23 万头只（羽），派驻官方兽医 31 名开展驻场检疫工作，监督生猪定点屠宰企业全面开展“非洲猪瘟”自检工作。

三是加强农产品质量安全管理。加大畜禽产品调运监管力度，市农业综合行政执法局组织各县区相关单位，加大对养殖场(户)、乡村道路及其周边、高速公路道口等重点场所的监督检查。市农产品质量安全检测中心对全市12个生产基地开展草莓产品质量安全监督抽查工作，共抽取草莓样品30批次，对全市15个农产品生产基地及6个农产品批发市场、农贸市场开展农、畜、水产品质量安全例行抽检工作，共抽取农产品样品100批次。并向生产基地生产管理人员开展农产品质量安全相关法律法规宣传，讲解合理使用农药、肥料等相关知识，强化农产品质量生产安全意识。

二、突出产业发展，“三乡工程”起步实施

一是制定完善政策体系，落实工作推进机制。将实施“三乡工程”作为全面推动乡村振兴的重要载体和抓手，按照市委决策部署，农业农村局发挥市委农办统筹协调职能，牵头起草了《西宁市实施“三乡工程”助推乡村振兴工作方案》及30条措施，《西宁市实施“三乡工程”2021年任务清单》及《西宁市“三乡工程”工作机制》，委托第三方设计建设“三乡工程”服务平台（网站），抽调人员组成工作专班，加强工作统筹协调，推进“三乡工程”。

二是加强协调对接，推进农业农村项目落地。共争取落实中央、省级农业农村发展专项资金3.47亿元，涉及耕地地力保护补贴、高标准农田建设、农机购置补贴、新型经营主体及农牧民合作社发展、农业生产社会化服务、全膜覆盖栽培技术推广等27个项目。“十四五”重大项目黄河流域（湟水河）高原蔬菜现代农业产业园前期进展顺利，全市重点项目西宁蔬菜科技园10月底建成投入运营，全省首个动物尸体无害化处理项目将落户西宁，20个乡镇兽医站提升改造项目近期即将开工建设，牦牛、藏羊产业集群建设项目的实施，将进一步提升特色农畜产品精深加工能力和水平，继续实施90个村中央财政扶持壮大村集体经济项目，力推全市所有村集体经济收入达到5万元以上。

三是强化金融保险支持，有效解决农民合作社等新型经营主体融资问题。联合市金融办、省农担西宁分公司、西宁农商银行召开“三乡工程”暨“扶社贷”推介会，发挥农村金融主力军作用，通过提高贷款规模、加大风险补偿、给予贴息和保费补贴、提供贷款担保等方式，加大金融资金投入，推动社会力量参与乡村振兴。

三、改善农村人居环境，提高农民的获得感和幸福感

一是持续开展“村庄清洁行动”，推进农村生活垃圾治理。发动群众20万余人（次），清理生活垃圾14715吨，清理乱堆乱放320余处，清理河塘沟渠65千米，清理农业生产废弃物312吨。

二是推进农村厕所革命，提高卫生厕所普及率。农村户厕情况摸排工作全面铺开，结合本地区农村实际，积极推广简单实用、成本适中、农民群众能够接受的卫生改厕模式，落实1.02

万座农村改厕任务。

三是加快推进城镇污水管网向农村延伸，持续提高污水处理能力。湟中县 4 个村人居环境整治污水管网铺设项目复工建设，已完成工程量的 30%。积极争取 18 个村农村人居环境整治项目，项目总投资 3.6 亿元。

聚焦作风建设，促进服务保障，党史学习教育走实走深。下一步，西宁市农业农村局将继续以“学史明志葆初心 兴农建功担使命”为引领，突出行业特点、发挥部门优势，把党史学习教育与乡村振兴有机结合，切实提升党员干部为民服务热情和艰苦奋斗干劲，深入乡镇村社、田间地头开展实践活动，不断提升“三农”工作服务质量和水平，以更加昂扬的姿态和更加饱满的热情，感恩奋进、拼搏赶超，为建设现代美丽幸福大西宁贡献更多“三农”力量，增添更加亮丽的“三农”风景。

以“四抓”为措施
持续推进 2022 年农业农村工作

贵州省贵阳市乌当区农业农村局

为深入实施乡村振兴战略，持续做好全区巩固拓展脱贫攻坚成果同乡村振兴有效衔接工作，加快推进农业现代化，乌当区农业农村局提前谋划，深入思考，以“四抓”为措施，持续推进 2022 年农业农村工作，高质量建设乡村振兴新标杆，促进农业高质高效、乡村宜居宜业、农民富裕富足。

一、抓核心指标运行

以高质量和“强省会”考核为指挥棒，围绕巩固脱贫与衔接乡村振兴、农产品加工转化率、高标准农田建设、农村居民可支配收入、稳粮保供、经营主体培育、美丽乡村建设等 7 项牵头核心指标，做到运行一月一分析、协调两月一对接、报数一季一把关，针对每一项指标找准支撑项目、制定重点措施、提炼工作亮点，常态化排查和化解农业农村安全生产风险和巩固脱贫、乡村振兴、农业生态、动植物疫情防控、农产品质量安全等政治风险，力争在高质量和“强省会”考核中往前靠、做贡献。

二、抓重点工作统筹

围绕巩固脱贫和乡村振兴两项重点，发挥好牵头抓总职能，从年初开始建立起目标体系、责任体系和工作体系，目标化、清单化、时限化、责任化、问题化抓好统筹调度。落实两月一次向区委、区政府报告推进情况和督查通报制度，督促局内局外用心用力抓好工作开展。强化对上资金协调，兑现好扶持产业发展“10 条措施”，激发市场经营主体参与乡村发展。

三、抓项目支撑发展

抓住项目这个“牛鼻子”，围绕财政投资、债券基金、招商引业等政策导向和市场需求，推进和谋划一批项目实施。重点对接启动实施与市城投合作投资 10 亿元乡村振兴示范点建设项目，国家级产业强镇和数字乡村建设项目；持续推进 2 个市级特色田园乡村振兴示范点，5 个区级乡村振兴示范点，2个资源化利用和覆盖全区的厕所革命“两水同治”项目；实施5个特优农产品扶优扶强项目，9个高标准农田（坝区）建设项目，4个农村人居环境整治项目，8个农田水利设施建设项目；着力引进5家市场主体，实际投资2亿元以上发展种苗业、生态米、雪花猪、精品园、林下药、高端菜等农业产业，以抓项目建设和招商引资为支撑，整合推进农业现代化和农村“五治”。

四、抓改革创新探索

探索解决当前农村用地难、经营主体发展难等问题，在羊昌甲岗、百宜红旗2个村试点开展宅基地和“一户一块田”改革，探索“三权分置”和农村耕地碎片化治理的办法路径；围绕发展村集体经济，选择2个村试点开展农村集体经营性建设用地入市，探索乡村产业发展和乡村建设用地的供地方式；创新投融资机制，落实土地出让收益用于农业农村比例，设立乡村振兴基金，为乡村振兴提供资金支持和保障。

以党建引领农业农村工作高质量发展

广东省阳春市农业农村局

市农业农村局党组始终把学习贯彻习近平新时代中国特色社会主义思想作为首要政治任务，认真落实习近平总书记重要讲话、重要指示批示精神，坚持“围绕中心抓党建，抓好党建促发展”的理念，主动担责，积极作为，较好地完成了全市脱贫攻坚和乡村振兴目标任务。

一、以“三种能力”提升党建质量

一是提升组织领导力。认真落实党组党建主体责任和党组书记第一责任，坚持将党建工作与农业产业发展、脱贫攻坚、乡村振兴工作同谋划、同部署、同落实、同考核，实现党建与业务工作同频共振、共同发展。二是提升学习能力。严格执行“第一议题”学习制度，深入学习并践行习近平新时代中国特色社会主义思想。各党支部结合各自工作领域开展“进农村、进企业、进项目”主题党日活动，在农业农村工作中“有干劲、有激情、在状态”。三是激发创先争优能力。扎实推进“敢担当·有作为·真落实”模范机关创建，特别是在疫情防控特殊时期、脱贫攻坚关键时刻，形成“党建+农业项目建设”等“党建+”模式，延伸党建触角，筑牢党建阵地，做到把支部建在农业项目上，建在农业产业发展上，建在农民群众脱贫攻坚道路上，让党旗飘在农业农村第一线，激发队伍创先争优能力，用实际行动履职尽责。

二、以“两个模式”助力脱贫攻坚

充分发挥部门职能优势和统筹作用，巧用两个模式，强化工作落实，有力推动全市脱贫攻坚。至 2020 年底，全市 14981 户 34182 名贫困人口全部实现脱贫目标，贫困户生活质量持续向好。一是以“农业农村局统筹+农业企业主导+生产大户示范”的模式，着力壮大全市特色产业。市农业农村局以春砂仁省级现代产业园等建设为契机，推动水果、南药、蚕桑、澳洲坚果等特色产业规模化、基地化、产业化发展。其中，澳洲坚果面积在短短几年时间从 1000 多亩发展到 6 万多亩。在原有农业品牌的基础上，在春湾镇高村自然村成功试种袁隆平院士团队育成的“超优 1000”有机水稻。二是以“公司+基地+农户”“合作社+基地+农户”等模式，成功培育村级扶贫产业项目。通过加强部门联动，健全机制，全力在基层党建、消费扶贫、示范创建、培训教育、宣传动员、协调督导等方面统筹推进，实现贫困村产业项目全覆盖。

三、以“一项机制”改善农村人居环境

通过示范带动、连片规划、全方位宣传等措施，逐步形成“政府引导、部门协作、社会支持、群众响应”的工作机制，全面推进农村人居环境整治。一是打造一批精品特色示范村。累计选取 104 个自然村开展美丽宜居示范村建设，成功打造春湾镇高村自然村等一批精品特色示范村。在示范带动下，全市 309 个行政村中有 83.8%达到干净整洁村标准，50.4%的行政村达到美丽宜居村标准，所有指标全部达到 2020 年度农村人居环境整治目标任务。二是规划好乡村旅游线路。通过抓好连片规划，成功打造了“三线四片”乡村旅游线路：岗美镇潭簕红色乡村旅游线路、三甲镇乡村休闲度假旅游线路、双滘镇鸡笼顶休闲旅游线路、省级新农村示范片（马兰片区）、春北山水画廊片区、石望镇交岗村梁振南将军府片区、河口石河风光休闲片区。三是完善农村基础设施建设。坚持先规划后建设的原则，主动联合相关职能部门有计划地补齐农村基础设施短板，引导和鼓励社会资本投入农村基础设施项目建设和后续管护服务。全市 309 个行政村已实现村庄规划全覆盖，4762 条自然村完成村道硬底化 5648 千米，4781 条自然村纳入垃圾处理体系，15 个镇级生活污水处理设施建设全部完成，3681 条自然村完成生活污水收集，2526 条自然村完成生活污水治理，4394 条自然村完成集中供水。

四水统筹　深化治水思路

四川省大竹县水务局

从“十三五”到“十四五”，大竹县水务局不断创新优化体制机制，深化治水思路，用好“河湖长制”抓手，严控工业源、城镇生活源、农业面源等污染源的水污染物总量，改善水环境质量，坚持水安全、水环境、水资源、水生态“四水”统筹，实现水生态系统的整体保护、系统修复、综合治理。

一、严防、严查、严管，守好水安全底线

一是守好防汛安全底线。做好夏季强降雨防御工作，及时启动防汛应急响应，保障防汛安全。修改完善防汛防旱应急预案，扎实开展汛前、汛后检查，加快推进防汛排涝决策指挥系统建设。推进水旱灾害风险普查，系统制订防汛排涝综合提升方案。二是守好水源地安全底线。落实巡查制度。制定《水源地巡查管理办法》，落实乌木滩水库一级水源地日巡查工作，建立问题交办、督办机制，累计开展水源地巡查两百余次，形成问题发现、整改、监督的有效闭环。三是开展排口管理。深入开展水源地排口专项排查，完成水源地保护区内工业、商业、住宅小区等各类排水户的256个排口调查工作，开展以“一张图”为基础的排口巡查溯源整治工作。

二、节水、效率、宣传，做好水资源文章

严格各行业用水定额管理，积极落实省市规定的用水定额标准，在水资源论证、取水许可、节水载体认定等工作中严格执行。大力推进节水型载体创建工作，力争2022年节水型企业覆盖率达到65%，节水型单位覆盖率达到35%，节水型小区覆盖率达到25%。扩大节水宣传范围，利用水周，让节水知识进社区，增强市民的节水意识，从“要我节水”到“我要节水”。

三、控源、截污、治理，答好水环境考卷

一是深入污水提质增效。协助住建部门开展区域控源截污专项排查整治，对县域范围内管网进行整体排查疏通，在此基础上对部分住宅小区、商业街区、河道和市政管网进行整治改造，计划2022年底前全部完成。二是彻底整治Ⅴ类、劣Ⅴ类河道。在全面消除城区黑臭水体的基础上，按照“制定更高标准时间表”开展“消劣”工作要求，扩大排查范围，全力推进县域范围内疑

似Ⅴ类、劣Ⅴ类水体的整治。

四、流动、生态、自净，画好水生态图景

近年来，大竹县致力于提高水体流动性：拆除河道阻水围堰，提升圩区泵站。同时，良好的生态系统能进一步增加水体的环境容量，提升水环境质量。一是实施东柳河城区段综合治理工程。该项目以控源截污、调水引流、河道整治、水生态修复、智慧管控为总体方案，（一期）累计完成投资约1.1亿元，该项目投运后，将融入城区活水畅流体系，东柳河水质指标趋势向好，河网蓝藻聚集程度得到明显缓解。二是推进生态美丽河湖建设。持续开展河湖“清四乱”常态化、规范化专项行动，河湖生态环境不断改善；全县3座中型水库、11条主要河流河道岸线管理范围划界以及“一河一策”方案编制全面完成，水质明显改善，水清、渠畅、岸绿、景美的美丽幸福河湖基本形成。

以乡村水务为抓手
推动两项改革“后半篇”文章落细落地落实

四川省广元市水利局

为深入贯彻落实党中央、国务院，省委、省政府和市委、市政府全面实施乡村振兴战略，做好两项改革“后半篇”文章，市水利局积极行动，着眼从传统农田水利向现代水利转变，构建完备的乡村水网体系及现代化水管体系转变要求，以乡村水务为抓手，转变基层服务方式，谋深做细做实水利行业两项改革“后半篇”文章。

一、高度重视

市水利局党组认真谋划推动两项改革“后半篇”文章水利系统工作，成立推进工作领导小组和工作专班，将乡村振兴战略作为水利工作重大政治任务抓紧抓实，多次召开党组会议专题研究推进两改“后半篇”文章工作，传达学习四川省委农村工作领导小组办公室、四川省水利厅《关于加强新时期农村水利工作助力乡村振兴发展的指导意见》等文件精神，研究贯彻实施意见。领导小组和工作专班多次深入各县区调查研究，掌握实情，提出建议，为局党组制定乡村水务振兴工作方案提供第一手资料。

二、统筹推进

坚持谋定而后动，有的放矢安排试点工作。在空间规划上，贯彻省委全会精神，紧扣“按实际划分片区，按片区编制规划，按规划优化布局、配置资源”的方向路径，结合我市两项改革实际，科学规划我市农村供水、产业供水、水美新村、灌区工作。市域内，以昭化区、旺苍县为试点，以点带面，引带其他县区；县域内，分片区划定乡村水务中心（乡）镇，辐射全域乡村水务。在任务内容上，研定新时期以乡村水务为主抓手，以“新农水”四项任务为统领，转变基层服务方式，保证好农村供水；加强灌区节水改造和水库渠道安全运行，保障好产业用水；强化水生态环境治理，提升水利风景区形象，建设好水美新村，通过统筹部署，切实推动两项“后半篇”文章农村水利工作。

三、试点示范

经市水利局党组推荐，并经水利厅明确，昭化区被确定为全省22个县第一批乡村水务试点县，旺苍县为 10 个备选县之一，备选县与试点县，同安排、同推进、同评估，并列入第二批乡村水务试点县。按照“市局督导，县区实施，分级负责”工作原则，推进试点工作。科学编制《2021—2023 年推进乡村水务试点县实施方案》，明确工作指导思想和总体目标及应遵循的原则，分类确定建设目标，细化步骤措施，提出保障要求。积极与财政厅、水利厅沟通对接，争取资金、项目、政策优先保障。积极探索改革创新投融资、建设、管理机制，想方设法多方式挖掘投融资渠道，积极依托或筹建县级水务平台公司建设“新农水”工程项目，不断推行工程规模化、集中化建设新模式，完善创新农村水利工程管理机制，分类有序推进乡村水务管理营运公司化、企业化、规范化。

多措并举 着力优化营商环境

河南省方城县水利局

为进一步优化营商环境，方城县水利局聚焦重点、明确方向，通过抓制度机制、抓服务效能、抓环境优化、抓审批监管，大力提高办事效率，创优服务质量，把优化营商环境工作落到实处。

一、规范行政许可程序，提高服务效能建设

省水利厅印发了《河南省水利厅简化整合投资项目涉水行政审批实施细则（试行）的通知》，明确了许可依据、申请所需提交材料、办理流程等内容。结合集中行政许可改革和深入推进“放管服”改革工作，将所有许可事项由各相关业务股室分别负责接收申请材料进行受理改为由水政水资源股（行政审批服务股）集中受理，统一制作规范的审批流程图、有关表格样表等格式文书。进一步简化行政许可流程，精简审批材料、压缩办理时限到90%。真正实现“便民、高效、减轻申请对象负担”的目标。

二、加大法治保障力度，营造法治营商环境

严格执法，认真落实行政执法制度，积极开展法治培训工作，依法维护各类主体的合法权益。规范水行政执法行为，提高执法队伍人员工作水平，净化执法环境，努力营造良好法治环境。

三、加强政务诚信督导力度，积极建设信用服务体系

完善政务诚信监督社会监督机制，加强干部职工诚信教育，落实守信激励与失信惩戒，自觉接受司法监督。强化水利工程建设领域政务诚信建设，健全完善政务信用管理体系。强化信用信息管理和应用，建立健全信用奖惩机制，在行政许可、市场准入、招标投标、资质管理、工程担保与保险、表彰评优、信用评价等工作中，积极应用信用信息；市场主体有严重失信行为的，列入水利建设市场黑名单。规范信用信息修复，严格执行省、市公共信用信息修复管理规定，遵循“谁报送，谁组织实施”的原则，对满足信用修复的失信市场主体，按程序办理信用修复。

优化营商环境 提升供水服务水平

山东省枣庄市薛城区城乡水务局

为贯彻落实省、市决策部署，激发经济活力，营造日益良好的营商环境，助力落实“工业强市、产业兴市”战略实施，薛城区城乡水务局严格落实主体责任，强化行业监管职能。围绕优化营商环境创新突破，指导供水专营单位聚焦获得用水精准发力，不断完善服务规范、服务标准，采取减材料、减环节、减时限等措施，推行“网上办”“掌上办”“零见面”优质服务，切实提高供水报装质量和办事效率。

一、加强组织领导，夯实主体责任

始终把优化营商环境工作纳入党组重要议程，不断强化责任落实，聚焦重点、明确方向，牢牢把握工作目标，坚持主要领导亲自抓，分管领导靠上抓，责任科室负责人具体抓。持续加强对专营供水企业的业务指导和监督检查，逐步形成上下联动、条块协调的工作格局，大力提高办事效率，创优服务质量，有力推进了优化营商环境在我区水务行业领域的有效实施。

二、细化工作标准，优化创新突破

为全面提升中小微企业全生命周期服务水平，供水专营企业在主动服务、精准服务上下功夫，不断完善服务规范和标准。用水申报“一单办”，企业用户只需提交《用水安装申请表》即可申请办理供水报装。报装环节“精简办”，实施容缺受理，具备直接接通条件的，简化为“申请受理、装表接通”两个环节，用水接通不超过 2 个工作日。预约服务“上门办”，收到用水报装申请后，10 分钟内与企业对接，提供预约、定制、实地勘验等前置工作。推进供水接入“降费办”，通过强化管理、提升技术、挖潜降本等有力措施，只收取报装用户工程材料成本费，减免增容费、工程设计费、配套费，全面提升企业全生命周期最优服务获得感。

三、畅通服务渠道，“线上”“线下”全覆盖

集中统一规范管理，供水专营企业进驻区市民服务中心，依托枣庄政务服务、微信企业公众号“晟润供水”“爱山东”APP 等平台，实现供水报装业务“网上办”“掌上办”，业务填报“零见面”、办理进度线上查。全面实现不动产登记与“水电气热”过户协同办理，水电气暖联合报装、联合验收全部接入工程建设项目审批管理系统，实现用水报装服务“一网通办”。以企业和群众满意为目标，切实增强服务意识，提升政务服务水平，对12345热线反映的供水问题，安排专室专人及时将诉求处理结果进行答复。同时，供水专营企业设立24小时服务热线4411181，提供全方位咨询服务和帮办代办业务，提前介入统一对接，对用水报装企业进行走访和问卷调查，有效优化用户办事体验。

四、立足常态长效，巩固提升供水服务

强化行业监管，严格落实36项供水行业服务质量评价标准内容，指导供水专营企业严抓关键环节，查找不足、总结经验，不断加大制度创新、流程再造力度，优化“爱山东”APP、“晟润供水”公众号在线用水服务，积极推进供水报装业务智能化、现代化。严格落实供水社会服务承诺制度，精心打造“小水滴”供水服务品牌，通过广泛征求相关部门及用户意见建议，对标济南等先进地区经验，不断加强自身能力建设，强化内部管理，持续提升服务质量与效率，确保优化营商环境获得用水取得实效。

勇担水务发展使命
全面推进新阶段城乡水务高质量发展

山东省济南市章丘区城乡水务局

近年来，在章丘区委区、政府坚强领导和高度重视下，在区人大、政协及社会各界监督和支持下，区城乡水务局强抓黄河战略机遇，融入“东强”格局，坚持“四水四定”，防洪水、保供水、治污水、强监管、提服务五措并举，成效显著。从河湖清违清障到两河两湖60千米河道、15座桥梁系统治理，从6条城区水系治理到集中值班库河联防联控，防汛减灾能力全面提升；实施农村饮水安全两年攻坚、城区自来水配套改造、34万亩引黄灌区节水工程、白云水库主体完工，城乡供水保障能力不断增强，泉水持续喷涌18年；第四水质净化厂建成投用、创新实施“4312”农村生活污水治理新模式、启动片区雨污分流治理，城乡水环境治理成效显著；实施最严水资源管理、创新水保监管模式，河湖长制有实有效，依法监管能力不断提升；成立技术审查组，规范全区重点项目涉水事务服务。全区水务基础设施不断完善，行业监管服务能力不断增强，城乡水务高质量发展迈出了新步伐。

2022年是党的二十大召开之年，也是贯彻落实黄河战略的关键一年，区城乡水务局以两会召开为契机，抓牢抓实黄河战略重大机遇，勇担“东强”使命。严格落实“四水四定”方针，围绕“两清零、一提标”工作目标，保供水、治污水、防洪水、用泉水，编制全区现代水网水系规划，破解黄河水资源刚性约束，重点实施水源工程、城乡供排水工程，城区水系治理、雨污分流工程，全面提升水资源保障能力、水生态水环境承载能力、水安全保障能力、行业监管服务民生能力，为全面建设社会主义现代化济东强区贡献水务力量。

一是提质扩容保供水。建成投用白云水库，加快云湖水厂及配套管网建设，新增地表水源，保障城区新增用水需求的同时，对中北部街镇供水进行有效整合；开展东部水源地论证，优化水资源配置；实施农村饮水巩固提升工程，对各镇街规模化供水水厂及120个村内供水设施进行改造提升，新建高官寨罗家水厂，形成规模化、专业化、现代化农村供水保障体系。继续做好落地项目、安置房老旧小区供水管网配套，优化营商环境。

二是强库疏河防洪水。启动实施杏林水库扩容工程，有效提升水库调蓄利用雨洪资源能力。推进东巨野河综合治理，提升防洪能力，打造章丘西部生态廊带。推动绣江河支流综合治理、圣井片区水系治理等重点防洪项目前期工作。全面落实河湖长制，发挥各级河长作用，严格落实水库、塘坝“三个责任人”和“三个重要环节”，立足防大汛、抗大洪，强化“四预”措施，补好工程、预警监测短板，做好万全准备，有力有序应对极端天气。

三是控源转化治污水。系统开展城镇雨污分流，控源截污；实施规模化污水处理厂提标改造，扩建水质净化厂，中水利用率达到40%；深入推进“4312”农村生活污水治理模式，建设70个村污水收集管网，260个村纳入专业运维管护，建立规范达标、运转有效的农村污水治理长效管理机制。

四是保源扩蓄用泉水。严格落实泉水规划，保障泉域补给区水源涵养，保持泉水正常喷涌。推进百脉泉、墨泉、梅花泉、东麻湾泉、西麻湾泉、净明泉等6处泉水提升；推进泉水水库规划论证，留住明水泉水，充分利用泉水资源，做好泉水调蓄、运营文章，打造江北独特的泉水之城。

多措并举 提升农村饮水安全保障工作

安徽省霍山县水务局

农村饮水安全是一项重大民生工程，事关百姓健康生活的大事、实事，也是实施乡村振兴战略的刚性“内需”。霍山县针对多年来农村饮水安全存在的短板和区域供水现状、供水设施、供水水源和供水需求，充分依托地缘优势，积极向上级争取资金支持，成立霍山县农村供水公司和霍山县城乡一体化供水公司，创新推行农村供水市场化、规模化、专业化思路，努力实现所有水厂 24 小时供水、公司化运营机制，多措并举保障农村饮水安全，办实事，惠民生，得到了老百姓极大的认可和支持。

一、明确权属，抓好维护促运转

严格贯彻落实《霍山县农村饮水工程运行管理办法》，对全县集中供水工程和分散供水工程按产权归属建立台账，切实加强工程运行管理。对于设施设备损坏、管道破损及冻管、水塔水压不足及水池渗漏的，属城乡集中供水的，由乡镇中心水厂负责及时维修和更换损坏设备；属村组自管自用饮水工程（组组通）的，由乡镇督促村组及供水管理单位（人）及时维修和更换损坏设备；属分散供水工程（小电井）的由水务局和乡镇提供技术指导，受益农户自行维修更换损坏设备。

二、加强保护，严把水质安全关

为有效提升水质保障能力，落实水质检测制度，配备专职水质检测人员，落实工作经费；加强与卫健、环保等部门工作联动，配合做好水源地保护和水质监测工作，合力提升供水水质。健全安全保障工作联动机制，层层夯实责任，统筹做好水厂运营和维修养护资金筹措，加快工程续建、扩建、改造提升和联并网建设，健全完善运行管理制度机制；坚持水质、水量、方便程度、保证率“四大标准”，坚持水源、水质、水量、水压、水管、水表、水价、水费等八大抓手，以确保农村饮水安全达标。

三、真情服务，便民利民零距离

统一印制《农村饮水安全工作手册》和《农村供水管水员知识问答》，分乡镇下发水厂宣传，加强对农户科学取水用水的指导。同时，统一印制《霍山县农村饮水安全贫困户明白卡》，公布供水服务和监督电话，由乡镇组织发放到户并张贴上墙，为群众科学用水、及时反映供水方面的问题提供指导服务，让群众知道停水、漏水、无水吃时“该找谁、怎么找”，真正做到“保障供水全方位、真情服务零距离”。

四、强化宣传，优化调度保供水

根据水源条件、季节性水量变化和节假日用水高峰情况，适时调整供水调度方案，采取分时段、分区域供水的方式，及时向群众公布供水及停水时间，提醒群众提前蓄水和防冻，保证生活饮用水需求。同时，加强水政、水环境和水生态联合执法力度，严查供水单位（人）私自改变供水用途和破坏供水水源及设施的行为，优先保证人民群众生活饮水安全。

创新思路破难题 保护西部“大水缸”

广东省深圳市宝安区水务局

一泓清水入万户，保障民生暖人心。在党史学习教育中，宝安区水务局找准“我为群众办实事”的切入点，通过铁岗—石岩水库水质保障工程保护好深圳西部人民“大水缸”这样的“小切口”，将水源保护、生态发展、经济发展有机融会贯通连接，撬动了创造数个“全国首创”的水质保障民生大工程，更为都市饮用水源保护起到了先行示范作用。

一、民生为先，保护深圳西部人民的“水缸”

发展大计，民生为本；城市之计，以水为基。为市民供给安全优质的饮用水源，是深圳近年来城市治理的一大重要民生事项。位于宝安区的铁岗水库、石岩水库与深圳水库、西丽水库并称为深圳市的“四大水缸”，是深圳市主要的饮用水源水库。铁岗水库和石岩水库作为宝安辖区内的重要饮用水源水库，承担着宝安和光明近700万居民的优质饮用水供给任务。

由于历史原因，铁岗—石岩二级水源保护区内存在大量建成区，仅石岩街道位于二级区内的企业就多达3000多家，年产值约1000亿元以上。若按传统思路，为贯彻国家水源地保护的法律法规，需对水库上游建成区范围内大部分企业进行拆除、搬迁，将对片区经济发展造成重大负面影响！为解决水源保护和库区拆改带来的一系列社会矛盾，用最严格的水源保护换取城市更好的发展，宝安水务人创新工作思维，勇于突破固有的工作路径，提出开展铁岗—石岩水库水质保障工程。该工程破解了都市型饮用水源水库的水源保护难题，将水源保护、生态发展、经济发展进行了有机融合，为都市饮用水源保护起到了先行示范作用。

2018年，深圳市委、市政府提出“生态优先、保护为主、水质为重”的方针，宝安区委、区政府高度重视、积极推动，在省、市、区相关部门的大力支持下，宝安区水务局主动谋划、积极探索、反复论证、创造性提出“物理隔离、清污分流”的治理新思路，并向区委、区政府和市委、市政府汇报，最终确立了以“保护水质、释放土地”为目标，“流域统筹、分区处理”为原则，“物理隔离、清污分流、生态修复、调蓄补水”为策略的铁石水质保障工程总体方案。铁岗—石岩水库水质保障工程于2018年启动，被列为深圳市重点工程项目。工程项目共分为四期，利用水库库尾空间，在石岩河口、应人石河口、九围河口以及应人石南片区，新建生态堤，形成四座生态库，将不达标雨水隔离在生态库内，如同为水库建设一道“护城河”；新建截流沟和两条清水隧洞，将清洁雨水收集后回补铁岗—石岩水库，大幅提升了本地降雨资源的利用效率。

二、全国首创，“隧洞 + 生态库”治水样本

宝安区水务局在推进项目进程中革新思维，勇于突破，工程的一系列“首创”破解了都市型饮用水水源保护区的水源保护难题，其中“隧洞 + 生态库”的创新工作理念最大限度减少了对地面的影响，节约了宝贵的城市空间，涵养了地面自然生态。

铁岗—石岩水库水质保障工程（一期）的主要目的，是通过建设石岩河口生态库，防止不达标水体进入主库，从而保障石岩水库水质。一期工程主要建设内容包括生态堤、清淤、钻石山墓园截流沟和库区生态绿化等。生态库建成后，将石岩建成区流域范围内不达标的雨水与饮用水水源进行隔离，控制集雨面积约 26 平方千米。

这种通过建设生态堤，切断不达标水体与水库的联系，为更优质的饮水资源提供坚实保障的技术思路，属于全国首创，为都市型饮用水水库水质保护提供新范例。值得一提的是，此工程首次采用 50 年一遇降雨标准设计建设生态库，远远高于全国其他城市设防标准，一项工程同时统筹解决了水源地保护和黑臭水体治理问题，其创新做法在全国也属于首次。

而库区生态修复与库区碧道建设同步开展，是石岩河口生态库的另一大创新特色。结合碧道建设，对库区进行生态修复，构造环库浅表流湿地带，打造具有深圳人文特色的“一库一景”，打造水清景美的开放空间，使全社会共享水源地保护的生态效益。

二期工程主要包含应人石河口生态库、九围河口生态库、应人石河口—九围河口生态库连通管（涵）工程、铁岗排出隧洞工程、水源保护区覆绿工程 5 个子项，将建设两段长度共 8 千米的隧洞以及两个调蓄库容共 406 万立方米的生态库。

二期工程采用隧洞盾构 + 矿山法综合施工工艺，通过建设转输隧洞，将达不到入库标准的水转输至下游河道，一方面避免污水入库，保护水源，另一方面也会使河道新增生态补水，激活流域生态。将隧洞盾构工艺用在水务工程里，这种“隧洞 + 生态库”的思路，在国内是首创。

目前，铁岗—石岩水库水质保障工程总体进度达到 70%，3 座生态库基本成型，饮用水水库水质逐步好转，效果凸显，离实现“让保护更严格，让发展更充分”的目标更近一步。

三、修复生态环境，为市民打造亲水休闲的好去处

铁岗—石岩水库水质保障工程创新工作理念，将不满足入库的水资源转换为河道生态补水，开创“生产、生活、生态”用水水资源新观念，在保护生态区饮用水资源的同时，实现建成区雨水向生态水资源的转变。这一工程不仅仅实现了对饮用水源水质的保障，更为周边市民建设了一个水清岸绿、休闲宜居的生态环境。

据了解，一期工程规划的石岩河口湿地，未来将建成深圳市面积最广、库容最大、生态系统最完善、海绵城市建设最彻底的都市型河口湿地公园，实现了健康效益、民生效益、生态效益、经济效益“四赢”。

二期工程规划的九围河口生态库，在九围河口设置表流湿地，营造生态植物岛，对生态库水质进行净化，可对九围河、西乡河及铁排河进行补水，保障流域生态环境的稳定。通过水源涵养工程，对林地进行生态修复，形成特色的林下漫步空间，结合新开挖的库岸设置亲水步道、水上步道等休闲措施，打造活力运动区。

九围河口生态库远期结合规划将打造为宝安国际水上运动中心，将成为全省最长静水赛道、全省唯一国家队冬训基地。同时，项目调出的区域将打造成大湾区最核心的研发基地，为高端人才提供一处头脑风暴和休闲冥想的空间，成为多元交融创新的生态系统典范样本。

亮实招　谋新招　出硬招　营商环境再提升

江苏省常州市水利局

根据市委、市政府“确保2021年高质量考核列全省第一等次”的要求，常州市水利局积极行动，主要领导亲自主持专题工作研讨会，通过对标找差、简化审批环节、优化审批流程等方式，全面加强政务服务能力建设。根据政务服务一体化平台最新维护后的数据，市水利局所涉的营商环境评价政务服务考核指标处于领先水平：事项认领率100%、标准化建设编制率100%、“不见面”办理情况100%、在线办理情况100%、承诺办理时限压缩度91.08%、即办件情况76.9%。

在常州水利工程建设交易领域积极推进“放管服”改革，落实各项措施，不断优化营商环境。

一、积极推进统一公共资源交易平台整合，做到“应进必进”

一是“常州市水利工程建设交易平台”和“常州市水利工程建设行政监督平台”开发建设于2018年9月完成，并于同年10月正式上线运行，实现了全市水利工程建设招投标活动统一平台交易、统一平台行政监督。

二是根据市政府办公室《常州市2018年版公共资源交易目录》文件要求，除省重点水利工程基本建设项目按照《江苏省水利工程建设项目招标投标管理办法》进入省公共资源交易中心进行交易外，全市水利工程建设交易项目全部进入常州市公共资源交易中心或属地溧阳、金坛、武进分中心进行交易。

二、严格开展招标投标领域专项治理，健全“长效机制”

一是按照《关于建立健全全省招标投标领域优化营商环境长效机制的通知》要求，加入由市发改委牵头，市住建局、交通局、市水利局等部门共同建立的市级招标投标领域优化营商环境工作机制。

二是组织开展招标投标规则制度排查清理工作。按照“谁制定，谁清理”的原则，对相关招标投标制度规则进行了全面梳理、排查。

三是积极推行招标投标领域“双随机、一公开”监管模式。将“对电子招标投标活动的行政检查”列入常州市水利局“双随机、一公开”抽查事项清单、抽查指引及2021年度抽查计划，按随机抽查比例20%的要求，通过江苏省市场监管信息平台双随机抽取系统开展相关监管检查。

四是畅通招标投标异议、投诉渠道。在市水利局和市公共资源交易中心网站公布投诉单位、电话和方式，在招标公告、招标文件及中标候选人公示中明确异议和投诉通道。

三、规范落实各类工作举措，完善“保障措施”

一是实行“互联网+”招标模式。实行全过程电子化交易，实现招标报告备案电子化、招标文件电子化、在线报名、投标文件在线上传、在线开标（不见面开标）、评标评审、在线公告公示。

二是规范市场准入条件。严禁设置法律法规之外的市场准入门槛，随意抬高或降低招标工程对应的资质资格等级，设置或变相设置从业人员资格。

三是减轻市场主体负担。除投标保证金、履约保证金、工程质量保证金、农民工工资保证金外，不得收取其他费用或保证金。切实减轻企业现金流压力，在招标文件中提供多种保证金缴纳方式，积极推行保函缴纳方式。

四是消除地方保护。严禁违法违规设置市场壁垒，严禁以备案、登记、注册、成立独立子公司（或分公司）等形式排斥、限制外地注册企业进入本地区承揽水利建设业务。

五是强化标后监管。督促项目法人应加强对参建各方合同履约情况的监督检查，特别是关键岗位人员到位、履职情况的监督检查。开展水利工程建设从业单位履约考核和信用管理，定期开展季度履约考核和年度信用评定，并对外公示、公告，加强履约考核结果和信用等级评定结果在招投标、评优评先、市场监管的运用。市水利局共开展从业单位合同季度履约考核155次。

强化科技赋能　创新管水治水新模式

四川省达州市水务局

达州市水务局充分利用大数据分析、远程智能监控等现代化技术，建立起河长制信息化平台、水库动态监管、山洪灾害预警等业务系统，智慧管水治水成效初显。

一、健全防汛监测预警体系，实现防灾减灾智慧化

强化视频硬件建设，发挥 “千里眼”作用。全市水利系统建立 109 个重点防汛监控视频点，主要分布在州河、巴河、渠江干流上的防汛重点部位，满足渠江流域防汛需求。强化监测预警平台建设，发挥“顺风耳”作用。构建了数据集中、管理统一、安全可靠、节能高效的智慧型山洪灾害防治体系，提高了山洪预报精度。同时建立了水旱灾害防御决策支撑平台，有效整合了水雨情查询、气象信息、防汛公文等，提升了防汛信息化管理水平。

二、建立水库动态监管系统，实现水库监管智慧化

2018 年以来，全市开展水库动态监管系统建设，现已建成的 501 座水库中，有 388 座完成了监管预警系统建设并上线监测，覆盖率近 80%。该系统自动收集雨情、水情、水库大坝安全等数据，一旦水库的水位上升超过汛限水位，或突发特大暴雨将自动预警；水库关键部位存在异常时，该系统将主动上报提醒，为防汛抢险赢得了宝贵时间。

三、完善河长制信息化平台，实现河湖管理智慧化

达州建立了功能完善、多位一体、自动分析的河长制信息化平台，平台集网页端、巡河APP、微信公众号三位一体的信息化系统，具有基础数据与查询、一张图信息展示、日常工作管理、统计分析与考核等功能。省、市、县三级河长制平台信息互联互通，实现巡河“便捷、实时、高效”。通过“电子资料 + 考评部门网上审查 + 网络评分”模式，在全省率先实现网络信息化考核工作，实效提速一倍，纸质考核资料减少 92%。

四、建立在线动态监控系统，实现水资源管理智慧化

共建成取水监测站点 102 个，对重点取水单位实现了取用水在线监测，既清晰直观地掌握

取用水情况，也为水资源的合理分配利用提供了数据支撑。建成水电站下泄生态流量在线监控系统，对 89 座水电站实现在线监控监测，切实保护水生态环境。对达州两个县级集中式饮用水水源地实现水质在线监测，进一步保障了达州饮水安全。通过对水质、水量等监测监控，提升了水资源管理能力，基本实现水资源管理信息化，为达州水资源的持续开发、高效利用提供了保障。

“放管服”改革升级
营商环境激活市场动力

广东省深圳市光明区水务局

为进一步优化光明区营商环境，近年来，光明区水务局围绕水务行政审批服务工作，加大力度推进“放管服”改革，实现让企业“少跑路、少等待、少花钱”。

一、在全市率先试点水土保持区域评估，推动简化审批程序

光明区以光明科学城中心区为试点，在全市率先开展水土保持区域评估工作，编制完成了光明科学城水土保持区域评估报告等成果，推动光明科学城中心区生产建设项目水土保持方案审批变“单个项目评”为“区域整体评”。水土保持区域评估成果实施后，供进入该区域建设单位共享使用，单项建设项目（例外清单项目除外）提交成果时仅需提供水土保持实施登记表，可有效减少编、报、审时长。同时创新建立“施工单位自检，建设单位及区域评估实施主体检查，市（区）水务主管部门监督检查“三级检查制度，确保区域化评估范围内生产建设项目水土保持监管工作不放松、不缺位及标准不降低。

二、推进涉企行政服务“秒批”，极大缩短办理时限

光明区水务局以建设项目用水节水评估报告备案（社会投资）、建设项目用水节水评估报告备案（政府投资）、重点用水单位用水计划的核定下达（建设项目新用户申请用水计划）、水利工程开工情况的备案、水土保持设施验收材料的报备等5个法人事项为试点，在全区率先开展企业行政审批事项“秒批”改革，以“电脑自动审批”代替“人工审批”，实现“光速办理、光速领证”。“秒批”系统上线运行后，办理时限由原来的3天缩短至“1秒出证”。

三、优化排水接入报装服务，规范排水接驳市政管网工作

区水务局印发《光明区优化排水接入报装服务工作方案》并编制配套办事指南，规范办理排水接驳市政管网服务涉及的申请、现场踏勘、管线接入施工、验收通水等各项流程和要求。一方面，优化了排水接入报装申请渠道，推动光明区环境水务有限公司排水接入报装服务进驻广东省政务服务网深圳办事大厅进行“一表式”申请、“一窗式”受理，光明区环境水务有限

公司收到推送申请信息后提前介入、主动上门服务；另一方面，明确了新建小型低风险社会投资工程正式排水需要小型接入排水管网服务的，由深圳市光明区环境水务有限公司负责建设，并由原市场主体自行出资改为政府出资建设，降低企业建设投资成本（小型排水接入服务范围限于：临近项目红线修建的接驳井与市政接驳井之间的排水管 DN500 及以下、穿越道路不超过 15 米、管线长度不大于 200 米的排水设施）；此外，要求光明区环境水务有限公司按照排水户分类管理相关规定，在建设项目完成排水接入验收通水后，将其纳入排水户管理信息系统平台，建立“一户一档”，定时巡检更新排水户相关排水信息。通过开展该项工作，既可促进减少市政排水管网错接、乱接问题，又压缩了办理时限、降低了企业报装接入成本，优化了辖区营商环境。

聚焦饮水安全解民忧

安徽省合肥市水务局

农村饮水安全事关广大农村群众民生福祉。为不断提升农村居民饮水条件，为群众办实事、解难题，2021 年度合肥市水务局将农村供水保障工程纳入“我为群众办实事”实践活动范围，精心谋划、统筹推进，在全市实施 15 处农村供水保障工程，总投资 1.33 亿元，受益农村人口达 46.36 万人。

一、强领导，重体系，突出“干”字营造建设氛围

市委、市政府对农村供水保障工作高度重视，市水务局主要领导亲自抓，分管领导具体抓，层层落实责任，为农村供水保障工程顺利实施提供了坚强有力的组织保证。

二、强谋划，重实绩，突出“效”字开展项目建设

农饮项目以“规划”为统领，以年度实施方案为抓手，市水务局于年初根据各地农村供水现状科学编制方案、细化任务分解，确保项目落地落实。2021 年度农村供水保障工程涉及肥东、肥西、庐江县和巢湖市 4 个县（市）27 个乡镇 162 个行政村供水区域，通过实施管网延伸和设施扩建改造等项目，为群众接通自来水或改善供水条件，46.36 万农村人口受益，提高了农村供水保证率和用水方便程度。

三、强推进，重调度，突出“严”字提升工作质量

在工程推进过程中，注重加强部门联动，创新工作模式，全力推进工程进展。采取挂图作战，实行工作倒逼机制，倒排工期，制定详细的阶段性目标，加强节点控制，加强过程管理、质量控制，确保项目建设按质按量有序推进。

四、强监测，重督导，突出“责”字保障饮水安全

为保障广大农村居民饮水安全，强化宣传引导，对有接水意愿的农村人口应接尽接。在全市建立监测预防机制，对农村居民饮水安全进行常态化监测排查。重点加强对边远地区、薄弱地区及已脱贫户、边缘户等人群饮水安全状况监测。对于发现的问题，建立台账，及时整改，

保持“动态清零”。

五、强责任，重管护，突出“管”字提高工程效益

保障供水工程高效运行，确保农饮工程建成后有人管、管得下、效果好。多渠道筹集资金，加大建后维修养护资金投入，2021 年全市共投入维修养护资金 1494.1 万元，安排对 56 处农村集中供水工程维修养护，有效提高了工程管护水平，确保工程能够长久良性运行，最大程度发挥保障效益。

积极促进营商环境优化 当改革发展先锋

云南省蒙自市水利局

蒙自市水利局认真贯彻落实营商环境工作的要求和部署，持续优化营商环境，增强发展内生动力，特别是对于高速发展的蒙自，更加需要持续深入优化营商环境，为蒙自高质量发展注入不竭动力。

一、争做营商环境的服务者

深入贯彻中央八项规定精神及实施细则，保持清正廉洁的本色和工作生活作风，以实际行动塑造“阳光水利、廉洁水利”的良好形象。营商环境好不好，群众说了算。在营商环境工作上，要让群众当“裁判员”，党员干部当好“运动员”“服务员”，换位思考、主动服务。

二、争做营商环境的践行者

不断加强和改进工作方式方法，本着“严、实、深、细、正”的工作作风，敢于担当，埋头苦干，确保工作见效，坚决杜绝搞形式主义、官僚主义和慢作为、不作为、乱作为、基本满意和不满意等破坏营商环境的行为，以严的作风、实的举措做营商环境的践行者。在优化服务上实现新突破，增强服务意识，深化“放管服”改革优化营商环境事关发展全局，责任重大，立足职能，主动作为，以“等不起”的紧迫感、“慢不得”的危机感、“坐不起”的责任感优化营商环境工作，提升群众的获得感满意度。

三、争做营商环境先锋者

加强理论及业务知识学习，深刻认识到“人人都是营商环境，事事都是营商环境”，不论做什么工作，都要把自己的一言一行和一举一动视为营商环境，充分认识防汛和抗旱工作在优化营商环境中的重要作用。营商环境建设是一个庞大系统工程，必须系统集成、整体推进，以水利的角度加强营商环境理论知识的学习，理清蒙自水利工作的重难点，从而为优化蒙自营商环境履好本职、尽好本责，在实干苦干中为优化营商环境出力。蒙自降雨偏少，在抗旱工作中要做好干旱预警监测，根据城镇居民生活及重要工矿企业用水需水量、乡村人畜饮水及生活用水需水量、农业需水量，利用现有各种水源，做好居民生活供用水和农业供用水供水平衡分析、编制各级供水方案，农业生产是否稳定会直接或者间接影响蒙自整体的营商环境，生产生活中充分利用现有各种水源，优化水资源调度，合理配置与科学调度，提高利用效率与供水保障能力，全力保障城乡生活供水来促进营商环境优化。

积极探索农村供水运维管理新模式

四川省乐山市水务局

民以食为天，食以水为先，老百姓要用上干净水，实现从“有水喝”到“喝好水”的转变，工程建设是基础，工程管理是关键。按照“水利工程补短板、水利行业强监管”的总基调，乐山市面对辖区内供水工程管护短板，积极探索运维管理的新模式、新方法和新措施，不断改进和提升运维能力，有效提升农村供水保障软实力。

一是大力推进城乡供水一体化，通过县城水厂管网向周边村镇辐射，管网运行维护管理由县城供水企业统一管理。现市中区、五通、沙湾、井研、夹江、沐川和峨眉等地近 41 万城市周边农村居民已与城市居民共享同网同质自来水，极大提升民众满意度。

二是政府购买服务或委托管理，推行村镇供水工程物业管理模式，由专业团队规范管理。金口河每年投资 70 万元委托专业供水企业对全区 28 处百人以上集中供水工程（覆盖农村人口约 2.5 万人）的供水设备统一管护，定期消毒维护，极大提升水工艺处理质量，确保了水质达标。井研县直接委托研经水厂（规模化供水工程）运营企业对周边高凤、高滩、胜泉和研经的四个小型集中供水工程进行管护，四个水厂实现“自收自支”。此举有效弥补了管护单位（村级）技术薄弱的问题，减轻了基层管理单位管护压力。

三是千吨万人规模以上骨干供水工程积极推行企业化管理，实现“自收自支，以水养水”良性运行。井研、犍为、五通等地由运营单位落实专人负责维修管网跑冒滴漏，并设置热线，由专人负责处理用户用水问题，以服务促效益，水费足额收取，实现盈利，保障维修基金，极大减轻当地政府财政压力。

四是积极探索市场化运营与民生企业结合之路。市中区第五水厂抓住核心制水业务，将用水业务受理、水费催收、供水管网及附属设施的巡检和维护及抢修，加压泵站的日常运行维护管理、保养等委托外包给专业民营企业。既提升了服务，又节约了管理成本。

五是回收乡镇水厂，依托国有供水企业统一管护。犍为县自 2017 年起先后通过解除乡镇水厂承包协议、资产回购等方式将 16 个乡镇水厂交由国有海源水务投资有限公司和河东供排水公司管护，沐川县将 15 个乡镇供水工程交由沐川县供排水公司管理，既充分利用国有企业管护资源，又有利于做大做强国有供水企业，实现双赢。

农村供水工程作为农村重要的基础设施，在实现巩固拓展脱贫攻坚成果同乡村振兴有效衔接中起到举足轻重的作用，我市必将努力探索，通过不断梳理和总结，持续强化“硬件”和“软实力”，强化工程管理管护，提升农村供水标准和质量，为逐步实现全市人民共同富裕的宏伟目标提供更加坚实的农村供水支撑和保障。

助力优化营商环境　擦亮亮丽名片

山东省龙口市水务局

近年来，龙口市水务局将“优化营商环境”作为水务工作的出发点和落脚点，在全流域水生态环境改善、水资源管理及提升“获得用水”服务等方面，多点发力，始终坚持生态立市战略，深入推行“服务+”新模式，在管理企业用水和“获得用水”的同时做好服务与政策解读，为全市营商环境优化工作提供强有力的支撑。

一、“减污+管护”水生态环境持续改善

近年来，龙口市先后完成了泳汶河污水处理厂、海岱污水处理厂的新建，第一污水处理厂、第二污水处理厂和黄水河污水处理厂的扩建和提标改造工作，全市污水处理能力达到了18万吨/日。同时实施了泳汶河上游南山段污水管道改造、北马南河污水管道和新嘉及徐福街道污水管道等一系列工程，累计铺设排污管道300余千米。实现了对两岸污水的集中收集处理，消除了各类小型排污源，进一步改善了河流水质，实现了水生态环境的改善。

龙口市水务局持续推进再生水补源工程建设，实施绛水河再生水管道工程、黄水河泵站及再生水管道工程、泳汶河泵站及再生水管道工程，累计敷设再生水管道25.3千米。黄水河和泳汶河生态湿地均已建成并投入使用，再生水利用步伐不断加快。黄水河和泳汶河污水处理厂的再生水通过两处生态湿地处理后，分别提升至黄水河和泳汶河拦河闸处排入河道，最大限度补偿生态用水，持续涵养水源。再生水补充河道生态基流10万吨/日，实现了水资源的优化配置。已建成的五处污水处理厂出水指标全部达到再生水利用标准，再生水生产能力达到12万吨/日以上。

同时，为确保水库河道管护科学、长久有效，龙口市水务局建立河湖管护长效机制，各镇街区自查自改问题近5000处，河长办交办问题300余处，均已整改完成，通过常态化的巡河有效确保职责落实落地。

二、“服务+”新模式，水资源管理效率再提升

为帮助企业尽快掌握水资源管理中2个定时填报水量系统，龙口市水务局印制了学习系统操作手册，针对操作系统不熟悉的一些小型企业水管员，该局工作人员主动联系企业，帮助查

找水量报送时出现错误或者漏报的原因，指导企业进行填报。

龙口市水务局采取柔性监管措施，针对小型企业没有专职的水管员，或者计量设施损坏未被及时发现导致企业用水没有得到正常计量的情况，龙口市水务局会参考历史平均取水量和企业的生产状况综合核定水量，从而为减轻企业负担。

三、简流程缩时限，“获得用水”服务再升级

龙口市水务局全面简化服务流程，对照“获得用水用气四项内容”，制定《龙口市自来水有限公司用水报装流程》，并修订完善了《供水服务指南》和《一次性告知单》，落实责任单位和责任人，强化针对性工作措施，按照凡是该减的一律减掉原则，通过“两压、一精、一公开”和“一站式”服务，对供水报装业务材料、工作流程进行再精简、再压缩。具备直接接通条件且管道长度不超过 20 米的简化为 2 个环节，有外线工程的简化为 3 个环节。对申请材料不全的用户，施行容缺受理、即时受理，采取“先受理，后补交”的办法，最大化减少用户跑腿次数。

同时，龙口市水务局着力缩短办理时限。用水报装业务进驻政务服务大厅，实现用水用气用暖“一个窗口、一站式”服务。压缩业务内部办理时间，用水报装业务在政务服务网“一网办理，联合审批”，用户可以登录政务服务网进行用水报装申请。报装实行“客户代表制”，专人负责，全流程服务，通过客户代表一对一、点对点的主动服务，为用户提供预约上门服务、延伸服务。具备直接接通条件，管道长度不超过 20 米的，2 个工作日、零成本办结；有外线工程的 3 个工作日、零成本办结。供水报装申请的项目图纸等材料多数实现信息共享，在材料齐备的情况下，1 日内就能办结。

因地制宜 科学防治
推进水土保持高质量发展

福建省南平市水利局

在省水利厅的关心指导和市委、市政府的坚强领导下，南平市深入学习贯彻习近平生态文明思想，落实中央、省部署安排，将推进水土保持高质量发展作为贯彻落实习近平总书记来闽考察重要讲话精神的具体行动。2021 年，全年完成水土流失综合治理面积 30.27 万亩，占省下达年度任务的 112.95%，南平市（武夷学院）生态茶园水土保持科技示范园、南平市建阳区书莒溪生态清洁小流域获得国家水土保持示范工程荣誉称号。南平市的主要做法：

一、突出规范引领，落实精准治理

一是编制《南平市“十四五”水土保持规划》，出台《关于贯彻落实习近平总书记重要讲话重要指示批示精神进一步加快水土保持高质量发展的实施方案》，确定南平市当前及今后一个时期水土保持高质量发展目标及具体措施。

二是从南平实际出发，提出水土保持助力推进南平“茶文化、茶产业、茶科技”统筹发展对策；围绕市委、市政府提出的环武夷山国家公园保护发展带策划水保项目。

三是积极推动水土保持“以奖代补”项目，发挥财政资金撬动作用，鼓励和引导社会力量参与水土流失治理。

二、注重示范创建，探索科学防治

一是针对南平市茶产业总量大、茶山水土保护任务重的现状，2017 年启动政校合作，与武夷学院联合开展茶园水土流失防治示范试验，以原生草种生物措施防治为特色，成功探索出“茶 + 麦冬 + 景观植物 + 经济效益”的茶园水土流失防治新模式，减少土壤侵蚀量 70%以上，茶园水土流失防治效果显著，成功创建国家级科技示范园。

二是南平市始终坚持系统治理、源头治理的防治理念，统一规划山水林田湖草沙，因地制宜开展水土保持生态清洁小流域治理，如建阳区书莒溪小流域，通过开展水土流失综合治理，成功创建国家清洁小流域示范工程。

三、强化部门联动，形成工作合力

一是调整充实了市水保委，年初即将年度任务分解到各成员单位，各单位按照职责分工，协同推进水土流失治理。

二是推进“放管服”改革，制作《办理生产建设项目水土保持方案报批告知书》，放在相关部门行政审批窗口，督促及时办理水土保持方案报批，有效落实“三同时”制度。

三是会同发改等六部门，认真开展水土保持目标责任核查评估，以核查促工作，推进各县（市、区）水土保持高质量发展。

四、深化水保宣传，营造良好氛围

一是强化在水利部水保生态网、《闽北日报》等主流媒体报道，深入矿山、社区、工地等与业主面对面宣传，形成强大宣传攻势。

二是将水土保持列入中小学教学内容。确立水土保持教育基点学校 22 所，编辑出版全国第一本《水土保持》校本教材，创办面向中小学生的宣传月刊《水保绿报》，已发行 169 期，阅读人数超过 110 万人次；组织水保宣传进校园活动 6 期，获得福建省第四届“母亲河”优秀组织奖。

下一步，南平市将认真贯彻落实本次会议和刘琳厅长讲话精神，把水土流失治理成果运用好，把南平生态优势发挥好，推动水土保持生态建设提质增效，以绿色发展促进南平市高质量发展。

党建引领新发展　乡村振兴谋新篇

重庆市黔江区水利局

近年来，黔江区水利局坚持“节水优先、空间均衡、系统治理、两手发力”的治水思路，坚持系统思维、系统方法，以党建为统领、以业务为抓手，上半年完成水利固定资产投资1.05亿元，争取国市补助资金2.63亿元，完成率143%，水利发展各项任务实现了预定目标。

一、党建引领新发展

夯实基层基础，扎实推进基层组织建设。以“学党史、强党建，提质量、促发展”为工作主线，深化推进“支部建在项目上、支部建在监管上、支部建在企业上”，不断优化基层党组织设置。开展“水利提质年”活动，全面建立健全党建目标责任制，分步推动水利系统基层党组织标准化规范化创建工作。

突出思想建党，扎实推进党史学习教育。强化党史学习教育的组织领导，制定党史学习教育实施方案，按照方案明确任务、举措、安排逐一落实，坚持“规定动作做到位，自选动作有特色”，以“三式联动”串起党史学习教育的“点线面”，组织开展“党史学习大比武”等专题学习6次，推荐宣讲员4名，激发干部践行初心使命的责任意识、担当精神、干事创业热情。全体党员赴赵世炎故居瞻仰学习，进一步夯实思想根基，强化政治担当。

常态化开展警示教育，扎实推进全面从严治党。持续开展党风廉政建设和反腐败斗争，认真落实党风廉政建设主体责任，健全完善了“领导班子负全责，一把手负总责，班子成员对其职责范围内的党风廉政建设负直接责任”的领导机制和“一级抓一级，层层抓落实”的工作机制，逐级签订党风廉政建设责任书。落实意识形态责任制，加强对统战工作的领导，制定风险点风险隐患防控化解实施方案，牢牢掌握意识形态工作领导权，把握关键节点，精准发力，坚守住底线。坚持党建助推群团建设，进一步增强党组织的凝聚力、号召力和向心力。

二、规划建设添动力

前期工作加速推进，为水利发展蓄后劲。对标对表国市政策标准，开展“水利项目建设落实年”活动，以实现工程开工为目标，扎实推进“1311”重点水利项目前期工作，为水利高质量发展蓄力。成功申报2021年全国水系连通及水美乡村建设试点县（重庆市唯一），黔江区水系连通及水美乡村建设项目获水利部批复。

茶园水库工程完成初设审批，概算报告已报市发改委待批；黄桥水库和高坪水库工程正在编制概算调整报告；渔滩水库工程正在编制规划方案工作；重庆市黔江区阿蓬江流域水生态修复与治理项目已完成可研审批，正在开展二期方案编制，通过争取国市资金、政府债券、招商引资等方式筹措资金。黔江区黔江河册山河段综合治理工程、细沙河阿蓬江镇金洞乡重点河段综合治理工程和诸佛江鹅池新华重点河段综合治理工程已完成初设审查工作，正在开展可研报告编制。黔江区城乡供水一体化工程有序推进，黑溪水厂工程和引水工程完成可研方案编制，“十四五”水安全保障规划和水利基础设施空间布局规划已完成初稿编制工作。

项目建设有序推进，为水利发展添活力。罗家堡水库枢纽工程基本完工，引水隧洞全部贯通，组建 8 个攻坚队强力推进征地移民工作；瓦窑堡水库工程基本完工，完成已验收部分工程质量核备工作；阿蓬江重庆黔江城区、重点乡镇段二期防洪治理工程和太极河濯水龙洞河综合治理工程基本完工；黔江区 2021 年大中型水库移民后期扶持项目有序推进。

三、流域治理保安全

兴修水利是利国利民的民生大事，中小河流治理是水利基础设施建设的重中之重。近年来，黔江区水利局大力推进中小河流综合治理工程建设，加固堤防，清理河道，改善水质，中小河流治理成效显著，有效保障了当地村民的安全。

“以前这里容易河道淤塞、垃圾成堆。这个河堤修好之后，河水清澈了，环境也变得优美了，我们感到很高兴，出行也方便了。”村民看到河道的变化，都纷纷点赞。

据悉，重庆市黔江区细沙河马喇重点河段综合治理工程，治理河长 3.5 千米，主要建设内容为新建堤防 4.2 千米，河道疏浚 2.6 千米，项目以防洪护岸为主，兼有岸坡治理、水土保持、美化环境等任务。

这只是全区水利系统积极推进水利工程取得成效的缩影。“十二五”以来，黔江区积极践行“绿水青山就是金山银山”理念，大力推进中小河流综合治理工程建设，加固河岸，清理河道，改善水质，中小河流治理成效显著，水清、岸绿、景美，人水和谐景象初步显现。据了解，已开展中小河流综合治理项目 22 个，长度 50 余千米，完成投资约 3.5 亿元，全区重点河段基本达到防洪标准。

四、乡村振兴谋新篇

“为有效解决农村饮水安全，提升农村集中供水工程水质达标率，我们先后到河南郑州、云南大理等地考察学习净水设备工作原理及运行管理典型经验，并选取 5 处农村集中供水工程，试点试用上海润源水务科技有限公司超滤膜净水设备，目前已通过试验，准备在全区推广，全面提升农村集中供水工程水质。”区水利局农村水利科负责人王贞礼说。

据悉，黔江区以巩固拓展脱贫攻坚成果同乡村振兴有效衔接为目标，把巩固农村饮水安全工程提高到提升水质工程作为抓手，扎实推进“一改三提”，启动“水质提升年”行动，通过招商引资，引进微动力超滤膜净水设备加工及其研发项目落户黔江。已完成舟白、白石等 5 处水质提升工程超滤膜一体化净水设备安装，受益人口 0.54 万人，邻鄂镇、太极乡等 7 个乡镇 15 处工程已完成设计方案编制。构建农村供水工程运行管理长效机制，千人以上供水系统 100%健全了管理机制，对全区 22 处农村供水枯水期 19 项指标开展水质检测，完成 33 处农村供水工程水源保护区或保护范围划定，11 处农村供水工程已办理卫生许可证，为全面推进乡村振兴建设提供饮水保障。

五、生态发展谋新功

河长制工作有序推进，“一河一策”方案编制工作有序推进，全面落实“一河一长，一河一策”，各级河长积极开展巡河，上半年，区级河长巡河 28 次，乡镇级河长巡河 1182 次，村级河长巡河 3366 次，巡河完成率 116.4%，解决实际问题 119 个，全区河库管理水平显著提升。黔江区水利局在三塘盖新修的白沙塘水库、李家坪水库实现试蓄水。

同时，强化水资源管理，建立健全最严格水资源管理考核体系，通过严格实行水资源论证、取水许可、计划用水、有偿使用四项制度，坚决落实水资源管理“三条红线”，从严控制用水总量，完成水资源公报编制及年报工作，启动县域节水型社会达标建设，每月对黔江河、段溪河等 7 个重要水功能区和 4 个城市饮用水源地开展水质监测 1 次，征收入库水资源水保“两费”234 万元，完成全年任务的 66%。深化“放管服”改革，探索推行“三争一创”，严格依照行政审批程序，持续优环节、减材料、压时限、降成本，积极推行政务服务“好差评”管理制度，完成行政审批 14 件，评价率和满意率均为 100%。

下一步，区水利局将继续积极践行“节水优先、空间均衡、系统治理、两手发力”的治水方针，坚持规划引领，以项目建设、防洪减灾、党史教育学习等为重点，加大争资和工程建设力度，向第二个百年奋斗目标迈进。

优化水利营商环境 打造水利服务品牌

山东省郯城县水利局

县水利局以全力优化水利营商环境、打造水利服务品牌为目标，成立局专项整治工作领导小组，结合水利工作实际制定了《郯城县水利局优化营商环境专项整治工作实施方案》，明确水利系统优化营商环境整治重点，努力创建办事效率最高、政务服务最优、创新活力最强的水利营商环境。

一、开展作风集中整顿

组织全局人员认真学习优化营商环境工作会议精神和上级关于优化营商环境决策部署，以勇于自我革命的精神，坚持问题导向和目标导向，重点围绕优化营商环境中“吃拿卡要”问题开展廉政谈话，形成谈话表50余份，切实在全局形成“敬业担当、奋发有为”“马上就办、真抓实干”的浓厚氛围。同时，结合县纪委有关围绕损害营商环境典型案例开展以案促改的通知精神，利用局每周工作例会，传达相关文件通报，开展典型案例警示教育推进以案促改，教育广大党员干部强化纪律规矩意识，严禁利用职权干预和插手水利工程招投标、物资采购或为请托人打招呼，严禁向企业乱收费、乱摊派、“吃拿卡要”谋取非法利益等行为发生。

二、提升水利服务质量

（一）优化政务服务环境

积极推进“互联网+政务服务”，深化“不见面审批”改革标准化建设，保障涉水行政监管高效运行。结合“放管服”改革相关要求，紧紧围绕国家、省市县关于取消、调整、下放行政审批事项的相关文件精神这个重点，我局对行政审批事项进行清理清查。经梳理，县水利局监管事项总数43项，所有监管事项全部依法依规按照要求录入“互联网+监管”事项录入平台，事项监管覆盖率100%。

（二）提升窗口服务质量

在县政务大厅水利服务窗口推行“一次性告知制”等办理制度，简化办理流程，实现“一站式”服务，真正做到方便群众办事。窗口人员着装上岗、使用规范文明用语、严守工作纪律和规章制度，不断提高工作效率和服务水平。

（三）实行阳光执法

每季度在郯城县人民政府官网上更新行政行为开展次数和具体内容，依法依规向社会公开法规依据、工作程序、行政执法结果，确保群众的知情权，自觉接受公众监督。

三、强化行业监督监管

（一）强化取水许可监管

对辖区200余家取水户定期进行监督检查，规范取水行为。加强水资源论证编制，按时完成2020年郯城县水资源公报及年报编制工作。扎实开展节水型社会达标县建设，编制完成《郯城县节水型社会达标县建设工作实施方案》，召开全县节水型社会达标建设工作会议，确定了20个小区、10家重点用水企业、40家机关单位作为节水建设载体，并召开多次专题会议对小区、重点用水企业及机关单位进行达标培训。基本完成第三批、59处水资源远程在线监控及抄表系统安装，涉及企业41家。

（二）强化水土保持监管

依法强化水土保持监督管理工作，做好水土保持方案的评审，坚持水土保持方案“三同时”，严格水土保持方案审查监督。全面排查全县2011年《水土保持法》施行以来已审批及应当审批水土保持方案的各类已建和在建生产建设项目129个，下达限期改正水土保持违法行为通知书129份、水土保持验收函5份、补交水土保持补偿费通知1份。同时，根据省对我县2020年第二批违规违法建设项目遥感监测19处疑似未批先建的图斑进行实地复核，认定合规5处，违规违法未批先建14处。违法违规项目全面完成方案审批，均整改到位。

（三）强化水环境治理

全面深化河湖长制改革，完善制度健全机制，印发《郯城县河湖长制工作考核办法》《郯城县清违治乱专项行动实施方案》等6项文件，进一步巩固2020年河湖“清四乱”成果，推进河湖“清四乱”常态化、规范化，督促指导黑臭河道整治，严厉打击盗采黄砂行为，上半年检查发现并处理河湖“四乱”问题84处，清理网箱、大箔607个，进一步加强河湖管理保护，守牢生态红线，保障水环境安全。

四、加强水利工程建设

（一）全面净化工程建设环境

规范水利工程建设招投标活动，保证过程中无违标、串标行为；认真落实扫黑除恶主体责任，为施工企业营造安全稳定的施工环境。

（二）严格落实农民工工资支付相关政策

在建水利工程全部实行农民工实名制和银行代发工资管理，县水利局安排专人对山东省农民工工资支付监管平台进行管理和监督。已纳入实名制管理151人，银行代发工资164.47万元，实发 482 人次，进一步保障务工人员权益。

（三）加快推进工程建设进度

局干部职工坚守初心，担当使命，加压奋进，全力推进马头、重兴拦河闸除险加固工程建设，加快涝洼地治理工程建设进度，积极推进红石崖橡胶坝手续办理。强化工程管理，确保各类水利工程的安全良性运行，不断提升水利工程供水能力，为全县优化营商环境提供水利支撑和保障。

抓投资　上项目
奋力开创水利高质量发展新局面

河北省唐山水利局

2021年，唐山市积极践行“节水优先、空间均衡、系统治理、两手发力”的治水方针，大力实施水灾害防御、河湖连通全域治水、河湖生态环境修复、智慧水利、水资源集约节约、依法治水能力提升等六大工程，真抓实干，克难奋进，推动新阶段水利高质量发展迈出有力步伐，实现了“十四五”良好开局。尤其在唐山市地表水源唯一，地下水超采治理任务艰巨的双重压力下，为实现唐山市在全省率先进入“万亿俱乐部”目标提供水资源支撑，唐山水利局全力以赴抓投资，上项目，全年落实水利建设资金53.47亿元，排名全省第一。

一、以“慢不得”的危机感抢抓战略机遇，争取财政资金

抢抓国家支持“两新一重”工程重大战略机遇，积极争取各级财政资金支持，加快推进水利工程建设，不断提高唐山市水安全保障水平。

一方面，争取各级水利资金支持。重点推进大中型灌区续建配套与现代化改造、中小河流治理、地下水超采综合治理、重点山洪沟治理、水土保持重点工程等45个项目建设，争取中央预算内资金和中央水利发展专项资金1.41亿元，省级资金1.50亿元，市、县配套资金1.03亿元，完成投资3.36亿元，投资完成率85.3%，超额完成省下达任务。

另一方面，争取上级专项资金支持。结合海绵城市建设、城市更新建设、生态环境治理等专项工作，将陡河、石榴河城区段治理、城市应急排涝等工程纳入专项工作，争取项目资金。截至2021年底，累计争取各类专项资金1亿元。

二、以“等不起”的紧迫感创新融资模式，用好社会资本

唐山市聚焦水资源、水环境、水生态、水安全等方面存在的突出问题，在全省率先启动实施了全域治水清水润城工程，谋划实施河湖水系连通、河道综合治理、智慧水务系统建设等8大类、153个治水项目，总投资175.68亿元，开启了以全域治水推动资源型城市转型的唐山实践。

为破解治水资金不足的瓶颈制约，唐山市在全国创新提出政府和社会资本合作“市带县”PPP项目治水投融资模式，将投资118.08亿元，涉及市本级和10个县（市、区）的6大类96个项

目打捆，包装成唐山市全域治水清水润城县区工程 PPP 项目，获得财政部批复，成功以 2.36 亿元（总投资的 2%）的政府投入撬动 118.08 亿元的建设资金，为全域治水清水润城工程顺利推进提供了资金保障。

截至 2021 年底，已完工项目 140 个，累计完成投资 139.23 亿元。

三、以“坐不住”的责任感拓宽融资渠道，创新投资机制

采取政策引导、体制创新、配套服务等措施，在落实地方政府专项债券、银行贷款上下功夫，在吸引社会资本上想办法，争取扩大水利投资规模。

2021 年，唐山市利用债券筹措资金 5.09 亿元，实施供水工程、河道治理、水环境治理、农村饮水巩固提升改造、桥梁翻建等 5 类 9 个项目，完成投资 2.1 亿元。利用银行贷款、企业自筹资金 7 亿元，实施水源置换、企业转型、农业节水、再生水利用等 4 类 11 个地下水超采综合治理项目，完成投资 3.85 亿元。

四、以“干必成”的硬作风加快前期工作，确保项目落地

坚持谋定而后动，树立系统观念，先规划后建设。科学编制唐山市水安全保障“十四五”规划，建立总投资 398.86 亿元，囊括 21 类 142 项重点工程的水利项目库，根据项目特点建立分年度实施计划，有序推进项目前期。

一是加强领导明确细则。成立水利项目前期工作领导小组，明确责任分工，制定印发《唐山市水利规划及项目前期工作管理实施细则（试行）》，对前期各项工作进行明确和规范，确保各项工作有据可循。

二是优选项目分期实施。按照“对方向、够规模、能实施、可落地”的原则，从项目库优选主要支流治理、中小河流治理、水生态治理等 15 类 70 个项目重点开展前期工作，总投资 190.94 亿元。截至 2021 年底，已完成前期项目 49 个，落实资金 55.35 亿元。

三是用足政策提高效率。借力唐山市“拿地即开工”创新审批模式，充分利用土地手续办理空档期，完成工程设计方案和各类评估评价报告编制审查、施工图设计和审查以及模拟审批等相关工作，将拿地前的“等地期”转化为项目推进“加速期”，提高手续办理效率，确保项目早立项、早开工、早达效。

下一步，唐山水利局将在努力争取中央和省水利资金投入的同时，健全多元化的水利投融资机制，充分发挥市场作用，积极争取债券资金，鼓励社会资本以参股控股、委托运营等多种形式参与水利建设，着力提高唐山市水安全保障水平，为新时代建设经济强省、美丽河北做出唐山水利贡献。

建管护长效机制　促农村饮水安全

山东省济南市市中区水务局

市中区水务局积极推进建立农村供水管理长效机制，确保农村饮水精细化管理，切实保障农村居民饮水安全，提高农村居民生活用水的满意度和幸福感。

一、专业巡查建好台账

委托专业公司成立农村饮水长效管理项目部，配备专业人员，对辖区十六里河等 4 个涉农街道办事处 55 个单村供水工程开展专门巡查。自 2021 年 3 月份以来，针对消毒设施运行、水源地卫生安全、水井管理房安全等 6 个方面，先后开展 6 轮次全覆盖巡护巡查，全面摸清农村供水工程底数，及时掌握供水情况，建立完备的农村供水工程台账，为实现动态达标管理奠定基础。

二、及时督促抓好整改

对巡查中发现的问题，一方面联合街道办事处及时下发整改通知，督促各村委会履职尽责，做好村内水源地卫生安全、供水设施维护等工作。另一方面，组织厂家对消毒设备的管件损坏及其他故障及时进行维修，督促科学使用消毒设备，确保运行正常。2021 年全年对 23 个村消毒设备完成维修维护，及时清理 40 个村水源地杂物，排查整改 12345 热线反映的各类农村供水问题 225 个。

三、建章立制规范管理

印发实施《济南市市中区农村公共供水设施安全保护范围划定方案》，明确保护范围内的禁止事项。在涉农供水村建立并督促严格执行卫生管理、水源保护、蓄水池定期清理消毒等制度，及时消除安全隐患，确保水质检测合格。建立定期通报制度，对管理较好的单村供水工程提出表扬，对较差的提出批评、限期整改，逐步提高全区农村供水管理水平和服务意识。

四、动态监测确保水质

坚持一年 4 次检测水质，每季度动态监测一次，其中，第一、三季度由我单位委托第三方水质检测公司，第二、四季度由区卫生和计划生育监督所进行检测，四个季度检测结果全部合格。同时，单独对个别反映水质有问题的村庄进行水质检测8次，经整改后全部动态合格。通过统计贫困村水窖数量，对斗母泉村等共计58户使用小水窖等储水设施的村民发放消毒泡腾片等消毒用品，对小水窖等蓄水池认真开展清洗消毒工作，对兴隆街道涝坡村、斗母泉村加装水质净化设备，做好定期巡检，确保村民喝上安全放心水。我单位与区卫健局、生态环境市中分局等部门建立互联互通机制，共享检测数据结果，对发现的问题及时进行整改，确保农村供水水质安全。

“久久为功方可善作善成。”市中区水务局力争通过建立健全农村供水管护长效机制，充分发挥水利工程为民、利民、惠民的效益，全面保障农村居民饮水安全。

创新双招双引做法成效显著

安徽省芜湖市水务局

为认真落实省委、省政府和市委、市政府关于“双招双引”等一系列部署要求，进一步聚焦招商引资、招才引智工作，市水务局坚持把“双招双引”工作作为“一把手”工程来抓，全局动员，压实责任，创新做法，取得显著成效。近一年来，先后引进新型氢气膜材料与装备产业化项目和成瘾无痛治疗项目，2 家苏州大学和中科大高层次人才领军团队，分别获评 2020 年和 2021 年市 A 类人才团队，并与三山经济开发区和市经济技术开发区签订政府投资协议；2021 年 3 月，引进广州罗尔股权投资基金，投资轨道效能配套装备制造项目，已投产，项目全部建成达产后可实现年产值 3 亿元，年纳税 1000 万元。另有意向投资 20 亿元医药园区项目在谈。

一是领导挂帅，成立市水务局招商专班。坚持领导干部挂帅，主要负责人率先垂范，亲自部署，全员参与。为拓展我市招商优势，市水务局印发《市水务局招商管理办法》，成立 9 个招商工作组，按照“一名县处级领导加一个科室成立一个工作组”办法，全员参与，“千斤重担大家挑，人人肩上有担子”，提高各级“双招双引”意识，在全局上下营造浓厚招商氛围。

二是坚持“走出去引进来”。为持续扩大芜湖名片的影响力，市水务局加强对招商工作谋划，制定工作计划，通过不断的“走出去、引进来”持续宣传芜湖、推介芜湖。市水务局招商小组先后赴深圳、南京、上海、成都、郑州、合肥等地开展招引工作，累计外出招商 19 次，吸引 20 家企业来芜考察。

三是深入研究我市产业链发展现状，特别是战略性新兴产业的发展方向，有的放矢地寻找市场。围绕节能减排，生物医学、新型材料等战略新型产业和高科技人才团队多点精准出击。

四是全国范围内广泛了解人才及企业家信息。根据我市产业链需求进行筛选，对选定的潜在合作对象保持长期交流，向其宣传芜湖市各类投资政策和营商环境。

五是全过程参与对接保障，为企业发展助力。在项目推进过程中，狠抓工作落实，强化跟踪服务，坚持全周期服务。在人才团队与芜湖交流过程中，局领导班子接力服务，先后召集投资、卫健、建投、科技、经开区等部门进行项目对接和投资政策解读。把招商引资的热情延伸到项目开工、建设、运营的全过程，项目未落地时，重点做好洽谈考察对接工作；项目落地前期，协助企业做好项目审批、厂房、用地等方面的服务，帮助企业提升项目前期工作效率；在项目建设阶段，重点加强融资、水电气、交通、环境、建材等要素的保障；项目投产投运后，重点加强安全生产、生态环保、扩大招工等方面的服务。通过全过程保障服务，凸显芜湖亲商重商爱商良好环境。

多措并举　助力小型水库智慧化管理

云南省元谋县水务局

党史学习教育工作开展以来，县水务局始终将“我为群众办实事”作为学习成果检验的重要标准，以《国务院办公厅关于切实加强水库除险加固和运行管护工作的通知》（〔2021〕8号）为指导，立足实际，多措并举，先后组织了水库移动巡查系统培训，为水利工程巡查过程实时、实地、实事的记录提供了便捷的信息化手段。2021年底，实施小型水库雨水情测报和大坝安全监测设施的建设，进一步提升元谋县水库管理的信息化水平，保障水库安全运行。

一、开展水库移动巡查APP培训

4月25日，元谋县水务局精心组织全县中、小（1）型水库管护人员、各乡镇水务服务中心主任、县水务局防办、运管站、灌区局等相关股室工作人员共40余人参加培训，县水务局副局长李彦阳参加会议并对相关工作进行了安排部署。借助水库移动巡查APP可实时掌握水库安全管理员巡查的地点、路线和距离。此外，水库移动巡查APP还具有水雨情信息功能，边走边查，就发现的问题拍照上传，现场和防办、运管站、灌区局进行沟通处理，APP上清晰地记录了工作人员的行程和工作情况，是名副其实的智能体检器。

水库移动巡查APP为水利工程巡查过程实时、实地、实事的记录提供了便捷的信息化手段，提升了巡查、养护业务监督的执行力，形成了事后检查到事中过程监管的转变，加强了工程管理事件应对处理能力，确保水利工程安全运行。

二、实施小型水库雨水情测报和大坝安全监测设施建设

“水库脉动、智能感知”，元谋县水务局为秧田箐、丙令、弯腰树、新河、卡莫、鼠街、储麦7座小（1）水库装上了“心电图”，实现水库动态监测。

2021年8月，云南省财政厅下达我县小型水库安全运行补助资金285万元，用于7座小（1）水库雨水情测报和大坝安全监测设施建设。2021年9月，我局委托中国电建集团昆明勘测设计研究院有限公司编制了《元谋县2021年度小型水库雨水情测报和安全监测设施建设项目实施方案》并获得州水务局批复，主要建设内容包括设施布置、设备选型、埋设安装、一体化监测及预警平台、运行维护要求等。水库雨水情测报和大坝安全监测方案可集成监测平台、感知终端、

传感器、摄像头等软硬件，在前端自动采集水库降雨量、水位变化、大坝变形位移、渗压渗流、视频监视等数据，通过 4G、5G、北斗卫星、NB-IoT 等无线传输到监测平台，实现“智能监测、信息获取、秒级预警”。雨水情监测设施可以监测到水位、雨量、流量、扩展监测水温和水质。安全监测包括大坝渗流、渗压，扩展监测大坝表面变形、岸坡稳定等，在大坝、溢洪道等重要部位等进行图像和视频采集，重点监测大坝全貌、兼顾水尺、坝前水位、溢洪道进出口、三角堰、坝体渗漏等部位的动态视频，也可以定时拍照、远程抓拍、远程喊话。同时，可实现第三方接口信息共享，与县级、省级监测平台进行无缝对接，轻松实现数据共享。

水库信息化建设，是当前水库安全运行管理的大势所趋。信息数据的提取、分析、处理和及时预警，让水利管理工作更加科学高效。

打好“多管”“多措”“多点”组合拳
当好企业“娘家人”

广东省广州市增城区水务局

2020年以来我局认真贯彻落实上级和区关于优化营商环境的各项决策部署，推进社会信用体系建设，积极落实“放管服”有关要求，改进政府服务社会方式，方便企业发展，主动作为，深化“放管服”，聚焦“不见面、一张网、一扇门、跑一次”改革，不断增强服务对象的满意度、获得感。

全面实施政务信息系统整合和数据共享应用，深化“互联网+政务服务”，严格落实名录、落实审批告知承诺制、全程做好网上办理。我局现行实施的审批事项数量为17项，公共服务事项2项，上述事项均已进驻广东政务服务网，并通过网站，将办事依据、条件、时限、程序、结果及收费标准等进行公开，便于群众适时查询。推行“一窗办理”，实现了“前台综合受理、后台分类审批、综合窗口出件”的服务模式。

认真梳理行政职权清单、责任清单和运行流程，压缩审批时限，进一步简化流程。现有行政审批事项都在原有的办理时限（工作日）中缩减50%办理时限，充分利用市、区政府信息资源共享机制和相关审批系统，通过信息核验或共享的方式简化办事过程中纸质证明提交等办事材料，努力提高办事效率和服务水平。

为进一步贯彻落实优化营商环境要求，2020年我局制定了《广州市增城区水务局关于落实全面优化营商环境措施实施方案》，要求局各科室要从实际出发，本着高标准、严要求的原则，认真按照《广州市增城区水务局全面优化营商环境措施任务清单》开展工作，查找薄弱环节，突出重点，狠抓落实，确保优化营商环境工作取得实效。

我局落实社会信用体系建设相关要求，大力推进信用监管，同步将行政审批结果在“电子证照系统”签发证照、“信用广州”公示平台进行公示。2021年1—7月我局按时录入行政许可589宗、行政处罚11宗，上报率、及时率、准确率达到100%，实现信用信息互通共享，助力打造市场化、法治化营商环境。

根据广州市水务局、广州市工业和信息化局关于印发《广州市社会投资简易低风险工程获得用水获得电力工作指引（试行）的通知》（穗水资源〔2020〕46号）要求，针对低压（220伏/380伏）非居民用户（含社会简易低风险项目）获得电力获得用水获得排水外线工程），我局水利工程管理范围内的生产经营活动审批、生产建设项目水土保持方案审批（政府投资、非营利组织投资和个人投资类）免予审批。

按照《广州市水务局关于印发广州市进一步优化获得用水接入工作方案（试行）的通知》（穗水资源〔2019〕24 号）要求，我局立即督促我区各供水企业对用水报装流程进一步进行简化，相关流程和所需资料已向市民公布。对社会投资简易低风险工程获得用水（管径 DN50 以下、长度 200 米（含）为以内），由各供水企业配水到红线，用户无须出资。同时，2019 年 5 月实现供水接入服务事项进驻政府政务服务大厅，合并纳入市政公用服务窗口，统一提供“一站式”服务。

在水务工程招投标活动中全面推行电子评标，并且推广使用金融机构保函替代现金缴纳投标、履约保证金，减少企业现金流压力。吸收、总结优秀经验，按照上级工作部署将逐步推行“评定分离”，推进我局水务工程招标全面落实“放管服”改革，提高政务服务效率。

加强监管，落实联合惩戒措施。2020 年以来，我局发出不良行为通报 68 份，均对参建单位的不良行为按照质量安全管理评价和市场行为评价标准分别扣分并上传广州市水务工程企业信息库及诚信管理系统，将评价结果运用在招投标活动中。督促、指导各招标人在组织开展水务工程招投标活动时，严格落实失信联合惩戒措施，在资格预审公告、招标公告、投标邀请书及资格预审文件、招标文件中明确规定对失信被执行人的处理方法和评标标准。

突出“四抓” 高质量打造乡村示范点

贵州省都匀市乡村振兴局

2021年以来，都匀市整合优势资源，探索“四抓”工作法，高质量打造乡村振兴示范村，全力将双新村、坪阳村打造为宜居宜业宜游新农村。

一、抓巩固脱贫成果，高质量实现稳定脱贫

严格落实“四个不摘”要求，扎实做好防贫动态监测，针对性分类落实帮扶措施，通过“3+1”保障、民政兜底保障和就业推荐服务等方式，实现“动态清零”，持续兜牢返贫底线。截至2021年底，双新村“三类人员”16户60人，累计获得住院报销462人次、报销金额109.2万元，享受教育资助105人，纳入民政低保79人，安排公益性岗位35人；坪阳村“三类人员”14户39人，累计获得住院报销66人次、报销金额36.37万元，享受教育资助98人，纳入民政低保82人，安排公益性岗位36人，引导外出务工就业17人。

二、抓项目建设，促进村庄产业高质量发展

结合两个州级乡村振兴集成示范点特色优势产业，都匀市集中资源力量实施项目建设。截至2021年底，双新村实施项目3个，投入资金3250万元；坪阳村实施项目4个，投入资金1216.72万元。项目主要涉及“三变”入股村级合作社分红、少数民族村寨建设、茶园基地基础设施建设、茶园提质增效建设及生猪养殖，全面建强双新、坪阳两村农业产业。

三、抓组织建设，党建引领作用不断强化

强化支部战斗堡垒作用，完善坪阳、双新村党支部建设，配齐干部队伍，建强村级力量。发挥党组织领导核心和党员的先锋模范作用，健强“三治融合”，着力提升村民素质，推动群众参与乡村建设动力。截至2021年底，双新村党总支部共有党员53名；坪阳村党总支部共有党员83名。

四、抓环境整治，生态宜居优势日益彰显

通过动员全村村民参与村级大扫除活动，引导农户自觉参与农村人居环境整治，明确农户

维护公共环境责任，严格实行门前“三包”，保持农户屋前屋后干净整洁，村环境卫生得到明显的改善。2021年以来，双新村向群众发放环境整治宣传单400余份，清运垃圾2车，清理河道垃圾5千米，清理公路障碍3处；坪阳村向群众发放环境整治宣传单200余份，清运垃圾10车，清理河道垃圾6千米，清理公路障碍3处。

“七个聚焦”推进乡村振兴

广西德保县乡村振兴局

2022 年以来，德保县乡村振兴局坚持稳字当头、稳中求进，围绕“七个聚焦”坚持以发展巩固拓展脱贫攻坚成果、全面推进乡村振兴。

一、聚焦目标任务，集思广益谋划思路举措

一是强化思想政治理论。严格落实好“第一议题”制度，截至 2022 年 3 月底，局党组先后召开 4 次党组会议、5 次干部职工会议继续深入学习中央相关文件，学深悟透，为推动乡村振兴局当前各项工作提供了根本遵循和行动指南。二是谋划年度目标任务。聚焦“守底线、抓发展、促振兴”，通过组织召开乡村振兴局工作务虚会，集思广益，谋划工作思路措施。三是落细落实工作任务。认真学习上级 2022 年巩固拓展脱贫成果与推进乡村振兴工作要点，将文件精神转化为县级工作要求、细则政策和实施方案，扎扎实实推进巩固拓展脱贫攻坚成果同乡村振兴有效衔接各项工作落细落实。

二、聚焦防贫底线，健全监测帮扶机制助力巩固成果

延续使用双网监控报贫，通过“线上 + 线下”相结合确保排查工作无死角、无漏洞。实行存户网格化，疫情后及时入户盘点排查，确保应纳尽纳。进一步细化实化“一户一策”方案，配强结对帮扶干部队伍，逐户落实综合政策性保障和跟踪帮扶措施。严格落实风险解除程序，确保实际情况达到解除标准再给予风险解除，并建立常态化工作管理机制。全县在册对象 1877 户 6103 人。其中：脱贫不稳定户 637 户 2017 人、边缘易致贫户 1145 户 3744 人、突发严重困难户 95 户 342 人。当前未解除风险总户数 680 户 1924 人，均已安排落实针对性跟踪帮扶措施。

三、聚焦资金项目，巩固提升衔接资金项目安排

一是加大产业项目投入。共安排 10979.63 万元用于产业项目及产业发展配套设施建设项目，占上级下达资金总量的 57.04%。二是持续完善实施村屯基础设施条件。共安排 6649.37 万元用于农村饮水巩固提升、村屯道路硬化、民族特色村寨建设、人居环境整治，欠发达国有林场巩

固提升等项目，占资金总量的34.54%。三是持续开展到户类政策扶持。共安排1620万元用于乡村振兴公益岗位，小额信贷贴息、“雨露计划”、易地扶贫搬迁项目贷款（债券）贴息等项目，占上级下达资金总量的8.42%。

四、聚焦复工复产，抓实抓牢产业道路项目监管

2022年计划实施18条产业道路项目共34.4千米，计划投资855万元。项目施工图设计、预算编制工作已完成；2022年计划实施8个村公共基础照明项目，计划安装太阳能路灯1690盏，计划投资428.55万元，已完成现场复核工作。

五、聚焦光伏产业，助推村集体经济增收

一是村级光伏电站运维监管。通过两家光伏电站运行维护管理公司日报告及全国光伏扶贫电站信息监测系统，每日对90个村级光伏扶贫电站运行情况进行监测，对发现电站运行出现故障及时与运维方对接排查修复。二是村级光伏电站电费监管。督促新电力集团德保分公司按月与县银发集团办理电费结算并由银发集团及时将电费拨付至电站归属村，并将电费按月录入全国光伏扶贫电站信息监测系统。第一季度，90个村级光伏扶贫电站发电收益为33.3657万元。

六、聚焦持续增收，促进脱贫人口稳定就业

一是做好非固定性乡村振兴公益性岗位的开发管理工作。制定工作实施方案，严格按程序开展工作，督促各乡（镇）结合实际合理开发岗位，接受社会和群众监督，体现公开、公平、公正，杜绝“优亲厚友”和“人情安置”，避免泛福利化，促进监测对象勤劳致富。1—3月份，非固定性乡村振兴公益性岗位共上岗357人次，应发补助资金35.41万元，已为1月份上岗人员132人发放补助13.2万元。二是抓好脱贫人口稳岗就业信息报送工作。结合疫情防控，组织各乡（镇）摸底全县脱贫劳动力、监测对象劳动力外出就业意向清单，多渠道推介发布企业岗位需求信息。及时掌握脱贫劳动力、监测对象劳动力外出就业需求与实际就业数，鼓励动员劳动力外出务工，增加家庭收入。

七、聚焦工作任务，推动乡村振兴工作有序开展

一是抓好雨露计划工作，制定过渡时期雨露计划工作方案并实施。二是激发动力，“以奖代补”推动产业振兴。2022年度第一批次经过材料审查及验收工作，共有共2644户（其中脱贫户2544户、监测户100户）申报并通过核验，申请产业以奖代补核验总金额共计1593.30万元，截至3月底实际拨付到户943.01万元。三是金融助力，脱贫人口小额信贷助力发展生产。截

至 3 月底，全县脱贫人口小额信贷余额 25310.78 万元，惠及 5382 户；2022 年新增发放脱贫人口小额信贷贷款 164 户，共 759.6 万元，第一季度共贴息 293.76 万元。四是严格认定，消费扶贫促进经济增收。截至 3 月底，全县通过认定的扶贫产品有 257 个，供应商 41 家，累计销售额达 958 万元。

创新探索“1234567”思路
在乡村振兴上开新局

贵州省铜仁市碧江区乡村振兴局

铜仁市碧江区抢抓机遇，创新探索“1234567”思路，即建强一个堡垒，协调推进脱贫攻坚成果巩固拓展和乡村振兴两大重点任务，壮大龙头企业、合作社、农户三个主体，做好村庄规划、产业规划、合作社规范、村规民约四个规则，统筹推进产业、人才、文化、生态、组织五大振兴，用好资源、房产、人才、土地、市场、改革创新六种力量，提高农户收入、集体经济、基础设施、人居环境、乡村服务、乡村治理、精神文明建设七个方面的质量，奋力在乡村振兴上开新局。

一、建强“一个堡垒”

建立功能过硬的基层组织。按照“抓两头带中间”的工作思路，着力巩固提升基层党支部标准化规范化建设成果，加快推进先进基层党组织建设，排查整顿软弱涣散村党组织，选派139名优秀驻村第一书记，组建42支乡村振兴工作队到村任职工作，重点抓好宣传贯彻党的方针政策、建强村党组织等工作。选配能力过硬的党组织书记。以乡村两级集中换届为契机，切实加强乡镇党委、村党组织书记建设，选配政治素质过硬、驾驭全局能力强、善于抓班子带队伍的乡镇党委书记和思想政治素质好、道德品行好、带富能力强、协调能力强的村党组织书记。培育结构过硬的党员队伍。制定农村优秀青年党员发展计划，注重从青年农民、外出务工人员、致富带头人、退役军人、妇女中发展党员。

二、统筹“两大任务”

巩固拓展脱贫攻坚成果。健全区乡村三级防贫预警机制，重点围绕脱贫不稳定户、边缘户、低保户收入骤降支出骤增户“四类人员”开展大走访、大排查，持续跟踪收入变化、“3+1保障”巩固情况，定期核查，动态清零，坚决守住民生底线，巩固脱贫成果。推进乡村振兴有效衔接。围绕“特色田园乡村建设、农村集体经济和农村改革、现代农业产业体系、易地扶贫搬迁后续扶持、乡村社区治理、基层党建”六个方面推进乡村振兴引领示范。2021年力争创建市区特色田园乡村示范点村17个、易地搬迁后续扶持五个体系示范建设点5个、乡村社区治理示范点8个。

三、壮大“三个主体”

壮大一批龙头企业。围绕“5+2”产业体系，加大对区内源盛菇业、白秧坪大米专业合作社、同德药业、山茶公司等龙头企业政策扶持力度，整合各类资金支持龙头企业扩大基地规模、提高加工生产能力、品牌创建及基础设施建设，不断培育壮大本土领军企业。实现规模以上农产品总产值16.89亿元，增长10.39%。培育一批农民专业合作社。树立合作社由数量增长向质量提升转变的导向，推广“村社合一”“社社联合”等模式，持续推进村集体股份经济合作社和农民专业合作社有效融合。到2021年底，建成农民专业合作社436家，联合社2家。培养一批新型农民。开设电工、叉车、育婴师、养老护理、中式烹饪师等培训班，打造“碧江技工”品牌。推广“龙头企业+合作社+农民”“龙头企业+基地+农民”“公司+村集体+农民”等发展模式，通过资源变资产、反租倒包、企业务工、入股分红、集体奖励等多渠道，实现群众租金、创业收入、薪金、股金、奖励金等多形式获利。

四、做好“四个规则”

村庄规划先行。坚持“先规划后建设”原则，通盘考虑土地利用、产业发展、居民点布局、人居环境整治、生态保护和历史文化传承等多方面因素，高标准编制多规合一的实用性村庄规划。产业规划引领。围绕现代农业产业体系、生产体系和经营体系，分别编制特色优势产业、农田基础设施等五年规划。合作社规范建设。积极开展“清理整顿一批、规范提升一批、扶持壮大一批”专项行动，严厉打击合作社非法集资、取缔空壳社、整顿“小散乱”合作社。依法依规清理注销“空壳社”252家。村规民约提升。按照“汇集民意、聚集民智、化解民忧、维护民利”原则，因地制宜制定完善村规民约，引导村规民约向法治有序、德治有效、自治有力方向发展。

五、推进“五大振兴”

推进产业振兴。加快完成产业配套设施建设，实施农村污水治理工程、村寨污水处理设备建设项目。加快推进农村果蔬、食用菌、中药材、林下经济、生态畜牧业等特色优势产业发展。推进人才振兴。加大人才招聘引进力度，实施人才培育提升工程，围绕“五类人才”，选聘优秀高校毕业生到村服务，开展农业农村人才培训、技能技术人才培训。推进文化振兴。切实加强农村文化活动室、村级文化活动广场、农家书屋等文化阵地建设。抓实文化传承，开展“建党100周年全民阅读推广”等系列活动。推进生态振兴。积极谋划污染防治项目，2021年两河口集中式饮用水保护区规范建设获省级水污染防治资金预算（第一批）125万元，区8个农村千人以上集中式饮水源地标准化建设项目进入省级项目库，小江流域水污染防治项目进入国家项目库。推进组织振兴。实施党组织优化提升行动，全面推动产业链、坝区等功能性党组织设置，因地制宜推进村党组织书记、主任“一肩挑”。

六、用好“六大力量”

用足资源增动力。用好生态资源强旅游，加快建设云场坪汞矿遗址申报世界文化遗产；用好东莞南城街道组团东西部协作帮扶资源，推动构建“4+”模式；用好省军区省地方金融监管局、中储粮贵州分公司等8家援建资源，拓展农产品销售渠道，加大消费扶贫力度。盘活房产增动力。鼓励利用闲置住宅发展乡村休闲农业、乡村旅游、餐饮民宿等新产业新业态以及农产品冷链、初加工、仓储等产业发展项目。聚焦人才增动力。建立乡村人才服务机制，设立15个乡村人才服务站，选派56名专家人才深入农业坝区开展技术指导，将325位碧江籍的杰出乡友纳入春晖人才库。用活土地增动力。大力发展油茶产业，建成和平山茶小镇、坝黄苗哨溪、猫猫岩3个油茶示范基地，10个千亩油茶村寨。激活市场增动力。重点抓好线上线下两个销售市场拓展，扎实开展农产品“七进”和“黔货出山进军营”工作。依托国有企业平台作用，创新推进“电商驿站 + 云仓 + 专业合作社 + 农户”发展模式。深化改革增动力。强力推动农村综合改革，深入开展农村集体经济清产核资，完成产权抵押融资贷款13286万元，创建了47个行政村和自然村寨“三变”改革示范点，带动农户收益2067.96万元，实现户均增收达1200元以上。

七、提高“七个质量”

提高农户收入质量。千方百计多举措促进农户增收，以2020年脱贫户收入结构为底线，促进脱贫户财产性收入、工资性收入、生产经营性收入、转移性收入结构逐年改善。提高集体经济质量。积极推动农村闲置资源、资产、资金等要素发展，建立农村闲置资源托管委员会，采取委托经营入股、合作经营、租赁等多种形式，壮大村集体经济。全区70个涉农行政村（社区）实现村集体经济收入达8万元以上。提高基础设施质量。出台《碧江区乡村振兴基础设施项目五年工作方案》等配套文件，谋划农村公路养护、村寨污水处理工程等基础设施建设项目791个，涉及资金446.8亿元。提高人居环境质量。深入推进农村厕所革命，常态化制度化开展村庄清洁行动和绿化工程。2020年，碧江区荣获“全国农村人居环境整治成效明显激励县”。提高乡村服务质量。着力提高农村教育服务质量，发放2021年春季学生资助资金1911.37975万元，惠及学生29475人次。加强医疗卫生技术人才培训，开展基层卫生人才能力提升培训24人次，乡村医生培训400余人次。提高乡村治理质量。全区建成乡级综治中心14个、村级综治中心94个。建成雪亮工程视频监控524个，完成网格划分1007个，配备网格员1410人。提高精神文明建设质量。围绕党的理论和方针政策，广泛开展宣讲活动。加大高价彩礼、滥办酒席、厚葬薄养等不良风气治理。

第四篇

新时代市场经济下的税务管理与服务意识

优化服务出实招　精准施策助发展

国家税务总局东平县税务局

国家税务总局东平县税务局立足群众需求，创新服务形式，以“双创双服”活动为契机，优化办税流程，推广“智能化”数据办税，推动税费服务人性化，有效激发市场主体活力，持续提高涉税服务水平培优政务营商环境。

一、精准发力，推进增量留抵退税

“增量留抵退税对我们企业来说就是一场‘及时雨’啊！”东平县惠众热力有限责任公司负责人杨广辉激动地说。公司主要从事热力生产和供应，近期，随着煤炭价格大幅上涨，供热企业普遍存在着经营成本激增，面临经营亏损的窘境。

东平县税务局迅速掌握辖区内热力供应企业情况，通过企业申报表发现企业可能符合增量留抵退税政策，立即组织税务专家顾问团深入企业开展政策辅导。在得知能够享受增量留抵退税政策后，企业负责人提出申请，共收到 153.5 万元的退税款。

“当前正值供热季，煤炭价格上涨幅度较大，给公司造成了很大的资金压力。多亏了税务局给我们退了增量留底税款，解决了我们的燃眉之急。”杨广辉感激之情溢于言表。“公司能够冲出困境，得益于税务部门提供服务优质、宣传政策及时、纾困解难倾力，让我们及时足额享受到了退税，缓解了运营资金压力，更加坚定了企业爬坡过坎、攻坚前行的信心！”

据了解，东平县税务局以“宣传有重点，辅导有方法，退税有协调”为工作方式，强化后台审批职能，提升留抵退税审核电子化、协同化水平，搭建“纳税人—税务局—国库”的“一日办”退税模式，进一步提升退税到账速度。

二、办税升级，推行文书电子送达

“在电子税务局刚提交了发票增份申请，不到 5 分钟，便收到了税务局发送的发票票种核定事项通知书，税务局的办事效率真是越来越高了！”泰安市鲜力强冷冻食品有限公司财务负责人王树林坦言，疫情还未结束，尽量减少接触，税务局推出的税务文书电子送达举措，真是太方便了。

为进一步引导纳税人办税“走网路”，提高税收征管效率，减轻征纳双方负担，东平县税务局第一时间推动税务文书电子送达落实落地落细，深入推进“非接触式”办税提档升级。为了尽快将税务文书电子送达工作落实到位，方便纳税人办理涉税事项，东平县税务局以鲁税通、税企微信群为依托，对辖区内纳税人进行宣传和辅导，鼓励纳税人接纳税务文书电子送达方式。针对有需求的纳税人提供“一对一”远程辅导，帮助他们顺利解决操作层面的难题。

三、优化服务，打造智慧税务生态

东平县税务局依托“智慧税务纳税服务平台”与“纳税服务模块数据集成平台”加大业务办理监管力度，实时监控业务办理时长与等待时长，查看每日各渠道办税缴费业务量，及时发现、分析和解决办税缴费过程中遇到的各类问题，持续优化办税流程，助力企业纾困解难。

“原来我们更改一些信息了解各类税收优惠需要带诸多材料去办税大厅，有时候忘记带某个材料还得再跑一趟。现在在我办公室登录‘电子税务局’，只需几分钟就能了解我能享受的税收优惠，完成各种业务，这比以往节省了一天的时间，也省去了很多不必要的麻烦。”东平京鲁时代生物科技发展有限公司企业负责人马啸感触颇深。

2022 年以来，共搜集群众办税问题 3 万余项，制定优化整改措施 60 余个，群众业务办理效率提升 60.62%；目前业务办理平均等待时长 3 分 43 秒，办理业务时长 3 分 54 秒，全市用时最短，“好差评”系统纳税人满意度 100%。

窗口前移“一小步” 便民服务“一大步”

国家税务总局都匀市税务局

近日，针对因房开企业资料不全、手续不规范，造成群众办理不动产权证难的历史遗留问题，以及企业大批量房产过户耗时长的问题，都匀市税务局加强部门协作力度，创新优化不动产登记资料预审办理机制，将服务前移“一公里”，便民惠企“一大步”，有效优化营商环境。

一、前移“预审窗口”，便民办理更省心

针对群众办证多头跑的问题，市税务局与市政务服务中心、市自然资源局联合制定《都匀市服务纳税人向前延伸“一公里”实施方案》并成立工作小组，分类分阶段细化工作措施。

一方面，要求5个重点问题房开企业梳理名单，通知不动产权利人携带办证所需资料，到各项目企业办公地点进行资料预审。另一方面，选派4名税收骨干进驻各问题房开项目企业，对不动产资料进行预审，将预审信息传递至市自然资源局，由市自然资源局出具家庭住房不动产产权登记信息查询结果，市局税务局对返回信息再次核查确保不出错误。

“以前我们办理不动产权证，对于需要哪些资料、要经过什么流程不太清楚，由于资料不全总是来回跑，甚至因此无法办理业务。”刚办理好证件的王先生表示，“现在税务部门直接到企业为我们审核资料，解答各项涉税问题，还开通了绿色通道。我们无需排队叫号就能办好业务，可以说是‘即来即办、即办即走’，可算是解决我们的烦心事！”

二、前置“集成窗口”，高效便捷更舒心

“您好，不动产业务相关手续办理好了，请您核对无误后在这个表格上盖章！”这间办公室里，穿着不同样式工作服的工作人员正在有条不紊地办理业务，这里就是都匀市营商环境服务工作室（贵人服务室）。

营商环境服务工作室由等税务、不动产组成，形成集成协同服务机制，优先引导企业群众到这个前置“集成窗口”，即可办结不动产登记业务，无需多个部门“来回跑”。“没想有个集成办理也不动产业务的综合‘窗口’，这里不同于大厅的拥挤嘈杂，在这里我觉得非常放松，可以‘一站式’完成业务办理！”贵州都匀农村商业银行股份有限公司资产科工作人员朱蕾表示，“我要办理十几套不动产转移的业务，原以为两三天左右办完就非常高兴了，现在1个小时就能办理完毕，真是太便捷了！”

三、前伸“辅导窗口”，热心服务更暖心

“您好，请问我的父母想申请办理三套住房的赠与登记手续，但他们年事已高。特别是我的父亲已 91 岁高龄，几年前突发脑出血，如今行动不便无法到现场办理，请问该怎么办？”市民张先生焦急地问道。

核实相关情况后，市税务局立即联合市不动产登记中心，组织服务“小分队”上门为张先生父母办理不动产转移登记手续。双方工作人员细心的了解赠与人与受赠人的具体情况、指导填写申请资料，通过录制视频询问张先生父母的赠与意愿，把提前准备好的征税资料给他们签字并扫码支付税费，仅 1 小时就办理完毕，不动产权证书缮证后即可邮寄到家。

“可算是了却了我们的一桩心事！”张老先生高兴地说，“我们两个年纪大了，腿脚也不方便，更不懂办证所需业务，现在你们上门服务为了我们跑前跑后，让我们足不出户就能拿到证件，太谢谢你们了！”

自服务前移“一公里”创新项目实施以来，通过优化不动产资料预审和办理机制，截至 2022 年 9 月 29 日，都匀市税务局已帮助 9000 余户问题房开业主办理不动产权登记。

回眸税收这十年　一路“春风”一路歌

国家税务总局独山县税务局　谭　飞

十年间，从全面实施“营改增”到国地税征管体制改革，从减税降费到组合式税费支持政策，从走“马路”排长队到走“网路”线上办……十年税改路，不论怎么变，税收改善民生、促进经济发展的作用没有变，独山税务人服务纳税人的初心没有变，纳税人期盼营商环境越来越好的愿景没有变……

一、60后税务干部眼中的“十年”：税收征管愈发贴近征纳关系

十年来，税收征管工作全流程、全要素应用计算机技术，实现网络化信息化管理，数字化治理水平逐步提升，纳税人缴费人足不出户即可办理涉税事项，做到了从“马路”到“网路”的转变，并逐步迈向精诚共治、智慧税务。

“我1982年参加工作，那会儿主要负责市场零散税收，税制还不完善，纳税人普遍纳税意识不足，认为纳税与自己没有关系。一晃40年过去了，经历了‘营改增’、减税降费、金税三期上线等一场场大考，行业税负‘只减不增’，现在纳税人不仅会主动向我咨询政策信息，还会主动研究相关政策，还能够帮助向身边人讲解税收政策，这让我看到了税制逐步健全完善带来的变化，我相信税收征管方式会更加完善、更加科学、更加高效。”陈俊是一位临近退休的老同志，走过了四个税收十年，经历了1994年和2018年两次征管体制改革，谈到税收征管他深有感触。

二、70后企业会计眼中的“十年”：从办税服务厅的“常客”到“稀客”

从办税服务厅厚厚的玻璃隔断柜台到现在的开放式工作台面；从单一的窗口设置到现在的全能“一窗式”综合服务窗口；从纳税人自行跑银行缴纳税款方式到现在的电子缴税、税款自动划转的信息化手段等诸多方面的改变，纳税服务工作越来越便利化、多元化、个性化……

“现在一年去办税服务厅的次数和时间，估计还没有以前一个月的多。那时候每次都要赶在上班前去排队，要不然不知道一上午能不能办完，尽管税务部门推出了‘延时服务’，但我们来回一趟办税的时间成本还是比较多的。”已经从事税务代理12年的郑鹏，一边回忆着往事，一边打开了“话匣子”，“过去我们来办税就盼着一个‘早’字，早点取号、早点排队、早点办完，没想到短短几年时间，排长队的场景就一去不复返了，如今都是数据‘跑路’，很多业务通过

电子税务局就可以线上办理，选择‘非接触式’办税已经成了我们日常办税的‘必选项’了。”

作为和税务部门打了多年交道的“老人”，在郑鹏看来，这些年的办税体验一年比一年好，年年都有新变化、新气象，其中让自己印象最深的要属申报方式的改变。

三、80 后税务干部眼中的“十年”：税收宣传主题紧跟时代步伐变换

从“税收 . 发展 . 民生”到“新常态，新税风”，从“聚焦营改增试点，助力供给侧改革”到“税收优惠促发展，惠企利民向未来”……十年来，税企座谈会、发放宣传手册，线上培训辅导，税法进校园，进企业等多种多样的活动为纳税人送政策，送辅导。不断问计问需，不断改革宣传方式，更加贴近纳税人缴费人需求，更加贴合不断变化的税收实际，双向互动让税企关系更加亲近。

“还记得入职第一年，我身穿税服，披上红色宣传绶带，跟随着老同志进企业宣传税收政策，我感到很忐忑，不知道如何与纳税人沟通，看着老同志和纳税人亲切自然地交流，我感到很羡慕，同时也感到肩上责任重大。转眼 15 年过去了，税收宣传方式也从在繁华街道上摆桌子，架一个喇叭，逐渐扩展到电子税务局网站、微信公众号、抖音等现代化宣传载体，每当看到纳税人缴费人弄懂政策后的笑脸我都感到很自豪。”80 后税务干部罗家飞说。

十年春华秋实，税收改革的脚步从未停歇。独山县税务局始终把服务纳税人缴费人作为根本出发点和落脚点，充分发挥税收职能作用，在落实落细税费支持政策、推进办税缴费便利化、优化税收营商环境等方面想纳税人缴费人所想、急纳税人缴费人所急，拿出一系列实招、硬招，让纳税服务进中显优，奋力书写好新时代新征程中推进税收现代化的“独山篇章”，以实际行动迎接党的二十大胜利召开！

端稳百姓“饭碗” 税惠不遗余力

国家税务总局广州市从化区国家税务局　郑闵心

作为粤港澳大湾区重要粮食生产地的广州从化，一直以来严格落实藏粮于地、藏粮于技战略，2021年粮食产量达7.27万吨。为守护粤港澳大湾区“米袋子”，助力百姓端稳手中的“饭碗”，实现国家粮食安全保障能力持续提升起到了积极作用。

一、从化香米守“粮”心，税惠政策稳发展

随着第42个世界粮食日的到来，从化也迎来了晚稻丰收，辛勤劳作的农民乐在心里，喜上眉梢。

“‘从化香米’的香气比泰国香米更浓郁，煮饭时楼道里的‘饭香’，就是我们小时候回家的味道。”和稻丰现场种植农户捧着颗粒饱满的稻谷开心地说道。

据了解，“从化香米”是广州市和稻丰农业科技发展有限公司与华南农业大学紧密合作打造的国家地标品牌。近年来，该公司加快产业园区香米示范基地建设，推行〃公司+基地+农户”“公司+专业合作社+基地+农户”“一二三产业融合发展”的经营模式，通过推广“订单农业”、保价收购、技术指导、良种扶持等措施，带动农民增收农业增效农村增彩。

经统计，产业园区带动全区辐射园区周边农户一万户以上，促进农户增收20%以上，并解决当地部分剩余劳动力，吸收农户积极参与丝苗米的种植管理，目前推广种植面积已突破三万亩。

据透露，由于该公司产品属于自产自销农产品，可享受自产自销农产品免征增值税等税收优惠政策，于是公司把享受到的税惠政策红利全部用于增加科研投入。

因从事农业相关经营不久，该公司对新型农业发展模式相关的税费优惠政策了解不够全面，为此，从化区税务部门为其量身定制辅导计划，分类讲解增值税、企业所得税、城镇土地使用税、社保等涉农税费优惠政策，系统解答发票开具、系统申报、政策享受等问题，让企业畅享税惠政策红利。

二、艾米产业智能化，服务升级添动力

在艾米稻香农业园内处处弥漫着浓郁稻香，千亩水稻与智能机器“轰隆隆”的响声绘成一片农业现代化丰收图景。

“绿水青山就是金山银山，从一望无际的低效农田到生态科技的示范样板，是大自然对我

们坚持多年采取纯生态种植方式的回馈。税务部门持续升级的服务也是企业发展的驱动力。我们对税务部门提供的支持农业企业稳定发展政策辅导及便捷的粤税通小程序、V-Tax远程可视化办税平台等‘网上办税’服务感到非常满意，这些给了我们持续‘稳发展、敢创新’的不竭动力。”艾米稻香小镇财务负责人刘智湘说。

规模化是农业现代化的基础，十年来，艾米稻香农业园打破传统种植方式，坚持“产业牢基础，创新谋发展”理念，以科技创新推动农业产业数字化，打造农业现代化产业体系，实现了粮食生态系统多样性、稳定性与持续性。如今，艾米每亩水稻田年产值从传统种植的4000元提升到现在的14000元，产业增效提升约350%，带动周边配套服务经营创收超过600万元。

据了解，为提升税务服务质效，从化区税务部门通过定期与农业企业开展主题党日共建活动，了解企业经营现状，帮助企业读懂、学透税费优惠政策，为企业最大程度将精力投入到生产经营中去提供政策保障。下一步，从化区税务部门将持续落实“党建+业务科室+基层税务所”三级工作机制，根据细分的税源类型做好身份标识，通过“穗税连心 相向而行”税企沟通群及“线上+线下”靶向辅导及时响应企业诉求，精准推动农业税费优惠政策落实落细，不遗余力打造乡村振兴“税收生态圈”，助力守护百姓的“米袋子”与手中“饭碗”。

军营到税苑　初心从未改

国家税务总局法库县税务局

党的二十大报告强调，全党同志务必不忘初心、牢记使命，务必谦虚谨慎、艰苦奋斗，务必敢于斗争、善于斗争。在迈向第二个百年奋斗目标开局之年，习近平总书记用“三个务必”的重要要求，激励全党同志永葆坚定。

2022年同时也是中国人民解放军建军95周年，95年来，人民军队在党的领导下历经战火、浴血奋战取得了一个又一个胜利，每一位中国军人都在各自的岗位上发光发热，奉献自己火热的青春，践行保家卫国的神圣使命。

军旗飘扬、税徽闪耀，尽管身上制服颜色已变，但不变的是他们那颗始终坚持为人民服务、将老百姓视作自己亲人的热忱之心。

今天的主人公就是这样一位军转干部，一名扎根在基层办税服务厅二十余年，初心从未改变的税务干部——国家税务总局法库县税务局第一税务所一级主办张品文。

张品文同志的第一份职业是军人，在最为热血的年华里，扎根祖国北方，书写绚烂无悔的青春篇章。退伍转业后来到当时的法库县国家税务局，成为办税服务厅的一员，这一干就是二十余年。二十年来，他日复一日、年复一年坚守在大厅一线，实干、敬业、奉献，是他身经百战的深沉积淀。从初入税局的什么也不懂，到今日大厅各项工作的行家里手、业务精英，他付出常人难以想象的辛苦，也收获了外人无法轻易得到的成就。

他工作的这二十年，是中国税务系统发生翻天覆地变化的二十年，税制改革、发票改革，再到如今进一步深化税收征管体制改革，他见证无数历史的发生，并且以一名优秀税务干部的身份参与其中，写下自己的故事。

他是办税服务厅新入职干部的第一位老师，被年轻干部亲切地叫做“张叔”。他手把手教会年轻干部如何使用金三、防伪税控、发票2.0等诸多税务软件，小到每一个模块点哪里，细到每一句文书怎么写，他悉数告知，毫无保留。从他身上，年轻干部不仅学到了业务该怎么办，还学到了他为纳税人解惑答疑，不计个人辛苦与否的奉献精神。

他是纳税人缴费人口中的“张老师”，企业申报有什么困难，发票开具出现什么问题，税盘操作哪里不会了，好像只要找到他，一切问题都会迎刃而解。久而久之，“大厅找张老师”成了法库企业会计们常说的一句话。他能站在纳税人身后弯腰指导一上午，他能中午不休息为焦急等候的人办理业务，他还能苦口婆心地劝告一些心存侥幸的纳税人不要铤而走险。从窗口办公区到大厅辅导区，从大厅辅导区到自助办税区，都留下他急促而沉重的脚步，九年春风行动，他用实际工作践行为国聚财、为民收税的神圣使命。

庄严的税徽和靛蓝的税服，是一种光荣，更是一份责任。他常对年轻干部说，“如果咱们是纳税人，来税务局办事是什么心情，希望得到怎样的服务？将心比心，换位思考，很多事情便都会得到解决。”他的言行中展现了法库税务的精神风貌，成为税务干部群体立足岗位、无私奉献的缩影，也充分诠释了“不忘初心、牢记使命”的内涵与意义。

繁税简办频发力　精细服务有作为

国家税务总局芜湖市繁昌区税务局

繁昌区税务局坚持问题导向、需求导向，打造“繁税简办”品牌，着力打造征纳双减负、办事更便利、税企更亲清的高效能高质量税费服务模式。

一、部署有度，令出惟行落地更“实”

对各分局办税服务厅的各项办税服务制度的执行情况进行督查 18 次，不定期对各办税服务厅对外公开电话接听及应知应会最新优惠政策熟悉情况进行抽测和相关工作提醒。区税务局主要负责人在大征期、办税缴费高峰期至少一次到办税服务厅现场办公解决问题，累计 4 项。

二、解难有方，智能办税享受更“快”

结合繁昌区局特点，集成“马丽工作室”“税问通”推出“春风行动 2.0 版”方案共计 6 类 24 项 100 条便民办税缴费措施。制定“税务访万企、助力解难题”企业清单，每位局领导按季包保走访不少于 2 户企业。到目前为止，共走访企业 62 户，收集涉税问题 6 个，全部现场给予解决。组建“首席办税员”与税政、征管、非税等业务股室的直联专家组，针对首位接待人员无法解答的业务难题，首席办税员绿色通道难事专办，不能解决的联系直联专家组成员，会商解决，确实需要提报运维的，登记首问责任制台账，提报运维解决后及时联系纳税人，确保所有可解决的疑难问题一站解决。累计联合解决问题 8 个。

三、宣传有力，历时服务成效更“丰”

通过办税服务厅、税企微信群及税问通平台等渠道，精准宣传中小微制造业企业缓缴税费及增值税留抵退税等组合式税费支持政策宣传材料。确定专人负责办税服务厅对外公开电话的接听管理工作，工作日实行即时接听，工作之余实行呼叫转移，确保 7*24 小时对外公开电话畅通，立时回复纳税人的涉税需求。据统计，2022 年截至目前，已接听纳税人缴费人的咨询电话达 7630 余次。统筹做好自然人电子税务局征纳互动回复工作，前三季度共计完成了 343 条留言咨询答复。开展“全电票”网格化“预先服”工作，累计服务纳税人 658 户次。

四、服务有为，纳税信用管理更“暖”

及时为 20 户纳税人办理了纳税信用复评升级工作，对 2 批次 31 人次的非公有制经济代表人士关联的企业信用状况进行了评价。持续加大落实宣传“税融通”和“银税互动”推广步伐，强化对纳税人的守信激励工作，帮助企业拓宽融资渠道，助力小微企业发展。前三季度，我区共通过电子税务局“银税互动”业务方式共对 2189 户次中小微企业发放贷款 5.02 亿元。

五、合作有为，精诚共治范围更“广”

邀请辖区内 13 家涉税专业服务机构负责人，召开了涉税中介机构营商环境座谈会，建立了常态化互动交流机制，通过“税收志愿者”“沉浸式体验”以及座谈共话共谋等系列活动，为充分发挥涉税专业服务机构桥梁、纽带作用，凝聚涉税专业服务力量。针对区政府按季通报的各项营商环境考核纳税指标，充分发挥纳税服务专班牵头统筹作用，纵向对接市级对口部门，横向联系相关单位，不定期组织召开专题会议，针对工作推进中的堵点、痛点、难点问题，集中会商，协同配合，紧盯各考核指标的办理情况，持续抓紧抓实对标提升工作。营商环境纳税指标考核共计有 6 项三级指标，涉及 11 项细化具体指标，根据区委区政府的通报，2022 年前三季度，我局的纳税指标均位列全市各区县之首。

税费“减”绿色“加”守护巢湖一泓清水

国家税务总局肥东县税务局

“巢湖美，美在一汪巢湖水。”走在龟山脚下的巢湖岸边，醉人的暖风沁人心脾，水清岸绿的生态景观一览无余。作为国内垃圾渗滤液处理领先企业，合肥嘉园水投资有限公司是巢湖治理的重要一环，它负责处理整个合肥市及周边地区生活垃圾填埋处理场——合肥市龙泉山垃圾填埋场产生的垃圾渗滤液，把污水阻断在巢湖之外，守护八百里巢湖烟波浩渺、碧波荡漾。

“巢湖治理，改善水质是关键。”合肥嘉园水投资有限公司负责人鲁坤生告诉记者，公司先后投入 749 万元进行技术研发和设备更新，将垃圾渗滤液经过无害化处理后，使其达到国家最新排放标准，从而阻断污水源头，保护巢湖水质。而支持企业在探索中不断突破的着力点，不仅来自于日益严格的环评标准，更离不开税收政策提供的不竭“动能”。

“与其他行业相比，环保行业技术更新较快，研发成本更大，幸好有一系列减税降费政策为我们松绑减负。”鲁坤生说，近年来，公司享受企业所得税“三免三减半”优惠 18.21 万元，增值税即征即退达 254.05 万元。疫情之后的全面复工，对垃圾污水处理效率提出了更高要求，合肥嘉园实行“三班倒”24 小时不间断运转。面对人力成本压力，税务部门又及时送上了阶段性减免社保费政策，为公司减轻缴费负担 6.54 万元。

“税务部门对企业实行了包保服务，滴管式辅导和精细化服务让我们吃下了“定心丸”。公司会坚持走绿色可循环发展之路，为全市垃圾污水处理添柴助力，让巢湖水更清，天更蓝，生态更和谐。”谈及公司今后的发展，鲁坤生充满信心。

随着复工复产的全面推进，中节能（合肥）可再生能源有限公司投资的合肥市生活垃圾焚烧发电厂又恢复了忙碌。“生活垃圾在这里经过焚烧和处理，实现了无害化、资源化、减量化处理，不仅环保，还能实现了可观的经济效益。”公司财务负责人黄珊说，企业现在日“吞”垃圾 2300 吨，发电量 80 万度左右。

“税务部门一直关注企业的发展，成立了专家团队，为我们量身定制政策辅导方案，帮助享受政策红利。”黄珊介绍，一轮轮减税降费政策“大餐”落地，企业收获颇丰，近年来享受各类税费减免 3500 万元。

随着税收政策红利持续释放，中节能（合肥）可再生能源有限公司不断投资引进技术设施，垃圾焚烧技术和发电设备运营水平逐年提升，机械炉排炉焚烧技术和烟气处理技术达到了世界先进水平，跑出了发展的加速度。“我们要把更多的资金投入到技术和设备更新上，提升垃圾处理效率，减少地下水污染，让优质水源注入巢湖。”黄珊说到。

据悉，近年来，肥东县高度重视巢湖生态保护与修复工程，在产业布局上不断优化，大力发展绿色新能源产业，在绿色发展理念的指引下，不少企业掀起了产业升级、节能环保的“大PK”。而肥东县税务部门积极发挥税收职能作用，全面落实各项减税降费政策，正向激励企业加强技术研发、升级改造、节能减排，以税费的“减法”换取绿色经济的“加法”，护航大美肥东的蓝天白云、绿水青山。

奋力开创“枫桥式”税务分局建设新局面

国家税务总局昭觉县税务局

“枫桥经验”诞生于20世纪60年代初，由浙江枫桥干部群众创造，核心是发动和依靠群众，将矛盾化解在基层。该经验的内涵在实践中不断丰富，从毛泽东同志批示学习推广“枫桥经验”，到习近平总书记做出“把‘枫桥经验’坚持好、发展好”的重要指示，近60年的实践证明，“枫桥经验”是新时代践行党的群众路线、推进基层社会治理创新的一面旗帜。特别是党的十八大以来，形成了特色鲜明的新时代“枫桥经验”，包括发挥广大人民群众在基层社会治理中的积极作用，把法治思维、法治方式与其他多种治理方法有机结合起来，推动基层社会治理现代化。

凉山州首个“枫桥式”税务分局就是借鉴“枫桥经验”，构建集税情收集、税法服务、综合调解、法律救济、权益保护、风险防控六大功能于一体的基层税收治理综合体，融入地方“德古”调解，（“德古”是凉山彝族聚居地区民间自发形成的、非专职的、有威望、服众的彝族民间调解人。“德古”调解是由凉山彝族聚居区德古主持，依照法律法规以及公序良俗的传统习惯解决民间纠纷的重要方式。）努力做到小事不出分局，大事不出县局，矛盾就地化解。自昭觉县税务局深入开展新时代“枫桥式”税务分局建设工作以来，昭觉县税务局第二税务分局主动扛起探路试点和积累经验的使命，不断丰富“枫桥经验”税收治理内涵，将“枫桥经验”应用于税收实践争先走出一条可复制推广的基层税务机关税收现代化治理之路，聚力打造新时代“枫桥经验”昭觉税务新样板，筑牢基层税务法治屏障，营造优质税收营商环境，有力有序推进新时代“枫桥式”税务分局建设在凉山率先落地。

自创建来，昭觉县税务局在建设“枫桥式”税务分局过程中，始终聚焦服务协同与防控并重，切实做到矛盾不上交、服务不缺位。在实际工作中，始终坚持“六项原则”“四类方法”“五项程序”“三个机制”相结合，创造性地探索建立“德古＋税务”调解模式，积极对接地方德古协会，聘请2名德古调解员作为“枫桥式”税务分局特邀矛盾调解员，建立工作联系机制，按照《凉山州德古调解工作管理规定》，实行闭环管理，明确事前、事中、事后具体要求，努力实现“源头化解、内外联动、基层解决”目标。通过实践，不断摸索出前台业务清、纳服情况清、管理税情清、征纳责任清和调解矛盾清等“五清”，成为建设中的工作指南和行动基础。

一、把握主线，实现便民服务“零障碍”

昭觉税务深入贯彻落实习近平总书记关于坚持和发展新时代“枫桥经验”重要指示，积极开展“枫桥式”税务分局试点建设，结合昭觉县是全国最大的彝族聚居县的实际，把握民族团结主线，统筹考量做好规划。突出少数民族地区浓厚氛围、重点推出彝汉双语服务，在税务大厅设置“彝汉双语服务窗口”打通服务群众“最后一米”，用彝语讲解办税流程，解答纳税群众问题，让不精通汉语的少数民族群众可以使用本民族语言进行沟通和交流，有效为少数民族群众服务提升质量，打造温馨服务环境。彝汉双语服务这一新的税务工作形式在群众中受到了热烈欢迎。有效推进“最多跑一次”基层治理取得实效，唱响了民族团结的进行曲。着力注重结合彝族地区特点，融入民族团结大氛围。我局结合彝族地区实际和民风民俗，致力让“枫桥经验”在凉山税务人的共同努力下衍生出更多本土化、正面化、民族特色化的政治、生活及实践内涵。聘请两名资深“德古”调解员作为“枫桥式”税务分局特邀调解员，纳税人在涉税费问题及涉税费矛盾争议时请“德古”进行调解，“德古”用彝语阐述，气氛热烈，改变了以往讲解者口若悬河，听讲者如听天书的尴尬局面，更接地气，大大提升群众的认可度、接受度，更有效的化解了矛盾争议。当好“翻译员”，积极协调沟通解决群众难题，彝汉双语讲解不仅提高了群众认可度也提升了税收业务办理的效果。对纳税人缴费人进行正确的引导，充分发挥“德古”在税务工作中的辅导作用，纳税人和缴费人是税务工作的力量源泉，只有把纳税人和缴费人需要作为第一要务，把纳税人满意度作为第一标准，坚持问政于民、问需于民、问计于民，实现便民服务“零”障碍。

二、合力共建，实现税法宣传“零距离”

昭觉税务与县司法局建立税务司法行政联络机制，联合开展法治创建、“八五”普法等活动；与县法院、县公安局不定期开展联席会议，强化协同互助。由司法行政主管部门、德古协会定期开展对德古的法律培训，学习党的政策的方针、国家的法律法规以及中央和地方党委的重大会议精神。组织“德古”参加基层党委政府的各类会议、学习活动以及参加人民调解委员会司法行政机关和“德古”协会组织的各项业务学习培训。“枫桥式”税务分局聘请的两名“德古”在税费争议矛盾调解、纳税服务宣传等工作中，积极融入实际工作，参与的各项工作均取得超过预期的效果，我局组织开展一系列群众喜闻乐见、贴近纳税人和缴费人的税收宣传活动，通过上门走访、组织召开“院坝会议”等形式将相关税务政策、法律法规送到群众身边。通过分享典型调解案例，运用生动形象的表达方式达到税法宣传、政策指导的目的。充分体现了“德古”在群众心中的影响力，通过制作“德古”彝汉双语辅助办理税务业务的宣传视频在互联网、微信公众号、QQ等平台进行广泛宣传，展现最新的税收优惠政策以及便民服务举措，拓宽宣传面，打破时空限制，明确申报材料、服务流程、受理时间、咨询电话等信息。让“德古”真正走进群众的生活中，成为群众的知心人，充分发挥桥梁纽带作用。夯实“枫桥式”税务局建设基础。为高质量推进新发展阶段税收现代化、推动昭觉经济社会高质量发展、实现“十四五”良好开局提供税务支撑。

三、依法调处，实现矛盾争议“零上交”

坚持走好“税收法治”路线，从“法”的层面解决争议，突出税收业务的专业性。构建N方多元共治工作格局：税务+司法、税务+公安、税务+社区、税务+专家团队等，在实际工作中，始终坚持“六项原则”“四类方法”“五项程序”“三个机制”相结合，创造性地探索建立“德古+税务”调解模式，不断提高“德古”参与度，积极对接地方德古协会，健立工作联系机制，按照《凉山州德古调解工作管理规定》，实行闭环管理，明确事前、事中、事后具体要求，努力实现“源头化解、内外联动、基层解决”目标，“德古”作为兼职调解员，切实走好“晓之以理”的路线，事半功倍解决问题。依法调解是“德古”调解的基本要求。调解过程中依据法律法规，运用民族语言将晦涩难懂的专业术语转换成彝汉双语进行讲解阐述，不论是在大厅还是在下乡上门调解中都取得了极大的成效，大大提升调解效率，且能让群众感受到税务工作的诚心和用心。税费矛盾争议的迅速解决得益于当地由税务部门牵头建立的多部门联合的调解联盟，而建立调解联盟正是创建“枫桥式”税务分局（所）的亮点举措之一。围绕源头预防，把工作重心从治标转向治本，从产生后的化解转向产生前的预防，将矛盾消解于未然，将风险化解于无形，切实提升矛盾和风险的预防和化解能力。

昭觉“创枫”体系初步建立，构建了行之有效的工作机制，通过N方多元共治工作格局，实践创新重点开花，涌现了特色鲜明、实用性强且具有“枫桥经验”味和少数民族地区税务味的亮点做法，在提升基层税务分局（所）治理能力和水平上起到积极作用。下一步，昭觉县税务局将继续围绕N方多元共治工作格局，不断深化新时代“枫桥式”税务分局建设，夯实基层税务部门践行新时代“枫桥经验”的基础，实现税务系统内涵式建设与发展新时代“枫桥经验”的有机融合。“德古”调解工作模式将一如既往地发挥传统调解优势，助力税务部门持之以恒深化“枫桥式”税务分局建设，促进昭觉税收事业蓬勃向上发展，打造出靓丽的昭觉“枫”景。

办实事的“春风”吹进“专精特新”企业的心坎

国家税务总局深圳市福田区税务局

“在这次特殊的环境下，福田区税务局在疫情最关键的时期克服困难坚守岗位，想企业之所想，急企业之所急，为我们提供耐心专业的指导，高效解决了我们公司急难愁盼的问题，解了我们的燃眉之急，我们向每一位热心服务企业的工作人员表示衷心的感谢和崇高的敬意！”近日，国家税务总局深圳市福田区税务局收到了来自深圳市德明利技术股份有限公司（以下简称德明利）董事长李虎送来的感谢信和一面印有“倾情服务解难题，税企同心战疫情”的锦旗。

据悉，德明利是国家高新技术企业、中国半导体协会设计分会理事单位、深圳市半导体协会会员单位。公司自 2008 年 11 月成立以来，以存储产品为核心，基于新一代信息技术的芯片研发与产品布局，10 余年聚焦芯片领域，累计研发投入超 2 亿元，逐渐成长为国家级“专精特新”“小巨人”企业。2021 年，德明利实现销售收入逾 11 亿元，年增长近 30%。

2022 年 3 月 13 日，深圳市新型冠状病毒肺炎疫情防控指挥部发布《关于做好全市三轮全员核酸检测的通告》，全城按下了“慢行键”，2000 多万深圳人，从 14 日开始，开启了为期一周“慢生活”，非城市保障型企业停止运营或居家办公，停止一切非必要流动、活动。

就在 3 月 14 日的下午，福田区税务局国际税收管理科科长李哲接到所辖企业德明利的求助电话。当时德明利正处于 IPO 准备的关键时期，母公司、子公司均需要马上申报 2021 年度企业所得税汇算清缴。但因申报表更新，电子税务局网上申报模块正在升级，企业无法进行远程申报，各办税服务厅也因疫情防控工作要求，暂时处于关闭状态。

李哲在了解企业困难后，立即向局领导汇报了有关情况。局领导组织多部门联动，在全面问需问计的基础上，该局国际税收管理科、税政科、征收管理科、第一税务所（办税服务厅）等科所负责人及业务骨干当即成立专班，加入到与“专精特新”企业财务负责人建立的“一对一”的精准辅导联络微信群。

“考虑到当前疫情防控的有关要求，大家商讨决定由德明利填写纸质申报表并扫描发给工作人员，由办税服务厅骨干远程指导区局封闭办公的值班人员录入。考虑到企业上市后相关报表不便更正的问题，我们也对企业的报表进行了预先审核，提示了报表可能存在的税收风险。”福田区税务局税政科科长殷豪告诉记者。

协助德明利最终完成申报工作的福田区税务局业务骨干蔡思思说：“在企业报表数据量巨大、企业财务人员只能手工填报无法依靠电子税务局自动计算功能的情况下，面对企业所得税申报表复杂的计算规则和严谨的逻辑要求，企业财务人员很难做到一次准确填报。区局骨干与企业财务人员逐个核实数据，前后更正了四版申报表后，终于于 16 日中午申报成功！”

据了解，受疫情影响，德明利销售及生产停滞，但科研攻关一直未停，研发方面的投入持续加大，2022 年 1—2 月，该公司研发费用同比增长近 46.6%。2 月至今新签订购买研发软件、IP 及研发设备超过千万元。福田区税务局对企业享受税收优惠政策作了专门指引，特别对企业是否准确填报享受制造业企业研发费用 100% 加计扣除政策和高新技术企业 15% 低税率优惠，进行了重难点关注。据统计，德明利 2022 年享受研发费用加计扣除同比增长近 50%。

“目前公司准备上市的资料，已全部提交证监会。”李虎当天还带来了这个好消息，他激动地说：“疫情面前，福田区税务局坚持做纳税人的贴心人，隔离病毒但不隔离温暖，用实际行动将办实事的‘春风’吹到了我们企业的心坎上，为企业发展助力添劲。德明利作为专精特新‘小巨人’企业，立足福田，扎根深圳，未来我们会用实际行动彰显社会担当，在复工复出之际启动‘加速键’，凝心聚力共助经济社会发展。”

据介绍，深圳市福田区共有 7 家企业入选工信部国家级专精特新“小巨人”企业名单。近年来，福田区税务局以落实“春雨润苗”专项行动为契机，聚焦“专精特新”中小企业税费需求，解读高新技术企业、集成电路和软件产业、研发费用加计扣除等与“小巨人”企业密切相关的税收优惠政策，确保政策红利应享尽享，并结合专精特新企业特点，福田区税务局制定了《优化专精特新企业税收服务工作方案》，提供“滴灌式”精细化服务，其中包括为每户专精特新“小巨人”企业设置“首席联络员”，实施“一企一策”，及时回应和协调解决企业个性化诉求，实现税企点对点高质效沟通；开通“绿色直通车”服务，大厅办税免预约、即来即办、优先办理，切实让专精特新企业享受办税的便捷高效；提供 12366 热线优先接听服务，确保涉税问题咨询更通畅、响应更及时，享受 VIP 式专人服务；将纳税信用好、纳税遵从度高、税收管理风险等级低的“小巨人”企业列入发票审批“白名单”，提供按需供票服务，做到按需审批，及时为企业办理“增版”“增量”。

在纳税信用逐渐成为企业发展的“新名片”背景下，福田区税务局还充分依托信息化手段，不断拓展服务渠道，为企业在纳税信用方面提供更多定制化、个性化、智能化服务，通过在 @ 深税提供纳税信用当前年度扣分查询及纳税信用扣分消息提醒功能，让企业及时掌握自身信用状况、及时化解信用风险、有力提升信用水准，多举措有效增强企业主体活力，助力“专精特新”企业高质量发展。

“三个三”推动留抵退税政策优享快享、落准落稳

国家税务总局阜城县税务局

阜城县税务局扎实践行为纳税人缴费人服务初心，不折不扣将留抵退税政策落地落准，以更实举措、更优服务吹送退税东风，为企业发展减负担、复元气、足底气。

一、用好“三个抓”，保证“一体化统筹+两翼式发力”

建立领导小组“一体统筹”，宣传、业务“两翼发力”的工作格局，既在体制机制上抓统领，又在工作运行上强引领。一是抓好“一竿子到底”强统筹。成立局领导牵头的专项工作领导小组，坚持分类、分期、分批办理留抵退税，充分摸清税源底数，推出三级分包式台账管理，由局领导、分局领导、业务骨干进行三级包联，分包到人，精准到户，形成齐抓共管的工作合力。二是抓实“一条线贯通”提业务。全面梳理汇总留抵退税业务条线的政策内容和工作要求，加强对退税责任链条税务人的政策培训，开展《留抵退税业务“一竿子到底”培训》《阜城县税务局退税减税政策落实工作专题例会》等培训会议，加强税务干部对优惠政策的精准把握，互鉴经验，互相鼓励，保证留抵退税政策落地落稳。县局共开展集中交流学习5次，组织单位兼职教师及骨干能手对办税服务厅人员进行退税操作讲解与政策解读6次。三是抓强“一面旗引领”增动力。组建党员先锋队，通过退税主题党日活动、税企培训会等线下渠道和“两微一端”等线上渠道开展政策宣传，坚持“让党旗飘扬在退税减税一线”，形成一企一办、一策一讲的宣传服务模式。制作了3000本《减税退税、组合式税费政策读本》和4幅生动形象的主题宣传剪纸，全方位宣讲普及增量留抵退税政策，确保纳税人“听得懂、看得明、记得牢”。

二、念好“三字经”，做到“网格化治理+跨部门协调”

2022年实施的大规模留抵退税政策，资金体量大、覆盖主体多、涉及部门广，既要加强网格化管理，让纳税服务的“触角”直抵基层末梢，又要严格落实跨部门协调机制，形成服务企业发展的强大合力。一是实行网格化治理“精”。利用税收大数据平台，梳理出应享未享退税优惠企业名单，依托精准推送标签系统推送至纳税人，通过短信方式进行温馨提醒，确保纳税人政策知晓及时。同时，按地域分布、企业规模，将目前全县3783户纳税人划分为26个网格，每个网格明确一名网格员，进行“点对点”式的政策辅导和疑难解答，针对当前政策与企业现实需求，按不同行业类型、企业规模开展定制专项服务，推动税企共建联建网格化。二是加强

智慧税务建设“快”。针对县域小微企业多的现状，对符合留抵退税政策条件的小微企业进行动态跟进，及时掌握退税进度，建立小微企业涉税诉求快速响应机制，加强智慧税务建设，健全“远程帮办、问办结合”服务体系，加快推动精细服务，精简办税流程，协助解决在退税过程中遇到的难点问题，切实做到“扶一把”“送一程”，做好一站式服务。三是联动人行、财政、政府部门“合”。在充分预计增值税留抵退税规模的基础上，加强与财政、人行部门的协作联动，建立定期沟通机制，及时汇报退税进度，跟踪退库信息，畅通退税渠道，助力企业踏上退税资金的“直通车”。先后10余次向县委、县政府汇报退税工作开展情况，撰写了《阜城县税务局减税降费对税收的影响分析报告》和《留抵退税“送春风”为企纾困激活力》等工作汇报，得到了县党政领导的重要批示。积极参加全县经济工作会议、稳经济大盘调度会，获得了政府领导对留抵退税工作的支持。

三、把好“三个度”，实现“闭环式防控＋一站式服务”

阜城县局一手抓严防狠打，按照总局、省市局的留抵退税风险防控要求，严控风险，防范和打击骗取留抵退税行为；一手抓精细服务，定期开展纳税人满意度调查，跟踪退税政策落实结果，构建“无事不扰、无时不在”服务格局。一是严把关风险防控“强力度”。组建5个运行集体风险研判团队，集中学习《七大行业纳税人退税资源预审、预评、预判清册》，做好风险排查和企业调研工作，依据“三册一表”逐户核实税务登记、经营场所等情况，通过一户式2.0等系统分析退税风险，召开集体风险研判磋商会议，守好退税关口，将风险防控嵌入留抵退税办理全流程。二是重辅导精细服务“添温度”。通过“一把手”走流程、“不满意请找我”专席等方式，持续关注纳税人讨论的热点问题，了解留抵退税政策落实中的堵点、痛点，做好收集、分析、处理和反馈工作，破除退税办理阻碍。充分利用数据资源，对企业的退税申请情况进行筛查，对存在应享未享情况的企业进行重点辅导，针对企业留抵税额大、周期长的情况，耐心辅导企业财务人员提前整理账务，梳理票据。对符合条件但未申请享受的，第一时间对纳税人进行再次宣传辅导，确保优惠政策享受到位。三是密联系走访问需“延广度”。做出清单式承诺，落实首问负责、有问必答、答必答准等制度，做好留抵退税等税收政策的咨询服务、宣传辅导服务和需求管理服务，并邀请县域涉税专业服务机构到办税服务厅、税源管理分局等基层一线，开展体验监督活动，实地了解退税业务办理流程、体验政策辅导等服务事项，听取意见建议，密切税企联系。

“一把手走流程”走出便民走出实效

国家税务总局富蕴县税务局

“零距离”倾听真实诉求，“全流程”体验智慧办税，国家税务总局富蕴县税务局党委书记、局长张涛以纳税人对政策“懂不懂”、操作“熟不熟”、服务“好不好”为标尺，开展了“一把手走流程”活动，直观体验群众在办税缴费中遇到的问题和真实感受，并检视涉税服务中存在的“痛点”“难点”“堵点”，将惠民实事办到纳税人缴费人的“心坎里”。

一、窗口帮办，助享政策红利

“如何让留抵退税既要退得快退得早、又要退得准退得稳？”张涛局长带着问题以基层一线税务干部身份办理退税业务，全流程感受业务办理过程中的每一个环节，助力退税减税政策红利更好更快落实落地。

“太暖心了，我前来办理留抵退税业务，没想到局长还特地陪同提供办税服务，现场解答我的涉税疑问，并且还和我进行了详细交谈，从退税申请是否顺利到服务还有哪些改进，从困难诉求到意见建议，还特别询问我们的经营状况，我感到十分温暖。”富蕴县强源商混商贸有限公司财务负责人滕殿军说。

通过受理、审核、核准、开具收入退还书及复核发送国库等环节，全流程完成了退税业务。对电子税务局端发起申请便捷度、政策宣传辅导精细度、退税审核精准度、与国库协作退税顺畅度等情况进行了深入了解。

张涛局长“开方抓药”，对优化退税减税流程，提高效率提出了工作方法：“要做到政策辅导和操作指引相衔接、政策落实和风险防控相衔接，既要提‘速’，也要提‘质’。”

二、跟随协办，引导自助办税

聚焦自助办税便捷性，张涛局长在自助办税厅，与纳税人一起通过电子税务局和自助终端完成证明打印、信息变更、发票代开等办税事项。

近日，富蕴县奥博文化用品商行店主张桂莲来到自助办税服务厅，但和往常不一样的是，这次帮她办理业务的不是税务窗口工作人员，而是富蕴县税务局局长。“太暖心了，局长既帮办涉税业务，又询问我们的办税体验，还征询意见建议，让我们感受到满满的诚意。”张桂莲说。

“智慧税务的发展，各项税收优惠政策和优化营商环境举措的推出，方方面面都体现了税务部门提质效的决心。便民办税的春风常吹常新，政策红利快速、精准落地，有效提振市场主体发展信心。”张涛表示。

三、优化提升，推动务实为民

坚持问题导向，通过“边体验、边查找、边整改”，张涛局长与全体干部召开座谈会，梳理在体验过程中发现的问题，分析问题成因。同时，主动向股室干部们征集意见建议，解决部门沟通协调不畅带来的涉税“堵点”问题，为纳税人、缴费人提供更加优质高效服务。

“走流程，走的不是过场，走的是为民服务的真心，走的是便民办税的真情，是聚焦发现问题、分析问题、解决问题，把纳税人缴费人遇到的办税堵点痛点难点都走通。”张涛局长表示，要以此项活动为契机，开展常态化工作机制，鼓励各党委委员及股所长俯下身亲身体验，换位置、换身份，推动工作再上新台阶。

下一步，富蕴县税务局将进一步深入贯彻落实《关于进一步深化税收征管改革的意见》，不断优化办税缴费流程，提升服务质量，全力满足纳税人缴费人新需求、新期待，切实做到把“为纳税人缴费人办实事”办得更好、办得更实。

深化“五带五联” 创建模范机关

国家税务总局赣州经济技术开发区税务局

赣州经开区税务局在省局、市局党委的坚强领导下，全面贯彻落实习近平总书记在中央和机关党的建设工作会议上的重要讲话精神，以“五带五联”为抓手，创建让党放心、人民满意的模范税务机关。

一、班子带队伍，上下联动高举“一面旗”

始终坚持“党委带头、班子领航”的思路推进模范机关创建工作，把模范机关创建工作纳入党委重要议事日程，纳入党建考核重要内容。一是锚定“五型”模范机关。结合“五比五红”党建品牌，着力建设“政治、执行、服务、高效、廉洁”的“五型”模范机关，细化5类66项工作任务。二是理清“三级四岗”责任。下发责任清单，建立月调度、季汇报、半年赛马、年底述评工作机制，明确党委书记第一责任、班子成员“一岗双责”、机关党委协助责任、党支部书记具体责任。三是推出“五个一”措施。推出领导班子蹲点一个支部、调研一项课题、牵头一个项目、包干一片企业、解决一批难题“五个一”措施，领导班子在党支部蹲点指70余次，牵头实施项目12项，走访辖区企业1100余户，帮助解决难题6类24条。

二、机关带基层，系统联建凝成“一股劲”

聚焦税务系统人多、面广、线长的特点，通过机关基层系统联建，打通创建“最后一公里”。一是支部共建联学。以“虔税”学习大课堂带动大创建，每周党支部集中研讨，每月党委理论学习中心组示范领学，每季青年理论学习小组举办“虔税青年说”主题论坛。二是党纪作风联督。完善“党建＋纪检”“纪委＋税务”的“2+2”联动机制，创新“五单”工作法，明确全年岗责清单，按月派发任务工单，定期下发问题督单，季度收集亮绩晒单，运用年终考核评单，建立一体化综合监督体系。三是“红心向党”活动联办。与税务系统党建网格单位联合组织开展“红心向党，培根铸魂”“红心向党，改革兴税”“红心向党 虔税无忧”“红心向党 强队兴税”“红心向党 银耀税徽”系列活动。

三、党员带群众，党群联创下好“一盘棋”

开展党员“亮身份 晒承诺”活动，变“党员做给群众看”，为“党员带着群众干”。一是党员身份“亮”出来。通过创建党员先锋岗、设定党员责任区、亮出党员承诺践诺、开展岗位建功等系列措施，督促引导党员走在前、做表率。二是服务群众“干”起来。开展“党委吹哨，党员报到”实践活动，由党委“挂牌出题”、支部“揭榜领题”、群团“共商破题、党员“亮牌解题”，为民办实事 18 件，收到纳税人赠送锦旗和感谢信 8 次，“点赞”130 余人次。三是模范形象“树”起来。面对突发疫情，组建党员突击队挂点对接近 400 户企业，解决防疫和生产生活困难 20 余件。开发区管控措施调整后，又组建 17 名党员突击队员实行 3 班倒、24 小时坚守岗位、连续奋战 9 天，圆满完成了疫情防控任务。

四、党建带业务，税企联合绘好“一张图”

围绕税收职能作用，找准结合点、切入点，推动党建和业务工作相互融合、相互促进。一是服务企业见行见效。打造“经快办”税企共建服务品牌，建立税企结对共建机制，常态化开展税收调研、政策宣传、企业座谈等活动，走访帮扶企业 1.5 万户，解答涉税问题 200 多个。二是退税减税“快准稳好”。全力推动新的组合式税费支持政策落地见效，综合运用“退、减、免、缓、延”等政策，退税减税“快准稳好”引得各界好评，多次获得区党工委、管委会领导批示肯定，市财政等部门体验留抵退税流程后高度赞扬，留抵退税做法推送参加全国先进事迹评选。三是服务大局有为有位。在全省率先开展“云办税”平台项目试点，推行“云上受理、内部流转、限时办结、线上出件”的云端办税新模式。

五、银发带青丝，新老联手合成“一条心”

采取师徒式、项目化、积分制人才队伍培育措施，激发干事创业热情。一项活动强队伍。组织开展“红心向党，强队兴税”实践活动，从建强领导班子、锻好青年干部和培优能力素质三大方面开展创新实践。两个积分管干部。制定党建量化积分和干部积分管理办法，出台责任追究落实、个人绩效考核等 4 个管理措施，营造“比、学、赶、超”浓厚氛围。三项工程聚合力。开展“朝夕相伴”工程，以结对子、传帮带的形式，老干部与青年干部互助互学；开展“青年育苗”工程。实行青年干部项目化管理，由班子成员任指导老师，从实践中提升工作能力。开展“税悦成长”工程，实行干部成长量化积分，实行月考季评年审，考评结果列入干部成长档案。2022 年区局有 14 人获得“三师”资格证书，2 人进入省局专业人才库，2 人入选全省税务系统青年才俊。

下一步，经开区税务局聚焦“作示范、勇争先”目标定位，力争在市、区党建考核中实现满堂红，荣誉争创进入第一方阵，以实际行动和优异成绩深入学习贯彻党的二十大精神。

“纵合横通强党建”服务“两新”组织出实招

国家税务总局西安市高陵区税务局

国家税务总局西安市高陵区税务局坚持创新驱动，统筹疫情防控和经济社会发展，贯彻落实新“纵合横通强党建”机制体系，“纵”向延伸机关党建到企业，“横”向融入税收工作整盘棋，实现责任链、培育链、服务链有机融合，服务新经济组织、新社会组织，全力以赴稳增长、促改革、调结构、惠民生、防风险、保稳定，切实为市场主体保驾护航。

一、党建驱动相融相促，不断延伸“责任链”

始终强化政治机关意识，统筹党建工作资源，牢固树立“大党建”“一盘棋”思想，主动用好“联”的载体、打牢“建”的基础、紧扣“促”的目标。按照“条主责、块双重，纵合力、横联通，齐心抓、党建兴”的思路，调整完善“纵合横通强党建”工作机制，不断推动党建与“放管服”改革、与优化纳税服务、与依法行政、与执法监督及内控、与积极构建“亲”“清”税企关系等实现“五个打通”，把党的政治优势、组织优势不断转化为税收治理效能，努力为市场主体投资发展创造良好的营商环境。

坚持党建连心、优势互补、资源共享、共创共赢。主动促协同，发挥“块双重”优势共抓党建，主动接受地方党委领导，建立定期汇报走访制度、“双建双促”联席会议制度、税企党建联系点制度。设立税企联学小课堂、支部共建连心桥，依托税收大数据覆盖面广、准确性高、颗粒度细的优势，及时为企业找到对口精准的税收优惠政策。选派党建指导员，与辖区非公企业党组织积极建立结对共建机制，协同开展“三会一课”、主题党日等活动。坚持问计问需于民，“面对面”询问需求、收集建议、解决困难，通过党建协同共治、共过组织生活、共学党建知识、共享涉企政策，促进党员教育常态化、交流学习深入化，大力营造科技创新税收营商环境，为助力区域经济打造新引擎、增强新动力。

二、亲商助企线上线下，全力优化“培育链”

围绕“党建引领促服务 税企共建助发展”，积极探索“党建 +N”工作机制。线上，将税企交流微信群和税企党建联系点打造为推送税收政策、答疑解惑、便捷高效办税的延伸平台。线下，组建以党员为主体的“双联双建双促”服务先锋队，积极创建“党课共上、活动共通、培训共享”的“双建双促”长效机制，依托纳税人学堂定期组织纳税人缴费人开展党课和涉税事项业务培训。

积极构建队伍建设双重管理、条块协同、齐抓共管格局，引、育、管、用创新人才，着力培育“双建双促”的服务队、先锋队。组建“党员先锋队”“青年理论学习小组”“青年创新团队”“税收小教员团队”，围绕服务企业税收工作中的难点、热点问题，结合企业行业特点，定制“个性化”宣传辅导方案，进企业、送政策、问需求、办实事、优服务。让政策“好雨”充分化为润企“活水”，确保政策红利直达市场主体、直接惠企利民，真正把好钢用在刀刃上！

2021 年，累计为企业和纳税人组织开展各类培训 30 余次、培训 3000 余人次。通过党建、业务互学互鉴，持续营造更加和谐的征纳关系，进一步做大做强税企组织党建“朋友圈”。“党建和税收工作交流的延伸，搭建了一个很好的互动交流平台，让我们中小企业有机会和大企业交流学习、提升管理水平，也让公司经营过程中遇到的困难第一时间得到解决，可以说是一举两得！”西安文远实业有限公司董事长刘宇说道。

三、“税务管家”尽心尽力，打造精准“服务链”

坚持学党史、悟思想、办实事、开新局，扎实开展“我为纳税人缴费人办实事暨便民办税春风行动”，聚焦推进党史学习教育常态化长效化新要求，聚焦落实新的组合式税费支持政策新部署，聚焦优化税收营商环境新挑战，围绕地铁 10 号线、西安市公共卫生中心等省市区重点项目，以优化纳税服务为重点，从税前精准化宣传辅导、税中便捷化办税服务、税后一体化权益维护“三个层面”为重要项目企业提供“高匹配、高精准、一对一”的纳税服务，用足用好“易税通”“一线通”“税企交流掌上通”等网络税收服务平台，全面推行“非接触式”办税。充分发挥“税务管家”团队作用，与高陵区青年企业家联合会共同举办“青春创新发展”税企座谈会，签订《税务管家服务承诺书》，不断凝聚条块协同、内外联动的党建工作合力，全面提升服务满意度。

“我们项目进驻高陵后，自从和税务部门搭建起党建工作的桥梁后，‘税务管家’在工程报验、税款预缴、政策宣传、风险防控等事事都想在我们前面，真是做到了零距离、心贴心。”陕建机施集团地铁 10 号线项目二标段二工区负责人王艳军表示。

在谈到项目未来发展前景时，王艳军信心满满：“我们将在高陵税务的支持下，进一步加强管理，确保质量，掀起施工热潮，争取早建成、早竣工，积极服务大西安‘一带一路’城市建设！”

多措并举 推动纳税服务再提质效

国家税务总局高平市税务局

为持续优化营商环境，提升纳税服务水平，进一步增强纳税人缴费人的满意度和获得感，国家税务总局高平市税务局办税服务厅多措并举，因地制宜、因时制宜、因事制宜，发扬“店小二”精神，推进服务“不间断”。

一、数据分析，因地制宜设置服务设施

办税服务厅利用数据分析手段，对业务叫号量、内容类型、办理时长等综合评估，合理分配业务窗口数量，并预留窗口和后台办公区域，根据办理人数、等待人数，适时安排工作人员启用预留窗口和后台办公区。此外，办税服务厅大力推行“一站式服务”，在工商、不动产部门设置窗口，部门联动，让数据“网上跑”，从而让纳税人少跑路。

二、及时预判，因时制宜提升服务能力

未雨绸缪，及时预判，积极谋划。针对节假日、征期对办税服务厅的影响进行分析预判，研究应对措施，提前安排部署，制定办税服务厅征期平稳运行方案及疫情应对办税服务方案。完善应急预案，针对大厅拥堵、断电断网、征纳矛盾等情况开展应急演练，对可能发生的突发事件进行事前预防，确保办税大厅工作正常开展，提升自身服务能力。

三、精准办理，因事制宜确保服务水平

办税服务厅在实际工作中按照省局、市局的工作指导，结合具体工作内容推行简事快办、繁事精办，让纳税人跑得少、办得多、一次办、一次行。为了充分照顾老弱病残孕等帮扶群体，办税服务厅设置了“爱心窗口”，免叫号、免排队、专人办理。“办税体验非常好，导税人员见到我是孕妇，直接免排队叫号，引导我去‘爱心窗口’办理。后续的流程，每一步都有税务人员带领，我非常满意。”前来办税服务厅注销个体工商户的蒋女士对税务工作人员的服务赞不绝口。在制造业缓税、增值税留抵退税等优惠政策落实方面，办税服务厅指派业务骨干负责，用过硬的业务素质确保服务水平。

下一步，高平市税务局将继续把提高纳税服务水平、落实税费优惠政策、解决纳税人缴费人“急难愁盼”问题作为依托，多措并举，优化营商环境，推动纳税服务再提质效。

“智慧 + 帮办”深入推进集成式税费服务

国家税务总局高阳县税务局

为深入贯彻落实《关于进一步深化税收征管改革的意见》，高阳县税务局聚焦精细服务要求，不断深化便民办税举措，凝心聚力，真抓实干，着力打造智慧税务新模式，推动纳税服务质效和纳税人满意度双提升。

在庞佐信用社，正在领用发票的保定众安电力设备制造有限公司负责人张永明对智慧微厅的建设赞不绝口：“不用再跑县城里的办税厅了，直接在家门口就能领发票，真是太方便了！”目前，智慧微厅已实现一机通办，包括实名采集、新办登记、各项税费申报缴纳等涉税费业务，方便纳税人就近办、自助办、随时办。综合自助终端也增加同屏辅导设施，支持以“人机对话”的形式远程辅导纳税人办理涉税业务，方便纳税人随时呼叫远程导税人员，在线解决疑难问题。

为落实“智慧办理更便捷”的服务理念，解决纳税人“办税难、互动难”的问题，高阳县税务局组建远程问办中心，通过全程互动、问办一体的征纳互动方式，创新“问、办、查、评、送”“五位一体”服务模式，采用语音、视频、文字交流等多种方式，一对一、点对点实时帮助纳税人解决业务办理问题，助力纳税人从“网上办”到“指尖办”更顺畅，从而降低沟通成本，提高解决问题的效率。

“我因为在外地出差无法及时赶回，多亏了税务局的远程帮办中心，打一通电话，就办理了变更税务登记和更正申报两项业务，帮我解决了难题，远程办税真是方便！”身在外市的保定绿叶竹纺织品有限公司的张会计欣喜地说。

为了更好地把远程帮办的方式普及推广，高阳县税务局组织涉税专业服务机构人员和纳税服务监督体验员到“线上税费支持中心”进行了实地参观交流，了解了“线上税费支持中心”的主要功能和操作方法，并针对相关情况进行了沟通座谈。座谈会上，关会计发表了如下感慨：“‘线上税费支持中心’在试运行时我就试用过，工作人员非常耐心、细心，几分钟就能办理完成，关键是还不用开车到大厅办理，通过 6612366 打一通电话就能办好，你们的服务真是越来越便民了！”

据悉，自 2022 年 4 月份以来，远程帮办中心累计接听热线咨询电话约 2894 个，远程帮办业务约 1156 笔，线上审核审批业务 2021 笔，推送办税辅导信息 610 余条。

同时，依托电子税务局，现已实现税费申报表自动预填和简易处罚流程全程网上办理以及电子税务文书随时签收等功能。“申报增值税时，报表数据能自动生成，自已核对一下就能申报。

不用自己加总所有的发票了，为我节约了大把的时间！”河北伟拓农业机械制造有限公司的办税员李伟伏每次都通过电子税务局进行申报，切实感受到了自动预填申报表的便利。高阳县广财纺织品制造有限公司的企业负责人柴广财也表示：“下一步，我们将签订税务文书电子送达协议，方便及时接收到税务局的文书！”

“高阳县税务局将进一步深化‘问办合一’的服务模式，聚焦纳税人缴费人实际需求，继续拓展智慧办税功能，为高阳县经济高质量发展贡献一抹灿烂的税务蓝。”高阳县税务局党委书记、局长王毅表示。

高质量推进新发展阶段税收现代化重在抓落实

国家税务总局龙山县税务局党委书记、局长 王 斌

高质量推进新发展阶段税收现代化是一项长期工程、系统工程，既需要勠力同心、绵绵用力、久久为功，更需要夯实基础、突出转折、实现提升。俗话说，“上面千条线，下面一根针”，基层税务干部作为具体的落实者和执行者，是工作落实的“神经末端”。他们工作责任心怎么样、能力素质怎么样、工作效率怎么样，直接决定了工作任务能不能保质保量地抓好落实。因此，基层税务干部更应该在抓落实上善学、善谋、善作、善斗、善成，切实练就抓落实的几把“刷子”，为高质量推进新发展阶段税收现代化贡献自己力量。

一、夯实基础，守正创新抓落实

一是要会“踱方步”，讲求方法。所谓“踱方步”，就是在遇到新情况时，忙而不慌、忙而不乱，善于观察问题、分析问题、处理问题，在思考中学习，在学习中提升。要着眼本单位实际，统筹当前党的建设、税费收入、税制改革、税收服务、从严带队等税收重点工作，抓主要矛盾和关键环节，创新性、开拓性地开展工作。二是要会“弹钢琴”，兼顾“点面”。基层工作千头万绪，要学会“十个指头弹琴”，做到既有统一协调，又有轻重缓急，既突出中心工作的“主旋律”，又弹奏好其他“协奏曲”。同时，还要根据形势的发展变化，适时调整工作重点和着力点，兼顾好各项工作之间的统筹协调。三是要会“下围棋”，提前“做眼”。上级的决策部署，往往都是针对全局大范围来说的，包括对各种利益的均衡等等。而基层情况千差万别，在执行过程中，既要有大局观，又有前瞻性，主动、提前在关键位置“做眼”“布局”，找寻共性与个性的“平衡点”，敢于打破陈旧的思维定式，促进各项工作又好又快完成。

二、突出转折，以细求实抓落实

天下之事，必作于细。税务工作粗看都差不多，但细看见真功。无论是税收征管还是纳税服务，都能从细节中看出落实质量、体现落实效果。基层税务干部抓落实，必须在细节上狠下功夫。一是要在思想上“小题大做”。凡事不干则已，要干就要瞄准一流、塑造精品，干一件像一件，抓一样成一样。特别是对上级交办的工作、布置的任务，要以“杀鸡用牛刀”的谨慎心态，花百分之二百的力气，确保工作百分之百完成好。二是要在工作上精雕细刻。细节决定成败。要

想工作落实有高质量，就要做到每项内容和每个环节都精打细算、精耕细作，坚持落实前把每一个细节想到、落实中把每一个细节做到、落实后把每一个细节检查到，确保工作经得起各级的检查和“挑剔”。三是要在日常上细针密缕。细节体现养成，养成促进落实。抓好税务干部的日常养成，要紧盯思想解疑、心理解压、行为纠偏，做到一人不放过、一事不放空、一刻不放松，像“燕子垒窝”持之以恒抓渗透，像“春雨润物”一点一滴抓践行，把各个方面都抓细、抓严、抓出实效。

三、实现提升，锤炼作风抓落实

过硬的工作作风是抓好落实的保证。基层税务干部要锤炼三个方面的好作风：一是要锤炼雷厉风行的作风。要克服“快一点、慢一点”无关紧要的心态，对上级布置的任务、本级需要落实的工作，不能“拖”、不能“磨”，做到能落实的马上落实、落实不了的马上协调解决、落实之后马上反馈，不让工作耽误在自己手里，确保落实的高效率。二是要锤炼亲力亲为的作风。要克服官本位的思想，不能简单的以会议代替落实、以部署代替落实。凡事要亲历亲为，扑下身子、深入一线，既当“领头雁”，又当普通兵，在减税降费、退税、征管、学习、劳动等工作中一级带着一级干，以自己的模范行为和榜样作用，感召、引导更多战士。三是要锤炼一抓到底的作风。抓落实的过程，实质上就是发现和解决问题的过程，发现和解决问题的力度，决定了工作落实的深度。要克服畏难情绪，不能遇到了问题、困难、障碍，就停滞不前，就不敢一抓到底。尤其在解决棘手难题上一定要有魄力、有韧劲，坚持挂账销号、紧盯不放，做到问题不解决就绝不撒手。

“以点带面”促真知　精耕细作育良才
——以“两计划、两工程”建设 助力税务青年扬帆起航

国家税务总局曹县税务局

随着税收工作的规范化、精细化和法制化，建设一支“忠诚担当、崇法守纪”的税务干部队伍成为时代课题。国家税务总局曹县税务局结合自身实际，积极探索新路径，开展“两计划、两工程”建设活动，健全完善干部发现、培养、管理、使用的“全链条”机制，推进基层干部队伍建设行稳致远。

一、实施“薪火计划”，为队伍建设夯基筑实

依托曹县局“智税学习应用空间”模式，实施“薪火计划”，立足后疫情时代信息背景下的教育培训工作开展，契合税收事业发展需要，响应干部队伍建设需求，与纳税服务中心、法制股、征管股、机关党委高效协作，在智慧党建、练兵比武、法治税务、“一户一策”、纳税服务等多方面满足需求。先后举办线上线下相融合的党建培训、新进公务员网络培训、社保非税培训等多维利用，成为青年干部快速成长成才、提升素质的培养活动基地，为曹县税收事业发展提供坚强思想政治保证和人才智力支持。

二、实施“搭梯工程”，为过渡传承提供保障

突出实绩标准，把培养年轻干部、优化班子结构、形成合理梯次、避免人员断层的干部队伍建设当成传承任务。一是青年干部“动态管理”，适时选优补齐干部队伍。依托数字人事 1+9 制度，按照年龄层次、职务职级、专业结构等要素，动态建立优秀青年干部信息库。每年初结合组织绩效、个人绩效考评结果，分年龄结构、分职务层次吸纳优秀青年干部入库。二是加快推进职级工作落实。坚持统筹用好各年龄段的干部，让年轻干部奋发进取，让中青骨干再接再厉，让年长同志热情不退，构建起合理的干部梯队。坚持好干部标准，彻底打破“论资排辈”“熬资历”的惯性思维，让工作实绩突出“千里马”和兢兢业业工作的“老黄牛”都能有所收获。

三、实施“将兵计划”，助力曹县税务砥砺前行

发挥从税时间久的同志们的宝贵经验，实施“将兵计划”，立老为将，用青为兵，树立起“老带新”的良好风向。一是“访谈结合”把握精神状态。对于入职两年内的干部，建立“墩苗档案”，

施行“理论学习、专业训练、多岗锻炼、一线墩苗”递进式培养，建立了“一把手见面谈心”、分管领导定期谈话、责任导师随时交流的谈心谈话制度，打破了交流壁垒，打开了沟通之门，及时了解和掌握青年干部的思想状况和行为表现。二是“认师带徒”共树从税理想。成立了“税收专家顾问教培团队”，挑选数十名经验丰富的老同志担任责任导师，制定“认师带徒”管理办法，接续“青蓝计划”，通过实行以老带新“传、帮、带”，引导青年干部主动“拜师学艺”，力促素质能力实现新提升。三是“团队运作”打造突出典型。建设实战化轮训工作协助团队N个，分别为文秘团队、风险应对分析团队、信息化建设团队等等。每组配备2名从税时间长、业务精湛的成长导师，采取“梯队式”补充学员，成熟一个、出师一个，最终达成“人尽其才、才尽其用”的目标。

四、实施“筑堤工程”，保障人才流转不流失

全面贯彻新时代党的组织路线，不断完善干部政治历练、素质培养、选拔任用、从严管理、正向激励体系。一是建立跟踪管理机制，“一人一档”记实日常表现。建立由党建、人事、纪检等部门联动跟踪管理机制，及时掌握青年干部的思想工作动态。深化党政务干部联系点制度，“1+N”联系青年干部，加强组织关怀指导。建立青年干部“一人一档”记实管理档案，动态收录青年干部业务、学习、培训及生活等“活素材”，为选拔任用提供依据。二是建立择优使用机制，“赛场选马”识准精兵强将。深化干部发现培养选拔“4030”工程，坚持在重大任务、重大挑战、艰苦一线、吃劲岗位中锻炼考验干部，打破优秀干部提拔使用的隐性台阶，对培养成熟、经住考验的干部大胆使用，每年度新提拔干部中青年干部的比例不少于40%。为推动税收事业高质量发展注入“生力军”。

砥砺奋进文明路　不负韶华安税人

国家税务总局安国市税务局

国家税务总局安国市税务局现有干部职工 155 人，内设股室 14 个、基层分局 6 个。在精神文明建设征程中，安国市税务局唱响主旋律、汇聚正能量、树立新风尚，文明创建喜结硕果。2021 年 1 月，被授予“全国文明单位”荣誉称号。

安国市税务局高举习近平新时代中国特色社会主义思想伟大旗帜，弘扬“忠诚担当、崇法守纪、兴税强国”的中国税务精神，在推进税收业绩和精神文明互融互促的新征程中实现了“双丰收”，近年来，先后荣获“全国巾帼文明岗”和“全国文明单位”等国家级荣誉。

一、聚力纳税服务，展现新形象

充满活力、勇挑重担、敢于创新、赤诚奉献……一个个词语如同一张张名片，是对安国税务人形象最好的注解。

在办税服务厅，14 人的队伍，12 人为女性。她们是乐观高效的“铁娘子”，担负着为全市 17000 余户纳税人、40 多万缴费人服务的光荣使命；她们是冲锋一线的“女战士”，把办税服务厅作为党中央、国务院改革部署落地落实的主阵地，打赢一场场漂亮的硬仗；她们是迎风绽放的铿锵玫瑰，倾心打造“祁智税”纳税服务品牌，用诚心、耐心赢得纳税人和缴费人双手“比心”。

“把纳税人放在心上，把心放在为纳税人服务上”，这是她们朴素的理念，也是一直坚守的初心。

4 月份抗击新冠疫情防控期间，安国全城封控管理，“怎样办税”成了困扰纳税人和税务人的难题。她们克服重重困难，全城封控第二天便搭建起临时“远程帮办中心”，第一时间解决了纳税人、缴费人出行不便的问题。杨霄、刘宇莹、张梦雅、尹超越，4 个平均年龄不到 24 岁的小姑娘是工作不到两年的新人，疫情防控期间，主动请缨负责“远程帮办中心”，一边接听纳税人来电，一边操作电脑是工作常态，一边与同事沟通业务，一边回复纳税人咨询是家常便饭，她们是导税员，是业务员，也是管理员，身兼数职的她们，通过语音指导、视频连接等线上方式，确保了办税服务厅 24 小时服务不掉线，纳税服务不断档，用初心和坚守，展现“娘子军”的“硬核”力量，用最美的行动演绎坚守奉献。

朝暮辛繁，克难攻坚，从 2019 年到 2022 年，深化“放管服”改革、深化增值税改革、税收征管体制改革、减税降费政策落实，任务接踵而至，困难层出不穷，使命呼唤担当。

税收征管体制改革期间，时任办公室主任的李峰，从机构改革的流程到机构改革的方案，从科室整合到合并方案制定，始终以饱满的热情、严谨的作风对待每一件事，确保事事有落实、件件有回应，他说，“作为一名普通税务干部，爱岗敬业是本职，脚踏实地是本分”。

减税降费政策集中出台，时任收入核算股股长的刘畅，一点一点啃资料，一项一项学政策，办公桌上，铺满各种学习资料，凌晨一两点，常有他伏案加班的身影。他说，“我是税务人，我先学会了，才能更好地服务纳税人”。

他们勇于担当、迎难而上，不计得失，勤勉精进，用最深的情怀解读初心使命，用最拼的精神诠释责任担当。

二、推进立德铸魂，打造新传承

每个时代都有每个时代的精神，每个时代都有每个时代的价值观。“忠诚担当、崇法守纪、兴税强国”的中国税务精神是安国税务人的价值追求，更是凝聚安国税务人的魂。

理想信念是共产党人精神上的“钙”，没有理想信念，理想信念不坚定，精神上就会“缺钙”，就会得“软骨病”。深知培植精神家园、坚定“忠诚担当”理想信念重要性的安国市税务局，充分利用“主题党日”“主题团日”、群团活动等形式，大力开展中国特色社会主义和中国梦宣传教育、“不忘初心、牢记使命”主题教育和党史学习教育，组织全体职工赴革命圣地西柏坡、狼牙山五勇士纪念馆、毛主席视察纪念馆等爱国主义教育基地实地学习，重温入党誓词、瞻仰革命先烈，坚定理想信念，厚植家国情怀，筑牢忠诚之魂。

没有规矩，不成方圆。传承“崇法守纪”的税务精神，需要廉洁自律的德行。“非吾之所有，虽一毫而莫取”，安国税务人这样提醒自己，也一直这样要求自己。

勤学精进的安国税务人，把中央八项规定精神列为“必修课”，将定期观看廉政警示教育片作为“长鸣警钟”，明晰权责边界，时刻不忘念好“紧箍咒”。

在“学史明理 风清气正”演讲比赛中，参赛者宋雪菲深有感悟，“所谓‘千里之堤，以蝼蚁之穴溃，百尺之室，以突隙之烟焚’，心中缺少敬畏、行为没有底线，小贪收不住，终会成大贪。只有加强自身修养、慎独慎微，‘心不动于微利之诱，目不眩于五色之惑’，才能修炼‘任尔东西南北风’之操守。”

不惰者，众善之师也。榜样是民族的精英、人民的楷模，学习的典范，同样，“兴税强国”也需要榜样带动。

在长期的工作实践中，安国市税务局形成了选树先进、崇尚模范的良好风气，并在全局兴起“评先进、比先进、学先进”的创先争优热潮，涌现出“最美家庭”李峰家庭、“冀青之星”张宝毅、“新时代保定好青年”陈苏苏、“双师”人才单晓平等一批爱岗敬业、勇于担当、向善向美的榜样，也激发了全体干部职工学习模范、争当模范的向上品质。

“身为安国税务人，我因他们而骄傲，也以他们为榜样！”去年入职的王安然以榜样为标准，坚定了争当先进的决心，努力学习税收法律知识，认真备考执法资格考试，多半年时间就成了综合窗口的业务尖子。

三、聚合志愿服务，树立新风尚

“当我肩扛税徽，便要至公无我；当我融入社会，便要发光发热。”安国税务人不断用“税务蓝”添彩“志愿红”，

持续用爱和奉献升华“志愿者”的含义。

赠人玫瑰，手有余香。被评为“河北省最美退役军人”的李辉二十年如一日，坚持助学济困。他帮助因母亲智力低下、父亲残疾而在辍学边缘徘徊的邢宁宁顺利完成高中、大学学业，他自费给贫困户购买液晶电视和生活用品，让家徒四壁的一家人第一次在自家看上“春晚”。被评为“保定好人”的明伏来，二十多年如一日，坚持逢年过节带着学习用具、生活用品到西伯章村、石佛村看望残疾儿童，用行动谱写爱心篇章。

德为人先，行为示范。在李辉、明伏来等人潜移默化地影响带动下，安国税务人将奉献和付出当成行动自觉。

给人以星火，必怀火炬。奉献、无私不是个例，而是全体安国税务人的本色。

“创城”时，他们是拿着小红旗在学校附近维持秩序的“护学岗”，是戴着小黄帽纠治乱停乱放的“劝导员”，是肩扛铁锹清理边边角角的“清洁工”，是手拿铲刀攀上爬下清理小广告的城市“美容师”；平日里，他们主动参与无偿献血，积极参加植树造林，踊跃组织慰问孤寡老人，认真开展结对帮扶，他们是一支160人的爱心队伍，有一个共同的名字——安国市税务局志愿者，他们用奉献彰显税务人的情怀。

心系税收事业、怀揣成事之心，舍小我之心，行大我之志，安国税务人凭借执着追求和敬业精神，在平凡的岗位上创造出一道道靓丽的风景，收获了一项项殊荣，他们无悔青春，也将不负未来，脚踏实地、勇往直前，奋力续写安国税务文明创建新篇章！

打造“红色聚能环”激活高质量发展新引擎

国家税务总局汉中市汉台区税务局

2018年机构合并以来，国家税务总局汉中市汉台区税务局着力推动党建和业务深度融合，努力构建基层大党建格局，打造“红色聚能环”，以党建引领“夕阳红”“志愿红”“爱心红”“阵地红”，达到“聚能”“聚心”“聚力”“聚势”的效果，持续提振队伍精气神、激发干部凝聚力，以“党建+”护航“千万家”，激活了汉台税务高质量发展新引擎。

一、“夕阳红”聚能，守好队伍“传家宝”

“老干部的成长史也是党的发展史，从他们身上体会到的激情和能量太让人震撼了，我们要把这样“不怕困苦、甘之如饴”的精神传承和发扬下去。”在汉中市图书馆开展的“传承接力棒，逐梦税务蓝”读书分享会上，区局税干董雯深有感触的说到。

汉台区税务局离退休老干部有245名，占全局总人数的41.1%，其中党员78名。长期以来，汉台区局以党建引领“夕阳红”，充分发挥离退休党支部的组织力，开展“乐享银龄”系列主题活动，以固定开展的主题党日活动享受组织之乐，以畅谈发展的分享活动享受教习之乐，以师徒结对的教学活动享受价值之乐，活动的参与率在65%左右，干部队伍好的传统得到赓续、薪火相传。“我1947年入党，见证了党给国家和人民带来的福祉，我对现在的生活条件很满足，只要我身体允许，就要自己交纳党费。”在与东方老年公寓党支部联合开展的主题党日活动上，92岁老党员刘淑芳全程参加活动，庄重地把党费交到工作人员手中，激动地说道。区局通过开展实地观摩的主题党日活动，组织老同志到生产一线就近就地参观考察，让老干部了解国策区情，使他们在思想上跟上时代的步伐，行动上支持税收工作，真正做到“政治坚定、思想常新、理想永存、与时俱进”，成为改革开放和社会进步的积极支持者。

2022年以来，陆续开展了“喜迎二十大”读书分享会、与东方老年公寓党支部联合开展了主题党日活动、“庆七一表彰大会”等，形成了“关系在单位、管理在支部、服务在社会”的党建工作新模式，以党建红渲染夕阳红，守好税收队伍的传家宝。“汉台区局拓展“党建+”活动形式，以离退休党支部+中心工作、银发志愿、精准服务、学习教育，在活动中“青老结合”，鼓励青年干部积极向“传家宝”学习，不断提升自身能力和素养，努力在新时代新征程上建功立业，真正把老干部优势转化为发展优势。”汉台区税务局党委副书记、副局长李小军深有感触地说道。

二、“志愿红”聚心，架起征纳“连心桥”

“临时党支部的成立太及时了！留抵退税志愿服务队一下有了主心骨，这个月137户企业顺利收到了留抵退税“大礼包”。”汉台区税务局留抵退税志愿服务队临时党支部的党员谭伟激动地说道。

奉献、友爱、互助、进步是志愿服务的精神所在，汉台区税务局始终把弘扬志愿服务精神、拓宽志愿服务渠道、壮大志愿服务队伍作为提高为民服务能力的触手和延伸，采用“党建+”志愿服务新模式，凝聚起更多的税务干部参与到志愿服务的工作中来，税务干部也在助人助己的实践锻炼中拧成一股绳。2022年的留抵退税工作就是如此。“一定要保证企业留抵退税税收优惠政策直达快享，帮助企业渡过难关。”汉台区税务局党委书记、局长薛斌在全局的工作部署会上这样强调。留抵退税业务复杂、资料审核细节多、工作要求时限紧，仅靠税收管理员队伍难以完成。“迅速成立留抵退税志愿服务队党支部，由我来任党支部书记。服务队需要尽快摸清底数、逐户走访、分类施策，把该减的减到位、该退的退到手，让留抵退税“税润汉台”。”薛斌这样安排。就这样，一直316人的留抵退税志愿服务队党支部就成立了，不分行政、业务岗位，不分周内、周末时间，队伍整编成10个服务小队，审核资料、上门走访、前台受理、后台审核、咨询答疑、退后回访等工作内容细分出来，专人专岗处理。这支志愿服务队在临时党支部的带领下，迅速将3.47亿留抵退税税款“及时雨”送到了1064户企业手中，这样的工作模式也被成为“汉台模式”。“880万退税款对我们来说太重要了，增添了发展的底气和信心。”陕西神龙集团向汉台区税务局铺镇分局送来了“真心实意办实事，热情服务为人民”的锦旗表示感谢。

三、“爱心红”聚力，拉近干群“零距离”

“多亏了党和政府的关心照顾，我现在也住上了宽敞明亮的新房子，我永远是人民的长工。”年逾九旬的抗战老兵康杰面对来看望他的扶贫干部们激动地说道，老人的眼角依稀有泪光。这是汉台区税务局扶贫工作队的一项常规工作一看望抗战老兵。这已经是连续第5年去看望坚守在贫困村的抗战老兵了。“都说扶贫是“志智双扶”，可我更觉得这对于我们干部来说是“身心双修”。每次来看望这些抗战老兵和困难群众都让我更加感谢我们现在的美好生活和工作机会，也更加满怀激情的开展帮扶工作。”汉台区税务局帮扶干部马晓蓉满怀感触的说到。

多年来，汉台区税务局着力开创“党建+乡村振兴”工作新路径，以“党建红”引领“爱心红”，打通乡村振兴的“最后一百米”的神经末梢，景美、村富、业兴、民乐的乡村振兴图景，在党建引领和产业发展的支撑带动下，正徐徐展开。在汉台区龙江办事处张营村，进村的道路从泥泞变成硬化成型的水泥路，原始旱厕变成水厕，从没有支柱产业到形成以赤松茸“线上线下”

销售的产业；在汉台区徐望镇徐家坡村，只有一间危旧烂瓦房的村委会变成崭新的办公楼，“村头活动”变成村卫生室、老年互助照料中心、村文化活动广场一应俱全；在汉台区徐望镇三郊村，漆黑的道路变成明亮路灯“站岗”的大路，各大平台“消费扶贫”增收达 36.69 万元。

“情系贫困村，为民谋福祉”的锦旗送到原汉台区税务局第一书记全红军手中，村民张朋峰激动的拉着他的手，深情的说到“全局长，太感谢您们了、太感谢税务局了，我们才有了这么多的税务亲戚，生活才能见到光了。”

四、“阵地红”聚势，擘画税企“同心圆”

“有中国人的地方就有中国邮政，在这一份‘让快递覆盖中国每一寸土地’的承诺里埋藏的是中国人的特有的仪式感。”在汉台区税务局机关党支部与中国邮政集团汉中分公司党支部“四联四促”主题党日活动上，青年党员雍宇浩说到。这样的支部联学联建活动在汉台区税务局已成常态。

作为为企业提供税收管理服务的基层部门，汉台区税务局以党建红引领阵地红，推动党建与企业发展“同频共振”，以“党建强”促进企业“发展强”。“税务管家”是汉台区税务局开展“一线党建”的重要方式，为了支持全区重点项目、重点企业的快速发展，区局以强党建为统领，成立“一对一”税务管家，由专家团队手把手、面对面帮助企业用活用好税收政策，把重点项目一线“神经末梢”打造成企业党建“前沿阵地”，引领推动重点项目、重点企业“加速跑”。“税务局的党员同志全程跟进辅导，涉税疑难杂症随办随问，税费红利直达快享，不仅让我们少走了很多弯路，也让我们实实在在感受到了来自税务部门的温暖和支持。”万利航空负责人表示。制造业中小微企业延缓缴纳部分税费政策实施以来，该企业已累计享受缓税红利近 500 万元。“现在大宗商品价格上涨，企业资金周转压力大，这笔缓税资金正好帮我们解了燃眉之急。”万利航空的财务负责人高兴地说：

汉台区税务局扩散“阵地红”凝聚企业发展动能，由区局领导班子领衔包保 51 个重点项目，紧跟每家企业，一企一策研究企业实际情况。将“我为群众办实事”实践活动与政策落实相结合，区局党委班子成员牵头走访各类企业 416 户，社会组织 20 个；完善党员挂钩帮扶，先后帮助企业协调解决生产经营、党员职工问题需求等问题 100 余条，切实帮助企业解决“烦心事”“难心事”，助力企业快速发展。

多举措并行
开展“个体工商户服务月“活动

国家税务总局木兰县税务局

为深入贯彻中共中央、国务院关于扶持个体工商户发展的决策部署，落实国务院领导同志有关要求，聚焦个体工商户面临的困难和诉求，木兰县税务局开展“个体工商户服务月”活动，积极宣传各项纾困政策，促进个体工商户健康发展。

一、有效分析，精准宣传

为更加便利个体工商户及时了解适用税费优惠政策，木兰县税务局对县域内个体工商户进行仔细分析，针对其特点对税费优惠政策进行了梳理，按照享受主体、优惠内容、享受条件、政策依据的编写体例，从减负担、促融资、助创业三个方面，梳理形成了涵盖 6 个大项税费优惠政策的指引内容，对个体工商户纳税人开展精准辅导。

二、线上线下联动辅导

线下木兰局以服务宣传台的形式，广泛面向纳税人进行税费优惠政策辅导，对纳税人提出的问题当面详细解答并宣传讲解符合实际情况的税费优惠政策，解决纳税人困难，切实帮助纳税人享受到政策。宣传台开放当天发放个体工商户税费优惠政策指引 260 余份。线上木兰局组织税费优惠政策云宣传，共有四十余户纳税人参与到课程中来。

三、组建业务骨干团队，上门解难题

选派 7 名业务好、政治素质过硬的干部组成助企纾困团队，对有个性化需求重点户开展上门走访，深入到企业送政策，解难题，听取企业对税务部门的意见和建议。高效落实各项税费优惠政策，确保企业享受到税费红利。

下一步，木兰县税务局将以本次活动为契机，建立个体工商户常态化服务机制，持续聚焦个体工商户面临的困难和诉求，继续“送服务、办实事、促发展”为个体工商户发展营造良好氛围。

“四心”服务实践“陇税雷锋”精神

国家税务总局天水经开区税务局

2022年以来，天水经开区税务局按照“陇税雷锋”全员帮办工作机制要求，以优化纳税服务、便利纳税人缴费人为实践来加强品牌建设，形成“四心”工作法，进一步提升服务纳税人满意度。

一、打造“聚心”阵地，走实“陇税雷锋”服务融合路

按照“天税快办”纳税服务工作要求，落实落细“我为纳税人缴费人办实事暨便民办税春风行动”各项举措，全面落实以“全域办、全时办、全员办”为基础的“三全共办”提速体系，提升纳税人缴费人获得感。

“昨天下午才提交的资料，没想到今早136万元的税款就退到账上了，咱税务部门的“陇税雷锋”工作机制太好了！”甘肃基亚特环保科技有限公司财务负责人杜娟，看见到账短信后激动不已。

二、组建“精心”队伍，走实“陇税雷锋”精细服务春风路

组建党员志愿服务队、党团服务小分队，实行重大税费优惠政策“一政一讲、一措一谈”。多方面征集纳税人需求建议，建立意见反馈台账，采取深入企业辅导、团队上门办理等方式集中解决，切实提升纳税人满意度。

“税务部门通过“陇税雷锋”工作机制为我们企业提供‘一对一’上门服务，利用税收大数据对我们的产品生产、研发及产销上下游现状进行深入分析，帮助我们细致梳理电子信息产业链衔接情况，对我公司账务处理及税收优惠政策进行上门辅导。近三年，企业已经投入研发费用3112万元，光企业所得税加计扣除一项已享受各类税收优惠政策670多万元，为我们下步发展加劲蓄力。”天水华洋电子科技股份有限责任公司财务部马海说道。

为帮助企业充分享受税收优惠政策，提升税收征管改革成效，天水经开区税务局充分发挥“陇税雷锋”工作机制优势，抽调30名业务骨干组建个性化服务工作团队，在全方位精细服务、大数据精准监管上下功夫，针对企业发展过程中的“堵点”“难点”“痛点”问题，量身打造“一户一策”个性化服务方案，最大限度释放惠企红利，助力企业直达快享便民春风。

三、织密“连心”网络，走实“陇税雷锋”便捷办税高速路

深化网格化服务理念，通过掌上“陇税雷锋”全员帮办，向纳税人缴费人提供“24小时不打烊”服务。远程帮办、问办结合，“后台”变“前哨”。推动从“最多跑一次”向“一次不用跑”的迭代。

天水东森现代物流有限公司会计周丽娟在申报增值税时，一张负数增值税专用发票无法在电子税务局勾选申报，她通过各种办法都无法解决，最后她试着通过“陇税雷锋”钉钉群向税务局咨询，接到企业咨询后，天水经开区税务局马上召集帮扶工作队成员讨论解决方案，十分钟就帮助企业解决了问题，受到了企业的称赞。

四、深化“暖心”联建，走实“陇税雷锋”利企惠民向阳路

深化“双培三建四提升”税企党建共建机制，依托纳税人之家、党员活动室、党群服务中心等阵地，定期与企业及涉税机构党组织联合开展联学共建、主题党日、研讨座谈等共建活动，得到了广大纳税人缴费人一致好评。

2022年，天水经开区税务局党委所属三个支部分别与中国工商银行天水市麦积支行第一党支部、甘肃华建新材料股份有限公司党支部及天水华洋电子科技股份公司党支部开展主题为“开展党建互学共进服务经济发展大局”的“税企银”三方支部联建活动。充分交流党建工作交流经验、征求对税收征管改革方面的意见建议、为企业讲解税收政策；通过“税企银”支部联建活动，深化“银税互动”，帮助企业解决融资难、融资贵问题，助力中小微企业高质量发展。

扎根基层 用青春书写无悔“税月”

——高原税务人包玉芬

国家税务总局门源回族自治县税务局

包玉芬是一名40岁的税务干部，她税龄17年，党龄12年，始终奋战在税收工作一线，勤勤恳恳扎根基层，以党员的标准严格要求自己，用实际行动践行“为国聚财、为民收税”的神圣使命。在她的带领下，县局办税服务厅先后荣获“全国巾帼文明示范岗”“全省巾帼文明示范岗”“全省纳税人最满意办税服务厅”“三八红旗集体”等多项荣誉。2018年她被授予“全国百优办税服务厅主任”荣誉称号，受到总局表彰，2019年她被青海省政府授予“青海省先进工作者”荣誉称号。

一、身先士卒，争当体制改革“排头兵”

穿上税服，肩扛税徽，承担的是国家的责任。2018年，随着国税地税征管体制改革，县局各项工作迎来了前所未有的挑战，在这次战役中，作为办税服务厅负责人，她冲锋在前，凭借多年积累的丰富经验，带领团队人员攻坚业务难题，积极与原地税干部交流探讨各种业务知识，全面开展了“一人一机双系统”业务，达到让纳税人进一个大厅办理两家业务的“一厅通办”办税模式新要求，减轻了纳税人办税负担。7月份新机构挂牌之后，为了做好网上申领发票的推行工作，她积极沟通邮政部门完成前期准备工作，并根据纳税人操作中遇到的困难，自行制作纳税人“网上申领发票”的操作流程，放置到办税服务厅，转发到税企交流群，细心解答纳税人疑问，使得办税服务厅各项工作顺利推进。

二、精益求精，成为征管一线“领头雁”

“一枝独秀不是春”。包玉芬深知要想提高前台办税人员整体工作质效，靠一个人单枪匹马肯定是不行的，凭借多年工作经验，她精心自编教材，手把手辅导前台业务，让前台人员在最短的时间熟练掌握最新税收政策，她始终坚持“高效、便捷、公平就是对纳税人最好的服务。”她总是和办税服务厅前台人员说：“我们不能用生硬的态度告诉纳税人应该怎么办，而是通过精通的业务知识，准确的税法条款引导纳税人自觉遵从。”在她的带领下，办税服务厅的学习之风日渐浓厚...... 几经轮岗，包玉芬同志也年近四十，在同龄人中，她出类拔萃，对于年轻干部她更是学习的榜样，每每讨论起税收业务知识她总是滔滔不绝、无所不知，是“传道、授业、解惑”的“小包姐”，她的刻苦钻研、积极上进也为年轻干部传递了巨大的正能量。

三、细致入微，当好为民服务“好公仆”

门源回族自治县是一个藏、汉、蒙、回等多民族居住的县，身为少数民族，她深知民族语言和民族习惯的问题会给纳税人办理涉税事宜和税企交流带来一定的困难。她自学基础藏语，带动办税厅人员一起学习各民族风俗习惯，还将税收优惠政策和常办事项制作成藏汉“双语”宣传册，并安排懂藏语的导税员为纳税人答疑解惑。同时，她经常带领县局纳税服务志愿者们利用周末休息时间，深入辖区仙米、珠固等少数民族集聚区，了解纳税人状况，在政策、办税和发票开具等方面给予指导，赢得了纳税人的广泛称赞。

四、清正廉洁，争做文明办税“先行者”

在办税服务过程中，包玉芬总是是以身作则，率先垂范，办税大厅征期内异常繁忙，她不仅仅要忙自己的工作，还要处理异常情况，在闲暇时还会主动帮助其他工作人员完成税务事宜。有一次一位企业会计因为人多，不能及时办理涉税事宜，怕赶不上车，耽误事情，税务人员为他提供延时服务解决了难题，事后这名会计很感激，买了东西来感谢大厅工作人员，被她婉言相拒，她的行为为全体大厅人员做出了表率。历经此事，在她的提议和带动下，大厅专门为偏远地区企业、重点税源企业和特殊人群开辟了“绿色通道”。

博观而约取，厚积而薄发，17 年扎根基层、17 年笃行不怠，包玉芬说：“追求只是刚刚开始，在这条路上，我还需要飞得更高，扎得更深。”像包玉芬这样的“先行者”，总是甘为人梯，用青春与热情书写属于平凡人的故事，这些平凡的故事，不足以感天动地，但足以笑慰平生。

征管改革谱新篇 组织保障稳运行

国家税务总局海伦市税务局

在历史的长河中，唯改革者进，唯创新者强，唯改革创新者胜。国地税征管体制改革，是以习近平同志为核心的党中央做出的重要政治决策，是在20多年分税制财政管理体制在税收治理现代化进程中略显疲态时的又一次重大变革，是推动服务深入融合、执法适度调整、信息高度整合的一次全新尝试。此次税收征管体制改革的顺利开展，离不开政策法规的有力支撑，离不开涉税单位的通力合作，更离不开千千万万税务干部的辛苦付出，正是这些扎扎实实的组织保障，才能使征管体制改革这艘巨轮行稳致远。

一、法治环境不断优化

2001年我国修订了《税收征管法》，该法对税务机关与纳税人的责任与义务做了明确的规定，为税收治理规范化奠定了基础，为了配合《税收征管法》的实施，我国又出台了《税收征管法实施细则》，进一步提升了税收征管的质量。在程序法不断完善的基础上，《企业所得税法》《车船使用税法》更在实体法层面对纳税做出了清晰的界定。

2015年12月24日，中共中央办公厅、国务院办公厅印发了《深化国税、地税征管体制改革方案》，拉开了此次税收征管体制改革的序幕，自此在全国范围内实现“国税、地税服务一个标准、征管一个流程、执法一把尺子”，各项行政法规和暂行条例织密了税收法律的行政解释之网，《个人所得税法》《车辆购置税法》等法律的相继出台又夯实了执法基础，法治环境的不断形成与优化，一方面促使税务干部和纳税人的法制意识不断增强，另一方面也为税收征管体制改革提供了良好的组织保障，提高了工作效能，推进了国家治理体系与治理能力的现代化。

二、涉税单位通力合作

《方案》强调，税收征管体制改革要建立税务主责、部门合作、社会协同、公众参与的税收共治格局，建立统一规范的信息交换平台和信息共享机制，及时获取第三方涉税信息，解决征纳双方信息不对称问题。同时，以“三证合一、一照一码”改革为契机，拓展跨部门税收合作。

在司法方面，《方案》强调，司法部门要依法支持税务部门工作，公安部门要加强涉税犯罪案件查处的力量，健全公安部派驻税务总局联络机制，加强涉税案件审判队伍专业化建设，由相对固定的审判人员、合议庭审理涉税案件，推行税收法律顾问和公职律师制度。由此可以看出，征管体制的优化离不开第三方平台、市场部门、公安和司法部门的精诚合作，更离不开各级政府的大力支持，各个涉税部门的通力合作，为税收征管体制改革的高效推进提供了源源不断的动力。

三、干部队伍真抓实干

征管体制改革任重而道远，国税干部、地税干部之间的磨合，征收系统整合后的运用，政策法规的精准掌握，都对税务干部提出了更高的要求，而这支占公务员队伍总人数十分之一的税务干部队伍，又一次用辛勤的付出，交出了一份满意的答卷。

《方案》出台后，各级税务部门主动对文件确定的6个方面、31类改革事项进一步细化分解，明确主管领导的领导责任，明确牵头部门的主体责任，明确相关部门的配合责任，将改革任务工作分门别类，分条分段纳入绩效管理之中，层层压实责任，实现改革各个环节有人管，各项工作有人做的良好工作链条。另一方面，基层税务干部主动提高政治站位，严明政治纪律，坚决拥护各项改革决定，对于改革必然会涉及的职责调整、岗位轮换等涉及个人进退留转、触及个人切身利益的问题，每位税务干部都能自觉服从改革大局、服从组织安排，正是每位“舵手”的辛苦付出，才保障了征管体制改革这艘“大船”在这场乘风破浪的旅程中依旧旌旗飘扬。

“芳林新叶催陈叶，流水前波让后波”，改革、创新、进取是实现中华民族伟大复兴的重要手段，面对国家治理体系日益现代化的管理需求，面对纳税人、缴费人日益增长的纳税需求，税收征管体制改革势在必行。以法制规范行为，以合作促进共赢，以队伍建设提升服务质量，组织保障是征管体制改革的“强心脏”，输送着源源不断的“新鲜血液”。如今“便民办税春风行动”“互联网+税务”模式，全新的办税体验正向我们走来，不断提升纳税人满意度和遵从度，以优化改革不断推进社会共治体系的建立，将是税务系统和全体税务干部不懈奋斗的目标与追求。

深化“银税互动” 助企纾困解难

国家税务总局杭锦后旗税务局

国家税务总局杭锦后旗税务局立足税收职能，以“推动纳税人满意度不断提升、税收营商环境持续优化”为目标，积极推进纳税信用体系建设，大力推广“银税互动”平台，坚持以税促信、以信换贷、以贷扶微，缓解企业融资难题，有效激发小微企业活力，助力民营经济发展。2022年以来，累计帮助80家企业获得1055万贷款授信额度。

一、跨部门联动“以税促信”

强化部门协作，主动对接地方金融监管部门及银行金融机构，聚焦服务企业特别是小微企业发展，建立信息共享机制，将辖区纳税人纳税信用评级结果数据共享给银行，帮助银行了解纳税人信用等级情况，让良好的纳税信用成为企业融资发展的“金字招牌”，帮助企业纳税信用转化为融资信用，缓解企业融资难题。目前，通过“银税互动”平台，向合作银行申请信用贷款，平均在3个工作日就可完成申请、审批、放贷一系列流程，加急可实现当日放款，良好的纳税信用等级和缴税记录可立即转变为“真金白银”。

二、税力量推进“以信换贷”

杭锦后旗税务局持续加强纳税信用管理和社会化应用，坚持公平、公正、实事求是的原则，以系统评价和人工审核相结合的方式，做好纳税信用基础评价。为纳税人有针对性地提醒注意信用评级扣分点，辅导企业减少因对流程规范的不了解、管理细节上的疏忽等原因造成的评级扣分，并提供信用修复机制，为诚信企业取得良好的纳税信用评级护航。截至目前，有A级纳税人195户，B级纳税人874户，C级纳税人97户，D级纳税人292户，M级纳税人1563户。同时按照守信激励、失信惩戒原则，对不同信用级别的纳税人实施动态管理和分类服务，让诚信经营的纳税人享受到更宽松、更方便、更有利的纳税服务。

三、多渠道宣传“银税互动”

积极参加了全旗2022年信用宣传月活动，引导纳税人及时纠正违规失信行为，珍视良好纳税信用记录，营造依法依规诚信纳税的良好氛围。主动靠前服务，采取“线上+线下”模式，大力向纳税人开展“银税互动”政策宣传。线上，通过内蒙古 i 税服务平台、税务网络直播室、微信群、钉钉群等方式开展丰富多样的宣传推广，向纳税人介绍纳税信用政策，让纳税人应知尽知；线下，结合“便民办税春风行动”和税法宣传月、纳税人满意度走访、问计问需调研等活动，实地了解企业发展资金难题，宣传纳税信用管理、复评、修复等相关政策，帮助企业认识纳税信用信息的重要性，提升企业纳税信用等级。

呵护青春底色 写活素质文章

——双峰县税务局运用三个“+”引领税务青年成长

国家税务总局双峰县税务局

功以才成，业由才广。“岗位大练兵 业务大比武”是税务系统加强人才队伍建设、提升干部队伍素质的重要举措，也是促进精细服务、优化营商环境的重要抓手。继 2019—2021 年全市税务系统“岗位大练兵 业务大比武”三连冠后，2022 年该局再添新功，全市系统四条线共计 7 人进入全省前十，该局独占 5 人，其中 1 人获得电税条线全省第一。勇夺财行、资环、电税、集采四条线全市系统团体第一。近年来，该局秉持着引导青年、提升青年、用好青年的工作思路，青年素质提升取得实打实工作成效。该局的主要做法有：

一、“党建 + 业务”，沉淀“耕读文化”特色

思想一通天地宽，青年干部素质提升的关键核心在于思想，在于“要我学”向“我要学”的积极转变。该局用好“三力”对青年素质提升“前拉、后推、中间顶”。

（一）用好干部素质提升第一力——“党建引领”牵引力

该局党委多次专题研究青年工作，确定“党建带团建”思路。每年开展青年干部思想状况调查，召开座谈会了解干部所思所想所需。在业务大比武开始前，积极动员，逐一谈心谈话；组织开展光荣历史故事宣讲，对练兵比武优秀故事口口相传，提升为全市税务争光的荣誉感和使命感。让青年干部把“要我学”转化为“我要学”的内在驱动。

（二）用好干部素质提升第二力——“文化浸润”助推力

以湖湘文化为引领，全面传承湖南人“吃得苦”“耐得烦”“霸得蛮”的精神品质，宣扬双峰税务人勤学、善学的优良传统。弘扬耕读文化，在该局文化建设中，营造出党建文化、税务精神、耕读传承立体氛围，让干部职工时时在浓厚的学习氛围中工作；创办“曾国藩廉修学堂”，做到学习、廉洁同步并举。文化建设经验被《湖南税务》刊登并向全省推介。

（三）用好干部素质提升第三力——“阵地建设”支撑力

把阵地建设作为干部素质提升的基础性工程，持续丰富“湖南省税务系统基层党建工作示范点”内涵，邀请讲师团讲述《蔡和森的初心故事》，开展青年党员重温入党誓词等活动。组

织开展“减税降费青年行”“童眼看世界　税法润童心”、疫情防控骑行宣传、税法宣讲进园区系列活动；强化青年干部生活保障措施，提供公寓式职工宿舍；同时持续完善健身房、乒乓球室等，为青年干部建平台、搭舞台、站前台。

二、“全能＋专业”，强化“比学赶超”特质

学习是一个不断积累运用的过程，“我要学”中开辟“如何学”的道路。该局积极用好三个“法宝”提供学习平台、舞台和前台。

（一）“广开学途”是干部素质提升的第一个法宝

该局党委立足培养“一专多能”人才定位，持续对干部实施专业化培训、梯队式培养。用好青年学习团队和青年理论小组两个平台，抓实“党委领学、支部促学、青年自学”三个层次，运用“学习强国”“学习兴税”、导师帮扶因材施教、培训教育“第一课题”四种方法，积极鼓励青年干部探讨研究税收工作中的难点热点问题，构建起多层次多方式的学习网络。

（二）“厚积薄发”是干部素质提升的第二个法宝

该局党委鼓励青年干部争考“三师”，建立学习奖励配套制度。充实“小而温馨”的“税务夜校”——职工书屋，每年书籍采购量 1000 本以上，工作日每晚都有青年干部在学习，被院内住户称为“靓丽的风景”。该局　现有 40 岁以下青年干部 48 人，其中，已获“三师”资质 5 人次，研究生 9 人，注册会计师、注册税务师已过 4 门的 6 人，在职研究生在读 10 人。

（三）“学用结合”是干部素质提升的第三个法宝

该局党委班子高度重视青年干部学用结合，鼓励干中学、学中干。近年来，获全县党史知识和主题团课竞赛双第一；执法资格考试、纳税服务网上考试、增值税电子发票业务知识考试等多次荣获全市系统团体第一；青年干部自编自导自演自拍的税收安全短视频《谍网迷情》被市局推荐参选省局比赛；办税操作系列短视频《小杰说税》，入选市局首届“金点子”；2021 年青年团队撰写企业案头分析 15 个；青年干部王琼和李愈璨因优质服务，收到纳税人自发赠送的锦旗。

三、“定岗＋轮岗”，凸显“岗位成才”特效

物尽其用，人尽其才是青年干部使用的关键，是从“学好了”到“如何用”的质的飞跃。该局党委积极用好三个“第一”，统筹干部培养、选拔和服务工作。

（一）把“不拘一格”作为干部培养的第一标准

该局党委强化对青年干部的轮岗轮训、激励引导。鼓励不同岗位的干部走出岗位范围，参加 2022 年业务比武的干部中有三分之一是跨税种参赛，跨业务参考。机构合并以来，46 人次获省市局“专业骨干”“岗位能手”称号，9 人次进入全省业务比武前十，通过遴选考试调出去的 6 人，50 余人次获得省局、市局和县委县政府的各类表彰荣誉。

（二）把“人岗相宜”作为服务工作的第一追求

坚持事业为上选人用人，持续选优配强部门人员。出台《双峰县税务局干部职工交流轮岗实施方案》，双向选择，定编定岗，老中青合理搭配，人适其岗、人尽其责。如 2022 年将 78 人纳入轮岗范围，轮岗面达 33%，最终 34 人轮岗交流，40 岁以下人员占二分之一。

（三）把“一秉至公”作为干部选拔的第一原则

公平选人用人是激发干部队伍干事创业的根本动力。该局党委始终秉承着“一碗水端平”的原则，严格公开、公平、公正选拔人才，让年轻人有机会站到 C 位。2021 年，提拔 1 名 85 后干部到中层正职岗位，2022 年，2 名 40 岁以下干部到中层副职岗位。公平公正的青年干部选拔结果，有力提升了干事创业的氛围。

税收“添彩”绘就乡村振兴新画卷

国家税务总局鹤壁市税务局

近年来，鹤壁市坚持农业农村优先发展，乡村旅游产业、民俗文化产业焕发出勃勃生机。为贯彻党的二十大报告提出的“全面推进乡村振兴”相关要求，鹤壁市税务部门充分发挥税收职能作用，以税助农、以税兴农，助力乡村文化振兴、产业振兴再上新台阶。

一、“千年土韵”蝶变“文旅新锋”

2022年11月18日，第九届中原（鹤壁）文化产业博览交易会在鹤壁拉开帷幕，唐宫夜宴主题产品、中国功夫创意口罩，一件件古风古韵、美轮美奂的特色工艺品和文创产品让人目不暇接。其中，最受参会观众们关注的是来自浚县的传统民俗工艺、传承1400余年的国家级非物质文化遗产——“泥咕咕”。

在有着“中国泥塑第一村”之称的浚县西杨玘屯村，几乎家家都会制作“泥咕咕”。近年来，依托非遗优势和地域优势，西杨玘屯村成立“泥咕咕”文创旅游合作社，发展特色研学旅游，“泥咕咕”企业及作坊数量已达近300家，从业人员1500余人。

“传承发展‘泥咕咕’这一民间工艺，是我们‘守艺人’的使命所在，也是以文促农、以文增收、以文兴业，促进乡村产业、文化融合振兴的一条重要通道。”作为河南省人大代表、浚县泥咕咕第七代传承人，如何把“乡村土韵”打造为“文旅新锋”，一直是宋庆春这些年来探索研究的重要课题。

“乡村振兴离不开税收支撑，国家出台的一系列的减税降费政策，给我们带来了真金白银的税费红利，税务部门主动帮我们推介产品、拓展销路，保护了浚县‘泥咕咕’文化的传承和发展。”宋庆春说道。

针对“泥咕咕”产业发展特点，鹤壁市税务部门量身定制帮扶计划，精准落实各项税费优惠政策，为民俗文化企业提供高效税费服务。同时，广泛利用“中原文博会”“民俗文化节”等平台为产品推介销售提供实时税务支持，全方位支持民俗文化发展、助力乡村全面振兴。

二、“税村共建”引领“乡村涅槃”

初冬的鹤壁市张家沟村，红叶满山五彩斑斓，亭廊栈道纵横交错，中式民宿清雅幽静，吸引不少游客来到这里，感受自然之美与文化之韵。

2022 年 10 月份，作为基层乡村的优秀代表，张家沟村党支部书记康天平赴京参加了中国共产党第二十次全国代表大会。党的二十大报告提出，“扎实推动乡村产业、人才、文化、生态、组织振兴”，让现场参会的康天平倍感振奋。

“这些年来张家沟村发生的巨大变化，离不开文化振兴的铸魂育人、凝心聚力。”2018 年，曾经从事过税务工作的康天平响应“脱贫攻坚头雁回归”号召，返乡担任村党支部书记。上任之初的康天平，面临着基础设施落后、干部群众信心不足等诸多困难。关键时刻，税务部门及时伸出援手，帮助策划了红叶节、感恩教师、老报纸展等活动。鹤壁市税务局与村党支部签订党建结对共建协议，以党建引领全方位支持张家沟村发展。

文明乡风、良好家风、淳朴民风的深入培育让张家沟村实现了“人近、情暖、心齐”。同时，税务部门及时为旅游开发企业的进驻提供税务辅导，协助解决发票开具、税收申报方面的政策问题，助力“伴山静居”等集康养民宿、温泉洗浴、观光游玩于一体的综合项目建成落地，并在企业招工、农产品销售方面主动为村民提供信息渠道，张家沟村户均年收入从 2018 年的不到 2000 元迅速攀升至现在的 1.5 万元。

从北京返鹤后，康天平马不停蹄地投入村内各项建设中来。“党的二十大报告让我看到了农村全面振兴更广阔的前景。”为进一步发挥党建引领作用，丰富乡村文化生活，在税务部门的全程策划下，一座以纪念弘扬焦裕禄精神为主题的“焦桐园”纳入了张家沟村的下一步建设规划，经过选址、设计，“焦桐园”的规划图跃然纸上，让康天平和村民们充满了期待。“这座‘焦桐园’不仅是我们‘税村共建’的新名片，对于我们探索以党建引领推动乡村文化振兴、拓展乡村文教平台、引导村民增志兴智也必将大有助益。”康天平说。

“靶向”服务为纳税人解难纾困

国家税务总局鹤峰县税务局　王永耀　马治军　李定宇

2022年以来，鹤峰县税务局积极提升服务质量，办好实事好事，通过务实的“硬措施”，打造优质的“软环境”，在提升服务质效方面再下大气力。

一、“营商沃土”助力招商引资

“指导得非常耐心细致，如果要我评价服务质效，我可以毫不思索地说非常满意！”近日，湖北乾禹环保科技有限公司鹤峰分公司财务负责人时娟，笑着对电话回访的满意度调查人员说。

“当初分公司为了选择办公地点，因为疫情原因我们专门来鹤峰县城进行考察选址，一直没有达到合适条件开办业务。”该公司负责人张林艳说，经过与税务管理员沟通后，分公司采纳了税务人员的建议，“在行政服务中心大楼附近寻得一家合适的办公场所，直接为该公司节约租赁费用近万元。”

“如果独立核算的分公司没有超过小微企业标准，可以享受‘六税两费减半’相关政策，节约税费成本近万元。”容美税务分局工作人员耐心细致地讲解道。

鹤峰县环境卫生管理所所长赵晓峰介绍，乾禹环保鹤峰分公司是鹤峰公开招投标引进的一个招商企业，专门从事县城生活垃圾处理处置提档升级项目采购，总价值近千万元。赵晓峰坦言，企业能招进来只是暂时的，好的营商环境和贴心服务才能让企业扎稳根，税务等部门的优质服务给招商引资工作增添了信心。

二、“久旱甘霖”浸润企业心田

受疫情持续影响，鹤峰县制造业企业正面临原材料购进、人员工资发放、厂房设备维护等诸多巨大压力。增值税留抵退税、制造业中小微企业缓税等新的组合式税费支持政策犹如一场“及时雨”，滋润了整个制造业的心田。

作为鹤峰老牌制造企业八峰药化股份公司，声誉享誉海内外。在制造业经历“大旱”之时，老牌企业也未能独善其身。“我们公司在职员工220多人，支付工资、社保、公积金需要大笔资金，因销售资金回笼慢几个月发不了工资，职工积极性受到很大的影响。”该公司财务总监周柳凤激动地，组合式税费政策实施以来，公司通过制造业中小微企业缓税三百多万元，有效化解了企业工资、社保资金等燃眉之急的困难。

为有效落实组合式税费政策，鹤峰县税务局通过上门走访、组织培训、电子税务局等方式宣传落实政策，获得了纳税人的一致好评。下一步，鹤峰县税务局将持续强化宣传力度，提振纳税人发展信心。

三、“云上办税”打通时空壁垒

“我需要开一张发票，但是现在人在外地来不了大厅办理，能够线上开具吗？”2022 年 11 月 2 日，鹤峰县城办税大厅接到李女士的求助电话。

原来，李女士将自己鹤峰的房产出租给八峰药化股份公司，现需给对方公司开具一张房屋租赁增值税普通发票，但李女士人远在千里的外地，无法携带本人身份证和相关资料到大厅办理。在了解情况后，税务工作人员立即建议可通过楚税通网络办理、开具房屋租赁普通发票。

税务工作人员通过微信耐心地辅导纳税人更新 APP、填写付款方信息、合同信息等，指导李女士开具发票。可就在提交保存之后，系统异常，税务人员一边安抚纳税人，一边报省局后台运维。随后不久，帮助李女士成功开具出房屋租赁增值税普通发票，并通过票证推送及时将发票发送至付款方。

鹤峰县税务局相关负责人表示，楚税通更新后，新增许多业务模块，将主动向纳税人宣传讲解，耐心辅导，进一步提升网办水平，切实让纳税人“少跑马路，多走网路”。

税企携手渡难关 真情帮扶促发展

国家税务总局黑山县税务局 齐祥瑞

“国家的优惠政策救活了我们的企业，这些退税款让我们把厂房能重建，职工工资不用愁了，继续生产也有希望了，这真是税务退税添把火，企业受益传真情啊！”辽宁宁越农机装备有限公司的负责人李宁动情地说道。

辽宁宁越农机装备有限公司成立于2014年4月，主要从事农业机械、农机具研发、生产、销售。年初以来，受到疫情影响，该企业面临着原材料成本提升、农机销售无门、资金周转困难的问题。“特别是2022年年初的大雪，压塌了厂房，也差点压垮我啊！”李宁讲到这哽咽了。“看着自己付出了大半辈子的企业濒临破产，那段时间是我人生中最黑暗的时光。”

在国家新的组合式税费支持政策出台后，黑山县税务局及时梳理企业名单，利用金税三期大数据，对各类符合留抵退税的行业和具体单位予以列明。第二税务所在筛查辖区内各企业数据时了解到该公司销售收入大幅降低，利润不及前几年的三分之一，异常的数据立即引起了管理员的关注。与局领导沟通后，在符合疫情防控标准的前提下，县局党委书记、局长郝德志带领专家团队来到了辽宁宁越农机装备有限公司，开展“一户式”精准辅导，进一步优化退税减税办理流程、简化审核程序，帮助企业及时享受税费优惠政策。李宁表示“国家刚刚推出了政策，税务局就能上门服务，我们真的打心底里感受到了温暖。”

他一边带着大家参观，一边讲述这段时间公司的经营难题，在疫情最严重的时期，生产的农机具堆在厂子里卖不出去，资金回笼本就成了难题，原材料成本还大幅上升，导致公司进退两难。屋漏偏逢连夜雨，受极端天气影响，工厂的棚顶被连日的大雪压塌了，还砸坏了不少的机器。修补完棚顶和机器，剩下的流动资金只够勉强给工人们开出一个月的工资。“厂子里基本都是老职工，上有老下有小，没了工资就是断了他们的生路啊。”负责人言辞恳切，在场的同志们无不动容，这更加坚定了我们为企业扭亏为盈的决心。

企业退税手续繁杂，很多情况也不能事先预料，管理员和专家团队就一趟一趟跑，遇到难解的问题就一个一个查，对于重要的数据就一遍一遍核对。在专家团队的“一对一”辅导后，该公司顺利提交了退减税申请，当天下午，该公司便收到了来自税务局的40多万退税款，同时办理缓征10多万。公司负责人李宁百感交集，第一时间来到局里表示感谢，他热泪盈眶地说：

"感谢税务局及时出手相助，这不仅救活了我的厂子，也救活了我的职工们，你们真是人民的好干部！"

从"走马路"到"跑网路"，从面对面到肩并肩，从窗口等到指尖办……斗转星移，便民办税春风始终温暖，黑山税务人赤诚如初。黑山税务持续实施纳税人满意度提升一揽子工程，加强部门间协作、领导包保下基层、进企业走访调研，"走心"服务提质效，让大规模留抵退税如"活水"一般源源不断注入无数企业，大大提升了纳税人的满意度和获得感。

狠抓“关键点”　下好“先手棋”
打造税费服务新亮点

国家税务总局新巴尔虎右旗税务局

立说立行抓落实，全力全速求突破，真抓真干提质效。2022 年是党的二十大召开之年，新右旗税务局紧紧围绕“1336”工作安排，转作风、提执行、重整改，以落实新的组合式税费支持政策更有力的举措、优化税收营商环境更优质的服务、服务纳税人缴费人更真诚的态度，锚定新时代税收工作的新方位、新航向，肩负税收改革发展的新任务、新目标。

2022 年，新右旗税务局以习近平新时代中国特色社会主义思想为指导，全面贯彻落实党中央、国务院决策部署，围绕“抓好党务、干好税务、带好队伍”，逐项、逐步推进退税减税降费、组织税费收入、问计问需走访、绩效考核成绩、专职监督职责、税收征管改革等工作任务。坚持融入地方综合治理大局，助力文明城市创建、充实志愿服务队伍、争创民族团结进步示范机关，持续赋能新右旗高质量发展。

一、在退税减税降费中

新右旗税务局从政治上看、从政治上办、从政治上抓新的组合式税费支持政策落地，着力突出两个“实”。政策落实主体责任再“压实”。党委带头推动地方政府成立由政府负责同志牵头的退税减税政策领导小组，进一步深入落实财政、税务、人行三部门政策落实会商机制，发挥联席会议效能作用。大规模留抵退税工作再“抓实”。留抵退税是新的组合式税费支持政策中最重磅、最重要、最重大的政策，自 4 月 1 日政策发布以来，新右旗累计为纳税人办理退税 900 余万元，微型企业享受政策红利 600 余万元。

二、在组织税费收入中

新右旗税务局坚持依法依规从严组织税费收入，坚决守牢不收“过头税费”底线，严把两个“质量关”。经济分析“质量关”。同时选拔业务骨干与新生力量，持续充实税收经济分析人才队伍，两个方向“齐头并进”提升税收经济分析质效，充分关切制造业中小微企业发展现状，汇总企业发展困境，分析共性特性，切实提出对策建议；主动围绕重点行业、特色企业开展分析，突出减税降费效应、上半年经济运行趋势、牧区现代化建设对策等发展关键点，充分服务稳住经济大盘工作。二是税费收入“质量关”。坚持想明白，加强税收预测，充分考量新的组合式税费支持政策对本年经济的影响，合理规划收入进度和收入时序；坚持说明白，按月向旗委政府汇报、与旗财政局沟通组织税费收入情况，争取理解和支持；坚持干明白，在应收尽收的基础上，持续强化数据分析，为明年组织收入工作留足空间。

三、在便民办税服务中

新右旗税务局以“春风行动”为抓手，以“问需走访”为渠道，坚持落细、走深、做实，持续提升纳税人满意度。纳税服务再“落细”。以“非接触式”办税缴费为先导，逐步优化“网上办＋终端办”模式，同步加大网厅业务受理力度和新办纳税人登记速度。春风行动再“走深”。着力打造“四精”服务，坚持精确执法有力度，以点带面优化执法方式，营造公平、稳定、优质的税收营商环境；坚持精细服务有温度，组建专业辅导团队，对重点税源企业开展走访调研，入企入户解决涉税问题，以“真金白银”助企纾困；精准监管有强度，围绕“以数治税”监管方式转变，建立健全以“信用＋风险”为基础的新型监管机制，实现动态信用等级分类和智能化风险监管；精诚共治有深度，围绕外部协同建设、缴费流程优化，巩固与社保、医保、残联、不动产等部门的外部协同，实现聚力共治。问需走访再“做实”。通过“实地＋电话”全覆盖走访，积极征求纳税人缴费人对策建议，实实在在为纳税人打通堵点。

四、在税收征管改革中

新右旗深化“以数治税”，着力推进数据质量提升工程，强化征管基础，提升征管质效和水平。以发票电子化改革为抓手，进一步贯彻落实《意见》。健全“全电”发票问题解答及远程协助辅导机制，制定针对“疑难杂症”的问题解决、反馈方案。过程考核促进精细管控，提升基础数据质量。认真统筹开展好5C监控评价、质效过程考核、质效评价等各项指标的监控、预防、整改工作，成立税费收入质量监控领导小组，紧盯各项指标的业务口径、指标值等相关内容，主动防范和化解数据质量风险，从源头上提高征管质量。深入开展信息化专项整治，整改到位见责见效。成立由一把手任组长的信息化专项整治工作组，工作专班全面采集信息化项目资料，健全“一项一档”资料卡。

五、在干部队伍建设中

新右旗税务局立足青年税干“想干事”的热情，搭建“123”人才管理结构，持续奏响“人才梯队建设三部曲”。青年理论学习注重“趣味”。强化小组导师引领作用，深化实践活动感染作用，通过“躬身力行”“实践笃行”，引导青年干部练好内功、坚定信念、主动作为。税收志愿服务更注重“到位”。依托“守望·税蓝”全新党建品牌，建立“守望·税蓝”税收志愿服务队，在持续优化办税缴费服务和助力地方各项大型活动中提升青年税干获得感。青年干部管理更注重“税味”。创新实践“现代师徒制”，逐步完善“雏鹰列车”，通过“一人一档案”引导新录用公务员尽快进入角色，同时进一步强化青年干部“严管厚爱”，持续释放“越管越严”信号。

六、在培育优良作风中

该局大力倡导三项优良作风。一是“说干就干”的优良作风。紧扣提升执行力主题，以“学”字为先，持续扎实开展学习培训工作，激活内生动力；以“紧”字为要，进一步深入领会《习近平谈治国理政（第四卷）》精神，绷紧责任之弦。二是“敢干善干”的优良作风。在建立健全容错机制基础上，开展“一把手走流程”，发挥领导干部带头作用，推进“送政策、问需求、解难题、促发展”惠企利民走访活动，以纳税人缴费人实际需求为导向，激活税务干部创新作风。三是“干净干事”的优良作风。做好主责政治监督，确保党中央重大决策部署到哪里监督就在哪里，真正把纪检监督的成效反映到税收主业上来；瞄准纪检专责监督，推进纪检监察体制改革，构建一体化综合监督体系，对发现苗头性、倾向性问题做好预警；充分发挥派出机构纪检监督网格员作用，通过“近身”监督，将纪检监督触角延伸至“神经末梢”；开展家庭助勤助廉活动，通过各项活动号召干部家属当好“贤内助”，实现“八小时之外”监督全覆盖。

击鼓催征稳驭舟，奋楫扬帆启新程。新右旗税务局在区局、市局党委的领导下，走在实处、干在前列，以实际行动和优异成绩迎接党的二十大胜利召开。

筑基筑梦助成长
全力促进青年税务干部能力大提升

国家税务总局呼伦贝尔市海拉尔区税务局 辛玉娟 赵文谦

人才是兴国之本、事业之基。呼伦贝尔市海拉尔区税务局深入贯彻自治区税务局党委、呼伦贝尔市税务局党委关于“能力大提升”专项行动的安排部署，努力构建实施人才强基工程，充分调动青年税务干部“人人渴望成才、人人皆可成才、人人尽展其才”的良好氛围，着力提高税务干部政治和业务能力，为推动各项改革和税收现代化发展提供高质量技能人才。

一、搭建赋能平台

一是理论学习提素质。将青年理论学习融到基层党组织和共青团日常教育中，持续学懂弄通做实习近平新时代中国特色社会主义思想。建设职工阅览室，依托“学习强国”“学习兴税”“青年大学习”等平台打造24小时不打烊的青年学习精品，运用全景式VR场景复现技术搭建党员教育大课堂，以特色学习形式使青年理论学习“活”起来，“动”起来。

二是思想交流求实效。开辟思想教育专区，设立“青年之角”，定期组织青年干部开展读书分享会，交流思想心得。

三是团队建设强本领。采取“专业+团队合作”的方式为青年干部成长成才提供舞台，相继成立土增、法务、大数据、文化建设青年团队，让青年税干在“急、难、险、重、新”的工作任务中充分发挥带头作用、骨干作用和表率作用。

二、搭建竞争擂台

常态化开展岗位大练兵，采取“线上学习与线下实践结合”“网络培训与实战演练融合”“日常学习与重点培养组合”的方式，每月围绕“干什么考什么、练什么比什么”开展测试，并将“岗位大练兵、业务大比武”等竞赛结果充分运用到干部评先选优和选拔工作中，形成以学促干的良性循环，实现干部个人成长和组织强基固本的双赢成效。积极鼓励青年税务干部参加“三师”考试，提升青年干部的综合素质和岗位技能。持续加强先进典型培养、选树、宣传、推介力度，努力争取各级各类荣誉表彰，青年税务干部朱颖荣获“第21届全国青年岗位能手标兵”，成为全国50名青年岗位能手标兵中唯一一名税务系统青年干部。

三、搭建青春舞台

充分发挥青年党员突击队、青年先锋队、党员“师徒制”、党员“AB”岗等在落实优化营商环境、便民办税春风行动等重点工作中的突出作用，以党建为引领，探索开展党建和业务联动评价，有效激发青年税务干部干事创业担当奉献的工作激情。“税收政策宣传队”“税企互动服务队”“社保缴费辅导队”“线上政策宣传辅导队”等税收志愿服务队内青年税务干部占比80%，通过进机关、进企业、进社区、进商场、进校园的形式搭建政策宣讲平台，每年对超过1.5万户纳税人缴费人群体开展线上宣传辅导，持续提升志愿服务质效。青年税务干部在青春舞台上筑梦新时代、拼搏展风采，努力为高质量推进新发展阶段税收现代化贡献青春力量。

以“九个一”为发力点
谱写学习贯彻党的二十大精神“最强音”

国家税务总局石嘴山市惠农区税务局

自党的二十大胜利召开以来，惠农区税务局党委始终将学习宣传贯彻党的二十大精神作为首要政治任务，认真部署、周密安排，以“九个一”开展学习贯彻党的二十大精神活动，教育引导干部职工坚守初心使命，凝聚思想共识，推动学习贯彻党的二十大精神走深走实。

一、开展一轮集中学习

局党委第一时间召开党委（扩大）会议，各党支部、青年理论学习小组也分别开展主题党日活动和青年理论学习小组会议，专题学习党的二十大报告，致力深学细悟，深入领会把握党的二十大精神要义，做到学思用贯通、知信行合一。

二、举办一场辅导讲座

主动邀请市委党校讲师作学习贯彻党的二十大精神专题辅导，深入解读党的二十大精神的内涵和外延，为全体干部职工学深悟透、融会贯通党的二十大精神进行全面辅导。

三、开展一次专题研讨

各党支部围绕“学习贯彻党的二十大精神 以税收现代化服务中国式现代化”为主题开展专题研讨，党员干部谈思想、谈感受、谈认识，凝聚税务力量，坚定前进方向，不断提升将税收现代化置于中国式现代化的理论和实践中进行谋划思考的意识和能力。

四、开展一次联学联建

采取机关党支部联合等形式开展联学联建活动，通过学习成果交换，工作意见交流，进一步推动了党的二十大精神落地见效，促进税收业务与党建工作的深度融合，将智慧与力量汇聚到以税收现代化服务中国式现代化的工作部署。

五、举办一期读书班

组织开展党员干部、团员青年学习贯彻党的二十大精神专题读书班，局党委主要领导现场为6名党支部书记赠书，局党委、各党支部、青年理论学习小组分别组织专题学习党的二十大报告，《党的二十大报告辅导读本》和《中国共产党章程》等内容，推动党员干部、团员青年多维度、深层次学深悟透党的二十大精神，全面领会精神实质，持续掀起学习热潮。

六、开展一次主题党日

各党支部组织开展主题党日活动，支部书记为党员专题辅导党的二十大精神，全体党员干部集体诵读中国共产党章程等，不断增强党员干部思想认识。

七、组织一轮知识测试

组织全局干部职工开展党的二十大精神知识测试，在全局上下营造“以考促学、以学践行”的浓厚氛围，深化干部对党的二十大精神的学习理解，自觉用党的二十大精神武装头脑、指导实践、推动工作。

八、组织一次征文活动

组织办公室、征收管理股、党建工作股等部门围绕“学习贯彻党的二十大精神，以税收现代化服务中国式现代化”等主题开展征文活动。各牵头部门立足税收本职工作，聚焦纳税服务新要求，凝聚思想共识，汇聚奋进力量。

九、组织一期线上学堂

设立小雨滴微课堂，每天晚上在全局微信群发一期党的二十大精神应知应会知识，让全体干部职工利用闲暇时间学习党的二十大精神，逐步提高学习党的二十大精神的自觉性。

减负不减“服”
税惠赋能助力工业强市

国家税务总局武穴市税务局

韶光不待，只争朝夕。近年来，武穴市聚焦“工业强市、产业兴市”，提出了“冲刺全国百强县市、打造循环千亿产业园区、建设现代化港口城市”发展目标。武穴税务部门围绕市委、市政府决策部署，大抓工业、大抓项目、大抓招商，大抓营商环境，为转型升级中的武穴经济增添了税惠动能。

一、跟踪辅导，高效服务惠暖人心

“我们本想打个电话咨询下，没想到你们直接把政策送上门。感谢税务干部精心细致地宣传辅导，现在的服务真是越来越人性化、便捷化了。”湖北国鼎矿业有限公司的朱会计感慨说道。

国鼎矿业原本是一家从事骨石料初加工的企业。近年来，国鼎矿业聚焦工业技改，走上了转型升级的发展道路，眼下企业正投资 15 亿元，打造了年产 180 万吨纳米钙深加工项目。传统的砂石骨料只能卖 70 元左右一吨，经过深加工做成纳米级的碳酸钙之后，产品单吨的销售价格可以达到 4000 至 5000 元。

2022 年以来，税务部门出台了一系列大规模组合式留抵退税政策。本着试一试的心态，国鼎矿业通过电话联系了税务部门，希望税务部门能就新政策对财会人员进行专题辅导。

“我们第一时间给企业送上了一份专属定制的税收优惠大礼包，针对组合式税费支持政策和企业提出的涉税问题进行详细解答。同时安排青年税务干部现场为企业发放政策宣传资料和电子税务局操作指南，宣传推广楚税通、个人所得税等 APP，并就企业员工关心的个人所得税专项附加扣除政策进行了现场宣讲，面对面、手把手辅导企业会计进行填写申报。”武穴市税务局第一税务分局负责人介绍道。

目前，国鼎矿业在武穴田家镇梅府社区已落户 8 年，解决了当地社区 350 人的就业需求，90% 的村民不用外出务工就在家门口工作，并且全都在城区买房买车，生活水平不断提高。

“自 2014 年成立以来，税务部门就一路相伴。从第一次开户、第一次领购发票，到逐步成长为矿山行业的领军企业，税务部门总是第一时间送上优惠政策，帮助企业享受政策红利。作为企业，我们将会尽最大努力回馈社会，带动村民共同致富。”国鼎矿业相关负责人刘丽华感慨地说道。

二、惠企利民，政策红包悉数送达

“仅仅 6 个小时，增量留抵退税 9401 万就悉数到账，给了我们一个‘大红包’，果然是新政策新速度。税务部门贴心护航，让我们对未来的发展充满信心。”日前，湖北祥云（集团）化工股份有限公司副总陈慧春看到新到账的资金，在电话里连连向税务人员表示感谢。

湖北祥云（集团）化工股份有限公司作为生产工业及农业磷化肥的支农性企业，是华中、华东、东北乃至部分海外地区的重要农肥生产保障力量。在国家出台系列惠农政策宏观背景下，该公司目前化肥产品销项税率为 9%，而原材料磷矿、硫磺、硫矿、硫酸、液氨等产品的进项税率达到 13%，导致公司一直留有大量留抵税额。

自新一轮留抵退税政策正式实施以来，武穴市局组织税政辅导专班，通过现场辅导、线上“一对一”等方式，第一时间为企业开展政策解读辅导，助力税惠红利“精准入袋”。同时增设留抵退税绿色通道，积极协调财政、银行等相关职能部门，加强国库资金保障，跟进税款返还进度，推进全流程、全环节跟踪管理，确保退税流程走通、走顺、走快，9401 万元退税资金仅用 6 小时就足额退至企业。

“近年来一系列便民惠企的措施和税务部门的优质服务，让企业真切感受到了国家支持企业的力度，也让我们对未来发展充满信心。”该公司负责人胡华文介绍，“祥云致力于在三农经济发展中做大做强，新到账退税资金将用于‘健康肥料 祥云智造’发展项目，进一步增加技改和环保项目投入通过开发系列健康肥料，加快产品升级换代。”

2022 年 2 月，祥云股份进入湖北省高新技术企业百强名单，位居 35 位，成为黄冈唯一一家进入榜单的本土企业，为武穴市实现冲刺百强县市目标提供了新动力。

三、一企一策，“云端”辅导专线直通

“申请留抵退税在电脑上怎么操作？”“公司符合‘六税两费’减免优惠享受条件，现在如何申报享受？”“我有房贷可以抵扣个税吗？”“小规模纳税人征收率降至 0%，还能开具发票吗？”近日，国家税务总局武穴市税务局开展组合式减税降费线上直播课堂，针对增值税留抵退税、六税两费优惠、社保非税、发票开具流程等政策，组建“税务干部 + 财税公司”专业师资团队，结合具体案例进行在线政策培训和实务操作讲解，在直播间与广大网友、纳税人在线互动，面对面解答热点问题，赢得直播间观众一致好评。

“网上学政策，感觉像是跟税务老师面对面交流，遇到不懂的还能直接问授课老师，这种培训形式真是太方便了，对我们这些乡镇工作的人特别友好！”地处田家镇街道办事处的宁泉供水公司会计冯国志表示，作为小微企业，公司资金不宽裕，本次小微企业留抵退税政策可以给公司退税 2.4 万元，“六税两费”减免更是达到 4.9 万元。

除了通过直播加强政策宣传，武穴市税务局还通过“线上问诊”，及时收集整理直播间热点问题，落实“一企一策”，打造个性化服务举措，通过远程辅导、电话宣讲等方式，对政策落实情况进行跟踪问效，确保政策红利直达市场主体。

武穴市陆顺运输有限公司是一家主营运输危化品业务的小规模物流企业，近两年来受疫情影响，加上最近油价大幅上涨，导致像陆顺运输这样的小型交通运输企业业务拓展渠道变窄，生产经营压力巨大。

“2022年听说税务部门出台了很多新的优惠政策。我们对税费政策和涉税业务操作都不太了解，尤其2022年新出的增量留抵退税政策，于是在直播间提问求助。没想到税务部门立刻主动联系我，对政策进行了补充解读，还辅导我们进行表格填报，非常高效贴心。”武穴市陆顺运输有限公司负责人张与强对于税务部门服务高度评价，“税务部门帮助我们办理了增值税留抵退税退还115.6万元，以及小微企业减半征收土地使用税、房产税20.7万元。再加上通过“税易贷”贷来的80万元，现在我们账面上的资金一下子就活起来了。”

谈到公司的未来，张与强信心满满，计划2022年上马7000余平方米的二期仓储项目，拓展仓储物流、电商云仓、合同物流等业务，届时将充分发挥物流业集聚效应，助力企业做大做强。

工业兴，则武穴兴；工业强，则武穴强。“税务部门将始终围绕六稳六保大局，全力服务工业项目建设，继续探索更多现代化、智能化服务方式，为市场主体发展提速减负。”武穴市税务局党委书记、局长刘敬祥表示。

“春雨润苗”助小微　精准服务促发展

国家税务总局沭阳县税务局　顾桂媛　徐春晓

富有活力的小微企业是地方经济发展的重要支撑。“春雨润苗”专项行动开展以来，江苏省沭阳县税务局持续助力小微企业发展，结合党史学习教育和“我为纳税人缴费人办实事暨便民办税春风行动”，落实落细 3 大类主题活动和 12 项举措，进一步助力小微企业复原气、添动力、强活力。

“这退税的速度真快，上午刚提交退税申请，下午就收到了 43 万元退税到账信息，让我们真切地感受到了税务部门退税速度。”2022 年 8 月 11 日，宿迁涵奕洁纺织有限公司务负责人胡国梅看着手机上的资金到账短信，神情激动地说到。

宿迁涵奕洁纺织有限公司是沭阳县旅行毛毯生产企业，产品远销马来西亚、印尼等国家。近年来，贸易战和新冠肺炎疫情给企业为推复产、保订单、拓市场的带来了较大压力。沭阳县税务局了解到该公司的情况后，按照相关规定，认真分析企业情况，确认该企业可以享受退税。随即，主动辅导纳税人准备退税资料、进行退税申报操作。

在“春雨润苗”专项行动中，为解决小微企业“融资难”的问题，沭阳县税务部门与江苏银行沭阳支行等金融机构深度合作，以中小微企业的纳税信用信息为基础依据，建立银税互动重点企业名单，对纳税信用良好的企业实行线上宣传、上门辅导。

“这真是场及时雨，凭借优质的纳税信用等级，我们用诚信经营换来了实实在在的‘真金白银’，大大减轻了自身的资金周转压力，为企业发展按下了‘快进键’。”近日，位于沭阳县东小店乡的江苏苏星有限公司凭借 A 级纳税信用向银行申请到了 70 万元的“银税贷”，这让公司负责人严玲心头的石头落了地。

同样享受到“税融通”优惠的还有宿迁安邦木业有限公司，在“春雨润苗”大走访、大调研工作中，该县税务局干部偶然得知该公司因业务需要，企业资金周转压力较大这一情况后，主动与相关银行联系，在核实其符合办理“税 e 融”贷款条件后，第一时间上门全程指导办理，为企业申请了 200 万元额度的贷款资金，及时解了企业燃眉之急。“税务部门在关键时刻上门指导我们办理“税 e 融”贷款，无需抵押、无需担保，帮了我们大忙！”宿迁安邦木业有限公司法人仲亚洲感慨地说道。

下一步，沭阳县税务局将持续开展“春雨润苗”专项行动，使各项税费支持政策和纳税服务创新举措及时惠及小微企业，切实为小微企业办实事、办好事，让“税风春雨”更好地滋润“小微幼苗”。

解放思想 振兴图强
在“破冰解题”中推动税收事业高质量发展

国家税务总局五大连池市税务局党委书记、局长 李洪国

振兴发展，思想先行。省委开展的能力作风建设年活动，吹响了新一轮解放思想、实干担当、聚力发展的号角。自活动开展以来，五大连池市税务局坚持把“学习研讨、查摆问题、深化整改、补齐短板”作为“解放思想、振兴发展”的“开山斧”，更新理念、破解难题、振奋精神、激发活力，准确定位税收职能，倾心服务高质量发展。

一、聚焦党建引领，以新思维、新举措促进党建与业务深度融合

加强新形势下税务系统党的建设是税收事业高质量发展的重要保证。目前基层税务党建还存在与业务融合缺少“设计”、缺少“建设”、缺少“培育”的问题，没有找准融合的“切入点”与“落脚点”，部分存在模糊认识，工作观念陈旧，为抓党建而抓党建。为此，亟须在思想上破冰，从党建业务融合不深的瓶颈中解放出来，坚持以新思维、新路径开创新局面。要充分结合市情局情，健全和巩固纵合横通强党建机制，将税务党建主动融入地方党委政府领导，全力打造模范机关。坚持以党支部建设为载体，常态化开展“解放思想、振兴发展”交流研讨活动，培育“抓好党建是本职，融合不够是失职”的理念，引导党员干部树立全新党建工作观念，坚持与时俱进。常态化深入开展“能力作风建设年”对标大讨论，将党史学习教育与干部能力作风建设贯通融合，以“丹税朝阳”工作室为发力点，将能力作风建设与“我为群众办实事”志愿服务等实践活动相结合，持续发挥党员模范示范引领作用，打造税收精细服务新格局。拓展党员评先评优结果运用机制，为优秀人才搭建成长快速通道，建立起包括以精神鼓励、政治褒奖为主的关心关怀激励机制，激发党员干部担当新使命，展现新作为。

二、聚焦“七种能力”，以新动力、新活力铸就过硬能力作风

目前我局105名党员干部中，青年干部占比60%以上，肩负深化税收征管改革、高质量推进税收现代化、服务市域经济全面振兴全方位振兴的使命与重任。提高“七种能力”，练就过硬本领对青年干部尤为重要。青年干部身上既有优势，也有短板。学识丰富但经验不足，充满干劲但容易受挫，富有创造力但容易理想化，有理论储备但理论功底不深，学历较高但税收专业能力不强，短板势必影响到干部队伍战斗力。基于此，要在能力上破冰，在业务技能、兴趣

爱好、组织关怀上下大力气，建立健全“每日早学、每周小结、每月考试”学习机制，面向全体干部征集特长爱好，一并纳入学习兴趣小组课程内容，为税务干部全面发展“充电蓄能”。利用“八小时以外”时间，定期通过党委书记讲党课、青年理论学习小组研学等方式，引领青年干部牢记初心使命。紧盯最新组合式税费优惠政策，定期组织40周岁以下青年干部开展税收业务过关检测，在“比学赶超”中提升素质。着眼税收事业长远发展，助力青年干部成长成才，制发并推进《国家税务总局五大连池市税务局青年干部教育培养方案》走深走实，从学习交流中强本领、促成长，从技能竞赛中比赶超、增活力，努力打造学习型队伍。

三、聚焦主责主业，以新理念、新境界肩负起新时代神圣使命

财政为庶政之母，税收是财政之源。当前，部分基层税务干部还没有树立起正确的经济税收观，还未从减负和组收的对立假象中摆脱出来，还不适应税收增长新常态。面对市域税源基础弱、税基窄，产业结构不平衡等情况，加之精细化管理的高要求、执法的高风险等因素，少数干部存在畏难情绪。为此，要坚持在行动上破冰，引导税务干部增强经济税收观，积极投身“为国聚财为民收税”的生动税收实践，自觉服从服务市域经济发展大局，聚焦经济运行热点，把握区域发展亮点，发挥税收大数据优势，以税资政、以“数”赋能，凝心聚力、攻坚克难，积极面对困难挑战。要引导税务干部充分认清经济发展形势定位，积极发挥主观能动性，为民办实事办好事，服务地方经济发展。以“快、稳、准”为目标，推进退税减税再加力。以“精细、智能、个性”为目标，推进税收征管改革再深化。以“便民、亲民、利民”为目标，推进税收营商环境再优化。要主动融入地方经济发展，紧紧围绕五大连池市第九次党代会提出坚持生态立市、农业稳市、工业强市、文旅兴市“四大发展战略”，创优税收营商环境，落实好新的组合式税费支持政策，让市场主体应享尽享快享税收优惠政策红利，大力支持实体经济发展。深度贯穿税企互动，走好流程，抓实调研，深入了解行业发展前景、技术领先优势、挖掘税收潜力，助力企业发展提质增效，为市域经济社会发展贡献更多税务力量。

“点餐式”直播“云课堂”打造纳税服务新体验

国家税务总局金沙县税务局 曾 柳 曾兴玮

“没想到足不出户就能学习税收政策，税务部门的直播‘云课堂’真是为我们带来了极大的便利。”贵州玉山九鼎科技有限公司财务负责人李伟星在学习税务部门的直播课堂后说道。“在当前疫情防控的严峻形势下，金沙县税务局对我们在税企互动平台、税企交流群等渠道咨询的税收问题进行了针对性网络直播培训，详细解读了各类优惠政策和申报流程，真是一堂生动而实用的税收‘网课’。”据悉，金沙县税务局推出的“青年说税”直播“云课堂”采取“点餐式”服务模式，纳税人缴费人通过税企互动平台、税企交流群、对外公开电话等线上平台或办税服务厅等线下渠道“点餐”后，税务部门便根据纳税人的需求开设相应的青年直播培训课程，为纳税人提供全面、细致的培训“就餐”服务。

“受新冠肺炎疫情的持续影响下，我们公司的茶叶对外销量有所下降，为全面了解公司适用的税收优惠项目，我电话联系了税务干部，希望税务部门能够针对企业所得税优惠政策开展相关培训，没想到税务部门很快就在直播‘云课堂’上推出了相关课程，授课老师的讲解通俗易懂，为我学习政策节约了大量时间，给他们点赞！”贵州金沙贡茶茶业有限公司茶叶会计陈国威说道。“开展网络直播培训不仅解决了纳税人缴费人的政策疑虑，也促进了我们青年干部更加深刻理解税收政策的内涵。”金沙县税务局青年干部在直播云课堂授课后说道。“为避免纳税人缴费人‘多头问’‘来回跑’，我认真梳理归集了最新的企业税收优惠政策，精心制作培训课件，从政策学习思路、适用项目、具体内容等方面给纳税人进行了直播讲解，看到直播间一条条留言——‘老师讲的内容很适用’‘老师讲得很详细’……感觉自己帮助纳税人解决了实际难题，很欣慰，也很自豪。”

“学习了直播课程后，我在实际申报操作中还有一些不清楚的地方，没想到税务工作人员还开展了回访来电，对我在培训中的疑问进行了‘一对一’辅导，精准解答了我的疑惑，这个回访机制真是细心、贴心、暖心！”贵州荣翔建设有限公司财务负责人司光绪说道。

据了解，为更好帮助纳税人缴费人知晓税收优惠政策，应享尽享税收红利，金沙县税务局还将以纳税人缴费人的需求为导向，持续优化“点餐式”直播培训，做到“菜品”制作特色化、“点餐”渠道多样化、“就餐”服务个性化、“售后”回访及时化，用心用情服务好广大纳税人缴费人，真正帮助企业纾困解难。

“三心”服务　助力青花飘香

国家税务总局金阳县税务局

金阳青花椒是金阳县纵贯千年栽培与发展历史的金字招牌，青花椒产业是金阳县实现乡村振兴与开展现代农业产业融合发展中最具优势与潜力的支柱产业。在新的发展阶段，为进一步推动金阳青花椒物流产业园区高质量发展提供税费服务支持，及时做好税收预测分析，不断优化县域内税收营商环境。县局党委书记、局长王刚立足金阳税收发展任务新目标，带领相关业务股室一行人员，深入青花椒产业园区实地开展问症于企、问需于企、问税于企的大走访活动。

一、政策上门，纳税服务暖人心

金阳是“中国青花椒第一县”“国家级出口食品农产品（青花椒）质量安全示范区”。全县青花椒种植面积达103.57万亩，青花椒物流园区的建设将极大推动县域农副产品高质量发展。为深入了解企业相关经营发展情况，税务局相关一行人在园区负责人的带领下，先后参观走访青花椒现代农业园区、青花椒研发加工交易物流园区和青花椒现代农业产业园博览馆，在参观过程中为企业送上套餐式便捷办税服务礼包，梳理解答税收优惠政策的适用及实务操作问题，详细辅导讲解了优惠政策的要求条件、减免申请的流程、税源信息的采集申报，确保公司能精准适用优惠政策，应享尽享税收优惠。

二、共话共谋，税企携手忆初心

“一直以来，税务部门都很支持企业发展，主动帮助我们用足用好税收优惠政策，应享尽享税费红利！”公司企业总经理感慨道，青花椒园区分两期建设。一期为青花椒生产研发基地建设，建设周期从2020年开始，含原材料收集库、分拣分选中心、冷库、生产车间、成品库、研发中心及相关配套设施等。二期为青花椒综合交易中心建设，金阳税务从一开始便建立相关服务跟进机制，完善联络员机制，为企业建立台账提供个性化一对一，专业上门服务与指导，通过精细化、专业化、全天候的服务为推动园区的建设提供了税动力。

三、纾难答疑，税企恳谈心连心

税企双方随后召开“税收优惠添动力，税企共话谋发展”交流恳谈会，金阳税务主动问计问需，与企业负责人和财务人员进行面对面座谈交流，详细了解企业未来产销情况、税收优惠政策享受情况以及困扰企业发展的瓶颈问题，征求企业对税务部门在优惠政策落实、便民办税等方面的意见和建议。同时对企业存在的涉税疑问进行现场辅导，并结合企业实际情况，从税收角度分析企业发展现状，为企业“支招”、为企业“献策”，帮助企业在下步发展上谋思路，做打算，鼓励企业巩固扩大自身优势，持续做优做强，努力实现新突破、新发展。受访企业负责人对税务部门的大力支持和用心服务表示感谢，并纷纷表示将进一步坚定发展的信心和决心。王刚提到园区因地制宜、依托金阳得天独厚的条件，挖掘出了青花椒的利用价值，为当地贫困群众创造就业机会，未来还将带动物流，商贸等相关产业的发展，下一步税务局将会加强与园区沟通交流，提供专项服务，携手推进园区实现高度集中规模化，不断延伸产业链的发展新模式。确保企业涉税政策应知尽知、应享尽享。税企携手共同推动金阳县经济高质量发展。

牢固树立创新思维　积极开展创新实践
以“创先争优”奋力书写税收现代化“经开答卷”

国家税务总局大理经济技术开发区税务局

2022年是党的二十大召开之年，是“十四五”规划承上启下之年，是进一步深化税收征管改革的攻坚之年。大理经济技术开发区税务局紧紧围绕习近平总书记关于税收工作的重要论述和系列重要讲话精神，在大理州税务局党委、大理经济技术开发区党工委、大理经济技术开发区党委的正确领导下，按照“把握大局、围绕中心，突出重点、抓住关键”的工作思路，始终紧扣“为国聚财、为民收税”主责主业，坚持“一个目标”统方向，始终坚持以党的政治建设为统领。以习近平新时代中国特色社会主义思想为指导，持续增强坚决捍卫“两个确立”、坚定做到“两个维护”的高度自觉，对重点工作进行部署和研讨，紧跟政策和形势，真正让上级重大决策部署在经开税务落地生根。抓实“两个创新导向”强根基，即学习导向创新工作理念、问题导向创新工作方法。对照新形势新任务新发展，不断开拓视野，创新思路抓学习，以理论学习强化使命担当，以学习开阔眼界拓展思路，以工作实践提升能力水平，深入开展解放思想大讨论，大兴求真务实、干事创业之风，以思想解放和作风改进引领高质量发展，营造争创一流的浓厚氛围。创新方式抓落实，促进税收改革发展。运用理论与推进工作相结合，把理论学习转化为推动经济社会发展的强大动力，不断提升纳税服务质效，强化信息技术支撑，规范税收执法行为的工作举措，持续推动改革任务落地，探索出一条深化税收征管体制改革的创新之路，有效激发了税务干部担当作为、干事创业的动力，促进了税收营商环境持续优化，提高了纳税人缴费人的获得感和满意度。聚焦“抓好党务、干好税务、带好队伍”三个领域提质效，即以党建工作高质量推动税收工作全面进步全面过硬、以深化税收征管体制改革为契机推进营造公平公正竞争的税收秩序、以干部队伍能力建设推进构建强党治税带队机制体系，昂首走在税收现代化的第一方阵，在积极主动服务地方经济发展大局中走在前、作表率，在高质量发展、竞争力提升、现代化先行的赛道上全力奔跑，推进新发展阶段税收现代化的新时代考题中交出一份亮眼的“经开答卷”。

一、积极引导“抓好党务”体制机制创新，以党建工作高质量推动税收工作全面进步全面过硬，打造“经彩荟·税耀明珠党旗红”党建品牌

（一）把握着力点，在纵合横通强党建中亮新招

积极主动对接经开区党工委和州局业务部门，以税企党建共建为抓手，织密党建网络，实

现协调解决问题、总结推广经验、推动党建发展的目标，带动系统和地方基层党建质量整体提升，完善落实“纵合横通强党建”机制制度体系，加强与地方党建部门、组织部门、宣传部门等的走访汇报。增强理论自觉，多形式开展学习教育，切实把学习贯彻二十大精神转化为“扛起新使命、谱写新篇章”的工作举措和成效。坚持以党建为引领，以推动税收经济高质量发展为主题，将支部建在股上，高定位、巧谋划、强落实，将党建工作融到税收征管体制改革、减税降费、队伍建设等各项工作中，因地制宜，以“党旗红”点亮“税务蓝”，打造“经彩荟·税耀明珠党旗红”党建品牌，下属10个党支部，形成“十色齐绽”的党建亮点，构建起“多彩”党建新格局。

（二）抓住关键点，在服务地方经济发展上下功夫

大力推行一线工作法，区局党委委员率先垂范带领党员干部深入一线，实地调研走访企业，开展政策精准辅导，为辖区内纳税人办实事办好事。

以推进“两个革命”开展“学做”活动为契机，聚焦“解放思想、发挥税收职能，助力总部经济在经开区跨越发展”主题，开展解放思想大讨论活动，以新的精神风貌、新的发展理念、新的改革举措以及自我革新的精神推动各项目标任务落地落实，累计总结活动专报。深化拓展“双报到双服务双报告”工作，在退税减税工作中成立临时党支部，组织党员志愿者到火车站卡点、高速公路路口等疫情防控卡点值守，充分发挥“党员先锋队”“青年突击队”“巾帼建功队”作用。

二、积极推动“干好税务”体制机制创新，按照落实征管《意见》，立足“四精”数字赋能，推动税务执法、服务、监管制度创新和业务变革

（一）智慧办税缴费带来数字化转型的新“税感”，深耕精细服务

区局锚定“线上服务不打烊”目标，从“线上办”“掌上办”到“云咨询”“云答复”，越来越多的“数智”税务应用场景正在经开税务落地开花。持续拓展“非接触式”办税缴费服务范围，非接触式办税率达90%以上。积极搭建“线上集约处理中心”，远程辅导纳税人处理税费申报、基础信息修改、退税等业务。

（二）以“应收尽收、应享快享”为支点，撬动精确执法

始终坚持组织收入原则，多措并举，协调推进退税减税和组织收入工作，结合当前经济发展和税源实际，聚焦主责主业，竭力保障经济运行。推动税费优惠政策直达快享，促进市场主体充分享受政策红利。

（三）大力探索“以数治税”，持续完善“信用+风险”监管机制，破局精准监管

深挖税收大数据“金山”，搭建完善针对性强、短平快、小而精的风险防控模型，实现风险实时监测、精准溯源、有效预警，精准办理留抵退税疑点数据，积极完成增值税电子专用发票网格化服务管理服务事项。

（四）以信息共享为桥梁，实现精诚共治

积极与多部门协同协作，破除部门壁垒，凝聚内外联动、共促改革的工作合力，联合人社、医保、财政等部门探索数据共享，增强数据质量管理，加强与住建、不动产中心等部门的工作联动，以“一楼一策”工作原则研究解决房地产企业清理整治过程中涉及的税收问题。

三、积极探索“带好队伍”体制机制创新，围绕贯彻新时代党的建设总要求和组织路线，强化“三项举措”打造干部队伍建设新高地

（一）强化党建引领，深入推进“带好队伍”五大机制制度体系

深化“纵合横通强党建”“绩效管理抓班子”“数字人事管干部”“人才工程育俊杰”“严管善待活基层”五大机制体系，强化正向激励，打开干部晋升通道，中青年干部逐渐成为推进税收事业的中坚力量。让青年干部勇挑重担，提高青年干部的履职水平，鼓励青年干部自主展开工作，磨炼品质，增长才干。

（二）强化多点发力，突出干部队伍教育培养基础作用

深刻认识到青年干部培养工作的重要性、必要性和紧迫性，党委班子高度重视青年干部的培养工作，着力建成一支政治强、业务精、作风正、形象好的青年干部队伍。以青年理论学习小组为主要阵地，依托“岗位大练兵、业务大比武”活动，组织开展青年干部读书班、主题演讲比赛、现场观摩学习等各种形式的活动，丰富学习内容，着力提升政治站位，着眼于青年干部综合素质和业务能力的稳步提升。

（三）强化系统施治，巩固发展风清气正的政治生态

保持“赶考”的冷静清醒，坚持系统施治、标本兼治的理念正风肃纪反腐。在深化纪检监察体制改革试点上，创新贯彻思路，发挥纪检“探头”作用，实现“不敢腐、不能腐、不想腐”一体推进，重点加强政治机关建设、干部选拔任用、个人有关事项报告、规范编外人员管理等方面的监督。

创先争优扬风帆，擎旗奋进兴税路。在第二个百年奋斗目标进军的新征程中，经开税务人有使命、有担当、有能力在新的赶考之路上书写新的税务篇章。经开税务将持续从“新”字着眼，从“精”字着手，从“服”字着力，坚持重点突破，力争在原有基础上实现新突破和新进展，以创先争优带动全局工作，让改革成果成为发展亮点，主动服务地方经济发展大局，高质量推进新发展阶段税收现代化！

精细服务解难题 税惠春风暖企心

国家税务总局宿州市埇桥区税务局 王 永

2022年以来，党中央、国务院做出实施新的组合式税费支持政策的重大决策部署，并将大规模增值税留抵退税作为重中之重。埇桥区税务局坚持党建引领，充分发挥党组织战斗堡垒和党员先锋模范作用，确保送策有力度、服务有温度、惠企有精度，为企业健康发展提供更高质高效的税务支持。

自大规模增值税留抵退税政策实施以来，宿州市埇桥区税务局主动作为，挂图作战，对表对标，按下行动“快进键”，推动新的组合式税费支持政策在全区快速落地。通过线下线上共同发力，确保精准宣传‘全覆盖’，通过视频连线开展线上“云辅导”，同时在办税服务厅设置“留抵退税专窗”，组织引导业务骨干专岗值班，线下“面对面”解决问题。通过组建青年先锋突击队，走访重点可退未退企业，提供“一企一策”解决办法，精准帮助企业纾困解难，截至目前共走访45户企业，解决问题52个。

安徽菲尔维休闲家居用品有限公司是一家专业从事休闲家居用品进出口的生产企业，产品远销欧美等地。企业产品常年畅销于海外市场，截至目前，该企业2022年享受留抵退税237多万，有效补充了企业研发费用，助力企业增加市场竞争力。“国家政策的优惠，对于我们企业来说真的是帮了大忙。因为2022年企业享受的留抵退税有200多万，这200多万的资金，我们可以用来加大研发力度，研发更多的产品，可以增加我们的竞争市场，竞争力增加了，我们就会有更多的产值，可以创造更多的外汇，对于我们企业来说真算是及时雨。”安徽菲尔维休闲家居用品有限公司副总经理钱友宏说道。

为一步加速办理进度，宿州市埇桥区税务局还积极落实团队初审、专家复审、团队集体审议、实地核查“四级审核”，确保税款“退得快”。同时，通过完善“一户式”管理机制和风险防控体系，丰富留抵退税税收风险防控措施，持续开展留抵退税风险分析，加强风险防控，确保及时分析核查‘退得准’，另一方面及时督查督办，确保政策执行‘不走样’。

宿州市焜耀环保建材有限公司是一家集研发、生产、销售、技术为一体的新型企业。该公司财务主管石杨告诉记者，国家惠企政策出台后，税务部门及时与他们对接，助力企业快速完成退税申报，及时享受国家红利。“国家出台增值税留抵退税政策后，税务部门随即就联系了我们企业，并派专人和我们对接，通过微信视频线上指导我们一步一步操作，帮助我们办理退税申请，退税效率非常快。国家的这些税收优惠政策，不仅减轻了企业的负担，更激发了我们企业的热情，增强了我们的发展动力，让我们更加有信心有依靠，底气十足的搞生产谋发展。”石杨说。

“下一步，我局将贯彻落实好二十大会议精神，发挥党建引领作用，为落实组合式税费支持政策注入‘红色动能’，加快纳税人诉求相应，持续深化精细服务，确保政策红利快速惠及更多市场主体，切实增加企业发展的底气和信心。”宿州市埇桥区税务局党委书记武奎表示。

精准施策 持续发力
确保留抵退税政策红利直达快享

国家税务总局凌源市税务局

自党中央、国务院做出实施增值税留抵退税政策的重大决策部署以来，在朝阳市税务局党委的正确领导下，凌源市税务局合力抓好政策落实，多措并举提升留抵退税工作质效，确保留抵退税政策红利直达快享。

一、锚定目标抓落实，确保留抵退税“方向明”

一是坚持理念先行提站位。召开留抵退税落实专项工作会议，在全局树牢落实留抵退税政策是重大政治任务的政治意识，明确工作职责，强调协作配合，为确保打好大规模留抵退税攻坚战奠定坚实工作基础。二是坚持统筹推进齐谋划。成立增值税留抵退税专项工作组，形成党委书记亲自抓、分管局长靠前指挥、各部门全力配合的工作局面，为全力做好政策落实工作定向、定标、定航，确保留抵退税工作“退早、退快、退稳、退准”。三是坚持深化分析精研判。依托税收大数据，在充分测算数据的基础上，对辖区内符合享受增值税留抵退税政策的企业进行筛选，形成可退税企业明细台账，为做好全年留抵退税预计打下坚实数据基础。

二、创新工作抓提升，确保留抵退税“服务优”

一是精确测算“梳流”，工作前置提速。为避免留抵退税新政实行初期带来的办税流量激增问题，通过将工作前置，筛选前台数据对符合新政享受范围的纳税人户数进行精确测算，再按所属行业和企业类型分类建立退税清册和退税台账，提前完成办税流量梳理，为有条不紊开展工作奠定了良好基础。二是精细服务“引流”，业务办理增速。在做好窗口人员业务操作培训的基础上，又在办税服务厅开设“留抵退税专岗窗口”，通过对办税人员进行精准引流应对留抵退税业务办理的“井喷期”，进一步缩短了纳税人办税时间。三是精准辅导“分流”，线上教学快速。紧跟新政热点自制、自录了系列政策辅导短视频《税政微课堂》，依托网络新媒体平台持续向纳税人推送，使纳税人在疫情防控工作特殊时期足不出户便可进行“掌上阅读”“线上辅导”，既方便纳税人掌握新政又节约了办税成本。截至目前共推出 35 期政策辅导短视频，综合点击量 4 万余次。四是精诚沟通“畅流”，红利快享加速。积极与国库、财政等部门进行工作沟通，在业务转办流程和资金保障等环节畅通了政策落实渠道，退税办结全程在 0.5 天内即可完成，实现了纳税人办税“再提速”，有效保证了组合式税费新政直达快享。

三、强风肃纪抓监督，确保留抵退税“落地稳”

为确保退税减税各项惠企利民政策以更高标准落实见效，该局还专门召开减税降费工作廉政提醒专题工作会议，始终保持“主动躬身入局、自觉查找问题”的清醒，提升政治站位，防范化解风险，不折不扣为减税降费政策落地提供坚强纪律保障，坚决做好留抵退税的“后半篇文章”。一是以案明纪，确保工作“意识清”。通过对骗取留抵退税案例的特点进行分析总结，要求全体干部职工要切实提高政治意识，树牢廉政责任，确保“退税减税”工作在“亲清”的征纳氛围中有序、高效开展。二是依规施策，确保政策“实效显”。在税收优惠政策宣传辅导、优化营商环境、税政微课堂推送、退税数据审核复核、工作进度把控、专家团队及减税办值班等工作环节提出具体要求和指导，确保纳税人享受到优惠红利的“真金白银”。三是强化监督，确保落实“不变味”。召开纪检会商专题会议，严明工作纪律，加强协调配合，强化监督检查，强调要充分尊重纳税人意愿，不搞“一刀切”，既要避免“应享未享”的风险，也要防止借政策搞变通、虚假退税等现象发生。同时对于防范工作中不作为、慢作为、乱作为的现象，该局发出廉政提醒，持续释放执法执纪必严的信号，坚决杜绝政策落实“中梗阻”。

下一步，该局将以“走流程、解难题、优服务”为工作契机，用实实在在的工作举措，持续深入推动留抵退税工作落实落地，为企业发展注入“税动力”。一是要加强教育引导，严防违规违纪。牢牢坚持“严管就是厚爱”的理念，加强以案说法、以案警示，促进税务人员认真履职尽责，坚决防止税务干部违规违纪。二是要健全工作机制，优化审核质效。要始终把统筹加快退税进度和加强风险防控作为工作主线来谋划部署，持续改进工作方法，做到快退税款和严防风险“两手抓、两手硬、两手赢”。既不能因为快退税款而忽视严防风险，也不能因为严防风险而耽误退税进度。三是要对照通报案例，查找短板不足。要对照全国其他地区已经发现的问题加强整改，真正做到引以为戒、举一反三，深入剖析原因，善于提炼规律，总结经验做法，完善内控机制，避免同类问题再次发生。近期，要对所有留底退税企业全面开展一次“回头看”。特别是对《留抵退税资源分析表》中剔除的存在风险事项的纳税人，有针对性地开展风险分析应对工作。分析应对结果，要及时录入“一册三表”。四是要随时接受监督，抓好问题整改。要自觉接受和主动配合内外部监督，并把接受监督作为抓好当前工作的正向动力，持续改进工作。

静乐县首个税收法治文化园建设完成

国家税务总局静乐县税务局

近日，经常在利民公园锻炼的郝女士发现园内的风格发生了让人耳目一新的变化：除了一些新增具有休闲功能的设施，还添置了很多形式多样的税收法制宣传造型牌。据了解，这是在地方政府的大力支持和税务部门牵头下，多部门加强联动配合构建税收共治新格局的重要成果——静乐县税收法治文化园，目前已成为静乐县税收普法工作中的一个特色。

作为全县首个集休闲、普法、税收宣传和周边环境改善于一体税收法制宣传新阵地，静乐县税收法治文化园占地面积 33000 平方米，毗邻 4 个大型住宅小区和 1 所小学，周边居住人口约 4 万余人；与此同时，接壤国家级湿地公园——静乐县汾河川湿地公园，每年旅游人数为 3 万余人，税收法治宣传受众每年可达 10 万余人。在此基础上，静乐县税务局进一步优化整合普法资源，以“一园（文化园）、一报（《静乐税讯》）、一室（党代表工作室）”为平台，配套设立“税小红”“税小暖”“税小帮”三支志愿服务队，形成全方位多角度的普法平台矩阵，通过电子屏、宣传栏、灯箱、草坪牌、石刻、雕塑等载体和使用声光电灯科技手段和贴近生活的接触方式、潜移默化的氛围营造，在向广大市民及游客宣传习近平法治思想、宪法、民法典及税收法律法规、税收历史、税收政策解读等知识的同时，有效推动了法治宣传教育及税法宣传工作常态化、多元化发展，形成了具有静乐本土特色的“便民、利民、亲民”税收普法宣传品牌。

文化园建设是当地税务部门立足当前“主题、主业、主线”，构建多元化、链条式、全覆盖税收法治文化阵地的重要组成部分，在规划设计上以“多元协同、共建共享，崇法敬法、习法兴税”为导向，秉持了园景融合、主题突出、功能健全、亲民易观的建设理念，在利民公园原有四个市民活动广场及公园小路、环人工湖栅栏的基础上设置了税收史话、法润童心、法治习语、兴税强县四大展区和税林漫语、与税同行两大宣传主题，主题鲜明、内容丰富、形式多样、寓教于乐，并开辟了税收主题宣传栏、休闲广场、观景亭等功能区，融法治、文化、艺术、美景为一体。园内主干道、环湖路随处可见税收普法标语、宣传图板以及带有税宣元素的各类物件，不仅将税法元素融到公园公共休闲空间和城市建设当中，赋予了文化园新的生命力，更以润物无声的方式让群众享受到法治建设的细雨春风，滋养公民法治意识和法治素养，让“聚合法治之力，筑牢发展之基”成为全县干部群众的共识。

此外，静乐县税务部门还将全面提升税收法治水平，力争把“静乐县税收法治文化园”打造成全市领先、全省知名的基层法治建设优秀品牌。

深挖办税服务潜能
打造便民服务新模式

国家税务总局七台河经济开发区税务局

国家税务总局七台河经济开发区税务局深挖办税服务潜能，不断推出便民办税新举措，持续优化办税体验和营商环境。充分发挥互联网优势，对求助、咨询等互动信息实行扁平化管理，打造“送问询评一体化”的征纳互动服务模式，做到纳税人缴费人的事情有人办、难题有人解、问询有人答投诉有人管，努力增强纳税人的获得感和满意度。

一、便民服务只有最好，没有更好

秋风在黑土地上带来丝丝凉意，开发区局的税务干部们却热火朝天为纳税人带去“便民春风”般的服务举措。开发区局围绕“春风行动”便民服务活动的深入开展，持续推进系列便民服务举措，持续深化智慧税务建设，重点突出以智慧为中心的个性化税费服务理念，着力打造切合开发区特色的税费服务品牌。

开发区局全局上下积极制定特色服务举措，结合“我为群众办实事”，以宣传税收政策为主、操作辅导为辅，对辖区企业开展税收宣传工作。因目前疫情原因，区局将严格按照疫情防控指挥部减少聚集等要求，在加强疫情防控的同时，采取“非接触”“不见面”的方式，利用钉钉系统，线上开展税收政策宣传和讲解。组织政策法规股、纳税服务股、税源管理股等业务骨干，在区局会议室与纳税人远程连线，将政策法规、业务流程、操作方法进行了详细的讲解。同时进行“连麦”，一对一地为企业解答问题，并针对特殊情况进行多方“会诊”式解答和解决。此举得到了纳税人的高度认可和一致好评，并建议区局常搞这样的远程讲堂。

二、群众满意只有起点，没有终点

对来办税厅办理业务的纳税人，区局干部在做好防疫工作的前提下，对纳税人耐心讲解税收政策，为纳税人答疑解惑，让纳税人真正了解政策深意，保证政策落实到位。黑龙江省永新助剂有限责任公司企业财务人员亲切地跟税务局的同志们说：“咱们税务局不管是办税大厅的小妹儿还是管理员王哥、董哥，服务态度真是好，给我们讲解新出台的政策又及时又清楚！”。

针对个性业务，开发区局全局齐心协力，心往一处想，劲往一处使，由区局党委书记、局长佟勇带头、积极组织税源管理股、政策法规股、纳税服务股业务骨干下企业户为纳税人进行税法、税收优惠政策的宣传和讲解，为纳税人辅导相关业务操作，切切实实地为纳税人解决了困惑、为纳税人办了实事，得到了纳税人的认可。

三、社会服务只有团结，没有完结

区局7个内设机构，行政股室与业务股室积极配合，持续加强工作和信息互通，保障各项工作的推进有行政引领、有政策支持、有服务跟进。

新冠疫情又一次掀起波澜，在常态化疫情防控大局面前，全局上下闻令而动，自接到区委会疫情防控通知，迅速响应疫情防控指挥部的号召，党建部门把发挥区局疫情防控的政治优势转化为疫情防控的工作优势，联合办公室积极制定疫情防控政策，各业务股室积极配合，在保证工作质效的前提下，组织党员志愿队、干部志愿队，疫情防控志愿小分队深入社区协助疫情防控工作，配合完成开发区区域内全民核酸检测工作。在规定时限中提前完成任务，充分彰显了铁军速度，为疫情防控工作筑起了一道强有力的蓝色防线。

开发区局还在新学期开学之际积极与七台河市第一中学联系，帮助有需要的优秀贫困学子圆梦，了解贫困学生情况，通过实地走访确定资助对象。全局干部积极参与募捐活动，以己绵薄之力，共襄助学善举，为社会发展贡献税务力量

马克思说："只有在集体中，个人才能获得全面发展其才能的手段，也就是说，只有在集体中才有可能有个人自由。"开发区税务局的税务干部们在工作岗位上各司其职，却又强有力的凝聚在一起，齐心协力、精诚团结，共同见证开发区税务局的成长。

税务系统承担着为国聚财、为民收税的重要职责。税务干部担负着税收工作的神圣使命，深化征管改革、推行精细服务，对推进税务系统更好为纳税人服务有着深远的意义。随着税收工作的不断改进，每一次努力都是为纳税人服务，每一次奋进都是为国家税收保驾护航，相信通过开发区税务局全局上下共同的努力可以更好地为国聚财，为民收税，宣讲税费政策、提供上门辅导，对标纳税人所需所盼，传递惠民利企好声音。

税惠政策助力产教融合型企业向阳发展

国家税务总局克拉玛依市税务局　曹　萍

“2022 年 8 月份，我们成功举办了第一期培训班，反响很好。作为产教融合型试点企业，下半年可以抵免教育费附加和地方教育费附加 30 多万元，省下来的钱将用来进一步提升企业和高职院校的合作力度。”克拉玛依市云计算产业投资开发有限公司会计王华对上门辅导的税务干部这样说。

产教融合型企业在促进人才链和产业链方面发挥着重要作用。近年来，国家陆续出台一系列鼓励产教融合的政策，如：自 2019 年 1 月 1 日起，纳入产教融合型企业建设培育范围的试点企业，兴办职业教育的投资符合通知规定的，可按投资额的 30% 比例，抵免该企业当年应缴教育费附加和地方教育附加。

国家税务总局克拉玛依市税务局积极落实鼓励产教融合的税收优惠政策，在取得全疆第二批产教融合型试点企业名单后，主动与名单上的辖区内企业取得联系，“一对一”上门重点辅导，帮助企业充分掌握相关税收法律法规和税费优惠政策。

克拉玛依市云计算产业投资开发有限公司不仅是克拉玛依职业技术学院的实习基地，更是产教融合的实训基地。“实训基地整合了政府、院校、产业资源，采取产业和教学相融合的创新模式，力争打造可持续的、良性的区域人才价值共同体生态，在新疆四地五师中起到示范作用。”该公司负责人王鹏表示，税费优惠政策让企业发展更有动力和信心，将在不断发展壮大的同时，尽最大努力支持克拉玛依市职业教育发展，和更多的高校、企业合作，发挥产教融合真正能量。

克拉玛依市税务局相关负责人表示，产教融合不仅是高等教育的转型方向，也是企业发展的巨大动能，税务部门将聚焦产教融合型试点企业涉税（费）需求，在政策宣传辅导、服务提质增效上下功夫，帮助符合条件的企业用好用足税费优惠政策，助力产业升级和地方经济蓬勃发展。

立足茶乡税苑 坚守“合和亲清”

国家税务总局郎溪县税务局

近年来，郎溪县税务局党委立足郎溪“中国绿茶之乡”美誉，紧扣茶文化“清新、舒适、干净”精神内涵和税务部门“为国聚财、为民收税”工作实际，着力培育“茶乡税苑·合和亲清”特色党建品牌，全力推动党建工作与税务工作有机融合，提振了党员干部的精气神，增强了党建工作的生命力。

一、以“合”为先，不断提升党建引领力

将党建工作纳入年度绩效考核体系，坚持党建与税收业务工作同安排、同布置、同检查、同考核。紧紧围绕“聚财兴郎，学习兴税”工作主题，持续深化党建与税收业务、队伍建设相融合。成立党员先锋队和党员突击队，在本职工作中争作表率、勇当先锋，按时保质完成了减税退税和组织税费工作任务。推进“330”青年干部成才计划，落实十项工作举措，加快青年干部成长成才，先后选拔年轻股级干部 14 名，为税收事业发展提供有力人才支撑。

二、以“和”为基，不断提升基层组织力

持续深化落实“纵合横通强党建”机制体制，促进系统内外和谐。加强与县组织纪检部门沟通汇报，形成党建工作齐抓共管良好局面。充分发挥体制优势，落实税务总局党建高质量发展两年行动计划，以涛城税务分局党支部组织力提升试点和十字税务分局“茶乡税苑映党徽”党建品牌建设为载体，通过示范带动促进基层党组织组织力全面提升。充分发挥第一税务分局党支部主体作用，瞄准营商环境纳税指标，完成了办税服务厅改造提升，采用“线上＋线下”模式，加强前台人员政策学习，办税服务能力和服务体验显著增强。充分发挥群团组织作用，开展干部职工疗休养，组织劳动技能竞赛，成立兴趣小组，定期开展活动，激发干部职工干事创业活力。

三、以“亲”为标，不断提升为民服务力

坚持“以人民为中心”的服务理念，开展“我为纳税人缴费人办实事暨便民办税春风行动”，落实 6 大类 23 项 118 条便民办税缴费措施。大力推广“非接触式”办税，开展一把手走流程活动，优化智慧办税服务，提供邮寄发票服务。全员参加我县全国文明城市创建活动，落实“全员核酸检测”等疫情防控工作举措，倾心助力涛城镇管村方李湿地公园乡村振兴项目建设，持

续提升人居环境水平和人民群众生活质量，保障人民群众身体健康安全。从税收的视角出发，组织精干力量，走访调研长兴纺织行业、长兴港、开发园区，围绕减税降费政策效应分析、苗木行业管理、开发区产业发展、定埠港口发展形成多篇调研报告，积极向县委县政府建言献策。

四、以“清”为要，不断提升廉洁自律防腐力

加强政治监督，大力推进一体化综合监督体系建设，按季度召开警示教育大会，以多种方式开展经常性纪律教育，把纪律教育纳入支部“三会一课”学习。巩固拓展落实中央八项规定精神成果，紧盯重要时间节点，开展明察暗访和反面典型案例教育。落实专（兼）职纪检员制度，加强日常监督，及时发现工作中的廉政风险，用好监督执纪“第一种形态”。健全权力运行监督制约机制，加强重点岗位、关键环节的风险防控，坚决查处各类腐败问题和不正之风，营造风清气正的良好政治生态。

2022 年以来，郎溪县税务局先后荣获“市级文明单位”“全市第七批选派帮扶先进单位”“全市扶残助残先进集体”等荣誉称号，县局机关党委被授予 2021 年度“宣城市先进基层党组织”，县局连续 2 年被评为“县五大发展行动计划”先进服务单位，连续 3 年被评为“县目标管理绩效考核优秀单位”。

五项举措 争创模范税务机关

国家税务总局乐安县税务局 范海涛

2022年以来，乐安县税务局紧紧围绕“讲政治、守纪律、负责任、有效率”目标要求，对标模范机关创建的部署要求，立足税务实际，以五项举措为抓手，全力打造让党放心、人民满意的模范税务机关。

一、在党性修养上争先进，创模范政治机关

一是创新学习方式。落实“四个第一”学习机制，建立“党委+支部+青年理论学习小组”三方联学制度，用好红色资源，大力实施“主题党日”“固定学习日”质量提升行动，依托“学习强国”“学习兴税”等学习平台，着力增强党员教育的针对性、时效性。二是提升学习质效。发挥党委会“第一议题”和党委理论学习中心组的示范引领作用，及时跟进学习党中央最新决策部署和重要指示，做到“延伸到基层、规范到支部、落实到党员”，有效发挥“关键少数”的领学作用。三是强化政治意识。经常组织重温入党誓词和党员过“政治生日”等政治仪式，开展“两优一先”评选，大力选树宣传基层税务榜样人物，让典型“人上台”“相上墙”“事上榜”，一名青年干部落实留抵退税先进工作事迹在全市税务系统获推介，县局驻湖溪乡甘泉村工作队第一书记获评全县“最美退役军人”。

二、在阵地建设上抓特色，创模范执行机关

一是建强基层战斗堡垒。深入开展支部标准化规范化建设和“模范党支部”创评活动，做实年度组织生活会和民主评议党员等党内政治生活，强化支部基础，县局机关一支部被表彰为全省、全市税务系统“十佳党支部”、全县“模范党支部”。二是培育创优党建阵地。建立“党建+团建”机制，组建青年理论学习小组，建立导学制度，每月开展交流活动和小组课题研究，营造青年干部学习提升、增长才干的浓厚氛围，2022年县局团支部被表彰为“乐安县青年五四奖章集体”。深挖“党史+税史”特色，启动筹划将县局一楼大厅改扩建为党建廉政教育基地，进一步打造乐安税务党建特色品牌。三是推动党业深度融合。全面践行“税收服务无小事、人人都是服务员”的工作理念，开展便民办税春风行动、“春雨润苗”专项行动，坚持税收工作推进到哪里，组织保障就跟进到哪里，批复成立了退税减税政策落实办公室临时党支部等，为急难险重任务顺利完成提供坚强组织保障。

三、在便民利企上争一流，创模范服务机关

一是“减税降费”服务大局。大规模增值税留抵退税政策出台后，县局立即成立专班，第一时间落实政策要求，筛选出符合退税条件的企业，广泛向纳税人宣传讲解操作指南，利用微信、电话一对一、点对点提供精准的政策辅导，推动红利第一时间从纸上落到账上。二是“提速增效”服务企业。通过开展“万名税干访万企”集中实践活动、全国31个税收宣传月活动等一系列活动，线上打卡“云宣传”，组织纳税人缴费人进行政策宣讲、交流互动、答疑解惑；线下入企问需求，班子成员率队组织业务骨干组成便民办税服务队深入中小微企业送政策、问需求、征意见，走访了70户重点企业，解决企业涉税问题8个。三是“排忧解难”服务基层。加大基层建设投入，关心基层发展，积极回应干部合理诉求，增强队伍凝聚力和向心力。以党建带群建，建立健全机关工青妇等群众组织，积极组织精神文明创建活动，奏响和谐乐章。

四、在改革创新上提质效，创模范高效机关

一是开展“改革大攻坚”。落实完善纳税人分类分级管理构建“五员”管理体系试点，着力压缩办税时间，提高办税效率。二是开展“工作大督导”。全面践行“担当实干，马上就办”精神，加强工作督查，强化跟踪催办，确保重要税收政策、重大决策部署、领导批示等贯彻落实。狠抓上下班纪律和会议纪律，严格考勤和防疫测温，机关作风明显好转，工作效率明显提升。三是开展“能力大提升”。深入开展政治机关意识教育，不断提高“政治三力”。推行数字人事，结合重点工作，为全局干部职工印发应知应会知识汇编，组织参加全市税务系统各条线大比武，通过以练促学、以考促学，发挥人才引领效应，提高干部队伍综合素质。

五、在清廉自律上作表率，创模范廉洁机关

一是严格纪律规矩。全面推行“一线工作法”，持续开展警示教育、“严管就是厚爱”主题宣讲，“讲政治 严纪律 优作风 勇争先”集中教育活动和“八扬八治”深化作风建设活动。针对基层一线监督短板、“八小时之外”监督盲区等问题，常态化开展“纪检干部进支部”主题活动，促进廉洁从税。二是严格专项整治。领导干部带头严格家风家教，强化领导干部婚丧喜庆报告、节假日报告等制度落实；组织纪检监督员开展酒驾、醉驾专项监督检查，延伸查处违规公款吃喝、违规接受宴请等违反中央八项规定精神问题，持续释放“监督越紧、执纪越严”的强烈信号。三是严格执纪问责。用好税收大数据智慧服务及内控等平台，织牢织密“全面覆盖、全程防控、全员有责”监督之网。用好监督执纪“四种形态”，加大执纪问责力度，严格“一案双查”，对违法违纪现象零容忍，保持从严从紧高压态势。

税惠红利为乡村振兴增色添彩

国家税务总局礼泉县税务局

为进一步巩固拓展脱贫攻坚成果、促进脱贫攻坚与乡村振兴有效连接，国家税务总局礼泉县税务局充分发挥税收职能作用，落实落细组合式税费优惠政策，综合运用“六税两费”减免、留抵退税、制造业延缓缴纳等政策措施，不断凝聚税务力量，为乡村战略增添一抹亮丽的“税务蓝”。

一、减税降费精解难题，为乡村产业发展“雪中送炭”

“税务部门‘雪中送炭’，及时告知了2022年的六税两费减免政策，切切实实解决了我们公司当前的资金困难问题。退税款的到账大大缓解了我们资金周转的压力。”陕西关中印象旅游有限公司财务人员刘锦丽表示。

2022年以来，受陕西疫情影响，袁家村客流量大大减少，加上之前的停业导致该企业账面资金流一度处于紧张状态。在2022年新的组合式税费支持政策落地实施后，礼泉县税务局针对辖区符合条件的企业，组织干部上门服务，“一对一”为财务人员讲解当前“六税两费”退税政策，帮助企业及时申请了退税，度过当前的资金困难问题。

“最近我们也恢复的正常的生产经营，相信随着袁家村冬季旅游的恢复，我们企业一定能渡过这个‘寒冬’。”

这是2022年新的组合式税费优惠政策实施以来，袁家村旅游景区的商户们享受政策红利的一个缩影。政策实施以来，国家税务局总局礼泉县税务局借助2022年便民春风行动的契机，多次组织业务骨干深入企业、深入实际，了解企业生产经营情况，从而在政策服务和辅导上更加精准，进一步解决纳税人最关心、最直接的现实问题，减轻企业税费负担，为企业解惑纾困，提振企业信心，助力企业健康稳定发展。

二、深耕“放管服”改革，打出便民办税服务“组合拳”

2022年以来，礼泉县税务局一手抓政策落实、一手优化税收服务，深耕“放管服”改革，打出了政策落实做加法、办税流程做减法、服务措施做乘法的“组合拳”。

“针对袁家村旅游产业中个体工商户比较多的特点，我们的服务主要着眼于办税的难点、赌点问题。袁家村位于礼泉县烟霞镇，来县城办税来回得一个小时，加上部分商户多为农民自体经营，对政策办税流程等不熟悉。针对这一方面的问题，我们发放了‘税费服务一本通’的宣传资料，并将纳税人的主管分局及专管员的联系方式留给纳税人，方便他们通过电话、微信的方式咨询政策并辅导解决遇到的问题。同时，我们也定期会在群内发送当前的税费优惠政策的学习资料，方便他们了解当前政策。”

“针对个体工商户，近年来国家先后推行了个体户申报期限月改季，批量扣税、简易申报，发票网上申领等服务举措，极大地节约了办税的时间成本，让他们能够把更多的精力放在生产经营上。”国家税务总局礼泉县税务局党委书记、局长王宏波说。

下一步，国家税务总局礼泉县税务局将在落实税收优惠政策、优化纳税服务、助企纾困解难上持续发力，为纳税人缴费人提供增加便捷的操作、更加快捷的反馈、更加精细的服务、更加优质的体验，为乡村产业发展“添肥加料”，在全面实施乡村振兴战略中贡献税务力量，为乡村振兴增色添彩。

利商惠企办实事 优服便民增信心

国家税务总局黄梅县税务局

2022年以来，黄梅县税务局积极贯彻落实各项组合式税费支持政策，切实打好减税退税“组合拳”，积极推进精细化便民服务，实现税惠政策落实“快达直享”，实施政策辅导精准滴灌，在高效退税、纾困解难上不断创新服务举措，提升服务质量，助力惠企便民稳步前行。

一、快享直达，让企业收获便捷高效服务

“11号上午提交的退税申请，我当天就收到了退税短信通知，这也太快了，不到半个工作日就收到了退税款！”2022年4月11日上午湖北金石光电集团股份有限公司财务负责人熊锦环在黄梅县税务局工作人员“一对一”的指导下，通过电子税务局成功提交了留抵退税申请。

“我们公司从购进原材料到生产销售成品之间有时间差，存在一定的留抵税额。”熊锦环介绍到，“这次国家加对大小微企业增值税期末留抵退税政策力度，让我们这些小微企业真切感受到了政府的关心和税务的大力支持。”

据了解，黄梅县税务局对符合条件的增值税期末留抵退税申请，进一步优化审核流程，大力推行纳税人预填申请、核对数据、在线提交“三步简易流程退税法”，有效缩减审核时间，让退税资金“快马加鞭”直达企业“荷包”。

二、真金白银，让企业发展信心十足

为全面贯彻落实新的组合式税费支持政策，黄梅县税务局聚焦精准宣传，组织编写《组合式税费支持政策汇编》口袋书，让纳税人缴费人更方便地知优惠、懂政策，优化税收服务、简化操作流程，注重风险防范，把写在纸上的税惠政策变成装在纳税人缴费人口袋里的“真金白银”。

“《汇编》是我们享受优惠政策的‘口袋书’，非常实用和方便。特别是税务部门“一对一”互动式服务，给我们送来了税惠大红包，仅留抵退税一项就达5600多万元”有了资金大力支持，公司将力争打造出华中最大最具有唐风宋韵的文旅特色小镇，湖北鄂旅投黄梅文化旅游投资开发有限公司财务负责人喻奕说。”

“让企业切实享受到组合式政策红利，除了持续‘加码’优惠力度，还要升级纳税服务，我们将以《汇编》升级发布为契机，让更加贴心的惠企服务成为企业轻装上阵的核心助推器。”黄梅县税务局党委书记、局长程东平说。

三、以“信”换“贷”，让企业扩市场

“税务部门主动上门‘问需’解难，不仅落实税费优惠政策，还推出‘税信贷’，为公司解决贷款200万元，让我们公司进一步做大做强扩市场更加增添了信心！”湖北润泛生物科技有限公司财务负责人任友军高兴地说道。

为解决企业融资难问题，帮助纳税人做大做强，黄梅县税务局充分发挥税收职能作用，进一步加强与银行的联动沟通，拓展合作的银行范围，通过“银税互动”让纳税人用“诚信”换“真金”。

该局结合便民办税春风行动、“一下三民”实践活动等渠道，将受惠纳税人的覆盖面进一步拓广，2022年已累计帮助170户纳税人获得纳税信用贷1.2亿元，滋润着企业“茁壮成长”。

厚植精神沃土 点亮税务暖心“志愿红”

——辽阳市弓长岭区税务局坚持以雷锋精神铸魂育人

国家税务总局辽阳市弓长岭区税务局

立足税收岗位，争做为民服务螺丝钉”；厚植精神沃土，点亮税务暖心“志愿红”。弓长岭作为雷锋第二故乡，国家税务总局辽阳市弓长岭区税务局坚持以雷锋精神铸魂育人、让雷锋精神光耀税徽，全方位、多举措打造“雷锋式”模范税务机关，取得显著成效。

一、开展丰富的学习活动，将雷锋精神融入税收工作

2022 年，弓长岭区税务局邀请著名学者杨青山教授讲授题为《学习雷锋精神争做新时代税务先锋》党课；组织军转干部到雷锋工友夏桂珍的家中走访慰问，听老人讲述雷锋在弓长岭焦作厂工作期间发生的故事；与鞍钢集团矿业弓长岭有限公司联合开展党建共建活动，税企双方共同参观弓长岭雷锋纪念馆，观看以弓长岭为原型的电影《沸腾的群山》。弓长岭区税务局通过开展形式多样的学习活动，用雷锋精神持续强化税收队伍思想道德建设，干部职工对雷锋精神内化于心、外化于行。

二、立足税收岗位，争做为民服务的“螺丝钉”

金税三期社保费征管信息系统和社保医保新系统上线后，弓长岭区税务局业务骨干立即前往鞍钢集团矿业弓长岭有限公司，为企业及其下属 11 家企业现场办理社保费核定、信息关联、申报、缴费等业务，让企业 5462 名员工都能够正常享受到社保和医保待遇。弓长岭区税务局诚聘 9 位纳税服务体验官”，改进纳税服务，不断提升群众的满意度和获得感。

三、厚植精神沃土，开展“我为群众办实事”实践活动

为进一步拓展税收服务领域，发扬雷锋“全心全意为人民服务”的精神，弓长岭区税务局通过开展各种丰富多彩的社会志愿服务活动，将“我为纳税人缴费人办实事’五个一百’系列实践活动”落到实处。去年重阳节期间，该局全体党员干部到弓长岭区小录村慰问孤寡老人，并送上米面油等生活物资；除夕之夜，9 名税务干部自愿报名参加疫情防控；以开展“我为群众办实事”实践活动为契机，进行“金秋助学”献爱心活动，累计捐款 2 万余元，资助困难学生完成学业。

深化落实《关于进一步深化税收征管改革的意见》喜迎党的二十大

国家税务总局聊城江北水城旅游度假区税务局

中办、国办《关于进一步深化税收征管改革的意见》（以下简称《意见》）印发以来，度假区税务局坚持党建引领，严格落实省局党委《贯彻落实〈意见〉工作方案》要求，搭建实体化征管架构、健全专业化监管模式、提升精准化征管质效，精心打造税费监管工作新模式。现将工作落实情况报告如下：

一、党建引领，建立健全机制

（一）建立健全落实机制

成立一把手任组长的《意见》落实办公室，下设办公室，由分管领导担任办公室主任。根据《意见》落实进度，及时调整办公室下设工作组，将工作组调整为“综合协调组、业务制度组、宣传外联组、督导培训组”等 9 个小组，由相关股室负责人任组长。同时，建立了包括 6 大项具体内容的工作机制，保障改革工作的有序开展。

（二）丰富学习形式

度假区局党委会和党委理论学习中心组会议进行《意见》专题学习，各党支部对照开展相关学习，青年理论小组结合学习兴税平台学习内容集中探讨交流分享收获，各股室结合各自工作实际开展《意见》研讨交流相关意见建议。组织参加视频培训 4 次、专题培训会议 1 次，参与全市税务系统在线学习测试 5 期，确保区局全体同志参加测试，参与率、测试通过率均达到了 100%，引导税务干部自觉融入改革大局，为下一步高效落实打下坚实基础。

二、积极进取，改革工作稳步推进

（一）提高税务监管精准度

加快推进机关实体化和税源管理专业化进程，探索打造集中管、专业管、属地管相结合的专业化管理模式，建立团队化、模板化的专业化工作机制。一是一体两翼方面，度假区在三定方案中设立 13 个股室未设置派出机构，充分发挥机关实体化的先天优势，将中风险以上任务应对、土地增值税清算、委托代征管理等 13 类应上收事项进行实体化运作。结合度假区税源以房地产企业为主的情况，构建专业化管理机制，做到更有针对性地识别风险，突出重点。在对重点税源实行专项管理的同时对中小企业实施差别化管理，对规模化、风险高的企业进行专业化流程管理。做到与风险管理相结合，制定分行业、分特定事项的税源监控模板。二是成立青年税收工作团队，将全区规模以上企业及重点企业分户到人，依托“一户式查询”机制和大数据平台立体了解纳税人的房产、土地税源信息采集、发票领购、发票开具及抵扣、发票风险点、关联企业等相关信息对企业进行“立体画像”，为企业提供“一对一”服务，帮助企业解难纾困，及时发现、核实、解决企业的风险点。与此同时，充分发挥团队化工作的效能，青年税收工作团队在风险应对、留抵退税和土地增值税清算中充分体现工作合力。

（二）提升纳税服务精细度

牢固树立以纳税人缴费人为中心的理念，持续深化办税缴费便利化改革。打造“24 小时退税”服务品牌，24 小时退税”服务品牌，留抵退税基本实现“当天申请、当天到账”。扎实推进新的组合式税费支持政策落实，累计办理留抵退税 96 户次 9486 万元，“六税两费”减免税款 206.54 万元，中小微企业缓税 0.7 亿元，有效缓解了企业资金压力，激发了市场活力。

打造 10 分钟办税服务圈，新增朱老庄 24 小时自助办税延伸点，纳税人在朱老庄 24 小时自助办税厅领取发票共计 6000 份；非接触式办税程度提高，非接触式办税占比由第十名攀升至第七名，并搭建云智慧咨询平台，建立智能资讯库，提高智能咨询解答准确率。

严格落实首问责任制、限时办结、延时服务等服务制度，缩短纳税人办税时间，大力推行电子税务局、支付宝代开等外网申报措施，让纳税人由“面对面”办税向“键对键”办税转变；度假区办税服务厅全年“零投诉”。

（三）提高税收执法精确度

严格落实“三项制度”，遵循税收法律法规规章、税务规范性文件要求和深化税收征管改革工作目标，进一步强化执法监督。在留抵退税工作中发挥法制利剑作用，对事前、事中、事后环节的风险进行逐一排查，将风险消灭在萌芽阶段。

全面推行“首违不罚”清单制度。对符合条件的首违纳税人免于处罚，同时开展政策宣传和警示教育，提醒纳税人依法依规履行纳税义务，减少违法违规行为的发生，2022 年度享受首违不罚纳税人 17 户次。

严格落实“行政执法公示制度、执法全过程记录制度、重大执法决定法制审核制度”及配套文件要求，优化和改进执法方式，注重说理式执法和柔性执法。加强事前公开、规范事中公示、推动事后公开。及时向社会公开行政执法主体、监督方式及救济渠道等内容。2022 年度公示准予行政许可结果 94 条、非正常户认定 16 条等。

（四）提升税收共治精诚度

积极开展涉税中介机构自查工作 2 次，并开展规范税务师行业协会收费工作，发挥其减税降费和风险防范的桥梁纽带作用；

推动构建税收共治，由度假区管委会牵头印发《聊城江北水城旅游度假区税收共治方案》，构建“财税 +”房地产税费监管新模式。召开联席会议，推动大数据驱动税收协同共治，以财政部门为主导，紧紧依靠区管委会，借助国土、建设、规划、发改委、房管多部门力量，形成各司其职、密切配合的合作机制，推进房地产业信息共享共用。以青年税收工作为抓手，充分发挥机关实体化改革实效，实现税源管理专业化、扁平化工作模式，用好信息资源，加强房地产业税费监管，夯实房地产税收一体化管理基础。

网格化税费管理模式落实稳步推进。度假区税务局积极与区管委会沟通协调，与综治办建立了定期会商协调机制，定期开展网格化工作开展情况交流。按照市委、市政府要求，度假区按照“网中有格、格中有责、责任到人、职能到位”的总体工作思路积极推进网格化进程，拟根据区域特征划分为居民网格、商业网格，以及专属网格。

积极推进税警协作，与度假区公安分局沟通，起草《聊城市公安局江北水城旅游度假区分局派驻国家税务总局聊城江北水城旅游度假区税务局联络机制运行暂行办法》，逐步建立健全税警协作组织体系。

三、对标对表，保质保量完成各项改革任务

2022年，《意见》改革进入“初见成效”阶段，年底前需完成的任务53项。度假区税务局将严格落实省市局与管委会的工作部署，深刻把握《意见》深化税收征管改革重点任务，将改革内容与工作实际相结合，发扬“严真细实快”的工作作风，确保各项工作任务得到精准落实。

（一）明细职责，完善流程

从为服务纳税人的角度出发，结合“非接触式”办税的现状，依托实体化、专业化工作推进带来的部门职能、岗位职责、业务事项的调整，全面开展职能梳理、岗责调整、流程优化，解决好职责不清带来的推诿扯皮问题和业务变化带来的衔接不畅问题。严格落实“三清单三台账”制度，压实责任，统筹各条线任务。

（二）推进团队化工作，提高监管、服务水平

发挥青年税收团队的作用，促进税收服务水平的全面提升，全方位监管效能得以实现，推动建立税企直联机制，进一步摸清税源状况，有效防范税费流失风险，推动全面提升税费治理能力和水平，努力实现从“以票管税”向“以数治税”分类精准监管转变。

（三）加强部门协作，提升共治效能

以税收大数据为驱动力，聚焦涉税数据共享、纳税信用体系建设、税收法治保障、凝聚部门力量，形成共治合力，构建党政领导、税务主责、部门配合、社会协同、公众参与的税收精诚共治新格局。以“财税 +”为抓手，做好部门间数据共享及房地产行业管理工作，提高房价评估精细化水平，夯实税收基础，展现税务部门为民服务本质。加强网格化队伍专业化建设。加强资源整合，进一步充实网格专业力量和辅助力量，推行税务人员 + 网格人员“组团服务”，及时联动处置网格事项。

深化“放管服”改革 助力经济高质量发展

国家税务总局孝义市税务局

国家税务总局孝义市税务局着力推进“放管服”改革，努力打造负担更轻、办税更快、服务更好、环境更优的税收营商环境，为孝义经济社会高质量发展打下坚实基础。

一、减负担降成本，为企业发展添底气

征管操作办法与税费优惠政策同步发布、同步解读，及时调整优化征管信息系统功能，引导纳税人正确填写报表；通过“纳税人讲堂”等培训，对纳税人享受税费优惠政策和报表填报进行精准辅导；主动甄别符合政策条件的纳税人缴费人，对其实现优惠政策精准推送；编制印发“小微企业税收优惠”“大众创业万众创新税收优惠”等政策指引，让纳税人知政策、会操作、能享受，推动税费优惠政策直达快享。

二、创新服务举措，为企业发展增动力

持续为纳税人缴费人提供企业套餐式、主题式集成服务；统筹调配服务资源，通过人员共驻、人员互派，推进“一厅联办”；利用“智能办”持续巩固拓展“非接触式”办税缴费服务效能，让“非接触式”办税缴费走向常态；开展线上方式辅助办税，实现远程帮办，解决纳税人缴费人在业务办理过程中遇到的信息系统、业务操作等问题；优化部分高频服务事项，进一步压缩纳税人办税缴费次数和时间，申报流程“大瘦身”，实现多税种“一张报表、一次申报、一次缴费、一张凭证”，切实提高办税效率。

三、柔性执法，为企业发展增温度

积极推行“首违不罚”制度，建立包括资料报送、纳税申报、发票开具等事项的“首违不罚”涉税清单。截至目前，共对721户纳税人实行了“首违不罚”制度。建立“信用+风险”监管体系，充分运用风险分析和信用评价结果，更好地管出公平、管出质效。